WÜRZBURGER DIÖZESANGESCHICHTSBLÄTTER

WÜRZBURGER DIÖZESAN-GESCHICHTSBLÄTTER

84. BAND

2021

echter verlag

WÜRZBURGER DIÖZESANGESCHICHTSBLÄTTER
84. BAND

Im Auftrag des Würzburger Diözesangeschichtsvereins
herausgegeben von
Wolfgang Weiß
in Verbindung mit Angelika Wendler

Beiträge sind nach vorheriger Absprache – unter Beachtung der redaktionellen Leitlinien – in digitalisierter Form an das Diözesanarchiv (Domerschulstraße 17, 97070 Würzburg) zu senden. Merkblätter mit den redaktionellen Leitlinien sind über das Diözesanarchiv zu beziehen. Redaktionsschluss für den jeweiligen Jahresband ist der 30. Juni.

Für alle Beiträge zeichnen die Verfasserinnen und Verfasser nach Inhalt selbst verantwortlich. Mitglieder des Würzburger Diözesangeschichtsvereins erhalten die Zeitschrift unberechnet. Anmeldungen zur Mitgliedschaft nimmt der Vorstand des Würzburger Diözesangeschichtsvereins (Würzburg, Domerschulstraße 17 – Homepage: www.wdgv.bistum-wuerzburg.de / E-Mail-Adresse: wdgv@bistum-wuerzburg.de) entgegen. Für Nichtmitglieder Bezug durch den Buchhandel.

Alle Geldsendungen werden erbeten auf das Konto:
Liga-Bank Würzburg,
IBAN: DE83 7509 0300 0003 0031 08, BIC: GENODEF1M05
Verwendungszweck: WDGV.

Bibliografische Information der Deutschen Bibliothek
Die Deutsche Nationalbibliothek verzeichnet diese Publikation in der Deutschen Nationalbibliografie; detaillierte bibliografische Daten sind im Internet über <http://dnb.d-nb.de> abrufbar.

Vertrieb: Echter Verlag GmbH
Lektorat und Satz: Angelika Wendler
Umschlag: atelier zudem stefan issig | dirk nitschke | arndt poser GbR
Druck und Bindung: Friedrich Pustet, Regensburg
ISSN: 0342-3093
ISBN: 978-3-429-05716-9

Inhaltsverzeichnis

Quelleneditionen

Worte des Gedenkens

Buchbesprechungen

Mitarbeiterinnen und Mitarbeiter des Bandes

Bergerhausen, Hans-Wolfgang, Dr. phil., Professor, Historiker, Würzburg / Kleinrinderfeld

Bünz, Enno, Dr. phil., Universitätsprofessor, Leipzig / Würzburg

Fastnacht, Dorothea, Dr. phil., Freie Mitarbeiterin bei der Kommission für bayerische Landesgeschichte (HONB), Marloffstein

Feuerbach, Ute, Dr. phil., M. A., Historikerin, Archivarin der Stadt Volkach, Obervolkach

Greb, Daniel, Dr. theol., Wissenschaftlicher Mitarbeiter, Professurvertreter, Würzburg / Erfurt

Grebner, Christian, Dr. theol., Pfarrer i. R., Wiesthal

Haaf, Tobias, Dr. theol., Ministerialdirigent, Leiter des Büros des Staatsministers im Bayerischen Staatsministerium für Wissenschaft und Kunst, München

Hochholzer, Elmar, Dr. phil., Studiendirektor a. D., Sommerach

Kandler, Norbert, Dr. theol., Archivoberrat i. K. a. D., Diakon, Würzburg

Knobling, Harald, Dr. phil., Kunsthistoriker, Kunsterzieher, Studiendirektor a. D., Kitzingen

Konrad-Brey, Johanna, Dr. theol., M. A., Wissenschaftliche Mitarbeiterin, Würzburg

Mack, Johannes, Dr. phil., Kunsthistoriker, Happertshausen

Merz, Johannes, Dr. phil., Professor, Leiter von Archiv und Bibliothek des Erzbistums München und Freising, München

Rehak, Martin, Dr. iur. can., Ass. iur., Universitätsprofessor, Würzburg

Romberg, Winfried, Dr. theol., Wissenschaftlicher Mitarbeiter, Würzburg

Römmelt, Stefan W., Historiker, Würzburg

Schönberger, Eva, Hausfrau und Übersetzerin, Gerbrunn

Schönberger, Otto, Dr. phil., Oberstudiendirektor a. D., Gerbrunn

Schicklberger, Franz, Dr. theol., Studiendirektor a. D., Archivar der Stadt Eibelstadt, Eibelstadt

Wagner, Ulrich, Dr. phil., Ltd. Archivdirektor a. D., Würzburg

Weingärtner, Hendrik, , B. A., Mag. Theol., Wissenschaftlicher Mitarbeiter, Würzburg

Wehner, Thomas, M. A., Stellvertretender Leiter von Archiv und Bibliothek des Bistums Würzburg, Wertheim

Weinreich, Oliver, Dr. theol., Bibliotheksoberrat, Würzburg

Weiß, Wolfgang, M. A., Dr. theol., Universitätsprofessor, Würzburg

Vorwort

Die Diözese Würzburg schaut 2021 auf 200 Jahre seit ihrer Wiedergründung im Rahmen der Neuorganisation der katholischen Kirche im Königreich Bayern zurück. Nach dem Konkordat mit dem Heiligen Stuhl von 1817 kam es – nach Klärungen hinsichtlich seiner Interpretation – 1821 zur Wiedererrichtung der bisherigen im Königreich Bayern gelegenen Bischofssitze. Zum Teil änderten sich aber deren Diözesangebiete erheblich. Fast zwei Jahrzehnte der Unsicherheit seit der Säkularisation von 1802/03 endeten nun. Es war damit auch eine erhebliche innere Transformation, ein prägender Gestaltwandel der Würzburger Kirche verbunden. Geistlicher Staat und Adelskirche waren untergegangen. Die katholische Kirche Würzburgs baute nun in erster Linie auf die Kraft der Volkskirche. Zwei Jahrhunderte nach diesem Neuanfang scheint das Ende der Volkskirche unaufhaltsam. Deren Erosion ist schon seit Jahrzehnten nicht zu verkennen. Die Verantwortlichen des Bistums Würzburg sehen die Aufgabe, dass die Kirche mit ihrem seelsorgerlichen Wirken im ganzen Raum der Diözese präsent bleibt und damit gewachsene Strukturen auch unter schwierigeren Bedingungen weitergeführt werden. Gleichzeitig sind aber besonders Kristallisationspunkte des Glaubens mit religiöser Ausstrahlung und neue geistliche Impulse notwendig, denn Kirche lässt sich nicht allein verwalten und organisieren. Dies war auch die Erfahrung vor 200 Jahren. Angesichts eines tiefverwurzelten Glaubens in den breiten Volksschichten ließ sich die damalige Krise aber verhältnismäßig leicht meistern. Allerdings dürften die „Rezepte" von damals für heute wenig tauglich sein. Diese Differenz lässt sich kaum leugnen. Vorschnelle Parallelen zwischen damals und heute sollen aus diesem Grund auch nicht gezogen werden.

Daher will die Ausstellung „1821 – Bruch, Beginn, Wandel. 200 Jahre *neues* Bistum Würzburg", die von Archiv und Bibliothek des Bistums Würzburg vom 29. November 2021 bis zum 10. März 2022 durchgeführt wird, in erster Linie die historischen Zusammenhänge und Phänomene vor Augen führen; dies gilt auch für die von Thomas Wehner – der zudem die Ausstellung kuratierte – und Wolfgang Weiß verfasste umfangreiche Erschließung der Ausstellung, die diesen Band eröffnet.

Unter der Rubrik „Neuerrichtung des Bistums Würzburg vor 200 Jahren" findet sich noch ein weiterer Beitrag. Otto und Eva Schönberger haben das lateinische Gedicht Joseph Anton Keils, eines säkularisierten Benediktinermönchs von St. Stephan in Würzburg, auf das bayerische Konkordat von 1817 – eine überraschende Entdeckung der letzten Jahre – übersetzt. Winfried Romberg und Wolfgang Weiß erläutern es. Keil kommt in diesem Gedicht auf viele Aspekte des damaligen Umbruchs zu sprechen. Es ist daher ein interessantes Zeitdokument der Epoche, da von Keil die verschiedenen Konflikt- und Problemlinien des Verhältnisses von Kirche, Staat, Kultur und Gesellschaft in der damaligen Zeit thematisiert sowie Erwartungen und Hoffnungen für den kirchlichen Neuanfang zum Ausdruck gebracht werden.

Nach dieser Sektion beginnen die verschiedenen „Abhandlungen und Aufsätze", die dem Herausgeber für die Würzburger Diözesangeschichtsblätter

2021 angeboten wurden. Sie führen in das breite Feld der Würzburger Kirchen- und der damit vielfach verbundenen Regionalgeschichte.

Elmar Hochholzer wendet sich in seinem perspektivenreichen Beitrag der Würzburger Bildungsgeschichte im 10. und 11. Jahrhundert zu und erhellt anhand der aktuellen Forschungsergebnisse – besonders derjenigen von Hartmut Hofmann – die überregionale Bedeutung und Leistungsfähigkeit der Würzburger Domschule und des mit ihr verbundenen Skriptoriums.

Eine Verbindung zur Würzburger Domschule besitzt auch der Beitrag von Oliver Weinreich über zwei Kilianslieder. Die Sequenz „Adoranda veneranda" für das jährliche Hochfest der Frankenapostel geht wahrscheinlich auf Johannes Scholasticus bzw. Gallicus zurück, ein Domscholaster und damit Leiter der Domschule, der in der Regierungszeit des Bischofs Embricho (1127–1146) das Kiliansoffizium verfasst haben soll. Das zweite Lied „Sankt Kilian ein edler Schott", das Weinreich vorstellt, stammt aus dem frühen 17. Jahrhundert und erschien erstmals 1621 in der Liedersammlung „Bell'Védere oder Herbipolis Wurtzgärtlein". Im Liederbuch selbst bleibt der Autor unerwähnt; heute wird das Lied Friedrich Spee von Langenfeld zugeschrieben.

Ebenfalls mit einem Werk des konfessionellen Zeitalters beschäftigt sich Hans-Wolfgang Bergerhausen. Er stellt das „Bildnis eines Offiziers aus der Zeit des Dreißigjährigen Krieges im Museum für Franken" vor und weist nach, dass es sich um den schwedischen Offizier Lars Kagge handelt, der bei der schwedischen Eroberung und Besetzung Frankens sowie Bayerns im Dreißigjährigen Krieg (1631–1634) eine wichtige Rolle spielte.

Im 17. Jahrhundert beginnt auch die Geschichte der Orgeln in der Pfarrkirche St. Bartholomäus in Volkach, der Ute Feuerbach und Hendrik Weingärtner bis in die Gegenwart in erster Linie anhand von Akten im Volkacher Pfarrarchiv nachgehen. Es wird deutlich, wie der jeweilige Zeitgeschmack bei der Disposition der Orgeln entscheidend ist, besonders aber auch die materiellen Grenzen und Möglichkeiten der verschiedenen Zeitphasen die Entwicklung bestimmen.

Den 300. Todestag von Joseph Greissing nimmt Johannes Mack, der eine grundlegende Monographie zu diesem mainfränkischen Baumeister 2008 veröffentlicht hat, zum Anlass, seine früheren Forschungen zu reflektieren und weiterzuführen. Dabei berücksichtigt er Material, das ihm nun im Nachlass von Barbara Nitschke (1936–2020) zur Verfügung stand. Verschiedene Neuentdeckungen von Greissing-Bauten stellt Mack am Schluss seines Beitrages katalogartig vor.

Zwei Beiträge stellen Zeugnisse der Passionsfrömmigkeit vor, die wir heute als Phänomene der Volksfrömmigkeit deuten. Angemerkt sei aber, dass gerade die Passionsfrömmigkeit mit ihren verschiedenen Ausdrucksformen und -mitteln in früheren Jahrhunderten Teil einer eher elitären Spiritualität war. Wir neigen in einem aufgeklärten Überlegenheitsgefühl heute immer noch dazu, den intensiven Gebrauch von religiösen Symbolen und besonders von Devotionalien einer „niedrigeren Kulturstufe" zuzuordnen. Welche intensive religiöse, ja theologische Reflexion mit solchen Realien verbunden sein kann, wie sehr wir so der Botschaft vom Leiden und Sterben Jesu Christi persönlich begegnen können, kommt beeindruckend in dem Beitrag „Passionskreuze und deren Symbolik. Beispiele aus Franken" von Franz Schicklberger sowie in der Miszelle „Ein Arma-Christi-Reliquienkreuz" von Harald Knobling zum Tragen.

Der Diözesangeschichtsverein zielt seit seiner Gründung darauf ab, in seinem Vereinsorgan Quellen herauszugeben. In diesem Band stellt Norbert Kandler „Ein[en] frühe[n] Bericht über reformatorische Ereignisse in Königsberg (Franken) von 1527" vor. Es handelt sich hierbei um ein Dokument im Diözesanarchiv Würzburg, das im Testament eines Pfarrers aus dieser Zeit gefunden wurde. Es ist an den Fiskal der Diözese gerichtet und wurde wohl von dem altgläubig orientierten Vikar von Rügheim verfasst. Dieser beschreibt knapp, wie die meisten Geistlichen in Königsberg und Umgebung bereits 1527 – und damit vor der sächsischen Visitation von 1528 – neugläubig orientiert waren.

Tobias Haaf ediert das Urteil des Amtsgerichts Königshofen im Grabfeld gegen den Pfarrer von Trappstadt Wilhelm Müller im Jahre 1940. Der Beitrag ist überschrieben mit dem Zitat des Geistlichen *„Ich lasse mir in diesen kirchlichen Sachen nicht herumnörgeln"*. Der Text ist in der Gestapoakte Müllers im Staatsarchiv Würzburg überliefert. Der Geistliche wurde u.a. wegen Kanzelmissbrauch verurteilt. Das Dokument gibt einen Eindruck vom „Schulterschluss von Priestern und Gläubigen" im „ländlich und katholisch geprägten Sozialmilieu Unterfrankens", aber auch vom Mut der Geistlichen, wenn es darum ging, ihren Seelsorgeauftrag zu erfüllen.

Drei Persönlichkeiten, die dem Würzburger Diözesangeschichtsverein verbunden waren bzw. für die Erforschung der Geschichte der Diözese Würzburg und ihrer Bischofstadt Herausragendes geleistet haben, sind im letzten Jahr von uns gegangen: Pfarrer i.R. Prof. Dr. Dieter Michael Feineis (1945–2021), der auch lange Jahre Vorstandsaufgaben erfüllt hat; P. Prof. Dr. Dr. Stephan Haering OSB (1959–2020), von 1997 bis 2001 Professor für Kirchenrecht in Würzburg und seitdem Mitglied unseres Vereins; Prof. Dr. Winfried Schich (1938–2021), der das epochale Werk „Würzburg im Mittelalter" verfasst hat. Wolfgang Weiß, Martin Rehak und Enno Bünz würdigen sie jeweils in einem Nachruf. Der Würzburger Diözesangeschichtsverein wird ihnen ein ehrendes Andenken bewahren.

15 Buchbesprechungen runden den Band ab und bieten einen Blick auf wichtige kirchen- und landesgeschichtliche Veröffentlichungen der letzten Zeit. Besonders erwähnen möchte ich die drei Rezensionen von Enno Bünz. Der Leipziger Ordinarius für sächsische Landesgeschichte gehört zweifelsfrei zu den fleißigsten, vor allem aber auch renommiertesten Rezensenten der Würzburger Diözesangeschichtsblätter. Darüber hinaus hat er mit zahlreichen Beiträgen unsere Jahresbände bereichert. Seit seiner Würzburger Studien- und Promotionszeit gehört das Gebiet der fränkischen Kirchen- und Landesgeschichte zu seinen bevorzugten Forschungsfeldern, auch nach seiner Berufung nach Leipzig. Besondere Anerkennung hat er sich als Experte für das mittelalterliche Pfarrwesen erworben – übrigens eine Langzeitfrucht seiner Mitarbeit beim von Prof. Dr. Klaus Wittstadt (1936–2003) geleiteten DFG-Projekt

„Kirche und Gesellschaft im mainfränkischen Raum“ in den späten 1980er Jahren. Für mich als Vorsitzenden war es eine große Freude, als sich Enno Bünz 2019 für die Aufgabe des Zweiten Vorsitzenden des Geschichtsvereins gewinnen ließ. Am 19. September 2021 feierte Enno Bünz seinen 60. Geburtstag. Dazu gratuliere ich ihm persönlich und im Namen des Vereins auch auf diesem Weg nachträglich von ganzem Herzen. Aus diesem Anlass möchte ich Enno Bünz für sein Engagement im Dienst des Vereins und der Erforschung der Würzburger Diözesangeschichte meinen herzlichen Dank aussprechen. Guter akademischer Tradition entsprechend wird sein wissenschaftliches Wirken in einer von seinen Schülern Alexander Sembdner und Christoph Volkmar herausgegebenen Festschrift mit dem Titel „Nahaufnahmen. Landesgeschichtliche Miniaturen für Enno Bünz zum 60. Geburtstag“ – erschienen in den „Schriften zur sächsischen Geschichte und Volkskunde“ – gewürdigt. Das Werk wird in den Würzburger Diözesangeschichtsblättern 2022 näher vorgestellt werden. Meine Glückwünsche und meinen Dank möchte ich mit dem klassischen Wunsch „ad multos annos feliciter“ verbinden.

Abschließend möchte ich mich bei allen Autorinnen und Autoren der Würzburger Diözesangeschichtsblätter 2021 sehr herzlich bedanken. Auf ihren ehrenamtlichen und rein freiwilligen Einsatz ist die Pflege der Diözesangeschichte angewiesen. Gedankt sei auch Herrn Thomas Häußner, dem Geschäftsführer des Echter Verlages, für die verlegerische Betreuung, Frau Angelika Wendler für die gründlichen und geduldig ausgeführten Lektorats- und Satzarbeiten. Wer das redaktionelle „Geschäft“ kennt, kann die Schwierigkeiten ermessen, die das Detail immer wieder bietet. Ein Wort des Dankes sei auch an die Mitarbeiterinnen und Mitarbeiter der Geschäftsstelle am Diözesanarchiv gerichtet.

Würzburg, 30. September 2021

Wolfgang Weiß
Erster Vorsitzender des Würzburger Diözesangeschichtsvereins und Schriftleiter der Diözesangeschichtsblätter

1821 – Bruch, Beginn, Wandel.

200 Jahre *neues* Bistum Würzburg

Thomas Wehner und Wolfgang Weiß*

Einführung: Das *alte* und *neue* Bistum Würzburg

Die Rede vom *alten* und *neuen* Bistum Würzburg mag überraschen. Gibt es denn nicht *das eine* Bistum Würzburg, das 742 durch den hl. Bonifatius in der Stadt Würzburg gegründet wurde, hier seine Kathedralkirche besitzt und dessen 89. Bischof als Nachfolger des hl. Burkard gegenwärtig Dr. Franz Jung ist? Handelt es sich nicht um *das* Bistum, in dem die irischen Missionare und Märtyrer Kilian, Kolonat und Totnan schon vor der Bistumsgründung im fränkischen Land das Christentum verkündet haben und deren Verehrung als Diözesanpatrone ein konstitutives Merkmal bildet?

Diese Elemente der Kontinuität sind nicht zu bestreiten. Gleichwohl ist das Bistum von heute territorial, aber auch strukturell nicht identisch mit dem Bistum der Gründungszeit, das im Mittelalter und in der frühen Neuzeit bis zur Säkularisation 1802/03 als Teil der vom Adel geprägten Reichskirche zu sehen ist, mit dem spätestens ab dem Hochmittelalter auch eine Landesherrschaft (Hochstift) verbunden war und dessen Bischöfe die Titel eines Fürsten des Heiligen Römischen Reiches sowie Herzogs von Franken trugen.

In den Jahren der politischen Umwälzungen der napoleonischen Zeit zerfiel das alte Bistum Würzburg. Es kam zu einem einmaligen Bruch in der Geschichte des Bistums Würzburg. Die Wiedergründung von 1821 war in vieler Hinsicht ein (Neu-)Beginn. Aus der Rückschau werden die mit der Säkularisation verbundenen Veränderungen als notwendig und sogar befreiend beurteilt. Denn es folgte ein Gestaltwandel der Würzburger Kirche, der sich bis weit über die Mitte des 20. Jahrhunderts hinweg als tragfähig erwies. Er konnte allerdings an eine weithin ungebrochene Tradition des Glaubens- und Frömmigkeitslebens in breiten Bevölkerungsschichten anknüpfen.

* Die Abhandlung erschließt die gleichnamige Ausstellung, die vom 29. November 2021 bis 10. März 2022 in Archiv und Bibliothek des Bistums Würzburg präsentiert wird. Die Abbildungen in der Abhandlung sind allerdings nicht durchgehend identisch mit den in der Ausstellung gezeigten Exponaten.

Bei den jeweiligen Abschnitten der Abhandlung ist der Autor mit Th. W. (Thomas Wehner) und W. W. (Wolfgang Weiß) vermerkt.

Das *alte Bistum (Abb. 0.1)* war flächenmäßig bedeutend größer als das *neue*. Sein Gebiet war weithin identisch mit den ostfränkischen Gauen. Im Norden bildete der Thüringer Wald die Grenze. Zum schon bestehenden Bistum und späteren Erzbistum Mainz verlief die Grenze etwa auf einer Linie Fulda-Schlüchtern-Neustadt am Main; bei Tauberbischofsheim erstreckte sich das Bistum Mainz allerdings bis vor die Tore der Stadt Würzburg. Das Gebiet reichte nach Westen südlich einer Linie von Königshofen an der Tauber bis etwa nach Amorbach. Die Grenzlinie ging dann in südlicher Richtung bis zum Neckar, der dann bis kurz nach Lauffen die Westgrenze bildete. Von hier zog die Grenze südlich von Murrhardt und Ansbach halbkreisförmig in den Raum von Fürth im Südosten und an den Obermain. Nach Osten hin blieb der Diözesansprengel vorläufig offen; es war noch keine klare Abgrenzung notwendig. Hier entstand 1007 aus Teilen des Bistums Würzburg (und auch Eichstätts) das Bistum Bamberg. 780/782 richtete König (ab 800 Kaiser) Karl der Große die Metropolitanverfassung im östlichen Frankenreich ein und ordnete Würzburg der Mainzer Kirchenprovinz zu.[1]

Im Würzburger Diözesansprengel besaß die Abtei Fulda schon früh eine Sonderstellung. Die Äbte konnten in ihrem Hochstiftsgebiet ab dem 15. Jahrhundert weitgehend selbstständig die geistliche Jurisdiktion wahrnehmen und gewannen im späten 16. Jahrhundert eine quasibischöfliche Stellung. 1752 gelang dem Abt von Fulda die Erhebung zum Bischof. Gebiete im heutigen Unterfranken (Hammelburg und Brückenau) gehörten nun zum Bistum Fulda.

Kleinere vereinfachende Korrekturen der etwas komplizierten Grenze zwischen den Bistümern Mainz und Würzburg im Tauberbereich ermöglichte 1656/1659 (Erz-)Bischof Johann Philipp von Schönborn, da er gleichzeitig die Mainzer und Würzburger Kirche leitete. So kam der östliche Teil des Mainzer Landkapitels Taubergau an Würzburg, dagegen der nördliche Teil des Landkapitels Buchen mit der Abtei Amorbach an Mainz.

Ein gewaltiger Einschnitt für das Bistum Würzburg war mit der Reformation gegeben. Zahlreiche Landesherren, Reichsstädte und Reichsritter nahmen das Augsburger Bekenntnis an; damit war verbunden, dass sie gemäß dem Augsburger Religionsfrieden und dem später formulierten Grundsatz „Cuius regio, eius religio“ die geistliche Jurisdiktion übernahmen, während die Rechte des Bischofs in deren Gebieten suspendiert wurden. Der Würzburger Bischof konnte nur noch über ca. ein Drittel des Diözesangebietes die geistliche Jurisdiktion wahrnehmen, in erster Linie über sein Hochstift und Gebiete, die unter der Landesherrschaft des Deutschen Ordens, des Bischofs von Bamberg oder des Erzbischofs von Mainz standen.

Folgende Abkürzungen werden verwendet:
BGO = Bilder, Grafiken, Objekte
DAW = Diözesanarchiv Würzburg
DBW = Dözesanbibliothek Würzburg
KAb = Kleines Andachtsbild
OdZ = Objekte der Zeitgeschichte

[1] Zur Entwicklung der Diözesanverhältnisse vgl. zusammenfassend: Wolfgang Weiß, Bistumsorganisation, publiziert am 05.10.2020, in: Historisches Lexikon Bayerns, URL: <http://www.historisches-lexikon-bayerns.de/Lexikon/Bistumsorganisation> (letzter Zugriff: 22.02.2021) – hier Literaturhinweise zu dieser Fragestellung.

Der Untergang des *alten* Bistums Würzburg zog sich knapp 20 Jahre hin. Es begann mit der Säkularisation des Hochstifts Würzburg im Herbst 1802 und war mit der Gründung des *neuen Bistums Würzburg 1821 (Abb. 0.2)* gemäß dem 1817 zwischen dem Hl. Stuhl und dem König von Bayern geschlossenen Konkordat abgeschlossen. Am offensichtlichsten waren die territorialen Veränderungen, denn bedeutenden Gebietsverlusten, vornehmlich im Südwesten und -osten der Diözese, standen wichtige Gebietsgewinne gegenüber. Das katholisch dominierte Gebiet des vormaligen Mainzer Oberstifts um Aschaffenburg gehörte nämlich jetzt ebenfalls zum Königreich Bayern und wurde dem Bistums Würzburg zugeschlagen. Die Anteile des früheren Fürstbistums Fulda, die nun an das Königreich Bayern gelangt waren, kehrten wieder zum Bistum Würzburg zurück. Aber auch die inneren und staatskirchlichen Bedingungen stellten sich ganz anders dar. Die personellen und strukturellen Verhältnisse unterschieden sich grundlegend.

Diese Entwicklung will die Ausstellung „200 Jahre *neues* Bistum Würzburg“ anhand von ca. 30 Exponaten und in fünf Sektionen dokumentieren. Der damit verbundene Katalog versucht in gebotener Knappheit die Hintergründe, Zusammenhänge und die maßgeblichen Persönlichkeiten dieser Umbruchzeit zu erschließen.

Im ersten Schritt wird die Übergangszeit von 1802 bis 1821 nachgezeichnet und die diese prägenden Gestalten vorgestellt, im nächsten werden das bayerische Konkordat und die Zirkumskriptionsbulle und somit die Grundlagen der Neuorganisation dargelegt. Im dritten Teil steht der neue Bischof (Adam) Friedrich von Groß zu Trockau (reg. 1821–1840) im Mittelpunkt. Der vierte Abschnitt wendet sich dem neuen Domkapitel und dem Aufbau der Diözesanverwaltung zu. Der letzte Abschnitt will verdeutlichen, dass es sich nicht nur um einen äußeren Wandel handelte, sondern dass ebenso eine innere Neugestaltung damit verbunden war und so auch der Weg zu einer religiösen Erneuerung geebnet wurde.

Letztlich fußt das Bistum Würzburg bis heute auf den damals geschaffenen Grundlagen, auch wenn es gegenwärtig – und dies sicher schon mehr als ein halbes Jahrhundert – vor der Herausforderung steht, wie dieses reiche Erbe unter den veränderten Bedingungen einer, wenn schon nicht immer religions- so doch kirchenfernen Gesellschaft weiter mit Leben erfüllt werden kann und ob nicht doch stärkere Veränderungen notwendig sind.

W. W.

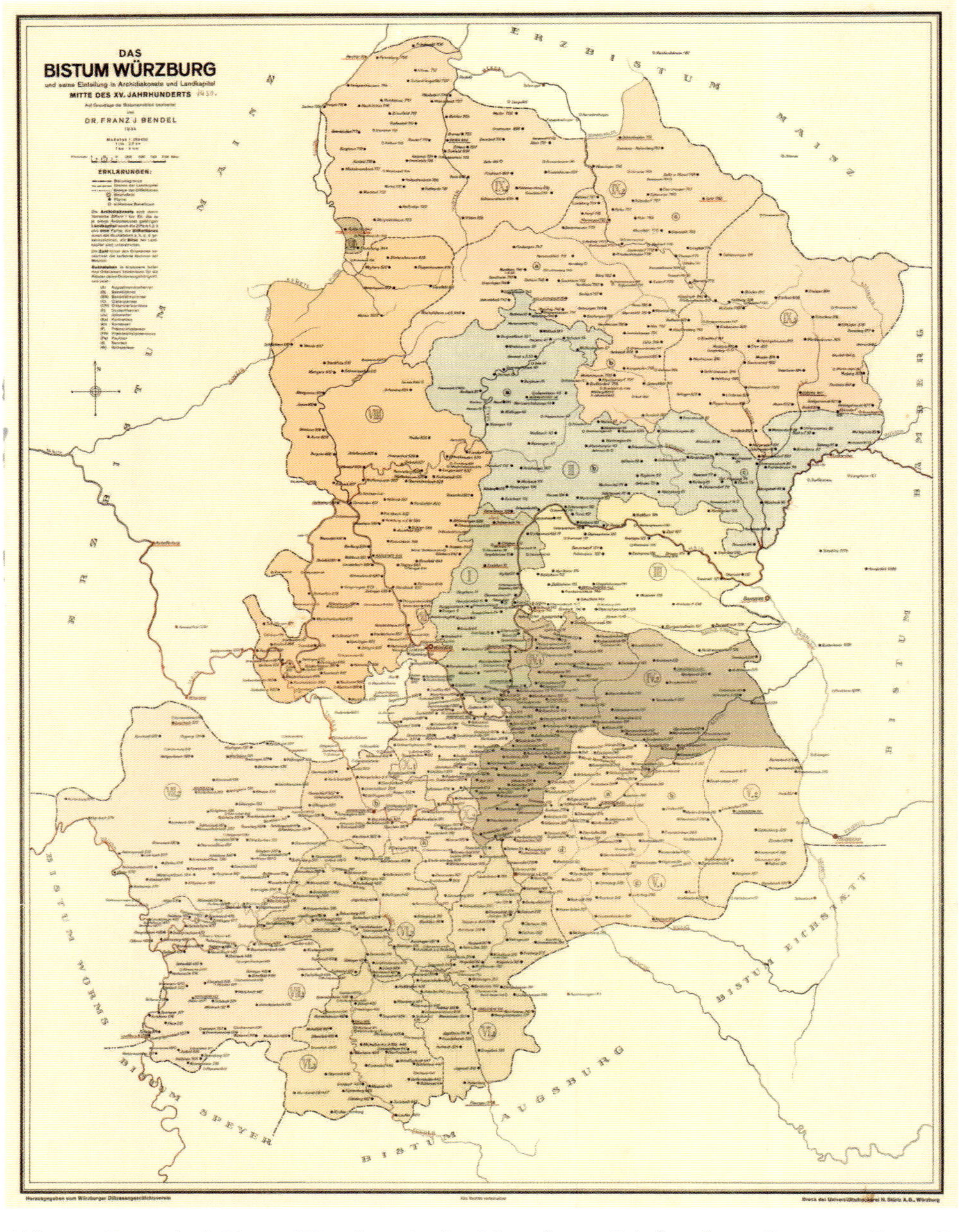

Abb. 0.1: *Das „alte“ Bistum Würzburg in der Mitte des 15. Jahrhunderts, Karte aus: Franz J. Bendel, Die Würzburger Diözesanmatrikel aus der Mitte des 15. Jahrhunderts, in: Würzburger Diözesangeschichtsblätter 2/2 (1934), Beilage, 76,5 × 97 cm.*

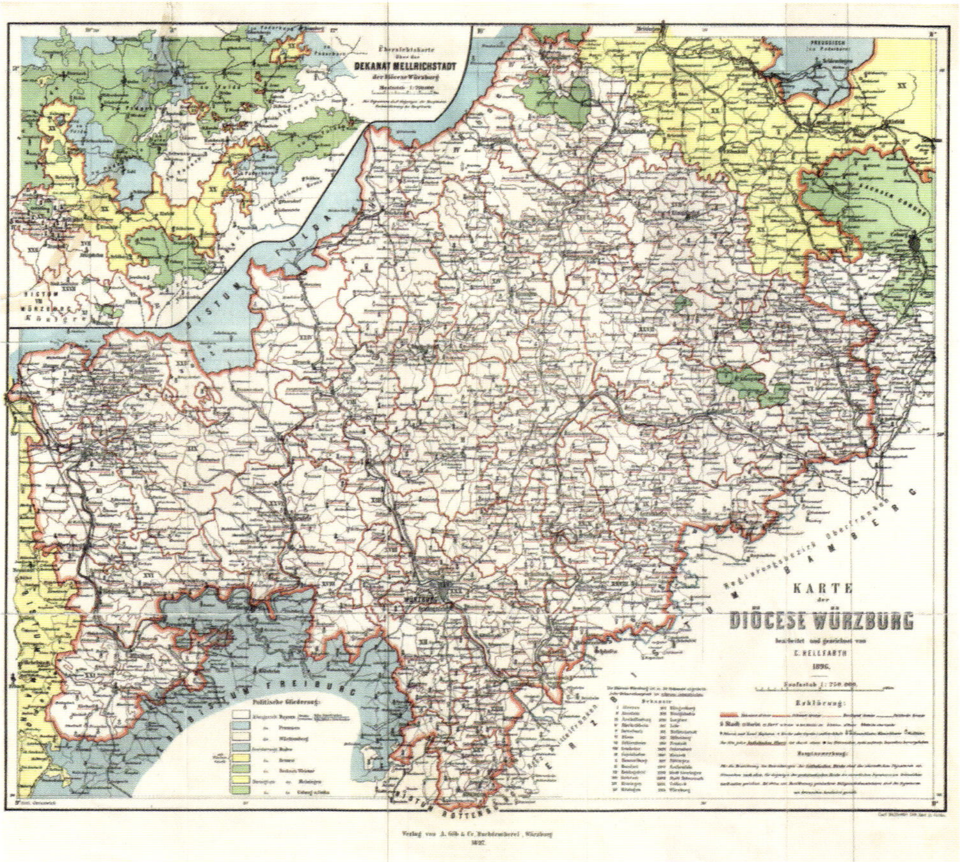

Abb. 0.2: *Das „neue" Bistum Würzburg, Karte 1896 aus: Realschematismus der Diöcese Würzburg, hg. im Auftrag des bischöflichen Ordinariats von August Amrhein, Würzburg 1897, Beilage, 62 × 54 cm.*

1. Vom alten zum neuen Bistum Würzburg – Die Zeit des Übergangs nach der Säkularisation des Hochstifts Würzburg 1802

Am 29. November 1802 endete die Geschichte des Hochstifts Würzburg. *Fürstbischof Georg Karl von Fechenbach (Abb. 1.1, 1.2 und 1.3)* verlor seine Stellung als geistlicher Landesherr mit dem Titel eines Herzogs von Franken.[2] An diesem Tag übernahm der bayerische Kurfürst Max IV. Joseph (* 1759, ab 1799 Kurfürst, 1806–1825 als Max I. Joseph König von Bayern) die weltliche Herrschaft in Würzburg.

Abb. 1.1: *Porträt Georg Karls von Fechenbach (Fürstbischof von Würzburg 1795–1808), kleines Ölgemälde mit Rahmen, 33×41,5 cm (DAW, BGO, Nr. 1793).*

---

[2] Zum Leben und Wirken des letzten Fürstbischofs Georg Karl von Fechenbach vgl. Winfried Romberg (Bearb.), Das Bistum Würzburg 9: Die Würzburger Bischöfe von 1746 bis 1802 (Germania sacra, Dritte Folge 18: Die Bistümer der Kirchenprovinz Mainz), Berlin/Boston 2020, S. 559–647 (mit zahlreichen weiterführenden Quellen- und Literaturangaben).

Abb. 1.2:
Porträt Georg Karls von Fechenbach, Amtsstubenbild, Ölgemälde mit Rahmen, 100 × 70 cm (Kunstsammlungen der Diözese Würzburg).

Abb. 1.3:
Porträt Georg Karls von Fechenbach im Profil, Alabasterrelief, 11 × 8,5 cm (Kunstsammlungen der Diözese Würzburg).

Gemäß dem Beschluss der in Regensburg seit Ende August 1802 tagenden Reichsdeputation (eines achtköpfigen Ausschusses der Kurfürsten und Fürsten des Reiches) vom 26. Oktober 1802 war es erlaubt, die als Kompensation für die linksrheinischen Verluste zugesprochenen Entschädigungsgebiete in Besitz zu nehmen.[3] Der endgültige Gesamtbeschluss der Reichsdeputation – der Reichsdeputationshauptschluss (RDHS) – vom 25. Februar 1803 bestätigte die territoriale Umgestaltung auf der Basis der Säkularisation der geistlichen Staaten und der Mediatisierung einzelner weltlicher Herrschaften.[4]

Georg Karl von Fechenbach (aus der Laudenbacher Linie dieses Geschlechts) war am 12. März 1795 als Nachfolger des am 14. Februar dieses Jahres verstorbenen Bischofs Franz Ludwig von Erthal (* 1730, reg. seit 1779) gewählt worden. Bei seiner Regierungsübernahme waren infolge der Französischen Revolution (1789) und der kriegerischen Auseinandersetzungen mit dem revolutionären Frankreich (ab 1792 Erster Koalitionskrieg) die Zeichen tiefgreifender politischer Veränderungen nicht zu übersehen.

Der neue Fürstbischof wurde am 20. Februar 1749 in Mainz geboren. Für den geistlichen Stand bestimmt, erwarb er wie damals üblich bereits mit neun Jahren ein Kanonikat (Domizellar) am Würzburger Domstift. Weitere Präbenden erhielt er an den Domstiften in Trier (1759) und Mainz (1761). Nach intensiven Studien (Doktorgrad des kanonischen Rechts und der Theologie) und Tätigkeit am Wiener Reichshofrat war er vornehmlich in Mainz aktiv, wo er bereits 1777 in das Kapitel aufrückte und 1779 sogar zum Domdechanten gewählt wurde. Wenige Wochen später empfing er in Mainz, da dies für dieses Amt notwendig war, die Weihe zum Diakon und Priester. 1780 wurde er in Würzburg ebenfalls Domkapitular.

In den folgenden Jahren wurde die Beziehung zum Würzburger Bischof Franz Ludwig von Erthal enger und Würzburg wurde zum zweiten Arbeitsfeld neben Mainz. Georg Karl von Fechenbach unterstützte auch dessen Reformen im Sinne der katholischen Aufklärung. Hier knüpfte Fechenbach als Fürstbischof auch an, allerdings ließen ihm die kriegerischen Zeitverhältnisse nur noch begrenzte Möglichkeiten. Im Juli 1796 besetzten französische Truppen das Hochstift Würzburg; Georg Karl von Fechenbach hatte es vorher verlassen.[5] Zwar konnte er, nachdem die Franzosen zurückgeschlagen worden waren, in das Hochstift zurückkehren. Der Friede von Campo Formio (17. Oktober 1797), der den Ersten Koalitionskrieg beendete, sprach Frankreich die linksrheinischen Teile des Reiches zu und öffnete in Geheimartikeln den Weg zur Säkularisation der geistlichen Staaten, um die weltlichen Fürsten für verlorene Gebiete zu entschädigen. Bald kam es aber neuerlich zum Krieg mit Frankreich

---

3 Vgl. Wolfgang Weiß, Kirche im Umbruch der Säkularisation. Die Diözese Würzburg in der ersten bayerischen Zeit (1802/1803–1806) (Quellen und Forschungen zur Geschichte des Bistums und Hochstifts Würzburg 44), Würzburg 1993, S. 49–119.

4 Vgl. Ulrich Hufeld (Hg.), Der Reichsdeputationshauptschluss von 1803. Eine Dokumentation zum Untergang des Alten Reiches, Köln/Weimar/Wien 2003 (besonders Einleitung, S. 1–32; Text des RDHS, S. 69–119).

5 Vgl. zu diesen Vorgängen: Wolfgang Weiß, Übergang an Bayern (1795–1814), in: Ulrich Wagner (Hg.), Geschichte der Stadt Würzburg, Bd. II: Vom Bauernkrieg 1525 bis zum Übergang an das Königreich Bayern 1814, Stuttgart 2004, S. 206–228; für diese Entwicklung nach wie vor grundlegend Alfred Wendehorst, Das Bistum Würzburg 1803–1957, Würzburg 1965, S. 9–16.

(Zweiter Koalitionskrieg). Die Franzosen drangen im Juli 1800 wiederum bis Würzburg vor. Fechenbach verließ die Stadt und wartete die weitere Entwicklung von Meiningen aus ab. Erst der Friede von Lunéville (6. Februar 1801) ermöglichte ihm zwar die Rückkehr nach Würzburg. Gleichzeitig bestätigte er die Rheingrenze als neue Reichsgrenze und versprach den Fürsten mit Gebietsverlust Kompensationen rechts des Rheins; die Säkularisation der geistlichen Staaten stand damit bevor. Es wurde ein Entschädigungsplan entwickelt, der das Hochstift Würzburg – wie auch das Bamberger – dem Kurfürsten von Pfalzbayern zubilligte. Bald nachdem in Regensburg auf dessen Basis die Verhandlungen der Reichsdeputation begonnen hatten, besetzte die kurpfälzische Division des Kurfürsten Max IV. Joseph am 3. September 1802 das Hochstift. Die weitere Entwicklung wurde schon nachgezeichnet.

Die neuen Herren begnügten sich aber nicht damit, die staatlichen Verhältnisse in ihrem Sinn zu regeln, sondern begannen auch auf die kirchlichen und religiösen Verhältnisse gemäß der schon älteren staatskirchlichen Tradition Bayerns sowie moderner aufgeklärter Vorstellungen einzuwirken. Von Anfang an ließen sie keinen Zweifel, dass sie von der im Reichsdeputationshauptschluss eröffneten Erlaubnis, die Stifte und Klöster aufzuheben, Gebrauch machen würden. Im Frühjahr / Sommer 1803 wurden diese – mit Ausnahme derjenigen der Bettelorden – durchweg aufgelöst. Hier musste der Fürstbischof – diesen persönlichen Titel durfte Fechenbach auch nach dem Ende des Hochstifts behalten, auch wenn ihm nur noch die geistliche Jurisdiktion als Bischof verblieben war – die bayerischen Beamten gewähren lassen, umso mehr legte er sein Augenmerk auf die Verteidigung der kirchlichen Rechte. Für diese Aufgabe besaß er mit *Weihbischof Gregor Zirkel (Abb. 1.4)* einen bestens geeigneten Mitarbeiter.[6] Erst kurz vor der Säkularisation war Gregor Zirkel[7] am 21. April zum Weihbischof und in Verbindung damit am 13. Mai 1802 zum Direktor der geistlichen Regierung ernannt worden. In dieser Eigenschaft erledigte er weitgehend selbstständig die Aufgaben des Generalvikariats, während der Präsident der Geistlichen Regierung und damit offizielle Generalvikar Domkapitular Johann Franz Schenk von Stauffenberg (1734–1813)[8] eher nur eine Art Ehrenvorsitz im Geistlichen Rat innehatte. Nach der päpstlichen Bestätigung vom 20. September 1802 wurde Gregor Zirkel am 28. Oktober in der Hofkirche Würzburg zum Titularbischof von Hippo geweiht.

---

6 Vgl. Weiß, Kirche im Umbruch (wie Anm. 3), S. 120–266; ders., Das Bistum Würzburg zwischen Säkularisation und Neuorganisation (1802–1821), in: Würzburger Diözesangeschichtsblätter 78 (2015), S. 33–46; Thomas Wehner, Das Bistum Würzburg im Spannungsfeld zwischen Säkularisation, Konkordat und Neuorganisation, in: Hans Ammerich (Hg.), Das Bayerische Konkordat 1817, Weißenhorn 2000, S. 231–271, bes. S. 232–239.

7 Zu seiner Person grundlegend: A[ugust] Fr[iedrich] Ludwig, Weihbischof Zirkel von Würzburg in seiner Stellung zur theologischen Aufklärung und zur kirchlichen Restauration, 2 Bde., Paderborn 1904 / 1906; vgl. weiter Nikolaus Reiniger, Die Weihbischöfe von Würzburg, in: Archiv des historischen Vereins von Unterfranken und Aschaffenburg 18 (1965), S. 1–428, bes. S. 292–428; Wolfgang Weiß, Ein Kirchenmann zwischen Aufklärung, Romantik und Restauration. Weihbischof Gregor Zirkel, in: Würzburger Diözesangeschichtsblätter 47 (1985), S. 191–215; Wendehorst, Das Bistum Würzburg (wie Anm. 5), S. 17–23; Klaus Wittstadt, Zirkel, Gregor von (1762–1817), in: Erwin Gatz (Hg.), Die Bischöfe der deutschsprachigen Länder 1785 / 1803 bis 1945. Ein biographisches Lexikon, Berlin 1983, S. 839–841.

8 Vgl. Erik Soder von Güldenstubbe, Stauffenberg, Johann Franz Schenk Freiherr von (1734–1813), in: Gatz (Hg.), Die Bischöfe (wie Anm. 7), S. 731f.

Abb. 1.4:
Porträt Gregors (von) Zirkel (Weihbischof von Würzburg 1802–1817, 1817 zum Bischof von Speyer ernannt), Pastellzeichnung im Rahmen, 36×44,5 cm (DAW, BGO, Nr. 1177).

Gregor Zirkel wurde am 2. August (oder 28. Juli?) 1762 in Sylbach bei Haßfurt geboren. Seine Familie besaß eine Hammerschmiedmühle, mit der auch ein ansehnlicher Bauernhof verbunden war. Er war also ein Würzburger Landeskind aus durchaus wohlsituierten bäuerlichen Verhältnissen. Seine Herkunft und sein Weg als Kind und Jugendlicher sind nicht untypisch für einen Geistlichen des Bistums Würzburg, dem der Aufstieg in die bürgerliche Funktionselite des Bistums gelang. Da sein Talent in der Haßfurter Elementar- bzw. Volksschule nicht verborgen blieb, fand er die Förderung durch den örtlichen Klerus, der ihn auf den Übergang an die Lateinschule vorbereitete. Wegen seiner Vorkenntnisse konnte Zirkel mit zwölf Jahren (1775) in die dritte Klasse der Lateinschule bzw. des Gymnasiums der Augustiner-Eremiten in Münnerstadt eintreten. Nach Abschluss des Gymnasiums in Münnerstadt begann er mit 16 Lebensjahren (1778) an der Universität Bamberg mit dem Studium der Philosophie. An der Bamberger Hochschule kam er das erste Mal mit dem Geist der Aufklärung in Berührung, der im letzten Drittel des 18. Jahrhunderts auch im katholischen Bereich Einfluss gewonnen hatte. Die Auseinandersetzungen mit der Aufklärung, mit deren Ideen und Wirkungen, sei es in Bewunderung oder kritischer Abwehr, sollten Gregor Zirkel wie ein roter Faden sein ganzes Leben begleiten. Als Primus unter den Absolventen seines Jahrgangs wurde ihm in Bamberg im September 1780 der philosophische Doktorgrad verliehen. Früh stand sein Berufsziel fest; er wollte Weltpriester werden. Da 1780 keine Aufnahme am Würzburger Priesterseminar stattfand, studierte er noch ein Jahr Theologie in Bamberg und trat 1781 in das Würzburger Priesterseminar ein, was damals aber nur nach einem strengen Auswahlverfahren möglich war. Den größten Teil seines weiteren Lebens sollte Zirkel nun in Würzburg verbringen.

1786 erwarb er sich das Lizentiat in der Theologie. Noch im gleichen Jahr, und zwar am 23. September 1786 empfing er die Priesterweihe und wirkte dann als Kaplan in Ebern und 1788 in Arnstein. Am 13. Oktober 1789 ernannte ihn Fürstbischof Franz Ludwig von Erthal zum Subregens des Priesterseminars, ein deutliches Zeichen der Wertschätzung dieses außerordentlich begabten jungen Priesters. Seine Zeit als Subregens nutzte Zirkel auch zur theologischen Weiterqualifikation. Am 9. Mai 1791 wurde er zum Doktor der Theologie promoviert. Im Mai 1792 erhielt er ein Kanonikat am Würzburger Neumünsterstift, was vor allem auch eine Verbesserung seiner Einkünfte bedeutete. 1795 stieg er zum außerordentlichen Professor der Theologie mit dem Fach „Orientalische Sprachen" auf. Obwohl Zirkel damals bat, von seiner Aufgabe als Subregens entbunden zu werden, wurde er erst 1797, als er zum ordentlichen Professor der Theologie ernannt wurde, als Subregens abgelöst. Zirkel schätzte diese Situation, er konnte sich nun ausschließlich der Wissenschaft widmen. Nur ungern folgte er daher 1799 dem Ruf des Fürstbischofs Georg Karl von Fechenbach auf die Stelle des Regens des Priesterseminars. Damit verbunden war auch die Ernennung zum wirklichen Geistlichen Rat.

Mit 40 Jahren hatte er somit die höchste Karrierestufe erklommen, die im Rahmen der Reichskirche für einen bürgerlichen Priester infrage kam. Unter normalen Verhältnissen hätte ihm trotzdem dieser Posten kein besonderes geschichtliches Renommee eingebracht. Die Weihbischöfe des alten Bistums Würzburg treten gegenüber den glanzvollen adeligen Fürstbischöfen doch erheblich in den Hintergrund. Durch die bald aufkeimenden kirchenpolitischen Konflikte mit der bayerischen Regierung wuchs ihm als Verteidiger kirchlicher Rechte eine hohe Verantwortung zu. In diesen erwies sich „Zirkel als die festeste [und unentbehrliche] Stütze des Fürstbischofs [Georg Karl von Fechenbach]. [...] Das nicht selten schroffe Vorgehen der bayerischen Beamten mußte den vorsichtigen und mild denkenden Mann in die Opposition treiben."[9] In den Jahren der ersten bayerischen Herrschaft von 1802 bis 1806 profilierte sich Weihbischof Gregor Zirkel als Gegner staatskirchlicher und aufgeklärter Religionspolitik. Er betonte die Sendung der Kirche als sichtbare und eigenständige Größe in der Welt, die Verankerung der Kirche im aufklärungsfernen Glaubensvolk sowie die feste Anbindung an den Heiligen Stuhl. Er präfigurierte so den Ultramontanismus des 19. Jahrhunderts und wurde als Prototyp eines Bischofs dieser Zeit genannt.

Am 18. Dezember 1817 verstarb erst 55-jährig der Würzburger Weihbischof, seit drei Jahren – nach der Verleihung des Komturkreuzes des Verdienstordens der Bayerischen Krone – Gregor *von* Zirkel, in Würzburg. Nur wenige Wochen vor seinem Tod, und zwar am 25. Oktober 1817, hatte ihn der bayerische König Max I. Joseph bald nach dem gerade abgeschlossenen Konkordat des Königreichs Bayern mit dem Heiligen Stuhl gemäß dem darin vorgesehenen königlichen Nominationsrecht zum Bischof des wiedererrichteten Bistums Speyer ernannt. Gregor Zirkel konnte die neue Aufgabe nicht mehr übernehmen. Allerdings hätte auch die Einsetzung noch vier Jahre gedauert, denn die

---

[9] Anton Chroust (Hg.), Lebensläufe aus Franken. Erster Band (Veröffentlichungen der Gesellschaft für fränkische Geschichte, Reihe VII), München 1919, S. 535–550, hier S. 538.

Umsetzung des Konkordats zog sich wegen Unstimmigkeiten bezüglich seiner Interpretation bis 1821 hin (siehe Kap. 2).

Bei der Säkularisation 1802/03 war ungeklärt, wie sich die Zukunft der deutschen Kirche gestalten sollte. In § 62 des Reichsdeputationshauptschlusses wurde lediglich festgehalten: „Die erz- und bischöflichen Diöcesen aber verbleiben in ihrem bisherigen Zustande, bis eine andere Diöcesan-Einrichtung auf reichsgesetzliche Art getroffen seyn wird, wovon dann auch die Einrichtung der künftigen Domcapitel abhängt."[10] Darüber hinaus regelte der § 25: „Der Stuhl zu Mainz wird auf die Domkirche zu Regensburg übertragen. Die Würde eines Churfürsten, Reichserzkanzlers, Metropolitan-Erzbischofs und Primas von Deutschland bleiben auf ewige Zeiten damit vereiniget. Seine Metropolitan-Gerichtsbarkeit erstreckt sich in Zukunft über alle auf der rechten Rheinseite liegenden Theile der ehemaligen geistlichen Provinzen von Mainz, Trier und Kölln, jedoch mit Ausnahme der Königl. Preußischen Staaten; ingleichen über die Salzburgische Provinz, soweit sich dieselbe über die mit Pfalzbaiern vereinigten Länder ausdehnte."[11] Der Inhaber des Mainzer und nun nach Regensburg verlegten Metropolitansitzes war seit 25. Juli 1802 *Karl Theodor von Dalberg (Abb. 1.5).*

Das Mainzer Erzbistum beschränkte sich zu diesem Zeitpunkt bereits auf die rechtsrheinischen Gebiete. Mainz selbst gehörte nach der französischen Annexion nicht mehr dazu. Hier war mittlerweile infolge des Konkordats zwischen Papst Pius VII. und Napoleon (bzw. Frankreich) 1801 ein neues linksrheinisches Bistum Mainz entstanden, das Bischof Joseph Ludwig Colmar (1760–1818) leitete. Das Resterzbistum wurde von Aschaffenburg aus geleitet.[12] Karl Theodor von Dalberg[13] war bereits 1787 zum Koadjutor mit Nachfolgerecht des Erzbischofs Friedrich Karl Joseph von Erthal (* 1719, reg.

---

10 Hufeld, Der Reichsdeputationshauptschluss (wie Anm. 4), S. 109.

11 Ebd., S. 88.

12 Vgl. Karl Josef Rivinius, Das Bistum von der Säkularisation bis zum Kulturkampf, in: Friedhelm Jürgensmeier (Hg.), Handbuch der Mainzer Kirchengeschichte, Bd. 3: Neuzeit und Moderne, Teil 2 (Beiträge zur Mainzer Kirchengeschichte 6), Würzburg 2002, S. 907–1141, bes. S. 907–919; Matthias Stickler, Von der Zentralität zur Randlage – Das Aschaffenburger Untermaingebiet im Übergang vom Kurfürstentum Mainz zum Königreich Bayern (1802–1817/1821), in: Würzburger Diözesangeschichtsblätter 78 (2015), S. 47–63. – Zur allgemeinen Entwicklung vgl. Dominik Burkard, Kirche im Umbruch: Aus der Reichskirche werden „Landeskirchen". Der Weg ins 19. Jahrhundert, in: Würzburger Diözesangeschichtsblätter 78 (2015), S. 11–31; Bernd Dennemark, Die rechtliche Neuordnung der katholischen Kirche nach der Säkularisation, in: Thomas Holzner/Hannes Ludyga (Hg.), Entwicklungstendenzen des Staatskirchen- und Religionsverfassungsrechts. Ausgewählte begrifflich-systematische, historische, gegenwartsbezogene und biographische Beiträge (Kirchen- und Staatskirchenrecht 15), Paderborn u.a. 2013, S. 161–191; Karl Hausberger, Reichskirche–Staatskirche–„Papstkirche". Der Weg der deutschen Kirche im 19. Jahrhundert, Regensburg 2008, bes. S. 121–205.

13 Leben und Wirken des Karl Theodor von Dalberg sind intensiv erforscht. Aus der Fülle der Veröffentlichungen seien für diesen Zusammenhang nur genannt: Franz Xaver Bischof, Die Konkordatspolitik des Kurerzkanzlers Karl Theodor von Dalberg und seines Konstanzer Generalvikars Ignaz Heinrich von Wessenberg in den Jahren 1803 bis 1815, in: Zeitschrift für Kirchengeschichte 108 (1997), S. 75–92; Karl Hausberger, Carl von Dalberg. Der letzte geistliche Reichsfürst (Schriftenreihe der Universität Regensburg 22), Regensburg 1995; Herbert Hömig, Carl Theodor von Dalberg. Staatsmann und Kirchenfürst im Schatten Napoleons, Paderborn 2011; Hans-Bernd Spies (Hg.), Carl von Dalberg 1744–1817 (Veröffentlichungen des Geschichts- und Kunstvereins Aschaffenburg 40), Aschaffenburg 1994; ders., Carl von Dalberg (1744–1817) – Neues zur frühen Biographie (bis 1772) des Fürstprimas, in: Mitteilungen aus dem Stadt- und Stiftsarchiv Aschaffenburg 9 (2008–2010), S. 69–98.

1774–1802) gewählt worden; damit verbunden war auch die Weihe zum Titularerzbischof von Tarsus (1788). Gleichzeitig mit Mainz leitete er das rechtsrheinische Restbistum Worms. Schon 1800 hatte er das weitläufige Bistum Konstanz, wo er ebenfalls seit 1788 Koadjutor war, in Besitz genommen. Als Kurfürst von Mainz war Karl Theodor von Dalberg Mitglied der in Regensburg tagenden Reichsdeputation. Auch konnte er das Vertrauen Napoleons gewinnen. So gelang es ihm, seine Stellung als geistlicher Fürst, Kurfürst und Reichserzkanzler – gleichsam als Rest der alten Reichskirche im noch bestehenden Römisch-Deutschen Reich – zu erhalten; sein neuer geistlicher Staat als Erzbischof von Regensburg setzte sich gemäß dem Reichsdeputationshauptschluss aus dem altmainzischen Oberstift um Aschaffenburg sowie den bisherigen Reichsstädten Wetzlar und Regensburg zusammen.

Abb. 1.5: *Porträt Karl Theodors von Dalberg (Fürstprimas Erzbischof von Regensburg 1802–1818), Hinterglasmalerei mit Rahmen, 21×26 cm (DAW, BGO, Nr. 1776).*

Die *Stadt Aschaffenburg (Abb. 1.6)* erlebte in der Zeit unter der Regierung Karl Theodors von Dalberg eine Blütezeit. 1808 gründete er hier sogar eine Universität, die aber nach dem Übergang Aschaffenburgs an das Königreich Bayern 1814 wieder geschlossen wurde.

Abb. 1.6: *Aschaffenburg, Stiftskirche von Norden mit doppelläufiger barocker Freitreppe, Stahlstich, 19. Jahrhundert, 20,3 × 26,5 cm (DAW, BGO, Nr. 1589).*

Karl Theodor von Dalberg wurde am 8. Februar 1744 geboren. Aus dem reichsritterlichen Geschlecht derer von Dalberg stammend, wurde er für den geistlichen Stand bestimmt und erhielt daher schon 1754 Domkanonikate in Mainz und Würzburg; weitere in Worms und Konstanz folgten. Nach den Studien sowie den üblichen Bildungsreisen (Kavalierstour) trat der glänzend begabte und für die Neuerungen der europäischen Aufklärung aufgeschlossene Karl Theodor 1762 in den Dienst des Mainzer Kurfürsten. Als Statthalter in Mainz (ab 1771) besaß er erste Möglichkeiten, seine bildungs- und sozialreformerischen Ideen umzusetzen. Als Bildungspolitiker trat er auch in Würzburg hervor, nachdem er 1779 hier zum Domkapitular aufgestiegen war, 1780 die Würde des Domscholasters und des Propstes von Wechterswinkel erhielt sowie 1783 schließlich noch zum Rektor der Julius-Universität gewählt wurde (bis 1787). In Würzburg erlangte er 1797 die lukrative Pfründe des Dompropstes. Karl Theodor erwarb sich in diesen Jahrzehnten die Stellung einer reichsweit bewunderten und gefragten intellektuellen Zelebrität.

Nach der Säkularisation wollte er gemäß dem Auftrag des Reichsdeputationshauptschlusses durch ein Reichskonkordat der deutschen Kirche eine neue strukturelle Grundlage geben. Die Aufnahme von Verhandlungen wurde durch die Interessen der Landesherren, besonders des bayerischen Kurfürsten, die territorialkirchliche Lösungen suchten, erschwert und verzögerte sich. Als sie endlich im Sommer 1806 in Gang kamen, löste sich das Reich auf. Dalberg strebte für den mittlerweile entstandenen Rheinbund, dem er als Großherzog von Frankfurt durch die Gnade Napoleons angehörte, ein Konkordat an. Aber auch diese Hoffnungen zerschlugen sich. Die deutsche Kirchenfrage blieb damit über den Sturz Napoleons (1813–1815) hinaus ungelöst. In der Folgezeit stellte sich neuerlich die Frage, ob es zu einem Konkordat für den ganzen Deutschen Bund kommt oder Regelungen mit den Einzelstaaten getroffen werden. Letzteres war der Fall und Bayern machte mit seinem Konkordat vom 27. Oktober 1817 den Anfang (siehe Kap. 2). Dalberg verlor 1813 sein Großherzogtum und war nun ebenfalls nur noch kirchliches Oberhaupt. 1814 zog er sich an seinen Regensburger Erzbischofssitz zurück und widmete sich seinen geistlichen Pflichten. Am 10. Februar 1817 verstarb er in Regensburg.

Im ehemaligen Hochstift Würzburg sowie im Bistum Würzburg war es in der Zeit zu verschiedenen Veränderungen gekommen. Infolge des Dritten Koalitionskrieges, den Frankreich neuerlich für sich entscheiden konnte, kam es zu territorialen Verschiebungen. Im Frieden von Preßburg (26. Dezember 1805) wurde festgelegt, dass Bayern das frühere Hochstift und nunmehrige Fürstentum Würzburg wieder abgab und dafür von Österreich Tirol und Vorarlberg erhielt. Würzburg dagegen kam – aufgewertet zum Kurfürstentum – an den *Habsburger Erzherzog Ferdinand (1769–1824)*[14] *(Abb. 1.7).*

---

[14] Zu seiner Person vgl. Franz Pesendorfer, Ein Kampf um die Toskana. Großherzog Ferdinand III. 1790–1824, Wien 1984; Dieter Schäfer, Ferdinand von Österreich. Großherzog zu Würzburg, Kurfürst von Salzburg, Großherzog der Toskana, Köln 1988; zu seiner Würzburger Zeit vgl. Wolfgang Altgeld / Matthias Stickler, „Italien am Main". Großherzog Ferdinand III. der Toskana als Kurfürst und Großherzog von Würzburg (Historische Studien der Universität Würzburg 7), Rhaden / Westf. 2007; Großherzog Ferdinand und die Würzburger „Toskanazeit"

Abb. 1.7:
Ferdinand von Toskana (Kurfürst, dann Großherzog von Würzburg 1806–1814), Lithographie, 14,5 × 22 cm (DAW, BGO, Nr. 1154).

Er trug auch den Titel eines Großherzogs Ferdinand III. von Toskana; denn er hatte die Regierung über diese italienische Sekundogenitur der Habsburger 1790 als zweitältester Sohn Großherzogs Peter Leopold (1747–1792) übernommen. Diesem war nämlich als Sohn der Kaiserin Maria Theresia (1717–1780) nach dem Tod des kinderlosen Bruders Kaiser Josef II. (1741–1790) die Erbfolge in Österreich zugefallen; auch wurde er zum römisch-deutschen Kaiser Leopold II. gewählt. Nach Leopolds Tod 1792 folgte ihm sein ältester Sohn als Kaiser Franz II. nach. In der Toskana bemühte sich Ferdinand, die aufgeklärten Reformen seines Vaters fortzuführen, wobei ihm die zunehmenden kriegerischen Auseinandersetzungen weitgehend die Gestaltungsmöglichkeiten nahmen. 1799 musste er die Toskana verlassen und im Frieden von Lunéville (1801) sein Großherzogtum definitiv abtreten. Er wurde 1803 im Reichsdeputationshauptschluss durch ein neugeschaffenes Kurfürstentum Salzburg – bestehend aus dem Erzstift Salzburg, der Fürstpropstei Berchtesgaden, dem Hochstift Eichstätt und Teilen des Hochstifts Passau – entschädigt. Im schon erwähnten Frieden von Preßburg wurde diese staatliche Einheit wieder zerschlagen; ihre Teile gingen an Österreich und Bayern, während der Großherzog Ferdinand von Toskana nach Würzburg transferiert wurde. Hier wurde

1806–1814: Begleitschrift zur Ausstellung von Robert Meier/[Stadtarchiv Würzburg]. Mit Beiträgen von Harm-Hinrich Brandt und Dieter Schäfer (Sonderveröffentlichungen des Stadtarchivs Würzburg 3), Würzburg 2006.

seine Regierungsübernahme am 1. Februar 1806, nachdem die (Pfalz-)Bayern in den Jahren seit 1802 den besonderen Unmut der Bevölkerung auf sich gezogen hatten, geradezu euphorisch begrüßt. Nach dem Ende des römisch-deutschen Kaiserreiches noch im gleichen Jahr war der Titel Kurfürst überholt und Ferdinand erhielt die Bezeichnung Großherzog.

In den folgenden Jahren führte er in Würzburg ein eher mildes Regiment, das sich zwar aufgeklärten Reformen nicht völlig verschloss, aber doch eher konservativ orientiert war. Vor allem suchte er den Konsens mit den kirchlichen Kräften und so auch mit der profiliertesten Persönlichkeit der Würzburger Kirche, Weihbischof Gregor Zirkel. Völlig konfliktfrei war aber, wie noch zu zeigen sein wird, das Staat-Kirche-Verhältnis auch in seiner Zeit nicht.[15] Die politischen Verhältnisse zwangen ihn zur engen Anlehnung an Kaiser Napoleon. Mit dessen Niedergang verlor Großherzog Ferdinand 1814 wieder sein fränkisches Gebiet; dafür konnte er in sein Ursprungsland, die Toskana, zurückkehren. Würzburg kam nun endgültig an Bayern, das 1806 zum Königreich aufgestiegen war.

Im kirchlichen Bereich blieb der Würzburger Bischofsstuhl nach dem Tod des letzten Fürstbischofs Georg Karl von Fechenbach am 9. April 1808 in Bamberg, wo er auch beigesetzt wurde, vorerst vakant, ebenso der Bamberger. Erst nach dem Konkordat von 1817 sollte es zu einer Wiederbesetzung kommen (siehe Kap. 2 und 3). Fechenbach leitete nach dem Tod des letzten Bamberger Bischofs Christoph Franz von Buseck (* 1724) am 28. September 1805 das Nachbarbistum in Personalunion. Wie sein Vorgänger Franz Ludwig von Erthal wollte er bereits 1795 beide Mainbistümer vereinen und hatte daher mit Unterstützung des Wiener Kaiserhofes erfolglos eine Wahl zum Bischof von Bamberg angestrebt. 1800 gelang dann die Bestellung Fechenbachs zum Koadjutor mit dem Recht der Nachfolge in Bamberg.[16] Noch einmal waren dann für nicht ganz drei Jahre beide Bistümer in einer Hand.

Ein Problem nach dem Tod des letzten Fürstbischofs war, wie eine provisorische Diözesanleitung eingerichtet werden könne, da davon auszugehen war, dass das Domkapitel mit der Säkularisation seiner Besitzungen auch kanonisch erloschen war und keinen Kapitularvikar wählen könne.[17] In dieser Situation wandte sich das Vikariat an die Kurie. Papst Pius VII. bevollmächtigte daraufhin den bisherigen Generalvikar Johann Franz Schenk Freiherrn von Stauffenberg am 6. Mai 1808 als apostolischen Kapitularvikar, auch wenn er den Titel Generalvikar weiterführte. *Direktor des Generalvikariats*, wie die oberste geistliche Behörde in der Vakanz weiter genannt wurde, blieb Weihbischof *Gregor Zirkel (Abb. 1.8)*. Ihm stand damit weiterhin die Hauptverantwortung in der Diözesanleitung zu.

---

[15] Vgl. Winfried Romberg, Religion und Kirchenpolitik Ferdinands III. von Toskana zwischen Spätabsolutismus und Rheinbund. Zum 200. Jahrestag seines Regierungsantrittes im Großherzogtum Würzburg, in: Würzburger Diözesangeschichtsblätter 68 (2006), S. 109–213; Wolfgang Weiß, Staat und Kirche im Großherzogtum Würzburg, in: Altgeld / Stickler, „Italien am Main" (wie Anm. 14), S. 75–92.

[16] Vgl. Romberg, Die Würzburger Bischöfe von 1746 bis 1802 (wie Anm. 2), S. 568f.

[17] Vgl. P. Beda Bastgen, Bayern und der Heilige Stuhl in der ersten Hälfte des 19. Jahrhunderts (Beiträge zur altbayerischen Kirchengeschichte 17), 2 Bde., München 1940, hier Bd. 1, S. 268–275; Weiß, Staat und Kirche (wie Anm. 15), S. 89; Wendehorst, Das Bistum (wie Anm. 5), S. 21.

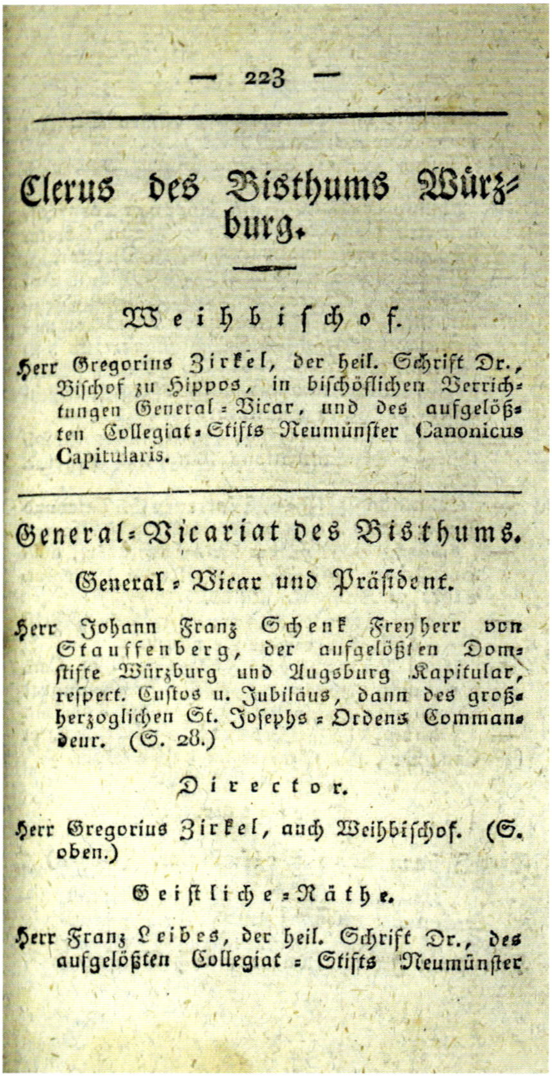
— 223 —

Clerus des Bisthums Würzburg.

Weihbischof.

Herr Gregorius Zirkel, der heil. Schrift Dr., Bischof zu Hippos, in bischöflichen Verrichtungen General-Vicar, und des aufgelößten Collegiat-Stifts Neumünster Canonicus Capitularis.

General-Vicariat des Bisthums.

General-Vicar und Präsident.

Herr Johann Franz Schenk Freyherr von Stauffenberg, der aufgelößten Domstifte Würzburg und Augsburg Kapitular, respect. Custos u. Jubiläus, dann des großherzoglichen St. Josephs-Ordens Commandeur. (S. 28.)

Director.

Herr Gregorius Zirkel, auch Weihbischof. (S. oben.)

Geistliche-Räthe.

Herr Franz Leibes, der heil. Schrift Dr., des aufgelößten Collegiat-Stifts Neumünster

Abb. 1.8:
Großherzoglich Würzburgischer Hof- und Staats-Kalender für das Schaltjahr 1812, aufgeschlagene S. 223, 10×16,6 cm (DBW, NZ 91100 H 697–1812).

Die Harmonie zwischen Großherzog Ferdinand und der Würzburger Diözesanspitze wurde 1812 im Streit um die Einführung des „Katechismus der christkatholischen Glaubens- und Sittenlehre“ von P. Ägidius Jais als neuem Diözesankatechismus schwer getrübt.[18] Johann Franz Schenk Freiherr von Stauffenberg sah sich nach dem Grundsatz *sede vacante nihil innovetur* (während einer Vakanz darf nichts Neues eingeführt werden) nicht in der Lage, eine so weitgehende Entscheidung zu fällen. Nun ging der Großherzog einseitig vor und verfügte die Einführung des Katechismus an allen Schulen des Großherzogtums. Dieser Weisung wollte sich die Mehrheit der Vikariatsräte beugen, während Stauffenberg und Zirkel an ihrer Ablehnung festhielten. Sie

[18] Vgl. zusammenfassend Weiß, Staat und Kirche (wie Anm. 15), S. 86–90.

plädierten für die Beibehaltung des alten Diözesankatechismus nach Canisius. Der Großherzog änderte aber nicht seine Haltung. Daraufhin erklärten Stauffenberg und Zirkel ihren Rücktritt. In der Folge trat auch Zirkel als Direktor des Vikariats zurück. Großherzog Ferdinand bat Stauffenberg nach seinem Rücktritt um die Fortsetzung seiner Tätigkeit. Der päpstliche Nuntius in Luzern, Erzbischof Fabrizio Testaferrata (1757–1843), wollte die Resignation des Generalvikars nicht annehmen und bat ihn ebenfalls, die erteilte Jurisdiktion fortzuführen. So blieb Stauffenberg bis zu seinem Tod am 11. Dezember 1813 General- bzw. Kapitularvikar, während Zirkel seine zentrale Position als Direktor des Generalvikariats nicht mehr innehatte. Er blieb aber schon allein durch seine Stellung als Weihbischof eine wichtige Persönlichkeit in der Würzburger Kirche. So zeigte er dem Großherzog den Weg zur ordnungsgemäßen Neubevollmächtigung eines provisorischen Leiters der Diözese auf. Da das Domkapitel supprimiert sei, müsse an den Papst bzw. den Nuntius in Luzern rekurriert werden, was dann auch geschah. Der Nuntius ernannte daraufhin am 7. April 1814 den Vikariatsrat und Fiskal *Dr. Joseph Fichtl (1740–1824)*, den auch Zirkel unter den Räten als den fachkundigsten und gemäßigtsten einschätzte, zum *Apostolischen Provikar (Abb. 1.9).* Im Zuge der Neuerrichtung des Bistums Würzburg im Herbst 1821 änderte sich seine Amtsbezeichnung kurzzeitig in die eines Apostolischen Vikars (siehe Kap. 2).

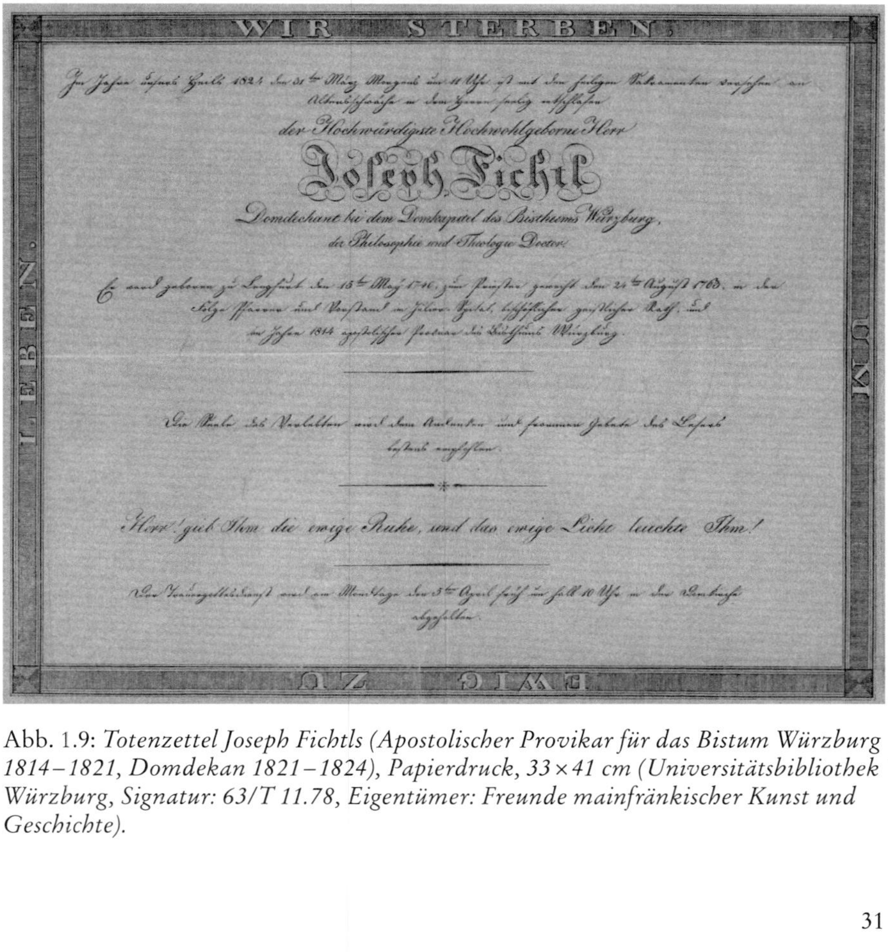
WIR STERBEN
der Hochwürdigste Hochwohlgeborne Herr
Joseph Fichtl
Domdechant bei dem Domkapitel des Bisthums Würzburg,
der Philosophie und Theologie Doctor
Herr! gib Ihm die ewige Ruhe, und das ewige Licht leuchte Ihm!
LEBEN
UNS
ZU EWIG

Abb. 1.9: *Totenzettel Joseph Fichtls (Apostolischer Provikar für das Bistum Würzburg 1814–1821, Domdekan 1821–1824), Papierdruck, 33 × 41 cm (Universitätsbibliothek Würzburg, Signatur: 63/T 11.78, Eigentümer: Freunde mainfränkischer Kunst und Geschichte).*

Fichtl war nun bis zur Errichtung der neuen Diözese Würzburg 1821 die entscheidende Persönlichkeit der Diözesanverwaltung. Zirkel war aber weiterhin eine zentrale Persönlichkeit der Würzburger Kirche; er bemühte sich, ein kirchenfreundliches Klima bei der bayerischen Regierung zu fördern und suchte daher den Kontakt zum ab 1816 zeitweise in Würzburg residierenden Kronprinz Ludwig; darüber hinaus machte er sich im Verbund mit Gesinnungsgenossen für die Schaffung einer selbstständigen bayerischen Landeskirche stark (siehe Kap. 2).

Provikar Fichtl[19] gehört wie Zirkel zu den talentierten und gut ausgebildeten bürgerlichen Spitzengeistlichen der Diözese. Er wurde am 15. Mai 1740 in Lengfurt geboren, erlangte den Dr. phil. und vor seiner Priesterweihe 1763 das Baccalaureat in der Theologie.[20] Ab 1766 war er an der herausgehobenen Position als Kaplan am Juliusspital tätig, 1778 übernahm er dort die renommierte Stellung eines Vorstehers und Pfarrers. 1779 wurde er an der Universität Würzburg zum Dr. theol. promoviert. 1789 berief ihn Fürstbischof Erthal in den Geistlichen Rat. Bald trübte sich aber das Verhältnis zu diesem. Da ihm im Rahmen der organisatorischen und baulichen Umgestaltung des Juliusspitals Kompetenzen entzogen wurden, trat er enttäuscht und gekränkt 1790 als dessen Pfarrer zurück. Er sei vorübergehend „in Schwermuth und in eine Art Misanthropie" versunken und wollte zukünftig im Interesse seiner Gesundheit „im stillen Privatleben" seine Tage verbringen; nach einigen Jahren habe er diese Krise überwunden und sei „als Geistlicher Rath wieder in volle Aktivität" getreten.[21] Spätestens ab 1803 besaß er auch die Aufgabe des Fiskals.[22] Fichtl konnte also eine immense Erfahrung im Verwaltungsbereich vorweisen. Das Wirken Fichtls als Provikar ist bisher kaum erforscht. Allerdings boten diese Jahre auch kaum die Möglichkeit für eine persönliche Profilierung, vielmehr galt es, das Vorhandene einigermaßen zu stabilisieren und so in diesen schwierigen Jahren einen weiteren Niedergang zu vermeiden. Fichtl war darüber hinaus schon fast 74 Jahre alt, als er die Aufgabe des Provikars übernahm, und bereits 81 Jahre, als er sie mit der Einsetzung des neuen Bischofs 1821 abgeben konnte. Besondere Verantwortung kam ihm im Rahmen der Neuorganisation des Bistums Würzburg zu. So suchte Rom seinen Rat bei der Auswahl der neun Domkapitulare.[23] Im neuen Domkapitel wurde er Domdechant bzw. -dekan, sicher aus Dankbarkeit und als Ehrung für seine Dienste. Am 31. März 1824 verstarb er (siehe Kap. 4).

W. W.

---

19 Vgl. Erik Soder von Güldenstubbe, Fichtl, Joseph (1740–1824), in: Gatz, Die Bischöfe (wie Anm. 7), S. 190.

20 Zu seinen theologischen Abschlüssen vgl. Ludwig K. Walter (Bearb.), Dozenten und Graduierte der Theologischen Fakultät Würzburg 1402 bis 2002 (Quellen und Forschungen zur Geschichte des Bistums und Hochstifts Würzburg 63), Würzburg 2010, S. 377 u. 409.

21 Franz J. Bendel, Das Würzburger Domkapitel seit dessen Wiederrichtung im Jahre 1821, in: Würzburger Diözesangeschichtsblätter 16/17 (1954/55), S. 1–62, hier S. 47.

22 Vgl. Weiß, Kirche im Umbruch (wie Anm. 3), S. 168.

23 Vgl. Bendel, Das Würzburger Domkapitel (wie Anm. 21), S. 46.

2. Rechtsgrundlagen und Grundprinzipien der Bistumsneuorganisation

Auf dem Wiener Kongress 1814/15 entschieden die europäischen Mächte nach dem Zusammenbruch der napoleonischen Herrschaft über die künftige territoriale und politische Gestalt Europas und Deutschlands und schufen nach Maßgabe der Leitprinzipien Restauration, Gleichgewicht, Legitimität und Solidarität wieder ein festes staatliches Ordnungsgefüge. Der Kirchenstaat wurde restituiert. An die Stelle des Alten Reichs trat der aus souveränen Einzelstaaten bestehende Deutsche Bund. Nach der politischen Neuordnung Deutschlands konnte auch die Neuorganisation und institutionelle Wiederherstellung der katholischen Kirche in den deutschen Einzelstaaten nicht länger aufgeschoben werden. Eine gesamtdeutsche Lösung der seit 1803 offenen Kirchenfrage in Form einer alle Staaten des Deutschen Bundes einbeziehenden Neuorganisation und rechtsverbindlichen Festlegung des Verhältnisses von Staat und katholischer Kirche durch ein Bundeskonkordat mit dem Heiligen Stuhl, wie sie der Konstanzer Generalvikar Ignaz Heinrich von Wessenberg (1774–1860), den der frühere Fürstprimas Karl Theodor von Dalberg (1744–1817) (siehe Kap. 1) als seinen bevollmächtigten Vertrauten nach Wien entsandt hatte, und andere Vertreter der deutschen Kirche vertrat, kam nach Lage der Dinge allerdings nicht zustande.[24] Die Bemühungen um ein Bundeskonkordat scheiterten vor allem an den staatskirchenrechtlichen Partikularinteressen der deutschen Einzelstaaten, allen voran Bayerns und Württembergs, die ihre Souveränität nicht durch bundeseinheitliche Lösungen der Kirchenfrage und fremde Eingriffe eingeschränkt wissen wollten, sowie an der römisch-kurialen Ablehnung einer gesamtdeutschen, primatial verfassten Kirche, die gegenüber dem Papsttum ein macht- und kirchenpolitisches Gegengewicht hätte bilden können.[25] Folglich nahmen die deutschen Staaten nach dem Wiener Kongress mit dem Heiligen Stuhl direkte Verhandlungen über die Neugestaltung der katholischen Kirche in ihren Ländern auf.[26] Wie die Neugestaltung im Einzelnen aussehen sollte,

---

[24] In den offiziellen Sitzungen des Wiener Kongresses wurde die deutsche Kirchenfrage überhaupt nicht behandelt. Die Gespräche über die Forderungen, Eingaben und Denkschriften Wessenbergs und anderer Kirchenvertreter zur Kirchenfrage bzw. die Diplomatie darüber fanden vielmehr hinter den Kulissen statt. Auch in der Bundesakte fand die Kirchenfrage keinen substanziellen Niederschlag; vgl. Dominik Burkard, Der Wiener Kongress – Zäsur oder nur Zwischenspiel? Vorstellungen, Konzeptionen und Bemühungen zur Reorganisation der »deutschen Kirche« vor, während und nach dem europäischen Konzert, in: Heinz Duchhardt / Johannes Wischmeyer (Hg.), Der Wiener Kongress – eine kirchenpolitische Zäsur? (Veröffentlichungen des Instituts für europäische Geschichte Mainz, Beiheft 97), Göttingen 2013, S. 43–98.

[25] Zur Stellung Bayerns und Roms vgl. Karl Hausberger, Staat und Kirche nach der Säkularisation. Zur bayerischen Konkordatspolitik im frühen 19. Jahrhundert (Münchener Theologische Studien, I. Historische Abteilung 23), München 1983, S. 143–155.

[26] Überblick bei Dominik Burkard, Rechtsfiktion und Rechtspraxis bei der Neuordnung der deutschen Bistumsgrenzen im 19. Jahrhundert (mit 1 Karte im Anhang), in: Edeltraud Klueting / Harm Klueting / Hans-Joachim Schmidt (Hg.), Bistümer und Bistumsgrenzen vom frühen Mittelalter bis zur Gegenwart (Römische Quartalschrift für christliche Altertumskunde und Kirchengeschichte, 58. Supplementband), Rom / Freiburg / Wien 2006, S. 212–246, bes. S. 219–225. Zu den in Frankfurt entwickelten Konzeptionen der protestantischen südwestdeutschen Mittelstaaten, die dann zur Errichtung der Oberrheinischen Kirchenprovinz führten, vgl. die grundlegende Studie von Dominik Burkard, Staatskirche – Papstkirche – Bischofskirche. Die „Frankfurter Konferenzen“ und die Neuordnung der Kirche in Deutschland nach der Säkularisation (Römische Quartalschrift, Supplementband 3), Rom / Freiburg / Wien 2000.

darüber hatte jeder Staat aufgrund seiner Historie und gewachsenen Situation naturgemäß andere Vorstellungen und Zielvorgaben und so unterschieden sich die jeweils entwickelten Konzeptionen hierzu teilweise deutlich voneinander.[27]

Den Anfang der direkten Verhandlungen mit Rom über den Abschluss eines Separatkonkordats machte Bayern im September 1816.[28] Die längst fällige Neuregelung der Beziehungen zwischen bayerischem Staat und katholischer Kirche lag trotz gegensätzlich geleiteter Kirchenverständnisse in beiderseitigem Interesse.[29] Durch die auf dem Wiener Kongress und in der Folgezeit bis 1816 vertraglich geschlossenen Vereinbarungen mit den betroffenen Nachbarn hatte Bayern seine staatliche Souveränität bewahrt und eine dauerhafte territoriale Gestalt erhalten. Es galt nun für König Max I. Joseph, die unterschiedlichen Landesteile staatlich und organisch zusammenzuführen und die katholischen Untertanen in den neubayerischen Gebieten in Schwaben, Franken und der wiedergewonnenen linksrheinischen Pfalz auf allen Ebenen und damit auch kirchlich in den modern aufgeklärten, gemischtkonfessionellen Gesamtstaat zu integrieren. Die kirchliche Zugehörigkeit einzelner neuer Landesteile zu Diözesen, deren zuständige Bischofssitze bzw. Generalvikariate außerhalb der bayerischen Landesgrenzen und -hoheit lagen, blockierten jedoch eine einheitliche Staats- und Kirchenpolitik und erschwerten die Integration der dortigen katholischen Bevölkerung. Oberstes kirchenpolitisches Ziel Bayerns war daher die Schaffung einer geschlossenen „Landeskirche" nach Möglichkeit mit nur einem in der Landeshauptstadt München amtierenden Erzbischof und die Anpassung der einzelnen Bistumsgrenzen nach außen an die bestehenden Landes- bzw. nach innen an die staatlichen Verwaltungsgrenzen.[30] Da die Religion nach wie vor das Fundament auch des modernen und aufgeklärten Staates war, sollte die katholische Kirche neben der Wahrnehmung ihrer pastoralen Kernaufgaben als sittliche und ordnungsstiftende Autorität zum Wohl und Nutzen des Staates entsprechend in die Gesellschaft hineinwirken und somit der For-

---

27 Vgl. Burkard, Kirche im Umbruch (wie Anm. 12), bes. S. 13.

28 Zum zeitgeschichtlichen Hintergrund und den politischen Aspekten der Neuordnung des Verhältnisses von Staat und Kirche in Bayern zwischen 1803 und 1821, zu den Konkordatsverhandlungen bis zu dessen Unterzeichnung, der Ratifizierung durch den König bzw. der päpstlichen Approbation sowie zu den Konflikten um die Geltung und den Vollzug des Konkordats vgl. Bastgen, Bayern und der Heilige Stuhl (wie Anm. 17), Bd. 1, S. 167–201; Hausberger, Staat und Kirche (wie Anm. 25), S. 23–291; Winfried Müller, Zwischen Säkularisation und Konkordat. Die Neuordnung des Verhältnisses von Staat und Kirche 1803–1821, in: Walter Brandmüller, (Hg.), Handbuch der bayerischen Kirchengeschichte, Bd. 3: Von der Säkularisation bis zur Gegenwart, St. Ottilien 1991, S. 85–129; Thomas Groll, Das neue Augsburger Domkapitel. Von der Wiedererrichtung (1817/21) bis zum Ende des Zweiten Weltkriegs (1945). Verfassungs- und Personengeschichte (Münchener Theologische Studien, I. Historische Abteilung 34), München 1996, S. 13–51; Hausberger, Reichskirche – Staatskirche – „Papstkirche" (wie Anm. 12), S. 121–167.

29 Auf staatlicher Seite war dies das von der Aufklärung geprägte Verständnis, das den Staat als souveräne, mit uneingeschränkter Hoheit versehene Größe und die Kirche als untergeordnete, staatsimanente Institution begriff. Auf kirchlicher Seite war es das im Grunde staatsunabhängige, auf die Wahrung der kirchlichen Rechtssphäre bedachte Verständnis, das die Kirche nach wie vor als eigenberechtigte Gewalt betrachtete und die Gestaltung des Verhältnisses zum Staat auf der Grundlage kanonischer Rechtsnormen und kirchlicher Prinzipien forderte; vgl. Hausberger, Reichskirche – Staatskirche – „Papstkirche" (wie Anm. 12), S. 141–149.

30 Zum „Territorialprinzip" als leitende kirchenpolitische Idee Bayerns bei der kirchlichen Neuorganisation vgl. Burkard, Rechtsfiktion und Rechtspraxis (wie Anm. 26), S. 234–237; ders., Kirche im Umbruch (wie Anm. 12), S. 14–21.

mung eines einheitlichen bayerischen Landesbewusstseins dienen. Um die ihr zugedachten Aufgaben aber überhaupt wahrnehmen zu können, war ihre institutionelle Wiederherstellung und Eingliederung in den Staat unerlässliche Voraussetzung. Nach über einem Jahrzehnt der finanziellen Zerrüttung, institutionellen Zerschlagung und des kirchenrechtlichen Schwebezustands, mittlerweile zahlreich verwaisten Bischofsstühlen, mehrfach veränderten Diözesangrenzen, eingeschränkter Priesterausbildung, zunehmendem Priestermangel und damit verbundenem seelsorgerlichem Notstand wurde auch auf katholischer Seite der Ruf nach einer institutionellen Konsolidierung und rechtsverbindlichen Festlegung des Verhältnisses zum Staat unter den veränderten Bedingungen immer lauter. Kirchlicherseits waren es in Bayern vor allem die sogenannten Konföderierten, eine Gruppe von Geistlichen aus den Diözesen Bamberg, Eichstätt und Würzburg, unter ihnen der Bamberger Generalvikar und spätere Würzburger Bischof (Adam) Friedrich Freiherr von Groß zu Trockau (1758–1840) und als führender Kopf der Würzburger Weihbischof Gregor Zirkel (1762–1817), die sich für eine konkordatäre Neuordnung des Verhältnisses von bayerischem Staat und katholischer Kirche unter engem Anschluss an den Heiligen Stuhl einsetzten.[31]

Nach komplizierten Verhandlungen unterzeichneten schließlich Titularbischof Kasimir Freiherr von Haeffelin (1737–1827) als bayerischer Unterhändler und Gesandter beim Heiligen Stuhl und Kardinalstaatssekretär Ercole Consalvi (1757–1824) als Vertreter des Papstes am 5. Juni 1817 das neunzehn Artikel umfassende *Konkordatswerk* (*Abb. 2.1*). Da Haeffelin aus staatlicher Sicht in Überschreitung seiner Kompetenzen ohne vorherige Autorisierung der Münchener Regierung der römischen Kurie in einigen strittigen Punkten zu weit entgegengekommen war, wurde das Konkordat durch König Max I. Joseph erst nach weiteren Nachverhandlungen und unter stillschweigendem Vorbehalt der staatskirchlichen Hoheitsansprüche am 24. Oktober 1817 ratifiziert. Die päpstliche Approbation durch Pius VII. (*1742, reg. 1800–1823) erfolgte am 9. November 1817.

Das Konkordat garantierte in Artikel I zunächst die Vorrechte und Integrität der katholischen Religion im Königreich Bayern unter besonderer Hervorhebung des kanonischen Rechts.[32] Nachdem bei den Konkordatsverhandlungen die ursprüngliche Idee der bayerischen Regierung einer einzigen Metropolitankirche auf den Widerstand der römischen Kurie gestoßen war, wurde gemäß Artikel II das Königreich kirchenorganisatorisch in eine süd- und eine nordbayerische Kirchenprovinz mit je einem Erzbistum und drei zugeordneten Suffraganbistümern unterteilt.

---

[31] Zu den Konföderierten vgl. Hausberger, Staat und Kirche (wie Anm. 25), S. 159–166; Bruno Lengenfelder, Die Diözese Eichstätt zwischen Aufklärung und Restauration. Kirche und Staat 1773–1821 (Eichstätter Studien NF 28), Regensburg 1989, S. 401–428, mit weiterer Literatur. Zur Rolle Zirkels vgl. Ludwig, Weihbischof Zirkel von Würzburg in seiner Stellung zur theologischen Aufklärung (wie Anm. 7), Bd. 2, S. 292–309; Weiß, Ein Kirchenmann zwischen Aufklärung, Romantik und Restauration (wie Anm. 7), bes. S. 211f.

[32] Lateinischer und deutscher Text des Konkordats in: Gesetzblatt für das Königreich Baiern, 1818, Stück XVIII. Weitere Abdrucke bei: Hausberger, Staat und Kirche (wie Anm. 25), S. 309–329; Ammerich (Hg.), Das Bayerische Konkordat 1817 (wie Anm. 6), S. I–VIII (nach der Ausgabe von Hausberger). Zu den Rechtsinhalten des Konkordats vgl. Hausberger, Staat und Kirche (wie Anm. 25), S. 202–210; ders., Reichskirche– Staatskirche–„Papstkirche" (wie Anm. 12), S. 155–158.

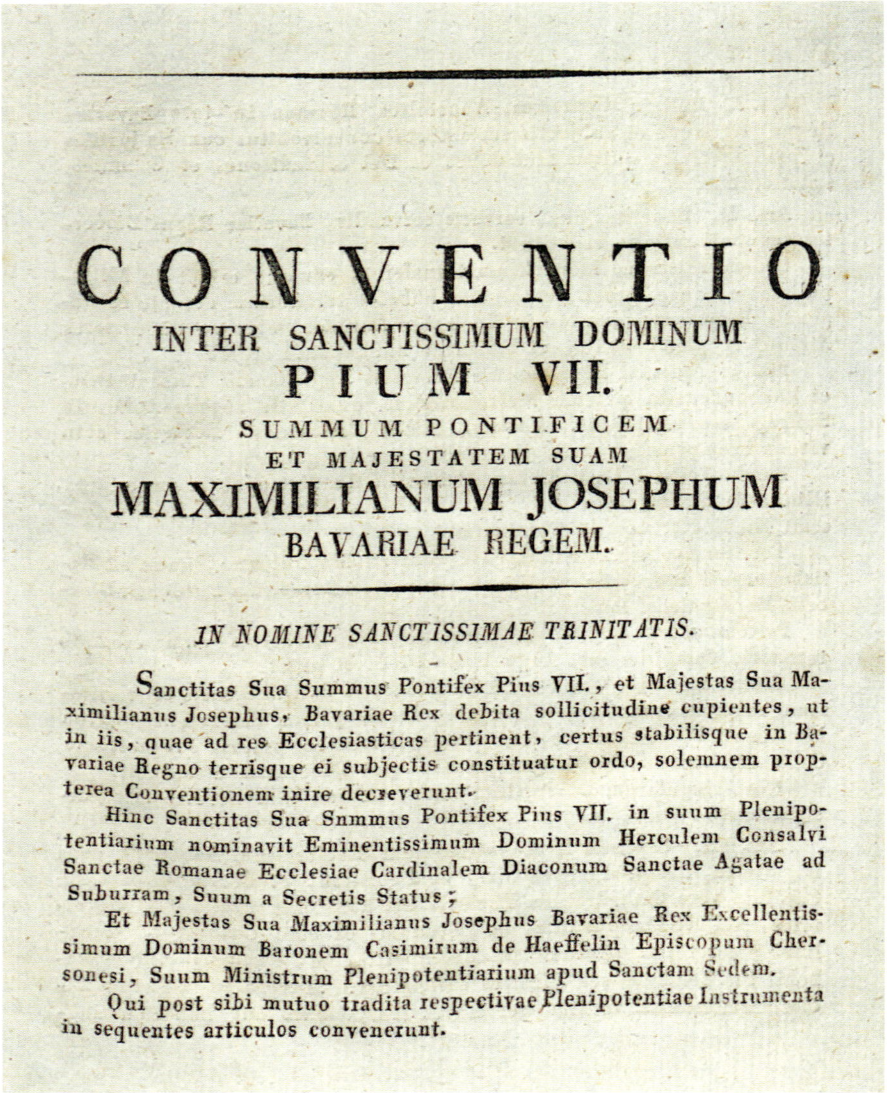

CONVENTIO
INTER SANCTISSIMUM DOMINUM
PIUM VII.
SUMMUM PONTIFICEM
ET MAJESTATEM SUAM
MAXIMILIANUM JOSEPHUM
BAVARIAE REGEM.

IN NOMINE SANCTISSIMAE TRINITATIS.

Sanctitas Sua Summus Pontifex Pius VII., et Majestas Sua Maximilianus Josephus, Bavariae Rex debita sollicitudine cupientes, ut in iis, quae ad res Ecclesiasticas pertinent, certus stabilisque in Bavariae Regno terrisque ei subjectis constituatur ordo, solemnem propterea Conventionem inire decreverunt.

Hinc Sanctitas Sua Snmmus Pontifex Pius VII. in suum Plenipotentiarium nominavit Eminentissimum Dominum Herculem Consalvi Sanctae Romanae Ecclesiae Cardinalem Diaconum Sanctae Agatae ad Suburram, Suum a Secretis Status;

Et Majestas Sua Maximilianus Josephus Bavariae Rex Excellentissimum Dominum Baronem Casimirum de Haeffelin Episcopum Chersonesi, Suum Ministrum Plenipotentiarium apud Sanctam Sedem.

Qui post sibi mutuo tradita respectivae Plenipotentiae Instrumenta in sequentes articulos convenerunt.

Abb. 2.1: *Druck des bayerischen Konkordats vom 05.06.1817 in lateinischer Sprache, in: Acta organisationem novam Dioecesium Regnis Bavariae concernentia, 15 × 19 cm (DBW, D 01559).*

Dem Erzbistum München und Freising unterstanden die Suffraganbistümer Augsburg, Passau und Regensburg, dem Erzbistum Bamberg die Suffraganbistümer Würzburg, Eichstätt und Speyer. Artikel III behandelte die Zusammensetzung und Aufgaben der Domkapitel. Die Domkapitel der acht Bistümer erhielten je zwei Dignitäre (Propst und Dekan), die beiden Metropolitankapitel je zehn, die übrigen Kapitel je acht Kanoniker. Zudem wurden bei jedem Domkapitel sechs Domvikare angestellt. Die Domkapitel hatten neben dem Chordienst an den Kathedralkirchen die Aufgabe, den Bischöfen als Räte in der

Diözesanverwaltung zur Seite zu stehen. Artikel IV setzte die ebenfalls vom Staat übernommenen Gehälter der Bischöfe, Domdignitäre, -kanoniker und -vikare fest, die auf liegenden, der freien kirchlichen Verwaltung übergebenen Gütern und ständigen Fonds gegründet sein sollten. Gleichzeitig verpflichtete sich der Staat zur Bereitstellung standesgemäßer Wohnungen für die Bischöfe, Dignitäre, älteren Domkanoniker und -vikare und gestand jedem Bistum geeignete Amtsgebäude für die diözesane Verwaltung zu. Auch für die Alten- und Krankenversorgung des Diözesanklerus wollte der Staat gemäß Artikel VI geeignete Gebäude zur Verfügung stellen. In gleicher Weise garantierte er in Artikel V den Erhalt und die ausreichende Dotation der Priesterseminare in den Bistümern sowie die Autonomie der Bischöfe hinsichtlich Leitung, Disziplinaraufsicht und Ausbildungsinhalten. In Artikel VII stellte man staatlicherseits die Wiederherstellung einiger Klöster in Aussicht, die in den Bereichen Bildung und Erziehung, Seelsorge und Krankenpflege tätig werden sollten. Artikel VIII garantierte der Kirche das volle Eigentums- und Erwerbsrecht. In Artikel IX wurde dem bayerischen König als Indult (Gnadenerweis des Hl. Stuhls) das Nominationsrecht für alle bayerischen Bischofsstühle zugestanden. Gleichzeitig hatten die Bischöfe gemäß Artikel XV in die Hände des Königs einen Treue- und Gehorsamseid abzulegen.

Die Besetzung der Domkapitel und die Aufnahmekriterien in die Kapitel unterlagen den in Artikel X festgesetzten Bestimmungen. Danach erfolgte die Ernennung der Dompröpste durch den Papst[33], die der Domdekane durch den bayerischen König. Die Ernennung der Domkanoniker war aufgeteilt: In den ungeraden Monaten erfolgte die Nomination durch den König, in den geraden Monaten im Wechsel durch Bischof und Domkapitel, wobei der Bischof bei Erledigungen in den Monaten Februar, Juni und Oktober, das Domkapitel in den Monaten April, August und Dezember berief. Die Ernennung der Domvikare war den Bischöfen zugesprochen worden. Die Erstbesetzung der Dignitäre, Domkanoniker und Domvikare wurde im Zuge der Wiedererrichtung der Domkapitel dann allerdings in Abstimmung mit dem König durch den päpstlichen Nuntius vorgenommen. Artikel XI bestätigte dem bayerischen König das Präsentationsrecht auf alle bereits vor 1803 dem landesherrlichen Besetzungsrecht unterstehenden Pfarreien und Benefizien sowie auf diejenigen der in den Bistümern aufgehobenen Stifte und Klöster. Gleichzeitig wurde dem König das Bestätigungsrecht für sämtliche bischöfliche bzw. private Pfründenbesetzungen zugesprochen. Artikel XII gewährte den Diözesanbischöfen in der Ausübung ihres Hirtenamtes die freie Leitung ihrer Bistümer, ein freies Verkündigungsrecht in geistlichen Angelegenheiten sowie die freie Mitarbeiterauswahl für die Diözesanverwaltungen und bei der Aufnahme von

[33] Hier vertrat die bayerische Regierung im Gegensatz zum unmittelbaren Konkordatstext jedoch später die Auffassung, eine päpstliche Ernennung nur nach vorheriger königlicher Empfehlung des Kandidaten anerkennen zu können. Nachdem es 1828, 1830 und 1838 in Würzburg und Eichstätt in diesem Zusammenhang zu Problemen gekommen war, kam man durch Entgegenkommen Roms 1838/39 überein, dass die Dompropstwürde durch den Papst nur an vom König vorher empfohlene Geistliche verliehen wurde. Zu den Problemen der Dompropst-Besetzungen sowie generell des Besetzungsverfahrens bei den beiden Dignitären sowie der Domkanoniker vgl. Groll, Das neue Augsburger Domkapitel (wie Anm. 28), S. 100–194.

Bewerbern in den Klerikerstand und gestand ihnen die Disziplinargewalt gegenüber den Geistlichen zu. In geistlichen Angelegenheiten, insbesondere bei Ehesachen bzw. Strafsachen gegen Kleriker, sollten die geistlichen Gerichte zuständig sein. Gleichzeitig wurde den Bischöfen, dem Klerus und den Gläubigen in geistlichen Angelegenheiten die freie Kommunikation mit dem Heiligen Stuhl zugesichert. In den Artikeln XIII und XIV verpflichtete sich der Staat, nach bischöflicher Anzeige Schriften glaubens- und sittenwidrigen Inhalts zu verbieten und die katholische Religion bzw. die Kirche und ihre Amtsträger gegen jegliche Herabwürdigung zu schützen. Artikel XVI bestimmte die Außerkraftsetzung aller staatlichen Gesetze, Verordnungen und Verfügungen, die dem Konkordat entgegenstanden. Laut Artikel XVII hatte die Kirche das Recht, alle nicht im Konkordat erfassten Gegenstände nach kirchlichen Gesetzen zu regeln. In Artikel XVIII erklärte sich der bayerische König bereit, das Konkordat als Staatsgesetz zu verkünden. Nach Artikel XIX schließlich sollte das Vertragswerk binnen vierzig Tagen ratifiziert werden.

Als nach der Ratifizierung der Wortlaut des Konkordats über die römische Kurie durch die In- und Auslandspresse bekannt wurde, riefen die getroffenen Vereinbarungen vor allem bei bayerischen Protestanten und liberal denkenden Katholiken, aber auch über Bayern hinaus zum Teil heftige Kritik hervor.[34] Die Hauptkritik richtete sich zum einen gegen die überaus hohen finanziellen Zugeständnisse, die der Staat der katholischen Kirche eingeräumt hatte, und zum anderen gegen die in den als Generalklauseln bezeichneten Konkordatsartikeln I, XVI und XVII der katholischen Kirche eingeräumten Vorzugsrechte, die den staatskirchenrechtlichen und kirchenpolitischen Grundsätzen des souveränen Staates völlig widersprachen, und die bei vielen Protestanten zu der Befürchtung führten, dass der Staat seine seit 1801 praktizierte Toleranzpolitik sowie die in den Religionsedikten von 1803 und 1809 garantierten konfessionellen Paritätsgesetze wieder aufgeben würde. Angesichts des öffentlichen Drucks beschloss die bayerische Staatsregierung, das Konkordat zusammen mit einem entsprechenden Gesetz für die Protestanten nur als Anhang eines neuen, die bisherige Toleranz- und konfessionelle Paritätspolitik garantierenden Religionsedikts, das wiederum Bestandteil der Verfassungsurkunde sein sollte, zu publizieren. Daraufhin erschien am 17. Juni 1818 als Beilage II zur am 22. Mai 1818 von König Max I. Joseph und Kronprinz Ludwig unterzeichneten Verfassungsurkunde das sogenannte Religionsedikt („Edict über die äußern Rechts-Verhältnisse der Einwohner des Königreichs Bayern, in Beziehung auf Religion und kirchliche Gesellschaften“).[35] Gleichzeitig wurde am 22. Juli 1818 das Konkordat als Anhang I und das sogenannte Protestantenedikt („Edict über die innern kirchlichen Angelegenheiten der protestantischen Gesammtgemeinde“) als Anhang II des Religionsedikts verkündet. Wie das Protestantenedikt sollte auch das Konkordat nur für die inneren Kirchenange-

[34] Zum Folgenden vgl. Manfred Weitlauff, Die Neuorganisation des Bistums Augsburg durch das Bayerische Konkordat von 1817/21 und seine Bischöfe in der ersten Hälfte des 19. Jahrhunderts, in: ders. (Hg.), Das Bistum Augsburg im 19. und frühen 20. Jahrhundert (Jahrbuch des Vereins für Augsburger Bistumsgeschichte 42 [2008]), S. 65–193, bes. S. 86–95.

[35] Abdruck bei Hausberger, Staat und Kirche (wie Anm. 25), S. 331–344.

legenheiten gelten, sofern diese im Religionsedikt nicht eigens geregelt waren. Damit wurde das Konkordat, das eigentlich als Staatsgesetz hätte veröffentlicht werden sollen, an eine nachrangige Stelle des gesamten Verfassungswerkes gesetzt und ihm damit staatlicherseits gegenüber dem Religionsedikt eine geringere verfassungsrechtliche Bedeutung zugemessen. Die Art der Konkordatsveröffentlichung sowie die starke Verankerung der staatskirchenrechtlichen Grundsätze im Religionsedikt, das zudem einige im Widerspruch zum Konkordat stehende Bestimmungen enthielt, riefen in Rom großen Unmut hervor.

Als Rom daraufhin die Abreise des für München und zum Konkordatsvollzug bestimmten Nuntius auf unbestimmte Zeit verschob, entschloss sich die bayerische Regierung im September 1818, den zum Kreis der Konföderierten gehörenden und bei der römischen Kurie angesehenen Speyerer Geistlichen Joseph Anton Helfferich (1762–1837) als Sonderbeauftragten nach Rom zu entsenden, um die Verwerfungen möglichst schnell zu beseitigen, damit das Konkordat endlich vollzogen werden konnte. Zu einer offiziellen Stellungnahme über das Verhältnis von Religionsedikt und Konkordat war Helfferich sowie der noch in Rom weilende bayerische Gesandte und mittlerweile zum Kardinal erhobene Kasimir Freiherr von Haeffelin allerdings nicht befugt. Dennoch gab Haeffelin am 27. September 1818 im Alleingang gegenüber dem Kardinalstaatssekretär im Namen des bayerischen Königs die Erklärung ab, dass das Konkordat gewissenhaft in allen Punkten vollzogen würde, das Religionsedikt lediglich für Nichtkatholiken gelte und der Eid auf die Verfassung sich nur auf die bürgerliche Ordnung beziehe. Daraufhin stand aus römischer Sicht der Abreise des bereits 1817 für München bestimmten Nuntius Erzbischof Francesco di Serra-Cassano (1783–1850) zum Konkordatsvollzug nichts mehr im Wege.

Die eigenmächtige Deklaration Haeffelins stand jedoch in deutlichem Widerspruch zum geltenden bayerischen Landesrecht, da eine nachträgliche Modifikation des Verfassungswerkes durch den König ohne Zustimmung der beiden Kammern nicht erfolgen konnte. Während Rom die Erklärung Haeffelins erfreut entgegennahm und daraufhin der Nuntius Ende Oktober 1818 mit konkreten Anweisungen zum Konkordatsvollzug in München eintraf, löste die in der Presse bekannt gewordene Erklärung im In- und Ausland eine erneute Welle der Entrüstung aus, da sie als eklatante Verletzung der eben erst in Kraft gesetzten Verfassung und der dort garantierten konfessionellen Parität angesehen wurde. In dieser Situation teilte die bayerische Regierung dem Nuntius mit, dass das Religionsedikt zwar für alle bayerischen Untertanen gelte, dies aber dem Konkordat keinerlei Abbruch tue. Als Rom Anfang 1819 den bayerischen Katholiken die bedingungslose Eidesleistung auf die Verfassung untersagte, verschärfte sich der Konflikt erneut, da im Februar 1819 die Eröffnung der in der Verfassungsurkunde vorgesehenen ersten bayerischen Ständeversammlung mit ihren beiden Kammern bevorstand, deren Abgeordnete, darunter auch Vertreter des katholischen Klerus, vor Eintritt in die Versammlung den Verfassungseid zu leisten hatten. Daraufhin nahm ein Teil der Geistlichkeit seinen bereits auf die Verfassung geleisteten Eid wieder zurück bzw. leistete diesen nur unter Vorbehalt. Zu einem Kompromiss in den jahrelangen Auseinandersetzungen um die Interpretation des Konkordats gelangte man zwischen Rom und München schließlich erst durch die sogenannte *Tegernseer Erklärung vom 15. September 1821* (*Abb. 2.2*), in der König Max I. Joseph versicherte, dass das Konkordat als Staatsgesetz angesehen und in volle Ausübung gebracht werde und dass sich der Verfassungseid nur auf die bürgerliche Ordnung beziehe und somit die katholischen Untertanen zu nichts verpflichte, was den göttlichen und kirchlichen Gesetzen widerspreche.

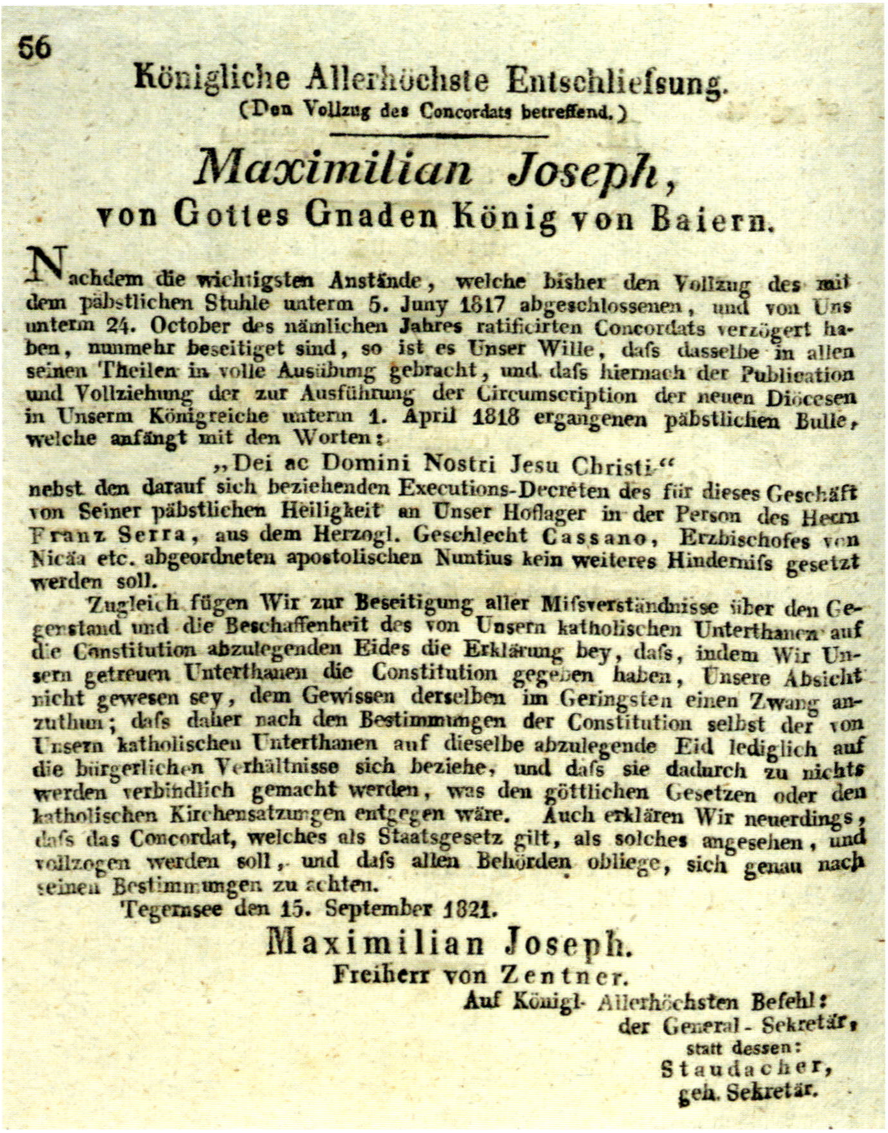

56

Königliche Allerhöchste Entschliefsung.

(Den Vollzug des Concordats betreffend.)

Maximilian Joseph,

von Gottes Gnaden König von Baiern.

Nachdem die wichtigsten Anstände, welche bisher den Vollzug des mit dem päbstlichen Stuhle unterm 5. Juny 1817 abgeschlossenen, und von Uns unterm 24. October des nämlichen Jahres ratificirten Concordats verzögert haben, nunmehr beseitiget sind, so ist es Unser Wille, dafs dasselbe in allen seinen Theilen in volle Ausübung gebracht, und dafs hiernach der Publication und Vollziehung der zur Ausführung der Circumscription der neuen Diöcesen in Unserm Königreiche unterm 1. April 1818 ergangenen päbstlichen Bulle, welche anfängt mit den Worten:

„Dei ac Domini Nostri Jesu Christi“

nebst den darauf sich beziehenden Executions-Decreten des für dieses Geschäft von Seiner päbstlichen Heiligkeit an Unser Hoflager in der Person des Herrn Franz Serra, aus dem Herzogl. Geschlecht Cassano, Erzbischofes von Nicäa etc. abgeordneten apostolischen Nuntius kein weiteres Hindernifs gesetzt werden soll.

Zugleich fügen Wir zur Beseitigung aller Mifsverständnisse über den Gegenstand und die Beschaffenheit des von Unsern katholischen Unterthanen auf die Constitution abzulegenden Eides die Erklärung bey, dafs, indem Wir Unsern getreuen Unterthanen die Constitution gegeben haben, Unsere Absicht nicht gewesen sey, dem Gewissen derselben im Geringsten einen Zwang anzuthun; dafs daher nach den Bestimmungen der Constitution selbst der von Unsern katholischen Unterthanen auf dieselbe abzulegende Eid lediglich auf die bürgerlichen Verhältnisse sich beziehe, und dafs sie dadurch zu nichts werden verbindlich gemacht werden, was den göttlichen Gesetzen oder den katholischen Kirchensatzungen entgegen wäre. Auch erklären Wir neuerdings, dafs das Concordat, welches als Staatsgesetz gilt, als solches angesehen, und vollzogen werden soll, und dafs allen Behörden obliege, sich genau nach seinen Bestimmungen zu achten.

Tegernsee den 15. September 1821.

Maximilian Joseph.

Freiherr von Zentner.

Auf Königl. Allerhöchsten Befehl:
der General-Sekretär,
statt dessen:
Staudacher,
geh. Sekretär.

Abb. 2.2: *Druck der sogenannten „Tegernseer Erklärung“ des bayerischen Königs Max I. Joseph vom 15.09.1821, in: Acta organisationem novam Dioecesium Regnis Bavariae concernentia, 15 × 19 cm (DBW, D 01559).*

Obwohl die königliche Erklärung nichts am Rechtsverhältnis von Religionsedikt und Konkordat änderte, ging die römische Kurie auf den Kompromiss ein und der Vollzug des Konkordats und damit die Neuorganisation der katholischen Kirche in Bayern mit Wiedererrichtung und Umschreibung der Bistümer sowie Besetzung der Bischofsstühle und Domkapitel konnte in die Tat umgesetzt werden.

Das Konkordat von 1817 bildete eine völlig neue Rechtsgrundlage für das Verhältnis zwischen Staat und Kirche in Bayern über das Ende der Monarchie hinaus bis zum Abschluss des neuen Konkordats 1924. Bayern hatte sein oberstes Ziel einer einheitlichen, von fremdem Einfluss unabhängigen, an die eigenen Staatsgrenzen angepassten Kirchenorganisation erreicht. Durch die für ihn überaus günstig festgesetzten Besetzungsregelungen hinsichtlich der hohen und niederen Kirchenämter konnte sich der Staat darüber hinaus erhebliche Einflussmöglichkeiten auch auf die inneren Angelegenheiten der Kirche sichern. Demgegenüber erhielt die katholische Kirche in Bayern nach einem zwei Jahrzehnte andauernden und durch die Säkularisation aufgezwungenen Schwebezustand äußerlich wieder eine stabile Rechtsordnung und eine staatliche Schutzgarantie als Institution.

Das Konkordat von 1817 schrieb mit der Einteilung in die beiden Kirchenprovinzen und ihren jeweils zugeordneten Suffraganbistümern zwar die äußere Kirchenorganisation Bayerns fest, die genaue Festlegung der jeweiligen Bistumsgrenzen wurde gemäß Artikel II jedoch einer künftigen Grenzbeschreibung vorbehalten. Da das Recht der Bistumsumschreibungen vom Heiligen Stuhl als ausschließliches Privileg des Papstes beansprucht wurde und Bayern diese Auffassung wohl aus praktischen Erwägungen heraus akzeptierte[36], hatte Papst Pius VII. trotz der vorhandenen Spannungen um die Konkordatsveröffentlichung bereits am 1. April 1818 die *Zirkumskriptionsbulle „Dei ac Domini Nostri Jesu Christi“* (*Abb. 2.3*) für die acht bayerischen Bistümer ausgefertigt, diese damit kanonisch errichtet und deren Grenzen umschrieben.[37] Nachdem drei Jahre später die Tegernseer Erklärung den Vollzug des Konkordats ermöglicht hatte, konnte auch die päpstliche Zirkumskriptionsbulle am 23. September 1821 durch den Nuntius in der zur Metropolitankirche erhobenen Münchener Liebfrauenkirche verkündet werden.

---

[36] Zur Frage, wem das Recht der Bistumsumschreibung zukam und welche Rechtstheorien dahinter standen, vgl. Burkard, Rechtsfiktion und Rechtspraxis (wie Anm. 26), S. 225–234.

[37] Abdruck der Bulle vom 01.04.1818 mit deutscher Übersetzung: Decretum et Bulla novae circumscriptionis Dioesesium (ohne Verfasserangabe), München 1821, mit Beglaubigung durch Hieronymus von Feliciangeli, Kanzler der Nuntiatur, vom 23.09.1821; DBW, D 01765. Neben den einzelnen Bistumsumschreibungen enthält die Bulle auch einige Konkordatsartikel sowie in der Einleitung einen Passus über die kanonische Suppression der 1803 säkularisierten Bistümer und aufgelösten Domkapitel als Voraussetzung der Bistums- und Kapitelsneuerrichtungen; vgl. Bendel, Das Würzburger Domkapitel (wie Anm. 21), bes. S. 8f. Zu den einzelnen bayerischen Bistümern vgl. die jeweiligen Beiträge bei Ammerich (Hg.), Das Bayerische Konkordat 1817 (wie Anm. 6).

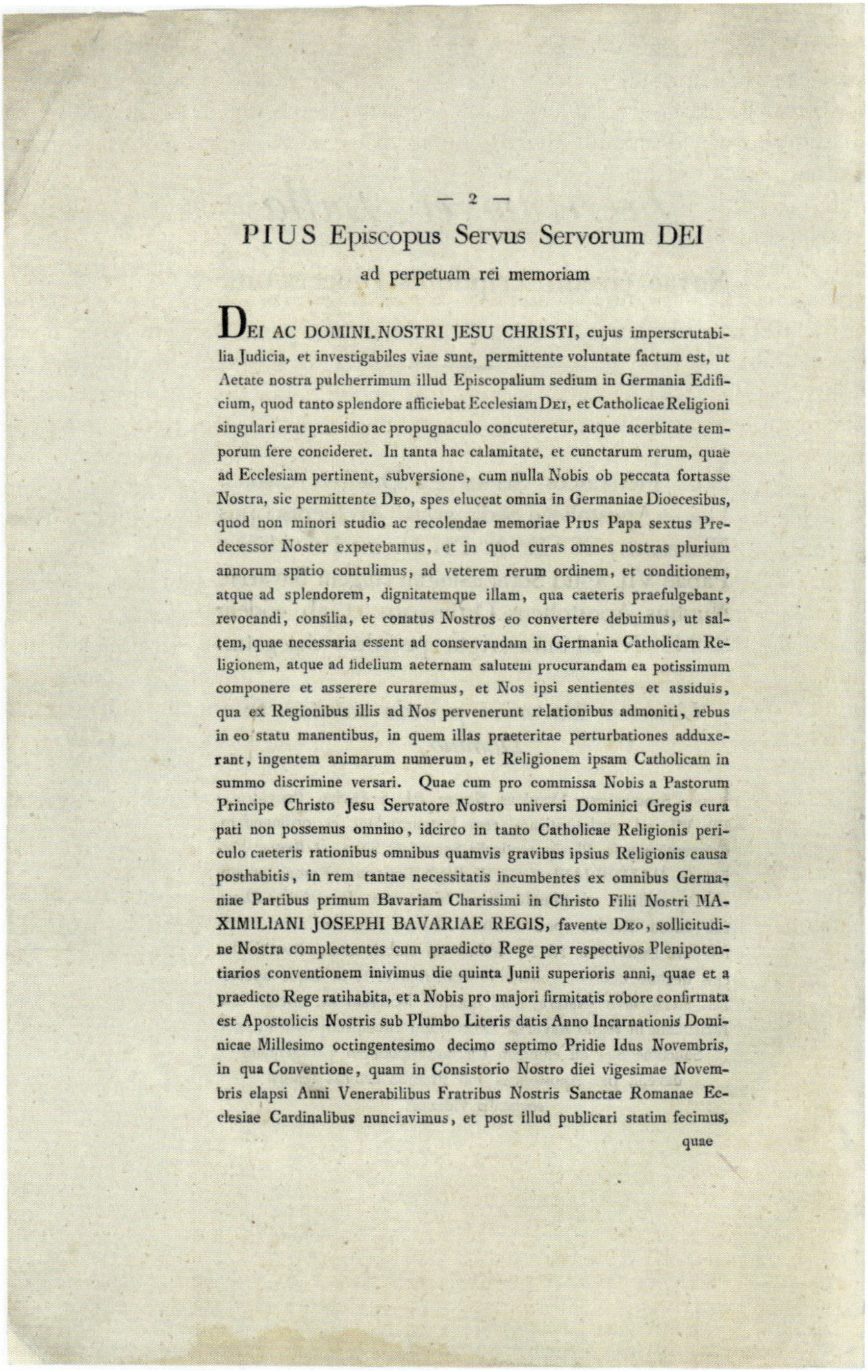
— 2 —

PIUS Episcopus Servus Servorum DEI

ad perpetuam rei memoriam

DEI AC DOMINI NOSTRI JESU CHRISTI, cujus imperscrutabilia Judicia, et investigabiles viae sunt, permittente voluntate factum est, ut Aetate nostra pulcherrimum illud Episcopalium sedium in Germania Edificium, quod tanto splendore afficiebat Ecclesiam DEI, et Catholicae Religioni singulari erat praesidio ac propugnaculo concuteretur, atque acerbitate temporum fere concideret. In tanta hac calamitate, et cunctarum rerum, quae ad Ecclesiam pertinent, subversione, cum nulla Nobis ob peccata fortasse Nostra, sic permittente DEO, spes eluceat omnia in Germaniae Dioecesibus, quod non minori studio ac recolendae memoriae PIUS Papa sextus Predecessor Noster expetebamus, et in quod curas omnes nostras plurium annorum spatio contulimus, ad veterem rerum ordinem, et conditionem, atque ad splendorem, dignitatemque illam, qua caeteris praefulgebant, revocandi, consilia, et conatus Nostros eo convertere debuimus, ut saltem, quae necessaria essent ad conservandam in Germania Catholicam Religionem, atque ad fidelium aeternam salutem procurandam ea potissimum componere et asserere curaremus, et Nos ipsi sentientes et assiduis, qua ex Regionibus illis ad Nos pervenerunt relationibus admoniti, rebus in eo statu manentibus, in quem illas praeteritae perturbationes adduxerant, ingentem animarum numerum, et Religionem ipsam Catholicam in summo discrimine versari. Quae cum pro commissa Nobis a Pastorum Principe Christo Jesu Servatore Nostro universi Dominici Gregis cura pati non possemus omnino, idcirco in tanto Catholicae Religionis periculo caeteris rationibus omnibus quamvis gravibus ipsius Religionis causa posthabitis, in rem tantae necessitatis incumbentes ex omnibus Germaniae Partibus primum Bavariam Charissimi in Christo Filii Nostri MAXIMILIANI JOSEPHI BAVARIAE REGIS, favente DEO, sollicitudine Nostra complectentes cum praedicto Rege per respectivos Plenipotentiarios conventionem inivimus die quinta Junii superioris anni, quae et a praedicto Rege ratihabita, et a Nobis pro majori firmitatis robore confirmata est Apostolicis Nostris sub Plumbo Literis datis Anno Incarnationis Dominicae Millesimo octingentesimo decimo septimo Pridie Idus Novembris, in qua Conventione, quam in Consistorio Nostro diei vigesimae Novembris elapsi Anni Venerabilibus Fratribus Nostris Sanctae Romanae Ecclesiae Cardinalibus nunciavimus, et post illud publicari statim fecimus,

quae

Abb. 2.3: *Druck der päpstlichen Zirkumskriptionsbulle „Dei ac Domini Nostri Jesu Christi" vom 01.04.1818, 26×40,6 cm (DAW, Bischöfliche Manualakten 1821–1898, Nr. 247).*

Noch am gleichen Tag wurde die Bulle im Auftrag des Nuntius[38] durch Joseph Fichtl, den Serra-Cassano bereits am 12. September zum Apostolischen Vikar des neu umschriebenen Bistums Würzburg bis zum Amtsantritt des künftigen Bischofs ernannt hatte[39], im Rahmen eines feierlichen Hochamtes im Würzburger Dom[40] bzw. eine Woche später auf Anordnung des Generalvikariats von den Pfarrern von der Kanzel verlesen[41] und damit für das Bistum Würzburg in Kraft gesetzt. Noch Ende 1821 hatte das Würzburger Generalvikariat zudem das Konkordat, die Zirkumskriptionsbulle sowie die Tegernseer Erklärung sozusagen als die drei zentralen „Gründungsdokumente der bayerischen Kirche" unter dem Titel „Acta organisationem novam Dioecesium Regnis Bavariae concernentia" drucken lassen[42] und am 5. Dezember 1821 alle Pfarrer zur Anschaffung des Druckes verpflichtet.[43]

Der Sprengel des 1821 nunmehr der nordbayerischen Kirchenprovinz Bamberg unterstellten Suffraganbistums Würzburg, wie ihn die Bulle unter Benennung aller zugeordneter Pfarreien exakt umschrieb, hatte erhebliche Gebietsveränderungen erfahren und stimmte in seinem territorialen Zuschnitt nur noch in seinem *Kernbereich* mit den Verhältnissen aus der Zeit des alten Bistums vor der Säkularisation überein (*Abb. 2.4*).[44] So wurde dem neuen Bistum Würzburg im Westen das vormals in kirchenorganisatorischer Hinsicht dem alten Erzbistum Mainz unterstehende Aschaffenburger Untermaingebiet zugegliedert. 1803 hatte die Reichsdeputation den erzbischöflichen Stuhl zu Mainz, dessen Inhaber damals Karl Theodor von Dalberg war und dessen Erzbistum sich zu dieser Zeit nur noch auf die rechtsrheinischen Gebiete erstreckte, auf die Domkirche zu Regensburg übertragen (siehe Kap. 1). Das genannte Gebiet, das 1814/15 dann staatlich größtenteils an das Königreich Bayern gekommen war[45], umfasste neben Aschaffenburg als Zentrum den größten Teil des Mainvierecks bis Alzenau im Norden, Teile des Nordspessarts mit Lohr und Rieneck sowie südlich des Mainvierecks einen kleinen Gebietsstreifen um Miltenberg und Amorbach im Odenwald. Die kirchliche Verwaltung dieses Gebietes oblag seit 1803 dem erzbischöflich-regensburgischen Generalvikariat mit Sitz in Aschaffenburg. Daneben bestanden dort ein erzbischöflich-regensburgisches Metropolitangericht sowie ein erzbischöflich-regensburgisches Konsistorium als kirchliches Ehegericht.

---

38 DAW, Bischöfliche Manualakten 1821–1898, Nr. 246: Instruktion des Nuntius Francesco di Serra-Cassano an Joseph Fichtl, Domdekan und Apostolischer Provikar, vom 13.09.1821 „pro decreti et bullae publicatione rite peragenda".

39 Ebd., Nr. 245: Ernennungsurkunde des Nuntius vom 12.09.1821.

40 Ebd.: Urkunde über die Verkündung der Bulle im Würzburger Dom durch Joseph Fichtl vom 23.09.1821 (Abschrift).

41 DAW, Mandate und Amtliche Rundschreiben BIII/131-133: gedrucktes Dekret des Generalvikariats an die Dekane vom 25.09.1821.

42 Acta organisationem novam Dioecesium Regnis Bavariae concernentia, Würzburg 1821; DBW, D 01559.

43 DAW, Generalvikariat, Protokolle 1808–1822, Nr. 43: Sitzungsprotokoll vom 05.12.1821, S. 923–927.

44 Zu den Grenzen des neuen Bistums vgl. Wehner, Das Bistum Würzburg im Spannungsfeld (wie Anm. 6), bes. S. 244–249; ders., Das Bistum Würzburg im 19. und 20. Jahrhundert, in: Unterfranken in Bayern 1814–2014. Historischer Atlas zum 200-jährigen Jubiläum, hg. vom Bezirk Unterfranken, bearb. von Markus Naser, Baunach 2014, S. 90–92.

45 Stickler, Von der Zentralität zur Randlage (wie Anm. 12).

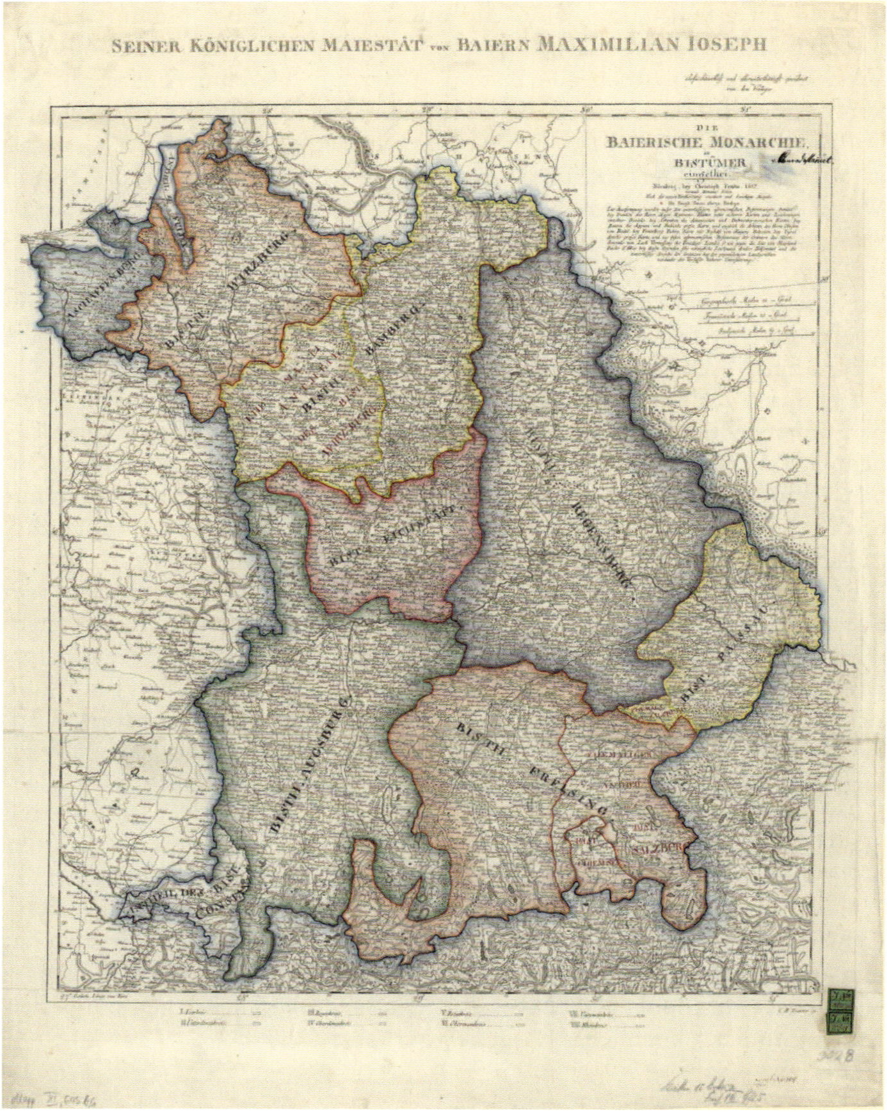

Abb. 2.4: *Karte „Die Baierische Monarchie in Bistümer eingetheilt", 1817, 40,69 × 53,83cm (Bayerische Staatsbibliothek, Mapp. XI, 605b).*

Bis 1821 residierte formell in der Stadt am Untermain auch noch das ehemalige Mainzer Metropolitankapitel, das 1797/98 mit dem damaligen Erzbischof Friedrich Karl Joseph von Erthal (* 1719, reg. 1774–1802) aus dem von den Franzosen annektierten Mainz geflohen war.[46] Nach der Transferierung des

[46] Zu den in Aschaffenburg ansässigen geistlichen Behörden und Korporationen vgl. Staats-Calender für das Großherzogthum Frankfurt 1812, S. 302–307; ferner Günter Christ, Zwischen Mainz und Würzburg. Die kirchlichen Strukturen im Main-Spessart-Raum zur Dalbergzeit, in: Walter G. Rödel/Regina E. Schwerdtfeger (Hg.), Zerfall und Wiederbeginn. Vom Erzbistum

rechtsrheinischen Mainzer Restbistums nach Regensburg 1803 war eine Verlegung des Kapitels bzw. eine Fusion mit dem in Regensburg ebenfalls noch existierenden Domkapitel nicht zustande gekommen. Welche und wieviele ehemalige Mainzer Domherren 1821 in Aschaffenburg überhaupt noch lebten, ist noch nicht erforscht. Zu einer Sitzung war das Kapitel letztmalig im Februar 1818 zusammen gekommen.

Die Chronologie der Auflösung der 1821 in Aschaffenburg bestehenden geistlichen Institutionen und Korporationen und der Zugliederung des Untermaingebietes an das neue Bistum Würzburg war folgende: Mit Schreiben vom 6. November 1821 erhielt Joseph Fichtl in Würzburg von der Nuntiatur das auf den Vortag datierte *Dekret des Nuntius Serra-Cassano* bezüglich der Aufhebung des in Aschaffenburg bestehenden alten Mainzer Metropolitankapitels und der Vereinigung des bisher zum Bistum Regensburg gehörigen Aschaffenburger Gebietes mit der neuen Diözese Würzburg[47] zugesandt (*Abb. 2.5, siehe Anhang 1*). Daraufhin leitete Fichtl das Dekret am 19. November an das erzbischöflich-regensburgische Generalvikariat nach Aschaffenburg zur Kenntnisnahme und weiteren Veranlassung weiter.[48] Mit Schreiben vom gleichen Tag teilte er zudem dem Seelsorgeklerus des Untermainkreises, der bisher der geistlichen Jurisdiktion des Generalvikariats in Aschaffenburg unterstellt war, mit, „daß sie vermöge der vom päbstlichen Nuntius zu München im Namen Seiner päbstlichen Heiligkeit getroffenen Verfügungen“, die bereits dem Generalvikariat mitgeteilt worden seien, nunmehr der geistlichen Jurisdiktion des Bischofs von Würzburg zugeteilt seien, weswegen sie sich in geistlichen Angelegenheiten an ihn als ernannten Apostolischen Vikar der neuen Diözese Würzburg zu wenden hätten.[49] Am 7. Dezember 1821 kam das Generalvikariat in Aschaffenburg zu seiner turnusmäßigen Sitzung zusammen.[50] Nachdem das Dekret in der Sitzung laut verlesen worden war, erklärten die anwesenden Vikariatsräte Franz Christoph Scheidel, Georg Ludwig Kopp, Konrad Ladrone und Bernard Menninger die geistliche Jurisdiktion des Generalvikariats für erloschen und das Generalvikariat als aufgelöst.[51]

---

zum Bistum Mainz (1792/97–1830). Ein Vergleich. Festschrift für Friedhelm Jürgensmeier (Beiträge zur Mainzer Kirchengeschichte 7), Würzburg 2002, S. 147–164, bes. S. 148f. Zu den beiden Domkapiteln Mainz (in Aschaffenburg) und Regensburg, die beide den Anspruch hatten, das Metropolitankapitel des nach Regensburg transferierten Mainzer Erzbischofs zu bilden, vgl. Karl Hausberger, „IST ZU REPONIREN AD NON ACTA...“ Der vergebliche Kampf des Mainzer Domkapitels um seinen Fortbestand als Meptropolitankapitel Dalbergs, in: ebd., S. 135–146 (mit der bis dahin zum Thema erschienenen Literatur).

[47] DAW, Bischöfliche Manualakten 1821–1898, Nr. 245: Schreiben des Nuntius an den Apostolischen Vikar Joseph Fichtl vom 06.11.1821; DAW, Dekanatsarchiv Aschaffenburg-West, Großostheim, ohne Nr.: „Decretum suppressionis capituli antiquae metropolitanae ecclesiae Moguntinae Aschaffenburgi residentis“ des Nuntius Francesco di Serra-Cassano vom 05.11.1821 (Abschrift).

[48] DAW, Protocollum Archiepiscopalis Generalis Vicariatus Ratisbonensis in causis pastoralibus et jurisdictionalibus 1821, S. 1117–1125: Sitzung vom 7., 8. und 11. Dezember.

[49] DAW Dekanatsarchiv Aschaffenburg-West, Großostheim, ohne Nr.: Schreiben Joseph Fichtl an den Klerus des Untermainkreises vom 19.11.1821.

[50] Protocollum Archiepiscopalis Generalis Vicariatus (wie Anm. 48).

[51] Zur Auflösung des Generalvikariats vom 07.12.1821 und den Folgen für die ihm bis dahin unterstellten außerbayerischen Pfarreien vgl. Burkard, Staatskirche – Papstkirche – Bischofskirche (wie Anm. 26), S. 519–523.

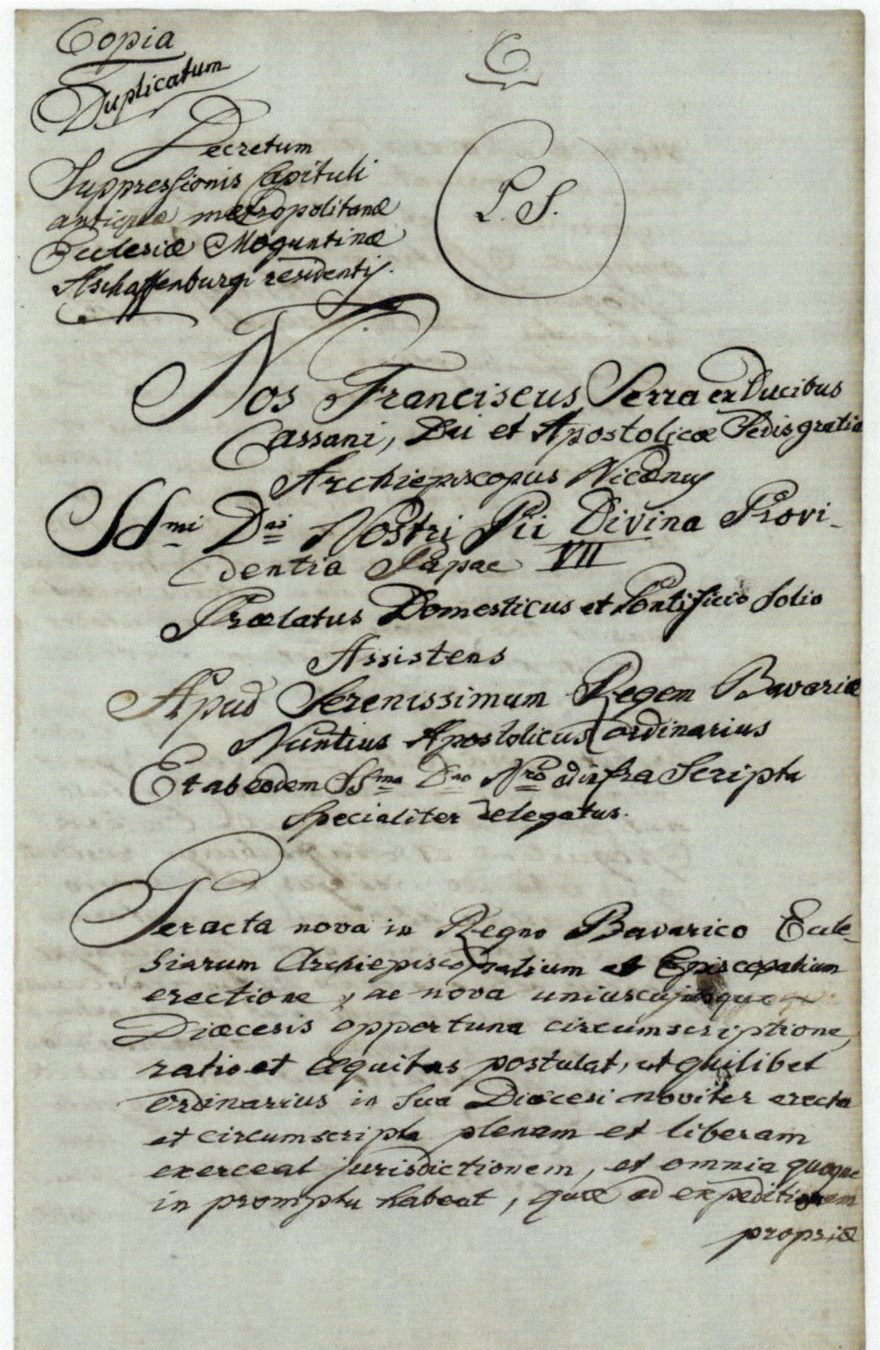

Copia
Duplicatum
Decretum
Suppressionis Capituli
antiquae metropolitanae
Ecclesiae Moguntinae
Aschaffenburgi residentis.
L. S.
Nos Franciscus Serra ex Ducibus
Cassani, Dei et Apostolicae Sedis gratia
Archiepiscopus Nicaenus
Ssmi Dni Nostri Pii Divina Provi-
dentia Papae VII
Praelatus Domesticus et Pontificio Solio
Assistens
Apud Serenissimum Regem Bavariae
Nuntius Apostolicus ordinarius
Et ab eodem Ssmo Dno Nro ad infra Scripta
Specialiter delegatus.
Peracta nova in Regno Bavarico Eccle-
siarum Archiepiscopatuum et Episcopatuum
erectione, ac nova uniuscujusque
Dioecesis opportuna circumscriptione
ratio et aequitas postulat, ut quilibet
ordinarius in sua Dioecesi noviter erecta
et circumscripta plenam et liberam
exerceat jurisdictionem, et omnia quoque
in promptu habeat, quae ad expeditionem
propsiae

Abb. 2.5: *Dekret des Nuntius Erzbischof Francesco di Serra-Cassano vom 05.11.1821 über die Auflösung des ehemaligen Metropolitankapitels Mainz in Aschaffenburg, 21,4 × 35,6 cm (DAW, Dekanatsarchiv Aschaffenburg-West, ohne Nr.).*

Abschließend wurden die Beschlüsse gefasst, ein entsprechendes Schreiben an Fichtl zu verfassen, das Dekret des Nuntius dem Metropolitankapitel, dem Metropolitangericht und dem geistlichen Konsistorium abschriftlich zur Kenntnis zu bringen, den Klerus aus dem bisherigen regensburgischen Diözesanverband und aus seinen Pflichten zu entlassen, die Dekane der Landkapitel Montat, Miltenberg, Lohr und Orb über die Beschlüsse zu informieren und schließlich die Vikariatsakten nach Würzburg zu übersenden. Die Sitzung wurde mit den Worten beschlossen: „Man ergreife bei der nun ausgesprochenen Suppression der uralten Erzdioezes die Veranlassung, um dem gesammten Clerus die Gefühle des Dankes und der bleibenden Achtung für den guten Willen und die Anhänglichkeit auszudrücken, welche die sämmtliche Geistlichkeit dem Erzbischöflichen Vicariate bisher bewiesen hat. Man wolle den letzten Act der diesseitigen Jurisdiction mit der Erinnerung und dem wohlmeinenden Wunsche beschließen, daß der Clerus in dem bewährten Eifer für seine Amts- und Standespflichten fortfahren, und den ausgezeichneten Ruf der diesseitigen Dioezes auch in den neuen Verhältnißen unbefleckt stets erhalten möge.“[52] Insgesamt wurden 1821 im ehemals mainzischen Untermaingebiet 72 Pfarreien und etwa 100000 Katholiken der geistlichen Jurisdiktion des Würzburger Bischofs unterstellt.

Zum neuen Diözesansprengel gelangte auch das zu Beginn des 17. Jahrhunderts faktisch aus dem Würzburger Bistumsverband kirchenorganisatorisch ausgeschiedene und 1752 formell dem neuen Bistum Fulda zugegliederte, seit 1816 auf bayerischem Territorium gelegene ehemals fuldische Hochstiftsgebiet um die Ämter Hammelburg, Brückenau, Weyhers und Bieberstein.[53] Wie im Fall Aschaffenburg leitete Joseph Fichtl das ihm mit Schreiben vom 6. November 1821 von der Nuntiatur übersandte Abtrennungsdekret des Fuldaer Gebietes an das Generalvikariat Fulda zur weiteren Veranlassung zu. Zeitgleich wie den Klerus des Untermainkreises informierte er auch die der bayerischen Landeshoheit unterworfenen Geistlichen der Diözese Fulda am 19. November 1821 darüber, dass sie „vermöge des vom päbstlichen Nuntius zu München hieher geschickten Decreti dismembrationis partis Bavariae Fuldensis Dioecesis, quae Herbipolensi Ecclesiae adjungitur“, mit ihren Pfarrgemeinden nun der *Diözese Würzburg einverleibt* seien und sich künftig in allen bischöflichen Jurisdiktionsangelegenheiten an ihn als Apostolischen Vikar des neuen Bistums Würzburg zu wenden hätten (*Abb. 2.6*).[54] Am 17. Dezember 1821 erging durch das Generalvikariat Fulda schließlich ein Schreiben an die ehemals fuldische Geistlichkeit: „Seine Exzellenz, der päpstliche Nuntius zu München, Serra, Herzog von Cassano, Erzbischof zu Nicaea, und der Herr Provicarius Fichtl zu Würzburg haben auf offiziellem Wege die Circumscriptions-Bulle der Bisthümer im Königreich Bayern, wie auch die darin ausgesprochene Einverleibung sämmtlicher Pfarreien des vom ehemaligen Fürstenthum Fulda an die Krone Bayern gekommenen Landestheiles in das neuorganisierte Bisthum

52 Protocollum Archiepiscopalis Generalis Vicariatus (wie Anm. 48).
53 Johannes Merz, Umprägung und Resilienz – Fuldaer Gebiete im neuen Bistum Würzburg, in: Würzburger Diözesangeschichtsblätter 78 (2015), S. 65–78, bes. S. 66–70.
54 DAW, Dekanatsarchiv Hammelburg, ohne Nr., bzw. Bischöfliche Manualakten 1821–1897, Nr. 251: Schreiben Joseph Fichtl an den Fuldaer Klerus vom 19.11.1821 (Abschriften).

Würzburg an uns gelangen lassen. Wir säumen demnach nicht in Gemäßheit dieser Bestimmung Sr. Päpstlichen Heiligkeit sämmtliche in genanntem Bezirke wohnenden Curat- und Regular-Geistlichkeit, die Pfarrer, ihre Kapläne und Pfarruntergebenen von dem bisherigen Diözesan-Verbande mit Fulda loszugeben und an die bischöfliche Behörde zu Würzburg hinzuweisen."[55]

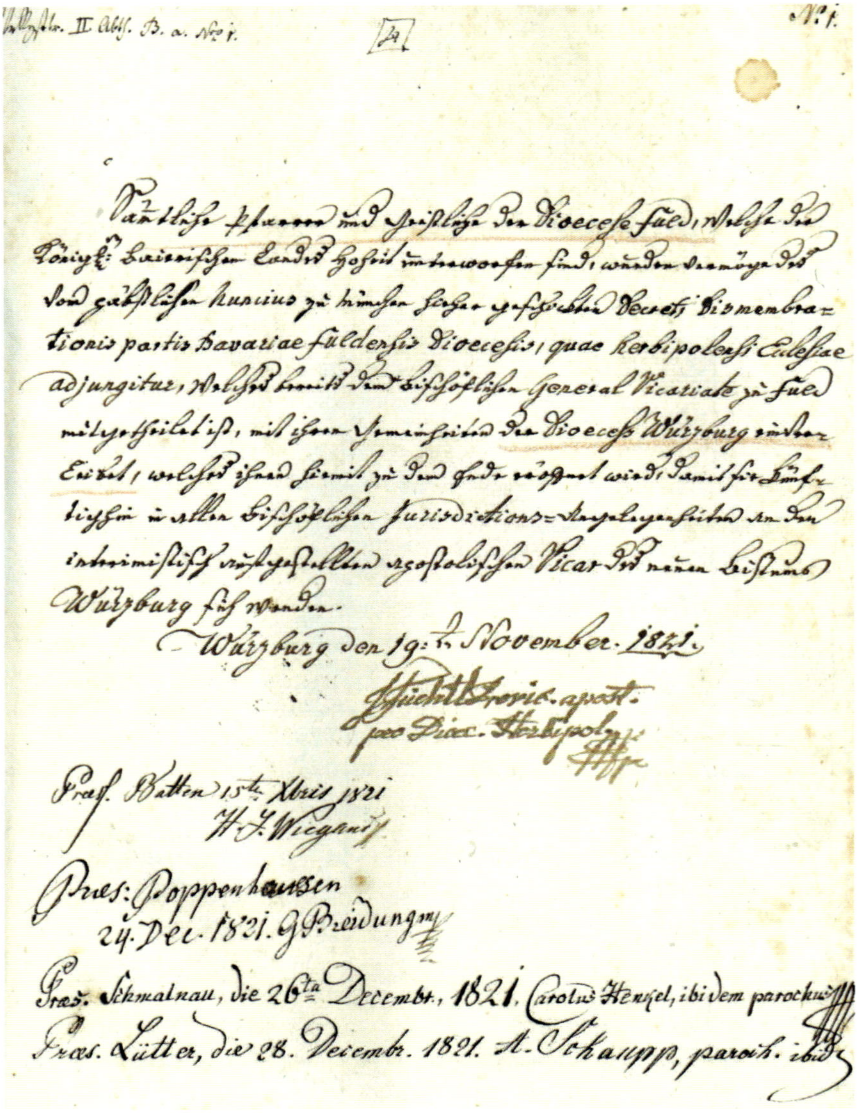
N.° 1.

Sämtliche Pfarrer und Geistliche der Dioecese Fuld, welche der Königl. Baierischen Landeshoheit unterworfen sind, werden vermöge des vom päpstlichen Nuncius zu München hieher geschickten Decrets dismembrationis partis Bavariae fuldensis Dioecesis, quae herbipolensi Ecclesiae adjungitur, welches bereits dem bischöflichen General Vicariate zu Fuld mitgetheilet ist, mit ihren Gemeinden der Dioeces Würzburg einverleibt, welches ihnen hiermit zu dem Ende eröffnet wird, damit sie künftighin in allen bischöflichen Jurisdictions-Angelegenheiten an den interimistisch aufgestellten apostolischen Vicar des neuen Bisthums Würzburg sich wenden.

Würzburg den 19ten November 1821.

Fichtl Vicar. apost. pro Dioec. Herbipol.

Praes. Batten 15t. Xbris 1821 W. J. Wiegand

Praes: Poppenhausen 24. Dec. 1821. G. Breidung

Praes. Schmalnau, die 26ta Decembr. 1821. Carolus Hengel, ibidem parochus

Praes. Lütter, die 28. Decembr. 1821. A. Schaupp, paroch. ibid.

Abb. 2.6: *Mitteilung des Würzburger Apostolischen Vikars Joseph Fichtl vom 19.11.1821 an alle Pfarrer der Diözese Fulda, die der bayerischen Landeshoheit unterworfen sind, dass sie mit ihren Gemeinden nun der Diözese Würzburg unterstellt sind, 20×33,5 cm (DAW, Dekanatsarchiv Hammelburg, Decanats-Sprengel, ohne Nr.).*

[55] DAW, Dekanatsarchiv Hammelburg, ohne Nr.: Schreiben des Generalvikariats Fulda vom 17.12.1821 (Abschrift).

Damit wurden insgesamt 14 Pfarreien in den beiden bisherigen Dekanaten „ad tractum Haunae“ (an der Haune) und „ad tractum Salae“ (an der Saale) mit etwa 25000 Katholiken formell aus dem Fuldaer Diözesanverband entlassen und dem Bistum Würzburg zugewiesen. Zum 1821 neu umschriebenen Würzburger Sprengel gehörte nach wie vor auch die an der nordöstlichen Bistumsperipherie gelegene, ehemals hochstiftisch-würzburgische, staatlich seit 1808 dem Herzogtum Sachsen-Meiningen gehörige und damit außerhalb der bayerischen Landesgrenze liegende katholische Pfarrei Wolfmannshausen.[56] Von dieser Pfarrei aus forcierte das Bistum Würzburg dann Ende des 19. Jahrhunderts seine Diasporaseelsorge im protestantisch geprägten südthüringischen Bistumsanteil, der kirchenrechtlich erst 1994 vom Bistum Würzburg getrennt und der neu errichteten Diözese Erfurt zugegliedert wurde.[57]

Dem Gebietszuwachs im Westen und Nordwesten stand 1821 der definitive Verlust derjenigen ehemaligen südöstlichen Bistumsgebiete gegenüber, die bereits 1806 staatlich dem Großherzogtum Baden sowie den beiden Königreichen Bayern und Württemberg einverleibt und kirchlich 1808 bzw. 1814 provisorisch den Generalvikariaten Bruchsal, Bamberg und Ellwangen unterstellt worden waren.[58] Im Einzelnen betraf dies 66 auf badischem Staatsgebiet im westlichen Bauland, Taubertal und Hohenlohegebiet gelegene Pfarreien, die 1821 dann endgültig dem neuen Erzbistum Freiburg zufielen, 40 Pfarreien im südöstlichen Bistumsanteil um Ebern, Gerolzhofen, Iphofen und Schlüsselfeld, die 1821 dem neuen Erzbistum Bamberg übertragen wurden, sowie schließlich 58 auf württembergischem Gebiet gelegene Pfarreien um Buchen, Bühlertann, Krautheim, Mergentheim und Neckarsulm, die man 1821 dem neuen Bistum Rottenburg zuwies.[59]

Das im Zuge seiner Neuumschreibung nach Westen bzw. Nordwesten verschobene Bistum Würzburg umfasste 1821 naturräumlich damit die Landschaft am unteren und mittleren Main mit dem Spessart, der südlichen Rhön, dem Grabfeld, den Haßbergen sowie Teilen des Steiger- und Odenwaldes mit insgesamt etwa 455000 Katholiken.[60] In staatlicher Hinsicht deckte sich das Bistumsgebiet fast vollständig mit den Grenzen des von der bayerischen Re-

---

[56] Hier gelangte man erst durch zwei zeitgleiche Vereinbarungen zwischen dem Bischöflichen Ordinariat Würzburg und dem Konsistorium des Herzogtums Sachsen-Meiningen-Hildburghausen vom 14.08.1837 zu einer Klärung hinsichtlich der staatsrechtlichen Stellung der Pfarrei bzw. zu einer Regelung bezüglich der Seelsorge; DAW, Mandate und Amtliche Rundschreiben: Wolfmannshausen, Nr. 15; vgl. auch Wendehorst, Das Bistum Würzburg (wie Anm. 5), S. 75f.

[57] Thomas Wehner, Die Verwaltung des Bistums Würzburg und seiner Pfarreien im 19. und 20. Jahrhundert. Träger und Strukturen im Überblick, in: Wolfgang Altgeld / Johannes Merz / Wolfgang Weiß (Hg.), Josef Stangl 1907–1979. Bischof von Würzburg. Lebensstationen in Dokumenten, Würzburg 2007, S. 46–67, bes. S. 64–67.

[58] Zu den bereits 1808 und 1814 erfolgten Gebietsverlusten vgl. Hanns Hubert Hofmann / Hermann Hemmerich, Unterfranken. Geschichte seiner Verwaltungsstrukturen seit Ende des alten Reichs 1814 bis 1980, Würzburg 1980, S. 373; Wehner, Das Bistum Würzburg im Spannungsfeld (wie Anm. 6), S. 249.

[59] Gregor Richter, Die Errichtung und Ausgestaltung der Erzdiözese Freiburg und der Diözese Rottenburg zu Beginn des 19. Jahrhunderts, in: Freiburger Diözesan-Archiv 98 (1978), S. 509–539, bes. S. 523; Karlheinz Frühmorgen, Entstehung und Besonderheiten der neuen Diözesangrenze zwischen Bamberg und Würzburg, in: Bericht des Historischen Vereins Bamberg 99 (1963), S. 359–404.

[60] Wehner, Das Bistum Würzburg im 19. und 20. Jahrhundert (wie Anm. 44), S. 90.

gierung 1817 gebildeten bayerischen Untermainkreises. Das neuumschriebene Bistum war laut seinem erstmals 1823 veröffentlichten Schematismus in insgesamt 25 Dekanate und 392 Pfarreien organisiert. 140 Pfarrpfründen konnte der Bischof von Würzburg besetzen, 210 Pfarreien unterstanden dem königlichen Besetzungsrecht. 42 Patronate lagen in den Händen des Adels oder der Ritterschaft. Erst durch das Konkordat von 1924 konnte das staatliche Besetzungsrecht auf wenige Pfarreien zurückgedrängt werden.[61] Durch die territoriale Anpassung von Bistums- und Landesgrenzen nahm man staatlicher- und kirchlicherseits bewusst die Zerstörung alter diözesaner Traditionszusammenhänge und damit kirchlich-religiöser Prägungen der betroffenen katholischen Bevölkerung in Kauf, was wiederum auf kirchlicher Ebene die Integration dieser Gebiete in ihre neuen Bistümer erheblich erschwerte. Für das Bistum Würzburg ist diese verzögerte Integration sowohl für das ehemals mainzische als auch fuldische Bistumsgebiet zu konstatieren.[62]

Den sichtbaren äußeren Abschluss und Höhepunkt der kirchlichen Neuorganisation in Bayern nach Inkraftsetzung von Konkordat und Zirkumskriptionsbulle bildeten die Wiederbesetzung der Bischofsstühle und die Einsetzung der neuen Domkapitel in den acht Bistümern Ende 1821.[63] Die Bischöfe waren bereits 1818 im Vorfeld der Veröffentlichung des Konkordats benannt und präkonisiert worden.[64] Für den Würzburger Bischofsstuhl war der bisherige Bamberger Generalvikar (Adam) Friedrich Freiherr von Groß zu Trockau vorgesehen. Mit ihm begann ein neues Kapitel der Geschichte des Bistums (siehe Kap. 3).

Zwischen Juli und September 1821 verständigte sich der päpstliche Nuntius in München, Erzbischof Francesco di Serra-Cassano, mit der bayerischen Regierung auch über die Besetzung der jeweiligen Domkapitel. Am 3. Oktober 1821 wurden die Namen der neuen Domherren im *Regierungs- und Intelligenzblatt für das Königreich Baiern* bekannt gegeben und am 5. November 1821 das neue Domkapitel durch den päpstlichen Nuntius errichtet (siehe Kap. 4).

Durch die päpstliche Zirkumskriptionsbulle vom 1. April 1818, die aber, wie bereits ausgeführt, erst am 23. September 1821 verkündigt wurde, war vorher die kanonische Suppression der im Königreich Bayern gelegenen Bistümer und Domkapitel erfolgt. Es handelt sich daher mit dem neuen Bistum Würzburg von 1821 formell um eine Neugründung[65], auch wenn in Würzburg dies wohl nicht in dieser Form wahrgenommen wurde, sondern vielmehr die Kontinuität des alten Bistums mit seiner reichen Tradition im Vordergrund stand.

Th. W.

---

61 Wehner, Das Bistum Würzburg im Spannungsfeld (wie Anm. 6), S. 263f.

62 Stickler, Von der Zentralität zur Randlage (wie Anm. 12), S. 62f.; Merz, Umprägung und Resilienz (wie Anm. 53), S. 75–78.

63 Zu den einzelnen bayerischen Bistümern vgl. die jeweiligen Beiträge in: Ammerich (Hg.), Das Bayerische Konkordat 1817 (wie Anm. 6).

64 Zu den Bischofskandidaten vgl. Bastgen, Bayern und der Heilige Stuhl (wie Anm. 17), Bd. 1, S. 294–317.

65 Bendel, Das Würzburger Domkapitel (wie Anm. 21), S. 9.

3. Der neue Bischof (Adam) Friedrich von Groß zu Trockau: Persönlichkeit, Selbstverständnis, Geistliches Profil

Am 23. Dezember 1821 wurde (Adam) Friedrich von Groß zu Trockau (Abb. 3.3–3.6) feierlich in sein Amt als Würzburger Bischof eingeführt. Ort war der altehrwürdige *Würzburger Kiliansdom*, so die landläufige Bezeichnung, obwohl er an sich bis 1945 das Patrozinium des Apostels Andreas besaß *(Abb. 3.1)*. Dieses monumentale Gotteshaus im Herzen der Stadt erhielt damit wiederum offiziell seine Funktion als Bischofssitz bzw. Kathedralkirche.[66] Die Fortexistenz des in der äußeren Gestaltung weitgehend auf das 11. Jahrhundert zurückgehenden Bauwerks war in der Säkularisationszeit zwischenzeitlich sogar gefährdet, denn es gab den ernsthaften Vorschlag, den Dom abzureißen und als Kathedralkirche zukünftig die Neumünsterkirche oder Hauger Stiftskirche zu benutzen und für die pfarrlichen Zwecke die Marienkapelle oder die Dominikanerkirche (heutige Augustinerkirche). Der Plan war, von der Mainbrücke bis zur Residenz eine durchgehende Haupt- und Prachtstraße zu schaffen.[67]

Abb. 3.1: *Außenansicht des Würzburger Doms 1837, Stahlstich, 19,4 × 11,8 cm, aus: [Carl Gottfried] Scharold, Geschichte und Beschreibung des St. Kilians-Doms, oder der bischöflichen Kathedralkirche zu Würzburg, in: Archiv des historischen Vereins für den Untermainkreis 4,1 (1837), S. 1–148, hier Vorsatzblatt.*

---

66 Vgl. Johannes Sander / Wolfgang Weiß (Hg.), Der Würzburger Dom im Mittelalter. Geschichte und Gestalt (Quellen und Forschungen zur Geschichte des Bistums und Hochstifts Würzburg, Sonderveröffentlichung), Würzburg 2017, mit umfassender Bibliographie zur Geschichte des Würzburger Domes S. 253–284.

67 Vgl. August Amrhein, Reihenfolge der Mitglieder des adeligen Domstiftes zu Wirzburg, St. Kilians-Brüder genannt, von seiner Gründung bis zur Säkularisation. Zweite Abtheilung, in: Archiv des Historischen Vereines von Unterfranken und Aschaffenburg 33 (1890), S. 1–380, bes. S. 16–18.

Damit wäre so etwas wie eine Säkularisierung bzw. Profanisierung des Würzburger Stadtbildes gelungen, hätte doch die Stadt nicht mehr einen geistlichen Ort als Mittelpunkt besessen. Dass Demolierungen von Gotteshäusern in der Säkularisationszeit durchaus eine Option darstellten, lässt sich gerade für Unterfranken nicht bestreiten. Zu erinnern ist an die Kirchen der Augustiner und Unbeschuhten Karmeliten in Würzburg oder an die prachtvolle barocke Abteikirche Münsterschwarzach.

Umso dankbarer können wir sein, dass der Plan wieder in der Versenkung verschwand. Das Areal zwischen Dom und Neumünsterkirche hatte mittlerweile sogar eine Aufwertung erfahren, da der dort befindliche sehr beengte und von daher wohl kaum ansehnliche Leich- bzw. Friedhof der Dompfarrei aus hygienischen Gründen aufgegeben worden war. 1806 wurde nämlich der neue Hauptfriedhof am Neutor außerhalb der damaligen Stadt eröffnet.[68] 1817 wurde ein Verbindungsweg zwischen Domstraße (damals Domgasse) und dem Paradeplatz angelegt. „1822 erfolgte die Erbauung einer richtigen Straße; die Schlussmauer fiel und ein Torbogen unter dem Landgerichtsgebäude bewerkstelligte die Durchfahrt von der Domgasse her [...]."[69] Auf das frühere Friedhofsgelände wies noch der barocke Ölberg aus dem Jahr 1732 hin, der sich in einem offenen, von vier Säulen getragenen Rundtempel befand. Beim Abbruch des alten Landgerichtsgebäudes am Kürschnerhof 1894 wurde der Ölberg in den Hauptfriedhof übertragen. Infolge der Neugründung des Bistums Würzburg und des religiösen Aufschwungs der nächsten Jahrzehnte, vor allem durch die Erneuerung der Kilianswallfahrt, wurde der Würzburger Dom wieder zum geistlichen Zentrum der Stadt wie der ganzen Region.

Im Konkordat (Artikel IV) wurde zugesichert, dass der bayerische König bzw. Staat die „Unterhaltung der [bischöflichen] Kirchen" gewährleistet. Weiter hielt das Konkordat in Artikel IV fest, dass den „Erzbischöfen und Bischöfen als den Dignitarien, den älteren Canonikern und den älteren Vicaren [...] eine ihrer Würde und ihrem Stande entsprechende Wohnung angewiesen"[70] werde.

Für die nähere Regelung der Bau- und Unterbringungsangelegenheiten trat im Juli 1821 eine gemischte Kommission aus Vertretern des Staates und der Kirche zusammen. Diese Kommission vereinbarte in einem Protokoll vom 30. Juli 1821, dass „der Dom mit allen seinen Attributen, Wasen [die Grün- und Freiflächen im Umfeld des Domes], Kreuzgängen, drey Kirchnerwohnungen und dem Dompfarrhaus [...], jedoch mit Ausschluß des rentamtlichen Fruchtspeichers und Kalterhauses (Distr. III, 98, d. i. an der Stelle von Bruderhof Nr. 5) an das neu constituirte Bisthum zu überweisen"[71] ist. Diese Kommission bestimmte als *neue bischöfliche Residenz* „den ehemaligen Domherrnhof Conti, auch der Rheinach'sche Hof genannt, Dist. II Nr. 575, jetzt Herrnstr. 6 [mittlerweile Kardinal-Döpfner-Platz 4], mit 17 heizbaren und 14 nicht heizbaren Räumen, Hauskapelle und Garten nebst Stallung"[72] *(Abb. 3.2)*. Diese Zuwei-

---

[68] Vgl. Thomas Memminger, Würzburgs Straßen und Bauten, Würzburg 1921 (2. verb. u. verm. Aufl.), S. 154 u. 237f.; August Memminger, Würzburger Friedhofwanderung, Würzburg 1921, S. 10f.
[69] Memminger, Friedhofwanderung (wie Anm. 68), S. 11.
[70] Text bei Ammerich (Hg.), Das bayerische Konkordat 1817 (wie Anm. 6), S. I–VIII, hier S. III.
[71] Bendel, Das Würzburger Domkapitel (wie Anm. 21), S. 31.
[72] Ebd., S. 30.

sung, wie auch anderer Gebäude für Domherren und die Diözesanverwaltung, wurde zwar vollzogen; allerdings blieben eigentumsrechtliche Fragen ebenso wie jene der Baulast noch lange Zeit umstritten.

Der Hof Conti[73] besitzt seinen Namen vom Domherren Friedrich von Contus, der zwischen 1180 und 1189 urkundlich belegt ist. Als letzter bewohnte der Domherr Josef Franz Heso Freiherr von Reinach (1749–1820) diese Kurie. Nach der Säkularisation[74] kaufte er den Hof; er bewohnte ihn bis zu seinem Tod 1820 – daher auch die weitere Bezeichnung als der Reinach'sche Hof. Der Domherrnhof war also 1821 verfügbar, weswegen er für die Bischofsresidenz Verwendung finden konnte. 1945 wurde das Gebäude ebenfalls stark zerstört. Es drohte bereits der vollständige Abriss. In den Jahren 1957 bis 1961 wurde er aber in weitgehend rekonstruierter Form wiederaufgebaut. Zumindest die Straßenfronten zeigen so in Bauform und -zierde das Renaissancegebäude, wie es um 1600 von dem damaligen Besitzer Domherr Julius Ludwig Echter von Mespelbrunn (1579–1609), einem Neffen Bischof Julius Echters (reg. 1573–1617), errichtet wurde. Nur der Haupteingang entstammt der Zeit um 1700 und damit der nachfolgenden Barockzeit. Damals wurde auch die an der südwestlichen Ecke des Gebäudes befindliche Kapelle erneuert; zentrales Ausstattungsstück blieb aber der in die Erbauungszeit weisende Alabasteraltar, den mutmaßlich Michael Kern (1580–1649) schuf.[75]

Abb. 3.2: *Postkarte Hof Conti, um 1900, 9×14 cm (DAW, Fotodokumentation).*

---

[73] Vgl. Jörg Lusin, Die Baugeschichte der Würzburger Domherrnhöfe, Würzburg 1984, S. 30–40, 168, Rekonstruktionszeichnungen 2.01–2.04, Abbildungen 2.01–2.28.

[74] Vgl. Theodor J. Scherg, Der Verkauf der säkularisierten Domherrnhöfe in Würzburg, bearbeitet nach den Akten des Würzburger Kreisarchivs, in: Archiv des Historischen Vereins für Unterfranken und Aschaffenburg 56 (1914), S. 1–71, bes. S. 13f.

[75] Vgl. Stefan Kummer, Architektur und bildende Kunst von den Anfängen der Renaissance bis zum Ausgang des Barocks, in: Wagner (Hg.), Geschichte der Stadt Würzburg, Bd. II (wie Anm. 5), S. 576–678, bes. S. 604.

Gegenüber der prachtvollen und weitläufigen barocken fürstbischöflichen Residenz, die nun in den Händen der bayerischen Könige war, stellte sich das neue Domizil zwar bescheiden dar, aber es ist repräsentativ und würdevoll genug für einen Bischof, der sich nun voll auf seine geistlichen Aufgaben konzentrieren kann.

Schon bevor *(Adam) Friedrich von Groß zu Trockau (Abb. 3.3–3.6)* von der Diözese Würzburg Besitz ergreifen konnte, beteiligte er sich an den 1819 begonnenen Verhandlungen zur Neudotation des Bischofsstuhles und der Domkirche. Diese Verhandlungen blieben allerdings erfolglos, ebenso wie jene, die er ab 1822 bis 1832 führte.[76] Bekanntlich harrt die Angelegenheit der Dotationen bis heute der Klärung. Auch die Tegernseer Erklärung (siehe Kap. 2) hatte er „durch klare und besonnene juristische Darlegungen“[77] mit auf den Weg gebracht. Bei solchen Verhandlungen bewährte er sich als exzellenter und akribischer Diplomat und Verwaltungsfachmann. Dafür war er auch ausgebildet; durch leitende Tätigkeit in weltlichen wie geistlichen Behörden hatte er seine besonderen Fähigkeiten in diesen Bereichen bewiesen. Er verband beste Kenntnisse im Bereich beider Rechte (profanes und kanonisches Recht) mit großer praktischer Berufserfahrung. Er war so die geeignete Bischofspersönlichkeit in der Situation des organisatorischen Neuaufbaus der Würzburger Kirche nach den Wirren der Säkularisation.

Abb. 3.3: *Porträt Bischofs (Adam) Friedrich von Groß zu Trockau, wohl 1821, Lithographie im Rahmen, 20×25 cm (DAW, BGO, Nr. 1813).*

[76] Vgl. Vitus Brander, Verhandlungen über die feste und bleibende Ausstattung des Bistums Würzburg und über die Durchführung von Art. IV des Bayerischen Konkordates von 1817, in: Würzburger Diözesangeschichtsblätter 16/17 (1954/55), S. 75–102.

[77] Wendehorst, Das Bistum Würzburg (wie Anm. 5), S 38.

Abb. 3.4:
Porträt (Adam) Friedrichs von Groß zu Trockau, 1808, in weltlicher Kleidung mit dem Domkapitelskreuz des 1803 aufgelösten Würzburger Domstifts, in der Aufschrift als Präsident tituliert (von 1795–1802 Präsident der Bamberger weltlichen Regierung), Ölgemälde (Schloss Trockau bei Bayreuth, Foto: Franz Groß von Trockau).

Abb. 3.5:
Halbfigur (Adam) Friedrichs von Groß zu Trockau, in bischöflicher Chorkleidung dargestellt, Ölgemälde (Schloss Trockau bei Bayreuth; Foto: DAW, Fotodokumentation).

Abb. 3.6: *Porträt Bischofs (Adam) Friedrich von Groß zu Trockau, um 1821, Wachsrelief in rundem Rahmen, Durchmesser 10,5 cm (DAW, OdZ, Nr. 78).*

Das Geschlecht der Groß zu Trockau gehörte dem fränkischen Ritteradel (Mitglieder im Kanton Baunach und Gebirg) an. Vertreter der Familie waren wiederholt in fränkischen Domstiften bepfründet. Geboren wurde (Adam) Friedrich von Groß zu Trockau am 14. März 1758 in Würzburg.[78] Er durchlief

[78] Eine moderne Biographie (Adam) Friedrich von Groß zu Trockaus ist nach wie vor ein Desiderat der geschichtswissenschaftlichen Forschung. Zeitgenössische Einschätzungen zu ihm: Franz Georg Benkert, Trauerrede auf das schmerzlich-betrübende Hinscheiden Seiner Bischöflichen Gnaden des Hochseligen, Hochwürdigsten Herrn, Herrn Bischofs Friedrich Freiherrn von Groß zu Trockau, Bischofs von Würzburg, bei dessen feierlichen Exequien in der Domkirche am 26. März 1840, Würzburg 1840; Georg J. Saffenreuter, Rede auf den Hochseligen Hintritt Seiner Bischöflichen Gnaden des Hochwürdigsten Herrn, Herrn Friedrich Baron von Groß zu Trockau, Bischofs von Würzburg, gehalten in der St. Michaels-Kirche an die Studierenden den 2. April 1840, Würzburg 1840; Friedrich, Baron von Groß zu Trockau, Bischof von Würzburg (ohne Verfasserangabe), in: Franz Georg Benkert / Georg J. Saffenreuter (Hg.), Allgemeiner Religions- und Kirchenfreund und Kirchencorrespondent 13 (1830), Sp. 497–507. Kurzbiographien und Lebensbilder zu ihm: Bastgen, Bayern und der Heilige Stuhl (wie Anm. 17), Bd. 1, S. 264–267 u. 294–318; Theodor Kramer, Die katholische Kirche in Unterfranken seit 1814, in: Unterfranken im 19. Jahrhundert (Festschrift), Würzburg 1965, S. 99–122, bes. S. 100; Alfred Wendehorst, Groß von Trockau, in: Neue Deutsche Biographie 7 (1966), S. 146f.; Erik Soder von Güldenstubbe, Groß zu Trockau, Adam Friedrich Freiherr von (1758–1840), in: Gatz (Hg.), Die Bischöfe (wie Anm. 7), S. 261–263; Winfried Romberg, Adam Friedrich Freiherr von Groß zu Trockau (1758–1840). 79. Bischof von Würzburg, in: Fränkische Lebensbilder (Veröffentlichungen der Gesellschaft für fränkische Geschichte, Reihe VII A, Bd. 21), Neustadt a. d. Aisch 2006, S. 171–183. Thematische Arbeiten zu ihm: Thomas Wehner, Die Bemühungen des Bischofs Adam Friedrich von Groß zu Trockau (1818/21–1840) um die Priesterbildung und kirchliche Erneuerung im Bistum Würzburg, in: Würzburger Diözesangeschichtsblätter 62/63 (2001), S. 361–406 (= Wolfgang Weiß [Hg.], Kirche und Glaube – Politik und Kultur in Mainfranken. Beiträge zur Geschichte des Christentums in Franken. Zum 65. Geburtstag von Klaus Wittstadt, Würzburg 2001); Winfried Romberg, Vom Fürsten zum Hirten. Der Wandel des Bischofs- und Kirchenbildes durch Revolution und Säkularisation, dargestellt anhand der Bischofsgrabmäler im Würzburger Dom, in: Würzburger Diözesangeschichtsblätter 65 (2003), S. 119–145; Thomas Wehner, „Pastoral-Conferenzen als schätzbares Beförderungsmittel des klerikalischen Geistes“. Priesterfortbildung im Bistum Würzburg unter Bischof Adam Friedrich von Groß zu Trockau (1821–1840), in: Würzburger Diözesangeschichtsblätter 78 (2015),

die typische Laufbahn eines Adeligen, der für den geistlichen Stand bestimmt war. 1768 erhielt er ein Kanonikat (als Domizellar) am Bamberger und 1769 am Würzburger Dom. In seiner Ausbildung konzentrierte er sich nach den notwendigen Grundlagen in der Philosophie – bereits 1776 erwarb er den Dr. phil. als Jahrgangsbester – auf die Jurisprudenz; neben einem juristischen Studium an der Universität Würzburg absolvierte er ein Praktikum am Reichskammergericht in Wetzlar. Er war damit besonders für die weltliche Regierung in den Hochstiften Bamberg oder Würzburg vorbereitet. 1795 erlangte er die wichtige Position eines Präsidenten der weltlichen Regierung in Bamberg. Sein Lebensmittelpunkt war damit in Bamberg. 1800 konnte er noch die Stellung eines Propstes des Ritterstiftes St. Burkard in Würzburg übernehmen. Er beließ es bei der Weihe zum Subdiakon, da diese die notwendige Voraussetzung zur Aufnahme in das Domkapitel darstellte. Er kann als typischer Vertreter der späten Reichskirche bewertet werden. Zwar sollte ihm die persönliche Frömmigkeit, wenngleich in der purifizierten Form der katholischen Aufklärung, nicht abgesprochen werden, ein besonderes geistliches oder gar pastorales Profil ließ er aber nicht erkennen. Dies änderte sich, als er 1803 durch die Säkularisation seine Stellung als Domkapitular ebenso wie die als Staatsdiener verlor. Er begnügte sich aber nun nicht mit der Existenz eines Pensionisten, sondern richtete sein Augenmerk auf das Studium der Theologie. Er soll sogar das theologische Doktorat erworben haben.[79]

Diese Neuorientierung eröffnete (Adam) Friedrich von Groß zu Trockau eine zweite Karriere, und zwar nun im geistlichen Bereich. Als der Bamberger apostolische Generalvikar, der Propst des aufgehobenen Domstifts, Johann Georg Karl Hutten von Stolzenberg (* 1740), am 3. Mai 1812 verstarb, verlief die Suche nach einem Nachfolger nicht konfliktfrei. Während der Eichstätter Bischof Joseph Graf von Stubenberg (1769–1824), dem als benachbarten Bischof, da der Rekurs an den Papst nicht möglich war, kirchenrechtlich die Regelung der Nachfolge zukam, den Senior des Generalvikariats und Pfarrer der Oberen Pfarre in Bamberg, Augustin Andreas Schellenberger (1740–1824) ernannte, entschied sich der König Max I. Joseph für (Adam) Friedrich von Groß zu Trockau. Die Bamberger geistliche Oberbehörde und Bischof Stubenberg akzeptierten dies. Der Eichstätter Bischof erteilte die notwendigen Vollmachten an Groß zu Trockau.

Die Angelegenheit besaß auch noch ein Nachspiel, als die römische Kurie ab 1814 wieder ihre Tätigkeit aufnahm. Rom ließ durch den Wiener Nuntius Erzbischof Antonio Gabriele Severoli (1757–1823) Erkundigungen über den Bamberger Generalvikar einholen. Das Urteil lautete wenig günstig. Er beweise zwar „Tüchtigkeit in der Führung geistlicher Geschäfte“, doch sei er

---

S. 117–131; Winfried Romberg, Adelige Standes- und Funktionseliten geistlicher Staaten zwischen Aufklärung und Säkularisation. Geistig-politische Kontinuitäten und Umorientierungen am Beispiel rheinisch-fränkischer Bischöfe und Domherren (ca. 1770–1840), in: Rottenburger Jahrbuch für Kirchengeschichte 34 (2015), S. 125–146. – Information zu den Vornamen: als Bischof wird meist nur der Vorname „Friedrich“ benutzt; vorher wird in der Regel „Adam Friedrich“ benutzt. Daher wird im Text „Adam“ jeweils eingeklammert, nicht in Zitaten oder Literaturtiteln, wo „Adam Friedrich“ gebraucht wird.

[79] Vgl. von Güldenstubbe, Groß zu Trockau (wie Anm. 78), S. 261.

„ohne kirchlichen Geist" und gehöre zu „Sklaven der weltlichen Macht".[80] Papst Pius VII. bestätigte trotzdem (Adam) Friedrich von Groß zu Trockau, wohl nicht zuletzt um neue kirchenpolitische Verwicklungen zu vermeiden, am 11. April 1815 als apostolischen Generalvikar.[81] Die römischen Sorgen waren mittlerweile auch unbegründet, auf alle Fälle überzogen. Auch (Adam) Friedrich hatte, wie nicht wenige andere Zeitgenossen, einen inneren Wandel vollzogen, sich von einer euphorischen Aufklärungsmentalität abgekehrt, eine kirchenpolitisch vorsichtigere, religiös mehr an traditionellen Formen orientierte, kirchlichere und dogmenfestere Einstellung gewonnen. Ausdruck dafür war, dass er sich am 17. April 1813 in Würzburg von Weihbischof Gregor Zirkel zum Priester hatte weihen lassen.[82] Es wird sogar betont, er habe sich in seiner Bamberger Zeit zu einem „kirchenpolitischen Streiter für die Rechte der katholischen Kirche"[83] entwickelt.

Seine Bamberger Aufgabe endete am 3. Dezember 1821, als dem bisherigen Eichstätter Bischof Stubenberg der neue Erzbischofsstuhl übertragen wurde, wobei der neue Erzbischof dieser Zeremonie aus Altersgründen nicht selbst beiwohnen konnte, sondern sich durch den zukünftigen Bischof von Würzburg (Adam) Friedrich von Groß zu Trockau vertreten ließ.[84] Zwei Wochen vorher, am 18. November 1821, war Groß zu Trockau im Dom zu Eichstätt – und damit außerhalb seines zukünftigen Bistums – vom Nuntius in München, Erzbischof di Serra-Cassano, unter Assistenz des dortigen Weihbischofs Felix von Stubenberg (1748–1828) und des dortigen Dompropstes und ehemaligen Abtes von Murbach, Benedikt Anton Freiherr von Andlau (1761–1839), zum Bischof geweiht worden.

Die Ernennung (Adam) Friedrichs von Groß zu Trockau zum Würzburger Bischof war bereits am 5. September 1818 erfolgt und wurde ihm durch *Dekret Max I. Joseph vom 9. September 1818 (Abb. 3.7, siehe Anhang 2)* mitgeteilt. Auch seine Ernennung verlief nicht komplikationslos. Ursprünglich war durch König Max I. Joseph am 16. Februar 1818 der Regensburger Domherr Joseph Maria Freiherr von Fraunberg (1768–1842) nominiert worden. Diesem wurde die päpstliche Bestätigung verweigert, da er eine zu enge Verbundenheit mit dem bayerischen Staatskirchentum an den Tag gelegt habe.[85]

80 Bastgen, Bayern und der Heilige Stuhl (wie Anm. 17), Bd. 1, S. 266f.
81 Vgl. Wendehorst, Das Bistum Würzburg (wie Anm. 5), S. 36f.
82 Wahrscheinlich fand in diesem Zusammenhang kurz zuvor auch die Diakonenweihe statt. Leider sind Weihematrikeln aus dieser Zeit in Würzburg nicht vorhanden.
83 Eucharius Schuler, Die Bamberger Kirche im Ringen um eine freie Kirche im freien Staat. Das Werden und Wirken des Bamberger Kirchenrechtlers und Kirchenpolitikers Franz Andreas Frey (1763–1820) in den Auseinandersetzungen mit dem Josephinischen Staatskirchentum, in: Bericht des Historischen Vereins Bamberg 115 (1979), S. 5–426, bes. S. 279.
84 Vgl. Josef Urban, Bamberg wird Erzbistum, in: Ammerich (Hg.), Das bayerische Konkordat 1817 (wie Anm. 6), S. 48–78, bes. S. 69.
85 Bastgen, Bayern und der Heilige Stuhl (wie Anm. 17), Bd. 1, S. 318–354; Wehner, Das Bistum Würzburg im Spannungsfeld (wie Anm. 6), S. 250. Fraunberg erhielt aber dann doch noch 1819 einen bayerischen Bischofsstuhl, und zwar den von Augsburg; vgl. Stefan Miedaner, Die Neuorganisation des Augsburger Bistums, in: Ammerich (Hg.), Das bayerische Konkordat 1817 (wie Anm. 6), S. 17–48, bes. S. 29f. 1824 stieg er zum Erzbischof von Bamberg auf; vgl. Horst Gehringer, Joseph Maria Johann Nepomuk von Fraunberg (1768–1842), in: Josef Urban (Hg.), Die Bamberger Erzbischöfe. Lebensbilder, Bamberg 1997, S. 87–104.

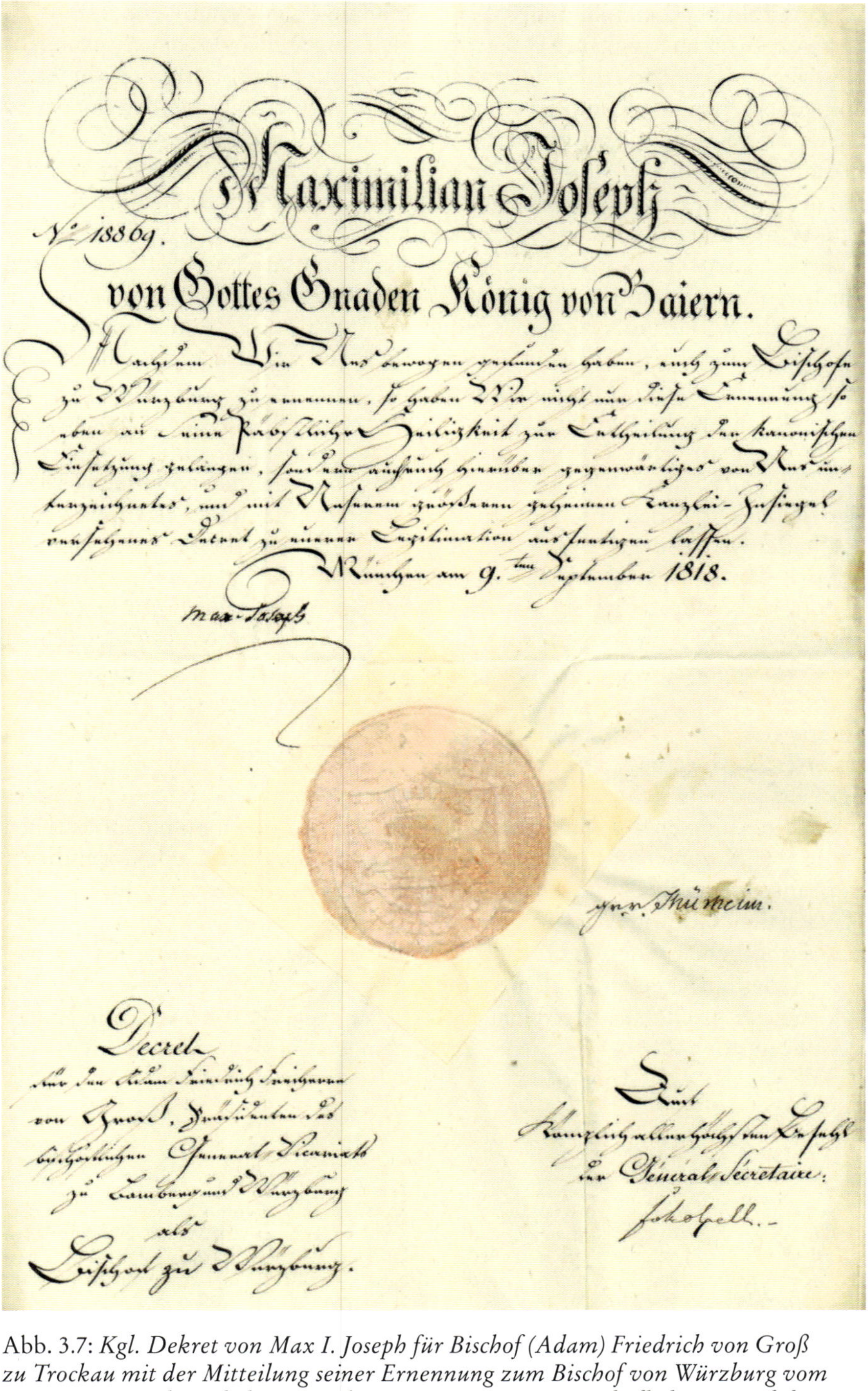

Maximilian Joseph

No 18869.

von Gottes Gnaden König von Baiern.

Nachdem Wir Uns bewogen gefunden haben, euch zum Bischofe zu Würzburg zu ernennen, so haben Wir nicht nur diese Ernennung so eben an Seine Päbstliche Heiligkeit zur Ertheilung der kanonischen Einsetzung gelangen, sondern auch euch hierüber gegenwärtiges von Uns unterzeichnetes, und mit Unserem größeren geheimen Kanzlei-Insiegel versehenes Patent zu eurer Legitimation ausfertigen lassen.

München am 9.ten September 1818.

Max Joseph

ger. Thürheim.

Decret für den Adam Friedrich Freiherrn von Groß, Domdechanten des bischöflichen General Vicariats zu Bamberg und Würzburg als Bischof zu Würzburg.

Auf Königlich allerhöchsten Befehl der General Secretaire: Kobell.

Abb. 3.7: *Kgl. Dekret von Max I. Joseph für Bischof (Adam) Friedrich von Groß zu Trockau mit der Mitteilung seiner Ernennung zum Bischof von Würzburg vom 09.09.1818, mit königlichem Siegel, 22×33,5 cm (DAW, Bischöfliche Manualakten 1821–1898, Nr. 19/3).*

Daraufhin fiel die Wahl des bayerischen Königs auf (Adam) Friedrich Freiherr von Groß zu Trockau. Dieser sollte nach dem Willen des bayerischen Königs wegen des hohen Alters des zukünftigen Bamberger Erzbischofs Graf von Stubenberg auch noch zum Koadjutor für Bamberg bestellt werden und sogar Generalvikar in Bamberg bleiben. Für Würzburg sollte ihm mit Maximilian Prechtl, dem früheren Abt von Michelfeld, ein Weihbischof zugeteilt werden. Diese eigenartige Kombination lehnte Groß zu Trockau ab und wollte sich mit dem Würzburger Bischofssitz begnügen.

Groß zu Trockau wurde in Rom ebenfalls nicht ohne Vorbehalte akzeptiert. Auch er galt als Bamberger Generalvikar zu staatsfreundlich. Schließlich gelang es, die Widerstände zu überwinden und Papst Pius VII. präkonisierte ihn am 2. Oktober 1818. Es dauerte aber wegen der schon dargelegten Auseinandersetzung um die Interpretation des Konkordats bis zum 13. September 1821, bis die königliche Ernennung der einzelnen Bischöfe im bayerischen Regierungsblatt öffentlich bekannt gegeben wurde.[86]

Am 23. Dezember 1821 (4. Adventssonntag) hielt der damals bereits 63-jährige (Adam) Friedrich von Groß zu Trockau schließlich seinen feierlichen Einzug in den Würzburger Dom[87] und übernahm mit dem Akt der Inthronisation offiziell die Amtsgewalt in seiner neuen Diözese[88]. Die gedruckte *„Ordnung der feyerlichen Einführung des Hochwürdigsten Herrn* [,] *Herrn Adam Friederich Bischofs zu Würzburg in Hochdesselben Kathedralkirche allda" (Abb. 3.8, siehe Anhang 3)* gibt uns einen Einblick in deren Verlauf. Dass es sich um ein wichtiges Ereignis handelte, wurde deutlich, indem am Vortag „eine halbe Stunde vor dem englischen Gruß Abends" alle Glocken der Stadt läuteten. Am nächsten Tag begann das Glockengeläute um ¾ 8 Uhr (7.45 Uhr). Zur gleichen Zeit versammelte sich die Geistlichkeit der Würzburger Pfarreien und Klöster sowie die Alumnen des Seminars in der Domkirche und wohnten „dem hohen Amte bey".[89] Von einer Beteiligung des neuen Bischofs an diesem Gottesdienst ist ebenso wenig die Rede wie von derjenigen der Bevölkerung.

Nach dem Gottesdienst formierte sich der Zug, der von der „Platnersgasse" zur bischöflichen Wohnung (Hof Conti) führte. An der Spitze war die „Schuljugend, der ein Kreuz und kleine Kirchenfähnchen vorgetragen" wurden. Sobald sie das Bischofshaus erreicht hatte, begann sie, die „ein oder die andere Strophe aus dem deutschen Liede" zu singen, das eigens für diesen Anlass gedichtet wurde *(siehe Anhang 3).*

---

86 Regierungs- und Intelligenzblatt für das Königreich Baiern, Nr. 31 vom 19.09.1821, S. 806–808: „Die Besetzung der Erzbisthümer und Bisthümer betreffend: Zum Bisthum Würzburg: den bisherigen Präsidenten des bischöflichen General-Vicariats zu Bamberg, Dom-Capitularen daselbst, und zu Würzburg, dann ehemaligen fürstlich bambergischen geheimen Rath Adam Friedrich Freyherrn v. Groß".

87 Als neuen Patron der Würzburger Kathedralkirche hatte Papst Pius VII. in der Zirkumskriptionsbulle den Apostel Andreas bestimmt; vgl. Bendel, Das Würzburger Domkapitel (wie Anm. 21), S. 12. Hier irrt Bendel, Andreas war schon vorher ab dem Mittelalter Hauptpatron.

88 Wehner, Das Bistum Würzburg im Spannungsfeld (wie Anm. 6), S. 251.

89 Ordnung der feyerlichen Einführung des Hochwürdigsten Herrn [,] Herrn Adam Friederich Bischofs zu Würzburg in Hochdesselben Kathedralkirche allda, Druck; DAW, Bischöfliche Manualakten 1821–1898, Nr. 19/5, S. [1].

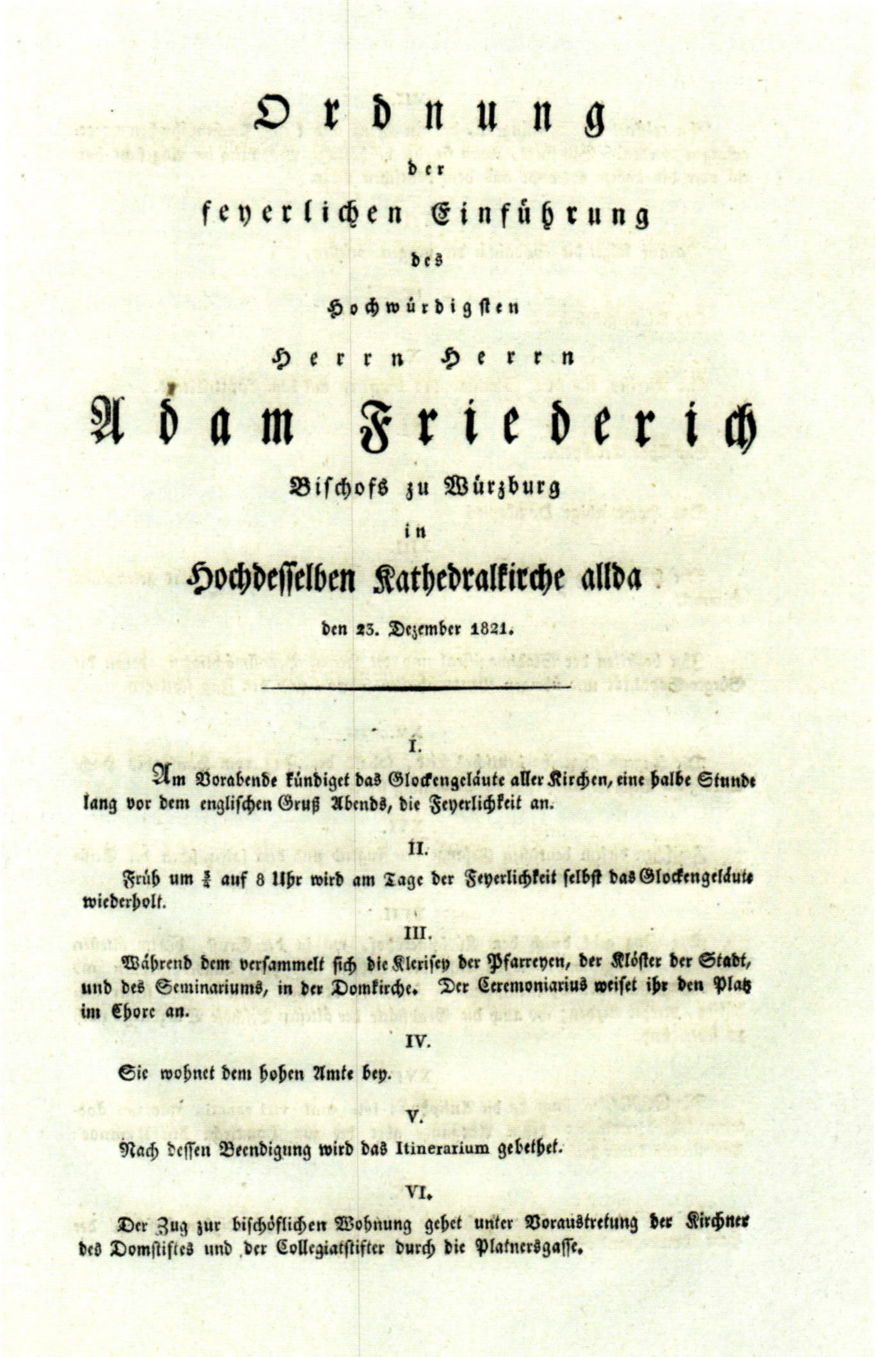

Ordnung

der

feyerlichen Einführung

des

Hochwürdigsten

Herrn Herrn

Adam Friederich

Bischofs zu Würzburg

in

Hochdesselben Kathedralkirche allda

den 23. Dezember 1821.

I.

Am Vorabende kündiget das Glockengeläute aller Kirchen, eine halbe Stunde lang vor dem englischen Gruß Abends, die Feyerlichkeit an.

II.

Früh um ¾ auf 8 Uhr wird am Tage der Feyerlichkeit selbst das Glockengeläute wiederholt.

III.

Während dem versammelt sich die Klerisey der Pfarreyen, der Klöster der Stadt, und des Seminariums, in der Domkirche. Der Ceremoniarius weiset ihr den Platz im Chore an.

IV.

Sie wohnet dem hohen Amte bey.

V.

Nach dessen Beendigung wird das Itinerarium gebethet.

VI.

Der Zug zur bischöflichen Wohnung gehet unter Vorausstretung der Kirchner des Domstiftes und der Collegiatstifter durch die Platnersgasse.

Abb. 3.8: *Titelseite der „Ordnung der feyerlichen Einführung des Hochwürdigsten Herrn[,] Herrn Adam Friederich Bischofs zu Würzburg in Hochdesselben Kathedralkirche allda den 23. Dezember 1821", Druck, 20×30,7 cm (DAW, Bischöfliche Manualakten 1821–1898, Nr. 19/5).*

In der Prozession folgten „die Sodalität der jungen Gesellen", die Klostergeistlichen, die Mitglieder des Priesterseminars, die Weltgeistlichen der Stadt und das Domkapitel. Nachdem das Bischofshaus erreicht war, reihte sich hier der Bischof ein. Der Bischof bildete nun den Mittelpunkt des Zuges und schritt „unter dem von 4 Alumnen des Seminars getragenen Himmel". Ihn begleiteten „der Stadtmagistrat und die Herren Bevollmächtigten"; ihnen folgten die Mitglieder der Bürger-Sodalität sowie der Bruderschaften. Für den Weg vom Bischofshaus zum Dom, der über den Kürschnerhof (wahrscheinlich von der Herrngasse bzw. -straße her) ging, war nun eine musikalische Umrahmung vorgesehen; neben dem Gesang der Schuljugend mit weiteren Strophen des erwähnten Liedes gab es lateinische Gesänge der Geistlichkeit und Trompetenspiel. Station machte der Zug vor der Neumünsterkirche, da der Bischof sich in die Kiliansgruft, „diesem ältesten National-Heiligthume" begab, um „die da ruhenden Gebeine der heil[igen] Landespatronen und ersten Begründer des Christenthums in Franken" zu verehren. Anschließend bewegte sich der Zug zur Domkirche. Als der Bischof seine Kathedralkirche betrat, reichte ihm Domdekan Joseph Fichtl Weihwasser und inzensierte (beweihräucherte) ihn.[90] Der Bischof und das Domkapitel schritten unter dem Gesang weiß gekleideter Mädchen, die Blumen vor dem Bischof streuten, und dem Choral der Geistlichkeit zum Pfarraltar (am linken Chorbogen der nordöstlichen Vierung), „um das Allerheiligste anzubethen".

Von hier wechselten sie zum Altar des hl. Bruno am rechten Chorbogen, „um die Reliquien dieses seines Vorfahrers zu verehren". Dabei kamen „auf der Orgel" die Werke „O Sacrum Convivium" und „Sacerdos et pontifex" zum Vortrag – gemeint ist wohl Chorgesang auf einer der Orgelemporen im südlichen oder nördlichen Querhaus. Nun nahm der neue Bischof erstmals auf seiner Kathedra links vom Hochaltar Platz, sinnenfälliges Zeichen der Inbesitznahme des Bistums. Dann folgte der Höhepunkt der Einführungszeremonie: die Verlesung der päpstlichen Investiturbulle durch einen „apostolischen Notar". Leider erfahren wir nichts über die entsprechende Person. Nun neigte sich die Zeremonie bereits dem Ende entgegen. Nach „den gewöhnlichen Gebethen und denen für den König und den Bischof" wurde das Te Deum angestimmt. Während des Hymnus legte das Domkapitel dem Bischof gegenüber als „Zeichen der Ehrerbiethung und des Gehorsams das Handgelöbniß" ab. Abschließend erteilte der neue Bischof den Segen. Das war wohl das einzige Mal, dass er bei dieser Feier seiner Inthronisation selbst das Wort erhob, wie überhaupt auf Reden jeder Art – zumindest sind sie in der Ordnung nicht geplant – verzichtet wurde. Im letzten Punkt der Ordnung heißt es: „XXIX. Nach diesem [dem Segen] wird er vom Hochwürdigen Kapitel unter Musik, dem Grabe seines Vorfahrers, wo er bethet, und zu seinem eigenen den Platz wählet, vorüber, bis an die Kirchthüre begleitet, von wo aus er allein in seinem Wagen den Rückweg in seine Wohnung nimmt."[91] Angemerkt sei hier, dass es sich bei dem „Vorfahrer" nicht um den unmittelbaren Vorgänger Georg Karl

[90] Ebd., S. [2].
[91] Ebd., S. [3].

von Fechenbach gehandelt haben kann, da dieser im Bamberger Dom beigesetzt worden war. Es dürfte sich daher um das Grab Franz Ludwigs von Erthal gehandelt haben. Dieser Akt der Ehrerbietung setzte ein Zeichen, dass sich der neue Bischof in der Tradition des alten Bistums Würzburg sah.

Auch wenn der Zug zum und vom Bischofshaus vor der Inthronisation und dessen musikalische Umrahmung einen gewissen Eindruck machten, so stellte die ganze Einführung doch eine relativ schlichte, wenn auch durchaus symbolträchtige Zeremonie dar. Ein wichtiges Element war es nämlich zu verdeutlichen, in welcher Glaubensgeschichte Bischof und Bistum seit den Anfängen durch den Frankenapostel Kilian stehen. Die Orte, die der Bischof aufsuchte, waren daher *vielsagend* und so etwas wie *eine Predigt ohne Worte.* Insgesamt dürfte die Beteiligung quantitativ überschaubar gewesen sein. Die Anzahl der Welt- wie Klostergeistlichen war mittlerweile bedeutend geringer als am Ende der Hochstiftszeit. Die Schuljugend musste zwar wie zeitüblich geschlossen teilnehmen. Dagegen dürfte sich die Beteiligung der Stadtbevölkerung durchaus in Grenzen gehalten haben. Die religiöse Lauheit der Zeit dürfte durchaus ihre Spuren hinterlassen haben. Die Sodalitäten und Bruderschaften, von denen die Rede ist, dürften kaum mehr den Glanz und die Anziehungskraft der späten Hochstiftszeit besessen haben. Aber diese Kräfte der *frommen Insider* waren noch stark genug, um einen Anknüpfungspunkt für einen religiösen Aufschwung zu bilden. Auf alle Fälle standen der neue Bischof und seine neue Diözesanverwaltung vor großen Herausforderungen der kirchlichen Reorganisation und religiösen Wiederbelebung.

Dass sich Bischof (Adam) Friedrich dieser Aufgabe mit ganzer Kraft widmen wollte, verdeutlicht sein *„Pastoralschreiben“* (Hirtenbrief) *(Abb. 3.9a)*, das er anlässlich seiner Inbesitznahme des Bistums Würzburg verfasste und einen Tag später am 24. Dezember 1821 veröffentlichte.[92] Die *gründliche Vorbereitung* bezeugen die Unterlagen in den bischöflichen Manualakten *(Abb. 3.9b und 3.9c, siehe Anhänge 4 und 5).*

Der programmatische erste Hirtenbrief des neuen Bischofs steht unter dem biblischen Motto aus dem dritten Johannesbrief „Ich habe keine größere Freude, als die daß ich höre, daß meine Kinder in der Wahrheit wandeln“.[93] Er akzentuiert also ganz bewusst schon zu Beginn den Aspekt der Glaubenswahrheit und stellt im weiteren Verlauf des Schreibens heraus, dass diese zwar in den Evangelien geoffenbart, aber durch die Kirche vermittelt wird: „Die göttliche Weisheit hat nicht dem menschlichen Eigendünkel die geoffenbarte christliche Religion, und derselben Ausübung überlassen, sondern hat eine vom heil. Geiste regierte allgemeine Vereinigung der Gläubigen, die Kirche Christi gestiftet, welche jedes Mitglied auf dem Wege der Wahrheit leiten und erhalten soll.“[94]

---

[92] Pastoralschreiben Seiner bischöflichen Gnaden des hochwürdigsten Herrn[,] Herrn Friedrich, Bischof zu Würzburg bey Veranlassung der Besitznahme Seines bischöflichen Stuhls am 23ten Dezember 1821, Druck; DAW, Bischöfliche Manualakten 1821–1898, Nr. 19/5.
[93] Ebd., S. [3]; Bibelzitate jeweils nach der Übersetzung im Pastoralschreiben.
[94] Ebd., S. [5].

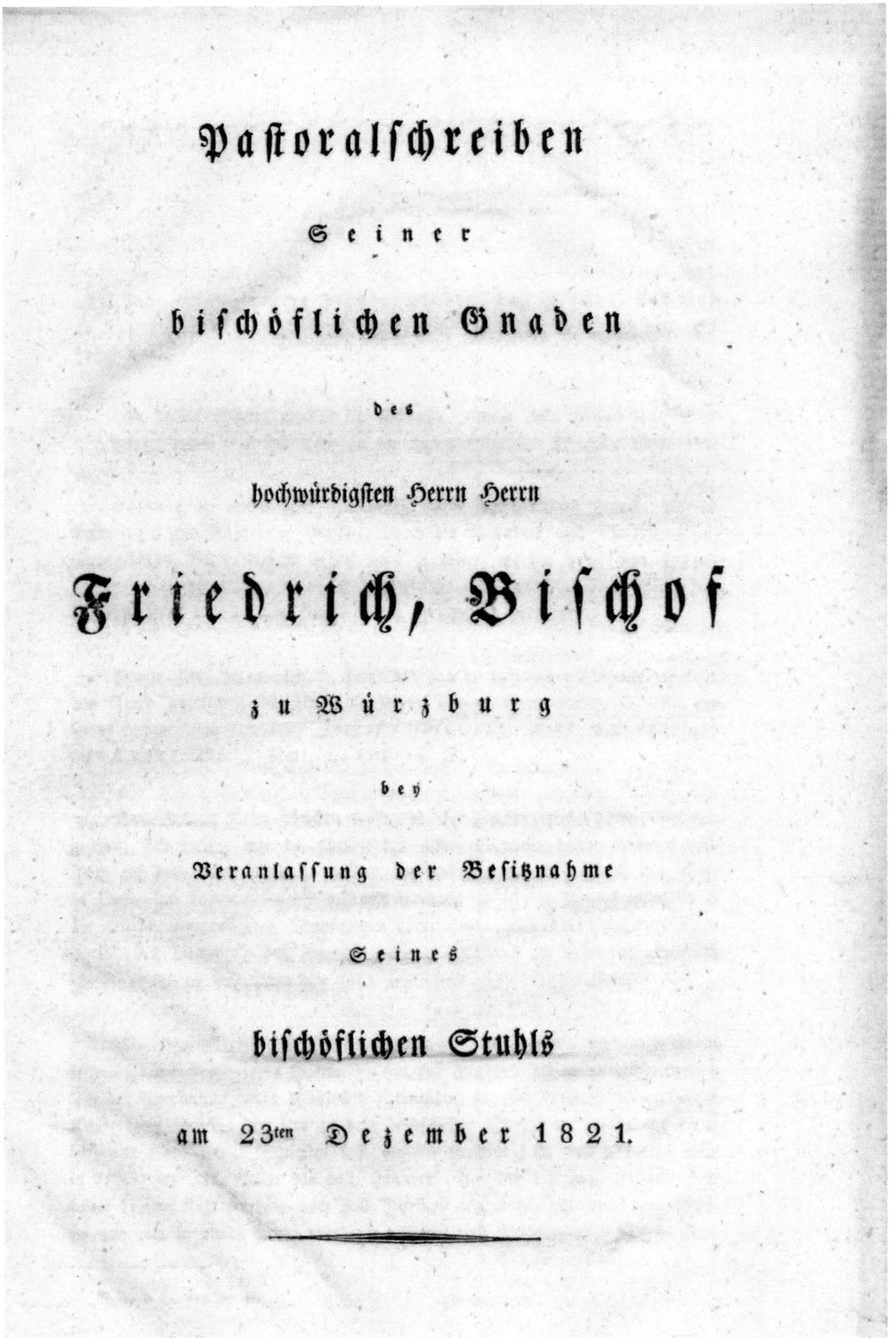

Pastoralschreiben

Seiner

bischöflichen Gnaden

des

hochwürdigsten Herrn Herrn

Friedrich, Bischof

zu Würzburg

bey

Veranlassung der Besitznahme

Seines

bischöflichen Stuhls

am 23ten Dezember 1821.

Abb. 3.9a: *Titelseite des „Pastoralschreiben*[s] *Seiner bischöflichen Gnaden des hochwürdigsten Herrn*[,] *Herrn Friedrich, Bischof zu Würzburg bey Veranlassung der Besitznahme Seines bischöflichen Stuhls am 23ten Dezember 1821" [= Regierungserklärung], Druck, 21,1×34,2 cm (DAW, Bischöfliche Manualakten 1821–1898, Nr. 19/5).*

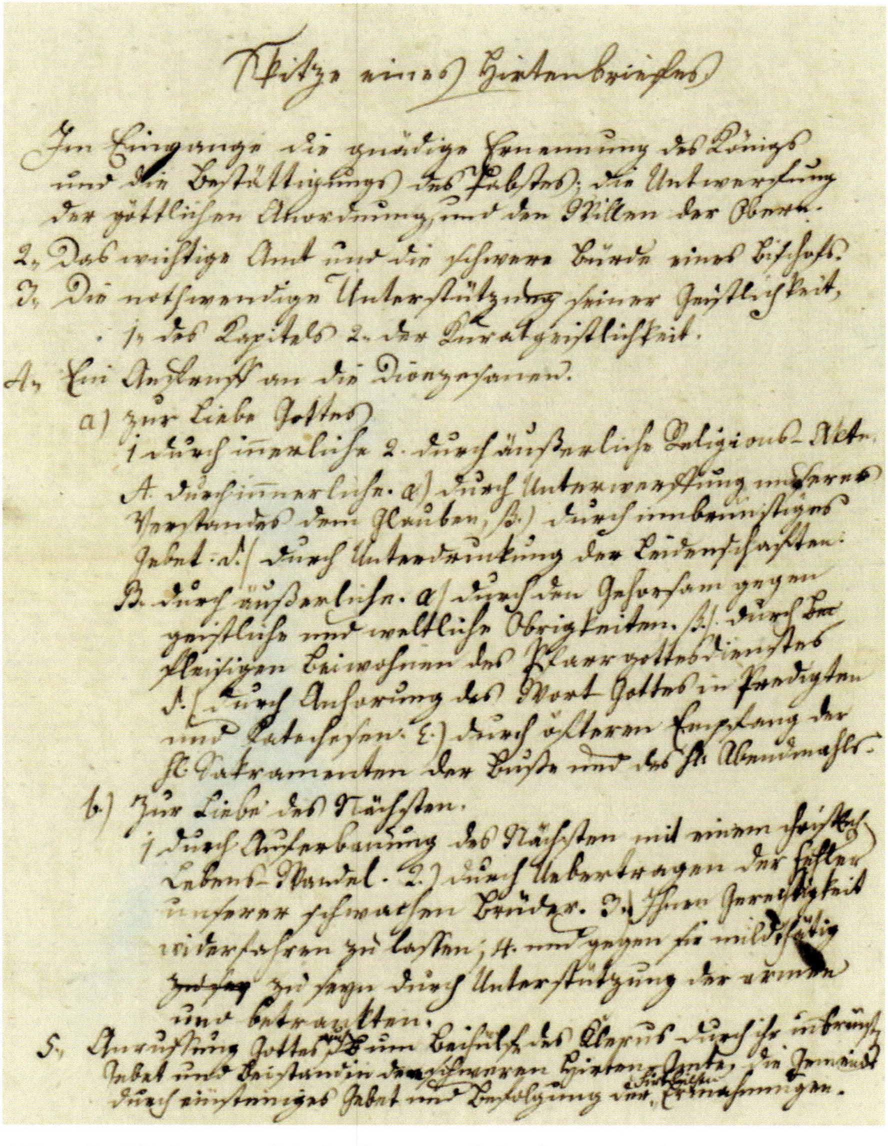

Abb. 3.9b: *Gliederungsaufriss für das Pastoralschreiben, Manuskript, 16 × 20,8 cm, Schreiber unbekannt (DAW, Bischöfliche Manualakten 1821–1898, Nr. 19/5).*

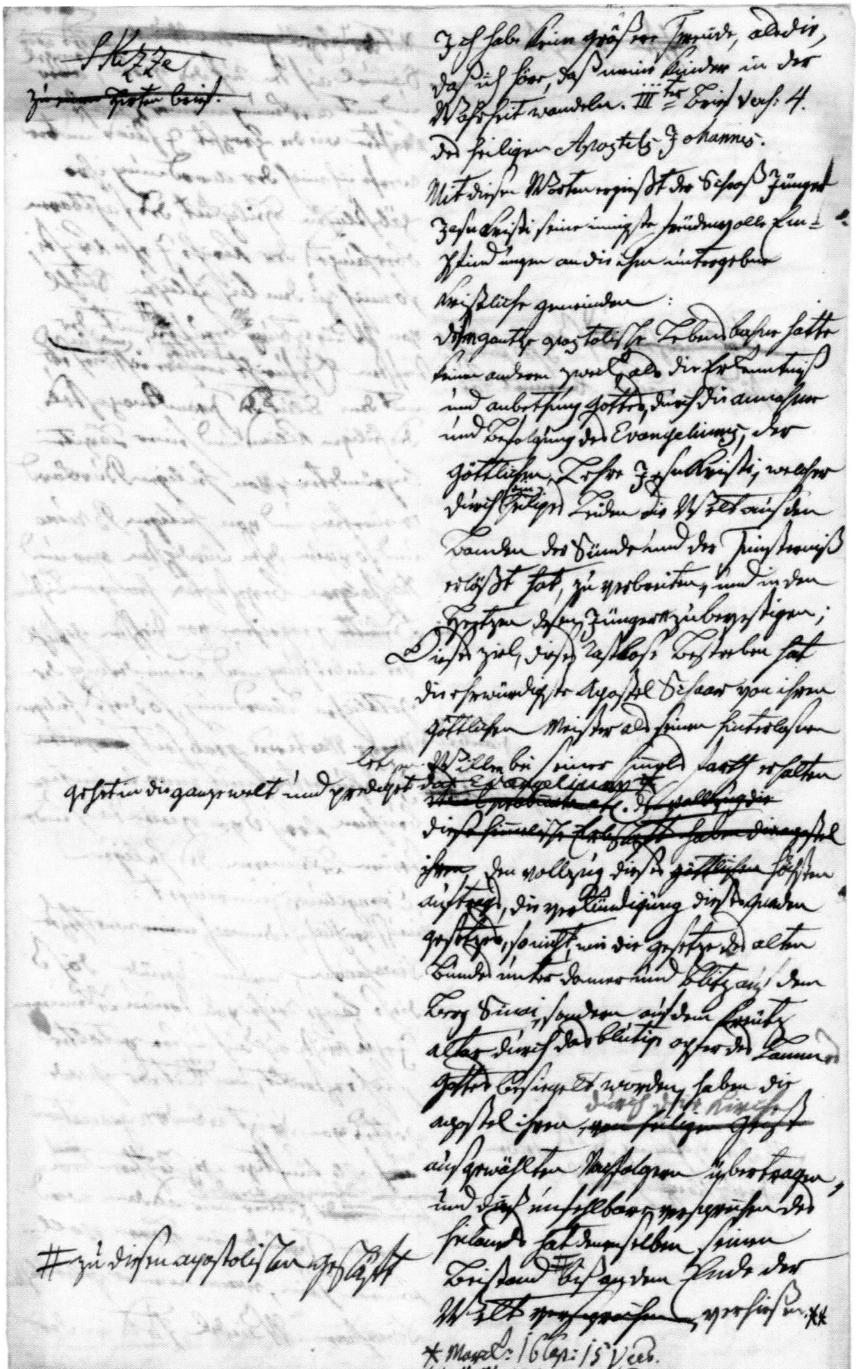

Abb. 3.9c: *Erste Seite der handschriftlichen Fassung des Pastoralschreibens, persönliche Handschrift von Bischof (Adam) Friedrich von Groß zu Trockau, Manuskript, 20,5×33,5 cm (DAW, Bischöfliche Manualakten 1821–1898, Nr. 19/5).*

Gleichzeitig wird der Auftrag betont, diese Wahrheit der Welt zu verkünden. Der neue Bischof sieht diesen Auftrag in besonderer Weise für sich selbst gegeben: „Ihnen auf dieser evangelischen Wahrheitsbahn, als ein treuer Hirt, vorauszugehen, und Unsere theuersten Untergebenen zu einer vertrauensvollen Nachfolge zu ermahnen, ist eine Unserer vorzüglichen Pflichten."[95] Deutlich ist auch die Abkehr vom Weltoptimismus der Aufklärung zu erkennen. Es seien nämlich die „Mitglieder der streitenden Kirche von unsäglichen Gefahren während des irdischen Lebens umgeben", auch sei die „Schwäche der menschlichen Natur – die Hinneigung zum Bösen" übermächtig, allerdings könne der gläubige Mensch „in den heiligen Sakramenten die reichsten Quellen der Gnade" erhalten, so das Leben „vertrauensvoll [...] durchwandeln" und zur „himmlischen Seligkeit gelangen".[96] Weiter unterstreicht Bischof Groß zu Trockau das Petrusamt und den Gehorsam gegenüber dem Papst. Der Hirtenbrief ist durchweg von dem Anliegen des Würzburger Bischofs geprägt, sich als treuer Sohn der römisch-katholischen Kirche zu präsentieren, womöglich, weil er in dieser Hinsicht frühere Verdachtsmomente aus der Welt schaffen wollte.

Sosehr es das Anliegen des Hirtenschreibens ist, die transzendente Seite des religiösen Lebens herauszuheben, so wenig soll aber nach den Worten des Bischofs der Dienst am Nächsten vergessen werden. In dieser Perspektive fließen wiederum typische Merkmale der religiösen Aufklärung und ihres Vokabulars ein: „Erziehung der Jugend in der Bahn der christlichen Tugend", wobei es aber nicht nur um „das zeitliche Wohl", sondern besonders um „die Entwicklung des religiösen Sinnes" der Kinder gehen dürfe.[97] Religiöses Leben und zivile Haltungen („Mäßigkeit und Arbeitsamkeit", „Erfüllung aller Standes- und Berufs-Pflichten"[98]) würden sich nicht trennen lassen. Dies gelte im privaten wie im „gesellschaftlichen Leben"; so resultiere aus diesem Zusammenhang auch „die treueste Ergebenheit [,] und Ehrfurcht" gegenüber dem bayerischen Monarchen.[99]

Nicht nur vor dem Unglauben warnt der Bischof, sondern ebenso vor dem Aberglauben. Er kritisiert daher nicht nur den aufgeklärten Kult der Vernunft, sondern in gleicher Weise Tendenzen zu einem subjektiven Mystizismus. Er benutzt zwar dieses Wort selbst nicht, er denkt aber wohl an solche Phänomene, die in der romantischen Grundstimmung jener Jahre hervorgetreten sind, wenn er schreibt: „Selbstsucht – Eigendünkel und Hoffart sind die Quellen dieses Übels. Nicht die Lehre – nicht die vorgeschriebene Liturgie, und Ceremonien der katholischen Kirche genügen dem Aberglauben; er will in die Geheimnisse der Allmacht eindringen. Statt dem Gesetze des Glaubens zu gehorchen, macht er sich ein Traumbild himmlischer Erleuchtungen, und fertigt sich ein Gewebe von Religion und Gottesdienst."[100]

---

95 Ebd., S. [4].
96 Ebd., S. [5].
97 Ebd., S. [6].
98 Ebd., S. [6f.].
99 Ebd., S. [7].
100 Ebd., S. [8]. Wahrscheinlich hatte Bischof Groß zu Trockau Vorkommnisse wie um den „Wundertäter" Fürst Alexander von Hohenlohe-Schillingsfürst, vgl. Wendehorst, Das Bistum Würzburg (wie Anm. 5), S. 31–34, oder die „Allgäuer Erweckungsbewegung", vgl. Gabriele Singer / Walter Mauerhofer, Christus für uns – Christus in uns. Die Allgäuer Erweckungsbewegung, Bielefeld 2016, vor Augen.

Wenn Bischof Groß zu Trockau sich in den letzten Jahren einer kirchentreuen Einstellung verschworen hatte, so behält er doch die Nüchternheit eines Juristen, dem jeder Überschwang verdächtig ist und für den ein funktionierendes Kirchenwesen an erster Stelle steht. In diesem Sinne wendet er sich auch abschließend an seinen Diözesanklerus. Er soll ein standesgemäßes geistliches Leben führen, Demut an den Tag legen und gehorsam die Vorschriften der Kirche befolgen.

Nach diesen Leitlinien lenkte Bischof (Adam) Friedrich von Groß zu Trockau fast zwei Jahrzehnte sein Bistum. Die Abwehr staatskirchlicher Eingriffe, die Reorganisation der kirchlichen Verwaltung und Strukturen, die Heranbildung von kirchentreuen und disziplinierten Priestern, die Verbesserung der Seelsorge sowie die allgemeine Intensivierung des Frömmigkeitslebens gemäß tridentinischer Vorstellungen prägten seine Amtszeit (siehe Kap. 5). Dabei konnte er auf den Trend jener Jahre bauen, in denen restaurative Orientierungen und religiöse Erneuerungsbestrebungen den Katholizismus auf eine ultramontane Bahn führten und der Volkskirche des 19. Jahrhunderts den Weg ebneten. Bischof (Adam) Friedrich verstarb am 21. März 1840 wenige Tage nach seinem 82. Geburtstag *(Totenanzeige bzw. -zettel, Abb. 3.10)*.

Er wurde im rechten Seitenschiff des Würzburger Domes mittig am vorderen Ende vor den Stufen zum südlichen Querhaus beigesetzt.[101] Nach seinen testamentarischen Bestimmungen wurde sein Herz im neu errichteten Hauptfriedhof – und damit gleichsam inmitten seiner Herde – beigesetzt. 1860 fand es in der neu erbauten neugotischen „Friedhofskapelle links vom Altar in einer Metallkapsel“[102] seinen Platz. „Der Brauch der Herzsepultur lebte auf diese Weise weiter mit neuem Bezug zur Volkskirche.“[103]

Franz Georg Benkert (1790–1859), seit 1838 Domdekan, vorher als Subregens (ab 1823) und Regens (ab 1832) des Priesterseminars ein wichtiger Mitstreiter Groß zu Trockaus bei der Neuformierung des Klerus, wies in der Trauerrede auf sein wegweisendes Wirken in einer schwierigen Umbruchszeit hin: „Die Heerde war ohne Hirten, der Hirt war geschlagen und die Schafe zerstreut! Dazu kam noch, daß ein großer Theil der alten Diöcese in Folge politischer Friedensschlüsse an andere Potentaten abgetreten, das Fürstenthum Aschaffenburg und Parcellen von Fulda mit dem Bisthume von Würzburg vereint wurden. Ein neues Domkapitel war errichtet, ein neues geistliches Rathscollegium mußte eingesetzt werden. Wie schwer war es da, alle diese Elemente auszukennen, alle Ansprüche zu berücksichtigen, alle die gröberen und feineren Gereiztheiten zu beschwichtigen, und die Diöcesan-Verwaltung in Gang zu bringen! Welche Klugheit, welche Geduld, welche Willenskraft, welches Vertrauen gehörte dazu, um die ersprießlichen Einrichtungen zweckmäßig zu treffen, und – die Sache des Herrn stets im Auge behaltend – nicht das Opfer menschlicher Politik zu werden?

---

[101] Vgl. Helmut Schulze, Der Würzburger Dom und sein Bereich als Grablege (zweiter Teil), in: Würzburger Diözesangeschichtsblätter 40 (1978), S. 5–42, bes. S. 33f. (Grab 75).
[102] Memminger, Würzburger Friedhofwanderung (wie Anm. 68), S. 29.
[103] Romberg, Vom Fürsten zum Hirten (wie Anm. 78), S. 140.

Im Jahre unseres Heils 1840

am 21. März früh 3½ Uhr ist, mit den heiligen Sterbsakramenten versehen, an Altersschwäche in einem Alter von 82 Jahren und 7 Tagen in dem Herrn selig entschlafen:

Der Hochwürdigste Herr Herr

Friederich,

Bischof von Würzburg,

aus dem

Freiherrlichen Geschlechte von Groß zu Trockau.

Die Seele des Hohen Verblichenen wird dem Andenken und frommen Gebete bestens empfohlen.

Herr! gib Ihm die ewige Ruhe! Und das ewige Licht leuchte Ihm!

Der Trauergottesdienst wird gehalten am Donnerstag den 26. März früh um 9 Uhr mit Vigil, Trauerrede und Seelenamt, am Freitag den 27. März und am Samstag den 28. März um 10 Uhr mit Vigil und Amt.

Abb. 3.10: *Todesanzeige Bischofs (Adam) Friedrich von Groß zu Trockau 1840, Papier auf Karton, Bischofswappen oben mittig, 42 × 52,5 cm (DAW, BGO, Nr. 1323). Bischof Groß zu Trockau führte als Amtswappen sein Familienwappen – gespalten weiß-blau mit roten Balken – verbunden mit den bischöflichen Attributen Mitra, Stab und Bischofshut ((flacher schwarzer Hut, entegegen der heute üblichen grünen Farbgebung mit je sechs herabhängenden Quasten in drei Reihen von oben 1:2:3).*

Abb. 3.10a:
Ausschnitt aus der Todesanzeige mit bischöflichem Amtswappen. Das Wappen schließt unten mit dem Domherrenkreuz am roten Band des säkualisierten, alten Würzburger Domkapitels ab (vgl. Abb. 3.4). Bischof (Adam) Friedrich von Groß zu Trockau wollte damit auf seine Zugehörigkeit zum alten Domkapitel hinweisen; dies war für ihn wohl mehr als ein Zeichen bloßer Reminiszenz, sondern ein bewusster Hinweis auf die Kontinuität zum alten Bistum Würzburg, das in veränderter Form im neuen Bistum weiterlebt.

Auch gab es von Anfange her sonst noch manchen harten Kampf, um die kirchlichen Rechte und Freiheiten aufrecht zu erhalten. Bischof Friedrich stand dabei immer in wahrer Selbstständigkeit da und blieb stets ein standhafter Vertheidiger, Beschützer und Vollstrecker kanonischer Vorschriften und Beschlüsse. [...] So war, so lebte und so starb Friedrich, der 79te Bischof von Würzburg seit der Gründung des Bisthums [...] So war, so lebte und so starb Friedrich, dieses Namens der Erste – ohne fürstliche Würde nach der Säcularisation. Er ist der Regenerator der Diöcese, und mit Ihm beginnt eine neue Aera in den Jahrbüchern der eilfhundertjährigen vaterländischen Kirche."[104]

Das gemauerte Grabmal im Boden des Domes wurde nur mit einer schlichten Grabplatte verschlossen. In Fortführung der Memorialkultur für die Fürstbischöfe gab aber das Domkapitel ein *Epitaph (Stahlstich, Abb. 3.11)* in Auftrag, und zwar an den aus den Haßbergen stammenden Bildhauer Andreas Halbig (1808–1869), der sich später bei der neugotischen Restaurierung der Würzburger Marienkapelle besondere Verdienste erwarb.

Nach der Inschrift an der rechten Seitenwand des Sockels vollendete er das *Grabdenkmal* 1842. Ursprünglich war es an der Westseite des ersten südlichen Langhauspfeilers aufgestellt, beim Wiederaufbau nach dem Zweiten Weltkrieg fand es an der Südseite dieses Pfeilers seinen Platz *(Abb. 3.12)*.

Formal zitiert das Bischofsepitaph auf den ersten Blick diejenigen des Mittelalters und der Katholischen Reform. Wie das Grabdenkmal Julius Echters[105] die Kontinuität zur vorreformatorischen Zeit versinnbildlichte, so verweist dasjenige des Bischofs Groß zu Trockau auf die Gesamttradition des Würzburger Bischofsstuhls. Inhaltlich ist aber eine deutliche Umorientierung bezüglich des Bischofsbildes zu erkennen. Es tritt uns nicht mehr der Bischof als Fürst in distanziert herrschaftlicher Pose entgegen. Die rechte Hand, mit der vormals der Würzburger Bischof das Herzogsschwert umklammerte, ist nun zum Segen erhoben. Man gewinnt den Eindruck, als wende sich der Bischof in vertrauensvoll offener und doch würdevoller Weise den Gläubigen zu. Der Bischof tritt uns als der Seelsorger entgegen, wie ihn schon das Konzil von Trient gefordert hat, der er aber unter den früheren reichskirchlichen Bedingungen nur begrenzt sein konnte.[106]

---

[104] Benkert, Trauerrede (wie Anm. 78), hier S. 7 und 10, zitiert nach Romberg, Vom Fürsten zum Hirten (wie Anm. 78), S. 138 u. 140.

[105] Vgl. Damian Dombrowski, Träumerei und Scharfblick – Die Grabmäler für Sebastian und Julius Echter im Dom zu Würzburg, in: Wolfgang Weiß (Hg.), Landesherrschaft und Konfession – Fürstbischof Julius Echter von Mespelbrunn (reg. 1573–1617) und seine Zeit (Quellen und Forschungen zur Geschichte des Bistums und Hochstifts Würzburg 76), Würzburg 2018, S. 109–148, bes. S. 139.

[106] Vgl. Peter Walter (†), Das tridentinische Bischofsideal und seine Wurzeln, in: ders./Wolfgang Weiß/Markus Wriedt (Hg.), Ideal und Praxis – Bischöfe und Bischofsamt im Heiligen Römischen Reich 1570–1620 (Reformationsgeschichtliche Studien und Texte 174), Münster 2020, S. 1–16; vgl. zu dieser Problematik allgemein Klaus Ganzer, Das Konzil von Trient, ein Wendepunkt für die Kirche der Neuzeit?, in: Würzburger Diözesangeschichtsblätter 77 (2014), S. 15–25.

Abb. 3.11: *Epitaph für Bischof (Adam) Friedrich von Groß zu Trockau im Würzburger Dom, Stahlstich, 11,3×20,2 cm (DAW, BGO, Nr. 1155).*

Abb. 3.12: *Epitaph für Bischof (Adam) Friedrich von Groß zu Trockau im Würzburger Dom (Bildnachweis: Abteilung Kunst der Diözese Würzburg, Foto: Thomas Obermeier).*

Die Würzburger Bischöfe nach der Säkularisation und dem bayerischen Konkordat können sich auf ihre geistlich-pastorale Aufgabe konzentrieren und sollen dem Ideal des guten Hirten nacheifern. Bischof (Adam) Friedrich von Groß zu Trockau eröffnet damit eine neue Tradition, die in der Darstellung seiner Person im Grabdenkmal Gestalt annimmt. Gleichwohl mag es sich hier um ein Wunschbild, im wahrsten Sinn des Wortes um eine Imagination gehandelt haben. Denn Bischof (Adam) Friedrich von Groß zu Trockau war eine Persönlichkeit, die aus früheren Verhältnissen kam, sich zwar auf die neuen einstellte, durchaus selbst als Prediger oder Visitator hervortrat und die Pontifikalhandlungen vollzog, letztlich aber doch sachlicher Jurist und Verwaltungsmann blieb und sich weniger als volksnaher Seelsorgebischof begriff.

Winfried Romberg beschreibt das Epitaph mit folgenden Worten: „Das Grabmal aus grünem Schilfsandstein zeigt die leicht überlebensgroße vollplastische Standfigur Groß zu Trockaus frontal auf einfachem Sockel. In vollem bischöflichem Ornat (Albe, Stola, Chormantel, Pectorale, Mitra, Pontifikalhandschuhe und -schuhe) gekleidet, blickt die Figur zum Betrachter herunter, in der linken Hand den Krummstab haltend, die Rechte zum Segensgestus erhoben. Deutlicher als bei den vorherigen Grabmälern sind die detailreiche und realistisch dargestellte Figur und die blockhafte Rahmung voneinander getrennt: Der Sockel birgt keine ikonologischen Elemente und weist zur Auflockerung lediglich ornamental Faszierungen auf. Die rückwärtige, großformatige und die Figur überragende hochrechteckige Stele bildet eine neutrale Fläche, die in vorgeblendetem, gotisierendem Dreipaß-Motiv die Silhouette der Statue in der ansonsten spätklassizistischen Formensprache aufnimmt. In den beiden oberen Ecken ist je ein Ahnenwappen der parentalen Aszendenz eingefügt; ein Amtswappen fehlt dagegen. Die Umschriftleiste auf der Stele nennt in deutscher Sprache Namen, Geschlecht, Würde sowie Geburts- und Todesdatum. Den oberen Abschluß bildet ein Gebälk mit Antefixen, wobei deren Eck- und Mittelteile größenbetont sind und letzteres mit einem Kreuz ausgeschmückt ist."[107]

Auch wenn das Amtswappen nicht explizit vorhanden ist, so ist es indirekt doch zu finden. Bischof Groß zu Trockau führte nämlich als *Amtswappen (Abb. 3.10)* sein Familienwappen, das links oben im Grabdenkmal zu finden ist. Beim rechten Wappen handelt es sich um das der mütterlichen Familie Greiffenclau-Vollraths, und zwar in der vermehrten Fassung: ein Glevenrad – mit einem silbernen Ring in der Mitte, besteckt nach außen sternförmig mit acht goldenen Lilienzeptern – in silbern-blau geteiltem Feld (im ersten und vierten Feld der Quadrierung) sowie ein silberner Schräglinksbalken in schwarzem Feld (im zweiten und dritten Feld der Quadrierung).

W. W.

[107] Romberg, Vom Fürsten zum Hirten (wie Anm. 78), S. 141.

4. Domkapitel und Diözesanverwaltung

In Artikel X des Konkordats war zwischen dem Heiligen Stuhl und dem Königreich Bayern vereinbart worden, dass die Erstbesetzung aller Domkapitelsstellen durch den Nuntius in Abstimmung mit dem König erfolgen sollte. Auf Regierungsseite begannen die Überlegungen über die Besetzung der künftigen Domkapitel kurz vor Konkordatsabschluss 1817, die Verhandlungen mit dem im Oktober 1818 in München eingetroffenen Nuntius zogen sich bis Mitte 1821 hin. Für das Würzburger Domkapitel hatten sich beide Seiten am 7. Juli 1821 auf geeignete Kandidaten verständigt.[108] Bereits am darauffolgenden Tag schrieb der Nuntius voller Euphorie nach Rom: „Würzburg kann sich nun vor allen anderen rühmen, ein wahrhaft würdiges Kapitel zu haben, das dem Klerus der Diözese seinen alten Glanz und seinen früheren Ruf wiederzugeben vermag."[109] Einen nicht unwesentlichen Einfluss auf die Zusammensetzung des neuen Kapitels hatte offenbar der damalige Würzburger Provikar Joseph Fichtl. Er war im Vorfeld der Verhandlungen von Rom aufgefordert worden, geeignete Kandidaten für Würzburg vorzuschlagen. Inwieweit seine eingereichte Liste der gewünschten Domkanoniker bei den Ernennungen dann tatsächlich Berücksichtigung fand, lässt sich bislang nicht rekonstruieren.[110] Die durch den Nuntius nach der Einigung mit der Regierung am 11. Juli 1821 nach Rom gesandte Kandidatenliste für Würzburg wurde nicht mehr verändert.[111] Am 3. Oktober 1821 wurden die Besetzungen der bayerischen Domkapitel im Regierungs- und Intelligenz-Blatt für das Königreich Bayern bekannt gegeben.[112]

Daraufhin erfolgte durch Dekret vom 5. November 1821 die *Neuerrichtung des Bistums Würzburg und seines Domkapitels* durch Nuntius Erzbischof Francesco di Serra-Cassano *(Abb. 4.1 und 4.2, siehe Anhang 6).*[113] Mit Schreiben vom 6. November erhielt Joseph Fichtl als Apostolischer Vikar durch den Nuntius alle Dokumente zugesandt, die zur Errichtung der Würzburger Kirche und Einsetzung des Domkapitels („erectio ecclesiae Herbipolensis et institutio capituli") notwendig waren.[114] Dies waren im Einzelnen das Ausführungsdekret über die Diözesanumschreibung, das eben genannte Dekret der Neuerrichtung der Würzburger Kirche und seines Domkapitels, das Dekret bezüglich der Aufhebung des alten Mainzer Metropolitankapitels in Aschaffenburg und der Vereinigung des Aschaffenburger Gebietes mit dem neuen Bistum Würzburg sowie das Ausführungsdekret der Abtrennung der auf bayerischem Gebiet liegenden ehemals fuldischen Diözesananteile und ihre Vereinigung mit dem Bistum Würzburg.

---

[108] Bastgen, Bayern und der Heilige Stuhl (wie Anm. 17), Bd. 1, S. 424.
[109] Ebd., S. 424f.
[110] Vgl. Bendel, Das Würzburger Domkapitel (wie Anm. 21), S. 22 u. 46.
[111] Abdruck der Kandidatenliste bei Bastgen, Bayern und der Heilige Stuhl (wie Anm. 17), Bd. 1, S. 428.
[112] Regierungs- und Intelligenz-Blatt für das Königreich Bayern Nr. 33 vom 03.10.1821, die „Besetzung der Erzbischöflichen und Bischöflichen Dom-Capitel betreffend", Sp. 882–897 (Würzburg: Sp. 893f.).
[113] DAW, Bischöfliche Manualakten 1821–1898, Nr. 246: „Decretum erectionis cathedralis ecclesiae Herbipolensis cum suo capitulo" des Nuntius Francesco di Serra-Cassano vom 05.11.1821 (Abschrift).
[114] Ebd., Nr. 245: Schreiben des Nuntius an den Apostolischen Vikar Joseph Fichtl vom 06.11.1821.

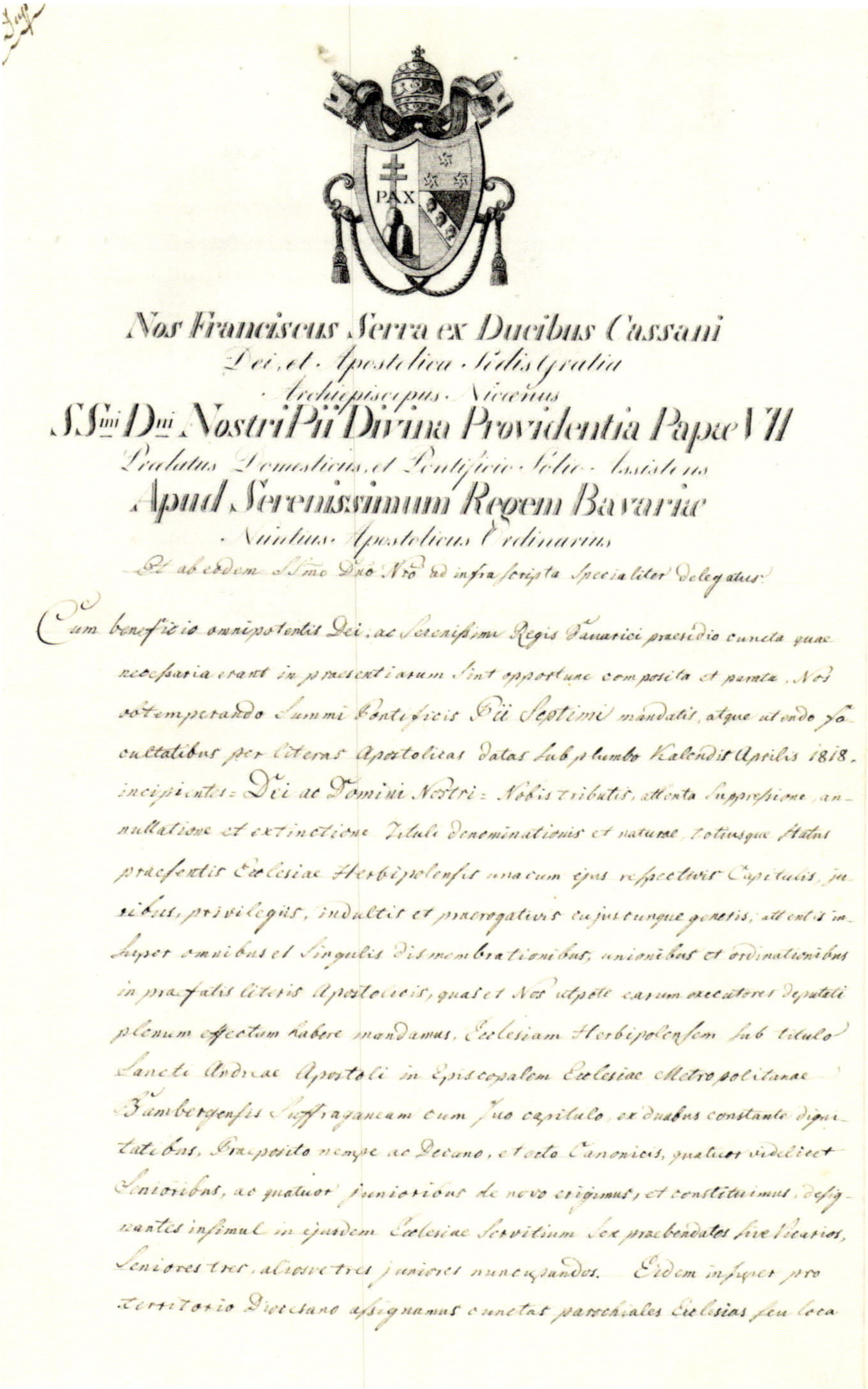

Nos Franciscus Serra ex Ducibus Cassani
Dei, et Apostolicae Sedis Gratia
Archiepiscopus Nicaenus
SS.mi D.ni Nostri Pii Divina Providentia Papae VII
Praelatus Domesticus, et Pontificio Solio Assistens
Apud Serenissimum Regem Bavariae
Nuntius Apostolicus Ordinarius
Et ab eodem SS.mo D.no N.ro ad infra scripta Specialiter delegatus.

Cum beneficio omnipotentis Dei, ac Serenissimi Regis Bavarici praesidio cuncta quae necessaria erant in praesentiarum sint opportune composita et parata, Nos obtemperando Summi Pontificis Pii Septimi mandatis, atque utendo facultatibus per literas Apostolicas datas sub plumbo Kalendis Aprilis 1818. incipientes = Dei ac Domini Nostri = Nobis tributis, attenta suppressione, annullatione et extinctione Tituli denominationis et naturae, totiusque status praesentis Ecclesiae Herbipolensis unacum ejus respectivis Capitulis, juribus, privilegiis, indultis et praerogativis cujuscunque generis, attentis insuper omnibus et singulis dismembrationibus, unionibus et ordinationibus in praefatis literis Apostolicis, quas et Nos utpote earum executores deputati plenum effectum habere mandamus, Ecclesiam Herbipolensem sub titulo Sancti Andreae Apostoli in Episcopalem Ecclesiae Metropolitanae Bambergensis Suffraganeam cum suo capitulo, ex duabus constante dignitatibus, Praeposito nempe ac Decano, et octo Canonicis, quatuor videlicet Senioribus, ac quatuor junioribus de novo erigimus, et constituimus, designantes insimul in ejusdem Ecclesiae servitium sex praebendatos sive Vicarios, Seniores tres, aliosve tres juniores nuncupandos. Eidem insuper pro territorio Dioecesano assignamus cunctas parochiales Ecclesias seu loca

Abb. 4.1: *Erste Seite der Urkunde zur Errichtung des neuen Würzburger Domkapitels durch Nuntius Francesco di Serra-Cassano am 05.11.1821, 23,5 × 38,5 cm (DAW, Bischöfliche Manualakten 1821–1898, Nr. 246).*

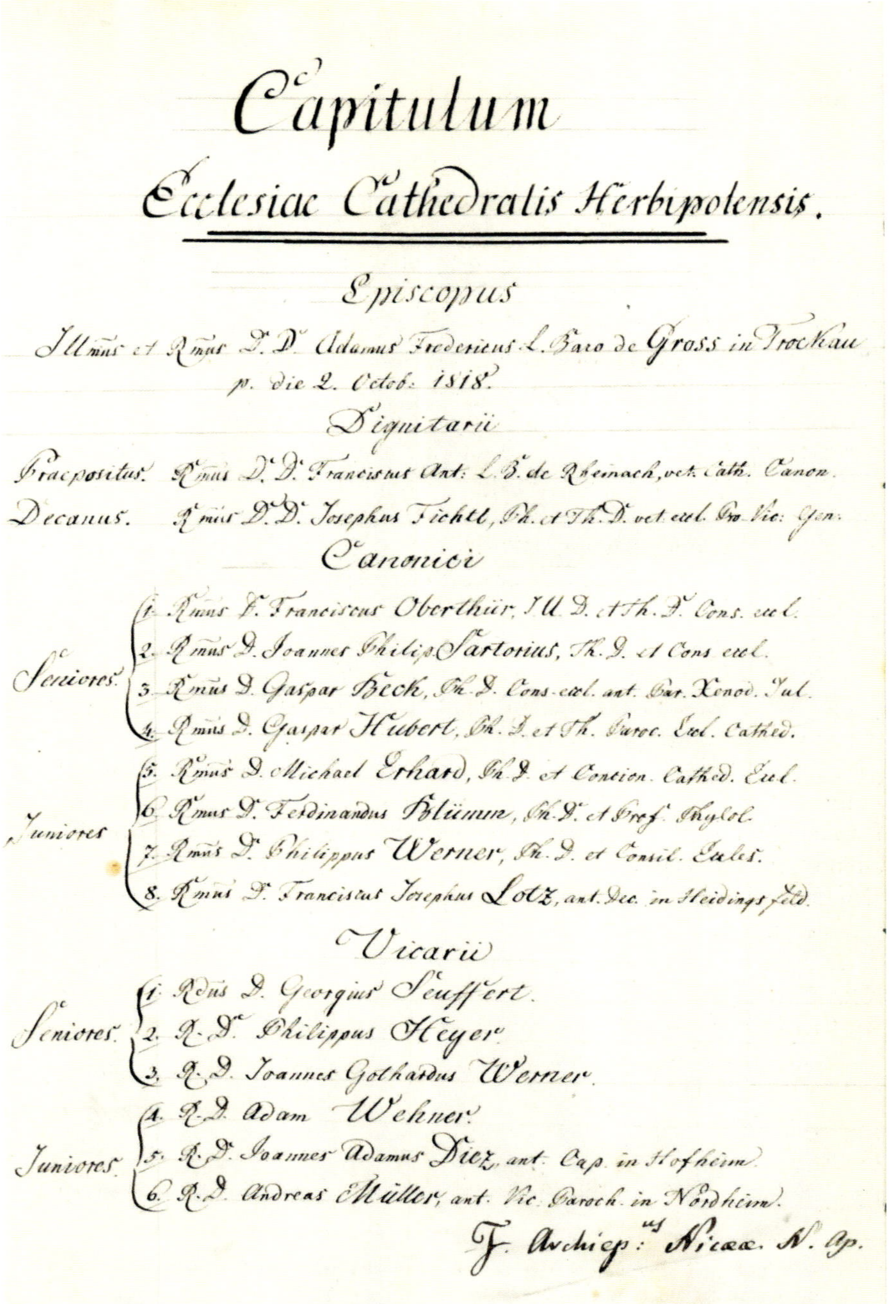

Capitulum

Ecclesiae Cathedralis Herbipolensis.

Episcopus

Illmus et Rmus D. D. Adamus Fridericus L. Baro de Gross in Trockau
p. die 2. Octob. 1818.

Dignitarii

Praepositus. Rmus D. D. Franciscus Ant. L. B. de Rheinach, vet. cath. Canon.
Decanus. Rmus D. D. Josephus Fichtl, Ph. et Th. D. vet. eccl. Pro-Vic. gen.

Canonici

Seniores.
1. Rmus D. Franciscus Oberthür, J. U. D. et Th. D. Cons. eccl.
2. Rmus D. Joannes Philip Sartorius, Th. D. et Cons eccl.
3. Rmus D. Gaspar Beck, Ph. D. Cons. eccl. ant. Par. Xenod. Jul.
4. Rmus D. Gaspar Huebert, Ph. D. et Th. Paroc. Eccl. Cathed.

Juniores
5. Rmus D. Michael Erhard, Ph. D. et Concion. Cathed. Eccl.
6. Rmus D. Ferdinandus Blümm, Ph. D. et Prof. Phylol.
7. Rmus D. Philippus Werner, Ph. D. et Consil. Eccles.
8. Rmus D. Franciscus Josephus Lotz, ant. Dec. in Heidingsfeld.

Vicarii

Seniores.
1. Rdus D. Georgius Seuffert.
2. R. D. Philippus Heyer.
3. R. D. Joannes Gothardus Werner.

Juniores.
4. R. D. Adam Wehner.
5. R. D. Joannes Adamus Diez, ant. Cap. in Hofheim.
6. R. D. Andreas Müller, ant. Vic. Paroch. in Nordheim.

F. Archiepus Nicaen. N. Ap.

Abb. 4.2: *Letzte Seite der Urkunde (siehe Abb. 4.1) mit namentlicher Nennung des Bischofs, der Domdignitäre, Domkanoniker und Domvikare, 23,5 × 38,5 cm (DAW, Bischöfliche Manualakten 1821–1898, Nr. 246).*

Das Schreiben enthielt ursprünglich auch eine Instruktion des Nuntius über die Form der Publikation der genannten Dekrete sowie ein „Ceremoniale" über den Modus der vorzunehmenden Institution des Domkapitels. Beide Dokumente sind nicht mehr vorhanden. Die Festsetzung des Tages der feierlichen Domkapitelseinsetzung überließ der Nuntius dem Apostolischen Vikar, es sollte aber ein Sonntag sein. An welchem der folgenden Sonntage die Institution des Domkapitels stattfand, ist allerdings bislang nicht überliefert. Da Fichtl als Dekan Mitglied des Domkapitels war, konnte er die Institution selbst nicht vornehmen. Der Nuntius erteilte ihm daher die Befugnis, eine würdige und geeignete Person außerhalb des Domkapitels zur Institution zu subdelegieren. Wen der Apostolische Vikar auswählte, ist bislang nicht bekannt. Die päpstlichen Ernennungsbullen für die beiden Dignitäre und die Domkanoniker wurden erst am 25. Februar 1822 ausgefertigt.[115]

Als Zeichen ihrer Würde hatte König Max I. Joseph im Juli 1822 mit Einverständnis des Papstes den Mitgliedern der neu errichteten bayerischen Metropolitan- und Domkapitel ein eigenes Kapitelszeichen mit dem Bildnis der jeweiligen Bistumsheiligen zugestanden.[116] Die daraufhin in allen Diözesen als Kapitelszeichen angeschafften Kapitelskreuze (Tatzenkreuze) waren in ihrer Grundform überall gleich und unterschieden sich nur in der Ausschmückung bzw. in den Bildnissen der Bistums- bzw. Kapitelspatrone. Von den wohl noch 1822 angefertigten *Würzburger Kapitelskreuzen* konnte bei der Zerstörung Würzburgs 1945 nur ein Exemplar gerettet werden *(Abb. 4.3a und 4.3b)*.[117]

Es trägt in der Mitte der Vorderseite das goldene Bildnis des hl. Andreas (damaliger Würzburger Dompatron) mit der Umschrift „SIGNUM CAPITULI ECCLESIAE" und auf der Rückseite das Bildnis des hl. Kilian (Diözesanpatron) mit der Umschrift „CATHEDRALIS WIRCEBURGEN(SIS)". Die Darstellung des hl. Kilian war dabei sehr wahrscheinlich vom Abzeichen des alten Domkapitels übernommen worden. Die Kapitelskreuze wurden von den Domkapitularen umgehängt an einem schwarzen Seidenband mit silbergrauer Randborte über der Mozzetta wohl bei den Gottesdiensten an allen Sonn- und Feiertagen, an den diözesanen Hauptfesten, bei Prozessionen und sonstigen offiziellen Anlässen getragen. Wohl erst um die Mitte des 19. Jahrhunderts wurden von den Kapitelskreuzen Miniaturausgaben angefertigt, die von den Domkapitularen am Revers der Alltagskleidung angebracht wurden.

Aus dem alten Würzburger Domstift waren neben Franz Anton Jakob Freiherr von Reinach (1755–1830) als Dompropst die beiden ehemaligen Domstiftsvikare Philipp Heyer (1748–1825) und Johann Gotthard Werner (1758–1824) als Domvikare in das neue Domkapitel übernommen worden.[118]

---

[115] Bendel, Das Würzburger Domkapitel (wie Anm. 21), S. 10.

[116] Zu den Verhandlungen um die Kapitelszeichen zwischen Regierung, Nuntiatur und Kurie vgl. Groll, Das neue Augsburger Domkapitel (wie Anm. 28), S. 355–358.

[117] Zum Würzburger Kapitelskreuz vgl. Jürgen Lenssen (Hg.), Domschatz Würzburg, bearb. von Jürgen Emmert/Wolfgang Schneider (Museumsschriften der Diözese Würzburg 1), Regensburg 2002, S. 102f.

[118] Für Würzburg war zunächst von der Regierung der in Rom wenig angesehene Otto Philipp von Groß zu Trockau als Dompropst vorgeschlagen worden. Nach der Ernennung seines Bruders zum neuen Würzburger Bischof kam dieser allerdings nicht mehr infrage; vgl. dazu Bendel, Das Würzburger Domkapitel (wie Anm. 21), S. 12.

Abb. 4.3a:
Kreuz des Würzburger Domkapitels, wohl München 1822, Vorderseite: in der Mitte goldenes Bildnis des Dompatrons hl. Andreas auf weißem Grund mit Umschrift „SIGNUM CAPITULI ECCLESIAE“; Gold, Email; 4,8 × 4,2 cm (Domkapitel Würzburg).

Abb. 4.3b:
Kreuz des Würzburger Domkapitels, Rückseite: in der Mitte goldenes Bildnis des hl. Kilian auf blauem Grund mit Umschrift „CATHEDRALIS WIRCEBURGEN[SIS]“.

Reinachs Ernennung hatte weniger mit seiner persönlichen Qualifikation für dieses Amt zu tun, sondern war wohl der Tatsache geschuldet, dass er ein Jugendfreund des Königs war bzw. die Regierung das Interesse besaß, für ihn die staatlichen Pensionszahlungen als ehemaliges Mitglied des alten Domstifts durch seine neuerliche Ernennung einzusparen. Reinach war auch der einzige Adelige im neuen Kapitel. Zum neuen Domdekan wurde aufgrund seiner großen Verdienste um die Diözese der 1821 bereits 81-jährige Joseph Fichtl (1740–1824) ernannt (siehe Kap. 1). Fichtl war seit 1779 durchgehend in der Würzburger Bistumsverwaltung tätig gewesen. Nach dem Tod des Generalvikars Johann Franz Schenk Freiherr von Stauffenberg (1734–1813) leitete er seit Anfang 1814 als Apostolischer Provikar zunächst zusammen mit Weihbischof Gregor Zirkel, dann nach dessen Tod Ende 1817 alleine das verwaiste Bistum. Die vier älteren Domkanonikate erhielten der Reihenfolge nach *Franz Oberthür (1745–1831) (Abb. 4.4)*, Johann Philipp Sartorius (1770–1829), Caspar Beck (1759–1825) und Heinrich Caspar Hubert (1767–1839), die vier jüngeren Michael Erhard (1773–1838), Ferdinand Blümm (1768–1823), Philipp Werner (1768–1856) und Franz Joseph Lotz (1765–1839).[119] Als ältere Domvikare wurden Georg Seuffert (1776–1850), Philipp Heyer (1748–1825) und Johannes Gotthard Werner (1758–1824), als jüngere Adam Wehner (1781–1857), Johann Adam Dietz (1790–1878) und Andreas Müller (1793–1865) am 8. September 1821 durch den Nuntius ernannt, ihre Präbendierung erfolgte am 4. November 1821.[120]

War in den Domkapiteln der alten Reichskirche das entscheidende Aufnahmekriterium die adelige Herkunft gewesen, hatte das Konkordat neben der formalen Bestimmung, dass nur bayerische Landeskinder in die neuen Domkapitel berufen werden durften, hinsichtlich der Qualifikation der künftigen Mitglieder festgelegt, dass diese die vom Konzil von Trient geforderten Eigenschaften besitzen sollten, bereits in der Seelsorge, in anderen Kirchendiensten oder in der Bistumsverwaltung gearbeitet bzw. sich durch tugendhaften Lebenswandel und Wissenschaft ausgezeichnet haben sollten.[121]

---

119 Kurzbiogramme der Domkapitelsmitglieder siehe in Anhang 6.

120 Bendel, Das Würzburger Domkapitel (wie Anm. 21), S. 11f.

121 Ammerich (Hg.), Das Bayerische Konkordat 1817 (wie Anm. 6), S. V. Zu den Eignungsvoraussetzungen, die das Konzil von Trient formuliert hatte, vgl. Willibald M. Pöchl, Geschichte des Kirchenrechts, Bd. III: Das katholische Kirchenrecht der Neuzeit, 1. Teil, Wien / München 1970 (2. Aufl.), S. 318–320. Zur Qualifikation der Mitglieder in den Domkapiteln der alten Reichskirche bzw. den neuen Domkapiteln des 19. Jahrhunderts vgl. Dominik Burkard, Zum Wandel der Domkapitel von adeligen Korporationen zum Mitarbeiterstab der Bischöfe, in: Römische Quartalschrift für christliche Altertumskunde und Kirchengeschichte, Bd. 99, Heft 3–4, Rom / Freiburg / Wien 2004, S. 133–161, bes. S. 145–150. Aus Sicht der römischen Kurie sollten die Domkapitulare folgende Qualifikation besitzen: Da „bei der neuen Bildung der Kapitel die Kanoniker die Räte ihrer Bischöfe und die Richter in den kirchlichen Gerichten sein sollen, so müssen die zu ernennenden Domherrn wo möglich folgende Eigenschaften besitzen: sie müssen 1. in kirchlichen Dingen unterrichtet sein und sie kennen, damit sie eben auch gute Ratschläge geben und mit Würde und zum Wohle der Kirche zu Gericht sitzen können; 2. der Kirche, bei welcher sie ernannt sind, schon Dienste geleistet haben, damit ihre Belohnung anderen Geistlichen zur Ermutigung diene; 3. gute Lebensführung mit hinreichend kirchlichem Geiste verbinden, damit nicht solche, deren schlechte Sitten bekannt sind, denen vorgezogen werden, welche zur Erbauung des Volkes gedienet haben"; zitiert nach Bastgen, Bayern und der Heilige Stuhl (wie Anm. 17), Bd. 1, S. 415.

Abb. 4.4:
Porträt Franz Oberthürs (Würzburger Domkapitular 1821–1831) mit umhängendem Domkapitelskreuz (siehe Abb. 4.3a, 4.3b), wohl um 1822, Stahlstich, 21 × 28 cm (DAW, BGO 1139).

Alle 1821 ernannten Würzburger Domkanoniker besaßen mindestens einen akademischen Doktorgrad, waren im alten Bistum bzw. in der Übergangs- und Sedisvakanzzeit bis 1821 in der Pfarrseelsorge, als Räte in der Würzburger Bistumsverwaltung bzw. im Konsistorium, in der Priesterausbildung, im Schulwesen oder in Lehre und Wissenschaft als Universitätsprofessoren tätig gewesen. Offensichtlich spielte bei der Erstbesetzung auch die regionale Herkunft der Kandidaten eine nicht unwesentliche Rolle. Alle Domkapitelsmitglieder bis auf den Dompropst stammten aus dem bürgerlichen Bistumsklerus. Auffällig ist auch, dass kein Kleriker aus den neuen Würzburger Bistumsanteilen im Domkapitel vertreten war. Einige Würzburger Kanoniker dürften 1821 aufgrund ihres fortgeschrittenen Alters auch nur noch eingeschränkt arbeitsfähig gewesen sein. Die neuen bayerischen Domkapitel waren im Vergleich zu ihren Vorgängern der alten Reichskirche aufgrund des staatlichen Sparzwangs personell auf allen Ebenen wesentlich verschlankt worden.[122]

Wie die Kapitel alter Prägung waren auch die neuen Domkapitel selbstständige Körperschaften mit dem Recht, ihre inneren Angelegenheiten selbst zu

[122] Das alte Würzburger Domstift hatte insgesamt 84 Pfründen, darunter 24 adelige Kanonikate, 30 adelige Domizellarpfründen und 30 Vikarien besessen; vgl. Bendel, Das Würzburger Domkapitel (wie Anm. 21), S. 3; Amrhein, Reihenfolge der Mitglieder (wie Anm. 67), S. 18–20. Zu den Würzburger Domdignitäten vgl. Friedrich Merzbacher, Die Dignitäten in den Statuten des Würzburger Domkapitels, in: Würzburger Diözesangeschichtsblätter 37/38 1975) (= Kirche und Theologie in Franken. Festschrift für Theodor Kramer), S. 359–377. Zum Sparzwang vgl. Burkard, Zum Wandel der Domkapitel (wie Anm. 121), S. 141–143.

regeln. Einen Sonderstatus in geistlich-politischer Hinsicht, den sie in der alten Reichskirche noch innehatten, besaßen sie allerdings nicht mehr. In der Zirkumskriptionsbulle hatte der Papst den Domkapiteln das Recht zugestanden, sich durch freie Beschlussfassung der Mitglieder Statuten zu geben, allerdings mit der Einschränkung, dass diese durch den jeweiligen Diözesanbischof geprüft und genehmigt werden mussten.

Der offizielle Anstoß für die Errichtung von Statuten für das Würzburger Domkapitel ging dann zwar im Juli 1822 von der Nuntiatur in München aus, doch hatte das Domkapitel selbst bereits Anfang des genannten Jahres „eine provisorische Einrichtung des öffentlichen Chor- und Meß-Gottesdienstes in der Kathedralkirche"[123] eingeführt und sich durch diejenigen Mitglieder, die bereits dem alten Würzburger Domstift oder einem ehemaligen Kollegiatstift der Stadt angehört hatten, ein Gutachten über die innere Verfassung anfertigen lassen. Nach einstimmiger Annahme legte das Domkapitel das Gutachten im Februar 1822 dem Bischof zur Prüfung und Bestätigung vor.[124] Hauptpunkt des Gutachtens war der sogenannte Turnus. Hier hatte sich das Domkapitel in Anlehnung an die Verhältnisse im alten Würzburger Domstift bei der Vergabe eines erledigten Domkanonikats in den drei Kapitelsmonaten darauf geeinigt, dieses nicht gemeinsam durch freie und geheime Wahl des gesamten Kapitels, sondern nach einem festgelegten Turnus durch einzelne Kapitelsmitglieder neu zu besetzen.[125]

Die unmittelbare Reaktion Trockaus auf das vorgelegte Gutachten ist nicht überliefert. Am 18. August 1822 informierte der Bischof indes das Domkapitel in einem Schreiben darüber, dass er im Vormonat durch den Münchener Nuntius dazu aufgefordert worden war[126], die Anfertigung von Domkapitelsstatuten in seinem Bistum zu forcieren.[127] Gleichzeitig legte er seinem Schreiben einen ersten Statutenentwurf bei und forderte das Domkapitel zur zügigen Abfassung der Statuten mit dem Hinweis auf, dass auch Bamberg und Eichstätt im Begriff seien, sich solche zu geben. Auf dieser Grundlage erarbeitete das Würzburger Domkapitel einen ersten *Entwurf*, legte diesen dem Bischof am 30. November 1822 vor *(Abb. 4.5)*[128], bedankte sich beim Bischof für dessen Unterstützung und bat um die Bestätigung.[129]

---

[123] DAW, Bischöfliche Manualakten 1821–1898, Nr. 236: Schreiben des Würzburger Domkapitels an Bischof Groß zu Trockau vom 04.02.1822, „Vortrag, die Bestätigung der darin genannten Statuten betr".

[124] Ebd.

[125] Zum Turnus im alten Würzburger Domstift vgl. Amrhein, Reihenfolge der Mitglieder (wie Anm. 67), S. 20–23; Bendel, Das Würzburger Domkapitel (wie Anm. 21), S. 26.

[126] DAW, Bischöfliche Manualakten 1821–1898, Nr. 236: Schreiben Nuntius Serra-Cassano an den Würzburger Bischof Groß zu Trockau vom 16.07.1822.

[127] Ebd.: Schreiben Bischof Groß zu Trockau an das Würzburger Domkapitel vom 18.08.1822 mit Statutenentwurf und Beilage (Konzept).

[128] Ebd.: „Statuten-Entwurf. Geschehen Würzburg im Peremptorial-Kapitul s. Andreae 1822" (in deutscher Fassung) bzw. undatierte „Statuta capituli ecclesiae cathedralis Wirceburgensis" (in lateinischer Fassung).

[129] Ebd.: Schreiben Dompropst Franz Anton von Reinach an Bischof Groß zu Trockau vom 03.12.1822.

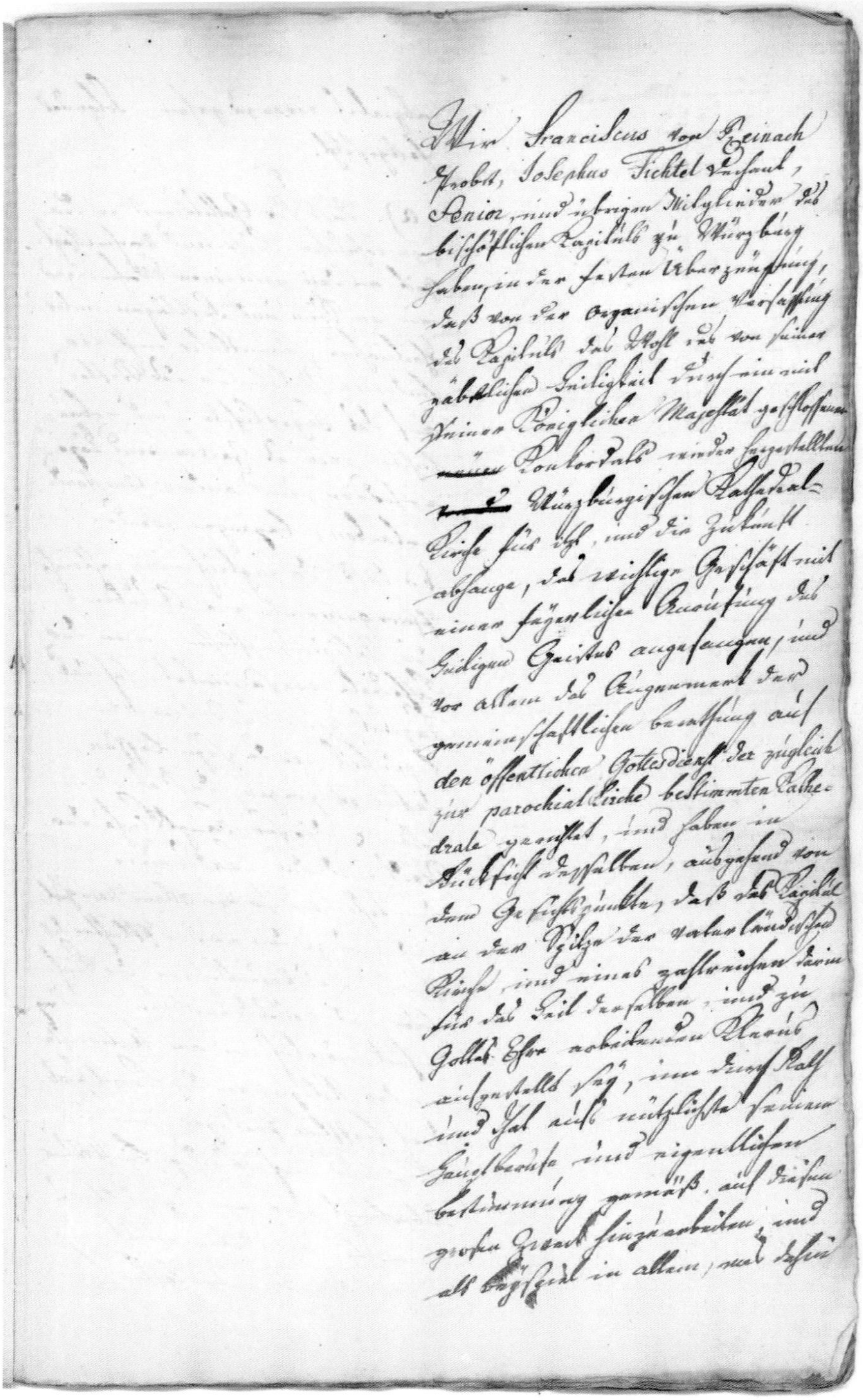

Abb. 4.5: *Erste Seite des Statutenentwurfs des Würzburger Domkapitels vom 30.11.1822, 21,5 × 34 cm (DAW, Bischöfliche Manualakten 1821–1898, Nr. 236).*

Nachdem Groß zu Trockau im Januar 1823 nochmals einige Änderungen vorgenommen hatte[130], wurden die Statuten am 11. März 1823 durch das Domkapitel verabschiedet und unterzeichnet. Am 14. März 1823 erteilte der Bischof die erbetene Genehmigung mit dem Vorbehalt der päpstlichen Approbation.[131] Obwohl sich Groß zu Trockau im Klaren darüber war, dass die Ausfertigung kein ausgereiftes und vollständiges Werk darstellte, sandte er die Statuten mit der Bitte um päpstliche Bestätigung noch am gleichen Tag über die Nuntiatur nach Rom.[132]

Inhaltlich umfasste das Statut folgende Bestimmungen: Teilnahme des Domkapitels an den Gottesdiensten in der Kathedralkirche und bei den Umgängen; Bereitstellung würdiger Prediger und Beichtväter, da die Kathedralkirche zugleich Pfarrkirche (Dompfarrei) ist; innere Organisation (Residenzzeiten, Kapitelssitzungen, Peremptorialsitzungen); Aufgaben bei besetztem Bischöflichen Stuhl (Aufgaben des Dompropstes und Domdekans, Ökonomie); Aufgaben bei erledigtem Bischöflichen Stuhl (Ernennung eines Generalvikars, Organisation der Interimsverwaltung nach Vorschrift des Konzils von Trient, Aufrechterhaltung der bischöflichen Rechte); Verhältnis zum Bischof (Räte in der Verwaltung, Besorgung der Ordinariats- und Konsistorialgeschäfte, Assistenz bei Pontifikalhandlungen); Rechte einzelner Domkapitelsmitglieder (Pfründeverlust, Wohnung, Privilegien eines „Jubilaeus" nach 40 Dienstjahren als Domkapitular oder Domvikar); Rechte des gesamten Domkapitels (Bauerhaltung der Domkapitelsgebäude, Wiederbesetzung erledigter Kanonikate durch den Turnus, Aufnahmemodalitäten, Investitur und Installation neuer Domkanoniker).

Am 5. Februar 1824 erhielt Bischof Groß zu Trockau über die Nuntiatur die Erklärung Leos XII. übermittelt, dass die Bestätigung von Domkapitelsstatuten grundsätzlich den Erzbischöfen bzw. Bischöfen überlassen bleibe, im konkreten Fall der Würzburger Statuten einige Passagen zu ergänzen und anzupassen seien, vor allem aber die Vergabe von erledigten Domkanonikaten in

---

[130] Ebd.: Schreiben Bischof Groß zu Trockau an das Domkapitel vom 16.01.1823 mit „Bemerckungen zu dem Entwurf der Würzburger Domkapitulischen Statuten".

[131] Ebd.: „Documentum confirmatorium episcopale statutorum capituli cathedralis Herbipolensis in peremptorio s. Andrae 1822 conditorum et in capitulo die 11. Martii 1823 subscriptorum. Datum Herbipoli in curia episcopali, die 14. Martii 1823. Fridericus episcopus".

[132] Ebd.: Schreiben Bischof Groß zu Trockau an Nuntius Francesco di Serra-Cassano vom 14.03.1823. „Zu meiner großen Zufriedenheit und Trost habe ich mich überzeuget, daß das Hochwürdige Domkapitul von Würzburg mit einem einstimmigen Sinn bei Abfaßung seiner Statuten die Ehre Gottes zu seinem Hauptzweck genommen habe und die Erhaltung ihres Collegiums bei seinen Rechten und Verfaßung in brüderlicher Einigkeit beabsichtigt haben; da dermalen das Gremium der Kapitularen und Vicarien sehr viele alte und gebrechliche Mitglieder zehlt, die domkapitulische Dotation noch unberücksichtiget ist, und der Drang der für das Wohl der Religion und der kirchlichen Rechten und Vermögens so wichtigen Geschäften bei einer seit 13 Jahren verwaisten so weitschichtigen Dioeces sehr groß ist, so mögen die gegenwärtige verfaßte Kapituls-Statuten als eine Begründung und Anfang der kapitularischen Verfaßung anzusehen sein, welche in der Zeitfolge ihre Vollständigkeit erhalten werden; aus diesem Gesichtspunkt habe ich diesen Statuten meinen bischöflichen Assens erteilt mit dem innigsten Wunsch, daß Ihro Päpstliche Heiligkeit in Anbetracht der so eben geschilderten noch nicht ausgebildeten Lage mit gnädigsten Augen das religiöse Bestreben des dahiesigen Domkapituls aufnehmen wollen".

den Kapitelsmonaten durch Wahl des gesamten Kapitels und nicht durch den Turnus zu erfolgen hätte.[133] Eine päpstliche Approbation der Würzburger Statuten erfolgte nicht. Nachdem der Würzburger Bischof dem Domkapitel am 12. Februar 1824 zunächst die päpstliche Erklärung mitgeteilt hatte[134], legte er diesem fünf Tage später seine „Bemerkungen und Vorschläge der Anordnung des apostolischen Stuhls in Betreff der domkapitulischen Statuten“ vor.[135]

Eine revidierte Fassung der Statuten wurde in der Folgezeit offiziell jedoch nicht mehr oberhirtlich in Kraft gesetzt. Domkapitel und Bischof beschränkten sich vielmehr auf Einzelregelungen.[136] Rückblickend erklärte Groß zu Trockau im November 1828 auf entsprechende Anfrage des Erzbischofs von Bamberg, dass 1824 die Errichtung und Inkraftsetzung der Würzburger Domkapitelsstatuten ohne königliche Genehmigung von der bayerischen Regierung als illegal angesehen wurde und dass sie seitdem auf sich beruhen würden.[137] Offenbar wollte die Regierung mit dieser Forderung sicherstellen, dass keine im Konkordat festgeschriebenen staatlichen Rechte verändert wurden. Der Würzburger Bischof war zudem 1828 der Auffassung, dass die Errichtung von Domkapitelsstatuten unter den gegebenen Verhältnissen grundsätzlich nicht zweckmäßig sei, da sehr viele Einzelbestimmungen einen unmittelbaren Bezug zum Konkordat hätten und Statuten daher ohne päpstliche und königliche Genehmigung keine Rechtsverbindlichkeit erlangen könnten. Zentrale Punkte, wie eine geordnete domkapitelsche Güterverwaltung, könnten, so Groß zu Trockau, zudem nicht in die Statuten aufgenommen werden, da die domkapitelschen Dotationsgüter noch nicht ausgehändigt sowie die Bau- und Unterhaltungsfonds für die Kathedralkirche, die bischöflichen und domkapitelschen Gebäude noch nicht abschließend bestimmt seien.[138] Auch im weiteren Verlauf des 19. Jahrhunderts bemühte sich das Würzburger Domkapitel offenbar nicht mehr um förmlich gefasste und oberhirtlich bestätigte Statuten. Erst nach der Kodifizierung des kanonischen Rechts durch den Codex Iuris Canonici 1917 und nachdem das Verhältnis von Staat und Kirche durch das Konkordat zwischen dem Heiligen Stuhl und dem Freistaat Bayern von 1924 neu geregelt worden war, beschloss das Domkapitel am 30. Dezember 1926 neue Statuten, die am 21. Dezember 1927 durch Bischof Matthias Ehrenfried (* 1871, reg. 1924–1948) approbiert wurden.[139]

Die inneren Angelegenheiten des Würzburger Domkapitels wurden in den Kapitelssitzungen beraten und entschieden. Neben den ordentlichen, alle vierzehn Tage im Kapitelsaal stattfindenden Plenarsitzungen gab es eine jährlich

---

[133] Ebd.: Schreiben der päpstlichen Nuntiatur in München an Bischof Groß zu Trockau vom 05.02.1824; vgl. Bendel, Das Würzburger Domkapitel (wie Anm. 21), S. 26f.

[134] DAW, Bischöfliche Manualakten 1821–1898, Nr. 236: Schreiben Bischof Groß zu Trockau an Domdekan Joseph Fichtl vom 12.02.1824 (Konzept).

[135] Ebd.: Schreiben Bischof Groß zu Trockau an das Domkapitel vom 17.02.1824.

[136] So erließ das Domkapitel 1832 beispielsweise eine Gottesdienstordnung, die Groß zu Trockau am 13.04.1835 oberhirtlich genehmigte; DAW, Bischöfliche Manualakten 1821–1898, Nr. 33.

[137] DAW, Bischöfliche Manualakten 1821–1898, Nr. 236: Schreiben des Bamberger Erzbischofs Joseph Maria von Fraunberg an Bischof Groß zu Trockau vom 12.11.1828, die „Kapituls-Statuten“ betreffend. Antwortschreiben Groß zu Trockaus vom 17.11.1828.

[138] Ebd.: „... es können demnach dermalen die Grundsätze über die finanzielle und ökonomische Administration als wichtige reintegrirende Theile in die Statuten nicht aufgenommen werden“.

[139] DAW, Einzelakten des Domkapitels seit 1945, Nr. 23.

am Vorabend des St. Andreasfestes (Patron des Würzburger Doms) zu haltende außerordentliche Generalversammlung, die sogenannte Peremptorialsitzung, an der alle Mitglieder des Domkapitels teilzunehmen hatten. Nach dem Statutenentwurf von 1822 kam dem Domdekan das Recht und die Aufgabe der Einberufung und Leitung der Kapitelssitzungen zu.[140] Bei dessen Verhinderung ging diese Aufgabe an den Senior des Domkapitels über. Die zu beratenden Themen und Gegenstände wurden, sofern zuvor nicht an andere Domkapitelsmitglieder delegiert, zunächst durch den Dekan vorgetragen und nach Diskussion und Beratung zur freien und geheimen Abstimmung gebracht. Der Domdekan zählte daraufhin die Stimmen aus, die Beschlussfassung erfolgte durch einfache Stimmenmehrheit.[141] Über jede Kapitelssitzung wurde ein eigenes Protokoll mit Angabe der Teilnehmer, der Beratungsgegenstände und Beschlüsse angefertigt.[142] Zu den weiteren Aufgaben des Domdekans zählte die Disziplinaraufsicht über die Domkapitelsmitglieder sowie die Aufsicht über den ordnungsgemäßen Vollzug der Gottesdienste in der Kathedralkirche. Aufgabe des Dompropstes war die Oberaufsicht über das Bauwesen des Doms und aller domkapitelschen Gebäude sowie die Verwaltung der Domkapitelsfinanzen und -güter. Hierbei stand ihm ein Kustos zur Seite. Der Dompropst war zudem verantwortlich für die sichere Verwahrung des Domschatzes sowie die Bereitstellung der Ornate und Gerätschaften für die Gottesdienste in der Kathedralkirche.

„Die Administration des Bistums ist in den Bischöfl[ichen] Händen, wobei ein Collegium unter dem Titul Bischöfl[iches] Ordinariat demselben als Consultationsbehörde an Handen geht; die Dioecesan Angelegenheiten werden wöchentl[ich] in 2 Sessionen vorgenommen und gehalten, unter persönlichem bischöfl[ichen] Vorsitz und Entscheidung; die Kanzley und Registratur Geschäften werden von denen Vicarien besorget; die Causa matrimoniales sind in der I. Instanz einem Collegio zugeteilet und aufgetragen, so dieselbe in einer Session wöchentl[ich] erörteret und welches Collegium aus mehreren Domherren bestehet. [...] Die konkordatsmäßige freye Auswahl der Bischöfl[ichen] Räthe wird vom Gouvernement nicht gestattet, sondern auf die Mitglieder des Domkapitels beschräncket; mit diesem Verboth ist der größte Nachtheil des Dioecesanwohls verbunden, indem einerseits die geringe Anzahl der Kanoniker, welche meistens beiahrte Männer sind, zu Administrierung der geistlichen Geschäfte in einer so weitläufigen Dioeces nicht hinreichend ist, teils das Vertrauen des Bischofs in der Zukunft sich nicht auf domkapitulsche Mitglieder beschräncken kann, so von dem Gouvernement während 6 Monaten ernannt werden und welche für 3 Monate in den Wahlen den Ausschlag für Gleichge-

140 DAW, Bischöfliche Manualakten 1821–1898, Nr. 236: „Statuten-Entwurf“ des Domkapitels (wie Anm. 128).

141 Ebd.: „... daß es bey den kapitularischen Sitzungen des Domkapituls eben so gehalten werden müße, wie es bey allen kollegialischen Versammlungen Recht und Sitte ist, nehmlich, daß [...] dem vorsitzenden Mitgliede vor allem der Vortrag über Gegenstände zustehe, welche keinem andern Mitgliede zu besorgen angewiesen sind, daß demselben das Sammeln der Stimmen gebühre, daß endlich die Mehrheit der Stimmen entscheide“.

142 Die gesamte Protokollüberlieferung des 1821 neu errichteten Würzburger Domkapitels ging 1945 verloren.

sinnte geben; die künftige Bischöfe würden demnach der Gefahr ausgesetzet sein, beinahe von lauter Hofkreaturen umgeben zu sein."[143]

In dem fast genau drei Jahre nach seinem Amtsantritt für die römische Kurie Ende 1824 verfassten Status- und Rechenschaftsbericht des Bistums schilderte Bischof Groß zu Trockau zunächst kurz die Organisation des Ordinariats als zentrale bischöfliche Verwaltungsbehörde und des Konsistoriums als kirchliches Ehegericht, rückte dann aber die grundlegenden Konfliktlinien zwischen Regierung und Bischof im Kontext von Bistumsleitung, Domkapitel und Diözesanverwaltung in der damaligen Situation des kirchlichen Neubeginns in das Blickfeld. Bei der hier von Groß zu Trockau nur angedeuteten Kontroverse mit der Regierung ging es im Kern um die im Konkordat zugesicherte freie Auswahl und Rekrutierung der Mitarbeiter für die Diözesanverwaltung durch den Bischof und die Aushebelung dieser Autonomie durch die staatliche Seite.

Im Konkordat war festgeschrieben worden, dass die Domkapitel in ihrer Gesamtheit neben ihrem Chordienst in den Kathedralkirchen die Aufgabe hatten, den Bischöfen als Räte in der Diözesanverwaltung zur Seite zu stehen. Die Kapitel wurden damit zum Senat der Bischöfe, die diese in wichtigen Diözesanangelegenheiten zu konsultieren hatten.[144] Gleichzeitig sollte es im Ermessen der jeweiligen Diözesanbischöfe liegen, die Mitglieder des Domkapitels zu konkreten Verwaltungstätigkeiten heranzuziehen.[145] Auch sollten die Bischöfe bei der Rekrutierung ihrer Mitarbeiter für die Diözesanverwaltung nicht auf die Domkapitel beschränkt sein, sondern andere hierzu befähigte Diözesangeistliche auswählen dürfen.[146] Laut Konkordatstext waren in Bayern die Domkapitel mit den Bischöflichen Ordinariaten nicht identisch.[147] Rein institutionell hatten sie mit den frei von den Bischöfen gebildeten Verwaltungsbe-

---

143 DAW, Bischöfliche Manualakten 1821–1889, Nr. 10(1): „Relatio status dioeceseos Herbipolensis 1824", Konzept von der Hand Trockaus vom 05.11.1824. Vgl. auch Maria Teresa Börner, Die ad limina-Berichte der Bischöfe des Königreichs Bayern. Untersuchung und kritische Betrachtung der Quellengattung, 2009; URL: http://www.edoc.ub.uni-muenchen.de/13863/1/Boerner_Maria_Teresa.pdf (letzter Zugriff: 20.02.2021).

144 Vgl. hierzu auch DAW, Bischöfliche Manualakten 1821–1898, Nr. 236: „Statuten-Entwurf" des Domkapitels (wie Anm. 128): „Das Verhältniß des Kapituls zu Seinem Bischofe: a) Sämmtliche Mitglieder des Kapituls erkennen lebhaft ihre hohe und schwere Bestimmung an der Seite eines zeitlichen eiferigen Bischofes gesetzt, ihn mit Rath und That beyzustehen als seine Räthe in der Verwaltung eines großen Kirchsprengels, und für die Erweiterung und Verherrlichung des Reiches Gottes auf Erden, des Reiches der Wahrheit und der Tugend dem übrigen Klerus zur Norma und Aneiferung nach Kräften beyzustehen. Sie werden sich auf jedem dazu einladenden Rufe desselben versammeln".

145 Ammerich (Hg.), Das Bayerische Konkordat 1817 (wie Anm. 6), S. II: Artikel III.

146 Ebd., S. VI: Artikel XII.

147 Zum Fragenkomplex Identität von Domkapitel und Ordinariat vgl. Josef Müller, Die Bischöflichen Diözesanbehörden, insbesondere das bischöfliche Ordinariat (Kirchenrechtliche Abhandlungen 15), Stuttgart 1905, S. 111–128. Das Gegenmodell hierzu wurde in den Diözesen der oberrheinischen Kirchenprovinz praktiziert, in denen das Domkapitel an sich zugleich als oberste Verwaltungsbehörde fungierte, also das Domkapitel mit dem Bischöflichen Ordinariat gleichzusetzen ist; vgl. hierzu Hubert Wolf, Das Domkapitel als Bischöfliches Ordinariat? Monarchische (Generalvikar) oder kollegiale (Domdekan) Diözesanleitung im Bistum Rottenburg, in: Rottenburger Jahrbuch für Kirchengeschichte 15 (1996), S. 173–197; Burkard, Zum Wandel der Domkapitel (wie Anm. 121), bes. S. 154–157; ders., Kirchliche Eliten und die Säkularisation. Zu den Auswirkungen eines Systembruchs, in: Rolf Decot (Hg.), Kontinuität und Innovation um 1803. Säkularisation als Transformationsprozess. Kirche, Theologie, Kultur, Staat (Veröffentlichungen des Instituts für europäische Geschichte Mainz, Abteilung für abendländische Religionsgeschichte, Beiheft 65), Mainz 2005, S. 135–170, bes. S. 143–145.

hörden nichts zu tun. Aufgrund staatlicher Vorgaben kam es in den Jahren unmittelbar nach der kirchlichen Neuorganisation jedoch zu einer Entwicklung, die entgegen dem Wortlaut der einschlägigen Konkordatsbestimmungen dazu führte, dass die Domkapitel doch zum einzigen Mitarbeiterstab der Bischöfe wurden und es zunehmend zu einer Identität von Domkapitel und Diözesanverwaltung kam.[148]

Unmittelbar nachdem Groß zu Trockau offiziell die Amtsgewalt in seinem neuen Bistum Würzburg übernommen hatte, berief er noch am 24. Dezember 1821 als erste Amtshandlung alle Domkapitulare zu einer gemeinsamen Sitzung in seiner bischöflichen Wohnung zusammen, legte dabei mit der Neukonstituierung des Generalvikariats und Konsistoriums die künftigen Strukturen der zentralen Diözesanverwaltung und kirchlichen Gerichtsbehörde fest und ernannte den Domkapitular *Kaspar Beck* noch am gleichen Tag zum neuen *Generalvikar* der Diözese Würzburg und damit zu seinem engsten Mitarbeiter *(Abb. 4.6)*.[149] Fünf Tage später bestellte er den Domkapitular Philipp Werner zum Direktor des Konsistoriums.[150] Die zentrale Verwaltungsbehörde, deren Leitung Beck als Generalvikar übernahm, führte zunächst noch die seit 1808 gängige Bezeichnung Generalvikariat, erst 1823 erhielt sie offiziell den Titel Bischöfliches Ordinariat.[151] Am 27. März 1822 zeigte Bischof Groß zu Trockau der bayerischen Regierung an, dass er gemäß seiner in Artikel III und XII des Konkordats garantierten Befugnis nicht nur alle Domkanoniker, sondern auch alle bisherigen Mitglieder des Generalvikariats zu Ordinariatsräten ernannt habe.[152]

---

[148] Vgl. Burkard, Zum Wandel der Domkapitel (wie Anm. 121), S. 160.

[149] DAW, Mandate und Amtliche Rundschreiben, B III/229-230: Dekret des General-Vikariats des Bistums Würzburg vom 27.12.1821.

[150] DAW, Bischöfliche Manualakten 1821–1898, Nr. 41: Institutions-Protokoll vom 29.12.1821, „Die Bestimmung respective Bestätigung des bischöflichen Consistoriums für das Bißthum Würzburg, dann des Directoriums und Herrn Räthe dieses Kollegiums betr.".

[151] Da in den einzelnen bayerischen Diözesen in den 1820er Jahren für die Zentralverwaltungen und Ehegerichte unterschiedliche Benennungen existierten (Generalvikariat, Geistliches Ratskollegium, Allgemeiner Geistlicher Rat, Ordinariat, Offizialat, Konsistorium) und dies oftmals zu Missverständnissen im Geschäftsgang und in der Korrespondenz zwischen den staatlichen Behörden und den diözesanen Verwaltungsstellen geführt hatte, wurden die Erzbischöfe und Bischöfe am 03.09.1824 durch das bayerische Staatsministerium des Innern aufgefordert, Vorschläge für eine einheitliche Bezeichnung der beiden Behörden zu machen, wobei die Regierung die Bezeichnungen Ordinariat und Konsistorium präferierte. Am 03.11.1824 teilte der Bamberger Erzbischof dem bayerischen König mit, dass er und seine Suffraganbischöfe übereingekommen seien, dass die Benennung Ordinariat und Konsistorium am geeignetsten sei; vgl. dazu DAW, Bischöfliche Manualakten 1821–1898, Nr. 39. Am 07.05.1826 wurde den bayerischen Diözesen durch Verordnung König Ludwigs I. schließlich die einheitliche Bezeichnung (Erz-)Bischöfliches Ordinariat für deren Zentralverwaltungen und (Erz-)Bischöfliches Konsistorium für die Ehegerichte vorgeschrieben; Regierungs-Blatt für das Königreich Bayern, Nr. 23 vom 27.05.1826, Sp. 489–493. Eine Untergliederung des Bischöflichen Ordinariats in Generalvikariat und Allgemeiner Geistlicher Rat wurde den Bischöfen freigestellt. Im Bistum Würzburg erfolgte eine solche Unterteilung jedoch nicht. Im Schematismus für die Diözese Würzburg von 1823 wird die Zentralverwaltungsbehörde bereits Bischöfliches Ordinariat genannt.

[152] DAW, Bischöfliche Manualakten 1821–1898, Nr. 37: Erklärung Bischof Groß zu Trockau an die Regierung des Untermainkreises, Kammer des Innern, vom 27.03.1822, das „bischöfliche Vicariat und bischöfliche Ehegericht zu Würzburg" betreffend (Konzept). Dem Schreiben liegt ein Verzeichnis des Personalstandes des bischöflichen Konsistoriums bei, wonach Domkapitular Werner als Vorstand (für den wohl gesundheitlich verhinderten Domdekan Fichtl) sowie die Domkanoniker Sartorius, Hubert, Erhard und Lotz als Konsistorialräte genannt werden.

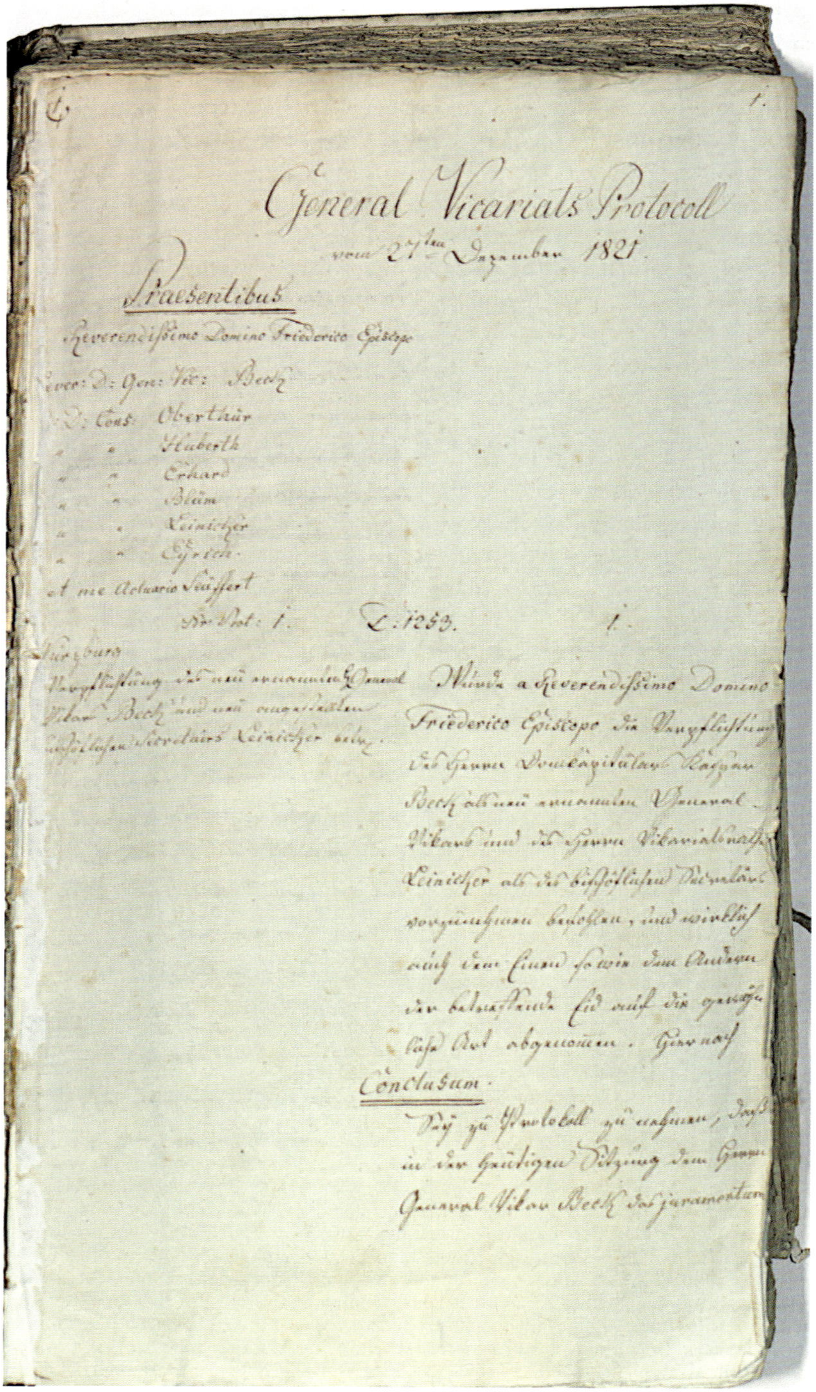
General Vicariats Protocoll
vom 27ten Dezember 1821.
Praesentibus
Reverendissimo Domino Friderico Episcopo
Rever: D: Gen: Vic: Beck
D: Cons: Oberthür
„ „ Huberth
„ „ Erhard
„ „ Blum
„ „ Leinicker
„ „ Ehrlich
et me Actuario Seuffert
Nr. Prot: 1. L: 1253. 1.
Würzburg
Verpflichtung des neu ernannten General Vikar Beck und neu angestellten bischöflichen Secretairs Leinicker betr.
Würde a Reverendissimo Domino Friderico Episcopo die Verpflichtung des Herrn Domkapitular Kaspar Beck als neu ernannten General Vikars und des Herrn Vikarialraths Leinicker als des bischöflichen Sekretärs vorzunehmen befohlen, und wirklich auch dem Einen sowie dem Andern der betreffende Eid auf die gewöhnliche Art abgenommen. Hiernach
Conclusum.
Dieß zu Protokoll zu nehmen, daß in der heutigen Sitzung dem Herrn General Vikar Beck das juramentum

Abb. 4.6: *Vereidigung des neuen Generalvikars Kaspar Beck durch Bischof Groß zu Trockau, 38×46,9 cm (DAW, Generalvikariat, Protokolle 1808–1821, Nr. 45: Sitzungsprotokoll vom 27.12.1821).*

Daraufhin teilte ihm die Regierung des Untermainkreises am 13. April 1822 mit, dass gemäß königlicher Verfügung vom 31. März 1822 die Ernennung zu Räten auf die Mitglieder des Domkapitels zu beschränken sei und es staatlicherseits nicht erlaubt werden könne, „daß der Ordinariatsstelle daselbst von dem Bischof Geistliche außer dem Kapitel aggregirt werden."[153]

Gleichzeitig wurde Groß zu Trockau aufgefordert, der Regierung die Ernennung des Generalvikars und bischöflichen Sekretärs anzuzeigen sowie Verzeichnisse derjenigen Domkanoniker vorzulegen, die als Ordinariats- bzw. Konsistorialräte in der Diözesanverwaltung bzw. im Ehegericht eingesetzt werden sollten. Am 24. April 1822 versuchte Groß zu Trockau dem bayerischen König die aus seiner Sicht nachteiligen Auswirkungen dieser Resolution für seine bischöfliche Amtsverwaltung vor Augen zu führen.[154] Er hege zwar die größte Hochachtung für die Mitglieder seines Domkapitels, aber ihre Anzahl sei für die „Geschäfts-Berichtigung und Berathung in dem weitläufigen Bistum Würzburg" nicht ausreichend; einigen Mitgliedern könne man aufgrund ihres Alters bzw. ihrer anderen Dienstobliegenheiten keine „fortdauernde und schwere collegialische Arbeiten" in der Verwaltung zumuten[155]; es sei augenfällig, dass er Räte brauche, die mit den „Local- und Personalverhältnißen der Würzburger Dioeces und zeitherigen Verhandlungen des General-Vicariats bekannt" seien, um gerade in der jetzigen Situation der Neuorganisation kontinuierliches Verwaltungshandeln sicherzustellen; diese Erfordernisse könnten die Mitglieder des Domkapitels alleine nicht erfüllen. Schließlich bat Groß zu Trockau den König um die Zusicherung, gemäß Konkordat doch diejenigen Geistlichen als Räte und Mitarbeiter für die Diözesanverwaltung ernennen zu dürfen, die er für geeignet hielt.

Am 27. April 1822 legte der Würzburger Bischof der bayerischen Regierung die erbetenen Personalverzeichnisse des Bischöflichen Ordinariats und Konsistoriums vor mit der nochmaligen Bitte um königliche Anerkennung der im Konkordat zugesicherten bischöflichen Autonomie hinsichtlich der Mitarbeiterrekrutierung.[156] Das Verzeichnis der Personen, die Groß zu Trockau als Ordinariatsräte ernannt hatte, enthielt daher trotz der königlichen Verfügung neben den Namen der acht Domkanoniker auch die Namen der bisherigen Mitglieder des Generalvikariats.[157] Diese waren teilweise bereits seit 1802 als Geistliche Räte in der Würzburger Bistumsverwaltung tätig gewesen, verfügten folglich über eine große Routine und Erfahrung in der praktischen Verwaltungsarbeit, die Groß zu Trockau in der Situation der Bistumsneuorganisation genutzt wis-

---

[153] Ebd.: Schreiben der kgl. Regierung des Untermainkreises, Kammer des Innern, an Bischof Groß zu Trockau vom 13.04.1822.

[154] Ebd.: Vorstellung Bischof Groß zu Trockau an das kgl. Ministerium des Innern vom 24.04.1822 (Konzept).

[155] Als Beispiele nennt Groß zu Trockau Fichtl und Oberthür aufgrund ihres hohen Alters bzw. Hubert und Erhard aufgrund ihrer Tätigkeit als Dompfarrer bzw. Domprediger.

[156] DAW, Bischöfliche Manualakten 1821–1898, Nr. 37: Schreiben Bischof Groß zu Trockau an die kgl. Regierung des Untermainkreises, Kammer des Innern, vom 27.04.1822, das Personal des Bischöflichen Ordinariats und Ehegerichts in Würzburg betreffend (Konzept).

[157] Dies waren Franz Leibes, Bonaventura Anders, Sebastian Pfister, Anton Ehlen, Franz Löwenheim, Michael Leinicker und Georg Eyrich.

sen wollte.[158] Für das Bischöfliche Konsistorium hatte Groß zu Trockau der Regierung Domdekan Fichtl als Vorstand (Offizial), Domkapitular Werner als Direktor sowie die Domkapitulare Sartorius, Hubert, Erhard und Lotz und den Professor des kanonischen Rechts Michael Leinicker als Konsistorialräte genannt. Die Domvikare wurden durch den Bischof in der Kanzlei, Registratur und im Archiv des Ordinariats bzw. als Aktuare für die Protokollführung in den Sitzungen des Ordinariats und Konsistoriums eingesetzt.[159]

Trotz der Eingaben Groß zu Trockaus hielt die bayerische Regierung zunächst an ihrer rigiden Haltung in dieser Angelegenheit fest und gestand dem Bischof keine weiteren Mitarbeiter im Ordinariat zu. Dahinter standen wohl hauptsächlich Erwägungen finanzieller Art.[160] Lediglich die Frage, zu welchen konkreten Aufgaben und Diensten die Domkanoniker als Geistliche Räte und die Domvikare innerhalb der Verwaltung einzusetzen waren, wurde dem alleinigen Ermessen des Bischofs überlassen. Die konkordatswidrige Verfügung der bayerischen Regierung musste nach Auffassung Groß zu Trockaus zwangsläufig dazu führen, dass die vielfältigen und komplexen Verwaltungsaufgaben im überwiegend ländlich und damit weit ausgedehnten Bistum mit den wenigen für die Verwaltung zur Verfügung stehenden Domkanonikern zum Schaden der Diözese nicht adäquat und zeitnah vollzogen werden konnten. Auch war sich Groß zu Trockau bewusst, dass die Regierung durch die Aushebelung der im Konkordat zugesicherten bischöflichen Autonomie im Kontext der Diözesanverwaltung und über die für den Staat konkordatär überaus günstig festgeschriebenen Besetzungsregelungen hinsichtlich der Domkanonikate versuchte, einen Gegenpol zu ihm zu schaffen und sich damit auf Dauer Einflussmöglichkeiten auch auf die inneren Diözesanangelegenheiten zu sichern. Seine im Statusbericht von 1824[161] und bereits früher an anderer Stelle geäußerte Bezeichnung der vom König ernannten bzw. durch das Domkapitel selbst gewählten Domkanoniker als „Hofkreaturen", denen er als Bischof nur bedingt Vertrauen entgegenbringen könne, deutet in diese Richtung und dokumentiert die Vorbehalte Trockaus gegenüber diesen Kanonikern, auf deren Ernennung er keinen Einfluss hatte, weist aber auch explizit auf die eingeschränkten bischöflichen Handlungsspielräume und die damit verbundene Sorge Trockaus vor zu großer staatlicher Einflussnahme auf die Würzburger Kirche hin.

In einem Schreiben an den Bamberger Erzbischof vom März 1823 brachte er dies nochmals explizit zum Ausdruck: „Ich würde mich glücklich schätzen, wann alle Concordatspunkte so gut wie die geographische Dioecesan-Verhältniße in Vollzug gesetzt wären, aber so viele Articul das Concordat enthaltet, eben so viele Anstände und Widersprüche sind gegen dasselbe von der königl. Regierung erhoben. [...] Die Staats-Verfügung, daß außer den Domkapitularen kein anderer Dioecesangeistlicher zu bischöflichen [...] Votanten bei dem Ordinariats-Collegium sollen und dürfen gebraucht werden, ist die allerdrückendste und die nachtheiligste für die bischöfliche Jurisdiction und Rechten; [...] da die meisten domkapitularische Vacaturen sich in den könig-

158 Kurzbiogramme der genannten Personen in: DAW, Klerikerdatenbank.
159 Schematismus der Dioces Würzburg. Herausgegeben für das Jahr 1823, S. 4f.
160 Müller, Die Bischöflichen Diözesanbehörden (wie Anm. 147), S. 114.
161 Relatio status dioeceseos Herbipolensis 1824 (wie Anm. 143).

lichen Monathen erreichen werden, so ist wohl zu befürchten, daß die erledigte Canonicate mit Hof-Creaturen besetzet werden, und welcher Bischof von solchen Rathgebern ausschlüsig umgeben, wird im Stand sein, seine Kirche nach kirchlichen Gesetzen zu administrieren; die Episcopate werden sodann weit mehr von der weltlichen Macht abhängen als die protestantischen Concistorien; dieser wichtige Punct verdienet die lebhafteste Beherzigung."[162]

Als ehemaliger Regierungspräsident und Generalvikar der Bamberger Hochstifts- bzw. Bistumsadministrative und damit als Verwaltungsfachmann wusste Groß zu Trockau, dass er sein Bistum nicht allein Kraft bischöflicher Verordnungen wirksam leiten konnte. Nur mithilfe einer geordneten und effizienten Verwaltung war es unter den veränderten politischen Bedingungen möglich, dem Bistum wieder eine lebensfähige Gestalt zu geben und vor allem auch die Seelsorge zu verbessern. Seine ersten Amtshandlungen als Bischof galten daher der Reorganisation der beiden bischöflichen Zentralbehörden. Vor allem das Bischöfliche Ordinariat litt jedoch aufgrund der staatlichen Vorgaben an chronischem Personalmangel. Dies blieb während des Episkopats Groß zu Trockaus ein permanentes Problem. Die Spielräume gegenüber der bayerischen Regierung waren für den Bischof in den ersten Jahren nach der kirchlichen Neuorganisation grundsätzlich sehr eingeschränkt, da sich die staatliche Einmischung immer wieder auch auf seine im Konkordat zugesicherten Rechte erstreckte. So kam es hinsichtlich der Auslegung der Rechtsinhalte des Konkordats zwischen dem Bischof und den staatlichen Behörden immer wieder zu Konfrontationen. Groß zu Trockau stand als Bischof vor dem Problem, unter dem Druck der Verhältnisse und staatlicher Abhängigkeit einen Mittelweg verfolgen zu müssen. Einerseits musste er den staatskirchenrechtlichen Forderungen der Regierung diplomatisch und ausgleichend entgegenkommen, andererseits aber auch die Interessen der Kirche gegenüber dem Staat verteidigen.

Als Bischof stand Groß zu Trockau an der Spitze seines Bistums, leitete dieses nach den Grundsätzen des allgemeinen Kirchenrechts monarchisch und gab damit die Leitlinien für die weiteren Entwicklungen und Vollzüge im Bistum vor.[163] Das monarchische Leitungsprinzip spiegelte sich auch im Verwaltungsaufbau und den -abläufen wider. Die eigentliche Leitung und Führung der Amtsgeschäfte des Bischöflichen Ordinariats oblag dem vom Bischof frei ernannten und abrufbaren Generalvikar (vicarius generalis in spiritualibus) als dessen „alter ego". Der Generalvikar musste nicht unbedingt aus dem Domkapitel rekrutiert werden. Der Bischof konnte auch jeden anderen Diözesangeistlichen zu diesem Amt berufen, den er für geeignet hielt.[164] Die von Groß zu

---

[162] DAW, Bischöfliche Manualakten 1821–1898, Nr. 37: Schreiben Bischof Groß zu Trockau an den Erzbischof von Bamberg vom 27.03.1823.

[163] Wolf, Das Domkapitel als bischöfliches Ordinariat? (wie Anm. 147), S. 174–176. Das Domkapitel hatte einzig bei Vakanz des bischöflichen Stuhls ein interimistisches Leitungs- und Verwaltungsrecht über das Bistum. In diesem Fall konstituierte sich das Kapitel zu einer Peremptorialversammlung, ernannte einen Generalvikar und hatte nach den tridentinischen Vorgaben Sorge für die Diözesanverwaltung zu tragen; vgl. hierzu: DAW, Bischöfliche Manualakten 1821–1898, Nr. 236: „Statuten-Entwurf" des Domkapitels (wie Anm. 128).

[164] Zu den Qualifikationen und Eigenschaften, über die ein Generalvikar verfügen sollte, vgl. Andreas Müller, Lexikon des Kirchenrechts und der römisch-katholischen Liturgie, 3. Bd., Würzburg 1838, S. 27.

Trockau ernannten Generalvikare waren jedoch alle Mitglieder des Würzburger Kapitels. Nach dem Tod Becks 1825 ernannte er zunächst Domdekan Adam Joseph Onymus (1754–1836), danach 1836 Dompropst Friedrich Karl Freiherr von Bodeck zu Ellgau (1776–1838) und 1838 Domkapitular Sebastian Pörtner (1773–1860).[165] In den Ordinariatssitzungen nahm der Generalvikar nach dem Bischof den ersten Platz ein. Als Vertreter des Bischofs besaß er ordentliche Amtsgewalt mit umfassenden Jurisdiktionsbefugnissen in allen zeitlichen (Temporalia) und geistlichen (Spiritualia) Angelegenheiten der Diözese.[166] Zum Vollzug der Verwaltungsaufgaben standen dem Würzburger Generalvikar die Ordinariatsräte (Consiliarii ecclesiae) aus dem Kreis der Domkanoniker zur Seite. Bischof Groß zu Trockau hatte noch Ende 1821 alle Domkanoniker auch zu Räten ernannt. Die Domvikare setzte Groß zu Trockau in der nachgeordneten Verwaltung ein. Sie wickelten in der Ordinariatskanzlei den Eingang, die Verteilung und den Ausgang der Post ab und verwalteten die zentrale Registratur bzw. waren im Ordinariatsarchiv für die dauerhafte Aufbewahrung der nicht mehr für die laufende Verwaltung benötigten Schriftstücke und Akten zuständig. Am 27. Januar 1823 hatte Bischof Groß zu Trockau eine neue Geschäftsordung für die Ordinariatskanzlei erlassen und gleichzeitig Generalvikar Beck zum Kanzleidirektor ernannt.[167]

Alle anstehenden Betreffe und Themen wurden wöchentlich in zwei Ordinariatssitzungen behandelt. An den Sitzungen, die der Bischof selbst präsidierte, hatten der Generalvikar und alle Ordinariatsräte teilzunehmen. Über jede Ordinariatssitzung wurde durch einen Domvikar als Aktuar ein Protokoll mit Angabe der an der Sitzung teilnehmenden Personen, der Beratungsgegenstände und Beschlüsse angefertigt.[168] Die anstehenden Themen wurden zuvor durch den Generalvikar einzelnen Ordinariatsräten zur Bearbeitung übertragen, die die Sachlage dann mündlich in den Sitzungen referierten. Die Aufgabenzuweisung des Generalvikars an die Referenten erfolgte nach eigenem Ermessen und vermeintlicher Kompetenz, besondere Ressortzuständigkeiten der Ordinariatsräte scheint es zunächst nicht gegeben zu haben. Nach dem Vortrag der Referenten erfolgte die Beratung und Beschlussfassung durch das gesamte Kollegium und der Bischof gab sein Plazet. Grundsätzlich war der Bischof nicht an die Mehrheitsmeinung der Ordinariatsräte bzw. an das „Conclusum“ bei den Ordinariatssitzungen gebunden, sondern konnte zu einem Sachverhalt auch anders entscheiden. Das Bischöfliche Ordinariat war, wie Groß zu Trockau im oben genannten Statusbericht von 1824 bemerkte, Konsultationsbehörde, die Angelegenheiten wurden mit Ausnahme von wenigen Fällen, in denen der Bischof aufgrund von tridentinischen Vorschriften an die Zustimmung oder den Rat des Ordinariatskollegiums gebunden war, in letzter Instanz von ihm bzw. bei dessen Abwesenheit oder Verhinderung von seinem

165 Bendel, Das Würzburger Domkapitel (wie Anm. 21), S. 49f.
166 Müller, Die Bischöflichen Diözesanbehörden (wie Anm. 147), S. 3 u. 14.
167 DAW, Bischöfliche Manualakten 1821–1898, Nr. 38.
168 Die Protokolle des Bischöflichen Ordinariats haben sich bis zum Jahrgang 1858 erhalten; DAW, Bischöfliches Ordinariat, Protokolle 1823–1858. Am 02.01.1838 hatte Bischof Groß zu Trockau eine Anordnung über die Form der Anfertigung und Vorlegung der Ordinariatsprotokolle erlassen; DAW, Bischöfliche Manualakten, Nr. 38.

Generalvikar entschieden.[169] Nach der Beschlussfassung wurden die anzufertigenden Schriftstücke durch diejenigen Räte, denen der Sachbetreff zur Bearbeitung übertragen worden war, aufgesetzt und nach erfolgter Überarbeitung und Revision durch den Generalvikar zum Auslauf in die Kanzlei weitergegeben. Dort durfte jedoch kein Dokument die Kanzlei verlassen, das der Bischof nicht zuvor gesehen und mit dem Vermerk „vidit" versehen sowie der Generalvikar unterschrieben hatte. In die Zuständigkeit des Ordinariats fielen neben den rein weltlichen Verwaltungsgegenständen und Disziplinarangelegenheiten des Diözesanklerus zum Beispiel die Bepfründung von Priestern, sämtliche Amtsangelegenheiten der Dekanate, Pfarreien und sonstigen Seelsorgestellen, Bestätigungen von Kirchen-, Pfründen- und Gottesdienststiftungen, kirchliches Bauwesen, Christenlehre, Schulangelegenheiten, Pastoralkonferenzen oder Approbationen.[170]

Neben dem Ordinariat existierte als weitere selbstständige bischöfliche Diözesanbehörde das Konsistorium als kirchliches Ehegericht, das personell von Groß zu Trockau neu besetzt wurde, und das sich im Bistum in erster Instanz mit der Schlichtung von Ehestreitigkeiten (causae matrimoniales) zu befassen hatte.[171] Bei Appellationen war in zweiter Instanz das Ehegericht des Erzbistums Bamberg zuständig. Das Konsistorium stand unter der Leitung des Offizials, der zur „kanonischen Rechtspflege in Ehesachen"[172] von Domkanoniker Philipp Werner als Direktor und vier weiteren rechtskundigen Domkapitularen als Konsistorialräte unterstützt wurde. Alle anstehenden Themen und Fälle wurden wöchentlich in einer Konsistorialsitzung behandelt. Der Geschäftsgang des Konsistoriums erfolgte wohl weitgehend noch auf der Grundlage der 1799 von Fürstbischof Georg Karl von Fechenbach erlassenen Vikariats- und Konsistoriumsordnung.[173] Das Konsistorium besaß eine eigene Kanzlei und Registratur, einen Aktuar zur Anfertigung der Sitzungs- und Gerichtsprotokolle, seit 1835 zudem einen eigenen Sekretär.[174]

---

169 Relatio status dioeceseos Herbipolensis 1824 (wie Anm. 143); vgl. auch: Müller, Lexikon des Kirchenrechts (wie Anm. 164), 4. Bd., Würzburg 1839, S. 188.

170 Hier bieten die Register der Ordinariatsprotokolle einen breiten Überblick über die behandelten Themen; DAW, Bischöfliches Ordinariat, Protokolle 1823–1858; vgl. auch DAW, Bischöfliche Manualakten, Nr. 41: Bischof Groß zu Trockau: Abhandlung Groß zu Trockaus vom November 1830, „Gründe für den Vorsitz des Bischöflichen H. Generalvicars bey dem Ordinariat in Würzburg" betreffend: „Der Observanz der sechs Suffragan Episcopaten in den bayerischen Staaten und der speciellen Observanz des durch die päpstl. Circum Scriptions Bulle von 1818 errichteten Bistums Würzburg zufolge werden in derselben Ordinariats Collegien die zu den bischöflichen Geschäftskreiß reportirende Gegenstände sowohl quod jurisdictionem quam ordinem berathen und erörteret Salvo Consensu Episcopi; unter diesen Geschäften sind nicht nur die Disciplinaria und die Kirchenpolicey nebst den Bischöflichen Rechten über das Temporalvermögen der Pfarreyen, Beneficien und geistlichen und gottesdienstlichen Stiftungen, sondern auch über Gratialien, Curatcollationen, Investituren und Dispensationen, welche letztere von apostolischen Stuhl stetshin ad publicandum dem Bischöflichen Official oder General Vicar zugeschrieben werden".

171 Zur Geschichte der Offizialate bzw. Konsistorien in kirchenrechtlicher Sicht vgl. Müller, Lexikon des Kirchenrechts (wie Anm. 164), 1. Bd., Würzburg 1838, S. 711–720; Müller, Die Bischöflichen Diözesanbehörden (wie Anm. 147), S. 12–34.

172 DAW, Bischöfliche Manualakten 1821–1898, Nr. 41: Institutions-Protokoll (wie Anm. 150).

173 DAW, Mandate und Amtliche Rundschreiben, AXXII/27: Gerichtsordnung des fürstbischöflich-würzburgischen Vicariats und Konsistoriums vom 19.11.1799.

174 Schematismus der Diözese Würzburg für das Jahr 1835, S. 4.

Die Amtsräume des Generalvikariats befanden sich seit 1812 im Priesterseminar. Mitte 1821 wurde dem Bischöflichen Stuhl das ehemalige domkapitelsche *Syndikatshaus* (Haus-Nr. 9) am Bruderhof zwischen Domkreuzgang und Plattnergasse angewiesen *(Abb. 4.7)*.[175] Dort hatte zunächst das Domkapitel sein Sitzungszimmer und Archiv und das Bischöfliche Konsistorium seine Amtsräume. 1823 erfolgte auch der Umzug des Bischöflichen Ordinariats mit Kanzlei, Registratur und Archiv aus dem Priesterseminar in das genannte Gebäude, das von Bischof Groß zu Trockau nun treffend die „Bischöfliche Curie" bezeichnet wurde. Trotz der vonseiten des Bistums in der Folgezeit immer wieder bei der Regierung monierten Enge – 1823 erfolgten aus Aschaffenburg und Fulda große Aktenübernahmen, die den Platzmangel nochmals verschärften – waren das Bischöfliche Ordinariat und das Bischöfliche Konsistorium dort bis zur Zerstörung des Gebäudes im März 1945 untergebracht.

Th. W.

Abb. 4.7: *Blick auf das vormalige Syndikatshaus des Domstifts am Bruderhof, von 1821 bis 1945 Sitz des Bischöflichen Ordinariats, über dem Torbogen Figur des hl. Kilian (hl. Burkard?), am Gebäude Figur des Christus Salvator, 23,5 × 18 cm (DAW, Fotodokumentation Würzburg Bruderhof vor 1945; Aufnahme: Photo-Verlag Gundermann Würzburg).*

[175] DAW, Bischöfliche Manualakten 1821–1898, Nr. 257: Bischof Groß zu Trockau an Regierung des Untermainkreises, Kammer des Innern, vom 16.11.1823; Memminger, Würzburgs Straßen und Bauten (wie Anm. 68), S. 42.

5. Die innere Erneuerung des Bistums

5.1 Ein neuer Klerus – Die Reorganisation der Priesteraus- und -weiterbildung

Neben der institutionellen Reorganisation war das zweite zentrale Anliegen Groß zu Trockaus die innere Erneuerung des Bistums in die Bahnen einer spirituell und pastoral geprägten und ausgerichteten Kirche. In diesem Prozess schrieb er sowohl dem künftigen als auch dem bereits in der Seelsorge stehenden Diözesanklerus eine tragende Bedeutung zu. Der Würzburger Bischof hatte hinsichtlich des Priesteramtes ein klares Anforderungsprofil. Groß zu Trockau sah aufgrund seiner eher traditionalistischen Einstellung in den progressiven und pluralistischen Geistesströmungen seiner Zeit (Liberalismus, Indifferentismus, Un- und Aberglauben) eine permanente Gefahr für Religion und Kirche.[176] Er forderte daher wissenschaftlich und ganzheitlich gebildete, religiös-aszetische, charakterlich hochstehende Priester, die in einer Zeit der gesellschaftlichen Herausforderungen und des raschen Wandels auch in der Öffentlichkeit standesbewusst, überzeugend und argumentativ auftreten und sich mit den gesellschaftlichen Problemen auseinandersetzen konnten. Als Seelsorger sollten die Geistlichen bescheiden leben, würdige und gehorsame Diener der Kirche sein, ihre vom Staat übertragenen Aufgaben im Schul- und Wohlfahrtsbereich pflichtgemäß erfüllen, als Verkünder des Evangeliums, fromme Hirten und Ratgeber ihrer Gemeinden die Bindungen zum Kirchenvolk wieder enger knüpfen, ihren religiösen Sinn und Glauben beleben und dadurch zur religiösen Erneuerung der Seelsorge und des Bistums beitragen.

In der Wahrnehmung des Bischofs waren unter den damaligen Verhältnissen nicht mehr wie in der katholischen Aufklärung in erster Linie nüchterne und intellektuelle Denker gefordert, sondern fromme, gehorsame und glaubensfeste Priester. Nicht vorrangig anthropozentrische Sicht und sittlich-moralischer Anspruch, sondern Gottinnigkeit, Christusbeziehung und Heilsvermittlung sollten fortan im Mittelpunkt des priesterlichen Selbstverständnisses und seelsorgerlichen Handelns stehen.[177] In seinem ersten Pastoralschreiben als Bischof (siehe Kap. 3) hatte Groß zu Trockau am 24. Dezember 1821 den Diözesanklerus programmatisch aufgefordert, die ihnen anvertrauten Gemeinden als „Gesandte an Christi Statt“ in Demut, Geduld und Sanftmut durch die Verkündigung des Evangeliums zu einem gottinnigen christlichen Glauben zu führen.[178]

---

[176] Wehner, Die Bemühungen des Bischofs Adam Friedrich von Groß zu Trockau (wie Anm. 78), bes. S. 372.

[177] Zum Priesterideal der Zeit bzw. Groß zu Trockaus vgl. Wolfgang Weiß, Wandel von Rolle und Selbstverständnis katholischer Landgeistlicher des Bistums Würzburg im 19. Jahrhundert, in: Jahrbuch für Volkskunde NF 11 (1988), S. 45–66; Konrad Baumgartner, Bemühungen um Seelsorge und Seelsorger im Kreis um Sailer und Wessenberg, in: Erwin Gatz (Hg.), Der Diözesanklerus (Geschichte des kirchlichen Lebens in den deutschsprachigen Ländern seit dem Ende des 18. Jahrhunderts: Die katholische Kirche, Bd. IV), Freiburg/Basel/Wien 1995, S. 58–65; Erwin Gatz, Klerusbewegungen in der ersten Hälfte des 19. Jahrhunderts, in: ebd., S. 66–77; Manfred Weitlauff, Priesterbild und Priesterbildung bei Johann Michael Sailer, in: Rottenburger Jahrbuch für Kirchengeschichte 14 (1995), S. 65–89; Wehner, Die Bemühungen des Bischofs Adam Friedrich von Groß zu Trockau (wie Anm. 78), S. 371–373.

[178] DAW, Mandate und Amtliche Rundschreiben, Nr. 440.

Da die geistliche Entwicklung und Formung des künftigen Diözesanklerus und sein späteres priesterliches Wirken in entscheidender Weise von der im Priesterseminar vermittelten Wesensbestimmung des Priesters geprägt wurde, kam dieser Einrichtung im Prozess der inneren Erneuerung naturgemäß eine Schlüsselrolle zu. Die finanzielle Situation des Seminars war 1821 allerdings angespannt, die Zahl der Alumnen war gering und das Lehrangebot erneuerungsbedürftig.[179] Der Bischof führte das Desinteresse der Jugend am Priesterstand und den daraus resultierenden Priestermangel auf die an den Universitäten unter den Studenten überhandgenommene Sittenlosigkeit sowie ein die bürgerliche Gesellschaft, den Staat und die Religion „untergrabendes Sistem der Ungebundenheit" zurück.[180] Um die Priesterausbildung auf eine finanziell solide Basis zu stellen, hatte Groß zu Trockau die Regierung zunächst Anfang 1822 aufgefordert, Stiftungsmittel für die Aufnahme von sechzig Alumnen bereitzustellen. Die Regierung entgegnete, sie könne aufgrund des hohen Finanzbedarfs der Universität keine weiteren Gelder zur Verfügung stellen. Auch die staatliche Auflösung und Vereinigung des erst 1807 von Karl Theodor von Dalberg in Aschaffenburg gegründeten Priesterseminars mit dem Würzburger Seminar 1823 brachte keine wesentliche Verbesserung der finanziellen Lage, da die Regierung den Aschaffenburger Seminarfonds in eine staatlich verwaltete Stiftung umwandelte, aus der dem Priesterseminar nur geringe Beiträge zuflossen. Eine für das Seminar befriedigende finanzielle Lösung konnte der Bischof auch in der Folgezeit bei der Regierung nicht erreichen. Ungeachtet dieser Tatsache sowie weiterer staatlicher Hindernisse, etwa bezüglich der Aufnahme und Prüfung der Priesteramtskandidaten oder deren Weihe, leitete Groß zu Trockau die von ihm für notwendig erachtete Erneuerung des Seminars personalpolitisch ein. Noch vor seinem offiziellen Amtsantritt hatte er den aus Nordheim v.d. Rhön stammenden Kaplan Franz Georg Benkert (1790–1859) im Mai 1821 zum Subregens berufen, ein deutliches Zeichen seines Vertrauens in die Befähigung des erst 31-jährigen Priesters. Ende 1822 folgte die Ernennung des langjährigen Neubrunner Pfarrers Carl Rutta (1776–1837) zum neuen Regens.[181] Rutta stand bei Bischof und Domkapitel gleichermaßen in hohem Ansehen, verkörperte den geforderten Priestertypus, galt theologisch und wissenschaftlich als hoch gebildet und verfügte aufgrund seiner mehrjährigen Tätigkeit als Rhetorikprofessor am Würzburger Gymnasium auch über die notwendige pädagogische Qualifikation. Sein Grundverständnis vom priesterlichen Auftrag und Dienst und sein darauf gegründeter Anspruch an priesterliche Bildung und Lebensführung kommen deutlich in seinen posthum veröffentlichten *Exerzitienreden an die Alumnen des Priesterseminars* zum Ausdruck *(Abb. 5.1)*.[182]

---

179 Zur Situation des Würzburger Priesterseminars vgl. Wehner, Die Bemühungen des Bischofs Adam Friedrich von Groß zu Trockau (wie Anm. 78), S. 368–371.

180 DAW, Bischöfliche Manualakten 1821–1898, Nr. 48: Schreiben Groß zu Trockau an die Regierung des Untermainkreises vom 23.04.1819, das Klerikalseminar in Würzburg betreffend.

181 Zur Ernennung der beiden Seminarregenten, zu ihren theologischen Leitprinzipien und Grundauffassungen vom Priesteramt vgl. Wehner, Die Bemühungen des Bischofs Adam Friedrich von Groß zu Trockau (wie Anm. 78), S. 374–384.

182 Carl Rutta's weiland Regens des Seminars zum guten Hirten und Dompfarrers zu Wirzburg Exercitienreden für seine Alumnen. Mit Fragmenten zu seiner Biographie, hg. von Anton Ruland, Würzburg 1857; DBW, D 03200.

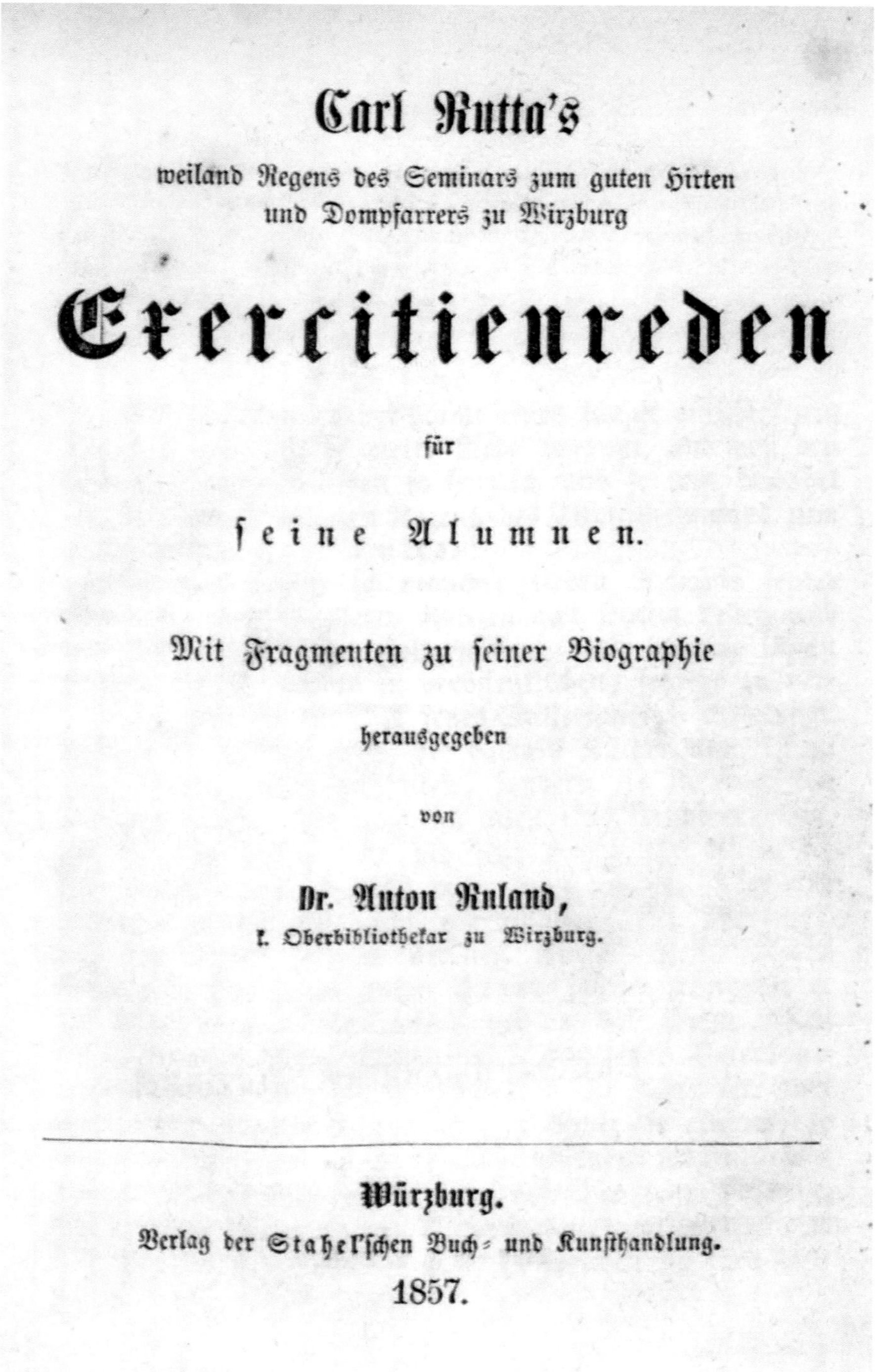

Carl Rutta's

weiland Regens des Seminars zum guten Hirten
und Dompfarrers zu Wirzburg

Exercitienreden

für

seine Alumnen.

Mit Fragmenten zu seiner Biographie

herausgegeben

von

Dr. Anton Ruland,
k. Oberbibliothekar zu Wirzburg.

Würzburg.
Verlag der Stahel'schen Buch- und Kunsthandlung.
1857.

Abb. 5.1: *Titelseite der gedruckten Exerzitienreden des Regens Carl Rutta an die Alumnen des Priesterseminars, hg. von Anton Ruland, Würzburg 1857, 16,5 × 23,5 cm (DBW, D 03200).*

Während Ruttas Leitbilder vom Priesteramt vor allem von Johann Michael Sailers Ideal des biblisch fundierten, gebildeten, religiös-aszetisch und spirituell geprägten Priesters beeinflusst waren, war Benkert, der in der wieder mehr kirchlich-konservativ orientierten Toskanazeit (siehe Kap. 1) seine Priesterausbildung erhalten hatte, und noch durch Weihbischof Gregor Zirkel zum Priester geweiht worden war, von einem ausgesprochen ultramontan auf Rom hin orientierten Kirchenbegriff geprägt. Für ihn zählte die absolute Autorität des päpstlichen Stuhls zu den zentralen Bestandteilen seines Glaubensbildes. Sein Priesterideal waren daher fromme, wissenschaftlich gebildete, standesbewusste, römisch-katholische Seelsorger. Benkert, der nach der Ernennung Ruttas zum Domkapitular 1831 dessen Nachfolge als Regens antrat, war vor allem die treibende Kraft, dass besonders fromme und begabte Würzburger Alumnen immer wieder zum Studium an das 1818 wiedereröffnete und von Jesuiten geleitete Collegium Germanicum nach Rom entsandt wurden. Als erster Alumne des neuen Bistums studierte 1827 Georg Anton Stahl mit Erlaubnis des Bischofs am Germanicum. Der in Stadtprozelten am Untermain in bescheidenen Verhältnissen geborene Stahl wurde dann nach Trockaus Tod 1840 der erste bürgerliche Bischof des Bistums Würzburg.

Entsprechend dem hohen Anspruch, den Bischof und Seminarleitung an Frömmigkeit, Sitte und Moral der Priesteramtskandidaten anlegten, wurden zunächst strenge Aufnahmebedingungen für das Priesterseminar erlassen, wobei sich Groß zu Trockau die Entscheidung, ob ein Kandidat die entsprechende geistliche und sittliche Reife besaß, selbst vorbehielt. Der Tagesablauf wurde durch eine strenge Haus- und Disziplinarordnung minutiös geregelt. Die Alumnen wurden weitgehend von der Außenwelt abgeschottet. Während der Studienzeiten blieb das Seminar verschlossen, private Besucher durften nur in einem Sprechzimmer bei der Eingangspforte empfangen werden. Inhaltlich wurde der damals nur auf zwei Jahre angelegte Seminaraufenthalt und -unterricht mit täglichen Gebeten, Meditationen und Exerzitien, Studium der Heiligen Schrift und Lektüre von Erbauungsschriften sowie anderen Frömmigkeitsübungen überwiegend spirituell und pastoralpraktisch ausgerichtet. Disputationen aus den Bereichen Dogmatik, Moraltheologie, Exegese, Kirchenrecht und Kirchengeschichte sollten die seminarinterne wissenschaftliche Ausbildung neben dem Theologiestudium an der Universität neu beleben. Wortverkündigung, Religionsunterricht und Christenlehre wurden als zentrale Aufgaben des Seelsorgers angesehen. Die Seminaristen erhielten daher auch Unterricht in Homiletik und Katechetik, verbunden mit praktischen Übungen. Die von Groß zu Trockau eingeleitete Reorganisation des Priesterseminars hatte schnell Erfolg. Seit Mitte der 1820er Jahre konnte der Bischof jährlich zwischen 30 und 40 neue Priester für das Bistum in der Seminarkirche weihen.[183]

Neben der Priesterausbildung und Nachwuchsrekrutierung im Seminar legte der Bischof den Fokus auch auf die wissenschaftliche und pastorale Fort-

---

[183] DAW, Liber ordinationum 1823–1858.

und Weiterbildung des bereits amtierenden Seelsorgeklerus.[184] Zunächst sollte sich jeder Priester individuell um seine Wissensfortbildung und priesterliche Selbstvervollkommnung bemühen und dazu die vorhandenen Dekanatsbibliotheken oder die im Bistum bestehenden berufsständischen Lesegesellschaften des Klerus zur Literaturbeschaffung nutzen.

Groß zu Trockau wollte jedoch nicht auf dieser für ihn eher passiven Ebene stehenbleiben, sondern eine institutionell verankerte und damit steuerbare Priesterfortbildung im Bistum etablieren. Zu diesem Zweck führte er 1827 auf Dekanatsebene für den Seelsorgeklerus die sogenannten Pastoralkonferenzen („Landkapitelskonferenzen“) ein. Vorrangiges Ziel dieser zumeist am Dekanatssitz unter Leitung des Dekans mehrmals jährlich stattfindenden Konferenzen war der Austausch des dort versammelten Klerus über theologische Fragen, aktuelle Belange der Pfarrseelsorge und des priesterlichen Amtes, eine verbesserte Kooperation des Dekanatsklerus untereinander und damit die Möglichkeit zur individuellen und gemeinschaftlichen Weiterbildung. Zum Zweck der Fortbildung wurde durch das Bischöfliche Ordinariat jeweils am Jahresbeginn eine Liste mit mehreren theologischen Fragen und Thesen erarbeitet und veröffentlicht, die auf den Konferenzen behandelt werden sollten („Theses zur Beantwortung bei den Kapitels-Conferenzen“). Während die Kapläne zur schriftlichen Bearbeitung mindestens einer der vorgelegten Thesen verpflichtet wurden, die dann bei den Konferenzen vorzutragen waren und anschließend im Plenum diskutiert wurden, stellte man dies den Pfarrern frei. Die bei den Konferenzen vorgelegten Thesenausarbeitungen mussten durch den Dekan zur Begutachtung zusammen mit dem Konferenzprotokoll an das Ordinariat weitergeleitet werden. 1832 kündigte der Bischof an, die besten Thesenausarbeitungen als Anreiz in der von Regens Franz Georg Benkert publizieren kirchlichen Zeitschrift „Athanasia“ veröffentlichen zu wollen bzw. die Verfasser bei der Besetzung gut dotierter Pfarrstellen künftig bevorzugt zu berücksichtigen. Schwerpunkte der vorgegebenen Themen waren die praktischen Fächer Homiletik, Katechetik und Liturgik.

Großen Raum nahmen auch Themen zur priesterlichen Standesethik im Kontext des geforderten Priesterideals ein. Ein weiterer Schwerpunkt waren Fragen zur zeitgemäßen Glaubensunterweisung und religiösen Erziehung. Mit der von der Bistumsleitung gesteuerten Themenvorgabe war vor allem beabsichtigt, den Klerus in zentralen pastoralen Fragen auf einen einheitlichen diözesanen Kurs festzulegen und die Pfarrseelsorge zu verbessern. Gleichzeitig sollten die Konferenzen mit ihrer Möglichkeit zur regelmäßigen Begegnung das Zusammengehörigkeitsgefühl und die Gemeinschaft der Seelsorger stärken, eine Plattform des priesterlichen Meinungsaustausches bilden, die heterogenen geistigen, teilweise noch bestehenden aufgeklärten Strömungen vor allem innerhalb des älteren Klerus zugunsten des geforderten neuen Priesterideals aufbrechen und damit ganz bewusst zu einem Zusammenwachsen des Diözesanklerus und zu einer Identitätsbildung des Bistums führen. Der Pfarrklerus stand den Konferenzen zum größten Teil konstruktiv gegenüber,

[184] Zur Priesterfortbildung vgl. Wehner, Die Bemühungen des Bischofs Adam Friedrich von Groß zu Trockau (wie Anm. 78), S. 391–400; ders., Pastoral-Conferenzen (wie Anm. 78).

verstand diese jedoch nicht allein als bischöflich angeordnete Fortbildungsveranstaltungen, sondern sah sie auch unter synodalen Aspekten als Forum priesterlicher Meinungsbildung und Einflussnahme auf bischöfliche Entscheidungsprozesse. Pastoralkonferenzen als diözesangesteuerte Priesterfortbildung fanden im Bistum Würzburg bis in die 1970er Jahre statt.

Um die Seelsorge in den Pfarreien zu erneuern und zu verbessern, versuchte Groß zu Trockau nicht nur das Bildungsniveau des Pfarrklerus zu heben, sondern nahm auch dessen Lebenswandel und Amtsführung in den Blick. Die Vorwürfe des Bischöflichen Ordinariats an die Adresse des Seelsorgeklerus betrafen in dieser Hinsicht vor allem die mangelnde Aufsicht- und Fürsorgepflicht gegenüber den ihnen anvertrauten Kaplänen, das Tragen unklerikalischer Kleidung oder unklerikalisches Verhalten bei Tauf- oder Hochzeitsfeiern. Um diesem Missstand zu begegnen, unterstellte der Bischof den Seelsorgeklerus über den Verordnungsweg zunächst grundsätzlich einer strengeren kirchlichen Disziplinaraufsicht.[185] Die Dekane nahmen bei der Durchsetzung der in diesem Zusammenhang vom Ordinariat erlassenen Verordnungen eine zentrale Rolle ein. Als „Oculus episcopi" (Auge des Bischofs) hatten sie bei ihren Pfarreivisitationen den Vollzug der Verordnungen zu überprüfen, bei Verfehlungen den Mitbruder zu ermahnen und im äußersten Fall die Angelegenheit dem Ordinariat zur weiteren Veranlassung zu übergeben. Im Jahre 1824 hatte der Würzburger Bischof im ehemaligen Benediktinerinnenkloster Schmerlenbach am Untermain als „Besserungsanstalt" für ungehorsame Kleriker ein sogenanntes „Demeriten- und Korrektionshaus" eingerichtet.

Th. W.

5.2 *Maßnahmen zur Einbindung der neuen Bistumsteile*

Der Neuanfang für den Klerus und die katholische Bevölkerung aus den ehemals mainzischen und fuldischen Bistumsgebieten im neuen Bistum Würzburg war schwierig. Die dortigen Geistlichen fühlten sich vielfach benachteiligt. Kein Mitbruder war im neuen Domkapitel oder in den zentralen diözesanen Verwaltungsbehörden vertreten. Bei anstehenden Pfarreibesetzungen wurden Priester aus anderen Teilen des Bistums bevorzugt.[186] Noch bis Ende der 1820er Jahre verließen viele Kapläne aus dem Aschaffenburger Raum resigniert das Bistum, zumeist in Richtung des wiedergegründeten Bistums Speyer.[187] Die Bevölkerung war von ihren kirchlichen Wurzeln abgeschnitten und fühlte sich fremd. Die kirchliche Einbindung und Umprägung der neuen Bistumsgebiete in das Bistum Würzburg sollte nach dem Willen des Würzburger Bischofs auf doppelte Weise erfolgen, einerseits, ganz seinen Anlagen als früherer Verwaltungsfachmann und Jurist entsprechend, nüchtern und formal durch eine von oben verordnete und konsequent durchgeführte bistumsweite Vereinheit-

---

[185] Zur Disziplinaraufsicht über den Pfarrklerus vgl. Wehner, Die Bemühungen des Bischofs Adam Friedrich von Groß zu Trockau (wie Anm. 78), S. 400–404.
[186] Wendehorst, Das Bistum Würzburg (wie Anm. 5), S. 40.
[187] Stickler, Von der Zentralität zur Randlage (wie Anm. 12), S. 62.

lichung und Intensivierung der Seelsorge, andererseits durch persönlichen Kontakt zum dortigen Klerus und Kirchenvolk sowie durch zumindest partielle Rücksichtnahme auf deren kirchliche Traditionen.[188] Beide Vorgehensweisen zusammen sollten identitäts- und einheitsstiftende Wirkung für das gesamte Bistum entfalten. Als ausgesprochen volksnah war Groß zu Trockau bis dahin allerdings noch nicht aufgetreten. In den folgenden Jahren war der Würzburger Bischof jedoch jährlich im Frühjahr und Sommer mehrere Monate auf Pastoral-, Visitations- und Firmungsreise im gesamten Bistum unterwegs und kam dadurch mit Klerus und Kirchenvolk in unmittelbaren Kontakt. In seinen beiden ersten Amtsjahren 1822 und 1823 besuchte er fast ausschließlich die Pfarreien der neuen Bistumsgebiete.[189] Ob seine Visitationstätigkeit allerdings bei der dortigen katholischen Bevölkerung eine nachhaltige Integrationswirkung entfaltete, wäre noch zu erforschen.

1822 teilte das Bischöfliche Ordinariat den Seelsorgern der ehemals mainzischen und fuldischen Pfarreien mit, dass künftig offiziell nicht mehr der Festtag des hl. Martin (Mainzer Bistumspatron) bzw. hl. Bonifatius (Fuldaer Bistumspatron) vom Volk zu feiern sei, sondern am 8. Juli das Fest des hl. Kilian als Würzburger Bistumspatron sowie die weiteren Würzburger Diözesanfeiertage.[190] Offenbar rechnete man aber bei der Diözesanleitung von Beginn an mit Widerstand aus den Reihen der dortigen Gläubigen gegen die verordnete Feiertagsveränderung. Die Pfarrer der ehemals fuldischen Pfarreien wurden nämlich vom Ordinariat angewiesen, bei zu erwartenden größeren Störungen des Kiliansfestes die Hilfe der zuständigen *„Polizeystelle"* anzufordern *(Abb. 5.2, siehe Anhang 7)*. Bekannt ist aber auch, dass der Würzburger Bischof in den ehemals fuldischen Pfarreien, sofern dies der explizite Wunsch der dortigen Gläubigen war, sozusagen inoffiziell auf lokaler Ebene die Feier des alten Fuldaer Festtages des hl. Bonifatius mit Amt und Predigt neben den neuen Würzburger Diözesanfeiertagen weiter zuließ.[191]

Hinsichtlich der Vereinheitlichung der Pfarrseelsorge nahm die Diözesanleitung alle Bereiche in den Blick: Gottesdienste, Liturgie, Sakramentenspendung, Verkündigung, Prozessions- und Wallfahrtswesen, Heiligenverehrung, Feiertagsfestsetzung, Fastenpraxis, religiöse Erziehung, Pfarramtsverwaltung. Die in diesem Zusammenhang von Groß zu Trockau und dem Bischöflichen Ordinariat für den Seelsorgeklerus erlassene Flut pastoraler und pfarramtlicher Anweisungen und Verordnungen, deren Umsetzung die Dekane in ihren Sprengeln zu kontrollieren hatten, spiegelt anschaulich den Versuch wider, durch kontinuierlichen Verwaltungsvollzug formal eine Standardisierung und

---

[188] „Friedrich hatte nicht bloß das alte Bisthum Würzburg zu regieren; durch den Hinzutritt des ehemaligen Fürstenthums Aschaffenburg und eines Antheils des Fürstenthums Fulda waren allerlei Rücksichten nöthig, um die alten Interessen der neuen Bisthumstheile im Auge zu behalten, ohne dadurch die gleichmäßige Behandlung der ganzen Diöcese zu gefährden und irgendwie eine Bevorzugung oder Zurücksetzung eintreten zu lassen. Friedrich siegte mit seiner angebornen Klugheit und suchte, so viel an ihm lag, das Verschiedenartige in die mögliche Einheit zu bringen"; zitiert nach Friedrich, Baron von Groß zu Trockau (wie Anm. 78), hier Sp. 501.

[189] DAW, Bischöfliche Manualakten 1821–1898, Nr. 166: Verzeichnis der bischöflichen Visitations-, Firmungs- und Weihereisen 1822–1826.

[190] DAW, Dekanatsarchiv Aschaffenburg-West, Großostheim bzw. Dekanatsarchiv Hammelburg, jeweils ohne Nr.

[191] Für die ehemals Fuldaer Gebiete vgl. Merz, Umprägung und Resilienz (wie Anm. 53), S. 76f.

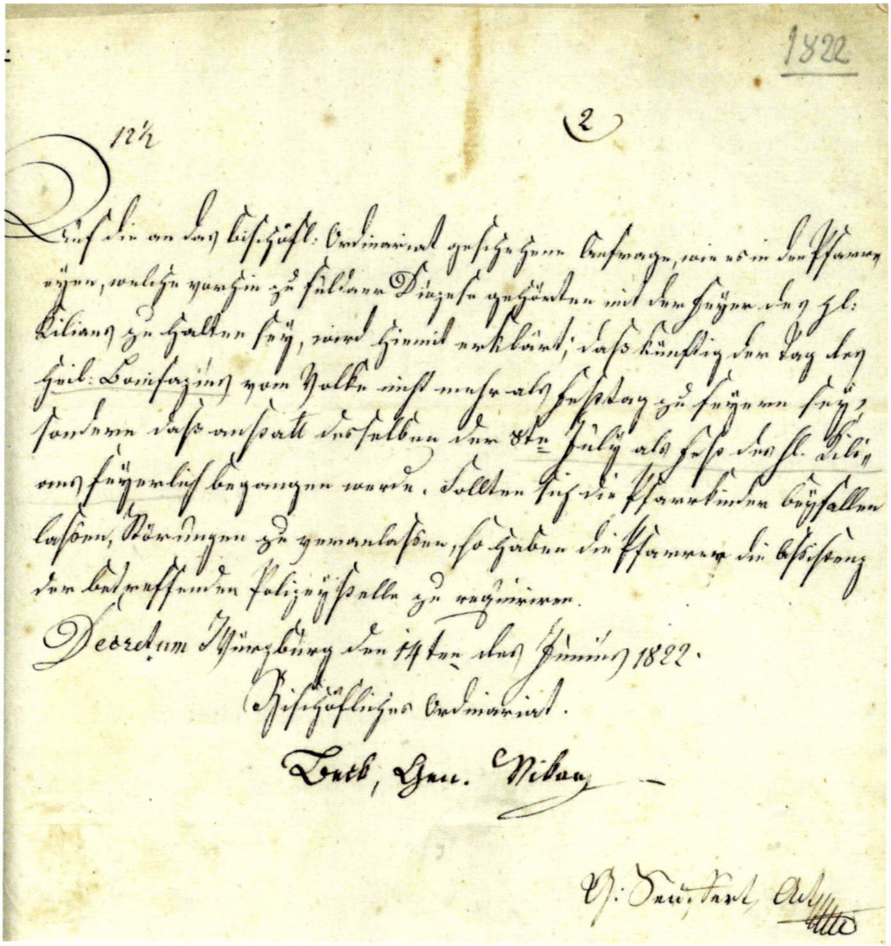
1822

124 2

Auf die an das bischöfl. Ordinariat geschehenen Anfragen, wie es in den Pfarreyen, welche vorhin zu Fuldaer Diözese gehörten mit der Feyer des hl. Kilians zu halten sey, wird hiemit erklärt, daß künftig der Tag des heil: Bonifazius vom Volke nicht mehr als Festtag zu feyern sey, sondern daß anstatt desselben der 8te July als Fest des hl. Kilians feyerlich begangen werde. Sollten sich die Pfarrkinder beyfallen lassen, Weigerungen zu veranlassen, so haben die Pfarrer die Hülfe der betreffenden Polizeystelle zu requiriren.

Decretum Würzburg den 14ten des Junius 1822.

Bischöfliches Ordinariat.

Abb. 5.2: *Dekret des Bischöflichen Ordinariats vom 14.06.1822, die künftige Feier des Festtages des hl. Kilian als Bistumspatron in den ehemals fuldischen Pfarreien betreffend, 19 × 20 cm (DAW, Dekanatsarchiv Hammelburg, ohne Nr.).*

Verbesserung der Pfarrseelsorge und Pfarramtsverwaltung, gleichzeitig aber auch eine Disziplinierung bzw. Homogenisierung des Klerus und Kirchenvolkes flächendeckend im Bistum zu erreichen.

Groß zu Trockau war sich jedoch auch bewusst, dass eine Neubelebung der Seelsorge zwar von oben in Gang gesetzt werden musste, aber nur dann Aussicht auf Erfolg bestand, wenn sich die Seelsorger auch innerlich dem pastoralen Anliegen öffneten und aktiv in die Umsetzung eingebunden wurden. Seit 1825 berief er daher regelmäßig an Pfingsten sogenannte Synodalberatungen ein, in denen das Domkapitel und Vertreter der Pfarrgeistlichkeit als Synodalräte mit dem Bischof über alle Aspekte der Seelsorge beratschlagten.[192] Die

[192] DAW, Bischöfliche Manualakten 1821–1889, Bestell-Nr. 10 (2): Relatio status dioeceseos Herbipolensis 1825: „Da die itzige Zeitverhältniße der Abhaltung der iahrlichen Synodalversammlungen noch nicht zusagen, so wurde die Anordnung getrofen, daß iährlich in der Pfingstwoche

in den Beratungen getroffenen Beschlüsse wurden als Pastoralanordnungen gedruckt und gelangten über die Dekane an den Pfarrklerus zur Umsetzung.

In diesen Kontext der Maßnahmen zur Verbesserung und Vereinheitlichung der pastoralen Versorgung und Anpassung an die zeitgemäßen Verhältnisse gehörte auch die Herausgabe eines neuen Diözesankatechismus, der im Auftrag Groß zu Trockaus 1823 von dem Volkacher Dekan Sebastian Pörtner vorgelegt wurde.[193] Dazu erschienen entsprechende Handbücher für Katecheten und Religionslehrer. Im Jahre 1828 folgte aus Pörtners Hand, er war mittlerweile zum Domkapitular aufgestiegen und wurde 1838 vom Bischof zum Generalvikar ernannt, ein aus alten und neuen Kirchenliedern zusammengestelltes neues Diözesangesangbuch für den öffentlichen Gottesdienst.[194] Als Werkzeug und Hilfsmittel für die geistliche Geschäfts- und pfarrliche Amtsführung veröffentlichte der Würzburger Domvikar Andreas Müller 1829 im Auftrag des Bischöflichen Ordinariats eine Sammlung älterer und aktueller Würzburger Verordnungen in Kirchensachen.[195] Als Ausfluss seines liturgischen Hoheitsrechts gab der Würzburger Bischof schließlich eine Diözesenagende für den Diözesanklerus zum einheitlichen Vollzug der Gottesdienstgestaltung und liturgischen Handlungen bei der Spendung der Sakramente und Sakramentalien (dies sind Segnungen bestimmter Personen oder Gegenstände) sowie bei Prozessionen mit den dazu erforderlichen Formularen, Gebeten, Ansprachen, Fürbitten, Ermahnungen, Belehrungen zur Erbauung und anderen Anweisungen in Auftrag. Die *Agende* erschien als zweibändiges Werk 1836 und 1839 *(Abb. 5.3)*.[196]

---

eine Synodaldeliberation über alle, den Kultum divinum und das Seelenwohl aller Dioecesanen betrefenden Gegenständen in praesidentia Episcopi von den sämtlichen Synodalräthen angestellt werden; alle Decanaten sind angewiesen, nach gepflogner Rücksprache mit ihren untergebnen Pfarrern und Kuraten Vorschläge zu machen, wie die Ehre Gottes beförderet und dem Aberglauben, so wie dem Indifferentismus und dem Unglauben, den irreligiösen Sitten und antikristlichen Zeitgeist kräftig entgegen gewircket werden könne; die erste Deliberation über diese Gegenstände wurde am 23ten März vorgenommen, mit sichtbarer Theilnahme der Geistlichkeit und mit der Hofnung, daß diese Ordination sehr fruchtbar für die Kirche Kristi sein werde"; zu den sog. „Synodaldeliberationen" vgl. DAW, Bischöfliche Manualakten 1821–1889, Bestell-Nr. 180; vgl. auch Wehner, Das Bistum Würzburg im Spannungsfeld (wie Anm. 6), S. 262.

[193] Sebastian Pörnter, Katechismus der christkatholischen Religion, herausgegeben mit Allerhöchster Genehmigung Seiner Königlichen Majestät von Baiern, auf Anordnung des hochwürdigen Bischofs Friederich von Würzburg; zum Gebrauche in Kirchen und Schulen der Diöcese Würzburg, Würzburg 1823; DBW, D 4266.

[194] Sebastian Pörtner, Katholisches Gesangbuch für den öffentlichen Gottesdienst in Würzburg, Würzburg 1828; DBW, D 3231. Vgl. auch die entsprechende Anweisung des Bischöflichen Ordinariats an die Dekane vom 28.10.1831; DAW, Mandate und Amtliche Rundschreiben, BIII/345.

[195] Andreas Müller, Repertorium der landesherrlichen Verordnungen in Kirchensachen, dann in andern den Wirkungskreis der Geistlichen in Bayern betreffenden Gegenständen; nebst den bischöflich-würzburgischen, bis zum Jahre 1829 erschienenen, Diözesan-Verordnungen, Würzburg 1829; DBW, D 01592-1/2.

[196] Agenda ad usum dioeceseos Herbipolensis sive congeries instructionum et rituum ecclesiasticorum pro administratione sacramentorum, benedictionibus ecclesiasticis, processionibus ecclesiasticis aliisque in praxi clericorum curatorum obvenientibus concinnata ad usum cleri curati Herbipolensis edita iussu et authoritate reverendissimi domini domini episcopi Friderici ex miseratione divina et sanctae sedis apostolocae gratia episcopi Herbipolensis, Würzburg 1836 (= Pars I: Rituale) und 1839 (= Pars II: Instructionale); DBW, D 3612-1, 2. Zur Diözesanagende vgl. auch Hermann Reifenberg, Sakramente, Sakramentalien und Ritualien im Bistum Mainz seit dem Spätmittelalter. Unter besonderer Berücksichtigung der Diözesen Würzburg und Bamberg (Liturgiewissenschaftliche Quellen und Forschungen, Heft 33), Münster 1971, Bd. 1, S. 70f.

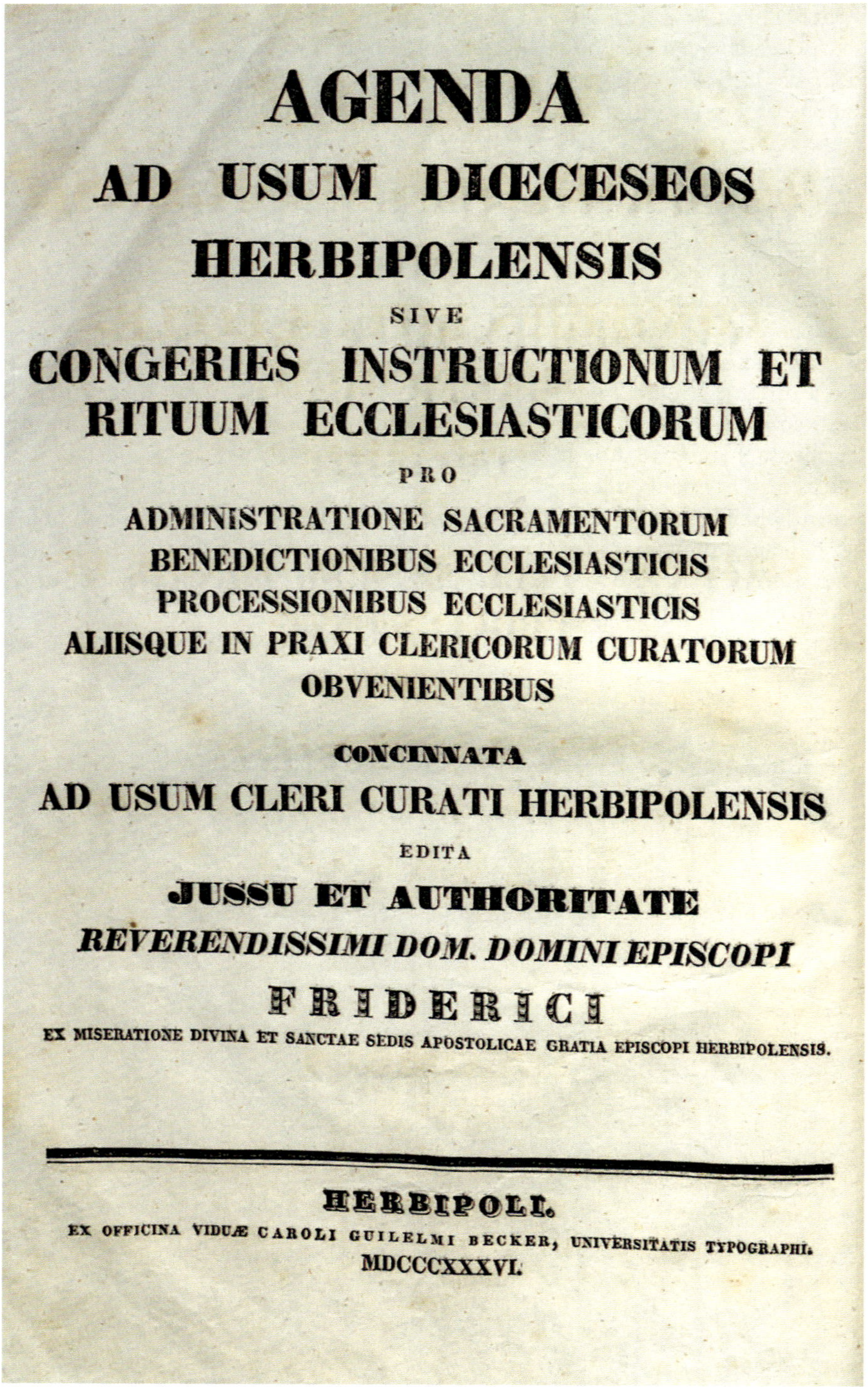

AGENDA

AD USUM DIŒCESEOS

HERBIPOLENSIS

SIVE

CONGERIES INSTRUCTIONUM ET RITUUM ECCLESIASTICORUM

PRO

ADMINISTRATIONE SACRAMENTORUM
BENEDICTIONIBUS ECCLESIASTICIS
PROCESSIONIBUS ECCLESIASTICIS
ALIISQUE IN PRAXI CLERICORUM CURATORUM
OBVENIENTIBUS

CONCINNATA

AD USUM CLERI CURATI HERBIPOLENSIS

EDITA

JUSSU ET AUTHORITATE

REVERENDISSIMI DOM. DOMINI EPISCOPI

FRIDERICI

EX MISERATIONE DIVINA ET SANCTAE SEDIS APOSTOLICAE GRATIA EPISCOPI HERBIPOLENSIS.

HERBIPOLI.

EX OFFICINA VIDUÆ CAROLI GUILELMI BECKER, UNIVERSITATIS TYPOGRAPHI.

MDCCCXXXVI.

Abb. 5.3: *Titelblatt der gedruckten Diözesanagende, Würzburg 1836, 1. Teil, 29,5 × 40,4 cm (DBW, D 3612-1).*

Leider ist bislang nicht bekannt, wer deren Bearbeiter waren. Das Buch löste das noch aus dem Jahre 1671 stammende, nicht mehr zeitgemäße Rituale ab, das (Erz-)Bischof Johann Philipp von Schönborn (* 1605, reg. 1642–1673) damals für seine drei Bistümer Mainz, Würzburg und Worms eingeführt hatte. Wie aus dem Vorwort der Agende hervorgeht, wurde die Neuherausgabe des liturgischen Buches mit einer einheitlichen und zeitgemäßen Gottensdienst- und Sakramentenliturgie angesichts der Tatsache, dass das Bistum 1821 aus unterschiedlichen Diözesanteilen mit je eigenen Gottesdienstformen zusammengefügt worden war, von Groß zu Trockau als besonders dringend empfunden. Grundsätzlich kam der Agende für das Bistum auch deshalb große Bedeutung zu, hatten doch gerade die sakramentalen Feiern für das religiöse Leben des gläubigen Kirchenvolkes eine große Bedeutung. Dass bei der Gestaltung der neuen Agende wieder mehr das Geheimnis- und Gefühlvolle der liturgischen Feierlichkeiten betont wurde, zeigen vor allem die in deutscher Sprache eingefügten Gebetstexte, Erbauungen und Anreden, die zudem die Liturgie für das Kirchenvolk verständlicher und damit auch inhaltlich nachvollziehbarer machten.

Mit den genannten Maßnahmen Groß zu Trockaus zur inneren Erneuerung und religiösen Wiederbelebung des Bistums, die sich vor dem Hintergrund des fortschreitenden Wandels zur restaurativen und ultramontanen Kirche vollzogen, sollte nicht nur ein „neuer" Klerus auf der Basis des geforderten Priesterideals herangebildet werden, sondern in engem Bezug dazu auch die Seelsorge und das kirchliche Leben in den Pfarreien verbessert und gefördert werden. In seiner Trauerrede bezeichnete Franz Georg Benkert den verstorbenen Bischof 1840 gerade aufgrund seiner Verdienste um die Priesterbildung und Seelsorge als den großen „Regenerator" in der schwierigen Anfangs- und Umbruchszeit der Bistumsneuorganisation.[197]

Th. W.

5.3 Erneuerung des Frömmigkeitslebens

Warum es notwendig erschien, die erwähnte Beziehung zwischen Pfarrer und Kirchenvolk, zwischen katholischer Kirchen- und Volksfrömmigkeit wieder zu stabilisieren und zu erneuern, ist aus den Bestrebungen der katholischen Aufklärung im späten 18. Jahrhundert zu erklären. Deren Anliegen war es nämlich, die in der Zeit der Katholischen Reform vermittelte und eingeübte *praxis pietatis*[198] zu hinterfragen und im Interesse einer mehr nüchternen und nützlichkeitsorientierten Frömmigkeitshaltung zu reinigen. Die in der Barockzeit intensivierten Traditionen standen nun in dem schlechten Ruf, eher dem frommen Müßiggang zu dienen, zu leerem Ritualismus zu neigen, vor allem eine unnötige Verschwendung zeitlicher und materieller Ressourcen mit sich

[197] Benkert, Trauerrede (wie Anm. 78).

[198] Vgl. Wolfgang Brückner, Das städtische Frömmigkeitsleben in Würzburg zur Echterzeit, in: Weiß (Hg.), Landesherrschaft und Konfession (wie Anm. 105), S. 97–108; grundlegend ders., Frommes Franken. Kult- und Kirchenvolk in der Diözese Würzburg seit dem Mittelalter, Würzburg 2008.

zu bringen, während diese doch viel besser für Bildung und Volkswohlfahrt eingesetzt werden sollten. Letztlich seien sie einer moralischen Erziehung des Volkes nicht dienlich. Sie brächten es mit sich, dass die Gläubigen zu sehr auf überirdische Hilfe vertrauten und ihre Weltverantwortung vergäßen. In der Hochstiftszeit blieben aber die Fürstbischöfe und deren Geistlicher Rat eher vorsichtig und wollten nicht rigoros in das Frömmigkeitsleben eingreifen. Auch gab es bei der Geistlichkeit bezüglich aufklärerischer Forderungen eine Konkurrenz zwischen eher progressiven und konservativen Kräften, die weitgehendere Aktivitäten verhinderte. Wichtige Maßnahmen unter Fürstbischof Adam Friedrich von Seinsheim (* 1708, reg. 1755–1779) waren die Ver- und Zusammenlegung der Kirchweihfeste auf den Sonntag nach Martini (1760), die Feiertagsreduzierung (1770) oder die Beschränkung der Flurprozessionen auf zwei Stunden (1784). Fürstbischof Franz Ludwig von Erthal drängte vor allem auf eine Vereinfachung der Begräbnisfeierlichkeiten (Trauer- und Leichenordnung 1783 / 1785) und Reduzierung der Wallfahrten. Die Eingriffe erregten den Unmut der Bevölkerung und ließen sich nicht im erhofften Maße umsetzen. Es wurde allerdings vonseiten der Diözesanleitung die offene Konfrontation vermieden.[199] Aber die Diskrepanz, die sich aus der Liebe des Volkes zum Althergebrachten und den Reformanliegen der religiösen Aufklärer ergab, war nicht mehr zu übersehen.

Zu einer systematischen Zurückdrängung religiöser Ausdrucksformen und frommen Brauchtums kam es nach der Säkularisation des Hochstifts (1802) durch die neue bayerische Regierung. Es durften in der Kirche keine Krippen mehr aufgestellt werden, ebenso wenig sog. Heilige Gräber. Prozessionen wurden eingeschränkt, längere Wallfahrten verboten. Die vielen Bruderschaften versuchte man zu verdrängen, sie wurden aber nicht allgemein aufgelöst; nicht wenige konnten sich über diese schwierige Zeit retten. Deutlich zeigte sich, dass es in der Bevölkerung starke Kräfte gab, die auf das tradierte Frömmigkeitsleben nicht verzichten wollten. Von den Intellektuellen wurde diese Frömmigkeit als Ausdruck einer niederen Kulturstufe betrachtet und zur Frömmigkeit des unverständigen Volkes – zur Volksfrömmigkeit – abqualifiziert. Gleichzeitig erkannten zumindest einzelne Kirchenmänner wie Weihbischof Gregor Zirkel das gläubige und fromme Volk zunehmend als den entscheidenden Rückhalt in der Auseinandersetzung mit dem aufgeklärten Staatskirchentum. Daneben gab es aber bei der Geistlichkeit durchaus Vertreter, die in dessen Sinn agierten. Erst in den 1820er Jahren gewannen die Förderer der Volksfrömmigkeit inner- und außerkirchlich wieder an Einfluss. Vor allem König Ludwig I. von Bayern (reg. 1825–1848) sollte hier eine wichtige Rolle spielen.

Beispielhaft für diese Entwicklung ist die *Würzburger Kreuzbruderschaft und ihre Kreuzbergwallfahrt.* Die in der Zeit des Dreißigjährigen Krieges (1618–1648) entstandene Bruderschaft führt seit 1647 diese fünftägige Wall-

---

[199] Vgl. Romberg, Die Würzburger Bischöfe von 1746 bis 1802 (wie Anm. 2), S. 348–355, 511–519 u. 626–630; zu dieser Problematik vgl. besonders Barbara Goy, Aufklärung und Volksfrömmigkeit in den Bistümern Würzburg und Bamberg (Quellen und Forschungen zur Geschichte des Bistums und Hochstifts Würzburg 21), Würzburg 1969.

fahrt durch.[200] Schon in der späten Hochstiftszeit gab es erfolglose fürstbischöfliche Bemühungen, diese zeitaufwendige Wallfahrt nicht mehr durchzuführen und dafür das Würzburger Käppele als stadtnahes Ziel zu wählen. Zu einer ausdrücklichen Anordnung, die Wallfahrt einzustellen, kam es aber 1803 seitens der bayerischen Regierung. 1804 folgte ein allgemeiner Erlass, der Wallfahrten, Prozessionen und Bittgänge – außer am Markustag (25. April), in der Bittwoche vor Christi Himmelfahrt und an Fronleichnam – verbot. In der Toskanazeit (siehe Kap. 1) wurden Wallfahrten wieder erlaubt, soweit sie nur einen halben Tag dauerten und an Sonn- und Feiertagen durchgeführt wurden. Die Kreuzbergwallfahrt blieb damit verboten. 1808 musste die Bruderschaft sogar ihren traditionellen Sitz, die Neumünsterkirche, aufgeben, da diese als Militärdepot benutzt wurde, und in die Marienkapelle wechseln. Die Bruderschaft verlor aber ihr Anliegen der jährlichen Kreuzbergwallfahrt nicht aus dem Auge. 1816 richtete sie an die Regierung des Untermainkreises (heute Unterfranken) die Bitte „um gnädigste Erlaubniß, die alte jährliche Wallfahrt zum heiligen Kreutzberge zu erneuern“.[201] Der Bitte kam die Regierung nicht nach. 1821 erfolgte immerhin die Rückkehr in die Neumünsterkirche. Es gab weiterhin ein intensives geistliches Leben der Bruderschaft. Dies lässt sich daran ermessen, dass die Bruderschaft für die Neumünsterkirche einen Vierzehn-Stationen-Kreuzweg stiftete und damit eine Kreuzwegandacht am 3. Sonntag jeden Monats verband. 1823 erwarb die Bruderschaft ein silbernes Partikelkreuz. Aus der damaligen Zeit ist auch ein vierseitiger *Aufnahmezettel in die Bruderschaft* erhalten *(Abb. 5.4)*. Er enthält einen Holzschnitt mit Kreuzesdarstellung, das Bruderschaftsgebet, Verpflichtungen, die mit der Mitgliedschaft verbunden sind, und das Lied „Aufmunterung zum heiligen Kreuze“, das mit seinen zehn Strophen und dem Refrain „Auf, auf, mein Seel, zu dem Gnadenquell, ach eilet auf den Kreuzberg schnell“ noch heute gesungen wird.[202] Das Lied verdeutlichte damals den ungebrochenen Wunsch, die Wallfahrt wieder durchführen zu dürfen. Inhaberin des erhaltenen Exemplars des Aufnahmezettels war eine Katharina Reichert aus Randersacker, die 1823 „einverleibt“ wurde. Daneben ist noch eine zweite Person vermerkt, deren Vorname „Barbara“ sich leicht, deren Nachname aber nur schwer entschlüsseln lässt.[203]

1825 wiederholte die Bruderschaft beim neuen König Ludwig I. die Bitte um Genehmigung der Kreuzbergwallfahrt. Der König gewährte diese in einer persönlichen Order. Darauf folgte auch die kirchliche Zulassung. Seitens der kirchlichen Oberbehörde wurde gegenüber dem Präses betont, er möge „solche Prozession in bester Ordnung und mit der der Sache angemessenen Erbauung dahin und zurückführen, und ein wachsames Auge darauf zu haben, daß nicht Unordnung und Mißbräuche die frommen Anstalt verunehren“.[204] Im August 1826 konnte schließlich die Wallfahrt erstmals wieder durchgeführt werden.

---

200 Vgl. dazu Wolfgang Brückner, Die Wallfahrt zum Kreuzberg in der Rhön (Kirche, Kunst und Kultur in Franken 7), Würzburg 1997, bes. S. 79–127.
201 Zitiert nach ebd., S. 105.
202 Vgl. ebd., S. 109.
203 Der bei Brückner (ebd.) erwähnte Name „Nahringer“ kann nicht stimmen.
204 Zitiert nach ebd., S. 120.

Abb. 5.4: *Aufnahmezettel in die Würzburger Kreuzbruderschaft, erste Seite mit Holzschnitt und Aufnahme aus dem Jahr 1823, 10,2×15,8 cm (DAW, KAb, Nr. 1072).*

Bis in die Gegenwart hat die Würzburger Kreuzbergwallfahrt nicht ihre Faszination verloren. Die Gläubigen konnten sich also durchsetzen, zumal es nun wieder mit dem kirchlichen Anliegen verbunden war, das traditionelle Frömmigkeitsleben zu stärken. Zu erkennen ist aber ebenso das Anliegen, das volksfromme Leben kirchlich-obrigkeitlich zu kontrollieren und zu betreuen.

In der Mitte der 1820er Jahre gab es ein weiteres religiöses Ereignis, das die Neubelebung des Frömmigkeitslebens zum Ausdruck brachte und gleichzeitig die Kontinuität zur Zeit vor der Säkularisation dokumentierte: am 21. September 1824 weihte Bischof von Groß zu Trockau das *Würzburger Käppele* – und zwar die nach Plänen Balthasar Neumanns (1687–1753) in der Mitte des 18. Jahrhunderts erbaute Wallfahrtskirche im westlichen Anschluss an die eigentliche Gnadenkapelle.[205] Der Neu- und Umbau der Gesamtanlage auf dem Nikolausberg war zwar bereits 1797/98, nachdem Johann Georg Winterstein (1743–1806) den klassizistischen Hochaltar geschaffen hatte, abgeschlossen. Zum Weiheakt ist es aber in den Wirren der folgenden Jahrzehnte nicht mehr gekommen.

Der stadtnahe Wallfahrtsort behielt in den schwierigen Kriegs- und Notjahren nach der Säkularisation 1803 seine Ausstrahlung und Anziehungskraft. Dafür war entscheidend, dass es mit der 1754 gegründeten und bis heute bestehenden Mariä-Schmerz-Bruderschaft[206] mit Sitz am Käppele eine Laiengemeinschaft gab, die diesem Gnadenort besonders verbunden war. Darüber hinaus betreuten weiterhin Kapuziner die Wallfahrt. 1747 war an der allgemein als Würzburger Käppele bezeichneten Wallfahrtskirche ein Hospiz der Kapuziner als eine kleine Außenstelle des seit 1615 in der Stadt Würzburg existierenden Kapuzinerklosters (in der noch heute existierenden Kapuzinerstraße) eingerichtet worden. Als das Hauptkloster in der Stadt 1803 säkularisiert wurde, blieb das Hospiz auf dem Käppele erhalten, obwohl es formell auch säkularisiert war. Nach Ausweis des ersten Personalschematismus des neuen Bistums Würzburg (1823) betreuten der über 70-jährige (Ex-)Kapuziner Johann Nepomuk Keilbert, dem immer noch der Titel Superior beigegeben war, und der Laienbruder Lazarus Behr die Wallfahrt.[207] Am 2. April 1835 verstarb zwar Johann Nepomuk Keilbert[208], aber bereits 1836 kam wieder ein Kapuzinerpater – und zwar P. Bernardin Harlander aus der Diözese Eichstätt – in das

[205] Vgl. Winfried Jestaedt/Johannes Foersch(†), Das Würzburger Käppele. Zur Kirchweihe vor 175 Jahren. Mit einem Vorwort von Paul-Werner Scheele, Würzburg 1999, S. 24–30. Zusammenfassend vgl. W[olfgang] Sch[neider], Würzburg. Käppele, in: Wolfgang Brückner/ders. (Hg.), Wallfahrt im Bistum Würzburg. Gnadenorte, Kult- und Andachtsstätten in Unterfranken (Kirche, Kunst und Kultur in Franken 3), Würzburg 1996, S. 251–255 (mit umfassenden Literaturhinweisen); vgl. Paul-Werner Scheele, Das Würzburger Käppele. Wallfahrt, Kreuzweg, Gnadenkapelle, Wallfahrtskirche, Würzburg 2010.

[206] Diesen Namen besitzt die Vereinigung erst seit 1855. Vorher gab es verschiedene Bezeichnungen: „Männervereinigung zu Ehren der übergebenedeiten, unbefleckten und schmerzhaften Mutter Gottes Maria", „[Marianischer] Bürgerverein" oder auch „Marianische Bürgersodalität", so die Auskunft bei Jestaedt/Foersch (Hg.), Das Würzburger Käppele (wie Anm. 205), S. 12.

[207] Vgl. Schematismus der Diözes[e] Würzburg 1823, S. 41; hier wird zwar der Name „Keildert" genannt, in den anderen Jahrgängen heißt es aber „Keilbert".

[208] Schematismus des Bisthums Würzburg 1836, S. 206.

verwaiste Hospiz und führte die Wallfahrtsseelsorge.[209] Die Ära der Kapuziner auf dem Käppele endete 2014.

In der *aquarellartig kolorierten Zeichnung (Abb. 5.5)*, die etwas unbeholfen und vereinfacht das ganze geistliche Ensemble am Nikolausberg darzustellen versucht, ist das Hospizgebäude rechts von der doppeltürmigen Wallfahrtskirche zu sehen. Nach dem Planungsvorschlag Balthasar Neumanns war das Hospiz in den Ausmaßen in der Weise gestaltet, dass es als Pendant zur links von der Wallfahrtskirche befindlichen und schon vorhandenen Gnadenkapelle dienen konnte. Balthasar Neumann dachte also an eine symmetrische und damit auch harmonische Anlage mit der Wallfahrtskirche als dominantem Mittelpunkt. Die 1761 geschaffene doppelläufige Treppe mit fünf Terrassen, die in der Zeichnung vereinfacht wiedergegeben wird, hat diese Wirkung noch unterstrichen. Als aber bereits 1778 die Gnadenkapelle in vergrößerter Form mit einem massigen, kuppelförmigen Dach neu gebaut wurde, ging diese Einheit verloren. Allerdings wurde so das Ziel erreicht, der Gnadenkapelle größeres optisches Gewicht in der Anlage zu verleihen.[210]

Abb. 5.5: *Würzburger Käppele, Wallfahrtskirche, Gnadenkapelle (und zwar zweifach, nämlich in der ursprünglichen Form und nach dem Neubau 1778), ehem. Kapuzinerhospiz und Stationenweg, kolorierte Zeichnung, undatiert, wohl erste Hälfte des 19. Jahrhunderts, 52,8 × 42 cm (DAW, BGO, Nr. 1034).*

---

[209] Schematismus des Bistums Würzburg 1837, S. 211; dazu vgl. auch Jestaedt / Foersch (Hg.), Das Würzburger Käppele (wie Anm. 205), S. 15–17 u. 66–71. Hier trägt der Kapuzinerpriester den Namen „Keilberg".

[210] Vgl. Wolfgang Brückner, Die Gnadenkapelle des Käppele auf dem Nikolausberg in Würzburg, in: Würzburger Diözesangeschichtsblätter 62/63 (2001), S. 953–981 (wie Anm. 78).

Eigenartigerweise bildet der Zeichner in der Verlängerung der neuen Gnadenkapelle von 1778 zusätzlich noch die alte Gnadenkapelle ab, die in ihrem Ursprungsbau aus dem Jahr 1683 stammte und 1690 sowie 1713 erweitert worden war. Was ihn dazu motivierte, bleibt unklar; vielleicht weil er beide Gnadenkapellen kannte und erlebt hat.[211] Wir werden es nicht ergründen. Intuitiv erweckt das Bild einen eher biedermeierlichen Eindruck und lässt die erste Hälfte des 19. Jahrhunderts als Entstehungszeit vermuten.

Nicht nur für die Wallfahrt zum Käppele war es wichtig, dass sie weiterhin von volksnahen Religiosen der Bettelorden betreut wurde. Da in Franken die bayerische Regierung die Säkularisation der meisten Niederlassungen der Bettelorden unterließ – sie waren finanziell uninteressant – und nur ein Aufnahmeverbot für Novizen erließ, blieben deren Konvente an den zentralen Wallfahrtsorten, so auch die Franziskanerklöster in Dettelbach und auf dem Kreuzberg, erhalten. Ihre volksnahe und wenig von aufgeklärten Vorstellungen beeinflusste Verkündigung und Frömmigkeitspraxis erreichte somit weiterhin die dafür empfänglichen Gläubigen und ermöglichte eine bruchlose Entwicklung seit dem späten 18. Jahrhundert. In der Stadt Würzburg profitierten vom Fortleben der Bettelorden besonders die barocken Andachtsbruderschaften. Auch wenn sie kaum mehr den Zulauf und das gesellschaftliche Renommee wie in fürstbischöflicher Zeit vorweisen konnten, blieben die Bruderschaften ein zentrales Element der religiösen Sozialisation der Laien und stellten so einen wichtigen Anknüpfungspunkt bei der religiösen Erneuerung ab den 1820er Jahren dar. Sie bilden daher ein nicht zu unterschätzendes Bindeglied zum späteren katholischen Vereinswesen und können als Keimzellen des Milieukatholizismus der zweiten Hälfte des 19. Jahrhunderts gewertet werden.

Auch in den neuen Bistumsteilen herrschte die Situation, dass die Klöster der Franziskaner in Hammelburg (Kloster Altstadt), Volkersberg (bei Bad Brückenau) und Miltenberg sowie der Kapuziner in Aschaffenburg, Lohr und Engelsberg (1828 von den Franziskanern abgelöst) erhalten blieben. Soweit es sich bei den Niederlassungen um Wallfahrtsorte handelte, blieb damit deren Betreuung gewährleistet. Die Niederlassung der Aschaffenburger Kapuziner wurde zwar 1813 ein Raub der Flammen, aber bereits 1814 konnten Kloster und Kirche, der allerdings noch jede Ausstattung fehlte und die nur einen Notaltar besaß, wiederhergestellt und bezogen werden. Die neuen bayerischen Landesherren erlaubten 1814 dafür sogar eine Sammlung. Durch Wohltäter kam eine erstaunliche Summe zusammen, ein Beleg dafür, dass die Kapuziner – damals in Aschaffenburg sieben Patres und fünf Laienbrüder – sowie ihr Verkündigungs- und Frömmigkeitsstil ihre Anziehungskraft bei vielen Gläubigen nicht verloren hatten.[212]

---

[211] Es bietet sich allerdings noch die Alternative, dass mit dem höheren Gebäude direkt neben der doppeltürmigen Fassade – perspektivisch verunglückt – das Hauptschiff der Wallfahrtskirche gemeint ist, dann würde die Zeichnung aber aus der Zeit zwischen 1750 und 1778 stammen, oder der Zeichner hat aus der Erinnerung diesen älteren Zustand rekonstruiert.

[212] Vgl. Maria Lapinski, Kirche und Kloster der Kapuziner in Aschaffenburg, in: Würzburger Diözesangeschichtsblätter 61 (1999), S. 125–196, bes. S. 128f.

Im Bistum Fulda und im Erzbistum Mainz hatte es schon im späten 18. Jahrhundert, also noch in der Zeit des geistlichen Fürstentums, Wallfahrtsverbote gegeben. So war 1778 die Prozession der Aschaffenburger nach Walldürn erstmals untersagt worden. Die Aschaffenburger hielten sich aber nicht daran. 1788 erfolgte schließlich das „generelle Verbot der Wallfahrt nach Walldürn".[213] Von der bayerischen Regierung wurde das Verbot 1820 erneuert.[214] Auslöser war die im gleichen Jahr mit großer Beteiligung durchgeführte, illegale Wallfahrt „aus der Sandkirche hinter der Stadt herum nach Walldürn in Vereinigung mit den Saalmünsterern, aber ohne Priester und Fahnen. Die *Bürger* hatten das Crucifix aus dem Stift und die Saalmünsterer ihr hl. Blutbild bey der Prozession. Die Menschenzahl war über 500."[215] Trotzdem ließ sie sich allerdings nie ganz unterdrücken. 1841 genehmigte sie König Ludwig I. neuerlich, und zwar ausdrücklich mit der Begründung, „daß der bis dahin heimliche Aus- und Einzug wieder zu einer würdigen Feierlichkeit"[216] werden könne.

Als religiöses Ersatzereignis für die Wallfahrt nach Walldürn sollte, wie für 1789 überliefert ist, eine Sakramentsprozession in die *Aschaffenburger Sandkirche (Abb. 5.6)* dienen.[217] Sie verlief, wie wir aus dem Jahr 1820 erfahren, jeweils am Blutstag von der ehemaligen Jesuiten- zur Sandkirche. Aber auch diese verboten die bayerischen Behörden, wohl weil sie im Zusammenhang mit der illegalen Wallfahrt nach Walldürn stattfand.[218] Dies hinderte die Aschaffenburger aber nicht, 1821 eine neue Blutsfahne anzuschaffen.[219]

Mit den *Bürgern* sind wohl vor allem Mitglieder der Marianischen Bürgersodalität in Aschaffenburg gemeint, die von den Jesuiten (ab 1612 Niederlassung in Aschaffenburg) gegründet und von diesen bis zur Aufhebung des Ordens 1773 betreut wurde. Auf die Initiative der Jesuiten war die Wallfahrt nach Walldürn 1618 begonnen worden.[220] Deren Träger wurde bald darauf die erwähnte Bürgersodalität, die auch nach den obrigkeitlichen Verboten eisern daran festhielt. [221] Für die Aschaffenburger Bürger und besonders für die Bürgersodalität bildet(e) die im frühen 16. Jahrhundert entstandene Sandkirche mit einer spätmittelalterlichen Pietà (Vesperbild) als Gnadenbild[222] einen besonderen Kristallisationspunkt des städtischen Frömmigkeitslebens. Ab dem frühen 17. Jahrhundert entwickelte sich die Sandkirche zur lokalen

[213] Wolfgang Brückner, Die Verehrung des Heiligen Blutes in Walldürn (Veröffentlichungen des Geschichts- und Kunstvereins Aschaffenburg e.V. 3), Aschaffenburg 1958, S. 123.
[214] Vgl. ebd., S. 160.
[215] Franz Haus, Chronik von der Stadt Aschaffenburg oder der lustige Zeitvertreib, Aschaffenburg 1855, S. 29.
[216] Vgl. Brückner, Die Verehrung (wie Anm. 213), S. 164.
[217] Vgl. ebd., S. 125.
[218] Vgl. ebd., S. 160.
[219] Vgl. ebd., S. 227.
[220] Vgl. Maria Karl, Geistliche Institutionen und Frömmigkeitsleben in der Stadt Aschaffenburg im Zeitalter von Konfessionalisierung und Barock (Veröffentlichungen des Geschichts- und Kunstvereins Aschaffenburg e. V. 68), Aschaffenburg 2019, S. 259f.
[221] Vgl. Brückner, Die Verehrung (wie Anm. 213), S. 76, 139, 148, 152, 163, 181 u. 217.
[222] Vgl. J[ohannes] N[utz], Aschaffenburg. Sandkirche, in: Brückner/Schneider (Hg.), Wallfahrt (wie Anm. 205), S. 67f., mit Literatur; vgl. weiter Ernst Schneider, Die Sandkirche zu Aschaffenburg. Votiv- und Wallfahrtskirche (Schnell & Steiner, Kleiner Kunstführer 1745), München/Zürich 1989; https://wallfahrt.bistum-wuerzburg.de/wallfahrtsorte/region-aschaffenburg/aschaffenburg/ (letzter Zugriff: 16.03.2021).

Wallfahrtsstätte; besondere Förderung erfuhr die Wallfahrtsstätte durch die Aschaffenburger Jesuiten.[223] Auf einen ersten Neubau 1699 folgte ein zweiter und größerer Neubau im Jahre 1756/57, und zwar als Votivkirche „aufgrund eines Pestgelübdes der Aschaffenburger Bürgerschaft".[224] Zur reichhaltigen spätbarocken Ausstattung trugen besonders adelige Stiftungen bei.

Abb. 5.6: *Sandkirche Aschaffenburg, Stahlstich, Kalender für katholische Christen auf das Jahr 1859, S. 107, 11,5 × 14 cm (DBW, 2.Z 1055-16/20).*

[223] Vgl. Karl, Geistliche Institutionen (wie Anm. 220), S. 258.
[224] N[utz], Aschaffenburg. Sandkirche (wie Anm. 222), S. 67.

Wenn auch an der Wende vom 18. zum 19. Jahrhundert an der Sandkirche das Frömmigkeitsleben nicht mehr die Dynamik der Barockzeit besaß, so blieb sie, wie die Vorgänge um die Walldürnwallfahrt belegen, ein besonderer Ort der öffentlichen und privaten Andacht.

In den 1820er Jahren dominierte aber bei der weltlichen und auch bei Teilen der geistlichen Obrigkeit Aschaffenburgs noch der Geist der Aufklärung und es wurden Purifizierungen vorgenommen, die in Würzburg seitens der bayerischen Regierung schon 1803 angeordnet worden waren. So berichtet ein Aschaffenburger Chronist: „Am 8. Mai [1823] als am Himmelfahrtstage ist dies Jahr zum erstenmal der alte Gebrauch nach christlicher Ceremonie die Auffahrt Christi in hießiger Stiftskirche durch [...] Pfarrer Conrad Braun aufgehoben worden, desgleichen auch am Pfingstsonntag die Ceremonie vom hl. Geist. O weh, o weh, Aschaffenburg! Deine Perlen und Religions-Zierrathen werden Dir als nach und nach abgenommen, so, daß am Ende Dir nichts übrig bleibt, als aufgeklärte Augen, das Vergangene zu beschauen und dein künftiges Uebel zu beweinen! – Das allgemeine Sprüchwort lautet also dahier: Christus ist dies Jahr nicht gegen Himmel gefahren und der heil. Geist kam nicht herunter; was wird wohl daraus werden?!“[225]

Das Unverständnis des von einer traditionellen katholischen Frömmigkeit geprägten Autors ist offensichtlich. Er gehörte wohl auch keiner Minderheit an. Die in der Barockzeit gewachsene Religiosität beherrschte weiterhin vor allem in den katholischen Landgemeinden, weniger schon in der Stadtgesellschaft, wo aufgeklärte und daraus resultierend auch liberale Tendenzen stärker hervortraten und eine konfrontative Mischung von Altem und Neuem das Klima bestimmte, den privaten und öffentlichen Raum im Alltag und im Jahreslauf. Die katholische Erneuerung konnte damit auf eine erstaunliche Kontinuität sog. vormoderner Religiosität aufbauen.

W. W.

[225] Haus, Chronik (wie Anm. 215), S. 35f.

Anhang 1 (zu Abb. 2.5)

Dekret des Nuntius Erzbischof Francesco di Serra-Cassano vom 05.11.1821 über die Auflösung des ehemaligen Metropolitankapitels Mainz in Aschaffenburg, Abschrift, 21,4×35,6 cm (DAW, Dekanatsarchiv Aschaffenburg-West, Großostheim, ohne Nr.).

Decretum suppressionis Capituli antiquae metropolitanae Ecclesiae Moguntinae Aschaffenburgi residentis

Nos Franciscus Serra ex Ducibus Cassani, Dei et Apostolicae Sedis gratia Archiepiscopus Nicaenus, S[anctis]s[i]mi D[omi]ni Nostri Pii Divina Providentia Papae VII Praelatus Domesticus et Pontificio Solio Assistens Apud Serenissimum Regem Bavariae Nuntius Apostolicus ordinarius Et ab eodem S[anctis]s[i]mo D[omi]no N[ost]ro ad infra Scripta Specialiter delegatus.

Peracta nova in Regno Bavarico Ecclesiarum Archiepiscopalium et Episcopalium erectione, ac nova uniuscujusque Dioecesis opportuna circumscriptione, ratio et aequitas postulat, ut quilibet Ordinarius in sua Dioecesi noviter erecta et circumscripta plenam et liberam exerceat jurisdictionem, et omnia quoque in promptu habeat, quae ad expeditionem propropriae Dioecesis administrationem conducere possunt. Attenta igitur suppressione et extinctione Capituli antiquae Metropolitanae Ecclesiae Moguntinae nunc Aschaffenburgi residentis; attenta insuper territorii Aschaffenburgensis olim ad Moguntinam, nunc ad Ratisbonensem Dioecesim pertinentis, dismembratione et respective unione Herbipolensi Dioecesi facta per literas Apostolicas sub Datum Romae Kalendis Aprilis 1818 incipientes „Dei ac Domini Nostri“ aliisque ordinationibus in iisdem literis contentis, quas et Nos, utpote earum executores deputati plenum effectum habere volumus, ac facultatibus utentes a S[anctissi]mo D[omin]no N[ost]ro Pio PP VII. nobis tributis praesentis Decreti vigore, mandamus supra laudato Capitulo antiquae Metropolitanae Ecclesiae Moguntinae Aschaffenburgi nunc residentis ejus Praesidie, vel ejus Consistorio ecclesiastico ab omni imposterum jurisdictionis ordinariae cujuscunque generis actu exercendo, quam modo cessarse declaramus, se omnino et in perpetuum abstinere. Insuper mandamus Domino Cancellario antiquae Curiae hujus Capituli omnia et singula documenta, quae paraecias seu loca dicti territorii Aschaffenburgensis novae Dioecesi Herbipolensi attributa respiciunt, infra bimestris Spatium Dominis Cancellariss novae Curiae Episcopalis libere tradere omnino teneatur ad formam literarum Apostolicarum supra memoratarum et non aliter.

Datum Monachii ex aedibus Nostrae Residentiae, die 5ta Novembris 1821

F[rancesco]. Archie[pisco]pus Nicaeae N[untius] ap[ostolicus]

C[anonicus] Antonii Fava, Auditor N[untiaturae] ap[ostolicae]

Anhang 2 (zu Abb. 3.7)

Kgl. Dekret von Max I. Joseph für Bischof (Adam) Friedrich von Groß zu Trockau mit der Mitteilung seiner Ernennung zum Bischof von Würzburg vom 09.09.1818, 22×33,5 cm (DAW, Bischöfliche Manualakten 1821–1898, Nr. 19/3).

Maximilian Joseph von Gottes Gnaden König von Baiern.

Nachdem Wir Uns bewogen gefunden haben, euch zum Bischofe zu Würzburg zu ernennen, so haben wir nicht nur diese Ernennung so eben an Seine Päbstliche Heiligkeit zur Ertheilung der kanonischen Einsetzung gelangen, sondern auch euch hierüber gegenwärtiges von Uns unterzeichnetes, und mit Unserem größeren geheimen Kanzlei-Siegel versehenes Decret zu euerer Legitimation ausfertigen lassen.

München am 9ten September 1818

Max Joseph

Decret für Adam Friedrich von Groß, Präsidenten des bischöflichen General-Vicariats zu Bamberg und Würzburg [sic] als Bischof zu Würzburg.

Das Siegel zeigt das Wappen des Königreichs Bayern von 1806, das bis 1835 eingesetzt wurde: „42 weiß-blaue Rauten symbolisierten die nun zum Königreich zusammengeschlossenen Territorien. Gleichzeitig waren sie Ausdruck eines einheitlichen Staatsgebildes, in dem alt- und neubayerische Gebiete aufgehen sollten. Im Mittelschild des Wappens finden sich die Zeichen der Souveränität: Zepter, Schwert und Königskrone, die den Kurfürstenhut ersetzen. Während der seit Jahrhunderten im bayerischen Wappen vertretene Pfälzer Löwe nur noch als Schildhalter dient, werden das Wappenzelt aus Purpur und Hermelin und die Ordensketten aus dem kurfürstlichen Wappen übernommen."
https://www.hdbg.eu/koenigreich/index.php/objekte/index/herrscher_id/1/id/333 (letzter Zugriff: 01.02.2021)

Die Gegenzeichnung erfolgt durch Friedrich Karl Graf von Thürheim (1763–1832), ab 1817 bayerischer Innenminister, dann von 1826 bis 1828 Minister des königlichen Hauses und des Äußeren. Der „General-Secretair" müsste Egid (Ritter von) Kobell (1772–1847) sein; die Unterschrift spricht zumindest nicht dagegen.

Anhang 3 (zu Abb. 3.8)

Ordnung der feyerlichen Einführung des Hochwürdigsten Herrn[,] Herrn Adam Friederich Bischofs zu Würzburg in Hochdesselben Kathedralkirche allda den 23. Dezember 1821, Druck ohne Seitenzählung [S. 4], 20×30,7 cm (DAW, Bischöfliche Manualakten 1821–1898, Nr. 19/5).

Gesänge der gesammten Schuljugend

1.
Triumph! Die Feyerstunde
Erglüht voll Majestät,
Die wir in frommer Runde
Vom Himmel uns erfleht.
Sie führt des Glaubens Sonne
Uns glänzender herauf,
Und schließt zu Danke und Wonne
Sich unsre Herzen auf. Alleluja!

2.
Dich dort in Sternenhallen
Lobpreißt der Andacht Chor,
Und Weihrauchdüfte wallen
Zu dir, o Gott! empor.
Du hast den Wunsch vernommen,
Den unsre Brust genährt;
Von dir ist Trost gekommen;
Du hast dein Volk erhört. Allel[uja!]

3.
Du nahmst in allen Stürmen
Dich unsrer hülfreich an;
Du wirst die länger schirmen,
Die treu dir zugethan.
Triumph! dein Wort ist Bürge
Was auch der Frevel spricht:
Ein Fels ist deine Kirche,
An dem die Hölle bricht. Allel[uja!]

4.
Verwaiset – ohne Pflege –
Getrennt vom sichern Hort,
Trieb sich auf dunklem Wege
Die Glaubensheerde fort;
Triumph! Der halb Verirrten
Gabst du in banger Zeit
Aufs Neue einen Hirten,
Der ihrem Wohl Sich weiht.
Allel[uja!]

5.
Des Herzens fromme Triebe
Für Gott und Menschenglück,
Vertrauen, Demuth, Liebe
Verkündet uns Sein Blick;
So grüßt im Hochgefühle
Er heut' die Bundesschaar,
Und reicht zum hohen Ziele
Ihr seine Rechte dar. Allel[uja!]

6.
Er wird die Heerde leiten,
Die fest auf Ihn vertraut,
Und ihr den Weg bereiten,
Wo Gottes Manna thaut.
Die Waiden, die uns winken,
Sind labend – köstlich – rein;
Der Quell, aus dem wir trinken,
Wird Jesus Lehre seyn. Allel[uja!]

7.
Verleiht ihm Kraft und Stärke,
Allvater! Steh Ihm bey,
Daß Er zum großen Werke
Auch stets gewaffnet sey!
Geuß jede hehre Gabe
In Fülle über Ihn,
Und laß an Seinem Stabe,
Nur Segenskränze blühn! Allel[uja!]

8.
Von dir geleitet trete
Er itzt im Tempel ein,
Um dort an heil'ger Stätte
Uns deinem Dienst zu weih'n.
Von dir gesegnet leite
Uns Seine Vaterhand
Zu dir, den Born der Freude –
Zu dir ins Friedensland!! Allel[uja!]

(Für die Mädchen, welche am Eingang der Domkirche Blumen streuen.)

1.

Laß jubelnd Dich begrüßen
In Gottes Heiligthum –
Du – uns zum Wohl erkiesen,
Heil Dir, und Preiß und Ruhm!
Wir segnen Dich; wir streuen
Dir Blumen auf die Bahn;
Laß Dich die Gaben freuen –
Sieh unsre Herzen an! Allel[uja!]

2.

Zieh hin in Glück und Frieden,
Ersehnter Himmelsboth'!
Des Glaubens Lilienblüthen,
Der reinen Liebe Roth,
Und was die Hoffnung nähret –
Ihr Grün, so hold und mild –
Sey Dir von Gott beschehret,
Sey Deiner Zukunft Bild!! Allel[uja!]

Dr. Utsch

Anhang 4 (zu Abb. 3.9b)

Gliederungsaufriss für das Pastoralschreiben. Manuskript, 16×20,8 cm, Schreiber unbekannt (DAW, Bischöfliche Manualakten 1821–1898, Nr. 19/5).

Skizze eines Hirtenbriefes

[1.] Im Eingange die gnädige Ernennung des Königs und die Bestättigung des Pabstes; die Unterwerfung der göttlichen Anordnung, und den Willen des Obern.

2. Das wichtige Amt und die schwere Bürde eines Bischofs.

3. Die nothwendige Unterstützung seiner Geistlichkeit,

(1) des Kapitels (2) der Kuratgeistlichkeit

4. Ein Aufruff an die Diözesanen

a) zur Liebe Gottes

(1) durch innerliche, (2) durch äußerliche Religions-Akte

A. durch innerliche: α) durch Unterwerffung unseres Verstandes dem Glauben, β) durch innbrünstiges Gebet, δ) [sic] durch Unterdrückung der Leidenschaften.

B. durch äußerliche: α) durch den Gehorsam gegen geistliche und weltliche Obrigkeiten, β) durch fleißigen Beiwohnen des Pfarrgottesdienstes, δ) [sic] durch Anhörung des Wort Gottes in Predigten und Katechesen, ε) durch öfteren Empfang der hl. Sakramenten der Buße und des hl. Abendmahls.

b) zur Liebe des Nächsten

(1) durch Auferbauung des Nächsten mit einem christlich[en] Lebens-Wandel, (2) durch Übertragen der Fehler unserer schwachen Brüder, (3) Ihnen Gerechtigkeit widerfahren zu lassen, (4) und gegen sie mildthätig zu seyn durch Unterstützung der armen und betrankten [Bedrängten].

5. Anruffung Gottes, auch um Beihülf des Klerus durch ihr inbrünst[iges] Gebet und Beistand in dem schweren Hirten-Amte, die Gemeinde durch einstimiges Gebet und Befolgung der hirtlichen Ermahnungen.

Anhang 5 (zu Abb. 3.9c)

Erste Seite der handschriftlichen Fassung des Pastoralschreibens; persönliche Handschrift von Bischof (Adam) Friedrich von Groß zu Trockau. Manuskript, 20,5 × 33,5 cm (DAW, Bischöfliche Manualakten 1821–1898, Nr. 19/5). Der Text ging dann fast wörtlich so in Druck, am linken Rand durchgestrichen „Skizze zu einem Hirtenbrief".

Ich habe keine größere Freude, als die, daß ich höre, daß meine Kinder in der Wahrheit wandeln. IIIter Brief Vers 4 des heiligen Apostels Johannes.

Mit diesen Worten ergießt der Schoß Jünger Jesu Kristi seine innigste freudenvolle Empfindungen an die ihm untergebene kristliche Gemeinden.

Dessen gantze apostolische Lebensbahn hatte keinen anderen Zweck als die Erkenntniß und Anbethung Gottes, durch die Annahme und Befolgung des Evangeliums der göttlichen Lehre Jesu Kristi, welcher durch sein heiliges Leiden die Welt aus den Banden der Sünde und der Finsterniß erlößt hat, zu verbreiten, und in den Herzen der Jünger zu bevestigen.

Dieses Ziel, dieses rastlose Bestreben hat die ehrwürdigste Apostel Schaar von ihrem göttlichen Meister als seinen hinterlassenen letzten Willen bei seiner Himmls Farth erhalten: *Gehet in die ganze Welt und prediget das Evangelium.** [eingefügt, zwei Zeilen gestrichen]

Den Vollzug dieses [„göttlichen" gestrichen] höchsten Auftrags, die Verkündigung dieses Gnaden Gesetzes, so nicht, wie die Gesetze des alten Bundes unter Donner und Blitz auf dem Berg Sinai, sondern auf dem Kreutzaltar durch das blutige Opfer des Lammes Gottes besiegelt worden, haben die Apostel ihren [„vom heiligen Geist" gestrichen] durch die Kirche ausgewählten Nachfolgern übertragen, und das unfehlbare Versprechen des Heilands hat denenselben seinen Beistand *zu diesem apostolischen Geschäft* [eingefügt] biß an dem Ende der Welt [„versprochen" gestrichen] verhießen [im Druck „zugesichert"]**

*Mark. 16 Cap. 15 Vers.
** Mathei [?] 28 Cap. 20 Vers.

Anhang 6 (zu Kap. 4 bzw. Abb. 4.2)

Die Mitglieder des neuen Würzburger Domkapitels 1821[226]

Dompropst

Franz Anton Jakob Freiherr von Reinach (1755–1830)

*1755	Obersteinbrunn im Elsass
	Subdiakon
1768–1803	Domherr in Würzburg
	Domkustos in Basel
1821–1830	Dompropst

Domdekan

Dr. phil. et Dr. theol. Joseph Fichtl (1740–1824)

*1740	Lengfurt a. Main
1763	Priesterweihe
1766–1778	Kaplan im Juliusspital in Würzburg und Repetitor für die fürstlichen Hofpagen
1778–1790	Pfarrer und Vorsteher des Juliusspitals in Würzburg
1789–1803	Fürstbischöflich Geistlicher Rat
1803	Vikariatsrat, Fiskal
1814–1821	Apostolischer Provikar des Bistums Würzburg
1821	Apostolischer Vikar des neuerrichteten Bistum Würzburg
1821–1824	Domdekan
1821–1824	Vorstand des Konsistoriums

Domkanoniker

Dr. Iur. utr. et Dr. theol. Franz Oberthür (1745–1831)

*1745	Würzburg
1769	Priesterweihe
1771	Kaplan im Juliusspital in Würzburg
1771–1773	Studium in Rom
1773–	Konsistorial- und Vikariatsrat
1782	Fürstbischöflich Geistlicher Rat
1773–1809	Professor für Dogmatik und Polemik (mit Unterbrechung) an der Universität Würzburg
1774–1803	Kanoniker in Stift Haug in Würzburg
1821–1831	Domkanoniker
1821–1831	Bischöflicher Ordinariatsrat
1829	Geheimer Geistlicher Rat

[226] Kurzbiogramme bei Bendel, Das Würzburger Domkapitel (wie Anm. 21), S. 46–48 u. 57; vgl. auch DAW, Klerikerdatenbank.

Dr. phil. Johann Philipp Sartorius (1770–1829)

*1770	Würzburg
1794	Priesterweihe
	Kanoniker in Stift Neumünster in Würzburg
1821–1829	Domkanoniker
1821–1829	Bischöflicher Ordinariats- und Konsistorialrat

Dr. phil. Kaspar Beck (1758–1825)

*1758	Würzburg
1783	Priesterweihe
1784	Cooperator in Schwebenried
1785–1787	Kaplan in Kissingen und Wiesenfeld
1788– 1791	Hofmeister (Erzieher) bei der freiherrl. Familie von Guttenberg
1791– 1792	Pfarrer in Döringstadt
1793–1812	Pfarrer in Arnstein (seit 1797 Dekan)
1812	Pfarrer und Administrationsrat im Juliusspital in Würzburg
	Vikariatsrat und Geistlicher Rat am Generalvikariat
	zeitweise Geistlicher Direktor des Ursulinenklosters in Würzburg
1821–1825	Domkanoniker und erster Generalvikar des neuen Bistums

Dr. phil et Dr. theol. Caspar Hubert (1767–1839)

*1767	Gerlachshausen
1794	Priesterweihe
1795	Cooperator in Großlangheim
1796–1798	Kaplan im Juliusspital in Würzburg
1799–1806	Subregens des Priesterseminars
1807–1821	Pfarrer in Sulzdorf
1821–1839	Domkanoniker
1821–1833	Dompfarrer
1821–1839	Bischöflicher Ordinariats- und Konsistorialrat

Dr. phil. Michael Erhard (1773–1838)

*1773	Rannungen bei Münnerstadt
1796	Priesterweihe
1796–1799	Cooperator in Marktseinsheim
1799–1800	Kaplan in Haßfurt
1801–1805	Hofmeister (Erzieher) bei der freiherrl. Familie von Groß zu Trockau
1805–1832	Domprediger
1821–1836	Domkanoniker
1821–	Begleiter des Bischofs bei Pastoral- und Visitationsreisen
1821–1836	Bischöflicher Ordinariats- und Konsistorialrat
1836–1838	Domdekan
1836–1838	Offizial des Bischöflichen Konsistoriums

Dr. phil. Ferdinand Blümm (1768–1823)

*1768	Neustadt a.d. Saale
1793	Priesterweihe
1793–1794	Kaplan in Markelsheim
1795	Präfekt des Adeligen Seminars in Würzburg
1797	Professor für Rhetorik an der Universität Würzburg
1806	Leitung der Gymnasien in Würzburg und Münnerstadt
	Professor für Philosophie an der Universität Würzburg
1821–1823	Domkanoniker
1821–1823	Bischöflicher Ordinariatsrat

Dr. phil. Philipp Werner (1768–1856)

*1768	Würzburg
1791–1803	Kanoniker in Stift Haug in Würzburg
1801	Priesterweihe
	Fürstbischöflich Geistlicher Rat und Konsistorialrat
1821–1856	Domkanoniker
1821–1856	Bischöflicher Ordinariatsrat
1821–	Direktor des Bischöflichen Konsistoriums

Dr. phil. Franz Joseph Lotz (1765–1839)

*1765	Mariaburghausen
1789	Priesterweihe
	Cooperator in Burggrumbach
	Hofmeister (Erzieher) bei der freiherrl. Familie von Pölnitz
1797–1809	Pfarrer in Gänheim
1809–1821	Pfarrer in Heidingsfeld
1821–1839	Domkanoniker
1821–1839	Bischöflicher Ordinariats- und Konsistorialrat

Domvikare

Georg Seuffert (1776–1850)

*1776	Würzburg
1801	Priesterweihe
	Vikar in Stift Haug in Würzburg
	Benefiziat in Gleisenau
1821–1850	Domvikar

Philipp Heyer (1748–1825)

*1748	Würzburg
1775	Priesterweihe
1775–1803	Domvikar im alten Domstift
1821–1825	Domvikar

Johann Gotthard Werner (1758–1824)

*1758	Seehof bei Kissingen
1783	Priesterweihe
1821–1824	Domvikar

Dr. phil. Adam Wehner (1781–1857)

*1781	Stetten
1805	Priesterweihe
1816–1818	Kaplan in Marktsteinach
1818	Cooperator in Margetshöchheim
1821–1857	Domvikar

Johannes Adam Dietz (1790–1878)

*1790	Eußenhausen
1813	Priesterweihe
1816	Kaplan in Hofheim
1821–1878	Domvikar

Dr. phil Andreas Müller (1793–1865)

*1793	Würzburg
1816	Priesterweihe
1818–1819	Pfarrverweser in Schwanfeld und Bergtheim
1821–1834	Domvikar
	Archivar des Bischöflichen Ordinariats
1834–1865	Domkanoniker

Anhang 7 (zu Abb. 5.2)

Dekret des Bischöflichen Ordinariats vom 14.06.1822, die künftige Feier des Festtages des hl. Kilian als Bistumspatron in den ehemals fuldischen Pfarreien betreffend, Abschrift, 19 × 20 cm (DAW, Dekanatsarchiv Hammelburg, ohne Nr.).

Auf die an das bischöfl[iche] Ordinariat geschehene Anfrage, wie es in den Pfarreyen, welche vorhin zu Fuldaer Diözese gehörten, mit der Feyer des hl. Kilians zu halten sey, wird hiemit erklärt, daß künftig der Tag des hl. Bonifazius vom Volke nicht mehr als Festtag zu feyern sey, sondern daß anstatt desselben der 8te July als Fest des hl. Kilians feyerlich begangen werde. Sollten sich die Pfarrkinder beyfallen lassen, Störungen zu veranlassen, so haben die Pfarrer die Assistenz der betreffenden Polizeystelle zu requiriren.

Decretum Würzburg den 14ten Junius 1822

Bischöfliches Ordinariat

Beck, Gen(eral) Vikar

G(eorg) Seuffert, Actuar

Ecclesia Redintegrata Bavariae – Bayerns wiederhergestellte Kirche

Das Gedicht von Joseph Anton Keil auf das bayerische Konkordat von 1817

Aus dem Lateinischen übersetzt von Otto und Eva Schönberger,
herausgegeben und erläutert von Winfried Romberg und Wolfgang Weiß

1. Vorbemerkungen

Von dem bislang wenig bekannten Theologen, Juristen, Literaten und Publizisten Joseph Anton Keil (1780–1819)[1] ist eine großangelegte Dichtung in 1 332 Versen auf 56 Druckseiten zum Lobe des bayerischen Konkordates überliefert.[2] Dieses hatten Papst Pius VII. (1800–1823) und der bayerische König Maximilian I. Joseph (1806–1825) im Jahr 1817 abgeschlossen.[3]

Der Text des in Latein abgefassten Gedichtes wird hier in deutscher Übersetzung vorgelegt. Die Zitation erfolgt nach Versen. Sämtliche Konjekturen sind in eckige Klammern gesetzt. Die Belegstellen aus den antiken Autoren haben Otto und Eva Schönberger zusammengetragen, sie befinden sich zusammen mit den von den Herausgebern beigefügten Sachanmerkungen in den Fußnoten. Die Sachanmerkungen beschränken sich in erster Linie auf die Erschließung von Namen bzw. Personen sowie zentraler Vorgänge. Das Gedicht enthält eine Fülle von vor allem zeitgeschichtlichen Assoziationen, die innerhalb von Fußnoten im Detail nicht geklärt werden können, sondern zusammenfassend in den Erläuterungen thematisiert werden. Zum Teil bleiben sie dem heutigen Leser auch rätselhaft. Originalfußnoten, die der Verfasser mit Asterisken gekennzeichnet hat, sind in die Reihe der Sachanmerkungen aufgenommen. Die Asterisken des Originaltextes folgen jeweils nach der hochgestellten Zahl der Fußnotenzählung.

Zur Eigenart des Gedichtes gehört darüber hinaus eine Reihe teils umfangreicher deutschsprachiger und durchweg stärker argumentativer Diskurse, welche der Autor ebenfalls mit einem Asteriskus gekennzeichnet in den Fußnoten bringt. Diese sind hier als Anhänge 1–6 wiedergegeben. Darin eingestreute lateinische Fachbegriffe und Sentenzen sind übersetzt.

Der formale Aufbau wie der Inhalt des Gedichts offenbaren eine angesichts des panegyrischen Gewandes unerwartete Doppelbödigkeit der kirchlich-politischen Positionierungen Keils: Einesteils stellte er sich ostentativ auf die

---

1 Vgl. Wolfgang Weiß, Joseph Anton Keil (1780–1819). Benediktiner – Justizadministrator – Poeta, in: Joseph Anton Keil, De Constitutione Bavariae Carmen. Gedicht über Bayerns Verfassung. Eingeleitet, herausgegeben und erläutert von Walter Eykmann unter Mitwirkung von Wolfgang Weiß. Aus dem Lateinischen übersetzt von Otto und Eva Schönberger, Würzburg 2020, S. 79–100. Knappe Hinweise zur Biographie Joseph Anton Keils unter Kap. 5.2.

2 Nachweisbare Exemplare in der Universitätsbibliothek Würzburg: Horn 3207, Bav. 376, Rp 9,14. Digitalisat: https://books.google.de/books/about/Ecclesia_redintegrata_Bavariae.html?id=MOaXmgEACAAJ&redir_esc=y.
Nach dem Gedicht zum bayerischen Konkordat hat Joseph Anton Keil auch ein Lobgedicht zur Bayerischen Verfassung von 1818 verfasst. Dieses Carmen stieß auf das besondere Interesse des Landespolitikers und langjährigen Würzburger Direktabgeordneten für den bayerischen Landtag, Prof. Dr. Walter Eykmann. Mit Energie und Leidenschaft verfolgte er den Plan, dieses Gedicht im lateinischen Original mit Übersetzung zu edieren. Den erfahrenen Latinisten Dr. Otto Schönberger gewann er für die Übersetzung. Es entstand so die in Anm. 1 genannte Veröffentlichung. Otto Schönberger und seine Frau Eva Schönberger waren darüber hinaus auch bereit, das bedeutend längere Konkordatsgedicht zu übersetzen. Beiden sei dafür sehr herzlich gedankt, ebenso Walter Eykmann für sein Engagement in der „Keil-Forschung“. Für Hinweise sei Herrn Dr. Daniel Greb und Herrn BA Alexander Pötzl, beide Würzburg, gedankt.

3 Vgl. Kap. 5.1 sowie in diesem Band den Beitrag von Thomas Wehner / Wolfgang Weiß, 1821 – Bruch, Beginn, Wandel. 2000 Jahres neues Bistum Würzburg, Kap. 2. Rechtsgrundlagen und Grundprinzipien der Bistumsneuorganisation.

kirchlich-integralistische Seite, andernteils stand er in unverkennbarer Nähe zum bayerischen Staatskirchentum, was er vorzugsweise in den Asterisken ventilierte. Auch romkritische reichskirchliche Vorstellungen des 18. Jahrhunderts klingen hier nach.

Druckort und -jahr sowie die Offizin der Schrift sind auf dem Titelblatt nicht genannt. Das dortige Chronostichon datiert auf 1817. Doch ist das Werk erst zu Mitte des Folgejahres 1818 im Verlagsprogramm der Würzburger Buchdruckerei Stahel angezeigt.[4] Für diese etwas spätere Terminierung spricht Keils genaue Kenntnis des konkordatären Wortlauts sowie die Bezugnahme auf die alsbald um das Vertragswerk aufbrechenden Kontroversen, so vonseiten der Protestanten und in der Frage der Eidesleistung des katholischen Klerus (Kap. 5.1).

In eigener Schwerpunktsetzung verband der Autor mit dem Konkordat zuallererst seine religiösen Ideale und Erwartungen sowie seine Zukunftshoffnungen. Damit intendierte er einen erweiterten Interpretationsrahmen, der über die rein staatskirchenrechtlichen Materien hinaus ein umgreifendes Bild einer zeitgemäßen christlichen Gesellschaftsordnung katholischen Bekenntnisses entwarf. Darin besteht der eigentliche, stärker mentalitätsgeschichtlich geprägte Quellenwert im Auftakt der kirchlichen Restauration wie gleichermaßen im Nachwirken der sozialpsychologischen „napoleonischen Verstörung".[5]

Wie dezidiert Keil seine Stellungnahmen dabei im Einzelnen vorträgt, so bemerkenswert ist das von ihm vorgelegte Gedicht an sich: Zum einen scheint es nach derzeitigem Forschungsstand die einzige Panegyrik zu dieser epochalen Einigung des Heiligen Stuhls mit der Krone Bayerns zu sein. Zum anderen huldigt es der Lingua latina, welche der Autor, wenn auch in vollem Wissen um deren Anachronistik, vehement und geradezu bekenntnisartig als die eigentliche Sprache der Gelehrsamkeit und der akademisch Gebildeten verteidigt.[6] Motivisch schlug er damit eine Brücke von der christlichen Glaubensüberlieferung zur Literatur der klassischen Antike, die er bestens belesen häufig und gern zitierte.

[4] Weiß, Joseph Anton Keil (wie Anm. 1), S. 93f.

[5] Werner K. Blessing, Umbruchkrise und „Verstörung". Die „Napoleonische" Erschütterung und ihre sozialpsychologische Bedeutung, in: Zeitschrift für bayerische Landesgeschichte 42 (1979), S. 75–106.

[6] Keil, Bayerns wiederhergestellte Kirche, bes. Vers 1213–1276. Zur Verwendung des Lateinischen durch Keil vgl. Wolfgang Weiß, „ein wachsamer Sprachberichtiger aufgestellt werde". Die Eingabe des Ex-Benediktiners Joseph Anton Keil an den bayerischen Landtag vom 17. Februar 1819, in: Würzburger Diözesangeschichtsblätter 83 (2020), S. 327–338, bes. S. 332–334.

2. Gliederung des Gedichts

Vers	[Seite]	
1–41	[S. 3–4]	Vorrede
42–137	[S. 4–8]	§ 1. Die Religion
138–227	[S. 8–11]	§ 2. Die Ehrfurcht
228–291	[S. 11–13]	§ 3. Gott
292–390	[S. 13–19]	§ 4. Der Papst
391–436	[S. 20–23]	§ 5. Der König
437–548	[S. 23–26]	§ 6. Die Bischöfe
549–599	[S. 26–28]	§ 7. Die Kanoniker
600–658	[S. 28–30]	§ 8. Die Mönche
659–707	[S. 31–32]	§ 9. Die Geistlichen
708–803	[S. 32–35]	§ 10. Die studierende Jugend
804–907	[S. 36–39]	§ 11. Verkommenheit der Sitten
908–1032	[S. 39–46]	§ 12. Vom Eid
1033–1102	[S. 46–48]	§ 13. Die Nächstenliebe
1103–1170	[S. 48–51]	§ 14. Pius VII.
1171–1212	[S. 51–52]	§ 15. Maximilian Joseph I.
1213–1333	[S. 53–56]	Schlusswort

3. Titelseite des Originals

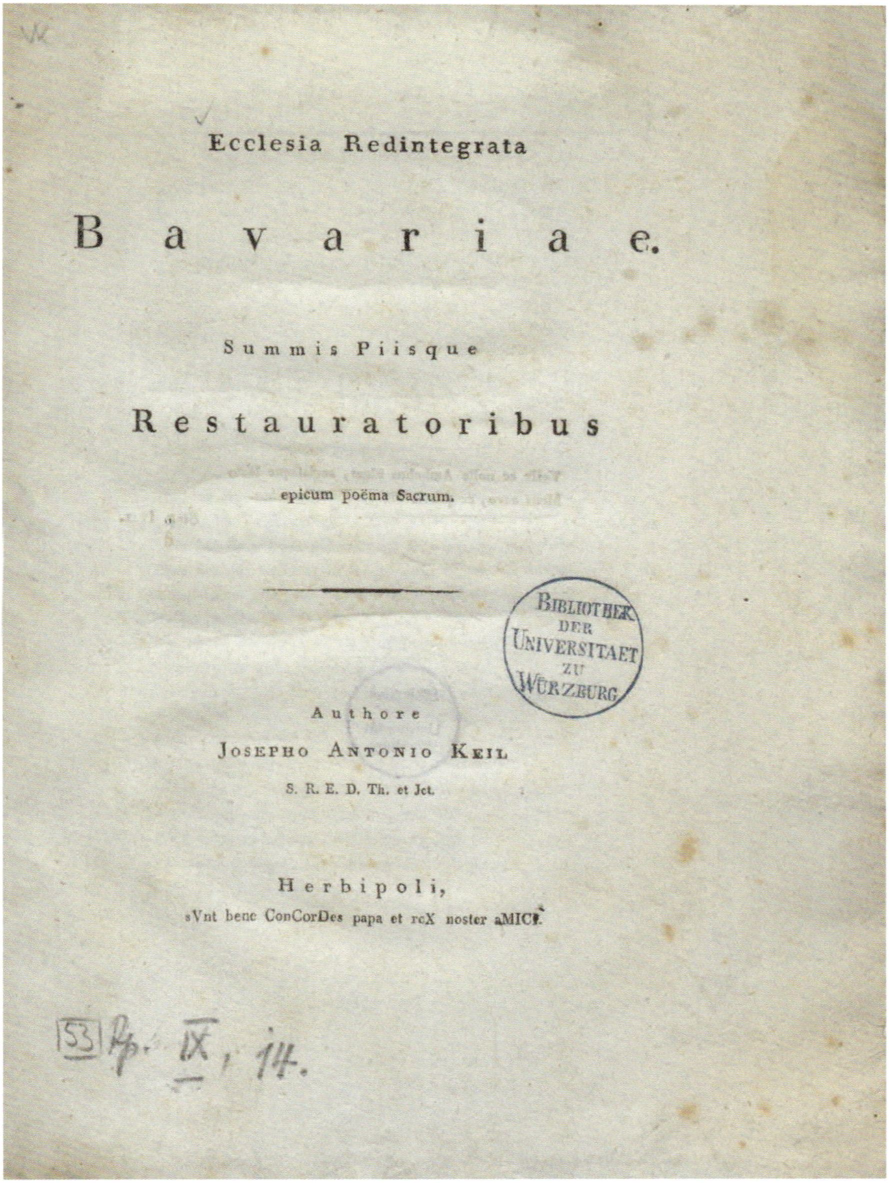

Ecclesia Redintegrata

B a v a r i a e.

Summis Piisque

Restauratoribus

epicum poëma Sacrum.

Authore

Josepho Antonio Keil

S. R. E. D. Th. et Jct.

Herbipoli,

sVnt bene ConCorDes papa et reX noster aMICI.

Abb.: *Titelblatt der Schrift „Bayerns wiederhergestelle Kirche" (Universitätsbibliothek Würzburg; RP 9,14).*

4. Übersetzung des Gedichts

BAYERNS
wiederhergestellte Kirche.

Geistliches Gedicht in epischem Versmaß,
den sehr erhabenen und gottesfürchtigen
Erneuerern gewidmet.

Verfasser:
Joseph Anton Keil,
der Heiligen Römischen Kirche Diakon, Theologe, auch Rechtskundiger.[7]

Würzburg.
Wahre Eintracht verbindet den Papst und unseren König [1817].

---

7 Übersetzung der aufgelösten Abkürzungen im Titelblatt „S. R. E. D. Th. et Jct.“: Sanctae Romanae Ecclesiae Diaconus Theologicus et Jurisconsultus.

Wollen und Weigern war beiden gleich; in gleicher Gesinnung
Lebten sie im Glück, doch einträchtig auch in Armut.
Sil[ius] Ital[icus] [9, 394 f.]

Lasst mich das Bündnis und heilige Verträge der Männer besingen, die in Treue zum Glauben die Tempel der Väter wieder aufrichten. Hier wird man wahre Heilstaten lesen, die meine Blätter erfüllen, muss man doch für gute Tage auch lobende Worte finden. In den Zeiten des Kriegs[8] war die alte Ordnung verschwunden, lang musste die leidende Mutter Kirche vieles erdulden. Doch hielt Petri Fels unerschüttert in schweren Stürmen stand, ja, er taucht nun in höherem Glanz wieder auf, und die Pyramide, die erst in Trümmern lag, ragt nun wieder hoch empor.

(10) Kein Räuber stirbt, bevor ihn die Rache ereilte, und nun büßt der ruchlose Verbrecher in Ketten am Felsen, er, ein anderer Prometheus, der nun hartes Schicksal erduldet. Jener Gottesverächter entweihte, was er nur wollte, und der Unmensch entriss das göttliche Licht allen Herzen.[9] Durch seinen Untergang ist die Sturmflut im Meer nun beruhigt, das Meer liegt still und friedlich wie früher. Auf festem Boot sieht man den kundigen Fischer, der Fischen nachstellt und alle mit seiner Angel erbeutet. Nichts ging unter im Sturm, alles blieb erhalten (20), und keiner versank beim Schiffbruch in den Wogen.

Was getrennt war, vereinten wieder zwei Männer.[10] Lang Ersehntes, was kommen musste, trat ein, und beide Männer waren in Fragen der Kirche gleicher Meinung. Nur wenig Worte über die Sache, gegen die mit frecher Stirn viel aufsässige Diener [der Kirche] und gleich viele Laien die Feder zücken. Diesen gefiel die Wirrnis; neue Ordnung ist ihnen ein Gräuel. Weshalb nun soll ich nicht [für das Konkordat] eintreten, ich, ein rechter Sohn des Altares? Und wenn man mich mit Unwillen liest, wenn keiner mich als redlichen Mann versteht, und wenn die wütende Schrift eines Gegners erscheint, (30) bleibt mein Sinn unerschüttert, überzeugt von den vorgetragenen Sätzen.

Dir, geneigter Leser, will ich alles vorstellen und beweisen, und du wirst zustimmen; um dich aber, gehässiger Leser, kümmere ich mich nicht. Jeder denkt nur für sich, bedenkt aber nicht die Gesamtheit. Mehr vermag die riesige Masse als – wer gibt es nicht zu? – nur ein einziger. Ich aber, der ich zwölf Jahre hindurch Gesetz und Recht in Gerichten pflegte, der ich auch die Welt und die Menschen kenne, treibt nun echte Berufung an, die Wahrheit zu verkünden. Gruß dir, neuer Vertrag, der die Länder beglücken wird! Reichen Segen wirst du stiften, den ich dichtend im Liede preise. (40) Sei meinem Sang gewogen, Apollo[11], hilf mir mit göttlichem Anhauch! Ich will nun versuchen, das heilige Werk zu besingen.

---

8 Die Spannungsepoche der französischen Revolutionskriege und Napoleons 1792–1815.

9 Unverkennbar spricht hier Keil von Napoleon Bonaparte (Erster Konsul der Französischen Republik 1799–1802, Konsul auf Lebenszeit 1802–1804, Kaiser der Franzosen 1804–1814/15), der von 1815 bis zu seinem Tod 1821 auf die britische Felseninsel St. Helena verbannt war.

10 Papst Pius VII. (1800–1823) und König Maximilian I. Joseph von Bayern (1806–1825) schlossen am 05.06.1817 das hier besungene bayerische Konkordat.

11 Apollo bzw. Apollon, römische bzw. griechische Gottheit der Musen, Dichtkunst und Wissenschaften, aber auch des Orakels und der Weissagungen.

Allein der Mensch, auf die Erde gestellt, betrachtet den Weltkreis; staunend erkennt er Tierkreis, Länder und Meere, und eingeborenes Denken eröffnet ihm, dass in Ländern und tiefen Meeren göttliche Kraft waltet und dass es mächtige Gottheiten gibt.[12] Er glaubt, dass sie unsichtbar sind, doch für Menschen erkennbar, und demütig niedergestreckt verehrt er im Herzen das höchste Wesen. Wohin er nur blickt, erkennt er die gegenwärtige Gottheit, und so fühlt sich sein Geist verwandt den Himmelsgestirnen. (50) Von selbst verbindet sich alles, und allen ist alles gemeinsam.

Dies ist die Religion, die allein von der Vernunft ausgeht, sie, die jeder Zustand lehrt, auch wenn Menschen stumpf und wild sind; durch sie war man glücklich und nicht durch Wirren beängstigt. Religion hält Wache, in der Art wie es Bürgern ansteht; herrschend zähmt sie Zügellose und bändigt die Wilden. Nur durch Religion wird halbwildes Volk gebunden; „Himmel" und „Hölle" machen rohe Massen gefügig. Fehlen beide, so möchte ich nicht bei solchem Volk wohnen, denn es stürzt in jedes Verbrechen und vertauscht Recht und Unrecht. (60) Keiner erreicht ohne Gott den Gipfel wahrer Tugend.[13] Erst recht misstraue ich aber Studierten, die nicht an Gott glauben.

Was bedeutet denn Ordnung ohne die heilige Religion? Was bewirken Gerichte, Henker, Kerker, Halsblock und Pranger? Was helfen dann Waffen, was hilft das Heer von Gesetzen, wenn man nicht schon in der Jugend gute Gesinnung formt und böses Wollen durch Unterweisung im Keim erstickt? Sonst nämlich werden Gesetze umgangen, und Recht weicht der Gewalt; vom Schwert des Gewalttäters besiegt, liegt es am Boden, wenn man nicht fest an den unsichtbaren Rächer glaubt. (70) Wir brauchen eine höhere, verborgene Macht, wird doch kein Mensch von seinesgleichen gefürchtet. Man glaubt auf Erden an den Richter und Gottes Gericht nach dem Tode; Gott ist ein gewaltiger Erforscher von Verbrechen und ein Richter über Schuldige. Nicht immer droht für Untat sogleich gerichtliche Sühnung, fordert der (irdische) Richter doch Beweise, die zwingen.

Bevor man diese erbrachte, kam der schlaue Verbrecher davon; der ein oder andere Schurke strebte dem Nächsten voll Tücke nach dem Leben. Auch steckte ein Neider die vollen Scheuern eines Bauern in Brand; noch floss das Blut, und schon war der Leichnam begraben, (80) ohne dass sich der kleinste Hinweis auf den Schuldigen ergab. Auch hatten Ruchlose mehrfach Weiler niedergebrannt, ohne dass die wachsame Justiz die Verruchten zu fassen vermochte.[14]

Erfüllten nicht Religion und Tugend die Herzen, würde das Volk gewiss zu einer Horde schrecklicher Räuber entarten. Es würde wie ein wildes Tier überall wüten; niemals wäre der freundliche Gast vor seinem Wirte gesichert, Kö-

---

12 * Allen ist angeboren und in die Seele gleichsam eingemeißelt, dass es Götter gibt. Zodiacus, [Cicero] Natur[a] Deo[rum, 2,4].

13 * Selbst ein guter Mann ohne Gott ist nichts. Seneca [Epistolae morales, 41,2].

14 Dieser Passus gilt offenbar aktuellen Straftaten im örtlichen Umfeld Würzburgs, über die aber nichts Näheres mehr zu eruieren ist.

nige selbst säßen dann nicht sicher auf ihrem Throne. Unter Leitung des Glaubens stand fest der Hochsitz des Königs; als der Glaube jedoch entschwand, wurde König Ludwig[15] durchs Fallbeil getötet. Auch fielen große Fürsten und machtvolle Herrscher. Napoleon, Verwüster der Welt, zwar selbst ungläubig, meinte [dennoch], ohne Glauben sei die große Masse nicht im Zaum zu halten, und stellte als Konsul den Glauben der Väter wieder her.[16] Dass der Glaube alles vermag, bekennen ja alle Jahrhunderte.

Sitten aber bedeuten noch nicht gesetzliche Ordnung.[17] Man regiert das Volk nicht durch Vernunft, sondern durch Hoffnung und Furcht. Auch meidet die Hefe des Volkes Verbrechen nicht aus Vernunft, sondern liebt sie sogar, wenn es nicht durch fremde Zügel gezähmt wird; Zügel sind Religion, Ehrfurcht und gutes Beispiel. Die Religion bringt uns Götter und droht mit der Hölle; sie bändigt Leidenschaften und trotzige Triebe. Welcher Aufstand und welches Rasen des Pöbels werden nicht durch Religion behoben? Was wird durch sie nicht gebändigt? Gab nicht manchmal ein Mann, von argen Gewissensbissen und Gottes Wirken gezwungen, Geraubtes dem Eigner zurück? Auch die Zwölf Tafeln und Minos und Zaleukos[18] gründeten ihre Gesetze vor allem auf Furcht vor Göttern. Weiter sieht Cicero in den Göttern die Grundlage der Gesetze[19], und Platon[20] erwähnt in all seinen Werken die Gottheit. Und sind diese [Hinweise] nicht deutlich, nützt eher verborgene Lehre, [so] alles, was Moses in seinem geheimnisvollen Buch überlieferte; auch durch Wundertaten vermochte er wilden Aufruhr zu zähmen.

Wir aber sind nun durch wahre Religion wiedergeboren. Seht nur! Wir haben einen Gott; es ist der wahre, dreieinige Gott, und er selbst, der Retter, enthüllte uns das Gesetz der Liebe: Verehre Gott und liebe hernach deine Nächsten! Dies ist die wahre Gnade, die Gott uns schenkte.[21] Religion ist die Zier unseres Geschlechtes und unser Ruhm; sie vereint uns mit der Dreieinigkeit, verbindet uns mit dem einen Gott. Sie schließt alles Erfreuliche ein, was uns die gütige Erde schenkt, enthält auch alles Gute, Schöne, Himmlische, Höchste. Sie vollbringt Wirkungen, die keine Macht sonst hervorruft. Sie erhebt den niedergedrückten Sinn und schenkt ihm Glück, fesselt auch unbeschwerte Geister mit süßen Banden. Sie ist unsere Kraft, ist Stab und Stütze, die wir alle im Unglück gebrauchen, in Krankheiten und im Todeskampf. Welches Land

---

15 Der bourbonische König Ludwig XVI. (reg. ab 1774) wurde in der Französischen Revolution 1793 zum Tode verurteilt und guillotiniert.

16 Pius VII. und Napoleon schlossen für Frankreich das Konkordat vom 15.07.1801; vgl. Jean Laspougeas, Art. „Concordat de 1801“, in: Jean Tulard (Hg.), Dictionnaire Napoléon, Paris 1987, S. 451–456.

17 * Sind nicht Gesetze ohne Sitten leer? Horat[ius] [Carmen 3,24–25].

18 Die in Bronze gegossenen Zwölftafelgesetze (451 v. Chr.) kodifizierten erstmals das römische Stadtrecht. – Minos, Herrscher von Kreta (2. Jahrtausend v. Chr.). – Zaleukos, griechischer Gesetzgeber im unteritalienischen Lokroi (7. Jahrhundert v. Chr.) soll als Erster Gesetze schriftlich festgehalten haben.

19 Marcus Tullius Cicero (106–43 v. Chr.), einflussreicher römischer Schriftsteller, Redner und Politiker. – Hier referiert Keil aus Ciceros Werk De legibus 1,28.

20 Platon (427–347 v. Chr.), griechischer Philosoph.

21 * Ephes[er 2,8].

auf Erden verehrt sie nicht mit gebeugtem Knie?[22] Von ihr besiegt schreiten die Völker in langem Zuge, die so verschieden sind an Sprache, Haltung und Aussehen. (130) In der ganzen Welt ertönte schon [dieses Wort der Religion] im Munde der Brüder und wird in allen Fällen des Lebens der Leitstern bleiben. Wer könnte sonst die vielen und schweren Leiden des elenden Lebens ertragen? Ist doch der Lebensbeginn nur Weinen, sind Mühe und Schmerzen die Mitte; endlich erscheint der Tod – wer bringt uns Heilung in Übeln? Religion und Tugend sind beide uns Balsam; ihr Großen [Helfer], ich bewundere euch, euch, drei- und viermal stärkere [als alles andere]. Aus euch entsteht die Ehrfurcht, die Königin alles Guten.

§ 2. Die Ehrfurcht

Es gibt die Furcht, doch gibt es auch Ehrfurcht; Furcht zwingt uns, Ehrfurcht ermahnt uns. Wozu braucht es denn Schwerter? Der beste Herrscher ist Ehrfurcht. (140) Möchten doch Könige diese Wahrheit verstehen und sich daran halten! Schreckliche Kriege brechen aus, nur Ehrfurcht hält Verträge, und „Ehrfurcht verbürgt dem Menschen sichere Zuflucht“.[23] Religion, Tugend und Ehre wie auch Verehrung der Götter, diese bedeuteten Maß und Ehrfurcht, Haupttugenden aller Könige, die man „Väter des Vaterlandes“ nannte, etwa des Gesetzgebers Numa und des gerechten und weisen Solon.[24] Wenn diese Tugenden erlöschen, bleiben auch zahlreiche Stiftungen aus, viele mächtige, prachtvolle Kirchen, zahlreiche Altäre, glänzend von Gold und mit Marmor aus fernen Ländern errichtet.

(150) Fromme Ehrfurcht hat ja auch Krankenhäuser errichtet, Klöster und Schulen, Spitäler und zahlreiche Armenhäuser, dazu Heiligenbilder und erhabene Bildnisse Christi. Ehrfurcht schuf zudem Gewänder, die von Purpur und Gold erglänzen, in Gold gefasste Edelsteine und Goldschätze, dazu Kirchenvermögen, auch Bauten zu frommen Zwecken. Alles, was an Gutem geschah, entstand allein durch Ehrfurcht, was aber Böses geschah, erwuchs aus schuldhaftem Mangel an Ehrfurcht. Alles, was Kunst an Schönem erstellte, was namhafte Dichter und Redner erdachten, begeistert schufen sie es von heiliger Ehrfurcht.

(160) Ohne Ehrfurcht wird man die anderen Tugenden für nichts halten. Im Vergleich mit ihr kannst du nichts Größeres gewinnen. Nichts schlägt der Tugendhafte ab, stets spendet er Bettlern. Armen gewährt er Brot, den Kranken

---

22 ** Un grand nom qui du monde a ccouru les deux bouts,
De l'Inde à la Tamise on fléchit les genoux.
La croix a tont conquis, et l'Église s'écrie:
Comment á tant d'enfans ai-je donné la vie?
Sur les rives du Tibre éclate sa splendeur;
Là, de son regne saint, s'eleve la grandeur;
Et dans Rome et fondé son trône inébranlable. etc. etc. [Jean] Racine.

23 * [Pseudo-]Vergil [Aetna 623].

24 Auf Numa Pompilius (715–672 v. Chr.), einen der frühen Könige von Rom, soll der altrömische Götterkult zurückgehen. – Solon (ca. 640–561 v. Chr.), Schöpfer der Athener Verfassung.

reicht er Heilmittel, und gutherzig nimmt er Kinder auf, die gewissenlos ausgesetzt wurden. Lazarus, dich in zerrissenen Lumpen, beschenkt er mit Kleidung.[25] Nahrung war [oft] knapp, verdorbene Saat trug keine Früchte (allzu viel Regen verdarb ja die Keime des Korns): fromme Väter jedoch verschafften durch Geldspenden den Hungernden Speise.[26] Alles besiegt der Fromme; was könnte er nicht besiegen? (170) Alles Gute wahrt er in sich, bleibt frei von Lastern; freundlich und gebildet steht er da, stets ist er gewillt zu guten Taten, ist auch immer bereit, die Tränen des Nächsten zu trocknen. Welch ein herrlicher Geist beseelt stets so einen Menschen!

(174) Dann kommen der heilige siebte Tag und die weiteren Feste, an denen das Feld ruht, das Rind und der Pflüger, wenn die Glocke ertönt, deren hallendes Erz von den Türmen die Gläubigen einlädt, zum Hause Gottes zu kommen. Da eilt man zur Kirche, erquickt wird das Herz der Frommen, und reuiges Volk steht mit einem Fuß, kniet mit dem anderen und singt gemeinsam bittend laut seine Lieder, (180) man erforscht sein Gewissen, klagt sich im Herzen für seine Sünden an und befreit die geständige Seele von schwerer Last. Freiwillig bekennt ein jeder dem verschwiegenen Ohr [des Priesters] alles, was ihn quält. Zerknirscht gesteht der Büßer die Sünden, fühlt bittere Reue; dann schlägt er mit der Rechten an seine sündige Brust, ist niedergeschlagen und traurig und erfleht unter bitteren Tränen Absolution. Hat dann der Priester sie feierlich erteilt, tritt [der Gläubige] ohne Zögern gereinigt vor den Altar, um die gegenwärtige Gottheit in Brotgestalt zu erhalten. So empfängt er Christus, genießt bewusst den hohen Gast (190) und seine Gaben, öffnet weit die Brust dem Anhauch der Gottheit und spart auch nicht mit Gelübden.

So eilen die Frommen rascher noch in die Kirche als die Schar der fröhlichen Jugend zum Tanz. Auch sucht [der Fromme] fern seiner Heimat entlegene Kapellen auf, an manchem versteckten Ort, auch auf hohen Berggipfeln, um sein Gelübde zu erfüllen, [selbst] wenn stürmischer Wind tost. An heiligen Altären wird frommer Weihrauch gespendet, ebenso reiner Wein; mit vollen Händen weiht man Gott heilige Gaben. Der Altar wird bekränzt, es leuchtet die heilige Ampel. (200) Es ist schon etwas um den Glanz, der den Kult allenthalben schmückt, und wer wollte es leugnen: Kirchen brauchen einen gewissen Prunk.

---

25 In Anlehnung an Lukas 16,19–21.

26 Gemeint sind hier wohl auch die regierenden Bischöfe Adam Friedrich von Seinsheim (1755–1779) und Franz Ludwig von Erthal (1779–1795), die in Zeiten von Hungersnöten und Kornmangel durch umsichtige Maßnahmen die Lebensmittelversorgung soweit sicherstellen konnten; vgl. Winfried Romberg (Bearb.), Das Bistum Würzburg 9: Die Würzburger Bischöfe von 1746 bis 1802 (Germania sacra, Dritte Folge 18: Die Bistümer der Kirchenprovinz Mainz), Berlin / Boston 2020, S. 296 (Hungerkrise 1770–1772), S. 434 (Getreideregie unter Erthal in den Missjahren 1787–1789 und während der Revolutionskriege). – Angesichts der Knappheit und Teuerung der Revolutionskriege soll ein Untertan auf die Grabplatte des verstorbenen Erthal geschrieben haben: „Vater, steh auf und gib uns Brot“; zit. nach Sebastian Merkle, Würzburg im Zeitalter der Aufklärung, in: Theobald Freudenberger (Hg.), Sebastian Merkle. Reden und Aufsätze (Quellen und Forschungen zur Geschichte des Bistums und Hochstifts Würzburg 17), Würzburg 1965, S. 425 (Anekdote zu datieren vor 1809). – Auch laut einer maßgeblichen Stimme sei Erthal ein „wahrer Vater der Armen“ gewesen; zit. nach Karl Gottfried Scharold, Würzburg und die umliegende Gegend, für Fremde und Einheimische kurz beschrieben, Würzburg 1805 (ND Erlangen 1980), S. 13.

Sind nämlich die Altäre leer, sieht die Kirche armselig aus; wird ein Lied ganz ohne Begleitung gesungen, hört man immer nur eine Stimme. Ist alles kahl, dann ist das kein heiliger Anblick. Musik besänftigt ja die Sinne mit schmeichelnder Süße und trägt das sanft ergriffene Herz empor zu den Sternen. Die Dichter Schlegel, Stolberg und Werner[27] verwerfen nüchternen Kult und fordern dagegen einen poetischen und feierlichen Gottesdienst, der Leib und Seele erhebt.

(210) Wenn einer abfällt, so ist sein Grund die Begierde. Die Apostaten-Dreiheit Laubender, Schade, Kilian[28] gäbe es nicht, hätten sie nicht nach dem Arm einer Gattin verlangt. Fehlen am Firmament uns Sonnenstrahlen und Sterne, steht der Mensch düster und verschattet da wie ein Himmel voll Wolken. Über leuchtende Sonne aber und über klaren Himmel freut sich der Mensch und singt fröhliche Lieder, da Berge und Täler erglänzen. Höchste Lust ist es, sich an Kirchen zu erfreuen. Uns beglückt dieser Glanz, wir sind ja mehr leiblich als geistlich. Dann tritt der Priester ein; er betet und bittet (220) in der festgelegten Liturgie des Tages um Vergebung und Frieden: „Vertreibe, o Gott, alle Krankheit, lass die gezückten Waffen ruhen, gib, dass Regen komme zur rechten Zeit und so auch die Sonne. Schenke uns Feldfrüchte, gib Jahr um Jahr neuen Wein, schenke Gesundheit unserem König, Kraft und Gesundheit auch seinem Hause!“ Nun erteilt der Priester mit der Rechten den Segen, und die Gemeinde geht nach Hause, gestärkt im Glauben und ohne Einfluss fremden Geistes. In Zweifeln bewährt sich der glaubensfeste Gefährte.

§ 3. Gott

Eine innere Stimme ertönt und spricht: Gewiss gibt es Gottheiten, es gibt sie, welche die Welt nach ewigem Plane lenken[29] (230), die Himmel und Erde beherrschen, die seit Ewigkeit die Zeit hingehen heißen und die alles bewegen, selbst jedoch unverrückt bleiben. Etwas Göttliches wohnt in uns, wir wissen es als geoffenbart. Gottes Bild scheint ja in unserem Geist zu wohnen, und früher oder später suchen wir Schutz unter dem Mantel des Himmels. So wissen wir um Gott, den wir zuvor nicht erkannten. Innewohnende Kraft und hohe Macht herrscht im Geheimen, ernährt unser Herz mit himmlischem Tranke. Deutlich erkennen wir Gott, selbst wenn ihn der hohe Äther verbirgt. „In uns wohnt ein Gott, verwandt sind wir mit dem Himmel“.[30] (240) Man muss auch,

[27] Gemeint sind die Dichter der religiösen Romantik, die Gebrüder August Wilhelm (1767–1845) und Friedrich (1772–1829) Schlegel, der Konvertit Friedrich Leopold Reichsgraf von Stolberg (1750–1819) sowie der Konvertit, Priester und vielbeachtete Prediger Zacharias Werner (1768–1823).

[28] Es handelt sich offensichtlich um in den Laienstand zurückgetretene Kleriker, über die nichts weiter bekannt ist.

[29] * Durch die Vorsehung der Götter wird die Welt gelenkt und dieselben kümmern sich um die Angelegenheiten der Menschen nicht nur im Ganzen, sondern auch im Einzelnen. [Cicero] De Divin[atione, 1,10].

[30] ** Ovid [Fasti, 6,5].

da der Himmel Erbarmen kennt, uns im Alter etwas nachsehen. Glaube mir: Wenn nicht ein Gott mit gnädigem Walten beisteht, erliegt der Mensch sehr bald, erträgt nicht die Schläge des Schicksals. Ist es ein Wunder, wenn selbst ein Zweifler und Ungläubiger zur Kirche kommt und sich vor Gottes Antlitz niederwirft? „Nur durch die Blitze wüsste das unwissende Menschengeschlecht, dass noch der donnernde Gott im Himmel herrscht".[31] „Nichts steht so hoch und missachtet alle Gefahren, dass es nicht unter Gott steht und ihm untergeordnet wäre".[32] Mit Jupiter beginnt alles[33], und ohne ihn ist alles eitel; (250) eitel sind so viele Verträge und so viele Mühen. Allein durch Jupiters Hilfe entstehen die ewigen Werke. Noch bestünde der alte Zwang, doch hat ihn der Allmächtige gnädig gelöst, zerbrach unser Sklavenjoch und mächtige Ketten. „Diesen Streit hat Gott geschlichtet, Gott und der bessere Teil der Natur".[34] Mächtiger Hunger und Kälte besiegten den so starken Gegner.[35] Weshalb fragen wir noch nach unserem mächtigen Helfer? Jüngst erst verbat Zar Alexander von Russland[36] in einem Ukas sich Lob und schmeichelnde Worte. Nicht sich selbst, nein, dem Herrn aller Herrscher schreibt er alles (260) Glück zu, die Rettung des Reiches vor dem grausamen Feind. An die Gesandten des Deutschen Bundes schrieb er in eigener Person[37]: „Wir wollen in brüderlicher Liebe den Völkern Frieden verleihen; Christi wahre Religion soll den Vertrag besiegeln, denn allein auf dem Glauben beruht das Wohl aller Völker." Ehrwürdig ertönt so vom [Zaren-]Hof die neue Sprache; so spricht der gütige Stifter der Heiligen Allianz.

Hier denkt man auch an den frommen Antoninus[38]; er ist der Vater des Vaterlandes, ermahnt nach blutigen Kriegen die Völker in Schriften, sie sollten in Wort und Tat (270) zum alten Anstand zurückkehren in Sitten, Gottesfurcht und Liebe. Er erneuert sogleich die Tempel, die Feuer zerstörte, und fördert auf jegliche Weise den heiligen Kult. Ewigen Ruhm bringen Frömmigkeit und Tugend des Kaisers; er erwirbt sich durch den Glauben an Gott ein herrliches Denkmal, und Kaiser Pius[39] ragt hervor als Urbild aller Herrscher.

Nach einer schrecklichen Schlacht, in der ganz Europa drei Tage bei unentschiedenem Kriegsglück gekämpft hatte[40], endlich aber der gerechten Seite Erfolg beschieden war, da stiegen ein König und zwei Kaiser vom Pferd[41] (280),

---

31 * Lucan [Bellum civile?, 3,319].

32 ** Ovid [Tristia, 4, 8, 47].

33 Vergil, Bucolica, 3,60. – Jupiter war die höchste Gottheit im etruskisch-altrömischen Kult.

34 Ovid [Metamorphosen, 1,21].

35 *** Von hinten folgt den Hochmütigen Gott als Sieger. Seneca [Hercules furens, 385]. [Gemeint ist Napoleons epochale Niederlage im Russlandfeldzug 1812.]

36 Zar Alexander I. Pawlowitsch (1801–1825).

37 **** Datiert Moskau, den 13.11.1817.

38 Marcus Aurelius Antonius II., römischer Kaiser (161–180 n. Chr.) und moralischer Schriftsteller, „Weiser auf dem Thron".

39 Titus Aurelius Antonius Pius, römischer Kaiser (138–161 n. Chr.), in dessen Regierung äußerer Frieden und im Inneren Stabilität und Wohlfahrt herrschte.

40 Sogenannte Völkerschlacht bei Leipzig (16.–19.10.1813), in der Napoleon nach dem verlorenen Russlandfeldzug eine weitere entscheidende Niederlage erfuhr.

41 Zar Alexander I. von Russland. – Kaiser Franz I. von Österreich (1804–1835; zuvor letzter Kaiser des Heiligen Römischen Reiches deutscher Nation 1792–1804). – König Friedrich Wilhelm III. von Preußen (1797–1840).

und alle Drei ließen sich entblößten Hauptes auf die Knie nieder, steckten einmütig das Schwert in die Scheide, dankten voll Demut dem Erlöser und verehrten die Gottheit wie einst die drei Weisen in Bethlehem.[42] Dabei stand auch die Reiterei ganz still, ein herrlicher Anblick! Brächte doch diese heilige Stunde heilsame Folgen! Ich freue mich herzlich; schon beginnt die geheiligte Zukunft, da all diese Herrscher die Heilige Allianz[43] beschlossen. Auch erschien ein Glückstag, als das [bayerische] Konkordat mit dem Papst unterzeichnet wurde. Das Glück verheißende Gestirn steht am Himmel, die Morgenröte ging uns schon auf. Fort mit der Furcht! Weit bessere Zeiten werden folgen; ich will das glückliche Schicksal in meinem Liede besingen.

§ 4. Der Papst

Alle himmlischen Geister stehen gerne und hilfreich bei, und was der Franzosensturm anrichtete, wird nun behoben. Der staatliche Zustand von früher wird durch neue Bestimmungen wiederhergestellt; alles geht in gleicher Ordnung wie früher vor sich. Spendet Beifall, ihr Bayern! Nun ist das kirchliche Leben zurückgekehrt. Euer papsttreuer Glaube wird durch bürgerliches Recht bestätigt, und durch das Konkordat kehrt eure glanzvolle Geistlichkeit zurück. Der Staat ist in Ehrenstufen gegliedert, Militär- und Zivilstand haben ihre Rangordnung, und so wird auch die Kirche nicht allein ohne Rangstufen bleiben. Da gibt es Kelche, den Stab, Purpur und endlich die Tiara.[44] Petrus, glücklich wirst du sein, denn solche Ordnung einzuführen vermag gewiss niemals die Kraft von Menschen oder ein irdischer Leib [allein], nein, nur die Gaben des Schöpfers können dem Glauben so starke Macht verleihen. Du wahrst den Namen Petrus mit kraftvoller Würde. Auf diesem Felsen Petri und auf so starkem Gestein will ich meinen Tempel mit ewig festen Mauern errichten, und gegen diese werden die Pforten der Hölle nichts vermögen. Zudem reiche ich dir die Schlüssel des himmlischen Reiches. Mit diesen vermagst du als Richter alles auf Erden zu binden; was du verbindest, wird auch im Himmel gebunden bleiben, und was hinwieder dein Richtspruch auf Erden gelöst hat, wird gleichfalls im Himmel gelöst sein.[45]

Dann ging Petri Vollmacht auf seine Nachfolger über. Der Papst ist Nachfolger Petri, was keiner bestreiten wird. Der Papst ist Hirte der Priester und der gesamten Herde, ist der heilige Deuter [der Religion] und Christi Vertreter auf Erden. Größer kann er nicht sein; er waltet an Gottes Altären, sein Geist gründet auf der Feste des Himmels. Auch trägt er Christus, den Eingeborenen, im flammenden Herzen. Der Papst ist der Mittelpunkt, wo alles vereint zu-

42 Motivische Anspielung auf die neutestamentliche Anbetung der Könige: Matthäus 2,11.
43 Antirevolutionärer, restaurativer und religiös inspirierter Beistandspakt der Monarchien Russland, Österreich und Preußen (26.09.1815).
44 Gemeint ist die Kirchenhierarchie von Priestertum (Kelch), Episkopat (Stab), Purpur (Kardinäle) und Papsttum in der Sukzession des Apostels Petrus (Tiara).
45 * Matthäus 16,18f. [weitere motivische Anlehnung an Matthäus 7,24f. und Lukas 6,48].

sammenhängt[46], und Gott hat geboten, dass alles [kirchlich] Gewichtige zum Mittelpunkt strebt.[47] Kann es denn je einen Kreis ohne Zentrum geben? Einziger und erster Hirte ist der Papst des einen [Christen-]Volkes, notwendig muss jede Ader zu Haupt und Herz hinführen, wie ja auch Quelle und Fluss stets ins Meer münden. Ein Baumstamm steht kraftlos da, wenn er ein Gewächs ohne Wipfel ist. (330) Oder lebt etwa eine Schildkröte lang ohne Schirmdach? Alle Dinge müssen einen Gipfel haben, vor allem Dinge, die zum Geistlichen Leben gehören. Müssen nicht alle Teile in gleicher Weise verbunden sein? Meint nämlich einer etwas und ein anderer anderes, dann wird am Ende die Welt in schwankendem Chaos versinken. Keinesfalls nämlich herrscht ein König über Land und Religion zugleich.[48] Nein, die Religion ist nicht die niederste Magd, ist nicht an die Scholle gebunden; sie steht völlig frei in sich selbst da. Wäre nämlich der Herrscher des Landes auch Herr über den Glauben, (340) wie oft hätte da schon die Religion gewechselt? Jede wäre vermischt, ja schon sich selbst nicht mehr gleich. Man verlernte sein Glaubensbekenntnis, jeder nähme ein anderes an, und alle wären, so meine ich, über einen Leisten geschlagen; schließlich käme sogar völlige Gleichgültigkeit gegenüber dem Glauben auf. So viele Köpfe, so viele Sinne: Da hilft nur die Einheit. Und damit diese bleibt, sei Einer nur Oberster Lenker.

Mit zwei Schwertern jedoch kann niemand herrschen, nicht einmal mit nur einem.[49] Der Hirt trägt nur einen Stab; mit Milde weidet er Schafe. Liebe, Ehrfurcht und Milde sind die dreifache Krone [des Papstes]. (350) Das Schwert bedeutet nur Herrschaft und Stärke, die aber als Maxime dem höchsten Hirten nicht anstehen. So war auch Christus nicht mit scharfem Schwerte gegürtet, und „verband sich die Kirche allein durch herrliche Liebe".[50] Auch Petrus, der Fischer, verlernte, das Schwert zu gebrauchen. Hat je ein Apostel ein Schwert an der Seite getragen? Bildet doch Liebe den Schutz und verteidigt die Ehre von allen. Dieser himmlische Funke von Gott erfüllte die Welt, durchdrang das Menschengeschlecht und wirkte Wunder. Jegliches Gute wirkt mit Macht in allen Seelen, (360) muss auch nicht durch Gesetze erst geboten werden. Alles Gute erblüht, mag es der Tyrann auch behindern, und das Neue Gesetz wuchs empor durch das Blut der Märtyrer. Neue vergossen immer wieder so freudig ihr Blut für den großen Namen und gingen bewusst in Gefahren. Vor dem natürlichen Ende opferten sie aus Liebe zum Glauben das Leben und gewannen nach ihrem Tod den Himmel. Christus war arm, und doch: Wer ist reicher als er? Er brauchte keine Helfer, war ausgeschlossen vom Hofe, war auch nicht gewürdigt, vor den herrschenden Kaiser zu treten; (370) und doch riss er plötzlich durch Sanftmut als erster Lehrer der Liebe die Macht über alle Welt

46 ** Epheser 2, 3, 12.

47 *** [So mittels päpstlicher Vorrechte:] Reservationen, Dispensationen, Absolutionen, Appellationen sowie Erteilung von Privilegien und Immunitäten und dergleichen.

48 * [Im Asteriskus folgt ein größerer Diskurs über Religions- und Gewissensfreiheit, abgedruckt in Anhang 1].

49 * [Bulle Bonifaz' VIII. „Unam sanctam" (1302), hier von Keil angeführt]: Unam sanctam. Extra [vagantes] 1. Tit. 8. cap. 1.

50 ** Sedulius [Carmen Paschale, 358].

an sich. So viel vermag das Gute, vermag auch Macht, verbunden mit Liebe. Geheimnisvoll reißt die Kraft der Seele alles mit, ist stärker als Waffen. Daraus erwächst die Macht des Glaubens, entbrennt das Feuer der Liebe. Auch ergießt sich indes in alle Seelen die Gnade. So vermehrt der [geistliche] Hirte die Schafe, vergrößert die Herde und bewirkt, dass Tausende aus dem Volk sich begeistert anschließen; auch herrscht die gewaltige Macht des Papstes [allein] durch Liebe. Wer gierig nach Maßlosem strebt, gewinnt nichts, verliert aber alles. (380) Auch war kein Despot je ein geliebter Herrscher, sondern ging stets unter im Wandel der Dinge und Zeiten. Man sieht: So geht es mit zwei Schwertern; Bonifatius selbst wird dahingerafft[51], und er hätte ohne die Schwerter nicht plötzlich den Tod gefunden.

Die Römische Kurie empfängt Abgaben und Gebühren als Herrin zum Zeichen der Pflicht und als eine Art Steuer. Ich billige diese Regelung. Jedermann begehrt, was ihm zusteht, und wahrt es.[52] Derjenige wird auch als Herr erkannt am Geld, das er einnimmt; jedem, der sich bemüht, gebührt Entlohnung wie üblich. So gehört diese Einnahme des Papstes zu den Rechten des Kirchenstaats, (390) und gleichfalls der Diener am Altar soll hiervon Einkünfte haben.

§ 5. Der König

Der Vertrag [mit der Kirche; das Konkordat] gefällt, ich gebe es zu, vielen nicht; so etwas kommt leicht vor, nicht allen gefällt nur Eines. „Alles im Leben passt nicht in gleicher Weise für alle“[53], und man meint, wenn der Papst zu viel Macht und Rechte erhalte, falle man gleich ins finstere Mittelalter zurück. Doch da bin ich anderer Ansicht: Ein König besitzt die volle und höchste Herrschaft, und in einem Staat kann es keinen zweiten [neben ihm] geben. Der König allein ist der Herrscher. Kirche und Staat betreffen zwar *einen* Volkskörper, doch können dort im Wechsel zwei Herrscher gebieten, (400) deren einer die Kirche regiert, der andere den Staat[54], so wird das Land verwaltet durch zwei befreundete Lenker. Jeder von beiden hat sich an seine Grenzen zu halten. Beide verwalten mit gleichem Recht und Eifer gut ihre Reiche.[55] Weshalb strebt man in unserer Zeit so heftig nach Herrschaft? Doch, weil Herrschaft von beiden Seiten geschätzt wird. Dass Könige nach Recht und Gesetz regieren, befahl Gott selber, und jene, in deren starker Hand das Schwert gerade blitzt, sollen in gerechtem Vollzug die ganze Rotte der Schlechten vertilgen. Wir verehren das Zepter des schwertgegürteten Königs, verehren aber auch die Tiara; (410) beide

---

51 Der englische Benediktiner Bonifatius (* um 672/675) wurde vom Papsttum mit der Missionierung der germanischen Länder beauftragt. 754 erlitt er bei Dokkum in Friesland das Martyrium durch das Schwert.

52 * [Im Asteriskus folgt ein größerer Diskurs über Konkordat und Staatskirchenrecht, abgedruckt in Anhang 2].

53 ** Properz [3, 9, 7].

54 **Lukas 22,25f.; Matthäus 20,24; Markus 10,41: Ihr wisst, dass die Herrscher die Völker unterdrücken. [...] Unter euch soll es nicht so sein.

55 *** [Im Asteriskus folgt ein deutschsprachiger Diskurs über den existenziellen Charakter der Religion und ihren daraus abzuleitenden Vorrang vor reinen Staatsbelangen, abgedruckt in Anhang 3].

sind ja in guter Weise vereint, doch in gehörigen Grenzen: Der König erteilt nach seinem Recht den Erlassen der Kirche sein Placet[56] und soll bei allen Geschäften mit seiner Macht zustimmen, damit im Staat keine Verwirrung in den Befugnissen entsteht. Mit noblen Zuwendungen überhäuft der König die Altäre, die er auch schützt; er hält sich – ganz ohne Zweifel – dabei an das Recht der Kirche, beachtet aber auch sorgsam alle weltlichen Interessen. Weiter übt er Rechte aus, die nach Brauch und Gesetz bestehen und die nicht in eigenen Artikeln schriftlich niedergelegt wurden. Nach dem Vertrag dürfen Rechte des Königs nicht angetastet werden. (420) Wenn niemand dessen verbrieften Rechten widerspricht, hat [der König] als unbestrittener und vollgültiger Rechtsinhaber zu gelten.[57] Der oberste Hüter der Heilsgeheimnisse [der Diözesanbischof] bleibt ein untergeordneter Diener des Königs. Damit genug: Auch er muss sich an das Gesetz des Landes halten. Jeder Bischof schwört im Angesicht des Königs Gehorsam und Treue; wer möchte da noch kleinlich nachrechnen? Da nun des Königs Majestät die Bischöfe ernennt, wird auch keiner eidbrüchig sein; dafür lege ich die Hand ins Feuer. Und wenn sie im Rate[58] sitzen, können sie doch nur das Beste für den Staat wollen; warum befürchten wir da schon gleich einen Missbrauch? (430) Blühten denn nicht unter der Herrschaft eines geweihten Fürsten [Fürstbischofs] die holden Musen? Stand nicht selbst Kant[59] in hoher Geltung? Und welch ein Förderer [des Guten und Gerechten] war Bischof Ludwig Erthal![60] Also bitte: Ihr Kleingläubigen, lasst eure grundlose Furcht! Zieht hin und vertreibt die düsteren Sorgen aus euren Herzen! Die freie Kirche der Deutschen hat durch dieses Gesetz nichts verloren, auch da, wo es keinen eigenen Rechtstitel gibt.

§ 6. Die Bischöfe

Glückliche Zeit hält wieder mit diesem heiligen Friedensvertrag Einzug, und Schmuck und Glanz und willkommene Titel kehren zurück, so wie man sie einst den Priestern in Rom verlieh. (440) Nun kehren auch die Goldenen Zeiten des Klerus zurück. Er zeigt sich unbeschädigt, wird mit üppigen Gütern

---

56 * [Im Asteriskus folgt ein größerer Diskurs über das königliche Placet, abgedruckt in Anhang 4].

57 * [Im Asteriskus folgt ein größerer Diskurs über Art. 16 des bayerischen Konkordates, abgedruckt in Anhang 5].

58 Gemäß der Bayerischen Verfassung vom 26.05.1818 sind die beiden Erzbischöfe von München und Freising bzw. Bamberg sowie ein weiterer vom König zu ernennender Bischof Mitglieder der Kammer der Reichsräte (vgl. Titel VI. § 2). Offensichtlich war dies Keil bei der Abfassung des Konkordat-Gedichtes bekannt. Die Kammer der Reichsräte trat dann aber erst 1819 zusammen; vgl. Karl Hausberger, Staat und Kirche nach der Säkularisation. Zur bayerischen Konkordatspolitik im frühen 19. Jahrhundert (Münchner Theologische Studien, Historische Abteilung 23), St. Ottilien 1983, S. 263 (königliches Reskript, 01.01.1819).

59 Immanuel Kant (1724–1804), Begründer der Kritischen Philosophie. – Die Würzburger Landesuniversität war seit den frühen 1790er Jahren die einzige katholische Hochschule im Reich, die die Richtung vertrat; vgl. Karl Eugen Motsch, Matern Reuss. Ein Beitrag zur Geschichte des Frühkantianismus an katholischen Hochschulen, Freiburg i. Br. 1932. Der Benediktiner M. Reuss (1751–1798) war im Würzburger Kloster St. Stephan Konventbruder von Keil.

60 Franz Ludwig von Erthal begründete in seiner Regierung von 1779 bis 1795 eine eigene Ära von aufgeklärtem, sozialem und wissenschaftlich-kulturellem Fortschritt; vgl. Romberg (Bearb.), Bistum Würzburg 9 (wie Anm. 26), S. 383–558.

beschenkt, und diese sind verbürgt und können nicht im Lauf der Jahre enteignet werden. Was Eigentum der Kirche ist, bleibt unwiderrufliche Gabe und darf nur nach eigenem Willen [der Kirche] verwaltet, auch nicht verkauft oder besteuert werden. Inmitten der Kirche stand traurig-verlassen der Sitz [des Bischofs]. Nun jedoch besetzt der Bischof den verwaisten Stuhl von Neuem und erhält seine Diözese zurück, um sie mit Eifer zu leiten. Nun auch führt der Hirt die zerstreuten Schafe [wieder] im Pferch [zusammen] (450) und weidet die Herde liebreich nach Gottes Weisung. Auch legt er voll Klugheit fest, was zu tun sei, und welchen Weg man beschreite. Der Bischof wird in eigener Person zum Rector Magnificus der Schulen, ist ein Beschützer, wachsamer Wächter und Lehrer der Sitten. Unter hoher Leitung werden auch gute Sitten erglänzen. Auch wird er [der Bischof] Glaubensverspottung und schädliche Schriften unterbinden; die Glaubensartikel sind neu in Geltung, geschirmt und bewahrt, und das tridentinische Glaubensbekenntnis[61] ist für alle [wieder] Richtschnur. Nicht mehr wird die Lehre gewechselt, gern bleibt man bei einer Lehre; nur eine Unterweisung gilt in Kirche und Schule. (460) Was einer nämlich in früher Jugend gelernt hat, das bleibt ihm auch später, und alles hält sich lang und haftet beharrlich im Geist, was wir, in jungen Jahren, noch bildsam, erlernten. Poeschels[62] verderbliche Lehre, deren Gift unser Volk weithin verdarb, wird endlich völlig vernichtet. Nicht mehr können nun Wölfe im Schafspelz schleichen und verkehrte Sekten begründen mit törichter Lehre. Sie versuchen, unter dem Zerrbild des Rechten tausend verbotene Dinge einzuführen und tausend große Vergehen. Sanft weist väterliche Aufsicht Unbedachte zurecht, (470) beschützt aber Unschuldige, und Rechtsprechung verhindert, dass Missgunst, Rachsucht und schlimme Verleumdung sie quälen. Auch bei jedem Zwist im Klerus legt der Bischof als Schiedsrichter Streitfragen bei und stumpft die Stacheln des Zornes ab.

Weiter lässt der Bischof verbotene Liebesverhältnisse nicht zu, ebenso wenig Scheinehen, untersagt zudem Verlobten, Ehenächte vorweg zu nehmen. Auch darf ein Freier nicht mit seiner Zukünftigen zusammenleben, und damit das Volk nicht Anstoß nimmt, darf ein Junggeselle keine Konkubine haben. Die Metze wird hinausgeworfen wie schmutziger Hausrat, damit nicht uneheliche Kinder kommen, lästig wie Schwindelhafer im Acker, (480) die rechtlos, arm und von übler Art sind.[63] Ich begreife nicht, warum diese Kinder so schlim-

---

61 An das Konzil von Trient (1545–1563) anschließend gab Papst Pius IV. 1564 die Confessio Tridentina (das tridentinische Glaubensbekenntnis) als katholische Antwort auf die Reformation heraus; vgl. bei Henricus Denzinger/Adolfus Schönmetzer (Hg.), Enchiridion Symbolorum, Definitionum et Declarationum de Rebus Fidei et Morum, Freiburg i. Br. 1976 (36. Aufl.), S. 425–427, Nr. 1862–1870.

62 Thomas Pöschl (1769–1837), österreichischer Hauptvertreter einer chiliastischen Erweckungsbewegung ab ca. 1800 bis in die 1830er Jahre.

63 Übereinstimmend stellte der Bericht der königlich bayerischen Landesdirektion bei Übernahme der Würzburger Lande 1814/15 fest, dass infolge sittlicher Verwahrlosung der Kriegsepoche die Zahl unehelicher Kinder erheblich angestiegen sei, die durchweg in wirtschaftlicher und sozialer Not lebten; vgl. Anton Chroust (Hg.), Das Würzburger Land vor hundert Jahren. Eine statistisch-ökonomische Darstellung in amtlichen Berichten und Tabellen (Veröffentlichungen der Gesellschaft für fränkische Geschichte, Reihe IX: Darstellungen aus der fränkischen Geschichte, Bd. 3), Würzburg 1914, S. 66–68.

mes Los tragen und die Sünden der Eltern abbüßen müssen. Dem Ehebrecher gewährt man Nachsicht, man straft ihn nicht an Leib und Gut, wobei freilich, wie sich's gehört, der schädliche Leumund bestehen bleibt. Wenn dieser nämlich nicht abschreckt, herrscht allseits schandbare Wollust. Wozu sind wir denn Menschen? Handeln wir doch wie die Wilden! Soll denn nicht eine ledige Mutter zusammen mit dem Erzeuger einige Strafe erleiden, weil sie sich gesetzlos fortpflanzen? Sie erzeugen ja Kinder, die früher Tod erwartet, (490) wenn die Natur gnädig ist und besser handelt als die Eltern selbst. Wenn nämlich Kinder die Mittel nicht haben, ihr Leben zu fristen, wenn sie anständige [Bürger] täuschen, zu Dieben und Räubern werden, sind bald alle großen Zuchthäuser im Königreich überfüllt. Die legitimen Kinder sind an Zahl schon fast geringer als die unehelichen, und wenn ich im Geburtsregister nachlese, sehe ich bei den wenigsten Söhnen den Namen des Vaters aufgeführt; zumeist aber steht nur der Vorname da. Sie leben in jämmerlichen Umständen und erhalten kaum einen Bissen. Und wenn ich über den Marktplatz gehe, durch Wiesen und Felder, dann rennen mir zahllose Knaben und Mädchen nach (500) [und schreien]: „Ach, gib mir ein paar Kreuzer! Ich bin ein Waisenknabe, ein Waisenmädchen! Ich kenne nur meine arme Mutter, doch keinen Vater. Ich habe kein Brot im Magen; seit acht Tagen habe ich nichts Warmes gegessen und muss barfuß laufen. Gib mir doch etwas!“ So bedrängen sie mich unablässig, wenn ich Nein sage, und weichen mir erst von der Seite, wenn ich ihnen ein paar Pfennige schenke. Betrachte ich nun diese traurigen, armen Geschöpfe, wie nahe geht es mir, welcher Schmerz ergreift mich! Wie verschieden ist doch das Los der Menschen, wie verschieden ihr Zustand! An welch dünnem Faden hängt das Schicksal hier unter den Sternen! (510)

Welch harte Lebensnot bedrückt die Armen! Allein die Stunde unserer Geburt bringt Glück oder Unheil, und zeigt sich auch gaukelnde Hoffnung, ist die Ernte noch längst nicht ergiebig. Dann wütet auch der schreckliche Hunger, auf den der Tod folgt. Tausende liegen starr und sterben elend an Hunger. Wir haben es ja erlebt und wollen so Grausames nicht mehr erleben. Ich wünsche keinen volkreichen Staat, sondern lieber einen mit vielen Wohlhabenden[64], der dann stark ist und Tüchtigkeit in Fülle besitzt. Einem Armen fehlt es an Mitteln; nie hat er eine Heimat und wird gewiss zum Feind des Vaterlandes, an dem er nicht teilhat.[65] (520) Strebt nicht nach Einwohnern, sorgt lieber für Nahrung der Leute; sind sie nämlich wohl ernährt, werden sie Weisungen besser befolgen. Herrscht jedoch Not und quält der beißende Hunger, dann ist es aus mit dem Frieden, Not rast und rät zu Bösem. Daher brauchen wir mehr Schamhaftigkeit und Sitte. Jede, die im Bordell für Geld käuflich ist, mag es verlassen und anderen Erwerb suchen, doch nicht mehr mit ihrem Körper. Die schändliche Kupplerin, die Männern Schlafraum und Mädchen vermietet, wird

---

64 * Die politischen Schriftsteller werden doch jetzt einmal von der Idee, daß Bevölkerung als Größe und Stärke eines Staates ausmache, abgegangen seyn.

65 Tatsächlich hatte sich während der Franzosenkriege die Bevölkerung im Würzburgischen erheblich vermehrt, was den sozioökonomischen Druck auf alle Bevölkerungsschichten erhöhte; vgl. Scharold, Würzburg (wie Anm. 26), S. 275 (allgemeine Teuerung); Chroust, Würzburger Land (wie Anm. 63), S. 60–66.

jetzt, da strengere Aufsicht herrscht, zu ehrenhaftem Verhalten zurückkehren. Ärgernisse soll man vermeiden, und Dirnen sind Ehrbaren ein Ärgernis.

(530) Auch du, leichtfertiger Gatte, bedenke: Nichts bleibt ungestraft. Bist du ein lauer Christ, wird dir auch die Gattin untreu, verlacht doch das Weib den Gatten, da jener den Höchsten nicht fürchtet. Glaube mir: Kaum eine bricht nicht die Ehe, wenn sie weiß, dass ihr Gatte Gott nicht fürchtet. Dem Laster verfällt ja der Wille, wenn ihn das Laster gereizt hat. Bedeutet der Mann ihr nichts mehr, fühlt sich das Weib vom Gesetz nicht gebunden. Selbst wenn sie es beschwört, bist du nicht allein ihr Geliebter. Bei euch herrsche die alte Liebe und gute alte Treue; euer Bett soll nicht Streit und gegenseitige Vorwürfe hören, (540) damit euch nicht schließlich die Streitsucht vor unser Gericht führt. Der Richter scheidet euch nur von Tisch und Bett, wird aber eine weitere Ehe verbieten, die durch Neuheit lockt. Zwar lebt ihr dann getrennt, doch bleibt die ewige Bindung. Also, Ehemann, streite nicht mit deiner Bettgenossin! Lebt in Eintracht! Ihr seid verbunden durch Liebe und Zeit, und ein festes Band hält euch zusammen, das nur der Tod löst. Und wenn die Ehe euch Kinder geschenkt hat, dann habt ihr doppelte Pflicht, das Joch der Ehe ergeben zu tragen.

§ 7. Die Kanoniker

Nun besucht man eifrig Kathedralen in festlichen Zügen, (550) und wie zuvor wird Gott in heiligen Liedern gepriesen. Der [Domherr], der da singt, wirkt auch in gelehrter Weise am Gottesdienst mit, ist Arbeiter im Weinberg des Herrn, weder ehrsüchtig noch träge. Er ist nicht bloß ein Jemand, geboren, um Brot zu verspeisen, treibt sich auch nicht in der Welt herum, sondern hält sich stets in der Stadt auf, steht vorn [in der Kirche], dient der Herde und ihren Hütern, betet, liest vor, versieht den Dienst in der Kirche. Niemals schwatzt er im Tempel, lässt seine Augen nicht schweifen, um Eitles zu sehen oder von Eitlen gesehen zu werden. Nein, erfüllt von Gottes Geist, wendet er sich dem Altar zu, (560) und fern den Lockungen der Welt sucht er das Himmlische. Allen ist er ein Vorbild; er ist gebildet, fromm und bescheiden, auch gut und weise und unermüdlich im Dienst des Herrn.[66] Nie wird ein Federstrich vermerken, dass er beim Chorgebet fehlte, wie man es bei Schulknaben macht, die verdrossen zur Kirche schleichen. Keinen Tag wird es geben, wo man diesem Diener Wohltaten entzieht oder ihm das Brot vorenthält, wie vordem gebräuchlich. Allen voran muss das Domkapitel[67] durch Verdienste leuchten. Es kommt aus dem eigenen Land, wird nicht mehr von Rom entsendet. Eine einzige Pfründe genügt, keine zweite ist nötig. (570) Niemand kann ja in gleicher Weise zwei Herren dienen.[68] Welcher Missbrauch war es doch, vom Ertrag mehrerer Altäre

66 * Das Beneficium besitzt er, um seinen Dienst leisten zu können.
67 Von Keil als „Senatus“ bezeichnet.
68 ** Matthäus 6,24.

nicht schlecht zu leben, nichts zu tun und kaum noch beten zu können! Sind denn Gebete den Himmlischen gefällig, die auf Erden mit Geld bezahlt sind oder die mit der Stimme von Mietlingen erschallen oder die man zum Ton der Orgel ohne inneren Anteil herunterleiert? Manchmal muss in solche Felder der Donner dreinschlagen; mag auch das üppige Gras im Dauerregen verderben, das Feld wird dadurch fruchtbarer, der Blitz verstärkt die Kraft und fördert die Pflanzen.

(580) Im erkauften Amt teilte der Priester um Geld Sakramente aus, die nicht verkauft werden dürfen. Wie hat sich das zum Guten verändert! Lohn erhält man für Eifer, Fleiß und Verdienste, Lohn erhält jedoch nicht ein säugender Knabe. Die Folge tüchtiger Werke entscheidet [bei Vergabe von Pfründen], doch nicht die Folge der Ahnen. Stammbäume bedeuten nichts, auch nützt nicht das Ansehen langer Herkunft, und nicht allein die Abkunft verbürgt Tüchtigkeit. Ein schöneres Bild des Adels schafft das Verdienst, das sich mit eigener Hand ein ruhmreiches Denkmal meißelt. „Ist doch die Tugend sich selbst der herrlichste Lohn“[69], und „elend ist es, sich auf den Ruhm anderer zu stützen“.[70] (590) Der Sohn eines Pflügers und Knechtes sollen gleich dem Adeligen als deutsche Brüder durch den Kranz der Kathedrale [das Domkapitel] geeint werden: sind sie doch wahre und echte Gläubige, durch Christus zu gleicher Würde erhoben. Auch die Päpste Gregor und Sixtus waren von niederer Herkunft und wurden doch Leuchten [der Kirche].[71] So entsteht – nach ihrem Vorbild – ein stärkerer Zulauf zum Priesterberuf. Die Studierenden entstammen nicht mehr nur der untersten Klasse, nein, der gehobene Stand muss nun mit ihnen in Wettbewerb treten. „Der Hörer erweckt den Eifer, gepriesene Tüchtigkeit wächst, und Ruhm bildet unendlichen Ansporn.“[72]

§ 8. Die Mönche

(600) Die Klöster werden zu besserem Ziele neu gegründet und sind nun zu höherem Nutzen für das Menschengeschlecht wieder erstanden; der Chordienst ist nicht die vornehmste Aufgabe. Der Mönch wird kein Bettler sein, nichts gilt ja der Bettler. Almosen spenden soll [der Mönch], es nicht jedoch wandernd erbetteln. Nein, predigen soll er, Seelsorge treiben, Kranke aufsuchen, soll nicht an fremde Türen pochen, sondern Armut als Opfer ertragen. Selbst der Landmann spottet über geweihte Bettler. Der schmutzige Ranzen ist eine Schande für den Frommen in der Kutte. Armut wie auch Reichtum sind für den Mönch wahre Gifte. (610): Der Arme spielt etwas vor, gilt auch

69 ** Silius Italicus [13,663].
70 *** Juvenal [8,76].
71 Der Benediktiner-Papst Gregor VII. (1073–1085) war die zentrale kirchliche Figur im Investiturstreit mit König und Kaiser Heinrich IV. (1056/1084–1105) um die geistlichen und weltlichen Rechte bei Bischofsernennungen. – Der Franziskaner-Papst Sixtus V. (1585–1590) war entschiedener Vertreter der nachtridentinischen Kurienreform.
72 Ovid [Ex Ponto 4, 2, 35].

nicht immer als ehrbar. Seine Rolle als Armer verabscheut heute auch meine Generation. Dort drüben [hingegen] schwelgt ein Reicher, und das neidische Schicksal nimmt schon seinen Lauf und bald entstehen Gefahren. Sollte nämlich ein Orden neu erstehen, dann verdiente es am meisten jener, den die Regel des Heiligen Benedikt[73] leitet. Nicht etwa, weil besagter Papst einst im Orden Mitbruder war[74], auch nicht, weil ich selbst sechs Jahre im gleichen Orden Psalmen sang, auch nicht, weil ich täglich soviel Wein hätte trinken können wie ich wollte, zwei oder mehr der Becher[75], (620) weil ich mich mit erlesenen Speisen nähren konnte, ebenso wenig, weil ich von der Sorge um Leib und Geist frei war, sondern weil diese Ordensregel in unsere Zeit passt. Sie gibt ein gutes Gesetz und entwirft das Bild eines wahren Mönches. „Sie sollen beten, Bibel lesen, schreiben oder arbeiten, nicht sich herumtreiben oder faulenzen. Studiere, arbeite, bete, mit stets gleicher Sorgfalt, durch Arbeit wird die Seele zu [heiliger] Glut entfacht“[76], (630) und „wenn ein Pilger oder ein armer Gast kommt, dann sei er wie Christus [selbst] mit freundlichem ‚Willkommen!‘ empfangen“.[77]

Was hat dieser Orden für die Welt in tausend Jahren geleistet![78] Welch große Männer brachte er hervor, die durch Schriften und Kunst erglänzten! Wie viel herrliche Denkmäler schuf er seit seiner Gründung! Ich könnte mein Gedicht nicht schreiben, und du, Leser, könntest es nicht lesen, hätte uns dieser Orden nicht gelehrt, Latein zu lesen und zu schreiben. Wie viele Fluren hat er als Landwirt mit krummem Pfluge gewendet? Dort trägt das Feld nun Früchte, wo einst der Dornstrauch wucherte; die Erde gibt Korn und spendet, mehr noch, uns Trauben. (640) Wie viele Wälder, die dunkel standen mit Gestrüpp und Eichbäumen, hat er gefällt und drang rasch zu den Schlupfwinkeln wilder Tiere vor! Wie viele Orte, gefährlich für Wanderer, machte er sicher! Soll man so hohes Verdienst nur hochbetagten älteren Patres zuschreiben, und soll man nicht auch das Geschlecht berücksichtigen? So soll ein junger Mann, dem der Bart nur ein- oder zweimal geschnitten wurde, sich nicht durch Gelübde binden, und erst im dreißigsten Jahr soll einer sich üblicherweise für das Leben als Mönch entscheiden.[79] Auch eine Frau darf die Gelübde erst in reiferen Jahren ablegen, denn eine jüngere bleibt unter dem Schleier nicht immer zufrieden, (650) ist es doch für eine junge Frau schwer, in steter Jungfernschaft hinter hohen Mauern für immer eingeschlossen zu leben. Daher soll ein junges Mädchen nicht, gezwungen von den Eltern, ins Kloster gehen, wäre sie doch ein unwilliges Opfer ohne Möglichkeit zum Rücktritt. Damit nun ein unbesonnenes Mädchen nicht später seinen vorschnellen Eifer bereut, sollen die Gesetze vorsorgen und Gelübde Jugendlicher verbieten. Sollten nun Exmönche

---

73 Benedikt von Nursia (ca. 480 – ca. 550), Begründer des abendländischen Mönchtums.
74 Gregor VII. (1073–1085).
75 * [Im Asteriskus berichtet Keil anekdotisch, dass ein älterer Mönch in reiner Besitzstandswahrung auf dem herkömmlichen Deputat an Tischwein beharrte, als diese Portionen um die Hälfte gekürzt werden sollten.]
76 ** Kapitel 48 [der Benedikts-Regel].
77 *** Kapitel 53 [der Benedikts-Regel].
78 * Der heilige Benedikt gründete 529 n. Chr. in Monte Cassino das erste Kloster.
79 * Klerikern, die der Seelsorge nicht mehr vorstehen können oder wollen, dürfte der Rückzug in ein Kloster als ersten gestattet werden.

aus eigener Kraft vom [geistlichen] Tod auferstehen?[80] Ich weiß es nicht, ruhen sie doch schon seit fünfzehn Jahren. Ein Priester ist doch nur ein Abbild des großen Lehrers [Christus].

§ 9. Die Geistlichen

Besonders ehrwürdig ist der Priesterstand und höheren Sinnes teilhaft. (660) Ist er doch der Menschen Hüter, ihr Schutzgeist, Gefährte und Lenker, gleich vom Beginn des Lebens an durch so viele schwere Gefahren. Kaum ist das Kind geboren, tauft er es mit heiligem Wasser. Als Lehrer der Knaben senkt er sanft und freundlich mit frommer Rede die Samen der Tugend ins Herz; stets formt er die Sitten der Jungen und Alten, lehrt die Menschen offen, doch auch unvermerkt, den Gesetzen zu folgen, lehrt sie auch Gehorsam gegenüber den Herrschern, die Gott ihnen sandte. Zahlt den Kaisern die ihnen gesetzlich bestimmte Steuer! Doch wir wollen auch Gott die Ehre erweisen, die das Gesetz vorschreibt.

(670) Der Priester richtet auch Gefallene auf, belehrt jene, die Irrtum belastet, tritt auch versöhnend ein, wenn Streit im Hause entstand. Auch lässt er nicht zu, dass eitler Aberglaube leichtgläubige Seelen verführt. Der Priester verrichtet Gebete, häuft Gaben auf den Altären und hilft jedem, den schwere Verwundung getroffen. Er lehrt durch Beispiele, behebt Gefahren, die drohen, und wenn Menschen fehlen, hebt er mahnend den Finger. Wachsam liegt er als Hirte bei der ihm anvertrauten Herde, nährt verlässlich die Schafe mit Futter. Armen bringt er Hilfe und leiht ihnen sein Ohr, wenn sie Verluste beklagen. (680) Große Linderung bringt er, indem er Arme tröstet und himmlischen Lohn verspricht für schmerzliches Schicksal. Was bleibt diesen denn sonst noch als ewiges Heil [im Himmel]? Schönes und Höheres noch ist Hoffnung auf göttliche Güte. Wenn plötzlich verheerende Seuche (welch jammervoller Anblick!) die Heere befällt und drohender noch als scharfes Eisen starke junge Männer, wie auch zitternde Greise zu Boden wirft, schreckt der Priester nicht einmal vor übelriechenden Hütten und Höhlen der Bauern zurück; er steht wie der eigene Vater den Sterbenden bei, für die es auf Erden schon keine ärztliche Hilfe mehr gibt. (690) Mitten in tiefer Nacht steht er bereit zur Letzten Ölung für jene, die sie begehren, und spendet Bestatteten Weihrauch bei lautem Gebet, besprengt auch Gräber mit Weihwasser und ruft: „Ruht in Frieden, ihr Toten!“

Als Lehrer predigt er in der Kirche die Liebe zu Gott als erstes Gebot für das Volk, als Höchstes die Liebe Christi. Als Redner bewegt er in fließenden Worten die Seelen und bezwingt sie, damit Gottes Saatfeld heranwachse, der

[80] Im Zuge der Säkularisation des Hochstifts Würzburg 1802/03 wurden ab 1803 auch alle Prälatenklöster und bis auf wenige Ausnahmen die Mendikantenklöster aufgelöst, die Konventualen mit Pensionen abgefunden und ansonsten völlig unvorbereitet entlassen. Einige fanden im ordentlichen Pfarrdienst Anstellung, viele andere versuchten, so wie Joseph Anton Keil, im bürgerlichen Leben zu bestehen. Exemplarisch hierzu: Wolfgang Weiß, Geschicke ehemaliger Benediktiner im Bistum Würzburg nach der Säkularisation 1803, in: Studien und Mitteilungen zur Geschichte des Benediktinerordens und seiner Zweige 130 (2019), S. 279–317.

gereinigte Geist der Menschen Frucht trage und Unkraut den Pflanzen nicht schade. Der Priester allein hilft als Freund, ist Wohltäter und Richter in gleicher Person, erteilt auch wahrhaft reuigen Herzen Vergebung der Sünden. (700) Wenn dann die Schuld vergeben und der Sünder vom Priester zurechtgewiesen ist, wird er zumeist dem Herrscher als tüchtiger Bürger dienen. Nur noch des Beistands des Priesters erfreut sich einer, der zum [Tod durch das] Schwert verurteilt wurde, vertraut darauf, wankt kaum auf dem Gerüst. Wer wüsste nicht alles Übrige? Wozu soll ich weiter vom Tun des Priesters berichten? Sein Wirken legt ohne Zweifel die Grundlage ewigen Heiles. Er wirkt auch dafür, dass die heilige Religion sich in der Welt verbreitet. Wie hoch ist die Würde des Priesters! Wie erhaben steht er da!

§ 10. Die studierende Jugend

Gewähre mir nun ein williges Ohr auch du [studierende Jugend], höre mich freundlich und aufmerksam an, milde Gesetze will ich dich lehren. (710) Halte die heilige Bibel stets in Händen, studierende Jugend! Sie wird dir Leib und Seele, glaub mir, beglücken. Lerne, so rate ich dir, aus guten Büchern und lass Verführendes züchtig liegen. Verehre auch die Obrigkeit, bete, und ehre die Eltern. Lerne gute Sitten und bedenke das Ziel deiner Bildung. Sei darauf bedacht, vor allen durch höfliche Sitten zu glänzen. Ungebundenes Leben ist der heranwachsenden Jugend stets schädlich, und Genussgier, das süße Laster, ist eine verderbliche Lockung. Ein Jüngling, der in diese gefährlichen Schlingen gerät, ist oft, ohne es zu merken, verloren. Sei also, ich bitte dich, in allen Lebenslagen bescheiden. (720) Verbreite nicht üble Nachreden, sprich Schändliches nicht aus! Meide Nichtstun, Schlaf, Liebeleien, Würfelspiel und Genuss des Weines! Traue nicht gar zu sehr dem Getränk des Panschers! Pflanze nicht in die jungen Glieder die schlimmen, geilen Keime fahl machender Leiden, die dich später befallen; schüre nicht das Feuer, indem du Kohlen hineinwirfst, und pflege nicht Umgang mit Bechern, sondern mit Büchern!

Ach, wie wenige Diener zählt heute der Altar, saß doch anstelle Apolls bisher Mars auf dem Helikon.[81] Lebte doch so, wie einst religiöser Eifer die Väter erfüllte, (730) auch in uns der Wunsch nach Mehrung des Glaubens! Von den Vätern möge das heilige Feuer auf uns Heutige übergehen; möge würdige Nachwelt auch ihrerseits gute Taten vollbringen! Euch rufe ich auf, junge Männer, eilt freudig zu unserer Kirche und sucht, berufen, lieber das Reich des Himmels und Gottes Gerechtigkeit; alles Weitere kommt dann von selbst.[82] Nie ist die heilige Mutter eine Stiefmutter; sie liebt uns alle und verleiht ihre Gaben ganz nach Verdiensten. Mutter Kirche gewährt ihren Söhnen auch Anspruch auf Nahrung und heißt nicht grundlos heilige Mutter, (740) nährt sie doch ihre Kinder als Mutter am Busen, nimmt sie sogleich in ihrem Schoß auf

---

[81] In der griechisch-römischen Mythologie galt der Musenhügel Helikon als Sitz des Apollon, des friedfertigen Gottes, während nach dem Bilde Keils diesen allzu lange der Kriegsgott Mars in Besitz genommen hatte.

[82] * Matthäus 6,32.

und zieht sie groß; selbst Undankbaren verweigert sie nicht ihre Nahrung. Den Alten weist sie willkommenen Ruhesitz an. Welche Freigebigkeit! Wie reich sind die Gaben der Mutter!

Sollen Waffen allein vor allen Schicksalen schützen? Der trotzige Mars in Waffen gebraucht den schrecklichen Krieger und lockt ihn mit Beute, doch wenn der Friede zurückkehrt, dann fehlt es dem Treuen an Kleidung und an angemessenem Sold, mag er auch verstümmelt sein und sein Blut vergossen haben. (750) Unsicher wechselnder Sold gebührt dem Offizier, doch nicht [unsicheres] Schicksal. Ihr [Studenten] aber steht oben auf hoher Kanzel und seht, wie das Volk zu euren Füßen ängstlich die Ohren spitzt und eure Worte für Orakel hält. Dort unten sitzen auch der Bürgermeister, die Grafen, die Vornehmen und die Ratsherren, und alle bewundern den machtvollen Redner. Gebt euch selbst Beifall, weil tausend Augen auf euch bei der Predigt ruhen! Auch ich stünde wohl auf der Kanzel und ließe die Stimme ertönen, hätte mich nicht damals als jungen Mann der Zeitgeist fortgerissen. Habt Verständnis, ihr Leser! Wer wollte mir hier auch Vorwürfe machen? (760) Und hätte ich mich nicht hastig der Rechtsgelehrtheit in die Arme geworfen, dann wäre ich, der neuen Zeit entsprechend, auf der alten Bahn geblieben. Aber im Leben spielt der Zufall, und unter gleichem Stern blieben die Gestalt des Menschen und die Art der Zeitläufte sich nicht gleich, wechselt doch nach dem Ergehen der Ausdruck von Geist und Antlitz.[83] Wünscht euch, es möge nach Wintertagen der Sommer erscheinen. Ich wünsche euch Glück, euch naht die ersehnte Goldene Zeit, denn ihr baut auf den Grundfesten Petri.

Der Jurist hängt am Munde des ihm diktierenden Anwalts und schreibt Tag und Nacht mit eilender Hand und gekrümmter Brust, (770) und wenn er nicht gehorcht, zieht er, sogleich entlassen, davon und weiß nicht, wo er zu Essen erhält, da man ihn am hellen Mittag fortgejagt hat. Einen Rechtsanwalt sucht man auf, wenn sich der Prozess des Klienten hinzieht; verliert jedoch der Anwalt, gilt er auf ewig als Schwätzer. Wenn der Prozess die Mittel aufzehrt und der [Anwalt] honigsüß redet, dabei aber Honig nur für sich einstreicht, dann gilt er schlicht und einfach als Drohne. Auch dem Richter schmeckt nie ein Tag ohne Prozess. Unermüdlich verhandelt die Kammer riskante Prozesse mit den üblichen Streitworten im Gerichtssaal, der stets voller Geschrei ist. Der gehässige Zöllner quetscht Leuten das Geld aus dem Bauche (780) und erhält dafür harte Schmähung vom erbitterten Volk. Auch wird ein Arzt, dessen Mittel die Schmerzen nicht lindern, selbst wenn keine Kunst die Krankheit zu heilen vermag, als unfähiger Pfuscher verachtet, und schon ist es aus mit dem Ansehen. Glanzvolle Armut und letzter Ausweg: So nennt man den Beruf des Soldaten, besitzt er doch nichts außer eingebildeten Ehren. Untertanen fürchten Recht, Behörden und auch Gesetze, zudem auch alles Gefolge und die ganze bewaffnete Truppe.

Nur den Priesterstand allein verehrt das Volk in Liebe, spendet ergeben und reichlich das Korn in volle Scheuern. (790) Es grüßt auch den hochwürdigen Herrn Pfarrer mit schüchterner Stimme, neigt sich tief und entblößt das Haupt.

---

[83] * Ovid [Metamorphosen 5,568].

Dem Theologen gebührt nach altem Brauch der Vortritt vor anderen Gelehrten, steht er doch im Gespräch mit dem Himmel. Doch wohin treibt mich der Geist? Soll ich weitere Vorteile schildern? Sorgen quälen den Klerus nicht, denn mag das Feld auch nur wenig eintragen, erhält er doch laufend im Jahr die zustehenden Früchte, während Beamte jährlich nur einmal Gehalt in fester Summe bekommen. Nach Belieben mag der Laie über festgeschriebene Abgaben fluchen; mehr aber nicht! Die geweihten Diener [des Herrn] muss er allerdings ehren. (800) So verlangt das Gesetz, und so sei dem Priester große Verehrung wie früher erwiesen, als man das geweihte Haupt mit Ehrfurcht begrüßte. Überall wird ein gerechter Priester erfolgreicher wirken und schlimme Sitten unschwer vertreiben.

§ 11. Verkommenheit der Sitten

Fort ist die Religion, es flohen Ehrfurcht und Treue. Ehrfurcht liegt am Boden; kein Freund hält Treue dem Freunde. Tausend Arten des Übels und tausend Arten der Fälschung! An den vielen Prozessen erkenne ich die Niedertracht unserer Zeit. Oft fordert ein undankbarer Sohn seine Eltern vor Gericht, der Bruder verfolgt den Bruder, verfolgt desgleichen die Schwester; (810) erbittert fügen Verwandte einander Wunden zu. Die zweifellos echte Unterschrift bestreitet ein schamloser Schuldner; ein anderer schwört für geringen Vorteil den Meineid. So kämpfen gleichzeitig alle gegen alle. Welch eine schlimme Brut, wie verdorben die Zeitgenossen! Man strebt nach Vergnügen und nicht nach dem, was als ehrenhaft gilt. Schätze will man und bemüht sich nicht um gerechten Gewinn. Zahllose, alberne Händel werden vor Gericht verhandelt. Winkt nur ein Gewinn, liegt aller Anstand am Boden. Welche Schurkerei! Welches Rasen! Unsäglich die Habgier! (820) Welches Unheil bewirkte der fremde Soldat in den Ländern! Noch nicht in fünfzig Jahren sind all diese Übel beseitigt. Wenn ich die [letzten] zwanzig Jahre im Leben bedenke, so schien mir Jahr um Jahr die Bosheit der Menschen zu wachsen.

So wie der Pfarrer für die Seele sorgt, so muss er sich auch für die Guten einsetzen. In allen Fällen sorge er zuerst als Mittler für Versöhnung. In beiden Rollen diene er sowohl dem Himmel wie auch der Erde. Die meisten Streitigkeiten entstehen durch Bosheit, Rachsucht, Neid, Gewalt, Betrug und Habgier. Meist sind die Händel grundlos bei dürftigem rechtlichem Vorwand, (830) und daher schlichtet ein Mittler, so meine ich, mehr Fälle als der Richter. Dann erst ergehe das Urteil, wenn zuvor die Schlichtung versucht war. Heutzutage gilt ein komplizierter Sachverhalt oder ein umstrittener Rechtsfall als Glücksfund, als gerichtliches Prunkstück. Würden beide Vermittler [Priester und Richter] mit vereinten Händen und Kräften zuerst eine Lösung suchen und das gemeine Volk stets belehren[84], dann nähmen die Gerichtstage ab, und überall herrschte Friede.

---

84 * [Im Asteriskus folgt ein weitschweifiger Diskurs über den Mangel eines einheitlichen und umfassenden Rechtssystems mit umfassenden Gesetzbüchern, der hier nicht abgedruckt wird].

Aber es ist eine Schande, es zu sagen: Für Arme sind die Gesetze taub, und manchmal ist das Geld des Reichen mächtiger als die Gerechtigkeit. Der Richter will reich werden und achtet in seiner Gier nicht auf Recht und Billigkeit. (840) Ich weiß von einem – zum Glück für das arme Volk liegt er schon im Grab –, der jeden Tag sich mit Gold schmieren ließ, und manchmal ließ er ein wenig freigebig etwas davon in unsere Kasse fließen[85], die er fälschlich als seine Sparkasse ansah: Doch berichtigte er dann flink seinen Irrtum und holte sich's wieder heraus. Was vermögen nicht Gaben? Wer wird von Gold nicht bestochen? Oft schwieg durch Bestechung der Mund selbst des strengsten Richters. Arm wirst du sein, durch [derartiges] Recht kannst du Prozesse verlieren. Immer streben wir nach Verbotenem oder werden durch Rechtsverdrehung besiegt. Von Lastern leben wir und sündigen aus Liebe zu ihnen. (850) Davon kommen der gierige Wucher und Gier beim Verleihen von Geld auf Termine, auch der Verfall von Treu und Glaube und [schließlich] Krieg, der vielen Gewinn bringt.[86] Sehen wir doch, wie groß diese gerissene Schurkerei ist, und wissen aus der Vergangenheit, wie schändlicher Wucher und Zins auf kurze Frist die Armen ins Verderben stürzt. Der Dämon der Habgier fraß an Magen und Eingeweiden, er, den Erlasse mit aller Macht zu vernichten strebten. Doch jetzt schon kehrt der verderbliche Wucher aus der Hölle zurück. Ja, wenn es anginge, sollte man alle Wucherer auf einmal vernichten. Diesen wünsche ich Abmagern, Hunger und Durst (860) als Gegner in Waffen, das Haupt umringt von zischenden Schlangen; und bis sie sich bessern, wünsche ich ihnen hier oben und in der Hölle Leiden und Marter. Verschwunden ist schlichter Anstand, das Mitleid entfloh von der Erde. Armut kämpft gegen Reichtum mit Mord und schrecklichem Feuer; der Besitzlose zündet dem Reichen das Haus an, um auch diesen so arm zu machen wie er selbst ist, und so auch einmal spürt, dass Hunger wehtut.

Gebt den Armen Korn, so bitte ich, das [uns] von der Gottheit gegeben ist! Bedenkt doch, wozu das Darben führt! Christenpflicht ist es doch, die knurrenden Mägen zu füllen. Wir sind Anhänger Christi und sollen Liebe durch Taten beweisen. (870) Fort und hinweg mit Betrug, mit Hochmut und Gier nach Vermögen! Fort mit Ehrsucht und List, mit Machenschaften und Rache! Dann herrschen Frieden und Liebe, der schönste Zustand von allen, dann braucht es nicht Fesseln, Peitschen, Riemen und Ketten. Dem Bauern gelten nicht mehr Verträge als recht und heilig, nein, nach Belieben hält und bricht er seine Kontrakte. Allzu verächtlich erscheinen ihm Schwurhand und Eidschwur, und ohne Weiteres durchbricht er alle Schranken des Rechtes. Emsig versucht er zu prozessieren und meint, Prozesse dauerten ewig. Da gibt es Rechtsverdreher für Bauern, die den Zank der Leute noch schüren; (880) sie arbeiten selbst nicht im Feld, leben nur von doppelzüngiger Tücke. Den Hauptteil der Beute gewinnen sie selbst, begünstigen beide Parteien. Seien es nun Ehebrecher, Dieb oder Räuber: Rundweg streiten [die Angeklagten] alles ab. Dann wird einer

[85] Die Anspielung bezieht sich auf Begebenheiten vor der Säkularisation. Gemeint ist die Kasse des Würzburger Klosters St. Stephan.
[86] Lucan [1,181].

freigesprochen, weil er weiß: Das starre Leugnen hilft immer. Welche Schande! Man bleibt stets straffrei, auch wenn man die Wahrheit leugnet. Wehe! Die Lügenpfeile der Angeklagten treffen, und so vermehren sich Frevel, und so verbreiten sich Lügen, wenn das Gericht nicht gleich die Trugreden ahndet. Das ganze Leben im Staat beruht auf gegenseitiger Treue, und herrschen nicht Treu und Glauben, bricht stets (890) alle Wohlfahrt zusammen, und das Heil [des Staates] ist vernichtet. Tilge nur das Vertrauen, und du siehst große Städte ohne wohlhabende Bürger; herrscht jedoch Verlässlichkeit, steht dort der Handel in Blüte. Hier macht [dann] einer ein Geschäft, und ein anderer Ehrenmann beteiligt sich; beide sind hochzufrieden, weil sie den Handel redlich betreiben. Ein Dritter hingegen sucht auf alle Art Gewinn zu machen und betrügt deshalb auf schändliche Weise den Partner. Der ist ein armer Mann, sucht sein Vermögen durch Prozess wiederzugewinnen – und kommt dabei vom Regen in die Traufe.[87] Den Rechtsverdrehern gefällt die gute Beute, und sie verzögern die Abzahlung einer Schuld, (900) keineswegs weil es nicht ginge, sondern weil sie so Gewinn machen. Wenn freilich Zeugen und Urkunden kraftvoll beweisen, was zu beweisen ist, und der Richter ein redlicher Mann ist, dann ist das Urteil gleich gesprochen. Gibt es aber keine Zeugen und finden sich keine Dokumente, was bleibt dann noch übrig, als der Beweis durch Eidschwur? Ach, wie jämmerlich kommt hier ein Reiter auf billiger Mähre daher! Da ist es besser und sicherer, sich in Frieden zu trennen, um nicht mit unsicherer Aussicht vor das Gericht mit seinen Zänkereien zu ziehen.

§ 12. Vom Eid

Sollte einer, der leichtfertig leugnet, dann den Eid verweigern? Ebenso leicht schwört man, wie man nächtelang würfelt, (910) und man hebt drei magere Finger rasch und ohne Bedenken. Wenn es nach mir geht, sollte man feierlicher verfahren, denn das Volk sieht auf Äußerlichkeiten und scheut ein öffentliches Schauspiel. Vor den Richtern muss einer da schwören, vor leuchtenden Kerzen und im Angesicht des Priesters, der ihm die Heilige Bibel vorhält; zuvor wies er warnend auf die Heiligkeit des Aktes hin und auf jenes Gericht, bei dem unsere Leiber wieder auferstehen. Da ist das schwarze Tuch, der Schädel, das Kreuz, das nackte Schwert und der Hochsitz des Richters, der den Stab in Händen hält. All dies hat Gewicht und schreckt oft von Meineiden ab. (920) Was man sieht, macht tieferen Eindruck auf Leute, denen gleichgültig bliebe, was sie nicht sehen. Ist solches Verfahren aber zu schrecklich und lässt sich nicht gut durchführen, dann bietet sich eine andere Form, die ein gläubiges Herz besser anspricht: Feierlich führe der Priester den Schwörenden in eine Kapelle, und dort soll er vor dem Richter und dem Volk, das alles mit ansieht, nach vorheriger Mahnung den Eid am Altar ablegen. Wozu dienen Bilder, Gemälde, Kapelle und Priester? Griechen und Römer berührten schon

[87] * Ovid [Metamorphosen 13, 730; im lateinischen Original findet sich das Begriffspaar Skylla und Charybdis; in der deutschen Übersetzung wird die Redewendung „vom Regen in die Traufe“ benutzt].

damals beim Eid die Altäre, und weshalb sollten wir es nicht ebenso halten? Sind wir etwa in heutiger Zeit soviel besser als jene? (930) Hat uns der christliche Glaube in jeder Hinsicht verwandelt? Dass die Juden ungern schwören, kommt von der feierlichen Form, die sicher geeignet ist, Leichtfertige zurückzuhalten. In geringeren Fällen schwuren die Griechen nicht gleich bei den Göttern, sondern sagten nur: „Ja, bei [Zeus]." Freilich, die griechische Redlichkeit stand nicht hoch im Kurs. Mit gegürteten Kleidern, das Schwert an die Kehle setzend, so schwuren die Alten bei Rachegeistern, Gestirnen und Erde. Und als Glaucus beim Orakel in Delphi nachfragte, da sprach dieses: „Wenn du [falsch] schwörst, Glaucus, dann bleibt dir der Vorteil nicht lange. (940) Denn der Eid, ein Monstrum ohne Hände, Füße und Namen, merkt es sich wohl, kommt bald und vernichtet alles".[88] So sagte der Gott Apollo durch den Dreifuß voraus, was dann wirklich kam, denn die ganze Sippe des Glaucus ging bald zugrunde und starb aus. Die Griechen nannten einen, der voll solcher Laster steckte, *Enhorkos* [dem Eide verfallen], kannten keinen Schlimmeren und hassten den Argen. Hat nicht auch Aristophanes Schmähungen gegen Theorus ausgestoßen oder gegen andere Schurken dieser Art, die falsch geschworen hatten?[89]

Ich wünschte, dass die Parteien nur einmal den Eid leisten dürfen, um einen Entscheid zu erreichen; nie aber dürfen sie es bezüglich ihrer Glaubwürdigkeit. (950) Man glaubt ja, was man wünscht, und so schwört man auch, wie man wünscht. Hat man denn nicht schon an Gespenster und Ungeheuer geglaubt? Wie gern glaubt man etwas, wenn es um unseren Vorteil geht? Solche Eide schätzt ein strenger Untersuchungsrichter gering und hält davon nichts. Da hebt man die Schwurhand zu jeder Zeit eines Tages, sei es am Mittag oder bei Anbruch der Nacht, auch bei Kleinigkeiten, selbst wenn der Zeuge nichts wüsste. Da ein Eid, ein hochheiliger Akt, so leicht und frech überall geleistet wird, in Schänken, schmierigen Hütten, im warmen Bett, (960) neigen die Leute dazu, die Götter als Eidhelfer gering zu achten. Wenn doch Gesetze das viele Schwören verbäten! Dieses wächst sich zum größten Übel aus, ich weiß es aus Erfahrung vor Gericht und erlebte es in den verschiedensten Fällen. War ich doch selbst Richter und sah viele schwören, die nichts anfocht und denen die Heiligkeit des Eides nichts bedeutete. Ja, ein alberner Kerl grinste sogar einmal beim Schwören. Einer, der etwas haben will, scheut in seiner Vorfreude nicht den Eid und leistet jedes Versprechen. Auch gibt es Leute, die, als Zeugen gemietet, Meineide verkaufen. (970) Unsere Eidformel wurde, so scheint es, in einer Zeit erfunden, als man noch mehr Ehrfurcht vor den Gesetzen empfand und sich die Menschen noch nicht in abwegigen Ausschweifungen ergingen. Über alles entscheidet der Schwörende; er ist ein zweiter Richter. Was unklar ist, macht er klar, Zweifelhaftes bringt er ans Licht. Schwört er falsch, ergeht falsches Urteil. Doch bedeutet der Anruf der Götter als Zeugen noch längst keinen heiligen Akt.

---

88 * Herodot [6,86]. – Glaukos von Chios, griechischer Bildhauer (1. Hälfte des 6. Jahrhunderts v. Chr.), der angebliche Erfinder des Kessels mit drei Standfüßen.
89 Aristophanes, Die Wolken, 400.

Bei uns sind Treu und Glaube geschwunden; unser Meister [Christus] verbietet uns zu schwören: „Ein Mensch darf nicht beim hohen Himmel schwören. Euer Ja sei wirklich ein Ja, und euer Nein muss auch Nein heißen. (980) Alles, was darüber hinausgeht, flößt dem kranken Geist die schlimme Macht des Bösen heimtückisch ein. Auch darf niemand bei seinem Haupt schwören; ihr seht ja, daß ihr kein einziges Härlein weiß oder schwarz machen könnt".[90] Wieviel, o Christus, galt dir der erhabene Eidschwur! Und wir werfen Dein Heiliges Gut garstigen Hunden vor, heißen Christen und schwören stündlich ungerührt Eide. Zwar lesen wir die Heilige Schrift, doch folgen wir auch deren Auslegern? Gilt uns auch die Bibel als gute Führerin im Leben? (990) Nur noch Mennoniten[91] gehorchen der Vorschrift des Lehrers. Man darf nur, ich wiederhole es, vor dem Priester am Altar schwören, wenn man zuvor gebeichtet und den Leib des Herrn genossen hat. Dieser Akt passt hierher, beruht er doch auf dem Glauben. Auch darf ein Laie keine religiösen Handlungen ausführen; das Recht dazu hat allein, so fordere ich, der Priester. So wie eine gesetzliche Sektion durch den Arzt nur in Gegenwart des Richters stattfinden darf, so muss den Schwörenden zuvor ein erfahrener Priester vorbereiten. Ich bitte euch, hochgelehrte Gesetzgeber: Erwägt diese sachgerechte Forderung und führt sie nach Rat und Lehre der Theologie durch, (1000) damit nicht das Urteil haltlos schwankt in Lehre und Praxis. Wenn Eide etwas bedeuten sollen, sind kleinere und auch bedeutende Eide vor einem gegenwärtigen und mahnenden Priester zu leisten, damit jedermann sich scheut zu schwören und Gottes Namen zu missbrauchen.[92]

Ich fordere Eidesleistung in der Öffentlichkeit, ebenso öffentliche Gerichtsverhandlungen, damit mehr Glaubwürdigkeit zurückkehrt und die übertriebenen Prozesse aufhören. Stünde nämlich die Tür des Gerichtes für alle offen, dann käme viele beim Anblick des strengen Richters Angst an. Sie würden auch vielfach Gesetze und Strafen kennenlernen und fortan Verbrechen aus Furcht unterlassen. (1010) Weshalb erfreut sich Deutschland nicht jener Gerichtsverfassung, die es einst, vor zweihundert Jahren, besaß?[93] Die Schweizer haben sie heute noch. Das waren die guten Väterzeiten. Damals saß der Fürst als Richter unter ragenden Eichen. Im Lichte gedeiht die Tugend, im Dunkel begeht man Verbrechen, und alles, was offen geschieht, erscheint uns nicht als verdächtig. Öffentlichkeit ist für uns die beste Vorbeugung und wacht stets, damit der Richter gerecht urteilt. Begünstigung scheut die Öffentlichkeit, Bestechung durch Gold bringt keinen Vorzug. Auch mag ich keinen Prozess, der heimlich und langsam dahinkriecht. (1020) Schädlicher Streit in der Öffentlichkeit muss auch öffentlich geschlichtet werden, und öffentlich muss man Rechtsprobleme

---

[90] Matthäus 5,33f.; Jakobus 5,12.

[91] Anhänger der gemäßigt täuferischen Denomination der Reformation in Nachfolge des niederländischen Predigers und ehemaligen Priesters Menno Simons (1496–1561). Kurz vor 1800 gelangten Mennoniten aus der Pfalz, wenn auch in geringer Anzahl, nach Franken als Flüchtlinge vor den französischen Revolutionstruppen.

[92] * [Im Asteriskus folgt ein weitschweifiger Diskurs über Gestalt und Missbrauchsformen des Eides, der hier nicht abgedruckt wird].

[93] Keil hat hier wohl die vormals im Freien tagenden Schöffengerichte – in Franken die Zentgerichte – vor Augen, die in der Frühen Neuzeit zwar in ihrer alten Form noch weiterbestanden, aber zusehends von akademisch gebildeten Juristen dominiert wurden.

und Streitfragen lösen. Recht und Fakten sind festzustellen, damit der Anwalt wie auch das urteilende Volk sich überzeugen und gleiches Urteil fällen. Solches Verfahren ist sicherer als dreimal eingelegte Berufung. Man stärke das alte Recht; Gesetze sollen die einstige Würde wieder erhalten; auch soll man alte Gesetze verbessern, und neue sollen hinzutreten, die klar sind und jedem einleuchten. Ich selbst besuchte mehrfach öffentliche Gerichte in Frankreich, und sie schienen mir beim Weggehen besser und nützlicher. (1030) Dort ficht man nicht wie bei uns leichtfertig verächtliche Streitigkeiten aus; auch bei uns nähmen Prozesse, wie ich meine, durch Öffentlichkeit ab; es herrschte ein anderer Geist, auch würde die Gesellschaftsordnung verbessert.

§ 13. Die Nächstenliebe

Liebe Gott, im Geist erfüllt von glühender Neigung. Christus spricht: „Liebe deinen Nächsten wie dich selbst!“[94] Dieser Grundsatz enthält alles Recht, ist Inbegriff des Gesetzes. Er sagt auch: „Du kannst Gott nicht lieben, wenn du deinen Bruder nicht liebst“[95], und so umfasse die Liebe zum Bruder in gleichem Streben auch die Liebe zum Herrn; beide zusammen sollen das Wesen der Liebe bilden. Ich habe vom Vater den katholischen Glauben wie auch den Namen geerbt. (1040) Da wirkte der Zufall, weil ich ihm und keinem anderen das Leben verdanke. Also verehre ich die Mitra, weil auch meine Eltern sie verehren, und ich würde genauso Luthers Lehre und Taten[96] verehren, wenn mir die Voreltern Luthers Ruhm eingeprägt hätten. Das Schicksal flicht und löst auch unsere Neigungen, und das Schicksal schenkt uns eine schöne, liebenswerte Gattin. Einen ganzen Harem hat ein Mann an Asiens Küsten; Afrika kennt keine Kleider, Mann und Frau gehen nackt. So verschieden sind Sitten und Bräuche in allen Teilen der Erde, und was hier als Tugend gilt, ist andernorts ein Verbrechen. (1050) Hier gilt als schön, was man dort als hässlich ansieht. Der Grund ist zwar gleich, doch wird Verschiedenes gepriesen. Da sieht man die menschliche Schwäche; packt euch, ihr Stolzen! Was ihr tut, es sei gerecht, auch ohne viel Grübeln. Beugt, so ist mein Rat, ihr Neunmalklugen, den Nacken der Macht des Schicksals! So würde der Fürst den Papst im Purpur bekämpfen, wäre er in einem anderen Schicksal von einem sächsischen Vater[97] gezeugt. Auch hätte ein schwedischer Herrscher anderen Glauben, andere Hoffnung und Liebe, (1060) trüge auch andere Kleider und andere Farbe, wäre er in Rom geboren. Sephora[98] wird ihrem Knäblein bald die Vorhaut beschnei-

[94] Markus 12,31.

[95] 1 Johannes 4,20.

[96] Martin Luther (1483–1546), Reformator und Begründer der nach ihm genannten evangelischen Konfession.

[97] Im damaligen Wortgebrauch bezog sich „sächsisch“ als Synonym auf den norddeutschen, sprich protestantischen Herrschafts- und Kulturraum; vgl. Heribert Raab, „Lutherisch-deutsch“. Ein Kapitel Sprach- und Kulturkampf in den katholischen Territorien des Reiches, in: Zeitschrift für bayerische Landesgeschichte 47 (1984), S. 15–41; Jürgen Macha, Der konfessionelle Faktor in der deutschen Sprachgeschichte der Frühen Neuzeit (Religion und Politik 6), Würzburg 2014.

[98] Zippora (Sephora), einer der Ehefrauen des Mose nach Exodus 18,2.

den, und der beschnittene Knabe befolgt die Gesetze, die Moses einst erließ und denen das Volk Israel gehorcht. Ist uns auch ein beschnittener Flüchtling willkommen? Wird er nicht sogleich als Jude verspottet? Wir wollen von Hebräern nichts wissen und mögen sie nicht, selbst wenn sie bekehrt sind. Und was folgt daraus? Doch nur unsere Fehlbarkeit, denn Vorurteile täuschen uns selbst bei wachen Sinnen (1070). Und auch, wenn einer wähnt, er sei mit hellem Geist begabt, so kehrt sein Sinn doch zum Irrtum zurück, den er mit der Muttermilch einsog. Also herrscht der Zufall; dem Schicksal unterliegt alles.

Wollen wir denn, dass Mitmenschen das Schwert gegen uns richten? Und wieso kämpfen wir gegen Brüder wie gegen Feinde? Jedem ist sein Los verhängt, das Schicksal ist Gottes Wille. Doch muss sich nicht schwere Verfehlung der Eltern auf ihre Kinder vererben. Soll denn der Sohn allem nachtun, was einst der Vater getan hat? In dieser Erkenntnis sollen Enkel den Bund der Freundschaft erneuern, und keiner soll Fehden des Vaters als Erbe betrachten. (1080) Allen ist ja gemeinsam der freie Wille gegeben, und wie der Geist des Vaters nur den kleinsten Teil seines Sohnes ausmacht, so soll nicht der Einfluss [des Vaters] Verfehlung erzeugen. Wären doch die Menschen vernünftig und verehrten den Einen Gott in gleicher Weise! Sie würden gewiss glücklich. Ich verurteile keinen, damit mich kein anderer verurteilt. Ich verwerfe nicht andere, um nicht vom höchsten Richter verworfen zu werden[99], muss ich mich doch mit dem gleichen Maß messen lassen, das ich aufstelle. „Schließlich entstammen wir alle dem göttlichen Samen, haben alle denselben Vater“.[100] (1090) Wir wollen einander als Brüder liebend ertragen, leben wir doch nun einmal zusammen und wohnen gemeinsam. Als Weltbürger ehre ich alle Völker unter dem einen Herrscher. Ich lasse mir selbst Hebräer gefallen und verachte die Hartnäckigen nicht. Ich kreide ihnen die lächerliche Art nicht an; vielmehr kreide ich sie uns an, müssen doch wir dafür sorgen, unsere Narrheit zu heilen, müssen auch das traurige Los der Heimatlosen verbessern. Lasst, ihr Freunde, uns alle das Lied der Engel erneuern: „Ruhm sei Gott in der Höhe und Einigkeit herrsche auf Erden“.[101] Auch wenn in unserem Sinn eine andere Ansicht vorherrscht, (1100) darf Bruderliebe nicht erlöschen, darf Streit nicht entstehen. Nun aber müssen wir noch Namen und Lob der Männer verkünden, die Verehrung für Gott und für uns den Gottesdienst wieder beleben.

§ 14. Pius VII.

Unter Deinen wahren Brüdern trägst Du als Siebter den Namen Pius[102], und so verspricht dein Name Milde, du mildester Lenker. Du erfüllst deinen Auftrag in himmlischem Geist, und Dein Amt ist Richtschnur Deines Handelns. Kei-

---

[99] * Matthäus 7,1.
[100] *Lucrez [2,931].
[101] Lukas 2,14.
[102] Papst Pius VII.: Barnabà Luigi Graf Chiaramonti, * 1742, Eintritt in den Benediktinerorden 1756, Bischof von Tivoli (1782–1785) und Imola (1785–1800), Kardinal (1785), zum Papst gewählt 1800, † 1823; vgl. Roger Aubert, Art. „Pius VII.“, in: Lexikon für Theologie und Kirche (3. Aufl.) 8 (1999), Sp. 327–329.

ner nämlich konnte maßvoller durch solchen Sturm sein Schiff zum ruhigen Hafen führen. Zur Zeit des Dämons und der Waffen war Dir der Heilige Stuhl als dem Haupt der Kirche anvertraut (1110), da Du allein der Fähigste warst. Nicht ohne Grund gilt die Zahl Sieben als heilig. Heiliger Vater! Wie groß war Deine Sorge für die Deinen, Du Gründer von Kirchen und heiliger Bauherr von Tempeln. Kein Nachfolger Petri ist würdiger als Du, heiliger Mann. Sei gegrüßt als hochwürdiger Träger dieses Titels! In Deinem festen Herzen wohnt ja ein großer Geist. Schon neigt sich die Welt demütig vor Dir. Hast nicht Du allein im Kampf unerschrocken der sinnlosen Wut des Tyrannen gespottet? Frommer und kraftvoller Glaube lassen Dich nicht zu Fall kommen. (1120) Mit Recht nennt man Dich einen gerechten und beharrlichen Mann. Kein Verlust, nicht Verbannung, Kerker, Schmähung und harte Bedrängnis vermochten Dein Herz zu beugen.[103] Für all diese Drangsale schmückt die herrliche edle Märtyrerkrone Dein päpstliches Haupt schon heute.

Herrlicher Greis! Dich, den Ruhmreichen, besingen wir hier. Du bezwangst das aufrührerische, verworfene Volk der Gallier, und es kehrte in den Schoß der Kirche zurück. Durch Eis, durch hohen Schnee und öde Gegenden überschrittest Du eilends die himmelhoch ragenden Alpen (1130), um dann die Schläfen des neuen Kaisers nach Brauch zu salben.[104] Dass sich aber ein harter und stolzer Sieger zum Frieden [des Konkordates] bequemte, das hat noch niemand bewirkt, kein anderer brachte es fertig; auch ein Nachfolger wird es kaum erreichen. Und doch musstest Du Armer unter diesem Henker ausharren. Auch sprachst Du selbst Jesu hochmilde Worte aus[105] und sagtest dort: „ich schätze nichts Weltliches“.[106] Du scheinst nicht höhere Macht zu besitzen als Könige, doch zogst Du es vor, durch Milde zu herrschen. Du bist der wahre Petrus, zeigst Dich als wahrer Apostel (und sprachst): „Wir müssen wieder zur Einfachheit des Urchristentums zurück.“ „Priester sollen auch Erlasse der Könige befolgen.“ „Lasst uns Christi Jüngern nun an Frömmigkeit nacheifern.“ „Fremdes Gold soll unseren Händen fernbleiben.“ „Unsere Sorge gelte allein dem Heil der Seelen, damit kein Anlass zu tückischem Vorwurf entstehe.“ So sprachst du deutlich mit frommen Worten. Zuvor schon hattest Du als Bischof von Imola[107] Hirtenbriefe geschrieben, die reich an Lehre und Mahnung waren und die das helle Bild eines Hirten zeigten, der Liebe verdiente. (1150) Mutvoller noch bliebst Du bei Deiner Herde, als der Feind heranzog, und Bonaparte saß [scheinbar] wohlgelaunt mit Dir an der Tafel. Lang möge beglückt die Erde dich sehen und spät erst der Himmel; dieser mag Deine Gebete erhören und

---

[103] Pius wurde bei der französischen Besetzung Roms im September 1808 im Quirinalspalast faktisch gefangengesetzt, danach über mehrere Zwischenstationen nach Savona exiliert und dann 1812 nach Fontainebleau gebracht. Nach Napoleons Niederlage 1814 konnte er im Mai 1814 nach Rom zurückkehren. Doch musste er bei Napoleons gescheitertem Restitutionsversuch 1815 nochmals kurzzeitig nach Genua ausweichen.

[104] Krönungszeremonie Napoleons zum „Kaiser der Franzosen“ im Beisein von Pius VII. in der Pariser Kathedrale Notre Dame (02.12.1804).

[105] * Mein Reich ist nicht von dieser Welt; und zum anderen: Gebt also dem Kaiser was des Kaisers ist und Gottes was Gottes ist [Joh. 18,36; Markus 12,17; Lukas 20,25].

[106] * Im Konsistorium der Kardinäle am 24.05.1802.

[107] Oberitalienische Bischofsstadt in der Emilia-Romagna.

Jahre Dir häufen, bis das Deutsche Volk einen guten Hirten erhält und ihm, gleich wie den Bayern, der alte Friede [mit dem Konkordat] zurückkehrt. Die Dichter legten Dir den Namen „Begeisternder Adler“ bei, weil sie Dein Wirken belehre, dass Du Seelen mitzureißen vermagst. Doch Du reißt nur Begeisterte mit, und dies mit der Vollmacht von Recht und Billigkeit. Erstrebe jedoch nicht zu Vieles! Mäßigung zieht ja die Grenze [des Handelns]. (1160) Sieger wirst Du sein, weil Du den Sieg nur durch Liebe gewinnst. Die alten Heiligen Väter sollen fortleben und wirken; stets wollen wir ihren Vorschriften folgen.[108] Handle so, dass ich in heutiger Zeit auch Dir gleiches Lob singen kann! Was Petrus Dir übergab, kann keine Macht Dir entreißen. Höchster Hirt, hole die Schafe, die unter andersgläubigem König weit verstreut und verlassen waren, bald wieder zusammen. Gib ihnen Hirten und schließe einen Vertrag mit dem Herrscher. Du wirst schon für Deine bisherigen Taten in Schriften gepriesen; nun wird Dein Ruhm ewig dauern, und schon im Leben verdienst Du es, als heilig zu gelten, (1170) als Hüter des Rechten in Worten und Taten.

§ 15. Maximilian Joseph I.

Eifrig sagt Dir, bester Herrscher, der ergebene Klerus Dank und mit ihm unsere Glaubensgenossen. Du bist Hüter des Volks im hergebrachten Glauben. Durch den Glauben gewinnt ein frommer König Ruhm. Durch die römische Kirche wirst Du ein religiöser König sein.[109] Dem Klerus gibst du die alten Rechte zurück sowie sein Vermögen. Alte Gotteshäuser lässt du wie einst sich erheben; diese werden nun, nach ihrem Sturz erneuert, wieder besser gefallen, wird doch der bisherige Missbrauch enden und nichts mehr entweiht sein. (1180) Alles hast Du getan, um wieder gute Ordnung zu schaffen, alles auch, um die Kirchen wieder zu füllen. Alles Weitere wirst Du vollenden und bei Streitfragen entscheiden. Setze auch eine Synode ein, wenn ich dies herzlich erbitten darf, damit nicht Zweifel bei Rechten von Thron und Volk Unruhen stiften.[110] Darum, Eure gnädige Majestät, bitte ich inständig. Als Gesetzgeber wirst Du gefeiert; wir lesen Deine Erlasse mit Freuden. Du erfüllst auch uns, die wir noch im Dunkel stehen, mit Licht. Vor Dir sind alle Christgläubigen gleich, wie sie auch heißen. Für alle Untertanen bist Du in gleicher Weise ein gerechter und gnädiger Herrscher. (1190) Musen und Künste erblühen unter Deinem Walten. Allerorten liebt man Dich als Vater des Vaterlandes und ruhmreichen König. Wohlfahrt Deiner Mitbürger ist Deine einzige Freude. Wenn

---

108 ** Erstes Heil (salus) ist, die Regel des rechten Glaubens zu bewahren und nicht von den Grundsätzen der Väter abzuweichen. [Gratian] Causa 25, quaestio 1, cap. 9 [Beleg bei Aemilius Friedberg (Bearb.), Corpus iuris canonici. Pars Prior. Decretum magistri Gratiani, Leipzig 1879, Sp. 1009].

109 * [ja sogar] allerreligiösester König. [Dies kann als panegyrische Variation des französischen Königstitels „allerchristlichster König“ (Roi très chrétien, Rex Christianissimus) verstanden werden].

110 * [Im Asteriskus folgt ein größerer Diskurs über die Vorteile einer synodalen Kirchenverfassung, abgedruckt in Anhang 6].

einer seufzt, dann klagst Du als erster, gnädiger Herrscher; Deine größte Sorge ist es, den Menschen zu helfen und sie zu fördern. Bittenden stehst Du treulich bei, es sei denn, sie widersetzten sich Deinem Bestreben. Immer auch bist Du verlässlich, verzögerst nie ein Versprechen. Und wenn andere Herrscher allein durch Härte Furcht erregen wollen, wendet bei Dir Dein ruhiges Wirken alles zum Besten.

Als Natur Dich schuf, gelang die Gestaltung ihr glücklich; (1200) Wonne und Wohlwollen erstrahlen von Deinem Antlitz. Lebe lange und glücklich für unsere Heimat und das getreue Volk! Alles, was Du unternimmst, gelinge durch Gottes Hilfe. Anderswo dröhne der Krieg, und ein Schwert sei billiger als die Pflugschar; bei uns aber stehe das Kriegsross zurück vor dem Stier auf fruchtbarem Felde. So lang es Frömmigkeit gibt, wird Dein hoher Ruhm sich erhalten. Einst kehrte ja Ordnung ein unter dem ersten frommen König [Roms].[111] Deine Verdienste bleiben stets im Gedächtnis untilgbar erhalten.

Freilich kann mein Gedicht den verdienten Preis nicht ganz darbieten, doch sei es am Willen genug; Du siehst auf die Absicht und nicht auf die Dichtung. (1210) Also bewahrt, ihr Götter, den König und mit ihm den höchsten Fürsten [der Kirche]; wahrt auch den Stamm des Königs als Herrscher durch lange Zeiten. Er fördere die Altäre, dann ruht auf ihm allezeit Segen.

Schlusswort

Sollte ich jemand nun vielleicht allzu scharf erscheinen, dann mag sich der Aufgebrachte gleich erheben und zum Kampf mit gleichen Waffen antreten – dies meine Bedingung – und, wenn er es will, in meiner Arena kämpfen. Nur mit solchen Hexameter-Versen, nicht anders, soll der Feind fechten; unseren Kampf begleite der Geist Vergils; wir wollen Sprache und Versmaß des Dichters nicht verfehlen. Wir alle, Gelehrte wie Ungelehrte, schreiben ja Verse.[112] (1220) Und kannst Du nicht skandieren, dann schreibe zumindest gutes Latein! Ein ungebildeter Bauer ahmt die Sprache der Väter nach, und ein Doktor schreibe Latein, will er als Doktor gelten. Viele, die man zum Doktor machte, sind es nur durch das Diplom, und ich behaupte, sie könnten nicht einmal meine Verse übersetzen. Auch disputiert heute kaum noch einer über lateinische Thesen; der Doktorhut schmückt ihn, auch wenn er nur in der Muttersprache daherschwatzt, und auch wenn er schwach oder unbedarft redet, wird er vom Vorsitzenden ernannt, und ist, wenn auch im Geiste schwach, auf dem Papier ein Doktor. Es ist keine Ehre mehr, Doktor zu heißen. (1230) Da werden passende Worte mit schlechten vertauscht und gelehrte [Worte] mit ungelehrten.

Halbgelehrte Doktoren! Legt doch, ich bitte, den Titel ab! Welche Schande, lange studiert und Latein nicht gelernt zu haben! Geht doch nochmal zur Schule, die ihr Hohlköpfe wohl dreizehn Jahre lang vergeblich besuchtet, ihr, für die eure Eltern so viele Taler bezahlten. Ich prahle nicht mit meinen Gaben,

---

[111] Numa Pompilius (vgl. Anm. 23) ist damit gemeint.
[112] * Horaz [Epistulae 2, 7, 117].

doch bekämpfe ich Unverschämte, die etwas vorstellen wollen, in Wahrheit aber, wie man sagt, nichts taugen und am Ende nicht einmal Latein richtig aussprechen können. Es gibt ja nur wenige Professoren, die diese Kunst verstehen. (1240) Man hört auch von keinem mehr, der seine Vorlesung auf Lateinisch hält. Deshalb erregen sie beim Betonen zumeist nur Lachen; lange Silben sprechen sie kurz, und eine kurze längen sie, was alle Sprachregeln aufhebt. Wie oft habe ich gelacht, wenn sie auf hohem Stuhl als Vorsitzende schon falsch lasen und mit Degen und Gold glänzten! Dann ist es kein Wunder, wenn es auch beim neu ernannten Doktor an der Betonung fehlt, scheitern doch schon Gelehrte an der üblichen und korrekten Aussprache. Ihr erinnert euch noch an die Alten und könnt sie aufsagen. Lest doch gleich die Dichter, um sie besser vortragen zu können! (1250) Welche Freude hatte ich doch an Statius, Juvenal und Tibullus![113] Und lese ich erst Ovid[114], vergisst mein betrübtes Herz allen Kummer. Durch Lektüre unserer Streitschriften verderben wir Unwissende. Schon fragt sich der Bürger, ob er etwa Schriften von Spinoza[115] lesen solle. Das Gewäsch der Gelehrten sollte dem Volk nicht zu Ohren kommen. So lange es nämlich nur Streitereien sind, nützen sie nicht und schaden eher. Man schütte nicht Heiliges den Hunden hin und werfe nicht Perlen vor Säue.[116] Einst verschwand an den Höfen die (lateinische) Amtssprache, und bei Ministern herrschte allein das schlüpfrige Französisch, das im Mund des Adels so misstönig klingt. (1260) Willst du aber von Adel sein, sprich lateinisch, und kannst du es nicht, benütze die heimische Sprache. Nur der Ungar spricht noch Latein und schreibt Neues; nirgendwo sonst wird, leider, die herrliche Mutter der Sprachen noch gepflegt, und selbst Konkordate erscheinen heute in Küchenlatein.

Kleines Werk! Dein Autor sendet dich vorerst [lateinisch] in die Welt, und du sieh zu, dass du trotz deines seltenen Kleides rechte Liebe erfährst. Freilich, willkommen wirst du nicht sein, nur wenige Augen werden dich lesen. Doch sind mir schon einige Leser genug, und schließlich nur einer, und selbst wenn mich keiner liest, ist, was ich sage, doch richtig. (1270) Vielleicht, mein Buch, verschwindest du schon zu meinen Lebzeiten, doch was tut es? Oft stirbt auch ein Sohn schon vor seinen greisen Eltern. Ob du also vor mir dahin gehst, während ich lebe, oder ob du mich überlebst: Ich weiß, dass ich als Sterblicher Vergängliches schuf. Ich fordere dich auf, gelehrte Welt, und bitte jeden, dem mein Werk gefällt: Antworte mir bald, und du wirst mir, selbst als Gegner, ein Freund sein, Du wirst mir Durchdachtes zu lesen geben und bist mir ein großes Orakel.

Sage mir, ob das Strafrecht veröffentlicht vorliegt und ob es die Untertanen nur verpflichten kann, wenn man es ihnen vorlas. Oder kann es genügen, wenn das Rechtsbuch (1280) nur Richtern bekannt ist, den Rechtsgelehrten und An-

---

[113] Publius Papinius Statius (40–96 n. Chr.). – Decimus Iunius Iuvenalis (ca. 60–140 n. Chr.). – Albius Tibullus (ca. 54–19. v. Chr.).
[114] Publius Ovidius Naso (43 v. Chr. – ca. 18 n. Chr.).
[115] Baruch de Espinoza (1632–1677), pantheistischer Philosoph.
[116] * Matthäus 7,6.

wälten, oder ob nicht jedes Einzelgesetz dem Untertan bekannt sein und wenigstens in jedem Dorfrathaus ein Gesetzbuch aufliegen muss? Soll etwa einer Strafe erleiden, von der er zuvor nichts wusste? Wenn jemand einem Beamten nur das Geringste verehrt, auch ohne listige Absicht, auch nicht zum Schaden des Nächsten, dann gilt er doch als korrupt und wird bestraft, obschon er nur gefällig sein wollte. So weiß der Angeklagte selbst nicht, worin seine Untat bestehen sollte. Er wird unwissend bestraft, obschon er sich als Unwissender nicht verging. Ein Finder, der Gefundenes zurückhält, wird bestraft, als sei er ein Dieb. (1290) Er soll gehorchen und weiß nicht, an welche Gebote er sich halten soll; er kennt das Gesetz nicht, weil es nicht öffentlich bekannt gegeben wird. Jeder soll wissen, was er nicht tun darf, und soll wissen, was er tun soll. Das Gesetz wurde einst, auf zwei steinerne Tafeln geschrieben, unter schrecklichem Donner dem Moses und seinem gläubigen Volk gegeben[117]; jede Synagoge bewahrt es als Heiligtum auf. Daher wäre ein Katechismus nötig und nützlich, in dem die Gesetze vereinfacht zu lesen wären.[118] Und soll nicht der Pfarrer alle Erlasse von der Kanzel vorlesen, soll sie auch erklären und auslegen, ganz, wie er auch die zehn Gebote behandelt? (1300) Wenn er dem Volk schon mit der Hölle droht, weshalb nicht auch mit dem Galgen? Selbst wer den Teufel verspottet, fürchtet Gefängnis und Feuer.

Sage mir, ist das Rechtswesen gesund oder krank? Und wenn es nicht gesund ist, weshalb sorgt man nicht für Abhilfe? Ist es nicht eine Schande, hier lange untätig zu bleiben? Weshalb bemühst du dich erst so spät um einen schon verdorbenen Leib? Ist etwa ein junger Leib weniger wert als ein alter? Kann auch ein Eremit ein guter Gesetzgeber sein? Ein durch Praxis und Kenntnis der Sitten des Volkes Erfahrener ist wohl ein besserer, hat er doch die Welt zu Wasser und zu Lande kennengelernt. (1310) Der Geist des Menschen erweitert sich und zieht Nutzen aus Umgang mit Fremdem. Zusammen zu leben, lehrt Leben, und Bücher wirken so gut wie Hände. So war der Verfasser des Werkes „Vom Geist der Gesetze“[119] zuerst durch die Welt gereist und hatte alles betrachtet. Wird nicht der klarste Rechtsfall durch Jahre hingezogen? Wie weit darf ein Federfuchser Fakten und Recht verbiegen? Sage es mir, Gütiger [Gott], und wenn du es sagst, gibst meiner Seele du Ruhe.

Ihr Protestanten verdient wahrlich euren Namen und bleibt eurem Charakter treu, bestärkt durch den Namen. Gleich erfolgte ja schon euer frecher Protest.[120] (1320) Die angeborene Lust am Negieren von allem wirkt bei euch fort. Doch fordert die Stimme des Volkes, welche Gottes Stimme ist, das Konkordat – nicht aber die Stimme der Schreiberlinge, die den Papst ausschließen

---

[117] Dekalog: Exodus 20,3–17.

[118] * Consuetudo Romae, ut leges XII tab[ularum] adolescentes ediscerent, Cic[ero].

[119] Gemeint ist das Hauptwerk „Esprit de lois“ (1748) des Charles de Secondat, Baron de la Brède et de Montesquieu (1689–1755) (deutsche Übersetzung 1782).

[120] Sammelbegriff für die neugläubigen Kirchen der Reformation, der sich seit der Weigerung (Protestation) der neugläubigen Reichsstände gegen einen von kaiserlicher und altgläubiger Seite vorgeschlagenen Religionsvergleich auf dem Reichstag zu Speyer 1529 einbürgerte. – Keil spricht hier den öffentlichen Widerspruch an, der vor allem seitens der Protestanten als Antwort auf das Bekanntwerden des Konkordates folgte, fürchteten diese doch, dass mit dem Konkordat die paritätischen Verhältnisse in Bayern gefährdet seien (vgl. Kap. 5.3.1 Anm. 204).

wollen. Ihr wollt die hohe Herrschaft brechen und aushebeln, die euch doch Freiheiten und Vorteile schenkt. Wir lassen es ja zu, dass Luther hoch gepriesen wird. Doch ist es abgeschmackte Hoffnung und mehr noch als Wahnwitz, die Religion des Nächsten zerschmettern zu wollen. Nicht um deine Sache geht es [im Konkordat], Fremder im Glauben, da hast du zu schweigen. Unsere Güter kommen von Gott, und du, Ruchloser, darfst sie nicht beflecken. (1330) Du siehst nur den Splitter im Auge des Bruders, merkst aber nicht, dass dir ein Balken im eigenen Auge steckt.[121] Einem jeden Mitbürger bin ich gewogen, ich bin die Toleranz in Person, doch bin ich nicht unempfindlich, antworte auf Schmähungen mit vollem Recht und werde Gegner immer und jederzeit zurückweisen.

Anhang 1. Text im Asteriskus zu Vers 338

Der Grundsatz: „cujus regio, illius est religio“ kann bey Katholiken wenigstens nicht Platz greifen. Gewissensfreyheit hat selbst Napoleon anerkannt. Religion, das geistige Eigenthum des Menschen, das Verhältniss zwischen Gott und ihm, leidet keine äussre Eingriffe und Beschränkungen. Ueber das Herz giebt's keine irdische Gewalt. Ein Regent, der ein fremdes Land überkömmt, übernimmt es mit allen Rechten und Freiheiten, und ist streng an die Handlungen seines Vorfahrers, insoferne Rechte der Unterthanen davon abhangen, gebunden. Er hat sohin auch die Verbindlichkeit, jede Religion in ihrer Integrität zu belassen und muss, was die katholische betrifft, sich mit dem Pabste vergleichen, und ihm in allem, was zu den ursprünglichen und wesentlichen Kirchensachen gehört, nachgeben, so schwer es auch einem nicht katholischen Regenten ankommen mag. Das Reichsgrundgesetz Art. V § 30 P. O.[122], welches nur für protestantische Territorien allein, in dem sie den Pabst als Oberhaupt aufgaben, konnte gegeben werden, kann durchaus nicht auf Katholiken passen. Es herrschten damals auch keine protestantische Fürsten über katholische Länder. Durch die Säcularisation [1802/03] und durch spätere Länderteilungen kamen erst katholische Unterthanen unter protestantische Herrschaft; aber natürlich immer unter der Bedingung der freien Religions-Ausübung. Der Regentenwechsel ist immer dem Wohle eines Landes nicht günstig, wie traurig müsste es aber seyn, wenn selbst die Religion noch darunter leiden sollte, und in ihren Fundamentalgesetzen erschüttert würde, welche doch schon ihrem Begriffe nach keine weltliche Authorität anerkennen kann.[123]

[121] Lukas 6,41.

[122] Gemeint ist der Westfälische Frieden 1618, hier der Osnabrücker Frieden (Instrumentum Pacis Osnabrugensis): Die angesprochene Klausel betrifft das Recht zur Auswanderung, sofern Bewohner von der Landeskonfession abwichen; vgl. Karl Zeumer (Bearb.), Quellensammlung zur Geschichte der Deutschen Reichsverfassung in Mittelalter und Neuzeit, Bd 2, Tübingen 1913 (2. Aufl.), S. 395–434, Nr. 197 (Osnabrücker Friedensvertrag), hier S. 409 § 30.

[123] Womöglich bezog sich Keil hier auf die katholisch-integralistische Schrift des Franz Andreas Frey, Ist der westphälische Friede vom Jahre 1648 den Bestimmungen des Art. V nach in Bezug auf den Religionszustand der christlichen Hauptconfessionen in Deutschland durch die rheinische und Wiener Bundesacten angeschafft und aufgehoben?, Bamberg 1816; vgl. Euchar-Franz Schuler, Die Bamberger Kirche im Ringen um eine freie Kirche im freien Staat. Das Werden und Wirken des Bamberger Kirchenrechtlers und Kirchenpolitikers Franz Andreas Frey

Anhang 2. Text im Asteriskus zu Vers 388[124]

Man lässt sich gerne was gefallen; aber nur nicht über die Schnur: – denn das thut weh, wenn man gleich so tief in den Beutel greifen muss. Clericus Clericum non decimet [Der Geistliche vernichte nicht den anderen Geistlichen]: wäre meine unmassgebliche Meinung. Es will doch niemand die Schafe umsonst hä[u]ten, und der Schäfer wird von jeder ersten Schur auch etwas Wolle haben dürfen. Es kostet ihm Geld genug, bis er den Informativ-Prozess [zu bestätigender Bischof an der päpstlichen Kurie] besteht. Ist er nicht reich von Haus aus, muss er Schulden machen, und Schulden stehen doch auch einem Bischofe nicht an. Das Aschaffenburger Concordat[125] sammt seiner scheinbar gutgemeinten retaxation [Neueinschätzung], die aber bei den conventionsmässigen Einkünften der Bischöfe ohnehin überflüssig ist, wird man hoffentlich nicht zu Grund legen. Als gute Vorbedeutung hat schon der heilige Vater von den Dignitaeten [des Domkapitels: Dompropst und Domdekan] nichts verlangt. Nach welchem Massstabe sollen aber nun die Annaten und Taxen erhoben werden? Wie und von wem soll dieser ausgemittelt und als Gesetz bestimmt werden? Gewiss unter Genehmigung beider Paciscenten [Vertragsparteien: Papst und bayerischer König].

Ich betrachte das Koncordat als definitive Praeliminarien, oder wie einen Pariser Frieden v. 1814, worauf der Wiener Kongress folgte.[126] Ebenso dürfte auch nothwendig seyn, dass eine Synodalversammlung aus Theologen, Canonisten, Staatsmännern und Juristen sich bilde, um sich über das nur in Grundzügen entworfene Koncordat zu berathschlagen, und sodann mit dem Pabste über viele noch unbestimmte Punkte in fernere Unterhandlungen einzugehen. Protestanten und Reformirte könnten auch als aggregierte Mitglieder dabei erscheinen, um ihre vermeindlichen Beschwerden anzubringen, und die ihrer Ansicht nach gefährdeten Rechte zu wahren. Napoleon hat ja sogar einen Sanhedrin zusammengerufen.[127] Es werden sich auch die 3 christlichen Confessionen, die nur einen Stammvater haben, miteinander verständigen. Nichts in der Welt geht über den Rechtszustand. – Nur kein Provisorium, wobei man nicht gut

---

(1763–1820) in den Auseinandersetzungen mit dem josephinistischen Staatskirchentum, in: Historischer Verein Bamberg 115. Bericht (1979), S. 7–426, bes. S. 370.

[124] Dieser gesamte, inhaltlich zentrale Passus ist bemüht, die episkopalistischen Bestimmungen des Emser Kongresses der vier Erzbischöfe der Germania Sacra (Mainz, Köln, Trier, Salzburg) von 1786 auf die konkordatäre Situation zu übertragen; vgl. den Quellentext bei Michael Pfliegler, Dokumente zur Geschichte der Kirche, Innsbruck 1938, S. 283–296 (Emser Punktation, 25.08.1786). Dazu immer noch am ausführlichsten: Heribert Raab, Die Concordata nationis germanicae in der kanonistischen Diskussion des 17. bis 19. Jahrhunderts. Ein Beitrag zur Geschichte der episkopalistischen Theorie in Deutschland (Beiträge zur Geschichte der Reichskirche 1), Wiesbaden 1956, S. 125–176.

[125] Das Aschaffenburger Konkordat von 1447 zielte auf die Verminderung der bischöflichen Abgaben an die Kurie (Annaten, Taxen, Palliumgelder); vgl. Heribert Raab, Aschaffenburg und das Wiener Konkordat, in: Aschaffenburger Jahrbuch 4/1 (1957), S. 464–470. Es wurde erst vom Emser Kongress wieder aufgegriffen; vgl. Pfliegler, Dokumente (wie Anm. 124), S. 294f., Art. XXI.

[126] Erster Pariser Frieden (30.05.1814) nach der ersten Niederlage Napoleons und dessen Abdankung. Auf dem folgenden Wiener Kongress (1814/15) wurde die europäische Nachkriegsordnung geregelt.

[127] Zur Regelung des bürgerlichen und Rechtsstatus der Juden im Empire berief Napoleon 1806 eine Generalversammlung von deren Vertretern und Rabbinern, den „Grand Sanhédrin“ ein; vgl. Jacques Godechot, Art. „Juifs“, in: Tulard, Dictionnaire Napoléon (wie Anm. 16), S. 986–990, bes. S. 988.

providirt ist. Im Staate muss der Mann in geistiger und körperlicher Hinsicht geschützt seyn: in beiden Stücken muss er eine feste Stütze – eine Konstitution haben, hauptsächlich aber in der Religion, die auf was Inneres, Unsichtbares, und auf den Glauben gebaut ist. Ungefähr folgende Gegenstände könnten in der Synodalversammlung unter andern besprochen werden.

1) Wie weit erstreckt sich die Dispensvollmacht der Erz- und Bischöfe in Ehehindernissen, Weihen, Ordensgelübden und Abstinenz? Da doch ohne alle Schwierigkeit im 3. und 4. Grad der Consanguität und Affinität [Bluts- und andere Verwandtschaft] beider geistlichen Verwandtschaft, und beim impedimento publicae honestatis [Ehehindernis mangelnder öffentlicher Ehrbarkeit] immerhin dispensirt wird, so dürften diese Hindernisse entweder ganz wegfallen, oder wenigstens zur erzbischöflichen Gewalt ressortiren.[128]
2) Wie geschieht der Appellationszug in causis ecclesiasticis [geistlichen Gerichtssachen]? Könnten denn nicht einmal die Basler [Konzils-]Dekrete[129], Sitzung 31 von den Gerichtssachen und Appellationen, in Erfüllung kommen, und in 3ter Instanz judices in partibus [diözesane Richter] delegirt werden? Dies oberste Tribunal dürfte sich unter dem praesidium des Erzbischofs zu München constituiren, und im Namen des Pabstes entscheiden.[130]
3) In welchen Fällen hat man sich unmittelbar an den Pabst zu wenden? Welch' sind die[se] größeren Angelegenheiten? Sie sind zwar theils im kanonischen Rechte, theils im Basler Decrete angegeben; man dürfte sie aber noch einmal im Contexte bestimmen.
4) Hat eine ständige Nuntiatur *in geistlichen Angelegenheiten* statt [sic]? Von einer mit Facultäten [Kompetenzen] wird jetzt gar keine Rede mehr seyn.[131] Man hat zwar ehedem behauptet, dass der Pabst das Recht habe, Nuntien abzuschicken, um durch sie das Wohl der Kirche nach Maasgabe des ihm anvertrauten obersten Hirten-Amtes zu besorgen. Allein sind denn die Bischöfe nicht schon seine [qua Amt] gebor[e]ne Nuntien? Deshalb verzeichne man genau die Amtsverrichtungen eines Nuntius, und erinnere mich an den ehemaligen Nuntius Pacca[132] zu Köln im Jahr 1786, damit allen künftigen Nuntiaturstreitigkeiten vorgebeugt werde. Frankreich gibt hierin ein gar schönes Vorbild. Man lese die Eidesformel der legati a latere unter dem ersten Konsul. Wozu sich einmal der römische Hof verstanden [hat], wird, kann, und darf er sich auch wieder verstehen. Die unitas [Einheit] ist ja der Hauptcharakter des Katholizismus.

---

[128] Vgl. die gleichlautende Formulierung der Emser Punktation bei Pfliegler, Dokumente (wie Anm 124), S. 286, Nr. II c.

[129] Konzilstagung 1431–1449. Das Konzil markierte den Höhepunkt konziliarer und antipapaler Konzepte, weswegen ihm das Papsttum jegliche Rechtskraft absprach.

[130] Mit der Rechtsfigur einer dritten Instanz einheimischer, „nationaler" Kirchenrichter, die von der päpstlichen Kurie unabhängig sein sollen, doch in deren Namen zu urteilen haben, übertrug Keil diese episkopalistische Bestimmung des Emser Kongresses von 1786 auf die Gegebenheiten des Königreiches Bayern. So gedachte er ein überdiözesanes und gesamt-landeskirchliches Forum zu schaffen, das zugleich dem direkten römischen Einfluss entzogen war; vgl. die Emser Punktation bei Pfliegler, Dokumente (wie Anm. 124), S. 295, Art. XXII.

[131] Mit dieser Stellungnahme bestätigte Keil die entsprechende Emser Regelung, wonach die Nuntien reine Diplomaten seien ohne jegliche kirchenrechliche oder -disziplinarischen Befugnisse; ebd., S. 285, Art. I. c) und Art. IV. d.

[132] Bartolomeo Pacca der Ältere (1756–1844), Nuntius in Köln von 1786 bis 1794.

5) Aus welchen Gründen kann der Pabst einem ernannten Bischofe die canonische Einsetzung verweigern? In diesem Falle sollten die diözesanen Richter über die Qualitäten eines [vom König] ernannten Bischofs [sich] absprechen können, damit jede Willkühr, wenn letzterer ungefähr der römischen Kurie keine persona grata [genehme Person] wäre, abgeschnitten würde.
6) Kann der Pabst ohne Beistimmung des Königs einen Bischof ab- oder versetzen, suspendiren, und dessen Resignation annehmen? Ohne das oberste Tribunal möge nichts gegen einen Bischof verfügt werden. Unterwirft sich denn nicht auch der königliche Fiscus den Staatsgesetzen, und deren Aussprüchen seiner Gerichtshöfe?
7) Wohin haben sich Geistliche bei Beschwerden gegen ihre Bischöfe und Erzbischöfe zuerst zu wenden – an den Pabst, oder an den König, oder an die [weltliche] Ober-Apell[ationsgerichtsbarkeit] besonders in Fällen, die nicht rein kirchlich sind? Man wird die Nothwendigkeit und den Nutzen der [diözesanen Richter am obersten landeskirchlichen Tribunal; Punkt 2] einsehen.
8) Wie wird in Criminalfällen gegen Bischöfe und Geistliche verfahren? Sie können zwar nur von königlichen Gerichten nach den Landesgesetzen untersucht und abgeurtheilt werden, weil sie sich gegen den Staat, dessen Unterthanen sie sind, vergangen haben. Aber wie ist die Procedur? Wer hat die Generaluntersuchung? Es gibt Fälle, wo sich Geistliche lieber von weltlichen Criminal-, als von geistlichen Disciplinargerichten untersuchen und richten lassen. Was ist dann rechtens? Können solche, die von der [weltlichen] Instanz freigesprochen, hernach noch geistliche Polizeistrafen erleiden? Und welche Strafen machen sie zu geistlichen Funktionen und zur Fortsetzung ihres bekleideten Amtes unfähig?
9) Da der 17te Artikel [des Konkordats][133] nur wechselseitige Höflichkeitsbezeugungen enthält, in einem Staatsvertrage aber solche zu nichts frommen, und zuletzt doch in Missverständnisse und Misshelligkeiten ausarten können, worunter die betheiligten Individuen alsdann nur am meisten leiden, so dürfte dieser bis auf die kleinste Nuance noch auseinandergesetzt werden. Pensionirte Domherren, Kanoniker, Prälaturisten[134] etc. sind durch die Säcularisation dem Könige ganz anheimgefallen, und theils nach dem Reichsdeputationshauptschluss[135], und theils nach den bestehenden Pensionsgesetzen zu beurtheilen; können sohin vom Pabste oder dem Bischofe nicht eher in Anspruch genommen werden, als bis sie wieder förmlich an einer Kirche angestellt sind.

---

[133] Art. XVII. des bayerischen Konkordates betont, sämtliche Konflikte um die Rechtspraxis und -auslegung einvernehmlich und freundschaftlich zu klären.
[134] Mitglieder ehemals landständischer Klöster, sogenannter Prälaturen.
[135] Der Reichsdeputationshauptschluss (25.02.1803) verfügte reichsrechtlich die Auflösung und Umverteilungen der geistlichen Staaten. Hier gemeint sind die materiellen Versorgungsansprüche der depossidierten bzw. entlassenen Geistlichen, in: Zeumer (Bearb.), Quellensammlung (wie Anm. 122), S. 509–528, Nr. 212 (Hauptschluss), hier S. 523f. § 51–59.

10) Ob wieder Exemtionen dürfen eingeführt werden, und Mendicanten-Klöster [Bettelorden] sich auswärtigen Generalen unterwerfen dürfen. Beides könnte unterbleiben.[136] Die noch bestehenden wären statt der neu zu errichtenden vor der Hand zu dotiren, und das Betteln einzustellen. Der Bettelmönch ist keine Zierde, sondern reizt nur die Protestanten zum Spötteln, und jeder [der Bettelmönche] wird herzlich froh seyn, wenn er einmal seinen Bettelsack, der ihm einen barmherzigen titulus mensae [Tischtitel][137] giebt, an den Nagel hängen darf.
11) Die Kleiderordnung der Geistlichen dürfte auch noch näher bestimmt, und hierin eine Conformität im ganzen [König-]Reiche hergestellt werden, um der Willkühr der Bischöfe zu steuern. Ausser den Amtsfunctionen wird wohl ein anderes Kleid getragen werden dürfen.
12) Wer krei[e]rt die apostolischen Proto- und Notarien?[138]
13) Wie wird es bei Anstellungen eines allenfallsigen Suffragan-Bischofs [Weihbischofs] gehalten?
14) Man klagt über geringen klerikalischen Nachwuchs. Wie ist der Klage abzuhelfen? Ich glaube, durch den sanften Geist des Evangeliums.
15) Nach welcher Ordnung ist der jedesmalige processus informativus von den Bischöfen[139] zu machen?
16) Könnte dem geistlichen Censor nicht eine weltliche controlle gesetzt werden, damit er nicht als Richter in eigener Sache erscheint?
Schlüsslich möchte die Grenzlinie zwischen geistlichen und weltlichen Sachen so genau als möglich gezogen werden:
Dass denen, die jetzt in Eintracht leben, bald neue Zwietracht entsteht, und die früheren Streitigkeiten wiederkehren, möge Gott verhüten!
Vertraue nicht zu sehr einem heiteren Himmel und einer ruhigen See.

Anhang 3. Text im Asteriskus zu Vers 403

Die Religion als das erste Bedürfnis bildete sich früher als der Staat. Für den Menschen gibt's nicht Heiligeres und Erhabeneres als Religion: sie gewährt ihm ohne allen Tribut nur allein den seligsten und reinsten Genuss; sie ist der einzige Trost auf dieser traurigen Erde; ja sie ist unendlich und reicht hinüber in die jenseitigen Gefilde, wo für den Menschen der Staat schon lange aufgehört hat: – Und nun soll sie diesseits des Grabes eine so subalterne Rolle spielen?

Was doch die Staats- und Staatsrechtslehrer schon alles mit ihr angefangen haben! Sie wissen ihr im Staate keinen rechten Platz zu geben. Der eine setzt sie unten hin, der andere vergleicht sie mit einer Handelsgesellschaft, und der

---

[136] So gleichlautend bereits die Emser Punktation bei Pfliegler, Dokumente (wie Anm. 124), S. 285, Art. I. c–d.
[137] Unterhaltspflicht des Bischofs für seine Diözesankleriker.
[138] Laut Emser Punktation sollen diese der Prüfung und Anerkennung der Ortsbischöfe unterworfen sein; vgl. Pfliegler, Dokumente (wie Anm. 124), S. 287f., Art. IV. e.
[139] Informativprozess (Eignungs- und Rechtgläubigkeitsprüfung) zur päpstlichen Konfirmation der ernannten Bischofskandidaten. Das bislang auf die Kurie und ihre Nuntien zentrierte Verfahren sollte laut Emser Punktation auch wahlweise den Ordinarien (Erzbischöfen), Nachbar- oder den Elekten konsekrierenden Bischöfen zufallen; vgl. ebd., S. 293, Art. XVII–XVIII.

dritte tolerirt sie blos. Der sonst so ehrwürdige R[itter] v[on] Gönner[140] lässt sich sogar eines Machiavellismus beygehen. In seinem deutschen Staatsrechte: Landshut 1804 § 408, sagt er: „sofern nun die Kirche als Gesellschaft über ihre Existenz im Staate mit diesem eine Abrede (concordate) trifft, erlaubt schon das subalterne Verhältniss der Kirche nicht, sie als Staatsverträge anzusehen (das Konkordat von 1817 beweist aber doch jetzt das Gegentheil), vielmehr sind sie dem Staatsregierungsrechte um so mehr unterworfen, als Staat und Kirche, jener mit den nach der Vernunft, diese mit den aus der Offenbarung unabänderlichen göttlichen Ansprüchen, es zu tun haben, folglich ihre Uebereinkunft allemal auf einen provisorischen Zustand (bis sich die Umstände oder die Einsichten ändern) hinweist.“ Das heisst also mit andern Worten: in kirchlichen Sachen ist man Wort zu halten nicht schuldig. [...] Man kann bei dergleichen gefährlichen Mode-Principien sich gewissermassen nun das Zetergeschrey, und unaufhörliche Protestiren der Protestanten gegen das Konkordat auch wohl erklären: [Es folgen publizistische Einlassungen Keils gegen aktuelle Pressestimmen seiner Zeit, die in ihrem argumentativen Gehalt jedoch keinen weiteren Aussagewert beanspruchen können].

Anhang 4. Text im Asteriskus zu Vers 412

[Der König] kann aber das ertheilte Placet nach den Staatsbedürfnissen, wie Herr von Gönner will, nicht wieder zurücknehmen. Was ist das Placet nichts anderes als ein Vertrag? Ob der Regent ohne collegialische Berathung und Abstimmung sämmtlicher Episcopate das Placet verweigern, und ob er wider den Willen der Bischöfe eine Bulle placetieren könne, sind Fragen weiterer Untersuchung; vorausgesetzt, dass eine Bulle nicht politischen sondern religiösen Inhalts ist. Die Erörterung derselben behalte ich mir auf ein andersmal bevor.

Anhang 5. Text im Asteriskus zu Vers 421

Der 16te Artikel [des Konkordats] wahrt und sichert die Rechte des Königs als Schutzherrn seiner Kirche und als Souverains seines Reiches. Nur diejenigen Gesetze, welche dem Konkordate widersprechen, sind als abgeschafft zu betrachten. Die ihm aber nicht widersprechen, bleiben in ihrer vorigen Kraft und Ausübung: oder, wozu sich der König nicht ausdrücklich anheischig gemacht hat, hat für ihn keine Verbindlichkeit. Der Zustand der Dinge nach der Säcularisation ist die Norm. Nur durch Uebereinkunft [des Konkordates] kann er sich anders gestalten.

Anhang 6. Text im Asteriskus zu Vers 1185

Die Kirchengeschichte lehrt, dass man bey Feststellung der geistlichen Verhältnisse nicht vorsichtig genug seyn kann. Es ist Sache und Interesse der Kirchenglieder, sich mit ihrem Oberhaupte [dem Papst] über alle zu Collisionen Anlass gebende Punkte zu benehmen. Es sind Landstände, oder Repräsentanten in der

---

[140] Nikolaus Thaddäus Ritter von Gönner (1764–1827), bayerischer Rechtsgelehrter und Staatsmann.

Kirche nothwendig, um so mehr, weil das Oberhaupt zu weit [in Rom] entfernt ist, als dass er die Local- und Zeitbedürfnisse gehörig zu würdigen weiss. [Der Leitsatz: Alles] Gemäß der Lehre der Kirche, ihrem Leben und ihrer erprobten Disziplin: was ist das für eine? Jene in den ersten acht Jahrhunderten, oder zur Zeit der Schwerdter-Regirung? Wenn es jedem Zeloten [Eiferer] erlaubt ist, mit Umgehung der untern Instanzen sich ohne weiters nach Rom zu wenden, so ist keine königliche Verordnung, und kein Hirtenbrief vor Denunciationen mehr sicher.[141] Unwissenheit und Fanatismus gehen schnell in abergläubische Verehrung des römischen Stuhls über, und es können Verwirrungen entstehen. Sich hintangesetzt dünkende Menschen könnten Spione werden, und unruhige Köpfe es darauf anlegen, dass sich ein Donnerwetter entzünde, welches, zwar nicht mehr so gefährlich, aber doch die Schwachen erschreckt.

5. Erläuterungen

5.1 Das bayerische Konkordat von 1817 – das erste deutsche Länderkonkordat

5.1.1 „Nationalkonkordat" oder Regelungen mit den einzelnen deutschen Ländern – Der Weg zum bayerischen Konkordat

Mit der Säkularisierung und Umverteilung der geistlichen Staaten, so auch des Hochstifts Würzburg[142] zugunsten weltlicher Herrschaften 1802/03 im Zuge der napoleonischen Hegemonie über das damalige Römische Reich deutscher Nation standen in der Konsequenz auch die kirchlichen Verhältnisse zur Disposition, die letztendlich nur durch Staatsverträge dieser (formalen) Rechtsnachfolger mit der katholischen Kirche auf eine neue Grundlage gestellt werden konnten.[143] Nach der Säkularisation durch das Kurfürstentum Pfalz-Bayern (1802/03) fiel der Großteil der Würzburger Lande ab 1806 unter dem

---

[141] Damit wendet sich Keil gegen Art. XII. e), wonach der Nachrichtenverkehr nicht nur der Bischöfe und Diözesankleriker, sondern auch des Kirchenvolkes mit Rom völlig frei ist.

[142] Literatur (Auswahl): Alfred Wendehorst, Das Bistum Würzburg 1803–1957, Würzburg 1965, bes. S. 9–43; Wolfgang Weiß, Kirche im Umbruch der Säkularisation. Die Diözese Würzburg in der ersten bayerischen Zeit (1802/03–1806) (Quellen und Forschungen zur Geschichte des Bistums und Hochstifts Würzburg 44), Würzburg 1993; Thomas Wehner, Das Bistum Würzburg im Spannungsfeld zwischen Säkularisation, Konkordat und Neuorganisation, in: Hans Ammerich (Hg.), Das Bayerische Konkordat 1817, Weißenhorn 2000, S. 231–271; Wolfgang Weiß, Staat und Kirche im Großherzogtum Würzburg, in: Wolfgang Altgeld / Matthias Stickler (Hg.), „Italien am Main". Großherzog Ferdinand III. der Toskana als Kurfürst und Großherzog von Würzburg (Historische Studien der Universität Würzburg 7 / Mainfränkische Studien 75), Rahden / Westfalen 2007, S. 75–92; Winfried Romberg, Religion und Kirchenpolitik im Wirken Ferdinands III. von Toskana. Zum 200. Jahrestag seines Regierungsantrittes im Großherzogtum Würzburg, in: Würzburger Diözesangeschichtsblätter 68 (2006), S. 109–213; Tagungsdokumentation: 200 Jahre Unterfranken bei Bayern – Vom alten zum neuen Bistum Würzburg (1802–1821), in: Würzburger Diözesangeschichtsblätter 78 (2015), S. 11–194.

[143] Hausberger, Staat und Kirche (wie Anm. 58) (quellenreichste und am meisten literaturkritische Darstellung). – Ältere, teils parteiische Literatur: Constantin von Höfler, Concordat und Constitutionseid der Katholiken in Bayern, Augsburg 1847; Otto Mejer, Zur Geschichte der

Titel des Großherzogtums Toskana an die österreichische Sekundogenitur des Erzherzogs Ferdinand III. (1769–1824), bevor Bayern 1814 hier endgültig die Herrschaft übernahm.

Von vornherein konkurrierten in dieser zentralen Frage einer umfassenden kirchlichen Neuordnung zwei denkbar gegenläufige Konzepte[144]: Der Reichserzkanzler (bis zu Reichsende 1806), (vormals Mainzer) Metropolit und von seinem neugewonnenen Titel des „Primas von Deutschland"[145] beflügelte Karl Theodor von Dalberg († 1817) und sein Adept, der Konstanzer Generalvikar Heinrich Ignaz Karl von Wessenberg (1774–1860), vertraten nach französischem Vorbild (1801) ein umfassendes Nationalkonkordat, das alle deutschen Staaten, zumindest die Napoleon unterwürfigen Staaten des Rheinbundes (1806–1813) umfassen sollte, sofern sie katholische Bevölkerungsanteile aufwiesen. Damit engstens verbunden waren episkopalistische Anschauungen über eine weitgehende Unabhängigkeit der Bistümer von der römischen Kurie. Demgegenüber konträr positionierte sich das 1806 im Gefolge des Rheinbundes zur Souveränität erhobene Königreich Bayern, das ein partikulares Konkordat für seine Länder aushandeln wollte, und zwar gemäß seinen staatskirchlichen Grundsätzen der strengen Überordnung des Monarchen über das Religionswesen im festen Rahmen einer mit den eigenen Außengrenzen deckungsgleichen Landeskirchenorganisation.[146]

Zwischen beiden Fronten fanden sich die innerkirchlichen, restaurativen und stärker rom-treuen Kräfte, die gerade in Franken nun auch im überdiözesanen Zusammenschluss der einzelnen Bistumsordinariate in langsamer, doch steter Formierung begriffen waren.[147] Sie richteten sich gleichermaßen wider staatskirchliche Gängelung und Bevormundung einerseits und die erwähnten nationalkirchlichen Intentionen andererseits. Letztlich sollten sie als ortskirchliche Repräsentanten Impulse zum Zustandekommen eines Konkordates geben und dies ihrerseits mit konkreten Inhalten füllen.[148]

---

römisch-deutschen Frage, 2. Teil, 1. Abt.: Die bayerische Concordatsverhandlung, Rostock 1872; Hermann von Sicherer, Staat und Kirche in Bayern von 1799 bis 1821, München 1874; Beda Bastgen, Bayern und der Heilige Stuhl in der ersten Hälfte des 19. Jahrhunderts, 2 Bde. (Beiträge zur altbayerischen Kirchengeschichte 17/18), München 1940, bes. Bd. 1, S. 167–201. – Vgl. Wehner/Weiß, 1821 (wie Anm. 3).

144 Mejer, Die bayerische Concordatsverhandlung (wie Anm. 143), S. 24–86.

145 Der Titel trat erstmals im Reichsdeputationshauptschluss 1803 auf; vgl. Zeumer (Bearb.), Quellensammlung (wie Anm. 122), S. 516f. § 25; vgl. hierzu immer noch: Hubert Becher, Der deutsche Primas. Eine Untersuchung zur deutschen Kirchengeschichte in der ersten Hälfte des neunzehnten Jahrhunderts, Kolmar o. J. [1943], S. 14–154.

146 Hausberger, Staat und Kirche (wie Anm. 58), S. 25–136. Zur Haltung der Würzburger Diözesanleitung angesichts dieser Pläne vgl. Weiß, Kirche im Umbruch (wie Anm. 142), S. 273–292 (1803–1806).

147 Nicht zu unterschätzende Bedeutung erlangte der Zusammenschluss der drei Vikariate von Eichstätt, Bamberg und Würzburg zu dem seit 1814 konzertiert auftretenden „Verein der Ordinariate"; vgl. Hausberger, Kirche und Staat (wie Anm. 58), S. 156–166.

148 Als Würzburger Exponent ist vor allem Weihbischof Gregor Zirkel (* 1762, Episkopat 1802–1817) zu nennen; vgl. A.[ugust] Fr.[iedrich] Ludwig, Weihbischof Zirkel von Würzburg in seiner Stellung zur theologischen Aufklärung und zur kirchlichen Restauration. Ein Beitrag zur Geschichte der katholischen Kirche Deutschlands um die Wende des 18. Jahrhunderts, 2 Bde., Paderborn 1904/1905, hier Bd. 2, S. 382–456; Wolfgang Weiß, Ein Kirchenmann zwischen Aufklärung, Romantik und Restauration. Weihbischof Gregor Zirkel, in: Würzburger Diözesangeschichtsblätter 47 (1985), S. 191–215, bes. S. 208–215 (problemorientierte Analyse).

Indes ließen die fortgesetzten Feldzüge Napoleons und im Besonderen seine gewaltsame Internierung des Papstes von 1806 bis 1814 keinerlei dergleichen kirchenpolitische Optionen zu. Nach dem definitiven Scheitern einer gesamtkirchlichen Regelung auf dem Wiener Kongress 1814/15 und den anschließenden ebenso erfolglosen Bemühungen am Deutschen Bundestag zu Frankfurt 1816 einschließlich der Folgekonferenzen 1818/19 war schließlich der Weg zu Sonderabkommen einzelner deutscher Staaten mit der römischen Kurie frei.[149]

Bayern bereitete schon seit Juli 1814 diesbezügliche Verhandlungen vor; im März 1816 signalisierte die Kurie ihrerseits Bereitschaft dazu. Doch erst nach dem Fall des allmächtigen Ministers und kompromisslosen Vertreters eines dogmatischen Staatskirchenrechts aufgeklärt-säkularer Prägung, Maximilian von Montgelas (Februar 1817), schienen die Konjunkturen günstig für ein Abkommen, das beiden Seiten eher gerecht werden konnte. Der erstaunlich rasch zustande gekommene Kirchenvertrag wurde von Bayern intern zwar stets als Konkordat bezeichnet, doch vom König formell als niederrangige „Übereinkunft" (Conventio) am 24. Oktober 1817 mit rückwirkendem Datum ratifiziert zu Fronleichnam, dem 5. Juni des Jahres.[150]

5.1.2 Zum Inhalt des Konkordats

In grundlegender Bestimmung gestand das Vertragswerk[151] der katholischen Kirche im gesamten Königreich den Erhalt „unversehrt mit jenen Rechten und Prärogativen [...] welche sie nach göttlicher Anordnung und den canonischen Satzungen zu genießen hat" (Art. I.) zu. Daraus ergaben sich die folgenden Kernpunkte:

Infolge der territorialen Zugewinne und Verluste war eine Neueinteilung der Metropolitanverhältnisse und der Bistümer (Art. II.) notwendig, was durch die päpstliche Zirkumskriptionsbulle „Dei ac Domini Nostri Iesu Christi" (1818, verkündet 1821) noch genauer geregelt wurde. An allen Bischofssitzen sollte es wieder ein Domkapitel geben, wenn auch mit stark verminderter Pfründenzahl und unter neuen strukturellen Voraussetzungen. Es gab kein Adelsprinzip mehr. Ebenso wenig stellten die Domkapitel noch eine vom Bischof unabhängige und innenpolitisch relevante Verfassungsgröße dar, wie einst in der untergegangenen Germania Sacra des Alten Reiches. Vielmehr dienten sie nurmehr als untergebenes Ratsgremium in der Diözesanverwaltung (Art. III. und X.).

---

[149] Vgl. Dominik Burkard, Staatskirche. Papstkirche. Bischofskirche. Die „Frankfurter Konferenzen" und die Neuordnung der Kirche in Deutschland nach der Säkularisation (Römische Quartalschrift für christliche Altertumskunde und Kirchengeschichte, 53. Supplementband), Rom/Freiburg/Wien 2000.

[150] Hausberger, Staat und Kirche (wie Anm. 58), S. 137–201.

[151] Authentischer Text auf Deutsch und Latein, in: Gesetzblatt für das Königreich Baiern, München 1818, Stück XVIII, Sp. 398–436 (publiziert am 22.07.1818). Danach Abdruck bei Hausberger, Staat und Kirche (wie Anm. 58), S. 309–344; Ammerich, Konkordat (wie Anm. 142), S. I.–VIII. (nur deutsche Fassung). Inhaltliche Besprechung bei Mejer, Die bayerische Concordatsverhandlung (wie Anm. 143), S. 136–144; Hausberger, Staat und Kirche (wie Anm. 58), S. 202–210.

Weiterhin sicherte der bayerische Staat der Kirche und allen ihren Instanzen bis hinunter zur Pfarrebene unbedingten Eigentumsschutz und freie Vermögensverwaltung zu (Art. IV. und VIII.).

Die Zuständigkeit und Aufsicht über den Diözesanklerus, Klerusbildung im eigenen Seminar und allgemeine öffentliche Schulbildung kam ungeteilt dem Ortsbischof zu (Art. V.). Im Zusammenhang der Fürsorgepflichten stellte man staatsseitig eine Unterstützung für emeritierte Pfarrer in Aussicht (Art. VI.). Ebenso angekündigt wurde die etwaige Zulassung von gemeinnützig tätigen Ordensgemeinschaften (Art. VII.). Im entscheidenden Punkt der Bischofspromotionen kam dem König das Recht der Ernennung zu und erst danach die kanonische Einsetzung durch den Papst (Präkonisation und Konfirmation). Die römische Kurie verfügte weiter über das Recht, jährliche Abgaben und sonstige Gebühren von den Bischöfen zu erheben (Art. IX.). Im Pfarrwesen beanspruchte der König die ihm von alters her zustehenden Kirchenpatronate sowie derjenigen der in der Säkularisation aufgelösten Klöster und Stifte. Bischöfliche Patronate blieben bestehen, doch war auch hier bei der Besetzung die Genehmigung des Königs notwendig. Patronate Dritter blieben von der Regelung unberührt (Art. XI.).

Weitestgehende Handlungsfreiheit kam den Bischöfen in der Frömmigkeitspflege, der internen Gliederung des Bistums (Ordinariatsverwaltung; Pfarr-Filiationen jedoch mit königlichem Konsens), der Kirchendisziplin und internen Strafgerechtigkeit über den Diözesanklerus zu nach Maßgabe der kanonischen Tradition. Nur rein weltliche Gerichtsmaterien waren den geistlichen Foren entzogen. Der Verkehr mit der römischen Kurie stand staatsseitig jedermann frei (Art. XII.). Die besondere Verantwortung des Staates kam in der Übernahme kirchlicher Zensuranordnungen gegen öffentliche Äußerungen wider den katholischen Glauben, die guten Sitten und die Kirchenzucht zum Ausdruck sowie dem obrigkeitlichen Gebot zu besonderer Achtung der Kleriker und den allgemeinen Schutz der Konfession vor Verächtlichmachung „durch Worte, Thaten oder Schriften“ (Art. XIII. und Art. XIV., auch Zitat).

Im Gegenzug wurden die bestellten Bischöfe zu einem – alsbald hochumstrittenen – Treueeid auf König und Staatswesen verpflichtet (Art. XV., mit Eidesformel). Alle Gesetze, die im Widerspruch zum Konkordat stehen, wurden für aufgehoben erklärt (Art. XVI.). In salvatorischer Klausel wird die Lehre und Disziplin der Kirche als generelle Richtschnur festgelegt. Damit wurde das Kanonische Recht als gemeines Recht anerkannt (Art. XVII.). Schließlich möge jegliche einseitige Gesetzesinterpretation unterbleiben und daraus resultierende Kollisionsfälle zwischen Papsttum und Königreich freundschaftlich geschlichtet werden. Diese Übereinkunft solle von bayerischer Seite zum Staatsgesetz erklärt werden (Art. XVII. und XVIII.).

5.1.3 Die Auseinandersetzung um die Interpretation des Konkordats

Zwar wurde mit diesem Vertragswerk das bayerische Staatskirchentum zurückgedrängt. Doch blieb die Doktrin staatlichen Vorrangs vor dem Kirchenwesen auch weiterhin bestehen, wenn auch abgeschwächt durch Zeiterfordernisse und pragmatische Handlungsweisen der anstehenden Staatsintegration.[152] Deutlichster Ausdruck war allein schon die offen benannte Reservation der königlichen Seite, die bilaterale Konvention zum Staatsgesetz erklären zu wollen, sprich qua Kompetenz zu können. So wurde der Konkordatstext in die (Zweite) Bayerische Verfassung vom 26. Mai 1818 eingerückt[153]; und zwar als Anhang zur Beilage des „Edict[s] über die äusseren Rechtsverhältnisse des Königreichs Baiern, in Beziehung auf Religion und kirchliche Gesellschaften."[154] Dieses Edikt entsprach dem Religionsedikt von 1809[155] als dem kirchenpolitischen Interpretament der ersten, doch nicht umgesetzten Verfassung von 1808. Es schrieb eine Reihung staatskirchlicher Vorrechte fest.[156]

Damit war das Konkordat von vornherein in die übergreifende Architektur der neuen bayerischen Rechts- und Staatsordnung gestellt im Zeichen von bürgerlicher Gleichheit, Toleranz, Religionsfreiheit und konfessioneller Parität. Das Konkordat bildete damit einen religionspolitischen Eckstein des nach den erzielten Säkularisierungs- und Mediatisierungsgewinnen (1802/03; 1806) neu zu gründenden und zu konsolidierenden bayerischen Gesamtstaates.[157] Freilich lag in diesem rein einseitigen Auslegungswillen die eigentliche Problematik und das Konfliktpotenzial des Übereinkommens begründet, worauf nicht zuletzt Joseph Anton Keil in seinem Gedicht hinweisen sollte:

Anfänglich nämlich schien die doppelzüngige Strategie Bayerns aufzugehen und einen zügigen – und nicht zuletzt unter den deutschen Bundesfürsten prestigefördernden[158] – Einigungserfolg zu erzielen. Daher stellte diese Seite jedoch ihre landesherrlichen Rechte unter stillschweigenden Vorbehalt, um sie bald darauf in eigener Interpretation zur Sprache zu bringen.[159] Indes ging der Zeitplan nicht auf: Publizierte Bayern seine Verfassung samt aktuellem Religionsedikt und darin eingebettetem Konkordat erst im Juni und Juli 1818, hatte Papst Pius VII. schon bereits im Konsistorium vom 15. November 1817 dieses

---

152 In aller Klarheit benannte dies der von Regierungsseite gutachterlich zugezogene Graf Xaver von Rechberg, der Bruder des Außenministers Alois von Rechberg: „Wenn noch zu Frage kommen sollte, ob man ein Concordat wolle oder nicht, so kann ich nur meine innigste Ueberzeugung aussprechen, daß ich die Wiederherstellung des kirchlichen Verhältnisses des Staates als ein dringendes Bedürfniß betrachte, sowohl für die inneren Verhältnisse des Staates, als in Hinsicht seiner Stellung unter den Mächten; und daß alle Rücksichten einer höheren Politik einen Abschluß gebieterisch fordern."; zit. nach Höfler, Concordat und Constitutionseid (wie Anm. 143), S. 104f. (07.08.1817).

153 Gesetzblatt für das Königreich Baiern, München 1818, Stück XVIII, Sp. 398–436.

154 Das Konkordat bildete den Anhang zu § 103 des Ediktes. – Das Edikt seinerseits firmierte als 2. Beilage zu Titel IV § 9 der Verfassung: Gesetzblatt (wie Anm. 153), Stück IX, Sp. 149–180 (publiziert am 17.06.1818); abgedruckt bei Hausberger, Staat und Kirche (wie Anm. 58), S. 331–344.

155 Vgl. Hans-Michael Körner, Die Konstitution von 1808 und das System des bayerischen Staatskirchentums, in: Alois Schmid (Hg.), Die bayerische Konstitution von 1808. Entstehung – Zielsetzung – Europäisches Umfeld (Zeitschrift für bayerische Landesgeschichte, Beiheft 35), München 2008, S. 317–335, bes. S. 329–335.

156 Im Edikt sind unter anderem genannt: Königlicher Schutz der Kirche und dessen Rekurs gegen den Missbrauch geistlicher Gewalt (§ 52f.). – Landesherrliche Befugnisse: Recht zur Einberufung von Kirchenversammlungen (§ 56), Placet (§ 57f., 61) Aufsicht über die geistliche Gerichtsbarkeit (§ 60) und kirchliche Vermögensverwaltung (§ 75). – Bei geistlich-weltlichen Mischmaterien darf die Kirche keine einseitigen Anordnungen treffen (§ 76f.).

157 Hausberger, Staat und Kirche (wie Anm. 58), S. 222–234.

158 Bayern wetteiferte mit dem Großherzogtum Baden wegen der Territorialkonkurrenz um die Rheinpfalz um den ersten Abschluss einer Verfassung und eines Konkordats; vgl. ebd., S. 223.

159 Einschätzung nach von Sicherer, Staat und Kirche (wie Anm. 143), S. 255f.; Hausberger, Staat und Kirche (wie Anm. 58), S. 201 u. 216.

bilaterale Übereinkommen feierlich im Wortlaut verkündet und nachfolgend an die Nuntien weitergereicht. So kursierten noch vor Jahreswechsel 1817/18 gedruckte Textexemplare, berichteten auswärtige und inländische Gazetten darüber und erhob sich publizistisch eine heftige und vielstimmige Debatte.[160] Die bayerische Regierung sah sich nunmehr gleich an mehreren Fronten herausgefordert, ohne ihr Konzept vollgültig präsentieren zu können: Zum ersten beharrte die päpstliche Kurie auf dem ungeschmälerten Wortlaut. Zum anderen fürchteten Protestanten und liberale Katholiken eine Suprematie der kirchlichen Hierarchie, wenn nicht eine schleichende Wiederkehr des altbayerischen Konfessionsstaates. Zum dritten verweigerten rom-treue Kleriker in steigender Zahl den geforderten Eid auf die Verfassung. Dem Klerus voran schritten hierbei die ersten drei der zu neuen Oberhirten Bestimmten, die zugleich zu Reichsräten in der Ersten Kammer des Landtags (erstmals ab Februar 1819, s. u.) vorgesehen waren: Der staatsnahe Johann Nepomuk von Wolf, Dalbergs vormaliger Regensburger Weihbischof und dortig für die Nachfolge (1818/21–1826) designiert, leistete den Eid anstandslos. Hingegen gab der ansonsten staatskirchlich gesinnte Lothar Anselm von Gebsattel (designierter Metropolit von München-Freising 1818/21–1846, bis 1803 Würzburger Domdechant) den Eid nur unter Vorbehalt ab, während Joseph von Stubenberg, designierter Metropolit von Bamberg (1818/21–1824, zuvor Fürstbischof von Eichstätt 1791–1821) den Schwur gänzlich verweigerte.[161] Zudem hielt der Verein der Ordinariate ab Februar 1818 aus eigener Initiative Konferenzen ab, um Streitpunkte des Konkordats in streng rechtgläubigem und papalem Sinne zu klären. Zur Schaffung eines Präzedenzfalls forderte hierzu der Bamberger Vikariatspräsident, Adam Friedrich von Groß zu Trockau, der nachmalige Bischof von Würzburg (1818 / 1821–1840), die Regierung unter Berufung auf die konkordatäre Verpflichtung zur weltlichen Amtshilfe (Art. XIII.–XIV.) auf, gegen anstößige Pressestimmen vorzugehen.[162]

Die gesamte Materie überschattete gleichermaßen den 1819 einberufenen Ersten Landtag. Diese Drucksituation nötigte Bayern schließlich sukzessive Relativierungen ab, die letztendlich in die Tegernseer Erklärung (1821) mündeten: Zunächst versicherte das königliche Wort die Kurie der unbedingten Vertragstreue, ohne freilich vom Religionsedikt lassen zu wollen (27. September 1818). Der Kleriker-Eid beziehe sich darin einzig auf die bürgerliche Ordnung, trage damit den aufgetauchten Bedenken der Bischöfe und Kleriker Rechnung und verpflichte zu keinerlei Handlung, welche den kirchlichen Gesetzen widerspreche. Den Protestanten wurde eine vergleichbare und ihnen gerecht werdende Gesamtregelung in Aussicht gestellt. Erst im Gefolge der Tegernseer Erklärung einigten sich Kurie und Königtum 1821 auf die solchermaßen verspätete Umsetzung des Konkordats, was erst dann zu Bischofseinsetzungen, Bistumszirkumskriptionen, Errichtung der Domkapitel usw. führte. Die kirchlichen Dotations- und Vermögensfragen freilich ließen sogar

160 Bibliographische Übersicht bei Mejer, Die bayerische Concordatsverhandlung (wie Anm. 143), S. 159–161 Anm. 1.

161 Hausberger, Staat und Kirche (wie Anm. 58), S. 262–271. Bei der Umsetzung des Konkordats 1821 erhielten dann alle Inhaber der acht bayerischen Bischofsstühle den Titel eines Reichsrats.

162 Ebd., S. 215.

auf eine definitive Lösung warten.[163] So bestand dieser anfängliche „Scheinkompromiß“ (K. Hausberger) bayerischer Kirchenpolitik das 19. Jahrhundert hindurch fort.[164]

5.2 *Zur Biographie Joseph Anton Keils*

Joseph Anton Keil gibt in seinem Konkordatsgedicht auch wiederholt Einblicke in seinen eigenen Lebenslauf.[165] Vor allem bringt er Selbsteinschätzungen zur Sprache, die verdeutlichen, dass er mit seiner persönlichen Entwicklung seit der Säkularisation wenig glücklich ist und seinen Verhältnissen vor diesem einschneidenden Ereignis nachtrauert. Keil, der am 10. September 1780 in Euerdorf geboren und auf den Vornamen Joseph getauft wurde, weist darauf hin, dass er sechs Jahre als Benediktinermönch „Psalmen sang“.[166] Fast etwas ironisch fügt er hier an, er habe in dieser Zeit das Privileg genossen, reichlich Wein zu erhalten oder auch zu trinken – „zwei oder mehr Becher“.[167] Im Kloster habe er auch so ausgezeichnet Latein gelernt, dass er nun dieses Gedicht verfassen könne; überhaupt stellt er den kulturellen Leistungen der Klöster, vornehmlich der Benediktiner, ein glänzendes Zeugnis aus.[168]

Joseph Anton Keil hatte mit siebzehn Jahren am 3. November 1797 Aufnahme in die Benediktinerabtei St. Stephan Würzburg gefunden. Der damalige Abt Gerhard Winterstein (1740–1805) gab ihm den Ordensnamen Anton, was nicht ohne Süffisanz gewesen sein dürfte. Denn Joseph Keil besaß einen älteren Bruder Anton (* 17. Oktober 1768), der aus Freiheitsliebe 1786 heimlich Würzburg verlassen hatte, zuerst nach Wien ging und später (nach 1789) im revolutionären Paris sein Glück suchte. Er reüssierte auch im Dienste Frankreichs, stieg zum Staatsanwalt in den Rheinlanden (1798) und unter Napoleon zum kaiserlichen Prokurator in Köln auf. Mit der Namenswahl wollte der Abt wohl auch zum Ausdruck bringen, dass nun der jüngere Bruder jene Erwartungen erfüllen sollte, die ursprünglich auch mit dem älteren verbunden waren.

Nach Noviziat und Profess (13. November 1798) begann Frater Anton Keil sein Studium der Theologie, allerdings nicht an der Universität Würzburg, sondern wie üblich wurde sie ihm durch einen dem Konvent angehörenden Lektor nahegebracht. Am 15. März 1802 wurde er zum Subdiakon geweiht. Es war wohl geplant, dass er, sobald er das kanonische Alter von 23 Jahren

---

[163] Exemplarisch für den staatsseitig geführten regelrechten Kleinkrieg um die bürokratische Abwicklung der Finanzfragen: Franz Josef Bendel, Die auf dem Konkordat vom Jahres 1817 beruhenden Verpflichtungen des Bayerischen Staates an das Bistum Würzburg, in: Würzburger Diözesangeschichtsblätter 16/17 (1954/55), S. 63–74; Vitus Brander, Die Verhandlungen über die feste und bleibende Ausstattung des Bistums Würzburg und über die Ausführungen von Art. IV des bayerischen Konkordats von 1817, in: ebd., S. 75–102. Zusammenfassend vgl. Wehner, Das Bistum Würzburg (wie Anm. 142), S. 252–254.

[164] Hausberger, Staat und Kirche (wie Anm. 58), S. 210–222 u. 235–291 (Zitat 290).

[165] Ausführlicher Lebenslauf bei Weiß, Joseph Anton Keil (wie Anm. 1), hier auch die einzelnen Belege. In einer verkürzten Form: Weiß, Eingabe (wie Anm. 6), S. 328–330; an dieser Darlegung orientiert sich auch die folgende Lebensskizze, wobei nun besonders der jeweilige Zusammenhang zu seinen „Ego“-Bemerkungen im Konkordatsgedicht hergestellt wird.

[166] Keil, Bayerns wiederhergestellte Kirche, Vers 617.

[167] Ebd., Vers 619.

[168] Ebd., Vers 635–644.

erreicht hatte – also im Herbst 1803 –, die Priesterweihe empfangen sollte. Die politischen Gegebenheiten sollten aber zu einer anderen Entwicklung führen. Schon im Frühjahr 1802 wurden die Anzeichen der drohenden Säkularisation der geistlichen Staaten im Heiligen Römischen Reich deutscher Nation und damit auch des Hochstifts Würzburg als Entschädigung für den Verlust linksrheinischen Gebietes weltlicher Fürsten immer deutlicher. Die in Regensburg im August 1802 beginnenden Verhandlungen einer Reichsdeputation für einen Entschädigungsplan ließen aber bald erkennen, dass neben den geistlichen Staaten auch die Klöster zur Säkularisationsmasse gehören sollten. Nachdem am 29. November 1802 der Kurfürst von Pfalzbayern, Maximilian IV. Joseph, der nachmalige erste bayerische König, die Zivilokkupation des Hochstifts Würzburg vorgenommen hatte, zeigte sich umgehend, dass auch die Säkularisation der Klöster in Angriff genommen wurde. Die Aufhebung des Würzburger Stadtklosters St. Stephan zog sich allerdings relativ lange hin. Am 4. Juni 1803 empfing daher Anton Keil noch als Benediktiner die Diakonenweihe. Zur wohl ursprünglich für den Herbst 1803 (also nach dem 23. Geburtstag) vorgesehenen Priesterweihe kam es aber nicht mehr. Die sechsjährige Lebensphase als Benediktiner hatte ihr Ende gefunden. Allerdings befand sich die persönliche Lage Keils noch in einem Schwebezustand, der bis zum 4. April 1804 andauern sollte; denn erst an diesem Tag kam es zur Regelung der Pensionen für die Benediktiner von St. Stephan durch eine kurfürstliche Entschließung.

Der junge Pensionist Anton Keil, der als Ex-Benediktiner nun auch seinen Taufnamen wieder führte und sich Joseph Anton nannte, orientierte sich in dieser Situation persönlich und beruflich neu. Er strebte nicht mehr die Priesterweihe als Weltgeistlicher an, was, wie andere Beispiele zeigen, durchaus möglich gewesen wäre, sondern begann am 14. August 1804 an der Universität Würzburg gemäß der Eintragung im Immatrikulationsverzeichnis ein Studium als Kandidat der Cameralwissenschaften, eines neuen Faches nach den durchgreifenden bayerischen Reformen, das aber in der Zeit des Großherzogs Ferdinand von Toskana nicht mehr weitergeführt, sondern wieder mit dem klassischen Studium der Rechte vereinigt wurde. Mit diesem Zeitpunkt verbindet er den Anfang seiner „zwölf Jahre" dauernden juristischen Karriere (bis 1816), die allerdings nicht seine Erwartungen erfüllte. Er lernte in dieser Zeit, die „Welt und die Menschen" – und das nicht nur von der besten Seite – kennen.[169] Seine Laufbahn als Jurist lässt sich nur schemenhaft erkennen. Im Oktober 1809 ist seine Tätigkeit als Rechtsgelehrter im Dienst eines Patrimonialgerichts belegt, womöglich schon damals in dem der Zobel zu Darstadt. Für die Zeit vom 26. März 1814 bis zum 1. Juli 1816 kann mit einiger Sicherheit davon ausgegangen werden, dass er als Justizadministrator der Zobel von Darstadt tätig war; denn er wohnte im Zobel'schen Hof (heutiges Gebäude Domerschulstraße 15). Bald darauf (1817) haben die Zobel ihr Domizil in Würzburg aufgegeben und an die Druckerei Bonitas Bauer veräußert. Keil weist im Konkordatsgedicht auch ausdrücklich darauf hin, dass er als Richter tätig war.[170] In seiner Zeit als Jurist habe er, so betont er im Gedicht weiter, auch die „öffentliche[n] Ge-

[169] Ebd., Vers 35 / 36.
[170] Ebd., Vers 964.

richte in Frankreich“ besucht und das dortige Rechtswesen schätzen gelernt.[171] Womöglich hat er damals auch nur seinen Bruder Anton Keil im zur Napoleonischen Zeit französischen Köln besucht, wie überhaupt dessen glänzende Karriere als Jurist ihm Motivation für diese Berufsrichtung war.

Der Abschied vom Dienst bei den Zobel war wohl wenig freundlich. Auch war damit eine neuerliche Lebenswende verbunden, denn er nimmt von seiner juristischen Tätigkeit Abschied und sucht ein neues Arbeitsfeld in der Publizistik. Mit der nun eingetretenen Lage ist Joseph Anton Keil aber alles andere als zufrieden. Im Konkordatsgedicht bedauert er es, dass er nach dem Ausscheiden aus dem Ordensleben nicht den Weg zum Priestertum weiter beschritten habe. Noch jung sei er vom damaligen – wenig religions- und kirchenfreundlichen – „Zeitgeist fortgerissen“ worden und habe sich „hastig der Rechtsgelehrtheit in die Arme geworfen“.[172] Während der Priester beim Volk Anerkennung und Zuneigung finde[173], hätten es die anderen akademischen Berufe bedeutend schwerer. Vor allem der Jurist müsse mit vielen Widerwärtigkeiten kämpfen. Wahrscheinlich reflektiert er sein eigenes Schicksal im ungeliebten Brotberuf ernüchtert und desillusioniert, indem er schreibt: „[...] und wenn er [der Jurist] nicht gehorcht, zieht er, sogleich entlassen, davon und weiß nicht, wo er zu Essen erhält, da man ihn am hellen Mittag fortgejagt hat“.[174] Als Jurist, so Keil weiter, sei er fortwährend mit Schreiben bzw. Protokollen in teils läppischen, teils käuflichen oder gar meineidigen Gerichtsverfahren befasst gewesen, welche ihn selbst zutiefst abstießen. Von daher trieben ihn grundsätzliche Zweifel am Rechtswesen um.[175]

Als Publizist wurde Joseph Anton Keil zum Mitarbeiter, wenn nicht sogar zum leitenden Redakteur bzw. Herausgeber der „Würzburger Zeitung (Politisch-literarischen Inhalts)“, die der Verlegerfamilie Stahel gehörte.[176] In der Zeit während und nach den Befreiungskriegen etablierte sich in Deutschland und so auch in Würzburg eine diskussionsfreudige Öffentlichkeit, die breite Bevölkerungsschichten umfasste und eine an liberalen Werten orientierte Neustrukturierung der einzelnen deutschen Staaten wie der deutschen Gesamtnation erhoffte. In diesem Klima entwickelte auch Joseph Anton Keil ein vertieftes Interesse am politischen Leben, wenn nicht sogar politische Leidenschaft, und brachte sich mit seinen Artikeln in der „Würzburger Zeitung“ in den politischen Meinungsbildungsprozess ein. In seiner journalistischen Arbeit verstrickte sich Keil in verschiedene Kontroversen, weswegen auch er fürchtet, dass sein Konkordatsgedicht mit negativer Resonanz zu rechnen hat.[177] Leider sind keine Exemplare der „Würzburger Zeitung“ [178] aus der Zeit unter der Re-

---

[171] Ebd., Vers 1028/1029.
[172] Ebd., Vers 757–761.
[173] Ebd., Vers 788/789.
[174] Ebd., Vers 770/771.
[175] Ebd., Vers 768–778, 837–849, 908–1032.
[176] Vgl. Eva Pleticha-Geuder, Presse, Medien und Verlagswesen, in: Ulrich Wagner (Hg.), Geschichte der Stadt Würzburg, Bd. III/1: Vom Übergang an Bayern 1814 bis zum 21. Jahrhundert, Stuttgart 2007, S. 616–633, bes. S. 623 u. 626.
[177] Keil, Bayerns wiederhergestellte Kirche, Vers 29.
[178] Aus der Zeit unter der Redaktion Keils liegen vier Seiten der Ausgabe vom 16.02.1819 vor, die Joseph Anton Keil seiner Eingabe an die Ständeversammlung vom 17. Februar beilegte; vgl. Weiß, Eingabe (wie Anm. 6), S. 332–334.

daktion Keils vorhanden – mit Ausnahme des Jahrgangs 1814 in der Würzburger Universitätsbibliothek.[179]

Wohl bald nach dem Konkordatsgedicht veröffentlichte er ein weiteres episches Werk anlässlich der Verkündigung der neuen bayerischen Verfassung von 1818 mit dem Titel „De constitutione Bavariae Carmen comitiis Monachii habendis sacrum".[180] Wie wir aus dem Verfassungsgedicht erfahren, hatte Joseph Anton Keil mit der damals noch recht virulenten staatlichen Zensur zu kämpfen und forderte daher eine „Aufhebung oder Milderung der Zensur".[181] Auch im Verfassungsgedicht beklagte er sein trauriges Schicksal als eines Entwurzelten, das auf die Säkularisation folgte.[182]

Im Konkordatsgedicht stellt er sich zum einem auf die Seite der kirchlichen Restauration und betont, er sei „ein rechter Sohn des Altares".[183] Nach den wenig beglückenden Erfahrungen in den Jahren seiner juristischen Tätigkeit betont er, seine „echte Berufung [...], die Wahrheit zu verkünden"[184], wieder gefunden zu haben. Er sieht sich in diesem Poem aber durchaus auch dem Erbe der (katholischen) Aufklärung verpflichtet. Das Werk lässt sich daher inhaltlich schwer einordnen. Es bezeugt eine Persönlichkeit, die durch die Unbilden der Zeit aus der Bahn geworfen wurde, um ihren Weg ringt und ihren Platz in Welt und Kirche wiedergewinnen will, aber eher einen Schlingerkurs fährt.

In der zweiten Aprilhälfte 1819 erkrankte Joseph Anton Keil schwer. War dies eine Folge seiner inneren Kämpfe? Er erlag der nicht näher bekannten Krankheit am 15. Juni 1819. Nur ein sehr einfaches Begräbnis wurde ihm zuteil, ein Zeichen dafür, dass Keils Leben in wenig prosperierenden Verhältnissen endete. Zwar erhielt er durchgehend die Pension als säkularisierter Klostergeistlicher, die an sich für eine bescheidene, aber doch sichere Existenz genügen sollte. Allem Anschein nach reichte sie ihm aber nicht.[185] Der selbstständige und planvolle Umgang mit Geld fiel nicht allen Exkonventualen leicht.[186]

Joseph Anton Keil wurde nur 38 Jahre alt. Er dürfte einsam, vielleicht auch verbittert verstorben sein. Keils Worte aus dem Verfassungsgedicht „War ich das Opfer doch einer feindlichen Zeit"[187] erfüllten sich nur wenige Monate später, nachdem er dies niedergeschrieben hatte, und in tragischerer Weise, als er dies damals ahnen konnte.

---

[179] Signatur: 54/Franc. 593, Bestand 1814, 1–179.
[180] Vgl. Keil, De Constitutione (wie Anm. 1).
[181] Vgl. ebd., S. 39–41 (Vers 441–502).
[182] Vgl. ebd., S. 42–45 (Vers 549–576); Weiß, Joseph Anton Keil (wie Anm. 1), S. 95.
[183] Keil, Bayerns wiederhergestellte Kirche, Vers 27.
[184] Ebd., Vers 38.
[185] Es mag sein, dass er zwischenzeitlich über seine Verhältnisse gelebt hatte. In seinen beiden Gedichten finden sich auffällig viele Anspielungen, welche Gefährdungen und Verlockungen das Leben bietet; vgl. z. B. Keil, Bayerns wiederhergestellte Kirche, Vers 715–726 und ders., De Constitutione (wie Anm. 1), S. 42f., Vers 521–537.
[186] Die Vermögensverhältnisse der Exkonventualen waren sehr unterschiedlich. Während einzelne verarmten, hinterließen andere ein nicht unbeträchtliches Vermögen; vgl. zu dieser Problematik Weiß, Geschicke (wie Anm. 80), bes. S. 289f.
[187] Keil, De Constitutione (wie Anm. 1), S. 44f., Vers 574.

5.3 *Zu Joseph Anton Keils Sicht auf das Konkordat*

5.3.1 Christliche Gesellschaftsromantik im Zeichen der Revolutionsüberwindung

Keils Poem durchzieht als Narrativ der Rückblick auf die kriegerische spannungsgeladene Geschichte seiner Zeit voller Erschütterungen und Umbrüche der politisch-gesellschaftlichen Verhältnisse sowie den verheißungsvollen Ausblick auf die Rückkehr des inneren staatlichen Friedens durch den Konkordatsschluss: Der Sturz der alten Ordnung in Frankreich hatte zu rund 25-jährigen Bedrückungen durch die Französische Revolution und die Gewaltherrschaft Napoleons geführt, den „ruchlosen" Diktator und „Dämon" seiner Zeit.[188] Dagegen habe erst das unverbrüchliche Zusammenrücken des aristokratischen Europa den militärischen Sieg über Napoleon ermöglicht. Das von ihnen getragene Bündnis der „Heiligen Allianz", also die gegenseitige Verpflichtung der Dynasten zur Politik auf christlicher Grundlage, war in der Lage, auch die existenzbedrohende innere Säkularisierung und Revolutionierung der angestammten Fürsten- und Kirchenherrschaft abzuwenden.

Im Zeichen dieser grundlegenden politisch-geistigen Restauration sollte es laut Keil gelingen, die werthaften Traditionen und zuvörderst die Kircheninstitution selbst in die neue Zeit hinüberzuretten. Aller Vernichtung und Opfer – nicht zuletzt seines eigenen zerstörten Lebensentwurfs – zum Trotz verkündete er emphatisch: „Nichts ging unter im Sturm, alles blieb erhalten, und keiner versank beim Schiffbruch in den Wogen."[189] Personifiziert in den beiden Vertragsschließenden, Papst Pius VII. und dem bayerischen König Maximilian I. Joseph, bildete das in „gleicher Meinung" zwischen ihnen geschlossene Konkordat das neue Ordnung und Versöhnung stiftende Bündnis der höchsten geistlichen Macht auf Erden mit der weltlichen Herrschaft.[190]

Im zugrunde gelegten Konnex von Religion, Moral, Recht und Politik ging Keil prinzipiell davon aus, dass jeglicher gesellschaftlicher Zusammenhalt einzig von der Religion gewährleistet sei. Ohne diese würde die Menschheit in Rohheit, Faustrecht und Verwilderung zurückfallen: „Wir brauchen eine höhere, verborgene Macht, wird doch kein Mensch von seinesgleichen gefürchtet." Somit gelte: „Erfüllten nicht Religion und Tugend die Herzen, würde das Volk gewiß zu einer Horde schrecklicher Räuber entarten."[191] Nur die Religion könne autoritativ mit ihren Verheißungen transzendenter Vergeltung Sittlichkeit und in äußerer Hinsicht das Recht in der Gesellschaft verankern. Jenseits primitiver Formen solch einfacher religiöser Straf- und Belohnungsvorstellungen verkünde das Christentum die weit subtilere Botschaft der göttlichen und mitmenschlichen Liebe. Dies sei der wahre Lebenstrost, rühre die Herzen zu inniger Andacht und erfülle sie mit derjenigen Ehrfurcht, woraus alle guten und barmherzigen Werke sowohl religiöser wie kultureller und sozialkaritati-

---

[188] Ebd., Vers 10 (Zitat 1), 1109 (Zitat 2).
[189] Ebd., Vers 20f.
[190] Ebd., Vers 23 (Zitat).
[191] Ebd., Vers 71 (Zitat 1), 83f. (Zitat 2).

ver Art erwüchsen, so Krankenhäuser, Klöster und Schulen, Spitäler und Armenhäuser.[192]

In Anlehnung an die Religionsbegründung Immanuel Kants vermittle „die Religion, die allein von der Vernunft ausgeht“[193], die Moral in ihrer bürgerlichen Hochform. Glaube und Moral bildeten auf diesem Wege zugleich die unverzichtbaren Stützen der Herrschaft. Zum Beweis führt Keil das traurige Beispiel des französischen Königs Ludwig XVI. an: Dieser sei der Guillotine anheimgefallen, als der Glaube in seinem Land erschüttert war. Selbst der persönlich ungläubige Napoleon habe mit dem Papst das französische Konkordat geschlossen, wenn auch aus dem einzigen Beweggrund, die Bevölkerung damit günstig gestimmt zu halten.[194] Doch habe Gott die Seite der frommen, gerechten und ihm demütig dankbaren Fürsten der Heiligen Allianz gewählt, sodass der Korse letztlich fallen musste.[195]

Indes stellte Keil eindeutig klar, dass im Gegensatz zu den zeitgenössischen staatskirchlichen Doktrinen die Religion aufgrund ihres existenziellen und moralischen Charakters der Politik vorgeordnet und für jegliche staatskirchliche Vereinnahmung unverfügbar war: Sie könne „schon ihrem Begriffe nach keine weltliche Authorität anerkennen“. Daher könne und dürfe es wegen der Gewissens- und Religionsfreiheit und der daraus abzuleitenden Integrität der Konfessionen keinerlei staatliche Religionsgewalt mehr geben wie noch im 1806 untergegangenen Römischen Reich deutscher Nation mit seinem Prinzip der konfessionsbestimmenden Landesherrschaft.[196]

Ein düsteres Sittengemälde seiner Zeit zeichnend, stellte Keil fest, dass die über 25-jährige Kriegsperiode bis 1815 über die faktischen Zerstörungen hinaus unübersehbare sozialmoralische Schäden hinterlassen habe, die seiner Meinung nach selbst in fünfzig Jahren nicht geheilt werden könnten. Im bürgerlichen Verhältnis der Menschen und selbst im Handeln Verwandter untereinander seien Bosheit, Niedertracht, Habgier und Prozesssucht eingezogen. Die Werte von Wahrhaftigkeit, Gerechtigkeit, Billigkeit und Rücksicht auf Arme gelten selbst vor den Gerichten nicht mehr. Nur die allseits unbeliebten, sektenhaften und selbst staatlichen Stellen verdächtigen Mennoniten hielten sich an die Weisungen ihrer Gemeindeältesten, so Keil in zweischneidiger Deutung.[197] Statt gesellschaftlichem Frieden herrsche ein Kampf aller gegen alle vor: „Das ganze Leben im Staat beruht auf gegenseitiger Treue, und herrschen nicht Treu und

---

[192] Ebd., Vers 150–173.
[193] Ebd., Vers 51–55 (Zitat 51).
[194] Ebd., Vers 88–93.
[195] Ebd., Vers 275–280.
[196] Ebd., Anhang 1 (auch Zitat) und 3.
[197] Ebd., Vers 990. Wegen ihrer streng abgeschotteten Lebensweise erregten die Mennoniten sowohl bei der angestammten Bevölkerung Misstrauen wie auch bei den Regierungen; vgl. Romberg, Religion und Kirchenpolitik Ferdinands (wie Anm. 142), S. 174. Im Bericht der königlich bayerischen Landesdirektion 1814/15 heißt es dazu: Die in ihrer Lebensart heimtückisch und hinterlistigen Mennoniten unterziehen sich nicht dem Militärdienst, sie schicken ihre Ersparnisse in ihre rheinpfälzische Heimat. Zudem vermehren sie sich geschwind, ohne freilich die gleichen Lasten wie die übrigen Einwohner tragen zu wollen.; referiert nach Chroust, Würzburger Land (wie Anm. 63), S. 59f.

Glauben, bricht stets alle Wohlfahrt zusammen, und das Heil [des Staates] ist vernichtet".[198]

Die notwendige soziale Eintracht könne daher nicht durch das Recht alleine gestiftet werden. Vielmehr benötige es die Religion als Wertefundament und den Priester als Mittler an der Seite des weltlichen Richters. So entsann sich Keil in eigenwilligem Diskurs auf die gerichtliche Eidablegung vor einem Priester, mochten solche Vorstellungen noch so sehr der allgemeinen Rechtsentwicklung zu Rationalisierung und Enttheologisierung widersprechen.[199]

Keil bezog ebenso in religiöser und weltanschaulicher Hinsicht klare Frontstellungen: Jegliches Apostatentum, erst recht aus Klerikerreihen, gleichfalls Freigeisterei, vor allem studierter und intellektueller Kreise, wie auch sonstigen „Einfluss fremden Geistes"[200] verwarf er strikt. Umso suspekter erschienen ihm derartige Stimmen, denen die neugestiftete Konkordatsordnung „ein Gräuel"[201] sei. Atheismus galt ihm sinngleich mit Immoralität. In klarem Gegensatz zum Zeitgeist freigeistiger Romantik lehnte er ebenso synkretistische Vermischungen ab, aus der nur Gleichgültigkeit gegenüber dem Glauben resultiere.[202]

Die staatsseitig in Religionsedikt und Verfassung verkündete bürgerliche Gleichheit der Religionsgemeinschaften bewegten auch Keil zu ersten, wenn auch schüchternen Annäherungsversuchen: Die Konfessions- und Religionswahl hänge vom Bekenntnis der Eltern ab und sei damit zunächst zufällige, ja schicksalhafte Vorprägung. Dies gebiete Achtung Andersgläubigen gegenüber. Sei man doch im Glauben an den gleichen Gott verbunden.[203]

Indes verurteilte er in scharfer Invektive die protestantischen Gegenstimmen wider das Konkordat. Aus ihnen spreche der geschichtlich eingewurzelte Geist der Verneinung und des Protests im Wortsinne – das „unaufhörliche Protestiren der Protestanten" – und der ungebrochene Geist des Religionskampfes, um die andere Konfession zu „zerschmettern". Auf die bayerische Interpretationslinie einschwenkend, macht sich Keil die Meinung zu eigen, das Konkordat sei eine Regelung ausschließlich für die Katholiken.[204]

5.3.2 Papst – König – Bischöfe

Eingangs stellt Keil fest, dass das *Papsttum* nach der schweren Krise während der französischen Vorherrschaft wieder an Bedeutung gewann; das Amt Petri „taucht nun in höherem Glanz auf". Es nahe die „ersehnte Goldene Zeit", gebaut auf den „Grundfesten Petri". Das Petrus-Amt besang Keil überschwänglich, das im Unterschied zu irdischen Herrschaftsformen einzig durch Glau-

[198] Keil, Bayerns wiederhergestellte Kirche, Vers 889f.
[199] Ebd., Vers 824–836.
[200] Ebd., Vers 226.
[201] Ebd., Vers 26.
[202] Vgl. ebd., Vers 61, 210f., 341–346, 1253 (Ablehnung von Spinozas Schriften).
[203] Ebd., Vers 1040–1073; ebd., Vers 1331: „Einem jedem Mitbürger bin ich gewogen, ich bin die Toleranz in Person".
[204] Ebd., Anhang 3 (Zitat 1); Vers 1319–1329 (1326 Zitat 2).

bensstärke, moralische Kraft und das gesprochene Wort Wirkmächtigkeit zu entfalten imstande war.[205] Freilich mahnte er in gleichem Atemzug vor zu weitgehender „abergläubische[r] Verehrung des römischen Stuhls“ aus übereifriger „Unwissenheit und Fanatismus“.[206]

Im bayerischen *König* Maximilian Joseph erblickte er den „Vater des Vaterlandes“, der das Wohl des Volkes intendiere, und den weisen Gesetzgeber von Verfassung. Mit seiner Bereitschaft, das Konkordat abzuschließen, habe er sich im Besonderen als preiswürdiger Schutzherr des hergebrachten katholischen Glaubens erwiesen. Die römische Kirche rechne ihm deswegen besondere Ehre zu.[207]

Bezüglich des Konkordats führt der Autor in betont harmonischer Sicht das so gewonnene wohlgeordnete und unproblematische Miteinander der geistlichen und weltlichen Gewalt an: beide seien „in guter Weise vereint, doch in gehörigen Grenzen“: Die darin behandelten Materien seien die geistlichen-weltlichen Mischangelegenheiten, nicht aber dasjenige, „was zu den ursprünglichen und wesentlichen Kirchensachen gehört“.[208] Das Konkordat bilde hierbei einen neuen Auftakt des tragenden religiös-gesellschaftlichen Elements im Gemeinwesen. Es gewähre der Kirche eine sichere und juristisch gegründete Position im Staat: „Euer papsttreuer Glaube wird durch bürgerliches Recht bestätigt“. Dadurch kehre „das kirchliche Leben“ und die „glanzvolle Geistlichkeit zurück“, ja „die Goldenen Zeiten des Klerus“.[209]

Den erwähnten nationalkirchlichen Kreisen hielt der Autor entgegen: „Die freie Kirche Deutschlands hat durch dieses Gesetz nicht verloren […].“[210] Gleichermaßen verwahrte sich Keil gegen den Vorwurf, mit dem Kirchenvertrag falle man wieder ins finstere Mittelalter zurück[211]: So gebühren dem König seine angestammten weltlichen Rechte vollumfänglich.

Freilich, so einhellig und versöhnlich sich die Konvention von Kirche und Staat auch präsentieren mochte, verkannte Keil keineswegs deren skizzierten tieferen Problemgehalt, wie er in einem größeren Diskurs darlegte: Für ihn bildete das Konkordat in der vorliegenden globalen und wenig spezifizierten Aussageform lediglich einen Vorvertrag zwecks Bekundung der grundlegenden beiderseitigen Einigungsabsicht („Praeliminarien“).[212] Doch verkannte der vorzugsweise juristisch argumentierende Autor den eminent politischen Charakter der Konkordatsinhalte, in denen sich, wie skizziert (Kap. 5.1.), beide Vertragsparteien durch offene Formulierungen und (halb) ausgesprochene Vorbehalte gezielt Interpretationsspielräume freihielten.

---

205 Ebd., § 4, 14 sowie Vers 9 (Zitat 1), 768 (Zitat 2).
206 Ebd., Anhang 6.
207 Ebd., § 5, 15 sowie Vers 1172–1174, 1191 (Zitat).
208 Ebd., Anhang 1.
209 Ebd., Vers 295, 297f. (Zitat 1–3), 440 (Zitat 4).
210 Ebd., Vers 435.
211 Ebd., 410 (Zitat 1); Vers 395 (Zitat 2. In gegenteiligem Sinn äußerte sich, wie schon erwähnt, Xaver von Rechberg über den Konkordatsabschluss: Die Sprache der römischen Kurie sei die des Mittelalters und müsse dieselbe bleiben, wenn sie ihrem System treu und konsequent erscheinen solle; referiert nach Höfler, Concordat und Constitutionseid (wie Anm. 143), S. 104.
212 Keil, Bayerns wiederhergestellte Kirche, Anhang 2.

Den *Bischöfen* kam nach Keils Vorstellung eine zentrale Vermittlerrolle zwischen Königtum und päpstlicher Kurie zu: Dem König waren sie durch Gehorsams- und Treueeid untertan, somit dem Gemeinwohl verpflichtet und den Landesgesetzen in weltlichen Sachen, wie Keil in Anspielung auf die referierte Eides-Frage resümierte. Mehr noch, sie seien qua Amt die geborenen Ratgeber in Reichs- und insbesondere Religionsangelegenheiten. Von diesem Standpunkt aus fragte er rhetorisch: „warum befürchten wir da schon gleich einen Missbrauch?“[213]

In dieser Würde als Reichsräte sollten die Bischöfe laut Keil weitergehend bei anstehenden Erteilungen des königlichen Placets römischer Direktiven und Beschlüsse an vorhergehender Beratung und Abstimmung hierüber beteiligt werden[214], was faktisch auf ihre Aufwertung sowohl gegenüber Rom als auch im innenpolitischen Kräftefeld hinauslief. Sie gestalteten in ihren Bistümern das religiöse Leben im Blick auf die „Local- und Zeitbedürfnisse“ in konkreter Weise und voller Eigenverantwortung. Hingegen bildete der Papst im fernen Rom eine weitaus abstraktere Größe. Deshalb komme sämtlichen ihm unterstehenden und weisungsbefugten Instanzen, die unmittelbar in die Bistümer hineinwirken konnten, so die Nuntien wie auch die apostolischen Protonotare, keinerlei Kompetenz zum regelrechten Hineinregieren in geistliche Angelegenheiten zu. Schließlich waren die jeweiligen Vorsteher der Ortskirchen die eigentlichen Glaubenskünder: „Allein sind denn die Bischöfe nicht schon seine [qua Amt] gebor[e]ne[n] Nuntien?“[215] Von ihrem autonom ausgeübten bischöflichen Lehramt, so auch mittels Hirtenbriefen, her waren jegliche aus religiösem Übereifer geborene Denunziationen bei der päpstlichen Kurie durch selbstberufene „Spione[n]“ und „unruhige Köpfe“ unstatthaft.[216]

Unklar bleiben indes Keils Konzepte überdiözesaner und landeskirchlich gebundener Beratungs-, Beschluss- und Gerichtsgremien: Zum einen schlug er eine gemeinsame Repräsentanz aller bayerischen Bischöfe vor, die analog zu den weltlichen Landständen verfasst sein sollte.[217] Zum anderen könnte mittels des königlichen Instruments der Synoden-Einberufung eine gemischte Gruppe aus katholischen Theologen und Kirchenrechtlern – jedoch keinen Bischöfen – und weltlicherseits aus Staatsmännern und Juristen sowie interkonfessionell aus Vertretern von Luthertum und Calvinismus versammelt werden. Sie sollten ob der ausgebrochenen Kontroversen offenkundigen Rechtsunsicherheiten rund um das Konkordat und dessen Umsetzung die entscheidenden Kompetenzen von Papst- und Königtum, Erz- und Diözesanbischöfen definitiv abklären. Hierzu legte Keil einen weitgespannten Katalog von 16 Einzelpunkten vor.[218] In der Tendenz zielten sie auf eine weitestgehende Beschränkung der päpst-

[213] Ebd., Vers 412–429 (Zitat 429).
[214] Ebd., Anhang 4.
[215] Ebd., Anhang 2, Nr. 4 (Nuntien), Nr. 12 (Protonare).
[216] Ebd., Anhang 6.
[217] „Es sind Landstände, oder Repräsentanten in der Kirche nothwendig, um so mehr, weil das Oberhaupt zu weit [in Rom] entfernt ist, als dass er die Local- und Zeitbedürfnisse gehörig zu würdigen weiss“; ebd., Anhang 6.
[218] Ebd., Anhang 2.

lichen Befugnisse gegenüber den Metropoliten und Bischöfen.[219] Damit vertrat Keil eine Reduktion der papalen Machtstellung. Hierbei schlug er in Anlehnung an das Baseler Konzil das gewiss kühne Projekt der Einrichtung eines obersten bayerischen Kirchengerichts vor, bei dem ein zentrales, in der Hauptstadt angesiedeltes Kollegium aus Diözesanrichtern namens des Papstes, doch ohne dessen geringsten Einfluss, in allen übergeordneten religiösen Materien zu urteilen habe: von Appellationen an den römische Stuhl bis hin zur Mitsprache bei der päpstlichen Amtseinsetzung und -enthebung von Bischöfen.[220] Auf diesem Wege gelte es, jeglicher päpstlichen „Willkühr“[221] einen Riegel vorzuschieben. Hierin übernahm Keil geradezu programmatisch, wie per Einzelbeleg nachgewiesen, die Forderungen des Emser Kongresses von 1786 als dem Höhepunkt der episkopalischen Strömungen in der späten Reichskirche.

Vom gleichermaßen vertretenen staatskirchlichen Standpunkt aus seien freilich auch die Bischöfe einzuhegen, einschließlich ihrer geistlichen Zensoren.[222] In Keils Argumentation erschien mithin einzig die Staatsgewalt als objektive und unverzichtbare Größe. Die staatsseitig in Eidespflicht genommenen Bischöfe hatten sich demnach wesentlich näher zur königlichen Gewalt zu positionieren als sich dem Papsttum zu unterwerfen. In episkopalistischem Nachklang gebührte ihnen über die selbstverständliche Allzuständigkeit in ihrem jeweiligen Bistum hinaus aufgrund dieser engen Tuchfühlung die kollektive (Mit-)Entscheidung über die Zulassung römischer Entscheide und die kirchenpolitische Gesamtrichtung. Die Bischöfe wurden diesem Denkbild nach zu einer dritten, wenn auch untergeordneten, sprich (halb)autonomen Größe im formalrechtlich bilateralen Konkordatsgeschehen aufgewertet. Keil schwebte damit ein Bündnis der in der Säkularisationsepoche domestizierten Bischöfe mit dem Staat in fortdauernder Distanz zum römischen Zentralismus vor.

Pries der Gedichttext freilich völlig gegenteilig den Papst als den eigentlichen Protagonisten der epochalen Wende zur religiös-politischen Restauration, der den Bayernkönig ob dessen rom-freundlicher Devotion gleichsam zum „Rex Religiosissimus“[223] ausrief, konnotierte Keil, wie referiert, diese Rollenverteilung in den Texten des Asterisken um: Der Staat gewähre einzig von sich aus, aus freien Stücken und in ebensolcher „Übereinkunft“ Konzessionen: „wozu sich der König nicht ausdrücklich anheischig gemacht hat, hat für ihn keine Verbindlichkeit. Der Zustand der Dinge nach der Säcularisation ist die Norm.

[219] Ebd., Anhang 2, Nr. 1: Die Vollmacht zur Ehedispens im dritten und vierten Grad sollte keinesfalls der Kurie zukommen, vielmehr den Bischöfen und höchstens den Erzbischöfen. – Ebd., Nr. 2–3, 7: Die Möglichkeiten zur direkten Anrufung der Kurie unter Umgehung der Bischöfe solle beschränkt werden. – Ebd., Nr. 4, 10: Der Papst und seine Nuntien hätten keinerlei Befugnisse, in das bischöfliche Handeln einzugreifen, so auch mittels Privileg, im Bistum angesiedelte Ordensgemeinschaften der Kurie zu unterstellen und damit der bischöflichen Aufsicht zu entziehen (Exemtion). – Ebd., Nr. 5–6, 15: Der Papst dürfe ohne Prüfung und Einwilligung des Königs keinerlei das Bischofsamt betreffende Personalien eigenmächtig regeln (Konfirmationsverweigerung ernannter Bischöfe, Beschwerden gegen sie, deren Absetzung).

[220] Ebd., Anhang 2, Nr. 2–3, 6–7.

[221] Ebd., Anhang 2, Nr. 5.

[222] Ebd., Anhang 2, Nr. 11. – Ebd., Nr. 16 (weltliche Überwachung der geistlichen Zensur).

[223] Ebd., Vers 1175.

Nur durch Uebereinkunft [des Konkordates] kann er sich anders gestalten".[224] Zum äußeren, in seiner Symbolkraft nicht zu unterschätzenden Zeichen der dergestalt neu zu schaffenden landeskirchlichen Staatsordnung forderte Keil die einheitliche Amtskleidung des Klerus im gesamten Königreich, welche die von Keil ins Spiel gebrachte Bayerische Kirchensynode zu beschließen habe.[225]

5.3.3 Grundlegende Elemente des wiederhergestellten Kirchenwesens

Beginnend mit der Sicht auf das *Bischofsamt* skizzierte Keil seinen Entwurf des neu erblühenden Glaubenslebens: Inbegriff der Ortskirche sei der Bischof. Er ist Hirte seines Diözesanvolkes, oberster Hüter der Lehre und Moral, der schulischen Unterweisung, darin Mahner und Wächter der Sitten wie ebenso Schiedsrichter über seinen Klerus. Als Richtschnur dienten ihm die dogmatischen Beschlüsse und disziplinarischen Vorschriften des Trienter Konzils samt seinem Glaubensbekennntis („Symbola concilii Tridentini").[226] Allen durch die jüngsten Zeitläufte eingerissenen Glaubensabweichungen habe er gegenzusteuern, so den zeittypischen Endzeitvorstellungen im Anschluss an deren Exponenten Thomas Pöschel und dem nachaufklärerisch wiederkehrenden Wunderglauben.[227]

Nicht zuletzt habe der Bischof angesichts der drängenden Überbevölkerung jegliche außerehelichen Liebesverhältnisse zu untersagen, um die Zahl unehelicher Geburten zu vermindern. Wie der Autor aus eigener Anschauung berichtet, folgten daraus soziales Elend, Pauperismus, Prostitution und erwuchsen schließlich die Keime gefährlicher gesellschaftlicher Unruhe. So empfahl er den Regierenden, die bislang geltende sozioökonomische Doktrin des ungehemmten Bevölkerungszuwachses („Peuplierung") nicht mehr zu beachten, sondern stärker den allgemeinen Wohlstand zu fördern.[228]

Die Mitglieder der neu zu gründenden *Domkapitel* mögen nach Keils Meinung gleich dem Bischof von pastoralem Geist durchwirkt sein: fromm, gelehrt und weise, ganz dem Dienst am Heiligen und der Seelsorge geweiht, bar jeglicher Beimengung von Ehrsucht, Trägheit, Oberflächlichkeit: alle in allem leuchtende Vorbilder religiöser Tugenden, was die männliche Jugend zum Priestertum animiere.[229]

Damit war gleichermaßen der adelskirchliche Habitus der vergangenen Reichskirche überwunden, wie Keil im Einzelnen ausführte: Pfründenkumulation an mehreren Domkapiteln und reichskirchlicher Karrierismus in Patro-

---

[224] Ebd., Anhang 5.
[225] Ebd., Anhang 2, Nr. 11.
[226] Ebd., Vers 447–459 (457 Trient), 469–473.
[227] Ebd., Vers 463–468. Auch im Würzburger Umfeld der Zeit nach ca. 1810 keimte ein unterschichtenspezifischer Chiliasmus auf; vgl. Friedrich August Ludwig, Die chiliastische Bewegung in Franken und Hessen im ersten Drittel des 19. Jahrhunderts, Regensburg/Rom 1913, bes. S. 18f. Hinzu trat neuer Glaube an Wunderheilungen: Stephan Baron von Koskull, Wunderglaube und Medizin. Die religiösen Heilungsversuche des Fürsten Alexander von Hohenlohe in Franken 1821–1822 (Historischer Verein Bamberg, Beiheft 22), Bamberg 1988.
[228] Keil, Bayerns wiederhergestellte Kirche, Vers 478–548 (521f. gegen Peuplierung).
[229] Ebd., Vers 551–570, 592–599.

nage-Netzwerken, daraus resultierende Fehlzeiten der adeligen Kapitulare an der je anderen Kathedrale und daraus folgend laxe Teilnahme am Chordienst und simonistisch anmutende Anstellung von Vikaren als deren Stellvertreter. Die Säkularisation war somit in Keils Diktion einem Donnerschlag vergleichbar, der in einer Art höherer Gerechtigkeit dergleichen Usancen vernichtete.[230]

Nunmehr handele es sich bei den Pfründen der neuen Domkapitel um reine Dienstämter. Mit der Betonung, dass die Domherren nun ausschließlich aus dem eigenen Land gebürtig zu sein haben (Indigenat), verband Keil die episkopalistische Invektive, damit seien auch vom Papst vorgenommene Personalbesetzungen mittels Provision oder Reservation Formen äußerer Einmischung ausgeschlossen.[231] – Tatsächlich aber waren dergleichen kuriale Vorrechte, beispielsweise bezüglich der besonders einträglichen Würzburger Dompropstei, schon längstens im Laufe des 16. Jahrhunderts erloschen.[232] In der Sache redete Keil damit einer Verbürgerlichung des Domkapitels das Wort, da nun auch demjenigen einfacher Herkunft ob seiner Tüchtigkeit und Tugend gleichrangig Platz neben dem Adeligen gebühre.[233]

In weitergehender Ausdeutung fungiere das Kapitel als korporativer „Senat". Indes sah der abweichende Wortlaut des Konkordats die Domkapitulare lediglich als Mitarbeiter und Räte vor, die, wie desgleichen die Domvikare, in freiem Ermessen des Bischofs zu bestimmten Aufgaben der Diözesanverwaltung abzuordnen sind.[234] Auch auf dieser Ebene vertrat Keil somit synodale Anschauungen, durchaus im Sinne Wessenbergs, die überdies mit der offiziellen bayerischen Linie[235] konform gingen.

Keil schwebte das Bild einer *neuen Volkskirche* vor: Er verfocht einen Glauben in klarer Zentrierung auf das positive, institutionell-hierarchisch wie in seinem Lehrgebäude festgelegte katholische Bekenntnis ohne die mindeste Re-

---

[230] Ebd., Vers 570–586 (576 Donnerschlag); vgl. zum zwangsweisen Ende dieser reichskirchlichen Usancen Winfried Romberg, Adelige Standes- und Funktionseliten in geistlichen Staaten zwischen Aufklärung und Säkularisation: Geistig-politische Kontinuitäten und Umorientierungen am Beispiel rheinisch-fränkischer Bischöfe und Domherren (ca. 1770–1840), in: Rottenburger Jahrbuch für Kirchengeschichte 34 (2015), S. 125–146.

[231] Keil, Bayerns wiederhergestellte Kirche, Vers 568; vgl. den ebenso argumentierenden Einleitungspassus der Emser Punktation von 1786 bei Pfliegler, Dokumente (wie Anm. 124), S. 321.

[232] Vgl. August Amrhein, Reihenfolge der Mitglieder des adeligen Domstifts zu Würzburg, St. Kilians-Brüder genannt, Teil 2, in: Archiv des Historischen Vereins von Unterfranken und Aschaffenburg 33 (1890), S. 3–380, bes. S. 326f. (Liste der Dompröpste mit Angaben zur Amtsverleihung).

[233] Übersicht der überwiegend bürgerlichen Personalbesetzung der acht nachkonkordatären Domkapitel bei Hausberger, Staat und Kirche (wie Anm. 58), S. 345–352. Prosopographien zum Würzburger Kapitel bei Franz Josef Bendel, Das Würzburger Domkapitel seit dessen Wiedererrichtung im Jahre 1821, in: Würzburger Diözesangeschichtsblätter 16/17 (1954/55), S. 1–62, bes. S. 46–61.

[234] Keil, Bayerns wiederhergestellte Kirche, Vers 567 (senatus), 587–592. Die Fassung dieses Passus in: Gesetzblatt (wie Anm. 153), Sp. 405, Art. III.: „Alle Dignitarien und Canoniker werden [...] den Erzbischöfen und Bischöfen in Verwaltung ihrer Diöcese als Räthe dienen." – Erst mit dem Codex Iuris Canonici von 1917 erhielt die Bezeichnung „Senatus" rechtsverbindlichen Charakter; vgl. Hans-Jürgen Becker, Senatus episcopi. Die rechtliche Stellung der Domkapitel in Geschichte und Gegenwart, in: Jahres- und Tagungsbericht der Görresgesellschaft 1989, S. 33–54.

[235] Dafür plädierte auch das schon angeführte Promemoria des Xaver von Rechberg; vgl. Höfler, Concordat und Constitutionseid (wie Anm. 143), S. 100.

lativierung oder Vermischung mit anderen Bekenntnissen.[236] Der umfassende Charakter der Ortskirche manifestiere sich in der engen Verbundenheit des Kirchenvolkes mit der Pfarrgeistlichkeit und dem Ortsbischof. Hierbei zähle die Treue zu Sonntagsheiligung und Gottesdienst, insbesondere zu dessen „poetische[r] und feierliche[r]" Art, und den anderen angestammten Frömmigkeitsformen, wie etwa Wallfahrten.[237] In der Frömmigkeit des gemeinen Volkes war das kirchliche Bekenntnis wieder fest einzuwurzeln, jegliche religiöse Verselbstständigungen der Zeit, so der erwähnte Endzeitglaube wie auch anderer „eitler Aberglaube", wieder in rechtgläubige Bahnen zurückzuführen.[238]

Eine zentrale Aufgabe kam dabei dem *Priesterstand* zu. Diesem widmete Keil eine breit angelegte Eloge im Sinne der aufgeklärten Vorstellung einer anthropozentrischen Pastoral und des Ideals des Pastor bonus, welche der gemäßigten katholischen Aufklärung Würzburger Prägung entsprachen: der Kleriker solle in aller Erhabenheit das Abbild Christi sein, der geistliche und väterliche Begleiter der Menschen von der Wiege bis zur Bahre. Auf diese Weise forme er aus seinem Pfarrvolk dem Herrscher und der Gesellschaft tüchtige Bürger. Die Priester mögen bevorzugt aus dem gehobenen bürgerlichen Stand entstammen, entsprechend gebildet, gesittet und zurückhaltend sein sowie aller Ausschweifung abhold.[239] Nach dem Ende der Kriegsepoche und aufgrund der im Konkordat gegebenen Zusicherungen einer kirchlichen Neudotation und besonderer gesellschaftlicher Anerkennung des Klerus setzte Keil seine Hoffnung auf eine Zunahme der Priesterzahl.[240]

Auch *Mönchtum und Klöster* sollen im kirchlichen Leben wieder ihren Platz finden. Keil, der durch die Säkularisation aus seinem Kloster vertriebene Benediktiner, sah nicht im Mindesten einen Gegensatz zwischen Mönchtum und Moderne. Allerdings wünsche keiner, so stellte er fest, die Bettelorden zurück, die vagabundierend dem Landmann lediglich auf der Tasche lagen.[241] Vor dem Hintergrund der königlichen Zusage im Konkordat (Art. VII.), wiederum religiöse Gemeinschaften zuzulassen, pries er hoffnungsfroh seinen eigenen Orden. Dies tat er jedoch ausdrücklich nicht aus Selbstsucht oder Nostalgie angesichts der ihm einst im Kloster vergönnten gehobenen Lebensbedingungen und Annehmlichkeiten.[242] Vielmehr passe die Regel des Mönchsvaters Benedikt in die Gegenwart: Sie verbinde Kontemplation mit den Forderungen des Konkordats nach aktiver Betätigung in Seelsorge, höherem und niederem Bildungswesen sowie Krankenpflege.[243] Verwies der Autor in diesem Zusam-

---

236 Ebd., Vers 61, 227, 345.
237 Ebd., Vers 174–209 (Zitat 209), 218–228.
238 Ebd., Vers 670.
239 Vgl. Keil, Bayerns wiederhergestellte Kirche, Vers 597, 658–707, 715–726; vgl. Josef Müller, Die anthropozentrische Pastoraltheologie der Aufklärung, in: Erika Weinzierl / Gottfried Griesl (Hg.), Von der Pastoraltheologie zur Praktischen Theologie 1774–1974 (Forschungsgespräche des internationalen Forschungszentrums für Grundfragen der Wissenschaften Salzburg. 15. Forschungsgespräch), Salzburg / München 1975, S. 13–24.
240 Vgl. Keil, Bayerns wiederhergestellte Kirche, Vers 727–756, 789–803.
241 Vgl. ebd, Vers 602–611.
242 Vgl. ebd., Vers 616–619.
243 Vgl. ebd., Vers 600f., 621–630.

menhang auf die grundlegenden Kulturleistungen des Ordens, so die Pflege des Lateinischen und die mittelalterliche Urbarmachung, fehlt indes der – obgleich naheliegende – Verweis auf die anzuerkennende progressive Kraft der Benediktiner in der zurückliegenden Epoche der Aufklärung.[244]

Unschlüssig war sich Keil in der Frage nach der Vorgehensweise bei einer möglichen Revitalisierung von Klöstern: Solle der Vorzug einer völligen Neugründung in einer Mischung aus Postulanten mittleren Alters und dazu willigen bzw. zur Pfarrseelsorge untauglichen Weltgeistlichen gegeben werden oder aber sollten ältere Konventualen aus der Zeit vor der Säkularisation herangezogen werden, die allerdings dem klösterlichen Leben schon lange entwöhnt und diesem quasi gestorben seien.[245]

6. Würdigung

Das aus Anlass des Konkordatsschlusses entstandene und in seiner Eigenart wohl einzigartige Gedicht enthüllt den keineswegs einfach einzuordnenden kirchenpolitischen Standpunkt seines Verfassers: Zum einen ergoss er überschwängliche Verse zu Ehren des Papsttums, blieb gleichwohl argwöhnisch kurialer „Willkür" gewahr. Insgesamt sah er es als eher formale, im fernen Rom residierende Größe an, denn als konkrete Wirkmacht. Demgegenüber schätzte er in episkopalistischem Unterton das monarchische Bischofsamt hoch, war sich freilich auch dessen Fehlbarkeiten bewusst und im Bestreben, solches mittels korporativer und synodaler Elemente auszutarieren. Ebenso vertrat er keine eindeutige ekklesiologische Sicht bzw. kein klares historisches Leitbild der katholischen Kirche.[246]

So stand er in seiner geistig-religiösen Positionierung gleichsam in unentschiedener Mittelstellung zwischen der unwiderruflich zu Ende gegangenen Epoche der Aufklärung im vormals staatsgleichen Hochstift, das aus seiner Sicht mit einiger Berechtigung historisch überwunden war, und dem Auftakt im neubayerischen Gemeinwesen. Diese sein Gedicht durchziehende Ambiguität lässt sich auf argumentativer Ebene nicht auflösen.

Dementsprechend teils missverstehend, teils zurückhaltend bis ablehnend wurde das Werk in der Publizistik seiner Zeit wahrgenommen: Eine Leipziger Besprechung betrachtete das zugrundeliegende Konkordat als eindeutige ge-

---

[244] Vgl. ebd., Vers 632–644; vgl. Ulrich L. Lehner, Enlightened Monks. The German Benedictines 1740–1803, New York 2011. Zu diesem benediktischen Wirken im Würzburger Bereich vgl. Romberg (Bearb.), Bistum Würzburg 9 (wie Anm. 26), S. 98.

[245] Vgl. Keil, Bayerns wiederhergestellte Kirche, Vers 642–657. Als wohl am meisten von dieser Problematik zeugenden Referenzbeispiel ist die Restauration des Würzburger Ursulinen-Klosters 1808 anzuführen: Für sein Prestigeprojekt musste Weihbischof Zirkel die im Zuge der Säkularisation abgefundene und zum Wiederantritt ihres Amtes anhaltend unwillige Ordensoberin jedoch allzu lange beknien, sodass er sich am Ende über das Glücken dieses Versuchs kaum mehr zu freuen vermochte; vgl. Ludwig, Zirkel (wie Anm. 148), Bd. 2, S. 192–204.

[246] Vgl. ebd., Anhang 6: „[Der Leitsatz: Alles] Gemäß der Lehre der Kirche, ihrem Leben und ihrer erprobten Disziplin: was ist das für eine? Jene in den ersten acht Jahrhunderten, oder zur Zeit der Schwerdter-Regirung?"

sellschaftliche wie materielle Bevorzugung der Katholiken, was die angestrebte verfassungsmäßige Bekenntnisparität wieder infrage stelle und ein „Alleingelten, [...] Alleinherrschen der katholischen Kirchenverfassung" zur Folge habe.[247] Eine weitere Kritik lautete sogar dahin, das Gedicht als – Keils Absichten völlig zuwider – „zelotische[n] Zwischenruf" abzuqualifizieren.[248] Der Langheimer Ex-Zisterzienser und Bamberger Staatsbibliothekar und dortiger Meinungsführer Johann Joachim Jäck (1777–1847) zeigte das Gedicht rein referierend an, indem er sich vielsagend näheren Urteils enthielt: „Vorliegendes Gedicht ist ein Gewebe aus liberalen und unliberalen Ideen über Religion, Frömmigkeit, Gott, Pabst, König, Bischöfe, Kanoniker, Mönche, Cleriker, Schulen, Sittenverderbniß, Eid, Liebe des Nächsten, P[apst] Pius VII. und K[önig] Max Joseph in ziemlich reinem Latein."[249]

Letztlich unterschätzte Keil die Richtung des kirchlich-romantischen Zeitgeistes, der, wie referiert, auch und gerade die Konkordatsbischöfe staatsnaher Gesinnung in der Grundentscheidung schließlich doch die römische Option wählen ließ (Kap. 5.1.3).[250] Insgesamt wird Keil trotz erklärter Kirchennähe und seinem Weihegrad des Diakonats damit wohl kaum an den kirchlich-integralistischen Flügel anschlussfähig gewesen sein, der sich im Würzburg seiner Zeit um Weihbischof Gregor Zirkel geschart hatte: Diesem nämlich waren jedwede romkritischen Invektiven zuwider wie ebenso synodale Ordnungen, in denen lediglich die vorsätzliche Schwächung des Episkopats zu erblicken waren.[251]

Mithin bleibt Joseph Anton Keils Konkordatsgedicht – ebenso wie sein Poëm auf die bayerische Verfassung – jenseits des rein Literarischen ein bemerkenswertes Zeit- und Selbstzeugnis der um Klärungen bemühten Übergangszeit nach dem äußeren Ende der Revolutionsumbrüche und napoleonischen Umgestaltungen.

[247] Zit. nach Rezension, in: Hermes oder kritisches Jahrbuch der Literatur. Erstes Stück für das Jahr 1819, Leipzig 1819, S. 310–322, hier S. 320.

[248] Beilage zur Allgemeinen Zeitung (München), Nr. 2 vom 06.01.1819.

[249] Verhältnisse des Königreichs Baiern zum päbstlichen Stuhle, von den ältesten bis auf die neuesten Zeiten historisch-kritisch entwickelt vom Bibliothekar [Joachim Heinrich] Jäck, Drittes Heft, Erlangen 1820 (Kritische Anzeige der neuesten Literatur über kirchliche Angelegenheiten), S. XIf.

[250] Vgl. Hubert Wolf, „Ein Rohrstengel statt des Szepters verlorener Landesherrlichkeit...". Die Entstehung eines neuen rom- bzw. papstorientierten Bischofstyps, in: Rolf Decot (Hg.), Kontinuität und Innovation um 1803. Säkularisation als Transformationsprozess (Veröffentlichungen des Instituts für Europäische Geschichte Mainz, Beiheft 65), Mainz 2005, S. 109–134.

[251] „Es bedarf einer ganz besondern Aufmerksamkeit, das Verhältnis des Capitels zum Bischofe festzusetzen, damit wir die Schlinge vermeiden, die uns der Illuminatismus gelegt hat, der Kirche eine Synodalverfassung zu geben und durch sie die bischöfliche Gewalt nicht nur zu beschränken, sondern zu einer bloßen Repräsentation zu machen."; zit. nach Höfler, Concordat und Constitutionseid (wie Anm. 143), S. 46, Fußnote (13.03.1817).

Würzburgs Beitrag zur Bildung und Schriftkultur im 10. und 11. Jahrhundert

Neuere Forschungsergebnisse zur Domschule

Elmar Hochholzer

1. Vom Erkenntniswert paläographischer Grundlagenforschungen

Nicht allen Lesern der Diözesangeschichtsblätter dürfte der Name Hartmut Hoffmann ein Begriff sein. Dabei war der 1930 in Göttingen geborene und 2016 verstorbene Mediävist und Gelehrte mit der Bischofsstadt am Main im Frühen und Hohen Mittelalter über die beachtlichen Handschriftenbestände vor Ort, die er bei vielen Besuchen paläographisch durchmusterte, bestens vertraut und verbunden. Als ein ausgesprochener Grundlagenforscher „verkörperte er die besten Traditionen der deutschen Mittelalterforschung" – unbeirrt von wechselnden Forschungstrends und modischen Themen.[1] Es war sein Markenzeichen, politische und ideengeschichtlichen Phänomene und Entwicklungen des Früh- und Hochmittelalters mit einer „stupenden Quellen- und Literaturkenntnis aus der Geistesgeschichte heraus zu entfalten".[2]

Seit den achtziger Jahren des 20. Jahrhunderts prägten vor allem Handschriftenforschungen Hoffmanns Schaffen. Er sah sich in der Tradition des von ihm bewunderten Bernhard Bischoff, „diesen Meister der Paläographie", wie er ihn nannte.[3] Dazu gehörte zuallererst „die scharfsinnige Auseinandersetzung mit den Quellen und ihrer Überlieferung an sich. Und darin „hat er Herausragendes vollbracht".[4] Entstanden ist 1986 ein zweibändiges Grundlagenwerk.[5] Es war sein „opus magnum", wie Rudolf Schieffer konstatierte, und es ließ „ihn zur maßgeblichen Autorität für die Paläographie dieses Zeitraums" werden.[6] In diesem Buch erfasste er katalogartig die einzelnen Handschriften des 10. und 11. Jahrhunderts, unterschied die Schreiberhände, datierte und lokalisierte sie.

Nur wer sich intensiv mit Paläographie, einer sogenannten historischen Hilfswissenschaft – sie hilft buchstäblich in vielen Fällen weiter – näher beschäftigt, kann ermessen, welch immenses optisches Gedächtnis, welch intellektueller Scharfsinn und welch umfassende Übersicht bei der Schriftbestimmung nötig

---

[1] Enno Bünz/Christian Schuffels, Schriftenverzeichnis Hartmut Hoffmann (1930–2016), in: Deutsches Archiv für Erforschung des Mittelalters 73 (2017), S. 239–250, Zitat S. 239.

[2] Eva Schlotheuber, Nachruf Hartmut Hoffmann, in: Deutsches Archiv für Erforschung des Mittelalters 72 (2016), S. 207–212. Vgl. auch den ausführlichen Nachruf von Rudolf Schieffer, in: Historische Zeitschrift 303 (2016), S. 459–463.

[3] Vgl. dazu Hartmut Hoffmann, Bernhard Bischoffs Katalog der karolingischen Handschriften, in: Deutsches Archiv für Erforschung des Mittelalters 71 (2015), S. 1–56, Zitat S. 53.

[4] Schieffer, Nachruf (wie Anm. 2), S. 459.

[5] Hartmut Hoffmann, Buchkunst und Königtum im ottonischen und frühsalischen Reich (Monumenta Germaniae Historica Schriften 30), Hannover 1986.

[6] Schieffer, Nachruf (wie Anm. 2), S. 460.

sind, um die Stilmerkmale einer mittelalterlichen Handschrift zu erkennen und sie den einzelnen Schreibschulen richtig zuzuordnen. Die daraus fließenden Ergebnisse sind von höchstem und seltenem Wert. Erstens ist quellenbasierte Paläographie ein kaum mehr beackertes, da schwieriges Forschungsfeld. Vielfach erleichtert man sich die Arbeit im Vertrauen auf bereits gedruckte Literatur. Gegen diese verbreitete Arbeitsweise hatte der streitbare Historiker bis zuletzt eine starke Abneigung, da nicht quellenfundiert und oftmals ungeprüft übernommen.[7] Und zweitens sind paläographische und kodikologische Untersuchungen ausgesprochen geeignet, neue Einblicke und Zusammenhänge in die Geistes- und Bildungsgeschichte einer Epoche zu gewähren.

Nun besitzen wir dank Hoffmanns akribischer Arbeit einen Katalog der Handschriftproduktion der einzelnen Skriptorien im deutschsprachigen Reich und ihrer Voraussetzungen im 10. und 11. Jahrhundert – stets belegt durch einen umfangreichen Abbildungsteil. Natürlich war (und ist) diese Übersicht noch nicht vollständig, sie wurde von ihm in Einzelfällen korrigiert und mit der Zeit in weiteren Publikationen durch neue Erkenntnisse ergänzt. Zu den untersuchten Skriptorien gehörte die Würzburger Schule am Dom und ihr Beitrag zur Kultur der ottonisch-salischen Zeit. Ihr Rang und ihre Leistungsfähigkeit konnten bis dahin überhaupt noch nicht richtig eingeschätzt werden aus Mangel an paläographischen Vorarbeiten.

Dies gelingt erst eindrucksvoll seit dem Jahr 2004. Denn eine weitere, umfangreichere paläographische Studie ergänzte und würdigte die am Domskriptorium entstandenen Schriftdenkmäler, wovon sich die meisten übrigens heute außerhalb Würzburgs befinden.[8] Ohne Übertreibung kann festgestellt werden: War es für das 8. und 9. Jahrhundert Bernhard Bischoff, der zusammen mit Josef Hofmann die Werke des karolingischen Skriptoriums des Domstifts Würzburg gesichtet und bestimmt hat, so darf man füglich Hartmut Hoffmann als dessen unbestrittenen Fortsetzer für die nachfolgende Epoche sehen.

Unser Augenmerk richtet sich dabei vor allem auf diejenigen Ergebnisse und Folgerungen aus den Arbeiten Hoffmanns, die den Forschungsstand für das 10. und 11. Jahrhundert aktualisieren, ergänzen und vor allem neu bewerten können. Hans Thurn hat den Handschriftenbestand aus dem ehemaligen Domstift in der Universitätsbibliothek Würzburg mustergültig inhaltlich in den von ihm bearbeiteten Handschriftenkatalogen aufbereitet und damit einen Einblick in das geistig-religiöse Milieu seit der Karolingerzeit gewähren können.[9] Auch wenn es nicht seine Aufgabe war, die einzelnen Handschriften paläographisch exakt zu bestimmen, versuchte er aufgrund seiner überaus großen Kenntnisse, sie ungefähr zu datieren und zu lokalisieren. Gleichwohl erlauben es erst genaue und spezielle paläographische Untersuchungen, die Handschriften und das Format einer bestimmten Schreibschule angemessen zu erfassen; denn der

[7] Er hatte z. B. die Angewohnheit, die im Anmerkungsapparat von Büchern und Zeitschriften angegebenen Quellen oder Literatur auf ihre inhaltliche und formale Richtigkeit zu überprüfen.

[8] Hartmut Hoffmann, Schreibschulen des 10. und 11. Jahrhunderts im Südwesten des Deutschen Reichs mit einem Beitrag von Elmar Hochholzer (Monumenta Germaniae Historica Schriften 53), Hannover 2004.

[9] Hans Thurn, Die Handschriften der Universitätsbibliothek Würzburg, Bd. 2.2, 3.1–4.1, Wiesbaden 1984–1990.

Ort der Überlieferung bzw. der Provenienz stimmt bekanntlich oftmals nicht mit dem Ort der Entstehung einer Handschrift überein.

Sieht man von den Vorarbeiten in den von Hans Thurn bearbeiteten Handschriftenkatalogen ab, ist es nicht viel, woraus man umfassenderes Wissen über die Leistungen und das Profil der Würzburger Dom- und ihrer Schreibschule in ottonischer und frühsalischer Zeit schöpfen könnte. Da gibt es knappe Übersichten von 1988[10] und 1990[11] sowie einen scharfsinnigen Beitrag von Enno Bünz aus dem Jahr 1993, der in seinen Überlegungen zu einem Zahlenkampfspiel die Domschule des 11. Jahrhunderts streifte.[12] Im gleichen Jahr erschien Jürgen Petersohns kompakte Skizze zu Frankens Domschulen, die auch die Bildungsstätte in Würzburg einschloss.[13]

Hoffmanns mühevoll anmutende Arbeit brachte viel Überraschendes und Übersehenes hervor. Wie groß der Ertrag nicht nur für Historiker hinsichtlich der Geistesgeschichte des 10./11. Jahrhunderts in Würzburg und darüber hinaus wäre, lässt sich beispielhaft an Hoffmanns umfassender Einzelstudie vom Jahr 2009 über die in Würzburg geschriebenen Kommentare zu den Briefen des Apostels Paulus ermessen.[14] Sie steht im Mittelpunkt der folgenden Ausführungen, weil sie durch akribisch und kritisch abwägende Quellenuntersuchungen geradezu exemplarisch neue Erkenntnisse präsentieren und weitreichende ideengeschichtliche Perspektiven eröffnen konnte. Darauf hat 2012 Enno Bünz in einer kenntnisreichen Rezension mit Recht aufmerksam gemacht.[15] Hoffmann habe „mit dieser gründlichen, auch methodisch beeindruckenden Untersuchung, die Geschichte der Würzburger Domschule in den Jahrzehnten um 1000 auf neue Grundlagen gestellt“.[16]

Die „neuen Grundlagen“, die Enno Bünz sachlich bedingt nur andeuten konnte, sollen nun gut fünf Jahre nach Hoffmanns Tod ausführlicher, auf Wesentliches und Neues konzentriert und in ehrender Erinnerung an einen generösen Mentor zusammenfassend vorgestellt werden. Wahrscheinlich hätte ihm das nicht gefallen, denn er mochte es gar nicht, bloß fremdes Wissen zu reproduzieren – und er war uneitel. Wenn es trotzdem geschieht als eine Art verspäteter Forschungsbericht mit ergänzenden Mitteilungen, dann in der gebührenden Absicht, die weitreichenden Ergebnisse nicht zu übergehen und sie noch bekannter zu machen. Denn sie ließen, oft nur fast nebenbei und lakonisch

---

[10] Die Bibliothek des Würzburger Domstifts 742–1803. Ausstellung der Universitätsbibliothek Würzburg, 20.10.–30. 01.1988, Würzburg 1988.

[11] Günther Koch/Josef Pretscher (Hg.), Würzburgs Domschule in alter und neuer Zeit, Würzburg 1990.

[12] Enno Bünz, Erfand der spätere Bischof Adalbero von Würzburg das Zahlenkampfspiel? Überlegungen zur Würzburger Domschule in der ersten Hälfte des 11. Jahrhunderts, in: Deutsches Archiv für Erforschung des Mittelalters 49 (1993), S. 593–611.

[13] Jürgen Petersohn, Frankens Domschulen im Hochmittelalter, in: Mainfränkisches Jahrbuch für Geschichte und Kunst 45 (1993), S. 1–8, bes. S. 2–4. – Inhaltlich fast gleich, doch mit Literatur- und Quellenangaben: ders., Bildung und Buchwesen, lateinische Literatur und Wissenschaft, in: Andres Kraus (Hg.), Max Spindler, Handbuch der bayerischen Geschichte. Geschichte Frankens bis zum Ausgang des 18. Jahrhunderts, Bd. 3, 1. Teilband, München 1996, S. 331–369, bes. S. 347f.

[14] Hartmut Hoffmann, Die Würzburger Paulinenkommentare der Ottonenzeit (Monumenta Germaniae Historica Studien und Texte 47), Hannover 2009.

[15] Enno Bünz, Besprechung von: Hartmut Hoffmann, Die Würzburger Paulinenkommentare der Ottonenzeit, in: Würzburger Diözesangeschichtsblätter 75 (2012), S. 280–282.

[16] Ebd., S. 282.

festgehalten, ein erstaunlich konturenreiches Bild von der Schule am Dom und dessen Format mit einer überraschend eindrucksvollen Aussagekraft entstehen.

2. Die kommentierten Paulusbriefe aus Würzburg

2.1 Handschriften, Quellen und Verfasser der Kommentare

In der Untersuchung über die Auslegung der Paulusbriefe vermittelt Hartmut Hoffmann einen der seltenen, quellengestützten Einblicke in die theologisch-geistigen Strömungen jener Zeit, „an der die Würzburger Geistlichkeit offenbar in nicht geringem Maße Anteil nahm".[17] Mit unaufdringlichem, aber umso beeindruckenderem Kenntnisreichtum, gepaart mit einem präzisen und flüssigen Schreibstil, dringt er in ein wenig systematisch erforschtes Gebiet der früh- und hochmittelalterlichen Bildungsgeschichte vor. Gleichzeitig lässt sich daran sein methodischer Ansatz ableiten, der heute nur noch selten gepflegt wird. Ausgangspunkt ist eine detaillierte paläographische Untersuchung einschließlich der textgeschichtlichen Beziehungen der in Berlin liegenden Handschrift mit den Briefen des Neuen Testaments (Berlin, Staatsbibliothek, Phill. 1650). Es folgen eine kritische Edition der Glossen in dieser Handschrift und schließlich davon ausgehend die Beobachtungen (einschließlich einer Neuedition) zur Bibliotheks- und Geistesgeschichte des Würzburger Domstifts – eingebettet in die Denkmuster und Traditionen in ottonisch-salischer Zeit.

Den wichtigsten Textzeugen der Paulinischen Kommentare, den Codex Phillipicus 1650 in der Staatsbibliothek Berlin, konnte Hoffmann als Würzburger Schreibprodukt identifizieren. Der Haupttext, also die Paulusbriefe, und die kommentierenden Glossen wurden in der zweiten Hälfte des 10. Jahrhunderts in Würzburg von mehreren Händen geschrieben, sicher vor dem Jahr 1002. Bereits im 11. Jahrhundert kam die Handschrift nach Metz.[18] Sie war von vornherein auf Glossierung angelegt, wie es die breiten Ränder links und rechts nahelegen. Eine spätere Abschrift, die manche Passagen der kommentierenden Randnotizen wegließ, stammt von Schreibern des Klosters Tegernsee aus dem dritten Viertel des 11. Jahrhunderts (München, Staatsbibliothek, Clm 18530a).[19]

Die Kommentare bzw. Glossen in beiden Handschriften werden explizit einem Autor namens Lantfranch zugewiesen. In der bisherigen Forschung wurde er mit Lanfranc, dem Abt von Bec und späteren Erzbischof von Canterbury († 1080), gleichgesetzt. Diese Annahme wird nun widerlegt durch die paläographische Untersuchung und Datierung der Berliner Paulinenkommentare, die ja nicht mehr zu Lebzeiten des Erzbischofs, sondern in Würzburg in der zweiten Hälfte des 10. Jahrhunderts geschrieben wurden. Die Kommentare stammen von einem bis dahin unbekannten karolingischen Theologen und Autor italienischer Herkunft namens Lantfranch, der in der zweiten Hälfte des

---

17 Hoffmann, Paulinenkommentare (wie Anm. 14), S. 2. – Die bewusst gewählten und relativ vielen Zitate aus diesem Werk sollen Hoffmanns Stil der Darstellung illustrieren.
18 Hoffmann, Schreibschulen Südwesten (wie Anm. 8), S. 326.
19 Hoffmann, Paulinenkommentare (wie Anm. 14), S. 3–8.

9. und zu Beginn des 10. Jahrhunderts lebte. Er schrieb die Glossen bzw. den Kommentar zu den ersten sechs Paulusbriefen. Er ist wohl auch die Vorlage oder gar der Verfasser des bisher Atto von Vercelli zugeschriebenen Paulinenkommentars, der sich in Vercelli, Biblioteca capitolare, Cod. XXXIX (40) befindet. Bischof Atto von Vercelli (924–ca. 960) gab lediglich den Auftrag, die Kommentare abzuschreiben. Den Löwenanteil übernahmen dabei zwei Geistliche namens Vercellinus und Tebertus.[20]

Eine jüngere Bearbeitung des Vercelli-Kommentars, der sogenannte „T(h)ietlandkommentar“, wurde bisher Abt Thietland von Einsiedeln († nach 961) zugeschrieben und befindet sich in Einsiedeln, Stiftsbibliothek, 38 (366).[21] Hoffmann spricht sich aus zwei Gründen gegen eine Zuweisung an Abt Thietland aus. Zum einen sei die Quellenbasis für eine solche Annahme zu schmal und zum anderen sprächen paläographische Erwägungen dagegen; denn es sind Würzburger Hände, die bei den Einsiedler Kommentaren mitgewirkt haben. Der zweispaltige Codex, der schon in der zweiten Hälfte des 10. Jahrhunderts im Voralpenkloster lag, könnte in Einsiedeln oder in Würzburg entstanden sein.[22] Ein endgültiges Urteil versagte sich Hartmut Hoffmann, um einer geplanten Edition des sog. „Thietlandkommentars“ zu den Paulusbriefen durch Gérard de Martel im Corpus Christianorum, Continuatio Medievalis nicht vorzugreifen.[23] Sie ist allerdings bislang noch nicht erschienen. Mit Sicherheit in Würzburg geschrieben wurde der sog. „Thietlandkommentar“ zu den Paulusbriefen in einem Bamberger Codex vom Beginn des 11. Jahrhunderts (Staatsbibliothek Bamberg, Bibl. 89).[24]

Zu den von Lantfranch benutzten Quellen gehörte auch eine umfangreiche Glossenschicht zu den paulinischen Briefen, die Hoffmann als „Sammlung X“ bezeichnet.[25] Sie ist in fünf Handschriften überliefert, lag in verschiedenen Versionen vor und bildete wohl zwei Handschriftengruppen. Eine Handschrift wurde ganz von Würzburger Händen in der zweiten Hälfte des 10. Jahrhunderts geschrieben (Rom, Vatikanische Bibliothek, Vat. Reg. lat. 5), eine andere überwiegend (Einsiedeln, Stiftsbibliothek Ms. 16 [557]). Weitere Kommentare dieser „Sammlung X“ sind paläographisch wegen der vielen Schreiberhände nur schwer zu lokalisieren (Karlsruhe, Landesbibliothek, Aug. LXXXIII); einige Schreiber stammten aus St. Gallen, die anderen möglicherweise aus Würzburg, jedenfalls aus dem südwestdeutschen Raum im weiteren Sinne, mithin aus dem südlichen Teil der Mainzer Kirchenprovinz. Mit einzubeziehen sind auch die Pauluskommentare aus Essen (Berlin, Staatsbibliothek, theol. fol. 481); denn darin hat wohl auch ein Würzburger Schreiber des 10. Jahrhunderts zumindest eine Zeile hinterlassen.[26]

---

20 Ebd., S. 17–19.

21 Hagen Keller, Kloster Einsiedeln im ottonischen Schwaben (Forschungen zur oberrheinischen Kirchengeschichte 13), Freiburg i. Br. 1964, S. 49f.

22 Hoffmann, Schreibschulen Südwesten (wie Anm. 8), S. 66f.

23 Hoffmann, Paulinenkommentare (wie Anm. 14), S. 41f.

24 Hartmut Hoffmann, Bamberger Handschriften des 10. und 11. Jahrhunderts (Monumenta Germaniae Historica Schriften 39), Hannover 1995, S. 113f.

25 Hoffmann, Paulinenkommentare (wie Anm. 14), S. 119–132.

26 Ebd., S. 121–131.

Die „Sammlung X“ ist für Hoffmann „kein Glanzstück der Theologie. Häppchenweise werden hier die älteren Kommentare zu den betreffenden Paulusversen serviert“.[27] Es scheint ihnen ein eigenständiger Gehalt zu fehlen und sie erreichen auch nicht das Niveau der bekannten Erläuterungsschriften der Spätantike oder des frühen Mittelalters. Das könnte mit ihrer Zweckbestimmung zusammenhängen; denn wahrscheinlich diente diese Sammlung mit ihren recht einfachen Kommentaren zu den Paulusbriefen vornehmlich als Einführungshilfe für Schüler mit noch geringem Wissensstand in der Heiligen Schrift.

Den in Würzburg angefertigten Glossenapparat des Lantfranch, den die Berliner Handschrift Phill. 1650 überliefert, hat Hoffmann auf rund 70 Seiten ediert. Es ist das Kernstück der Untersuchung. Auch die althochdeutschen Glossen der „Sammlung X“ hat er editorisch der Forschung zugänglich gemacht.[28] Unverkennbar weisen sie auf Würzburg. Diese Stadt muss ein „Zentrum der Pauluslektüre“ und die ottonischen Paulushandschriften müssen „etwas Besonderes gewesen“ sein. Sie erregten offenbar Aufsehen. So gingen drei Codices mit den Glossen nach auswärts, dienten als Vorlage oder sie wurden dem jungen Kaiser Otto III. von Erzbischof Willigis von Mainz (975–1011) geschenkt, um sich in die Paulusbriefe einzulesen, und sie wurden andernorts abgeschrieben.[29] Aber weshalb nahm Würzburg einen so prominenten Platz in der Paulusexegese, ihrer Rezeption und Vermittlung ein?

2.2 *Würzburg als Vorposten der Paulusexegese*

Voraussetzung dafür war das Interesse der Gelehrtenwelt nicht nur im Würzburger Raum. Übergeordnete religiöse Leitbilder oder Vorgaben mögen ihren Teil dazu beigetragen haben. Einen Fingerzeig liefert Matthias M. Tischler in seiner Rezension der Hoffmannschen Studie.[30] Zwar habe „der Altmeister der mediävistischen Grundlagenforschung“ mit seiner eingehenden Analyse ein „exegetisches Personennetzwerk aufgedeckt“ und mit den Orten Vercelli, Würzburg und Einsiedeln „die frühen räumlichen Koordinaten der ottonischen Paulusexegese benannt“. Aber weitere Spuren hinsichtlich der größeren Zusammenhänge habe er unbeachtet gelassen. Und diese führten zu „einer bislang kaum erkannten Paulus-Rezeption in der ottonischen Reichskultur“ und zum einflussreichsten Kirchenfürsten jener Zeit, nämlich zu Erzbischof Brun(o) von Köln (953–964).[31]

Sein Biograph, der Mönch Ruotger von St. Pantaleon in Köln, stilisierte in der ‚Vita Brunonis‘ den Bruder Kaiser Ottos I. gleich nach dessen Tod als den Paulus seiner Zeit. Erzbischof Brun(o) habe die griechischen Gelehrten, die ihn unterrichteten, durch seine übergroße Begabung in Staunen versetzt, lesen

---

[27] Ebd., S. 188.
[28] Ebd., S. 49–118 u. 184–191.
[29] Ebd., S. 247 (inklusive Zitate).
[30] Matthias M. Tischler, Besprechung von: Hartmut Hoffmann, Die Würzburger Paulinenkommentare der Ottonenzeit, in: Historische Zeitschrift 294 (2012), S. 185f.
[31] Ebd., S. 186.

wir bei Ruotger. Über Bruns Gelehrsamkeit berichteten die Griechen dann den Mitbürgern („cives"), die immer nur Neues hören oder herausfinden wollten.[32] Brunos Biograph Ruotger nimmt in dieser Passage Bezug auf den Auftritt des Apostels Paulus auf dem Areopag, wo er seine neue Lehre den Athenern zu erklären suchte, und zwar an dem Ort, wo sie nichts lieber taten als das Neueste zu erfahren (Apg. 17,21). Mithin könnte man Erzbischof Brun(o) von Köln zum einen als würdigen Nachfolger des Völkerapostels sehen, zum anderen aber auch als eine Persönlichkeit, die den Griechen an Gelehrsamkeit überlegen ist. Mit dieser Episode hat Brunos Biograph Ruotger nach Tischlers Einschätzung wohl „zwei zentrale ottonisch-byzantinische Konfliktfelder angesprochen: die Mission in Osteuropa und die Bildung im 10. Jahrhundert".[33]

In gewisser Weise bekräftigt wird diese Sicht durch eine zeitgenössische, angeblich oberitalienisch beeinflusste Illustration des Apostels Paulus auf dem Areopag mit Zuhörern, auf die wiederum Tischler hinweist. Es ist das Titelbild der Einsiedler Handschrift 38 (366), fol. Bv.[34] Sie enthält den bereits erwähnten sog. „Thietlandkommentar" zu den Paulusbriefen, der von Würzburger und Einsiedler Händen angefertigt wurde. Er ist auch aus paläographischer Sicht von Bedeutung. Er dokumentiert eine Frühstufe der Schriftentwicklung in Einsiedeln, doch bleibt unklar, wie man sich die Zusammenarbeit von Würzburger und Einsiedler Schreibern vorzustellen hat und wie genau sie zustande gekommen ist.

Jedenfalls stellen die ca. zehn aus Würzburg stammenden Codices in Einsiedeln eine Verbindung zwischen dem Alpenkloster und der Bischofsstadt am Main in ottonischer Zeit her. Sie war in der ersten Hälfte des 10. Jahrhunderts intensiv, aber auch zeitlich eng begrenzt. Im Übrigen ist aus Einsiedeln eine weitere Handschrift mit Paulusbriefen überliefert (Einsiedeln, Cod. 16 [557]), die etwa zur gleichen Zeit entstanden ist und die ebenfalls der Zusammenarbeit von Würzburger und Einsiedler Schreibern zu verdanken ist.[35]

Anscheinend griff man in Würzburg das verbreitete Interesse an den Paulusbriefen im Reich am intensivsten auf. Man schrieb Handschriften samt den Kommentaren ab und machte die Domschule so zu einem Vermittler der Paulusexegese mit dichter, heute noch nachvollziehbarer Überlieferung. Wir erwähnten das überörtliche Dreieck Vercelli, Würzburg und Einsiedeln einerseits und das auffällige Zusammenspiel der (Schreib-)Schulen von Würzburg und Kloster Einsiedeln ab der zweiten Hälfte des 10. Jahrhunderts andererseits. Dabei kommt anscheinend zwei Persönlichkeiten eine Schlüsselrolle zu: Stephan von Novara einerseits, seit etwa 952 Leiter der Würzburger Domschule, und Wolfgang andererseits, Studierender in Würzburg, Domscholaster in Trier, Mönch in Einsiedeln, Bischof von Regensburg und Heiliger.

---

[32] Ruotgeri vita Brunonis archiepiscopi Coloniensis, hg. von Irene Ott (Monumenta Germaniae Historica Scriptores rerum Germanicarum Nova Series 10), Weimar 1951, S. 8, c. 7: „Greci, quibus eque [Bruno] magistris usus est, ad tantam gratiam stupebant, digna nimirum de illo problemata domum suis civibus reportabant, quorum studium quondam fuisse dicitur aut audire semper aliquid novi aut invenire."

[33] Tischler, Besprechung (wie Anm. 30), S. 186.

[34] Dazu Hoffmann, Schreibschulen Südwesten (wie Anm. 8), S. 66f.

[35] Ebd., S. 62.

Es könnte sehr wohl sein, dass mit der Ankunft des Domschullehrers Stephan von Novara die Beschäftigung mit den Pauluskommentaren in Würzburg Fuß gefasst hat. Diese Vermutung gewinnt an Substanz, wenn man bedenkt, dass Novara und Vercelli in der Provinz Piemont nicht weit voneinander entfernt liegen. Stephan könnte durchaus Anregungen aus Italien nach Franken mitgebracht haben. Sein Wirken in Würzburg ist ja erster Ausdruck des sich entwickelnden Bildungstransfers zwischen Italien und dem Reich jenseits der Alpen.[36] Durch Stephan von Novara kam wohl auch der heilige Wolfgang von Regensburg in der Stadt am Main mit der in ottonischer Zeit anscheinend „wiederentdeckten" theologischen Disziplin der Paulusexegese in Berührung. Sein Studienaufenthalt in Würzburg wirft ein bemerkenswertes Licht auf die Strömungen, Begegnungen und den kulturellen Austausch in ottonischer Zeit.

2.3 Würzburg, Einsiedeln und Trier: Zusammenwirken von Schreibern

Wolfgang hatte auf der Reichenau mit etwa 10 bis 12 Jahren seine erste Schul- und Schreibausbildung erhalten, ging viele Jahre später zusammen mit dem Babenberger Heinrich, dem späteren Erzbischof von Trier (956–964), nach Würzburg.[37] Ausschlaggebend dürfte gewesen sein, dass Heinrichs älterer Bruder Poppo dort seit 941 Bischof geworden war und beide Männer bei Stephan von Novara unterrichtet werden wollten. Der Italiener war um 952 oder kurz danach nach Franken gekommen und blieb bis 970.[38] Mit seiner Ankunft reihte sich Würzburg in die Reihe der bedeutenden Domschulen, wie Magdeburg, Köln, Hildesheim und Trier ein.[39] Der Schwabe Wolfgang war schon um die 28 Jahre alt, als er und Heinrich bei Stephan von Novara studierten („sub eius disciplina commorantes").[40] In Würzburg könnte Wolfgang sein zunächst auf der Reichenau erworbenes Wissen und womöglich auch die Schreibkünste ausgebaut oder vervollständigt haben.

Wolfgangs Schreibtätigkeit glaubte man im sogenannten Reginocodex (Schaffhausen, Stadtbibliothek, Min. 109) identifiziert zu haben.[41] Doch Hartmut Hoffmann bezweifelt diese Einschätzung; denn die vermutete, sogenannte „Wolfgangs"-Hand K, die auch als Hand D im Einsiedler Cod. 236 (491) wiederkehrt, ist schwer einzuordnen. Sie hat keine ausgesprochen Reichenauer oder Würzburger Prägung. Vielleicht gehörte sie einem Einsiedler Mönch oder auch einem Trierer Schreiber, den es nach Einsiedeln gezogen hat.[42] Das Zu-

---

36 Wolfgang Huschner, Transalpine Kommunikation im Mittelalter. Diplomatische, kulturelle und politische Wechselwirkungen zwischen Italien und dem nordalpinen Reich (9.–11. Jahrhundert) (Monumenta Germaniae Historica Schriften 52, Bd. 2), Hannover 2003, S. 453.

37 Otloh von St. Emmeram, Vita s. Wolfkangi episcopi Ratisponensis, in: Jean Paul Migne, Patrologia Latina, Paris 1884, c. 3, Sp. 397.

38 Huschner, Transalpine Kommunikation, Bd. 2 (wie Anm. 36), S. 457f.; Hartmut Hoffmann, Die ältere Burchardvita, die jüngere Kilianspassio und Stephan von Novara, in: Deutsches Archiv für Erforschung des Mittelalters 62 (2006), S. 485–503, bes. S. 501.

39 Matthias M. Tischler, Die ottonische Klosterschule in Einsiedeln zur Zeit Abt Gregors. Zum Bildungsprofil des hl. Wolfgang, in: Studien und Mitteilungen zur Geschichte des Benediktinerordens und seiner Zweige 107 (1996), S. 93–181, bes. S. 102.

40 Otloh, Vita (wie Anm. 37), Sp. 397.

41 Zusammenfassend Tischler, Klosterschule (wie Anm. 39), S. 140f.

42 Hoffmann, Schreibschulen Südwesten (wie Anm. 8), S. 51.

sammenwirken von Einsiedler und Trierer Schreibern ist ab dem zweiten Drittel des 10. Jahrhunderts augenfällig.[43]

Zwölf weitere Codices in Einsiedeln, die mit Wolfgang in Verbindung gebracht wurden, sind problematisch in der Zuordnung der Schreiberhände. An diesen Handschriften waren ganz oder teilweise und an vier von ihnen ein und derselbe Würzburger Schreiber beteiligt. Von einigen nimmt Hoffmann an, sie hätten sich längere Zeit in Einsiedeln aufgehalten oder seien ins Kloster eingetreten. Jedenfalls haben einige der Würzburger Schreiber Einfluss auf die Schriftentwicklung im aufstrebenden Kloster Einsiedeln ausgeübt.[44]

Dass eine Zusammenarbeit von Schreibern aus so weit entfernten Regionen entstanden ist, erklärt sich vielleicht auch aus Wolfgangs Lebensweg. Von Würzburg aus ging er 956 nach Trier, um dort unter seinem Freund Heinrich kirchliche Karriere zu machen, bis er ab 964/965 in Einsiedeln Mönch und schließlich 972 Bischof von Regensburg wurde.[45] Anzunehmen ist, dass er die Beziehungen zwischen Trier, Würzburg und Einsiedeln, die sich aus überkommenen Handschriften ablesen lassen, geknüpft haben könnte. Hinzu kommt noch Köln, wo er mit Erzbischof Brun(o) in engem Kontakt stand vor seinem Eintritt ins Kloster Einsiedeln.[46] Und Brun(o), das haben wir oben gesehen, hatte offenbar ein besonderes Interesse an der Bibelauslegung. Im Lichte dieser Zusammenhänge – Aufenthalt Wolfgangs in Würzburg, Zusammenwirken bei Schreibtätigkeiten (besonders zwischen Einsiedeln und Trier) und der Einfluss Brun(o)s von Köln – könnten ein Indiz dafür sein, dass Wolfgang mit seinen Verbindungen und Einblicken in die gelehrte Welt der Dom- und Klosterschulen an der Vermittlung und Verbreitung der Paulusexegese beteiligt gewesen war.

In Trier war Wolfgang gewiss auch mit dem Kloster St. Maximin und dem dort seit 934 neu belebten benediktinischen Mönchtum in Berührung gekommen. Diesem Kloster weist die moderne Mönchtumsforschung bekanntlich eine zentrale Rolle bei der Regeneration der Klosterlandschaft (auch im Würzburger Sprengel) seit dem 10. Jahrhundert zu.[47] Umso auffälliger ist es, dass Kloster Einsiedeln, als Wolfgang dort Mönch und Schulmeister war, anscheinend „eine vom Reformmönchtum St. Maximiner Prägung völlig losgelöste Rolle gespielt“ hat.[48] Vielmehr ging Einsiedeln seinen eigenen benediktinischen Weg, der freilich auch auf andere Klöster im Süden des Reichs übergriff, wie etwa auf Petershausen, Muri, Pfäfers, Disentis, Ellwangen oder Tegernsee.[49]

Die überfällige Erneuerung der vielfach heruntergekommenen klösterlichen Lebensweise wurde seit dem zweiten Viertel des 10. Jahrhunderts in einem hohen Maße von weltlichen und geistlichen Klosterherren angetrieben. Zu

---

43 Ebd., S. 99.

44 Z. B. die Hand B von Einsiedeln, Stiftsbibliothek 38 (366), Hand H von 131 (1063), Hand I von 132 (803) und Hand N von 338 (1321); Hoffmann, Schreibschulen Südwesten (wie Anm. 8), S. 44 u. 53. – Tischler, Klosterschule (wie Anm. 39), S. 119–140 ist diesbezüglich zu korrigieren.

45 Tischler, Klosterschule (wie Anm. 39), S. 98–116.

46 Otloh, Vita (wie Anm. 37), c. 9, Sp. 399; Tischler, Klosterschule (wie Anm. 39), S. 113.

47 Bertram Resmini, Die Benediktinerabtei St. Maximin vor Trier (Germania Sacra, Dritte Folge 11, Bd. 2: Die Bistümer der Kirchenprovinz Trier 13), Berlin / Boston 2016, S. 228–236.

48 Tischler, Klosterschule (wie Anm. 39), S. 112.

49 Keller, Einsiedeln (wie Anm. 21), S. 21.

ihnen gehörte in seinem letzten Lebensabschnitt auch Wolfgang als Bischof von Regensburg. Welchen Einfluss er dabei bei der Umsetzung der Vorgaben zur Regenerierung des Reichsmönchtums nahm, bleibt unklar sogar in Bezug auf Kloster St. Emmeram zu Regensburg. Seit den Forschungen des Münsterschwarzacher Mönchs Kassius Hallinger glaubt man, dass die bekannten Consuetudines (die monastische Lebensordnung) Einsiedelns, die ältesten aus der Ottonenzeit übrigens, auf Vermittlung oder Veranlassung Wolfgangs hin erst 972 nach seiner Bischofserhebung im Kloster St. Emmeram zu Regensburg (ab)geschrieben wurden.[50] Jedoch muss mittlerweile aufgrund paläographischer Befunde festgehalten werden, dass dieser Consuetudinestext in Einsiedeln selbst und zumindest teilweise von Einsiedler Händen einige Zeit *vor* 972 niedergeschrieben wurde.[51]

Natürlich ist anzunehmen, dass Wolfgang, der zur Zeit der Niederschrift des Textes als Mönch in Einsiedeln lebte, von diesen monastischen Handlungsanweisungen Kenntnis hatte und sie vielleicht sogar befolgte. Aber dass sie dann auch in St. Emmeram um die Jahrtausendwende zur Richtschnur wurden, ist damit nicht gesagt. Denn in sein Bistum Regensburg holte Wolfgang, der vormalige Mönch von Einsiedeln, den schon alten Mönch Ramwold aus St. Maximin vor Trier und machte ihn zum Abt von St. Emmeram (975–1001).[52] In der maßgeblichen Literatur wird Ramwold etwas generalisierend als „Reformabt" tituliert. Mit seinem Wirken kam wohl auch die Lebensordnung von St. Maximin an die Donau; denn den Äbten kam nach der Regel Benedikts bei der inneren Gestaltung des regelkonformen Klosterlebens die letzte Autorität zu.[53] Dabei gaben die von auswärts postulierten Äbte meist die ihnen vertraute und gewohnte Ordnung ihrer Mutterabteien weiter.

Vom Regensburger monastischen Weg profitierten auch andere Klöster, die von St. Emmeram Mönche als Äbte erhielten. Zu erinnern ist für den fränkischen Raum an die Abtei Münsterschwarzach. Dorthin wurde um das Jahr 1000 der Mönch Alabold, der unter Ramwold in Regensburg das Klosterleben lernte, als Abt berufen.[54] Die damit verbundene monastische Neuausrichtung in Münsterschwarzach fiel zeitlich eng mit Bischof Wolfgangs Tod zusammen. Könnte es sein, dass sich der zuständige Würzburger Bischof Heinrich I. oder seine Ratgeber bei der Berufung des Abtes Alabold noch an Wolfgang selbst wandten, dessen Würzburger Zeit in Erinnerung riefen und somit alte Beziehungen wieder auffrischten?

---

50 Kassius Hallinger, Consuetudinum introductiones, in: Corpus Consuetudinum Monasticarum, hg. von Maria Wegener / Kassius Hallinger, Bd. 7/3, Siegburg 1984, S. 181.

51 Hoffmann, Schreibschulen Südwesten (wie Anm. 8), S. 49; zu korrigieren ist diesbezüglich vor allem Keller, Einsiedeln (wie Anm. 21), S. 141–148.

52 Resmini, St. Maximin, Bd. 2 (wie Anm. 47), S. 1151f.; Tischler, Klosterschule (wie Anm. 39), S. 110–116.

53 Dazu Marco Krätschmer, Die *discretio* des Abtes. Kloster und Außenwelt im hochmittelalterlichen Alemannien (Monographien zur Geschichte des Mittelalters 66), Stuttgart 2019, bes. S. 71 u. 152f.

54 Seine genaue Amtszeit ist nicht belegbar; Elmar Hochholzer, Münsterschwarzach im Reformmönchtum des 11. Jahrhunderts, in: Enno Bünz / Karl Borchardt (Hg.), Forschungen zur bayerischen und fränkischen Geschichte. Peter Herde zum 65. Geburtstag von Freunden, Schülern und Kollegen dargebracht (Quellen und Forschungen zur Geschichte des Bistums und Hochstifts Würzburg 52), Würzburg 1998, S. 25–51, bes. S. 27–29.

Wolfgang ist nur ein Beispiel für die überraschend vielen Begegnungen, Bewegungsmuster und Möglichkeiten des Austausches von Geistlichen und Mönchen in ottonischer Zeit unter dem Signum des kulturellen wie religiösen Aufbruchs. Sie beruhten nicht zuletzt auf einem Bildungsschub, der von Westfranken aus und dann von Ländern mit romanischer Tradition kam. Diese Impulse führten zu allmählichen Veränderungen der (theologischen) Bildung und literarischen Kultur in den Gebieten östlich des Rheins, nördlich der Donau und des Mains. Mönche, Weltgeistliche, Menschen mit Bildung machten sich auf den Weg oder wurden angefordert, um ihr Wissen weiterzugeben. Sie waren im modernen Sinne Multiplikatoren von Bildungsinhalten und bestimmten Denkmustern. Diese physische und geistige Mobilität ermöglichte einen Bildungs- und kulturellen Aufschwung im Frühen Mittelalter, dessen Impulse ab 962, als Otto I. zum Kaiser gekrönt wurde, verstärkt aus dem norditalienischen Raum kamen und unscharf als „ottonische Renaissance" zusammengefasst wurden.[55]

Aus einem solchen, nach vielen Seiten hin offenen geistigen Kraftfeld heraus profitierte die Domschule in Würzburg durch Stephan von Novara. Sie war eine der ersten, „deren Entwicklung mit Hilfe von auswärtigen Gelehrten vorangetrieben wurde".[56] Vielleicht hat sich aus diesen von Oberitalien geprägten Bildungsinhalten heraus die Würzburger Domschule auch als eine Art Korridor der Paulusexegese für das ostfränkische Reich herausgebildet. Über Stephan von Novara könnte sie, wie wir bemerkt haben, nach Würzburg vermittelt worden sein, zumal Würzburger Schreiber die Pauluskommentare aus Vercelli übernommen haben.

Die Aussagekraft der Kommentare zu den Paulusbriefen, die größtenteils aus Schriften des Ambrosius, Augustinus, Beda, Pelagius, Florus von Lyon, Heimo, Johannes Chrysostomus, Sedulius Scottus, Hrabanus Maurus, Claudius von Turin, Smaragd von Saint-Mihiel oder Heimo von Auxerre geschöpft haben, erscheint aus heutiger Sicht als wenig originell; denn die jüngeren Kommentare sind von den älteren aus der Karolingerzeit abhängig und „viel Zeit und Energie hat man nicht an sie verschwendet".[57] Dennoch sind sie bedeutsam: als eine Vorstufe und ein Bindeglied zu den oft reich kommentierten Bibeln der Scholastik. Es wurde schon darauf hingewiesen, dass die Wiederaufnahme der Paulusexegese geistige und theologische Zeitströmungen im ottonischen Reich reflektierte. Deshalb können sie auch als frühe Zeugnisse theologischer Auseinandersetzungen (oder modern: Diskurse) gesehen werden.

Dazu kommt die praktische Komponente. Das Hinzufügen von Kommentaren, besonders in deutscher Sprache, zu den Bibeltexten (wie etwa in der „Sammlung X") diente gewiss dem besseren Textverständnis der Paulusbriefe. Schließlich können sie auch als Hilfsmittel im Unterricht gedacht gewesen sein. Denn zur theologischen Wissensvermittlung scheint als besonders hohe

55 Ausführlich Huschner, Transalpine Kommunikation, Bd. 2 (wie Anm. 36), S. 955–960.
56 Ebd., S. 454.
57 Hoffmann, Paulinenkommentare (wie Anm. 14), S. 1.

intellektuelle Stufe die Einführung in das Verständnis der Heiligen Schrift gehört zu haben, wie es schon Bernhard Bischoff angedeutet hatte.[58] Auch wenn unser Wissen über die textgeschichtlichen Möglichkeiten der Vermittlung von religiösem Wissen und besonders der dahinterstehenden Köpfe immer noch in manchen Punkten unscharf bleiben mag, so haben wir nun mit Hoffmanns Studie einen ersten und wegweisenden Zugang zu diesem theologischen Problemkreis und der Zweckbestimmung erhalten. Dieser Spur und der Frage, ob es überhaupt einen Theologieunterricht in der Zeit vor der Scholastik gegeben hat, geht Hoffmann nach. Dabei gelingen ihm auf breiter Quellenbasis überraschend viele und neue Einblicke in die Vermittlung von theologischem Wissen im Mönchtum und in der Weltgeistlichkeit.[59] Dass dabei der Bereitstellung und Produktion von entsprechenden Texten in den Skriptorien der Domstifte (und Klöster) eine zentrale Bedeutung zukam, braucht nicht betont zu werden.

3. Schriftkultur am Dom und in Klöstern

3.1 Das Domskriptorium

Auf Basis der tiefgründig aufbereiteten Pauluskommentare entfaltet Hoffmann überblicksartig ein eindrucksvolles Panorama des produktiven Schaffens, der Geistigkeit und ihrer Vermittlung in der Welt- und Mönchsgeistlichkeit von der Karolingerzeit bis in die Zeit der Salier. Dabei konnte er sich auf seine Vorarbeiten über die Schreibtätigkeit und das Buchwesen in Würzburg stützen. Das hatte er in seinem Buch über die ottonisch-salischen Skriptorien im Südwesten des Reiches ausführlicher erforscht und gewürdigt.[60]

Ab der zweiten Hälfte des 9. Jahrhunderts hatte die Schreibtätigkeit in Würzburg nachgelassen. Sie setzte wieder ein nach der Mitte des 10. Jahrhunderts und fällt zusammen mit der Amtszeit des Domschullehrers Stephan von Novara. Einen wesentlichen Tätigkeitsbereich im Schulbetrieb nahm die Kunst des Schreibens ein. Man musste neue Wege gehen, aber woher die ersten kalligraphischen Anleitungen und Impulse kamen, wissen wir nicht. Jedenfalls entwickelte sich ein produktives und gutes Skriptorium am Dom. Der Schreibstil ähnelte anfangs mit seiner Kantigkeit etwas der Reichenauer Schrift, sodass bei manchen frühen Handschriften eine genaue Lokalisierung bzw. Abgrenzung des Entstehungsortes nicht leichtfällt, etwa bei den Heiligenviten im Brüsseler Codex, Bibliothèque Royale, 7666-71 aus dem zweiten Drittel des 10. Jahrhunderts.[61]

Anhand von Schriftbeispielen, zu denen vor allem auch die Pauluskommentare des Berliner Codex Phill. 1650 gehören, lassen sich dann aber schon die typischen Stilmerkmale der Würzburger Schreibtätigkeit in der Ottonenzeit

---

58 Bernhard Bischoff, Mittelalterliche Studien, Bd. 3, Stuttgart 1966, S. 229.
59 Hoffmann, Paulinenkommentare (wie Anm. 14), S. 191–214.
60 Hoffmann, Schreibschulen Südwesten (wie Anm. 8), S. 320–351.
61 Hoffmann, Buchkunst (wie Anm. 5), S. 359. Später modifizierte und korrigierte Hoffmann (Schreibschulen Südwesten [wie Anm. 8], S. 320 Anm. 151) einige seiner Einschätzungen.

ablesen. Diese Beobachtung gilt auch für die Genesis- und Exodus-Handschrift in der Universitätsbibliothek Würzburg (M.p.th.f. 23).[62] Darin waren durchschnittliche Würzburger Schreiber am Werk. Einer von ihnen könnte auf fol. 91r, Z. 2 und von fol. 92r bis fol. 92v, Z. 8 „solis" nach Einschätzung Hoffmanns seinen Lehrer Stephan von Novara nachgeahmt haben.[63]

Charakteristisch für den Würzburger Schreibstil sind zum einen die geraden, aufrechten Buchstaben, die kaum nach rechts neigen, und zum anderen die zarten Schäfte von m und n, die parallel zueinander laufen und sich unten zuspitzen können. Haben sie „Füßchen" wie auch das i, dann sind sie nur angedeutet. Vor allem aber ist es der Duktus, der einer Schrift die typische Prägung verleiht und der dem Experten entscheidend bei der Lokalisierung einer Handschrift hilft. Man versteht darunter den Wechsel von druckstarken und druckschwachen Federstrichen; den Blick dafür freilich gewinnt man erst durch einige Übung. Die Würzburger Schreiber pflegten in ottonischer Zeit im Allgemeinen einen dünnen Duktus. Er verleiht der Schrift „etwas Feines, ja Elegantes".[64]

Das 11. Jahrhundert bringt dann eine „deutliche Straffung" des Schreibstils mit sich, die im Zuge der allgemeinen Schriftentwicklung liegt. Gleichzeitig verliert der Duktus seine Feinheit, er wird kräftiger. Aber es bleibt auch nach der Jahrhundertmitte bei der vertikalen Ausrichtung der Buchstaben, ja sie wird noch verstärkt durch recht enggestellte Schäfte im Mittelband. Dieser würzburgische Schreibstil hat sich anscheinend bis in die Mitte des 12. Jahrhunderts gehalten. Aber eindeutige Schriftbeispiele aus dieser späteren Zeit sind nicht sehr häufig, sodass eine genauere Datierung oft nicht möglich ist. Doch sind einige von ihnen von guter Qualität. Ein Stilwechsel, wie oft zu beobachten, hat um 1100 offenbar nicht stattgefunden.[65]

Dass eine genaue Zuordnung von Schriftzeugnissen zum Domskriptorium oftmals mit letzter Sicherheit nicht möglich ist, liegt daran, dass man auch in den beiden Stadtklöstern Würzburgs, in St. Burkard und St. Stephan also, wie in jedem funktionierenden Kloster ein Skriptorium zu erwarten hat. Obwohl etwa eine ganze Reihe von Handschriften aus dem St. Stephaner Bestand überkommen ist, weiß man über die klostereigene Schreibtätigkeit im 11. Jahrhundert so gut wie nichts. Aus St. Burkard sind, soweit feststellbar, überhaupt keine früh- oder hochmittelalterlichen Schriftbeispiele eindeutig identifiziert.

3.2 *Klosterskriptorien*

Für St. Stephan, das erst nach 1050 als Benediktinerkloster begann, sieht es etwas besser aus. Eine Pachomiusvita (Universitätsbibliothek Würzburg, M.p.th.q. 16) könnte noch ins 11. Jahrhundert gehören, doch sagt ihr Aufbewahrungsort im Stephanskloster noch nichts darüber aus, ob die Handschrift auch dort ent-

---

62 Thurn, Handschriften, Bd. 3.1 (wie Anm. 9), S. 16.
63 Hoffmann, Schreibschulen Südwesten (wie Anm. 8), S. 342.
64 Ebd., S. 322.
65 Ebd., S. 322f.

standen ist.[66] Jedenfalls unterscheidet sich die Schrift in diesem Codex von derjenigen, die man in der Würzburger Domschule pflegte.

Für weitere Forschungen sei hier ein Fingerzeig angefügt. In einigen Einbänden aus dem Bestand der Stadtklöster St. Stephan und St. Jakob stecken Fragmente, die aus der zweiten Hälfte des 11. Jahrhunderts stammen und alle aus einem Skriptorium hervorgegangen sind. Aber der Schreibstil unterscheidet sich von der Schrift der Domschule. Hoffmann listet folgende Handschriftenfragmente in der Universitätsbibliothek Würzburg auf[67]:

M.ch.f. 122, beide Spiegel;
M.ch.f. 208, hinterer Spiegel;
M.p.th.f. 125, Vorsatz- und Nachsatzblatt;
M.p.th.f. 160, beide Spiegel.

Diese Handschrift selbst („Libri II de ecclesiasticis officiis"), die dem Abt Ezzo von St. Stephan (ca. 1094–1119) zugewiesen wird, könnte nach den Erkenntnissen von Rudolf Weigand noch im 11. Jahrhundert in St. Stephan entstanden sein, weil der bekannte Chronist Frutolf vom Kloster Michelsberg bei Bamberg, der 1103 verstarb, eine Abschrift davon angefertigt hat (Staatsbiliothek Bamberg, Lit. 134).[68]

Nicht viel besser steht es im Übrigen um die paläographische Zuordnung der Handschriften, die zweifelsohne in den Landklöstern des Bistums Würzburg angefertigt worden sind. Von der Schreibtätigkeit in Neustadt am Main, einer karolingischen Gründung, in Schlüchtern oder in Murrhardt haben wir überhaupt noch keine gesicherten Kenntnisse für die ottonisch-frühsalische Zeit.[69] Im Gegensatz dazu ist die Schreibtätigkeit in den Abteien Amorbach und Münsterschwarzach wissenschaftlich erfasst und untersucht.

Aus der Odenwaldabtei ist eine beträchtliche Anzahl von Handschriften aus dem 10. und 11. Jahrhundert überkommen.[70] Die sorgfältige, gerade aufgerichtete Kalligraphie, wie sie um das Jahr 1000 in Amorbach gepflegt wurde, findet sich etwa in Cassiodors Psalmenkommentar in London (British Library, Add. 21216 und Add. 21217) mit der für Amorbach typischen spitzwinkligen Kürzung über xpc (= Christus) und vertikal geschlängeltem Kürzungszeichen bei con, est, esse und sicut. Diese Merkmale finden sich später noch in einem Kalenderfragment, das den fortgeschrittenen Amorbacher Schreibstil im zweiten Drittel des 11. Jahrhunderts gut repräsentiert.[71]

---

66 Ebd., S. 324.

67 Ebd., S. 324f.

68 Rudolf Weigand, Das liturgische Werk des Abtes Ezzo von St. Stephan, Würzburg, in: Würzburger Diözesangeschichtsblätter 54 (1992), S. 125–134; Hoffmann, Bamberger Handschriften (wie Anm. 24), S. 148.

69 Ein Evangeliar aus dem 10. Jahrhundert (Stuttgart, Landesbibliothek, bibl. qu. 46, fol. 8r–60v) ist zwar aus Murrhardt überliefert, wurde aber in Amorbach geschrieben; Hartmut Hoffmann, Echte und nachgeahmte Fuldaer Schrift aus ottonischer und frühsalischer Zeit, in: Gangolf Schrimpf (Hg.), Kloster Fulda in der Welt der Karolinger und Ottonen (Fuldaer Studien 7), Fulda 1996, S. 296.

70 Hoffmann, Schreibschulen Südwesten (wie Anm. 8), S. 8–17.

71 Elmar Hochholzer, Überlegungen zum Amorbacher „Reformkalender" des 11. Jahrhunderts und zum *ordo Amerbacensium* auf dem Michelsberg/Bamberg, in: Studien und Mitteilungen zur Geschichte des Benediktinerordens und seiner Zweige 108 (1997), S. 112–150, bes. S. 113f.

Die Handschriften der Benediktinerabtei Münsterschwarzach am Main sind größtenteils nur noch in Fragmenten fassbar und vor allem über das Kloster (Stift) Lambach in Oberösterreich überliefert. Es wurde mit Hilfe von Münsterschwarzacher Mönchen im Auftrag des Würzburger Bischofs Adalbero um 1056 von einem Weltgeistlicheninstitut zu einem Benediktinerkloster umgewandelt. Dabei brachten die Münsterschwarzacher wichtige Handschriften für ihr Gemeinschaftsleben mit. Sie belegen, dass zumindest seit dem zweiten Viertel des 11. Jahrhunderts in Münsterschwarzach eine produktive Schreibschule tätig war.[72]

Sie konnte qualitativ hochstehende Bücher liefern. In ihren besten Ausführungen stechen die Schriftzeugnisse durch ihren ungemein sanften, ja zarten Duktus ins Auge. Die Schreiber haben es dabei nach Möglichkeit vermieden, die dünnen von den dicken Federstrichen scharf abzusetzen. Dadurch und durch das Vermeiden von extremen Ausschlägen der Ober- und Unterlängen von Buchstaben erhält diese Münsterschwarzacher Schrift ihren eigentümlichen, ebenmäßigen und äußerst eleganten Charakter. Repräsentatives Beispiel dafür ist das Fragment eines Liber ordinarius mit dem sogenannten Dreikönigsspiel – eine der ältesten Überlieferungen dieser Gattung überhaupt – und mit Teilen der Karfreitagsliturgie.[73] Das Doppelblatt ist durch die gleichen Schreiberhände verbunden mit einem Kalendar-Necrologfragment aus Münsterschwarzach, das ebenfalls in Lambach überlebt hat.[74]

3.3 *Künstlerische Leistungen*

Nimmt man die Amorbacher und Münsterschwarzacher Handschriften jener Zeit her und vergleicht sie mit den Erzeugnissen aus dem Domstift Würzburg, dann erkennt das geschulte Auge sofort die Unterschiede. Klöster und Kollegiatstifte bildeten eben ihren individuellen Stil heraus – unabhängig von der Bischofskirche. Eine Gemeinsamkeit verbindet sie dennoch. Sowohl aus den beiden Landklöstern als auch aus der Domschule sind kaum Buchmalereien von außergewöhnlicher Qualität überliefert, wie etwa aus der Reichenau, aus Regensburg / St. Emmeram, St. Maximin vor Trier oder Fulda. Für die Würzburger Schreibschule stellt Hartmut Hoffmann denn auch fest: Sie pflegte eine gefällige Schrift, aber „kalligraphische Höchstleistungen“ sind in der ottonischen Zeit ebenso selten wie Prunkhandschriften. Und wenn Schreiber es versuchten, „dann war das Ergebnis merkwürdig – woran freilich weniger der Schreibstil als vielmehr ein Mangel an Talenten für die Buchmalerei schuld gewesen sein dürfte“.[75] Den Buchschmuck überließ man auswärtigen Künstlern wie etwa aus der Reichenau. Das belegt ein Lektionar, das größtenteils eine Würzburger Hand schrieb. Den Buchschmuck und zwei Seiten steuerte hin-

---

[72] Elmar Hochholzer, Münsterschwarzach, in: Hartmut Hoffmann, Schreibschulen Südwesten (wie Anm. 8), S. 186–202.

[73] Stift Lambach, Handschriften- und Inkunabelsammlung, Fragment 1; Hochholzer, Münsterschwarzach (wie Anm. 72), S. 200 mit Literaturhinweisen.

[74] Elmar Hochholzer, Ein Lambacher Kalendar-Nekrologfragment (11. Jahrhundert) aus Münsterschwarzach?, in: Frühmittelalterliche Studien 29 (1995), S. 226–272 mit Edition.

[75] Hoffmann, Paulinenkommentare (wie Anm. 14), S. 248.

gegen ein Reichenauer Mönch bei.[76] Natürlich besorgte man sich auch schöne Bücher von woanders, etwa aus Trier.

Würzburger Maler und Schreiber brachten „immerhin ganz ordentliche Initialen zustande“, etwa bei den Anfängen der Paulusbriefe in der Handschrift Rom, Vat. Reg. lat. 5 der vatikanischen Bibliothek.[77] Ganz hohen künstlerischen Ansprüchen genügen die Initialseiten des bekannten Würzburger Evangeliars (Universitätsbibliothek, M.p.th.q. 4), das zu Beginn des 11. Jahrhunderts angefertigt wurde.[78] Während die Kanontafeln und Bilder der Evangelisten nicht gut aus einem karolingischen Evangeliar aus Fulda kopiert wurden (Universitätsbibliothek Würzburg, M.p.th.f. 66)[79], belegt die Ausführung der Initialen eine „tüchtige Illuminatorenschule“ am Dom in der ersten Hälfte des 11. Jahrhunderts. Einer ihrer Künstler beherrschte das ornamentale Instrumentarium seiner Zeit auf eine erstaunlich souveräne Weise, die eine gehörige Schulung voraussetzte.[80]

Zu sehr hoher Blüte ist die Schnitzkunst in der Stadt am Main gelangt. Das bezeugt eine Gruppe von Elfenbeinschnitzereien aus der zweiten Hälfte des 11. Jahrhunderts von erlesener Schönheit. Sie zieren die mittelalterlichen Einbände der Handschriften Universitätsbibliothek Würzburg, M.th.f. 68, M.p.th.q. 1a und M.p.th.q. 4.[81] Mögen kalligraphische Höchstleistungen oder ornamentale Buchkunst am Domskriptorium die Ausnahme gewesen sein, das (subjektive) Fazit des Experten, der eher zu wohltemperierten Untertreibungen neigte, kann als lobende Anerkennung gedeutet werden: „Die Würzburger Schreiber lernten in ihrer Schule eine gute Schrift, und nicht wenige von ihnen produzierten mit Tinte und Feder ein gefälliges Bild“.[82]

4. Die Schule am Dom

4.1 Der „magister scholae“ Stephan von Novara und der „vir Dei“ Wolfgang

Parallel zum allgemeinen kulturellen Aufschwung im Reich besonders seit der Kaiserkrönung Ottos I. im Jahr 962 nimmt die Ausbildungsstätte für die (geistliche) Elite am Kiliansdom im 10. Jahrhundert erste Konturen an. Ihr damit verbundener Aufstieg und das daraus entstehende Ansehen ist dem italieni-

[76] Hoffmann, Schreibschulen Südwesten (wie Anm. 8), S. 348.
[77] Hoffmann, Paulinenkommentare (wie Anm. 14), S. 249.
[78] Faksimile bei Gottfried Mälzer, Kostbare Handschriften der Universitätsbibliothek Würzburg, Wiesbaden 1982, S. 75.
[79] Ähnlich verhält es sich mit einem Evangeliarfragment, das im zweiten Viertel des 11. Jahrhunderts entstand (Paris, Musée du Louvre, Département des Arts Graphique, Inv. 18833–18836, 18833bis–1836bis); Hoffmann, Schreibschulen Südwesten (wie Anm. 8), S. 332f.
[80] Hoffmann, Paulinenkommentare (wie Anm. 14), S. 251.
[81] Hoffmann, Bamberger Handschriften (wie Anm. 24), S. 51–54; Hermann Fillitz, Die Elfenbeinkunst zur Zeit der Salier. Von der Mitte des 11. bis zum Beginn des 12. Jahrhunderts, in: Christoph Stiegmann / Matthias Wemhoff (Hg.), Canossa 1077. Erschütterung der Welt. Geschichte, Kunst und Kultur am Aufgang der Romanik, Bd. 1, München 2006, S. 420f.
[82] Hoffmann, Paulinenkommentare (wie Anm. 14), S. 248.

schen Domschullehrer Stephan von Novara zu verdanken. Seit etwa 951/952 bis zum Sommer 970 lebte und lehrte der Italiener in Würzburg. Wann genau und aus welchem Grund er in seine Heimat Novara zurückkehrte, ist unbekannt. Dort wurde er Domkanoniker und Lehrer an der Kathedralschule. Gelebt hat er bis 985 oder noch länger.[83]

Der amtierende Würzburger Bischof Poppo I. (941–961), der wohl enge Beziehungen zum Herrscherhaus pflegte und überregionale Erfahrungen gesammelt hatte, war am Ausbau und Ansehen seiner Domschule interessiert.[84] Möglicherweise hat dieser Bischof den Italiener zu einem Wechsel nach Würzburg bewogen. Das teilt Stephan selbst in seinem Abschiedsgedicht, das einem Testament gleichkam, im Juli 970 mit.[85] Andererseits weist Stephans Grabinschrift auf eine Initiative Kaiser Ottos I. hin („Me rex Otto potens Francorum duxit in urbem").[86] Das hat einige Wahrscheinlichkeit für sich; denn der König und sein Herrscherhof hielten sich in Oberitalien auf und um 951/952 vornehmlich in Pavia.[87]

Freilich könnte an der Berufung Stephans als Domschullehrer auch Brun(o), der Bruder des Kaisers und Erzbischof von Köln, in irgendeiner Weise beteiligt gewesen sein. Er war Nachfolger Bischofs Poppo I. von Würzburg als „cancellarius" am reisenden Kaiserhof und zeigte ein weitaus größeres Interesse an guter Bildung als sein Kaiserbruder Otto I. Dazu gehörte für Brun(o) die Beschäftigung mit den Sieben Freien Künsten, die etwas in Vergessenheit geraten war. Und die oberitalienischen Schulen pflegten gerade diese Disziplin. Bei der Berufung Stephans von Novara an den Main wird man ein Zusammenwirken des ottonischen Herrscherhauses und des Würzburger Bischofs Poppo I. denken dürfen.

Stephan hatte seine erste Ausbildung in Novara erhalten, studierte dann in Pavia, wo er an der Kathedralschule als Lehrer wirkte. Er brachte vermutlich als erster seiner Art die Bildungsangebote seiner Heimat in das Reich nördlich der Alpen, und zwar in die Mainlande. Dort fehlte es wie an anderen Domschulen an Klerikern mit einer Ausbildung in den Sieben Freien Künsten. Gerade die Hinwendung zu den Fächern des Triviums (Grammatik, Dialektik und Rhetorik) auf Grundlage antiker Autoren wurde von Erzbischof Brun(o) von Köln, dem Bruder des Kaisers und der bestimmenden politischen und intellektuellen Autorität seiner Zeit, vorangetrieben.[88]

Mit Stephan kam ein magister scholae nach Würzburg, dessen Belesenheit nach Hartmut Hoffmann „beachtlich" war. Er hatte breite Kenntnisse der christlichen und klassischen Dichtkunst, nutzte spätantike Grammatiker, war bewandert in der Bibel, den Kirchenvätern, er kannte Vergil, Terenz und viele andere Klassiker sowie Martianus Capella. All das geht aus den von ihm ver-

---

[83] Hoffmann, Burchardvita (wie Anm. 38), S. 489.

[84] Huschner, Transalpine Kommunikation, Bd. 2 (wie Anm. 36), S. 454f.

[85] Übersetzung bei Hans Thurn, Die Würzburger Domschule von ihren Anfängen bis zum Ausgang des Mittelalters: religionis et rei publicae seminarium?, in: Koch/Pretscher (Hg.), Würzburgs Domschule (wie Anm. 11), S. 21.

[86] Monumenta Germaniae Historica Poetae Latini medii aevi 5, Teil 1–2, hg. von Karl Strecker unter Mitarbeit von Norbert Fickermann, Leipzig 1937–1939, ND München 1978, S. 556.

[87] Huschner, Transalpine Kommunikation, Bd. 2 (wie Anm. 36), S. 453.

[88] Ebd., S. 454–456.

fassten Versen und ihrer stilistischen Vorlagen hervor. Sein geistiger Horizont und sein Bildungshintergrund übertrafen das Niveau eines durchschnittlichen Domscholasters. „Otto der Große und Bischof Poppo sind wohlberaten gewesen, als sie Stephan von Novara nach Würzburg holten".[89]

Sein Würzburger Abschiedsgedicht von 970 trug er in einen Codex mit den Ezechielhomilien Gregors des Großen ein, die aus karolingischer Zeit stammten (Universitätsbibliothek, M.p.th.f. 6, fol. 115v).[90] Daraus hat man geschlossen, dass er in Würzburg Theologie gelehrt habe. Doch ist das bloß eine Vermutung. Er selbst spricht in dem Gedicht allgemein davon, dass er in der Stadt am Main „oftmals Lehrvorträge in den Weisheitsstudien („sophiae studiis dogmata crebra dedi") gehalten" habe.[91] Dem weitgereisten St. Emmeramer Mönch Otloh, von dem wir noch hören werden, verdanken wir die Lebensbeschreibung des heiligen Wolfgang aus dem 11. Jahrhundert.[92] Sie scheint etwas mehr herzugeben über Stephan von Novara, seine Lehrtätigkeit und seine Person. Otloh zufolge sei der Schwabe Wolfgang mit seinem Freund Heinrich von der Reichenau nach Würzburg gekommen, um sich bei dem bekannten Lehrer Stephan von Novara weiterzubilden. Dieser hielt auch Unterricht zum Handbuch der Sieben Freien Künste („Artes") des Martianus Capella, nämlich der „Hochzeit der Philologie und Merkurs" (De nuptiis Philologiae et Mercurii). Dieses Werk gehörte seit der spätkarolingischen Zeit zur typischen Schullektüre.[93]

Es soll der Anlass eines immer wieder angeführten Zerwürfnisses zwischen dem Lehrer Stephan und dem Schüler Wolfgang gewesen sein. Als Stephan von Novara eine Stelle aus Martianus Capellas Buch nicht ausreichend erklären konnte – es ging um die „numeri", also vielleicht um die Zahlenlehre –, wandten sich die Schüler, die „iuvenes", an Wolfgang, den „virum Dei". Dieser „Mann Gottes" erklärte ihnen den Sachverhalt angemessen und richtig, wie er es anscheinend schon öfters gemacht hatte („ut soliti fuerunt"). Daraufhin wurde Wolfgang der weitere Unterrichtsbesuch durch den Lehrer Stephan untersagt.[94] Otloh schreibt aber nicht, dass Wolfgang deswegen Würzburg verlassen habe und nach Trier gegangen sei. Tatsächlich kehrte er erst Würzburg den Rücken, als er seinem Freund Heinrich nach Trier folgte. Für Wolfgang begann dort ein weiterer Lebensabschnitt: als Dekan der dortigen Schule und Kanzler des neuen Erzbischofs und ehemaligen Weggefährten Heinrich.[95] Was Wolfgang nach dem Schulverbot in Würzburg bis zu seinem Wechsel nach Trier machte oder ob es nur zeitlich befristet war, darüber schweigen die Quellen.

---

89 Hoffmann, Burchardvita (wie Anm. 38), S. 503.

90 Thurn, Handschriften, Bd. 3.1 (wie Anm. 9), S. 7; Hoffmann, Burchardvita (wie Anm. 38), S. 490.

91 Thurn, Domschule (wie Anm. 85), S. 21f. Die Anregung für diese Formulierung dürfte nach Hoffmann, Burchardvita (wie Anm. 38), S. 502f. mit Anm. 52 in Hrabans *De laudibus s. crucis* zu suchen sein: „dogmata sacra legens / Hunc puerum docui ... sophiae studiis".

92 Otloh, Vita (wie Anm. 37), bes. c. 4 und 5, Sp. 397.

93 Claudio Leonardi, I codici di Marziano Capella, in: Aevum 33 (1959), S. 458–470.

94 Otloh, Vita (wie Anm. 37), c. 5, Sp. 397f.: „iuvenes, ut soliti fuerunt, ad perspicacioris sensus virum Dei venerunt, et ut numeri difficultatem explicaret, unanimiter postulaverunt. At ille, sicut erat benignus et edoctus, non solum quod rogaverant, verum etiam omnem hujus sententiae scrupulositatem aperiens insinuavit. Quo comperto, magister praefatus [Stephanus] ira commotus, ne ulterius suae interesset lectioni, sub interminatione prohibuit".

95 Tischler, Klosterschule (wie Anm. 39), S. 106–111.

Hartmut Hoffmann meldet Skepsis bezüglich der Episode von der angeblich eruptiven Rivalität zwischen Lehrer und Schüler an. Auch wenn eine (verlorene) Vorlage für die Wolfgang-Biographie aus Franken gekommen sein mag, wie Otloh im Vorwort der Wolfgangs-Biographie schreibt[96], ist zu bedenken: Otloh hat seine Lebensbeschreibung erst fast hundert Jahre nach dem Ereignis verfasst, und zwar zwischen 1052 und 1062.[97] Sie ist in ältester Überlieferung in einer Handschrift aus der zweiten Hälfte des 11. Jahrhunderts aus dem Kloster Einsiedeln überkommen.[98]

Deshalb ist entsprechend anderen hagiographischen Werken mit einiger übertreibender Legendenbildung zu rechnen. Auch schrieb Otloh ein glorifizierendes Werk zum Ruhm und zur Verherrlichung eines Heiligen ohne Anspruch auf historische Überprüfbarkeit. Dabei wollte Otloh gewiss auch dessen angeblich überlegene Gelehrsamkeit herausstellen. Gleichwohl ist der Episode ein wahrer Kern nicht abzusprechen; denn es gab das Handbuch des Martianus Capella an der Domschule in Würzburg, wo man das Werk abgeschrieben hatte.[99] Es belegt auch, dass „weltliche Wissenschaften vorgetragen wurden. Die Behandlung der lateinischen Grammatik bot die Voraussetzung, um einen so schwierigen Autor wie Martianus verständlich zu machen".[100]

Zu bedenken ist, dass Wolfgang zum Zeitpunkt der Konfrontation mit dem italienischen Lehrer nach 952 knapp unter 30 Jahre alt und somit kein „iuvenis" mehr war wie die anderen Schüler, wenn man sein Geburtsjahr wie gemeinhin mit 926 annimmt. In einem solchen Alter hat er wohl kaum mehr die Schulbank im landläufigen Sinne gedrückt.[101] Wolfgangs höheres Alter könnte erklären, weshalb Otloh seinen schwäbischen Helden dem Italiener Stephan als intellektuell überlegen beschreiben konnte. Auch könnte man darüber spekulieren, ob Stephan sich eines möglichen Rivalen entledigen wollte, zumal die jungen Schüler Wolfgang nach dem Zeugnis Otlohs schon öfter um Hilfe angegangen waren.

Matthias M. Tischler nimmt an, dass Otloh mit der Episode um das (vermeintliche) Zerwürfnis zwischen Lehrer und Schüler vielleicht noch etwas anderes herausstellen wollte: neben der geistigen auch die kulturelle Überlegenheit seines Protagonisten. Folgt man Otloh, dann brauchte Wolfgang seit jenem unschönen Zwischenfall in Würzburg als „edoctus", als umfassend und gründlich ausgebildeter Gelehrter, keines menschlichen Lehrers mehr. Auch ließ der bayerische Biograph mit dem heiligen Wolfgang einen Schwaben über

96 Otloh, Vita (wie Anm. 37), Sp. 394: „Nam alter libellus, in quo varietas habetur talis, delatus est ex Francis."

97 Walter Berschin, Biographie und Epochenstil im lateinischen Mittelalter, Bd. IV/1 (Quellen und Untersuchungen zur lateinischen Philologie des Mittelalters 12,1), Stuttgart 1999, S. 208–210.

98 Hoffmann, Schreibschulen Südwesten (wie Anm. 8), S. 122.

99 Huschner, Transalpine Kommunikation, Bd. 2 (wie Anm. 36), S. 457 behauptet ohne Beleg, dass Stephan von Novara den Martianus Capella mitgebracht hat. In Würzburg geschriebene Abhandlungen des Martianus Capella liegen in Bern, Burgerbibliothek, 265 und in Wien, Nationalbibliothek, Cod. 266; Hoffmann, Buchkunst (wie Anm. 5), S. 358 u. 364. Ob sie aus Vorlagen von Stephan von Novara oder von Gunzo stammen, wie von Huschner S. 466 behauptet, ist nicht belegbar.

100 Thurn, Domschule (wie Anm. 85), S. 24.

101 Hoffmann, Schreibschulen Südwesten (wie Anm. 8), S. 50.

einen eigens nach Franken geholten Italiener triumphieren. Es könnte deshalb nicht auszuschließen sein, dass Otloh „vor der Folie der Lichtgestalt Wolfgang“ exemplarisch auf „einen Generationen- und Nationenwechsel in den ottonischen Schulen des Reiches“ hinweisen wollte.[102]

Schon der Altmeister der fränkischen Geschichtswissenschaft Otto Meyer hat auf Parallelen hingewiesen, wonach das angebliche „Überlegenheitsgefühl“ italienischer Gelehrter im Reich zu „Friktionen bei der deutsch-italienischen Begegnung“ geführt haben soll.[103] Stephan von Novara sei also diesbezüglich keine isolierte Erscheinung gewesen. Meyer führte Gunzo an, der Kaiser Otto I. nach Deutschland folgte und im Kloster St. Gallen wegen seines Gehabes Unbehagen bzw. „gemischte Gefühle“ hervorrief[104], oder den Prior Benedikt aus dem Kloster San Michele della Chiusa bei Susa, der im dazugehörenden Priorat Bussière-Badil wirkte und dessen Auftreten in der Diözese Limoges unter Gelehrten um das Jahr 1028 aneckte.[105] Schließlich verweist Meyer noch auf Anselm von Besate (zwischen Mailand und Pavia gelegen), der 1045 nach Bamberg kam. Später hat er an der Kapelle Heinrichs III. gearbeitet, ist aber nicht mit dem „Notar C“ in der Kanzlei Heinrichs III. identisch, wie vielfach angenommen.[106] Anselms „Rhetorimachia“, ein Lehrwerk über die Rhetorik mit „gewagten anekdotisch angebrachten Exempeln“ (Meyer), stieß im Reich auf Unverständnis. Als Ursache vermutete Anselm den Neid der nordalpinen Gelehrten auf die italienische Bildung.[107]

In jedem Fall aber waren es gelehrte Kleriker vom Format eines Stephan von Novara, zu denen auch ausdrücklich Liudprand von Cremona zu zählen ist, die mit ihrer Wissensvermittlung italienisches Bildungsgut in das Reich nördlich der Alpen transferierten.[108] Allem Anschein nach stand Stephan mit Liudprand, dem Historiker, Diplomaten und Bischof von Cremona, in Verbindung. Er hatte auch in Pavia Grammatik, Dialektik und Rhetorik studiert wie Stephan von Novara und er hielt sich um 951/952 am Hofe König Berengars in Pavia auf, also zu einer Zeit, als Stephan an der dortigen Kathedralschule unterrichtete. Stephan von Novara könnte also Liudprand den Weg nach Deutschland ermöglicht haben.[109] Jedenfalls könnten diese Gelehrten „ähnliche Impulse für einen neuen Bildungsschub ausgelöst haben wie zuvor die irischen Gelehrten in Westfranken und Lothringen“.[110]

Oft brachten diese bestens geschulten Persönlichkeiten für die intellektuelle Elite ihres neuen Wirkungskreises Bücher aus der Heimat mit. Nicht selten gaben diese dann die Vorlagen ab für Abschriften in Skriptorien nördlich der

[102] Tischler, Klosterschule (wie Anm. 39), S. 106.
[103] Otto Meyer, Der Würzburger Domscholaster Stephan von Novara und seine Gesinnungsgenossen in der geistigen Auseinandersetzung ihrer Zeit, in: Dieter Weber/Gerd Zimmermann (Hg.), Otto Meyer. Varia Franconiae Historica, Bd. 2 (Mainfränkische Studien 24/2), Würzburg 1981, S. 754.
[104] Huschner, Transalpine Kommunikation, Bd. 2 (wie Anm. 36), S. 460.
[105] Meyer, Stephan von Novara (wie Anm. 103), S. 757.
[106] Hoffmann, Bamberger Handschriften (wie Anm. 24), S. 42–44.
[107] Meyer, Stephan von Novara (wie Anm. 103), S. 761.
[108] Zu ihm ausführlich Huschner, Transalpine Kommunikation, Bd. 2 (wie Anm. 36), S. 510–623.
[109] Ebd., S. 428.
[110] Ebd., S. 465 u. 957.

Alpen. Angeblich soll Stephan von Novara „etwa zwanzig Bücher“ in Würzburg hinterlassen haben, worunter sich auch ein Exemplar des Kompendiums des Martianus Capella befunden haben soll. Dafür und für die Zahl zwanzig gibt es keinen Beleg.[111] In seinem Abschiedsgedicht von 970 spricht Stephan selbst von „wenigen Büchern“ aus seinem Besitz.[112] Bislang ist nur die Handschrift mit den Predigten des Augustinus aus dem 8. Jahrhundert bekannt, die man zu Stephans Würzburger Nachlass zählen könnte.[113] Im Übrigen lieferte Stephan mit der Benennung der „Teutonica Francia“ einen der frühesten Belege für das politische Verständnis „deutsch“ im ottonischen Reich.[114]

Der umfangreich belesene Stephan von Novara war in Würzburg nicht nur Lehrer und Repräsentant der lombardischen Bildungswelt des 10. Jahrhunderts, sondern mit Sicherheit auch Schriftsteller. Abgesehen von einigen Gedichten stammen die ältere Burchardusvita und die jüngere Kilianspassio aus seiner Feder.[115] Das konnte der Paläograph durch Hände- und Stilvergleich belegen und Desirée Barlavas Einschätzung der Handschriften, die sie in der Edition der Burchardvita gab, widerlegen.[116] Doch damit ist die Verfasserfrage dieser beiden hagiographischen Werke scheinbar nicht ganz geklärt. Kein Zweifel dürfte am Autor der jüngeren Kilianspassio bestehen, was schon Jürgen Petersohn vermutet hatte.[117] Hoffmann entdeckte ein Gedicht, das den Verfasser als italienischen Lehrer der Franken und damit als Stephan von Novara zu erkennen gibt.[118]

Während Hoffmann auch die ältere Burchardvita (Vita antiquior s. Burchardi) dem Domscholaster Stephan aufgrund „unleugbarer Übereinstimmungen“ mit der Passio maior s. Kiliani zuweist, äußert Jürgen Petersohn Zweifel. Dagegen sprächen einerseits „die gravierende Verschiedenartigkeit der politisch-geographischen Terminologie“ in beiden Werken und andererseits „für einen Würzburger Domschullehrer schwer erklärbare Wissensdefizite über die Anfänge des Kiliansbistums“.[119] Stattdessen nimmt Petersohn an, die ältere Burchardvita sei erst nach 970, also nach der Rückkehr Stephans, in Italien entstanden. Möglicherweise habe dort ein von ihm geschulter und mit seinem Stil vertrauter Zuarbeiter den Text geschrieben aufgrund von mitgebrachten Notizen.

Der Anlass für die Vita könnte die Translation der Überreste Bischof Burchards aus dem Dom in das von ihm gegründete Andreaskloster und künf-

---

[111] Vgl. oben Anm. 99.
[112] Thurn, Domschule (wie Anm. 85), S. 21.
[113] Hoffmann, Burchardvita (wie Anm. 38), S. 501; Huschner, Transalpine Kommunikation, Bd. 2 (wie Anm. 36), S. 457.
[114] Jürgen Petersohn, Domschulen (wie Anm. 13), S. 3.
[115] Hoffmann, Burchardvita (wie Anm. 38), S. 486–492.
[116] Desirée Barlava (Hg.), Die Lebensbeschreibungen Bischof Burchards von Würzburg. Vita antiquior – Vita posterior – Vita metrica (Monumenta Germaniae Historica Scriptores in usum scholarum 76), Hannover 2005, S. 29–34. Die Fehleinschätzung betrifft vor allem die Handschrift Dublin, National Library 19375, p. 1–13.
[117] Jürgen Petersohn, Zur geographisch-politischen Terminologie und Datierung der Passio maior sancti Kiliani, in: Jahrbuch für fränkische Landesforschung 52 (1992), S. 28 u. 34.
[118] Hoffmann, Burchardvita (wie Anm. 38), S. 489.
[119] Ebd., S. 500; Jürgen Petersohn, Die Kilians- und Burkardsviten des frühen und hohen Mittelalters, in: Würzburger Diözesangeschichtsblätter 70 (2008), S. 13–44, hier S. 35.

tig nach ihm benannten Burkarduskloster auf der linken Mainseite unter Bischof Hugo (983–990) gewesen sein. „Der bisher eines öffentlichen Kultes nicht gewürdigte Bischof bedurfte jetzt einer Vita und erhielt sie – freilich trotz seines stilistischen Niveaus inhaltlich recht dürftiges Zeugnis“.[120] Der zweite Grund für das Verfassen einer Lebensbeschreibung ist wohl auch in einem anderen, gleichzeitigen Zusammenhang zu sehen: im monastischen Neuanfang in St. Burkard, der sich schon in der Änderung des Klosternamens von Andreas zu Burkard kundtat.[121] Die Vita Burchardi ist so als eine Begleitschrift zu deuten. Sie sollte die neue monastische Ära in St. Burkard literarisch stützen, zumal das Kloster ja auch nach außen hin als weiterer religiöser Anziehungspunkt mit dem Grab des ersten Würzburger Bischofs in der Stadt aufgewertet werden sollte.

In jenen Jahren entstand in Würzburg vielleicht ein weiteres literarisches Werk, nämlich die bereits oben erwähnte sogenannte „Thietlindbearbeitung“ der Paulusbriefe von Einsiedeln. Das fügt sich in das allgemeine Bild, das sich aus Würzburgs schon beschriebener Stellung als Hochburg der Paulusexegese ergibt und mit der knapp zwanzigjährigen Amtszeit Stephans von Novara in Verbindung zu bringen ist. Stephan hat nicht nur eine Schülergeneration unterrichtet. Auch „das von ihm in Würzburg verankerte Bildungsprofil“ konnte offenbar gewahrt und ausgebaut werden; denn auch nach seinem Weggang bildete die Domschule weiterhin über Jahrzehnte Persönlichkeiten aus, die aufgrund ihrer Kenntnisse und Fähigkeiten hohe geistliche und weltliche Ämter übernehmen konnten.[122]

4.2 *Magister Pernolf und Otloh von St. Emmeram*

Die Nähe des Bildungszentrums in Würzburg zum Herrscherhaus[123] und sein Ruf zog auch im ersten Viertel des 11. Jahrhunderts Männer an, die nicht nur aus Franken, sondern aus Sachsen, Bayern und Schwaben kamen. Das erfahren wir aus zeitgenössischer Quelle.[124] Zu ihnen zählten künftige Bischöfe: Heribert (1022–1042) und Gezeman (1042) von Eichstätt, Adalbero von Würzburg (1045–1090), Gebhard III. von Regensburg (1036–1060). Daneben begegnen uns einzelne, wenige Namen und intellektuelle Disziplinen, die Einblicke in die Wissensvermittlung und das Ansehen der Domschule gewähren.

---

[120] Ebd., S. 37f., Zitat S. 38, ohne auf den möglichen Zusammenhang mit der Neueinrichtung klösterlichen Lebens in St. Burkard hinzuweisen.

[121] Dazu Elmar Hochholzer, Ruotger – Biograph des Erzbischofs Bruns I. von Köln (953–965) und Abt von St. Burkard in Würzburg?, in: Studien und Mitteilungen zur Geschichte des Benediktinerordens und seiner Zweige 131 (2020), S. 51–91, bes. S. 52.

[122] Huschner, Transalpine Kommunikation, Bd. 2 (wie Anm. 36), S. 956.

[123] Ebd., S. 459.

[124] Karl Strecker (Hg.), Die Tegernseer Briefsammlung (Froumund) (Monumenta Germaniae Historica Epistolae selectae 2), Berlin 1925, S. 127: „Propter quem [ungenannter ‚magister scholarum‘ in Würzburg] gentes huc diverse venientes / Non plus vicini quam quaerunt hunc perigrini“; S. 131: „Viribus extensis penetrat Saxonicus ensis / Noricus et Svevus cupiunt coniungere foedus“ und S. 132: „in circuitu regiones, / Quarum formosi sunt hic iuvenes generosi“.

Namentlich wird in frühsalischer Zeit Pernolf als Domscholaster erwähnt. Der Anonymus Haserensis rühmt ihn in seiner Geschichte der Eichstätter Bischöfe im Kapitel 28 als „famosus“, als „sapiens“ und als „bonus“.[125] Dieser hochberühmte Pernolf darf als Kenner der Arithmetik gelten, einer der schwierigeren Freien Künste, und mit ihm Würzburg als ein Strahlpunkt der Rechenkunst. Deshalb lud Bischof Heribert (1022–1042), der selbst in Würzburg studiert hatte, Pernolf zu einer Musterstunde zum „arithmeticus liber“ (wohl des Boethius) nach Eichstätt in die Domschule ein.[126]

Bischof Heribert hatte noch bei seinem Amtsantritt abfällig über den Eichstätter magister scholarum Gunderam gesprochen, weil er nicht an Schulen am Rhein und in „Gallien“ studiert hatte.[127] Die Bedeutung von „Gallia“ aber schwankte erheblich und ist schwer zu fassen. Es konnte damit Frankreich oder das linksrheinische Deutschland oder beides zusammen gemeint sein.[128] Aber der Domscholaster Pernolf aus Würzburg rettete Gunderams Reputation und Amt. Sein Eichstätter Kollege konnte bei der Unterrichtsprobe ruhmvoll mithalten, weshalb ihm der „philosophus“ Pernolf großes Lob aussprach: Eichstätt habe, solange Gunderam dort lebt, keinen besseren und gelehrteren Lehrer nötig.[129] Tatsächlich konnte sich das eher abgeschiedene Eichstätt schon seit dem 10. Jahrhundert als ein nicht unbedeutendes Bildungszentrum in ottonisch-salischer Zeit behaupten.[130]

Kurz vor oder nach 1030 kam auch Otloh, der uns schon bekannte Biograph Wolfgangs, nach Würzburg. Ob er mit dem Lehrer Pernolf zusammentraf, ist nicht gesichert, aber nicht auszuschließen. Seine Lehr- und Wanderjahre hatten Otloh vor seinem Klostereintritt (1032) in St. Emmeram / Regensburg an verschiedene Orte bis nach Montecassino geführt. Das Mönchskleid trug der noch junge Otloh nicht, sondern das Kanonikergewand, als er in Würzburg ankam, um an der Domschule Schreibtätigkeiten auszuüben. Nach seinen eigenen Worten hatte ihn Bischof Meginhard (1018–1034) von Würzburg zu diesem Zweck eingeladen: „In habitu canonico adhuc constitutus iuvenili etate a beatae memoriae Meginhardo Wurzburgensi episcopo scribendi causa vocatus sum“.[131]

Otloh hatte das Schreiben frühzeitig in Tegernsee gelernt, allerdings den dort üblichen Stil der Klosterschule eigenmächtig etwas abgewandelt.[132] Obwohl

---

[125] Anonymus Haserensis, Gesta episcoporum Eistetensium, hg. von Stefan Weinfurtner (Eichstätter Studien, Neue Folge 24), Regensburg 1987, S. 56f.
[126] Ebd.
[127] Herbert Zielinski, Domschulen und Klosterschulen als Stätten der Bildung und Ausbildung, in: Stiegmann / Wemhoff (Hg.), Canossa 1077 (wie Anm. 81), S. 176; Petersohn, Bildung (wie Anm. 13), S. 346.
[128] Vgl. Margret Lugge, „Gallia“ und „Francia“ im Mittelalter. Untersuchungen über den Zusammenhang zwischen geographisch-historischer Terminologie und politischem Denken vom 6.–15. Jahrhundert (Bonner Historische Forschungen 25), Siegburg 1960.
[129] „Iste locus hoc superstite meliore non indiget et doctiore magistro“; Anonymus Haserensis (wie Anm. 125), S. 56; Hoffmann, Paulinenkommentare (wie Anm. 14), S. 254 Anm. 527.
[130] Hartmut Hoffmann, Handschriftenfunde (Monumenta Germaniae Historica Studien und Texte 28), Hannover 1997, bes. S. 129f.; Petersohn, Bildung (wie Anm. 13), S. 346f.
[131] Otloh von St. Emmeram, Liber visionum, hg. von Paul Gerhard Schmidt (Monumenta Germaniae Historica Quellen zur Geistesgeschichte 13), Weimar 1989, S. 65.
[132] Hartmut Hoffmann, Schreibschulen und Buchmalerei. Handschriften und Texte des 9.–11. Jahrhunderts (Monumenta Germaniae Historica Schriften 65), Hannover 2012, S. 168f.

sich nicht wenige Bücher aus seiner Hand erhalten haben, wissen wir nicht, welche er in Würzburg schrieb. Ein Buch hat er nach eigenen Angaben einem Mönch des dortigen Klosters St. Burkard geschenkt.[133] Auch wenn der Niederschlag in den Quellen nur undeutlich ist, so weisen Indizien auf Beziehungen zwischen Würzburg und Tegernsee, der Heimat Otlohs, hin.[134] Ihnen ist eine gewisse Tradition nicht abzusprechen.

Der Tegernseer Mönch Froumund schrieb gegen Ende des 10. Jahrhunderts einen unfreundlichen Brief „ad ruotkerum abbatem herbipolensem" – übrigens wohl die älteste Quelle für Würzburgs latinisierten Städtenamen.[135] Der Adressat war Abt Ruotger von St. Burkard in Würzburg. Beide Mönche kannten sich aus der gemeinsamen Zeit in St. Pantaleon zu Köln. Abt Ruotger ist allem Anschein nach identisch mit dem schon erwähnten gleichnamigen Biographen des Erzbischofs Brun(o) von Köln und Gründers der Abtei St. Pantaleon vor Köln, der Klosterheimat Ruotgers.[136] Froumund von Tegernsee kopierte in seiner Briefsammlung auch ein Schreiben der Kaiserin Adelheid an einen vornehmen Würzburger Geistlichen.

Aus Otlohs Aufenthalt in Würzburg schließt Hoffmann wohl nicht zu Unrecht, dass die (späteren) Beziehungen zwischen Würzburg und Tegernsee auf ihn zurückgehen könnten. Es wurden im 11. Jahrhundert der Würzburger Paulinenkommentar und der Psalmenkommentar des (Würzburger ?) Bischofs Bruno in Tegernsee abgeschrieben. Ferner ist die sogenannte ‚Apologia pro schola Herbipolensi' in einer Tegernseer Handschrift erhalten.[137] Angeblich soll der spätere Tegernseer Abt Ellinger zwischen 1012 und 1016 „Unterlehrer" in Würzburg, näherhin im Kloster St. Burkard, der Verfasser dieses langen, teilweise obskuren Gedichts gewesen sein. Ein stichhaltiger Beweis für Ellingers Autorschaft und seiner Lehrtätigkeit in St. Burkard fehlt allerdings.[138]

Gleichwohl belegt die ‚Apologia' Tegernseer Spuren oder Einflüsse. Denn Quirinus, der Patron Tegernsees, tritt neben den Würzburger Lokalheiligen Kilian und Burkard darin in Erscheinung. Auch verraten einige Verse in der ‚Apologia' eine große Ähnlichkeit mit Gedichten aus dem Kloster Tegernsee.[139] Die leonischen Verse sind gespickt mit Anspielungen bzw. Übernahmen aus Werken von Avian, Boethius, Ovid, Persius, Servius, Vergil und besonders Horaz. Sie vermitteln ein lebendiges Bild der Vertrautheit an der Domschule mit klassischen und (spät-)antiken Autoren.[140]

---

[133] Sabine Gäbe, Otloh von St. Emmeram – „Liber de temptatione cuiusdam monachi". Untersuchung, kritische Edition und Übersetzung (Lateinische Sprache und Literatur des Mittelalters 29), Bern 1999, S. 358.
[134] Hoffmann, Paulinenkommentare (wie Anm. 14), S. 255.
[135] Strecker, Tegernseer Briefsammlung (wie Anm. 124), S. 5f. – Nachdruck und Übersetzung des Briefs bei Hochholzer, Ruotger (wie Anm. 121), S. 55f.
[136] Ebd., bes. S. 81–90.
[137] Karl Strecker (Hg.), Apologia pro schola Herbipolensi (Tegernseer Briefsammlung, Gedicht XLIII [wie Anm. 124]), S. 125–134.
[138] Hoffmann, Paulinenkommentare (wie Anm. 14), S. 255.
[139] Ebd., S. 255.
[140] Thurn, Domschule (wie Anm. 85), S. 27.

4.3 *Der Schulstreit zwischen Worms und Würzburg*

Die ‚Apologia pro schola Herbipolensi' spinnt den Faden zum häufig angeführten Streit zwischen den Domschulen in Würzburg und Worms, der in den Jahren von 1027 bis ca. 1034 geführt wurde. Aus der älteren Wormser Briefsammlung erfahren wir davon.[141] Dabei ging es wohl auch um wissenschaftliches Prestige und Ansehen bei Hofe und im Episkopat der Zeit, kurz: um Außendarstellung. Was als „exercitii causa", als wissenschaftliche Übung im „Verfassen von Gedichten, Botschaften und ähnlichem literarischen Schnickschnack" begann, entwickelte sich zu einer merkwürdigen Kontroverse in der damaligen Gelehrtenwelt und fand den entsprechenden schriftlichen Niederschlag. Dabei ging es um abtrünnige Schüler, die von Würzburg nach Worms und von Worms nach Würzburg gewechselt waren und ihre ehemaligen Lehrer und Schulen scharf angingen.[142]

Man hat gemeint, dass die Klosterschule von St. Burkard betroffen gewesen sei, weil in einem der Wormser Briefe einem Mönch jenseits des Mains („monachus citramoynensis") eine besondere Streitlust vorgeworfen wurde.[143] Er wird aber als Außenseiter und Einzelgänger charakterisiert. Nach Hoffmann bedeutet dessen Erwähnung im Gesamtkontext nicht, dass die Wormser Polemik gegen die Schule von St. Burkard gerichtet gewesen sei. Und auch die in der ‚Apologia' erwähnten „pontifices summi"[144], die damals dem unbekannten Würzburger Lehrer Gefolgschaft leisteten, beziehen sich wohl eher auf die Domschule als auf eine Klosterschule.

Jedenfalls verfasste man als Reaktion auf ein unfreundliches Schreiben aus Worms in Würzburg die ‚Apologia pro schola Herbipolensi', um die Würzburger Sicht der Dinge der gelehrten Welt mitzuteilen. Diese versifizierte Verteidigungsschrift gegen die Wormser Domschule erreichte nach Hartmut Hoffmann natürlich – wie sollte es im Mittelalter auch anders sein – eine religiös-moralische Dimension mit einem Loblied auf die Stadt am Main. Allein schon ihr Name als Ort der heilsamen Kräuter, so will es die ‚Apologia', sei ein gottgewolltes, gutes Omen. Würzburg wirke gegen Dummheit und fördere vollendete Bildung. Der Schulmeister am Dom, dessen Namen leider unerwähnt bleibt, sei eine Säule der Kirche, eine Zierde aller Dichter, ein glänzender Pädagoge, der rastlos sich dem Studium widme. Gott habe ihm die Gabe der Beredsamkeit verliehen, er verstehe sich auf das Fach Grammatik, auf die Sieben Freien Künste und aus seinem Herzen ströme die lebendige Quelle der Lehre. Er sei ein Lehrer, wie es keinen zweiten auf der Welt gäbe.[145]

In dieser von Gott gesegneten Stadt am Main würden die Tugenden und nicht das Laster gedeihen. Moralisch schlechte und ungebildete Schüler soll-

---

[141] Walter Bulst, Die Ältere Wormser Briefsammlung (Monumenta Germaniae Historica Briefe der deutschen Kaiserzeit 3), Weimar 1949, S. 32 Nr. 15, S. 78 Nr. 42.
[142] Petersohn, Domschulen (wie Anm. 13), S. 3.
[143] Bulst, Wormser Briefsammlung (wie Anm. 141), S. 47 Nr. 25.
[144] Strecker, Tegernseer Briefsammlung (wie Anm. 124), S. 128.
[145] Ebd., bes. S. 126f. (Verse 20–34); vgl. auch Thurn, Domschule (wie Anm. 85), S. 26.

ten doch nach Würzburg kommen. Hier würden sie zu besseren Menschen werden. Denn während sich die Würzburger Domschule Gott, den Engeln und Lokalheiligen in diesem Kampf in Versform („pugna metri") anvertrauten, setzten die Wormser Schulmeister angeblich auf geistige Monster („spiritualia monstra")[146], auf heidnische Götter also, wie etwa auf Pluto und Herkules. Anscheinend bestand die Auseinandersetzung im Grunde darin, „dass die Wormser unbedenklich die klassischen Autoren zum Vorbild nahmen, während die Würzburger sich eines vorsichtigen Gebrauchs der Artes rühmten".[147] Der Ausgang des Streites ist unbekannt.

4.4 *Mathematische Studien*

Gestützt auf die Forschungen Arno Borsts über die Zahlenkampfspiele hat man angenommen, dass der Schulstreit zwischen Worms und Würzburg eine mathematische Erfindung, ein Zahlenspiel, bewirkt habe.[148] Grundlage für diese Einschätzung ist ein von Borst zitiertes Schreiben der Wormser Schüler, wonach der Kanzler „B(runo)" von den Würzburgern ein „opus mathematicum, artem inquam Eufranoris aut Policleti, nimirum ‚Urbis nomen'" nach Worms mitgebracht habe; gesehen hätten sie das „opus mathematicum" aber nicht.[149] Die Argumentation Borsts überzeugt nach Ansicht Hoffmanns nicht. Denn bei diesem „opus mathematicum" handelt es sich um kein mathematisches Werk, sondern wahrscheinlich um die ‚Apologia pro schola Herbipolensi', über deren Zweckbestimmung die Wormser allerlei merkwürdige Vermutungen anstellten. Anscheinend hielten sie die ‚Apologia' für ein wunderliches Werk; denn das Wort „mathematicus" kann auch „astrologisch" oder „magisch" bedeuten. Auch weist in der ‚Apologia' nichts auf Mathematik hin. Allgemein ersichtlich aber wird, „dass die Würzburger im 10. oder im 11. Jahrhundert mathematische Studien betrieben haben, die über das Übliche hinausgegangen sind".[150] Das haben wir schon unter Pernolf kennengelernt und scheint eine Tradition gehabt zu haben. Denn unter Stephan von Novara hatte man sich, gestützt auf Martianus Capella, mit der Zahlenlehre beschäftigt, was letztlich auch zum Zwist mit dem heiligen Wolfgang geführt haben soll.[151] Angenommen werden darf auch, dass dieses schulische Lehrangebot der Schulung des logischen Denkens förderlich schien.

Schriftliche Zeugnisse dafür sind zwei Traktate über Zahlenspiele bzw. Rechenaufgaben: Zum einen der Traktat ‚De aggregatione naturalium numerorum' und zum anderen die oft zitierte Rithmimachia, die Anleitung für ein Spiel, das auf dem erstgenannten Traktat beruht. Der Verfasser von ‚De aggregatione' gibt sich am Schluss selbstbewusst als Würzburger zu erkennen und

---

[146] Strecker, Tegernseer Briefsammlung (wie Anm. 124), S. 132 (Vers 206).
[147] Hoffmann, Paulinenkommentare (wie Anm. 14), S. 258.
[148] Arno Borst, Das mittelalterliche Zahlenkampfspiel (Supplemente zu den Sitzungsberichten der Heidelberger Akademie der Wissenschaften, philos.-hist. Klasse 5), Heidelberg 1986, S. 55f.
[149] Bulst, Wormser Briefsammlung (wie Anm. 141), S. 32 Nr. 15.
[150] Hoffmann, Paulinenkommentare (wie Anm. 14), S. 258.
[151] Petersohn, Domschulen (wie Anm. 13), S. 3.

betont, dass weitere Verbesserungen möglich seien, doch „wir Würzburger schieben es auf, darüber zu reden" („Sed nos Wirceburgenses de illis dicere differimus"). Sie warten lieber auf das, was die gelehrten Zeitgenossen („moderni philosophi") dazu zu sagen haben, nämlich ob sie die Würzburger Erfindung oder die der Alten bevorzugen.[152]

Überliefert ist die mathematische Schrift aus der zweiten Hälfte des 11. Jahrhunderts (München, Staatsbibliothek, Clm 14836). In ihr wollte ein unbekannter Verfasser das Urteil einholen von einem Unbekannten, vielleicht von einem Fachkollegen, über zwei von einem Würzburger Mathematiker entwickelte Formeln für die Addition arithmetischer Zahlenreihen und vor allem um das Verhältnis, in dem sich die einzelnen Glieder der Reihe zueinander verhalten (das Doppelte, Anderthalbfache, Vierdrittelfache, Fünfviertelfache etc.). Der Leser muss dann aufgrund dieser Einführung die sich daraus ergebenden konkreten Zahlen errechnen.[153] Bloße Vermutung ist, dass der Autor ein Schüler des Domscholasters Pernolf gewesen sei, der bekanntlich als Kenner in Arithmetik geschätzt wurde.[154] Ebenso spekulativ ist Arno Borsts Klassifizierung des Traktates als „Rundschreiben" aus der Würzburger Domschule an die Kirchen des Reiches.

Arno Borst hat aber dargelegt, dass die Abhandlung ‚Aggregatio' die theoretische Vorstufe für die Entwicklung eines neuen Zahlenkampfspiels, die Rithmimachia, darstellt und ihren Ursprung in Würzburg hat. Sie wurde variiert und fortgebildet und trat einen Siegeszug durch Europa an. Sie setzt die ‚Geometria incerti auctoris' voraus. Diese Schrift war seit dem 10. Jahrhundert verbreitet. Aufgrund eines sog. „Gutachtens" Hermanns des Lahmen über die Rithmimachia, die aus der zweiten Hälfte des 11. Jahrhunderts überliefert ist (Paris, Bibliothèque Nationale, lat. 7377 C), grenzt Hoffmann die Entstehung beider Traktate ein. Die älteste Abschrift des „Gutachtens" Hermanns des Lahmen (Rom, Biblioteca Vaticana, Vat. lat. 3101) stammt aus Ilmmünster bei Freising und wurde 1077 geschrieben. Der Mönch Hermann der Lahme verstarb 1054, also wird man beide mathematischen Abhandlungen – die ‚Aggregatio' ist die anscheinend ältere – grob in die erste Hälfte des 11. Jahrhunderts datieren können.[155]

Als Autor der ‚Rithmimachia' gibt sich ein Würzburger Kleriker namens Asilo zu erkennen.[156] Ihn hat Arno Borst als den späteren Würzburger Bischof Adalbero (1045–1090) identifiziert, dem mit dem Traktat ein „Geniestreich" gelungen sei.[157] Doch ein Beweis dafür ist nicht gelungen. Enno Bünz lehnt Adalbero mit fundierten Gründen als Autor ab und bringt stattdessen den

---

[152] Maximilian Curtze, Die Handschrift No. 14836 der Königl. Hof- und Staatsbibliothek zu München, in: Zeitschrift für Mathematik und Physik 40, Supplement 12 (1895), S. 75–142, hier S. 109; Borst, Zahlenkampfspiel (wie Anm. 148), S. 51–54 u. 78 Anm. 45; Petersohn, Bildung (wie Anm. 13), S. 340.

[153] Hoffmann, Paulinenkommentare (wie Anm. 14), S. 260.

[154] Bünz, Überlegungen (wie Anm. 12), S. 191.

[155] Hoffmann, Paulinenkommentare (wie Anm. 14), S. 259.

[156] Bünz, Überlegungen (wie Anm. 12), S. 190f.

[157] Borst, Zahlenkampfspiel (wie Anm. 148), S. 57f.

Domkanoniker und späteren Dekan Aselo/Asilo ins Spiel, der urkundlich 1057 begegnet.[158] Hartmut Hoffmann äußert auch hier Skepsis und glaubt, dass der Autor der Rithmimachia nicht zu identifizieren ist. Denn erstens könnte es mehr als nur einen „Aselo/Asilo" in der ersten Hälfte des 11. Jahrhunderts in der Domgeistlichkeit gegeben haben und zweitens brauchte der Traktat nicht erst um 1050 entstanden sein.[159]

Sowohl ‚De aggregatione' als auch die ‚Rithmimachia' beruhen auf der Zahlentheorie des Pythagoras, die durch die ‚Institutio arithmica' des Boethius dem Mittelalter zugänglich gemacht wurde. Auf die Spielweise der ‚Rithmimachia' braucht hier nicht eingegangen werden, denn sie wurde ausreichend beschrieben.[160] Jeder Spieler musste die spätantike Zahlentheorie kennen, Kopfrechnen beherrschen, Scharfsinn und Disziplin aufbringen. Und weil es in dem Spiel um das Einnehmen und Zerstören gegnerischer Positionen mit unterschiedlichen Sorten von Spielsteinen auf einem Spielbrett geht, hat es große Ähnlichkeit mit dem Schachspiel, das etwa zur gleichen Zeit aufkam. Der älteste schriftliche Beleg für das Schachspiel im christlichen Europa stammt von einem Schachgedicht aus dem Kloster Einsiedeln, das im 10. Jahrhundert in Frankreich oder Italien geschrieben wurde (Einsiedeln, Stiftsbibliothek, 365 [220], p. 94–95).[161] Mit dem Alpenkloster stand die Würzburger Schule, wie wir sahen, in jenem Jahrhundert in einem produktiven Zusammenwirken.

Der Hauptunterschied zwischen der ‚Rithmimachia' und dem Schachspiel besteht grob darin, dass es beim Schach auf die jeweiligen Positionen und die Zugmöglichkeiten ankommt, bei der ‚Rithmimachia' aber musste der Spieler zusätzlich Zahlenwerte im Kopf haben. Jedenfalls hatte die Domschule Würzburg damit etwas Neues entwickelt und dürfte in der ersten Hälfte des 11. Jahrhunderts neben Lüttich zu den bedeutenden Zentren der Arithmetik im deutschen Reich gehört haben.[162] Anscheinend strahlte die Beschäftigung mit mathematischen Problemstellungen auch auf die Klöster rings um die Bischofsstadt ab. In Münsterschwarzach ist die Boethius-Übersetzung der ‚Geometria' des Euklid in der zweiten Hälfte des 11. Jahrhunderts abgeschrieben worden.[163]

Ob die Domschule die akademische Reputation in bestimmten Fachgebieten wie der Mathematik auch in der zweiten Hälfte des 11. Jahrhunderts weiterhin und durchgehend auf so hohem Niveau halten konnte, wissen wir nicht und ist auch nach allgemeiner Erfahrung nicht wahrscheinlich. Denn immer folgen Höhen die Phasen durchschnittlicher Normalität. Auch kennen wir die Namen der Domscholaster nicht. Zwar brachte Bernhard Bischoff einen Magister Heribert ins Spiel, doch dürfte es sich um eine Verwechslung mit Bischof Heribert

---

[158] Bünz, Überlegungen (wie Anm. 12), S. 194–196.
[159] Hoffmann, Paulinenkommentare (wie Anm. 14), S. 260.
[160] Mesno Folkerts, Rithmimachia, in: Die deutsche Literatur des Mittelalters. Verfasserlexikon, Bd. 8,1, Berlin u. a. (1990), Sp. 86; vereinfacht bei Bünz, Überlegungen (wie Anm. 12), S. 189.
[161] Hoffmann, Schreibschulen Südwesten (wie Anm. 8), S. 134.
[162] Borst, Zahlenspiele (wie Anm. 148), S. 190.
[163] Erlangen, Universitätsbibliothek, Cod. 379; Hochholzer, Münsterschwarzach (wie Anm. 72), S. 198.

von Eichstätt (1022–1042) handeln, der in Würzburg studiert hatte.[164] Es gibt gleichwohl keine nachweisbaren Indizien, denen zufolge die Würzburger Bischöfe „dem Lehrbetrieb keine Impulse" gegeben oder ihn gar vernachlässigt hätten.[165] Dieser wird wohl seinen gewohnten Alltag gegangen sein. Jedenfalls sind keine negativen Nachrichten überkommen, die ja bekanntlich eher einen schriftlichen Niederschlag finden als die üblichen Abläufe.

Gewiss musste die Bildungsstätte in Würzburg an Ansehen etwa hinter der Domschule im neuen Nachbarbistum Bamberg zurückstehen, die Kaiser Heinrich II. durch eine reiche Ausstattung ungemein gefördert und auf einen Schlag hochberühmt gemacht hatte. Doch bleiben auch hier die Leistungen der ersten Domschulmeister im Dunkeln. „Greifbare Zeugnisse ihrer Aktivitäten" sind erst unter der Amtszeit des Magisters Meinhard (Meginhard) im zweiten Drittel des 11. Jahrhunderts überkommen.[166] Er sollte dann 1085 vom König als (Gegen-)Bischof von Würzburg eingesetzt werden.

Seine Vorgänger auf dem Stuhl des heiligen Burkard standen anscheinend aufgrund ihrer Bildung den kulturellen Anforderungen und politischen Anliegen der Zeit nicht tatenlos oder hemmend gegenüber. Dafür könnte die traditionelle Nähe der Würzburger Bischöfe zum reisenden Herrscherhaus und das persönliche Ansehen in den führenden politischen und intellektuellen Kreisen der Zeit sprechen. Bischof Hugo (983–990) unterhielt als Hofkaplan Ottos II. persönliche Beziehungen zu Gerbert von Aurillac, dem Mathematiker, Abt von Bobbio, Erzbischof von Reims und Ravenna und späteren Papst Silvester II. (999–1003). Nach Wolfgang Hüschners Einschätzung könnte Bischof Hugo sogar „ein Kleriker südalpiner Provenienz und Bildung" gewesen sein.[167] Er nahm am Italienzug Theophanus teil (989/990), leitete in seinem Namen eine Gerichtsversammlung bei Ravenna und war Mitglied einer Gesandtschaftsreise nach Konstantinopel. Bischof Heinrich I. (995/996–1018), der oft in königlicher Umgebung nachweisbar ist, ließ Handschriften prachtvoll binden und wurde von Abt Erkanbald von Fulda mit einem schönen Sakramentar beschenkt, das im 12. Jahrhundert in Vercelli auftaucht.[168] Seinen Nachfolger Meginhard I. (1018–1034) rühmen Quellen als eine Persönlichkeit im Episkopat, die durch „sapientia" und „scientia" in Erinnerung blieb.[169]

Bischof Bruno (1034–1045), ein Vetter König Konrads II., war Hofkaplan und Königsbote auf der Appenninenhalbinsel und wurde Kanzler in Italien (1027–1034). Auch als Bischof war er ein aktiver Gestalter der Beziehungen zwischen Italien und Deutschland. In Würzburg entstand ein Psalmenkommentar, der ihm vielleicht zu Unrecht zugeschrieben wird.[170] Sein Nachfolger

---

164 Bernhard Bischoff/Josef Hofmann, Libri S. Kiliani. Die Würzburger Schreibschule und die Dombibliothek im VIII. und IX. Jahrhundert (Quellen und Forschungen zur Geschichte des Bistums und Hochstifts Würzburg 6), Würzburg 1952, S. 23.

165 Vgl. Petersohn, Domschulen (wie Anm. 13), S. 4.

166 Ebd., S. 5.

167 Huschner, Transalpine Kommunikation, Bd. 2 (wie Anm. 36), S. 459 (auch zum Folgenden).

168 Alfred Wendehorst (Bearb.), Das Bistum Würzburg, Teil 1: Die Bischofsreihe bis 1254 (Germania Sacra, Neue Folge 1: Die Bistümer der Kirchenprovinz Mainz), Berlin 1962, S. 87.

169 Ebd., S. 92.

170 Hermann Knaus, Der heilige Bruno von Würzburg und sein Psalmenkommentar, in: Würzburger Diözesangeschichtsblätter 37 (1975), S. 143; Margaret Gibson, The Place of the Glossa

Adalbero (1045–1090) tat sich nicht nur als eifriger Gründer oder Erneuerer von Klöstern und Kanonikerstiften hervor. Im Investiturstreit nahm er offen gegen Heinrich IV. Stellung. Dessen Parteigänger respektierten ihn als eine gebildete Persönlichkeit, die die übrigen Bischöfe an Vornehmheit, Wissen, religiöser Einstellung und Alter überragte.[171]

Der vom König 1085 in Würzburg als Adalberos Gegenbischof eingesetzte Meginhard II. (Meinhard) ist der uns schon bekannte ehemalige Domscholaster in Bamberg und Verfasser von hochinteressanten Briefen zum Alltag eines mittelalterlichen Kathedralstifts und von philosophischen Traktaten. Seine Zeitgenossen heben übereinstimmend seine Gelehrsamkeit hervor.[172] Meginhard, der als „einer der profiliertesten Gestalten der Bildungsgeschichte seiner Zeit" gilt[173], war auch Lehrer Erlungs, des späteren Bischofs von Würzburg (1105–1121).

Es fällt schwer sich vorzustellen, dass ein solch intellektuelles Schwergewicht kein Interesse für die Bildungsstätte am Dom aufgebracht haben könnte, auch wenn quellenbelegte Hinweise dafür fehlen. Als positives Indiz könnte der funktionierende Tätigkeitsbereich des Domskriptoriums herhalten. Die Kalligraphen lieferten immer noch schöne Beispiele ihrer Kunst, wie etwa in einem Evangeliar (Cambridge, Fitzwilliam Museum, McClean 20), im Widmungsexemplars Benzos von Alba an Kaiser Heinrich IV. (Uppsala, Universitätsbibliothek, C 88, fol. 1), in einem Codex mit der Vita Brendani und Augustins Enchiridion (Rom, Vatikanische Bibliothek, Pal. Lat. 217) oder in den losgelösten Fragmenten eines Metriklehrbuchs in einem Sammelband (Würzburg, Universitätsbibliothek, M.p.th.f. 26), um nur einige Beispiele der Würzburger Kalligraphie am Übergang zum 12. Jahrhundert zu nennen.[174]

Das Format der Bischöfe von Würzburg im gesamten 11. Jahrhundert lässt mithin keine Rückschlüsse auf mangelndes Interesse an ihrer Domschule oder ein übermäßiges Erschlaffen der Leistungsfähigkeit im Schulbetrieb zu, auch wenn es an herausragenden Innovationen gefehlt haben mag. Angenommen werden darf aber, dass es auch hier an frischen Denkansätzen in den politisch-religiösen Streitfragen der Zeit vor und in dem Investiturstreit gefehlt hat. Doch ist Würzburg dabei keine Ausnahme, denn die neuen theologischen Anstöße kamen aus Frankreich. Die deutschen Domschulen, obwohl noch immer

---

ordinaria in Medieval Exegesis, in: Mark D. Jordan / Kent Emery Jr. (Hg.), Ad litteram. Authoritative Texts and Their Medieval Readers (Notre Dame Conferences in Medieval Studies 2), Notre Dame 1992, S. 11f. glaubt, entweder habe der Verfasser im 9. Jahrhundert gelebt oder der Name „Eps. Bruno" in einer Handschrift weise auf Bischof Bruno nur als Auftraggeber hin. Die Handschrift wurde aber in der zweiten Hälfte des 11. Jahrhunderts geschrieben, als Bischof Bruno bereits verstorben war; Christine Elisabeth Eder, Die Schule des Klosters Tegernsee im frühen Mittelalter im Spiegel der Tegernseer Handschriften, in: Studien und Mitteilungen zur Geschichte des Benediktinerordens und seiner Zweige 83 (1972), S. 105f.; vgl. auch Petersohn, Bildung (wie Anm. 13), S. 341, wonach Bruno der Domschule anscheinend „keine Impulse" gegeben habe. Dafür gibt es keine Belege.

171 Wendehorst (Bearb.), Das Bistum Würzburg, Teil 1 (wie Anm. 168), S. 115.

172 Ebd., S. 118f.

173 Claudia Märtl, Die Bamberger Schulen. Ein Bildungszentrum des Salierreichs, in: Stefan Weinfurter (Hg.), Die Salier und das Reich, Bd. 3, Sigmaringen 1992, S. 331.

174 Hoffmann, Schreibschulen Südwesten (wie Anm. 8), S. 328, 334 u. 343.

beliebt in der Klerikerausbildung, scheinen sich auf das hergebrachte Grundwissen beschränkt zu haben.[175]

4.5 *David Scotigena, irische Studenten und die Verskunst*

Am Anfang des 12. Jahrhunderts begegnen wir wieder einem namentlich bekannten Domscholaster. Nach dem Jahr 1100, vielleicht um 1108, war der Ire David Domschullehrer in Würzburg. Er machte Karriere bei Heinrich V. als Mitglied der Hofkapelle und wurde dessen Hofchronist.[176] Freilich umgeben viele Fragezeichen seine Person: Pilgerte er an das Grab des heiligen Kilian nach dem Vorbild seiner Landsleute, wie etwa Bischof Gilla-na-naemh, der 1085 als „Haupt der Mönche von Würzburg" starb?[177] Wann kam er ins Reich? War er Teilnehmer der Gesandtschaft im Rahmen der Hochzeitsvorbereitungen Mathildes von England mit Heinrich V.? Wo hielt er sich vor seiner Berufung als Domscholaster auf? Gab Bischof Erlung von Würzburg (1105–1121) die Anregung zu seinem Amt an der Domschule?[178] Auch den Zeitpunkt seiner Rückkehr nach England verraten die Quellen nicht.

Jedenfalls müsste es vor 1120 gewesen sein, wenn er tatsächlich Bischof im nordwalisischen Bangor geworden sein soll, wie es Wilhelm von Malmesbury behauptet. Doch auch dahinter steht ein Vielleicht. Nach den Forschungen Aubrey Gwynns hätte man David nicht als „Scotus" bezeichnet, wäre er ein Waliser gewesen. Und der Klerus von Wales wünschte 1119 einen Einheimischen und keinen Iren als Bischof von Bangor. Das geht aus einem Brief des Mönchs Eadmer, des Biographen Anselms von Canterbury, hervor.[179] Davids literarisches Werk ist verloren, doch scheinen sich zumindest Teile davon in den Werken Ekkehards von Aura und Wilhelms von Malmesbury und mit einiger Wahrscheinlichkeit in den Paderborner Annalen erhalten zu haben.[180]

Die Stadt des heiligen Kilian hatte schon immer Landsleute von der Grünen Insel angezogen. Sie war ein Etappenziel irischer Pilger auf ihrem Weg nach Rom. Einige von ihnen sind dabei offensichtlich studienhalber mit der Domschule in Berührung gekommen. Von zwei Iren, die man als „fahrende Scholaren" bezeichnen könnte, erfahren wir, dass sie sich die ganze Zeit über mit den Dingen des Studiums („nos sapimus studii toto res tempore nostro") beschäftigt, Verse geschmiedet und verworfen hätten. Auf ihrer jahrelangen Wanderschaft hätten sie nach eigenem Bekunden versucht, sich Buchwissen

[175] Petersohn, Domschulen (wie Anm. 13), S. 6.

[176] Martina Halm, Studien zum Hof Heinrichs V., Inauguraldissertation Rheinische Friedrich-Wilhelm-Universität Bonn, Bonn 2015, S. 413f.

[177] Elmar Hochholzer, Iren und „Schotten" in Würzburg, in: Johannes Erichsen (Hg.), Kilian, Mönch aus Irland – aller Franken Patron, Aufsätze (Veröffentlichungen zur Bayerischen Geschichte und Kultur 18/19), München 1989, S. 331–333.

[178] Halm, Studien (wie Anm. 176), S. 414.

[179] Aubrey Gwynn, The Continuity of the Irish Tradition in Würzburg, in: Würzburger Diözesangeschichtsblätter 14/15 (1952/1953), S. 62. Ihm folgend Helmut Flachenecker, Schottenklöster. Irische Benediktinerkonvente im hochmittelalterlichen Deutschland (Quellen und Forschungen aus dem Gebiet der Geschichte. Neue Folge, Heft 18), Paderborn/München 1995, S. 165f.

[180] Halm, Studien (wie Anm. 176), S. 414 mit Quellenverweisen.

anzueignen, und zwar so, wie sie es jetzt gerade im Lande der Franken tun. („Nos uolumus per annos uadere scire libellos / Ut modo Fransigenum terras lustrare solemus").[181] Diese Verse hinterließ einer der beiden Iren auf einem leeren Blatt einer Handschrift aus dem späten 8. Jahrhundert in der Würzburger Dombibliothek (Universitätsbibliothek Würzburg, M.p.misc.f. 5a, fol. 1v). Die Datierung der Verse der iroschottischen Hand ist nicht leicht, doch zieht Hoffmann grob das 11. Jahrhundert in Betracht.

Während die poetischen Eigenversuche eher mager und holprig ausfallen, sind andere Versstücke, die der irische Schreiber über die Seite zusammengefasst hat, nach der fundierten Meinung Hoffmanns bemerkenswert. Denn sie stammen von Ovids Heroides, die zur damaligen Zeit kaum bekannt waren. Bernhard Bischoff hat sie entdeckt, aber die klassische Philologie unserer Tage hat diesen außergewöhnlichen Fund nicht zur Kenntnis genommen. Immerhin bieten die Würzburger Verse die zweitälteste Überlieferung der Heroides, den fiktiven Briefen mythischer Frauen an ihre abwesenden Männer. Für den Forscher Hoffmann stellt sich die Frage, wie die Verse an den Main gekommen sind: Haben die Iren diese Verse in der Dombibliothek vorgefunden oder haben sie sie aus dem Gedächtnis zitiert?[182] Wie auch immer, die dortige Bibliothek haben sie benutzt für ihre poetischen Eigenversuche und für die Verse Ovids, wie ihr Eintrag in einem alten Codex beweist.

Das Schmieden von Versen wurde an der Domschule offenbar gelehrt und geübt. Davon zeugen zwei Seiten aus einem Lehrbuch der Metrik (Universitätsbibliothek Würzburg, M.p.th.f. 26, vorderes und hinteres Schutzblatt).[183] Die Fragmente wurden in Würzburg im letzten Drittel des 11. Jahrhunderts geschrieben. Die bemerkenswerte und auffällig kunstvolle Ausführung (Zierinitialen und große Zierkapitalen) zusammen mit der sorgfältigen Schrift verraten offenbar die Wertschätzung für dieses Genre, denn einen derartigen Aufwand betrieb man sonst kaum in mittelalterlichen Lehrbüchern.

Der Text selbst stellt ebenfalls eine Besonderheit dar, denn er ist sonst nirgends überliefert. Er besteht aus Fabeln, die in wechselnden Versmaßen wiedergegeben werden. Die Fabeln stammen aus der lateinischen Aesopüberlieferung. Die Fachliteratur bezeichnet sie als „Würzburger Vers-Romulus". Für Hoffmann stellen diese singulären Blätter etwas Außergewöhnliches dar, weil „die darin überlieferten Metren im Mittelalter äußerst selten gebraucht worden sind. In den Schulen wurde zwar das Dichten gelehrt, aber wenn man dichtete, dann üblicherweise in Hexametern und Pentametern, fast nie dagegen in den komplizierteren Versmaßen der Antike, die in dem Lehrbuch behandelt werden".[184] Im Würzburger Domstift hat man sich also mit diesen schwierigeren Metren beschäftigt und diese und die übliche Verskunst gelehrt.

---

[181] Druck der Verse bei Hartmut Hoffmann, Irische Schreiber in Deutschland im 11. Jahrhundert, in: Deutsches Archiv für Erforschung des Mittelalters 59 (2003), S. 119 (auch zum Folgenden).

[182] Hoffmann, Paulinenkommentare (wie Anm. 14), S. 262.

[183] Thurn, Handschriften, Bd. 2.2 (wie Anm. 9), S. 5. Der Codex selbst wurde um 1100 oder etwas später von guten Würzburger Händen geschrieben; Hoffmann, Schreibschulen Südwesten (wie Anm. 8), S. 342f.

[184] Hoffmann, Paulinenkommentare (wie Anm. 14), S. 262.

Mit Blick auf die so wichtige Vermittlung von theologischem Wissen an Dom- und Klosterschulen geht Hartmut Hoffmann der kaum gestellten Frage nach, ob es überhaupt einen Theologieunterricht in der Zeit vor der Scholastik gegeben hat. Aus der Domschule in Worms erfahren wir anhand der Lebensbeschreibung des Erzbischofs Heribert von Köln (999–1021), des Bruders des Würzburger Bischofs Heinrich I. (995/996–1016), dass angehende Kleriker zunächst mit dem Alten und Neuen Testament vertraut gemacht wurden. Dann wurden sie in klassischer Dichtung und Dialektik, also in den Artes, unterrichtet und schließlich in die Patristik eingeführt. Es ist der alte schulische Kanon aus der Karolingerzeit: „Lateinlernen an Hand der Bibel, anschließend Einübung in die Artes und danach zur Krönung eigentlicher Theologieunterricht".[185] Natürlich können die Unterschiede im Niveau divergierend gewesen sein, aber es gab Theologieunterricht in ottonischer Zeit, obwohl dafür die Quellen weniger ergiebig sprudeln als diejenigen aus der karolingischen Zeit. Vielleicht ist an manchen Domschulen weniger von echter Theologie zu sprechen als vielmehr von „höherer Bibelkunde".[186]

Zeitgenössische Autoren des 11. Jahrhunderts wie etwa Gozechin von Lüttich weisen zwar solche Beschäftigungen mit der Heiligen Schrift dem „otium" (also einem sogenannten weichen, leichten Fach) zu im Gegensatz zu den anstrengenderen „studia" der freien Künste. Aber es könnte sehr wohl sein, dass man deshalb von „otium" sprach, weil die Zahl der Interessenten geringer war, die Lehrer weniger disziplinarische Schwierigkeiten hatten und die Lernwilligen reifer und begabter waren als „die Masse der pubertierenden Jugendlichen, die sich mit den Artes abplagen mussten".[187] Dem geringeren Interesse an den „litterae divinae" entspricht wohl auch, dass zeitgenössische Quellen der theologischen Gelehrsamkeit weniger Beachtung schenkten als den Sieben Freien Künsten. Zum niedrigeren Stellenwert und zu geringerer Aufmerksamkeit mögen auch intellektuelle Eitelkeiten beigetragen haben: zeitgenössische Schriftsteller konnten mit Übernahmen aus Bibelkommentaren weniger brillieren als mit Zitaten aus Werken klassischer Autoren.

All die vorgenannten Faktoren können vielleicht die überragendere Stellung der Artes im Unterricht erklären. Jedenfalls begnügte sich die Masse der Studierenden mit den Sieben Freien Künsten oder auch nur mit dem Trivium. Dagegen hat offenbar die schwierigere Theologie weniger Reiz ausgeübt, weshalb „nur eine Elite Interesse und Begabung für die höhere Fakultät zeigte. Auch diese Elite benötigte Bücher – Schulbücher, wenn man so will. Zu dieser Sorte Bücher scheinen die Würzburger Paulinenkommentare gehört zu haben".[188]

---

[185] Ebd., S. 211.
[186] Ebd., S. 212.
[187] Ebd., S. 214 (einschließlich Zitat).
[188] Ebd.

In der Hauptstadt der Mainfranken besaß man schon angelsächsische Paulusbriefe mit Kommentaren vom Ende des 8. Jahrhunderts (Universitätsbibliothek Würzburg, M.p.th.f. 69).[189] Ein Interesse an kommentierten Paulusbriefen bezeugt auch ein Codex, der Bedas diesbezügliche Augustinusexzerpte enthält und aus dem 9. Jahrhundert stammt (Universitätsbibliothek Würzburg, M.p.th.f. 63). Der Kommentar wurde im 10. Jahrhundert sorgfältig korrigiert.[190] Die Beschäftigung mit Bibeltexten könnte durchaus auf eine gewisse lokale Tradition hindeuten, die in ottonischer Zeit wieder aufgenommen und als theologischer Bildungsinhalt weitervermittelt wurde.

Über den allgemeinen Schulbetrieb, der „disciplina scolastica", schweigen die Quellen und er müsste rekonstruiert werden im Vergleich mit anderen Schulen der Zeit, etwa mit der Domschule im Nachbarbistum Bamberg, die für das 11. Jahrhundert gut erschlossen ist.[191] Es wurde Wert gelegt auf eine sehr gute lateinische Sprachbeherrschung, auf die Stilkunst also („ars dictandi") und im Rahmen des Grammatik- und Rhetorikunterrichts des Triviums die Lektüre der heidnischen und frühchristlichen lateinischen Autoren. Hinzu kamen in besonderem Maße in Würzburg, wie wir sahen, die mathematischen Fächer. Grundsätzlich ging es nicht nur um Wissensvermittlung, sondern auch um sittliche Bildung der Studenten im Unterricht.[192]

In Würzburg (wie gewiss auch anderswo) scheint man im schulischen Alltag eher auf Strenge Wert gelegt zu haben, wenn man vor der schmeichlerischen und schädlichen Nachsicht des Schulmeisters warnte: „Sepe nocet puero miseratio blanda magistri". Dieser ursprünglich von Alcuin stammende Hexameter steht auf der Rückseite des nicht gezählten Blattes des Berliner Codex (Phill. 1650), der die oben behandelten Paulinischen Kommentare enthält.[193] Ob er als einfacher Übungssatz oder als pädagogischer Hinweis zu nehmen ist, wissen wir nicht. Jedenfalls wurde der Satz in Würzburg im 10. oder 11. Jahrhundert geschrieben, und die Bibelkommentare dienten dem Unterricht.

In ihrer Gesamtheit ergeben die überkommenen Nachrichten ein recht beachtliches Bild vom Format und der Exzellenz in bestimmten Bereichen des Lehrbetriebs an der Würzburger Domschule in ottonischer und salischer Zeit. All das wäre unerklärlich, wenn Würzburg nicht eine gute Schule und das heißt auch: eine gute Bibliothek besessen hätte.

---

189 Thurn, Beschreibung der ausgestellten Handschriften, in: Die Bibliothek des Würzburger Domstifts (wie Anm. 10), S. 52f.

190 Hoffmann, Paulinenkommentare (wie Anm. 14), S. 247.

191 Dazu Herbert Zielinski, Domschulen und Klosterschulen als Stätten der Bildung und Ausbildung, in: Stiegmann/Wemhoff (Hg.), Canossa 1077 (wie Anm. 81), S. 179; Überblick bei Petersohn, Bildung (wie Anm. 13), S. 337–348.

192 Zielinski, Domschulen (wie Anm. 191), S. 179.

193 Hoffmann, Schreibschulen Südwesten (wie Anm. 8), S. 326.

5. Die Würzburger Bibliothek um und nach dem Jahr 1000

5.1 Umfang der Büchersammlung

Über den zahlenmäßigen Umfang, den ideengeschichtlichen Zuschnitt der Bibliothek am Dom und über die Möglichkeiten des Kenntnisgewinns für die interessierte geistliche Elite gibt der bekannte Bücherkatalog von ca. 1000 Auskunft. Er befindet sich auf fol. 1r und 46rv der Handschrift M.p.th.f. 40 der Universitätsbibliothek Würzburg und gehört nach Einschätzung Hoffmanns zu den umfangreichsten Bibliothekskatalogen der Ottonenzeit.[194] Das Verzeichnis stammt von mehreren Händen, die den Würzburger Schreibstil um das Jahr 1000 vermitteln.[195]

Hartmut Hoffmann hat den bisherigen zwei ungenügenden Editionen des Bücherkatalogs durch Friedrich Anton Reuss von 1845[196] und durch Hermann Knaus von 1979[197] in seinen „Würzburger Paulinenkommentaren" eine weitere, verbesserte hinzugefügt. Sie ist umso erkenntnisreicher und ergiebiger, weil Hoffmann die Büchertitel identifiziert und interpretiert.[198] Dabei richtet sich der Blick auch auf den Umfang der Bibliothek. Für das 8. und 9. Jahrhundert haben Bernhard Bischoff und Joseph Hofmann ca. 150 Handschriften nachgewiesen, zu denen aber noch weitere hinzukommen.[199] Aber die Mehrzahl dieser Schriften fehlt im ottonischen Bücherkatalog der Dombibliothek. Dieser verzeichnet zwar einen beachtlichen Bestand von etwa 250 Handschriften – hauptsächlich theologischer Art. Mehr als die Hälfte des dortigen karolingischen Bestandes lässt er aber unerwähnt, wie etwa die liturgischen, hagiographischen und schulischen Bücher oder auch die heidnischen Autoren. Sogar eine Reihe biblischer Bücher fehlen. Doch ist eine Domschule beispielsweise ohne eine vollständige Bibelsammlung um die Jahrtausendwende vorstellbar und warum hat sie der Bibliothekar der Ottonenzeit übergangen?

Wegen dieser Lücken fällt es schwer, den tatsächlichen Umfang der Bibliothek der Domschule in ottonischer Zeit zu rekonstruieren. Aufgrund der paläographischen Forschungen Hoffmanns wissen wir mittlerweile immerhin, dass sich etwa 50 Handschriften und Fragmente aus dem 10. und 11. Jahrhun-

---

194 Hoffmann, Buchkunst (wie Anm. 5), S. 357; Einbandfragmente in der Universitätsbibliothek Würzburg, M.p.misc.f. 5a gehören wohl zu den vier Streifen (Proverbia) aus der Zeit um 1000 in M.p.th.f. 40; Hoffmann, Schreibschulen Südwesten (wie Anm. 8), S. 340. – Auf fol. 46v dieser Handschrift rechts oben befindet sich auf freigelassenem Raum ein Güterverzeichnis, geschrieben von einer ungelenken Hand des 11. Jahrhunderts; Enno Bünz, Bemerkungen zu einem Güterverzeichnis der Würzburger Domkustodie aus der ersten Hälfte des 11. Jahrhunderts, in: Würzburger Diözesangeschichtsblätter 50 (1988), S. 593–611.

195 Faksimile bei Gottfried Mälzer / Hans Thurn, Kostbare Handschriften der Universitätsbibliothek Würzburg: Jubiläumsausstellung zur 400-Jahr-Feier der Julius-Maximilians-Universität Würzburg im Jahre 1982, Wiesbaden 1982, S. 69.

196 Friedrich Anton Reuss, Kurzer Abriss einer Geschichte der Bücher- und insbesondere Handschriften-Sammlungen im vormaligen Hochstifte Würzburg, in: Serapaeum 6 (1845), S. 180–182.

197 Hermann Knaus, in: Günter Glauche / Hermann Knaus, Mittelalterliche Bibliothekskataloge Deutschlands und der Schweiz, Bd. 4/2, München 1979, S. 980–988 Nr. 129.

198 Hoffmann, Paulinenkommentare (wie Anm. 14), S. 216–238.

199 Behandelt bei Bischoff / Hofmann, Libri sancti Kyliani (wie Anm. 164), S. 88–141. – Hoffmann, Paulinenkommentare (wie Anm. 14), S. 239 Anm. 461 fügt ein paar weitere hinzu.

dert erhalten haben, die aus der bischöflichen Schreibstube stammen, aber nur 19 von ihnen finden sich im erwähnten ottonischen Bibliothekskatalog.[200] Die Würzburger Bibliothek um das Jahr 1000 muss also zweifellos größer gewesen sein, als es der ohnehin schon stattliche Bestand im Bücherkatalog vorgibt. So haben die Verfasser des Katalogs beispielsweise rund zwei Drittel der Kommentare zu den Paulusbriefen, die zum Dom gehörten, übergangen. Hans Thurn hat darauf hingewiesen, dass sich u. a. die Bücher der Domschule an einem anderen Ort unter der Aufsicht des Scholasticus befunden haben müssen.[201]

Anhand von plausiblen Überlegungen zu den Autoritäten, die bei der Kommentierung der Paulinenkommentare herangezogen wurden und die sich im Bibliothekskatalog finden, und aus der Sichtung von weit verstreuten Handschriften- und Fragmentenfunden schätzt Hartmut Hoffmann vorsichtig einen Bestand von mindestens 300 Bänden. Aber auch 600 und 800 Handschriften lägen im Bereich des Möglichen, zählt man die unerwähnten und doch im Alltag notwendigen liturgischen und die Schulbücher hinzu. Das wäre „nach allem, was wir über die hochmittelalterliche Buchwelt wissen, ein recht beachtliches Ergebnis".[202]

Doch gelingt die Rekonstruktion der Bibliothek nur über die Auswertung von Beweismaterial in auswärtigen Bibliotheken. Die Universitätsbibliothek Würzburg, in die ja der Bestand der ehemaligen Domschule nach 1803 übergeführt wurde, verfügt nur noch über drei vollständige Codices aus der Ottonenzeit – aus der Karolingerepoche immerhin über 24 Handschriften – und eine Reihe von Fragmenten oder Spuren der Schreibtätigkeit in älteren Codices oder in beigefügten Blättern.[203] Wie erwähnt, können aber mittlerweile etwa 50 Handschriften des 10. und 11. Jahrhunderts nachgewiesen werden, die im Domskriptorium in Würzburg geschrieben wurden.

Es besteht also eine auffallende zahlenmäßige Diskrepanz zwischen Textzeugen als Beweismitteln am ursprünglichen Ort ihrer Entstehung und den vielen, andernorts aufbewahrten Würzburger Handschriften. Gründe für die Entfremdung dürften nach Hoffmann die Wirren und Plünderungen im Gefolge des Dreißigjährigen Krieges sein, wo man vor allem die ältesten Codices in Sicherheit brachte.[204] Allerdings gab es schon gegen Ende des 15. Jahrhunderts mit der Erfindung des Buchdrucks eine „Aussonderungsaktion".[205] In den folgenden Jahrhunderten werden Anzeichen von „Erstarrung", von Vernachlässigungen und Verlusten am Buchbestand erkennbar.[206]

Eine auffällig große Zahl der Bände ist nach Einsiedeln und nach Bamberg gewandert. Wir erwähnten bereits, dass vielleicht der heilige Bischof Wolfgang

---

[200] Hoffmann, Paulinenkommentare (wie Anm. 14), S. 239f. Anm. 463 fügt noch weitere hinzu: Vatikanische Bibliothek, Pal. lat. 147 (Ps.Clemens, Recognitiones), ein Blatt von ca. 1100 im Stadtarchiv Buchen, Sondersammlungen 2 (Notker Balbulus, Liber hymnorum) und Dublin, National Library, 19375 (Burchardusvita und Passio s. Kiliani).
[201] Thurn, Domschule (wie Anm. 85), S. 24f.
[202] Hoffmann, Paulinenkommentare (wie Anm. 14), S. 242.
[203] Vgl. auch die Übersicht bei Mälzer, Universitätsbibliothek (wie Anm. 78), S. 25.
[204] Hoffmann, Schreibschulen Südwesten (wie Anm. 8), S. 321.
[205] Thurn, Domschule (wie Anm. 85), S. 25.
[206] Gottfried Mälzer, Die Bibliothek des Würzburger Domstifts, in: Die Bibliothek des Würzburger Domstifts (wie Anm. 10), S. 33.

von Regensburg (972–944) als vormaliger „Schüler“ in Würzburg und späterer Mönch in Einsiedeln die Verbindung vom Main zum Voralpenkloster hergestellt haben könnte. Es ist ja offensichtlich aufgrund der Schriftzeugnisse damit zu rechnen, dass Würzburger Schreiber nach Einsiedeln gegangen sind oder Mönche von dort in die fränkische Bischofsstadt kamen und sich am Herstellen von Büchern beteiligten.

An der relativ großen Zahl von Würzburger Handschriften in Bamberg könnte Kaiser Heinrich II. seinen Anteil haben. Vermutlich hat er mitgeholfen, schöne und wichtige Bücher in seine neu gegründete Bischofsstadt an der Regnitz zu holen und hat Würzburg zur Abgabe von Handschriften bewegen können.[207] Aus den Quellen lassen sich Hintergründe für die heutigen Aufbewahrungsorte von Würzburger Handschriften nicht erschließen. Doch weist der Buchexport (nicht nur nach Einsiedeln und Bamberg) gewiss auf etwas anderes hin: die Bedeutung und Qualität der Schreibschule am Dom zu Würzburg hatte sich um die Jahrtausendwende herumgesprochen.[208]

5.2 *Einzelne Handschriftenbestände*

Die Dombibliothek konnte mit einer guten und nachweisbaren Ausstattung an Klassikern und Werken von Horaz, Juvenal, Persius, Plinius, Vergil, Avianus und wahrscheinlich auch Ovid aufwarten. Die Fabeln des Avianus wurden in der oben erwähnten ‚Apologia pro schola Herbipolensi‘ reichlich herangezogen, sodass deren Existenz in der Bibliothek angenommen werden darf. Schon seit dem Ende des 9. Jahrhunderts benutzte man Ciceros Rhetorikbuch ‚De inventione‘, das man sich ein zweites Mal besorgt hatte, und zwar aus Frankreich (Universitätsbibliothek Würzburg, M.p.th.f. 185).[209] Ciceros ‚De officiis‘ könnte wohl im 10. Jahrhundert in die Dombibliothek gelangt sein, wurde aber nicht in Würzburg geschrieben, sondern in einem unbekannten, deutschen Skriptorium.[210]

Eine „Kostbarkeit“ nennt Hoffmann die Briefe Ciceros an Atticus, die in Würzburg um das Jahr 1000 geschrieben worden sind.[211] Sie zählen zur ältesten Überlieferung und liegen im Würzburger Diözesanarchiv, wo sie von einem frühneuzeitlichen Rechnungsbuch abgelöst wurden. Zugehörig sind das Fragment in München, Staatsbibliothek, Clm 29220/8 und zwei Doppelblätter in Würzburg, Universitätsbibliothek, M.p.misc.f. 21, 1r–4v.[212]

---

[207] Dazu Hoffmann, Bamberger Handschriften (wie Anm. 24), S. 1f.
[208] Hoffmann, Paulinenkommentare (wie Anm. 14), S. 244f.
[209] Thurn, Domschule (wie Anm. 85), S. 22.
[210] Hoffmann, Buchkunst (wie Anm. 5), S. 402.
[211] Hoffmann, Paulinenkommentare (wie Anm. 14), S. 245.
[212] Ausführlich Elmar Hochholzer, Ein Fragment von Ciceros Atticusbriefen aus ottonischer Zeit im Diözesanarchiv Würzburg, in: Würzburger Diözesangeschichtsblätter 57 (1995), S. 9–32. – In den Recognitiones des Ps.Clemens aus dem Besitz des Johannes Trithemius (Rom, Vatikanische Bibliothek, Pal. lat. 147) vom Anfang des 11. Jahrhunderts hat eine Hand (fol. 82r–90v und fol. 91v Zeile 9 – fol. 97v) geschrieben, der auch das Cicerofragment im Diözesanarchiv Würzburg verdankt wird; Hoffmann, Paulinenkommentare (wie Anm. 14), S. 239 Anm. 463.

Interesse bestand offenbar an römischer Komödiendichtung. Wenn in Würzburg die Kommentare zu den Komödiendichtern Statius und Terenz vorhanden waren, wird man auch damit rechnen dürfen, dass man einen kommentierten Text der beiden Dichter in der Bibliothek besaß. Die zweite Hälfte des 10. Jahrhunderts erlebte eine zunehmende Beliebtheit der Komödiendichtung. Die Lektüre der Terenztexte wurde für den Schulunterricht genutzt. Sie sollte die Sprechtechnik verbessern und auf den Rhetorikunterricht vorbereiten.[213] Auch wenn die Inhalte des Terenz kirchliche Kreise befremden konnten, fand die Beschäftigung mit dem Komödiendichter doch beispielgebende Resonanz auf höchster geistlicher Reichsebene.

Erzbischof Brun(o) von Köln, der Bruder Ottos I., befasste sich mit Terenz – natürlich zweckgebunden, berichtet sein Biograph Ruotger. Dieser Mönch und vermutlich spätere Abt von St. Burkard in Würzburg, den wir schon kennengelernt haben, liefert in dieser Biographie, die bald nach 965 entstand, eine Fülle von Referenzen aus allen Terenzkomödien.[214] Ferner dürfte wohl Hrotsvits von Gandersheim († nach 972) „Auseinandersetzung mit Terenz das wohl beste Zeugnis für die damals beliebte Lektüre des Autors“ darstellen.[215] Daraus gingen nach 962 die Dramen ihres Anti-Terenz („dramatica series“) hervor.

Da die uns schon bekannten und aus Würzburg stammenden Traktate ‚De aggregatione‘ und die Rithmimachia auf der Zahlentheorie des Pythagoras beruhen, darf man annehmen, dass man auch die ‚Institutio arithmetica‘ des Boethius besessen hat, der ja Pythagoras ins Mittelalter vermittelt hat. Würzburger Schreiber kopierten mehrere Werke des Boethius.[216] Auch andere weltliche Literatur aus der Spätantike war Interessierten zugänglich. Zu nennen sind das uns bereits erwähnte Handbuch des Martianus Capella, der Cicerokommentar des Makrobius, die kommentierte Übersetzung von Platons Timaeus durch Chalcidius. Zwar befindet sich keine Timaeus-Handschrift mehr in Würzburg selbst, dafür drei Mal in anderen Bibliotheken.[217] Die Nachfrage von auswärts belegt, dass der in Würzburg geschriebene Timaeus etwas Besonderes und das Domskriptorium ob seiner Produktion angesehen gewesen sein muss.

Beeindrucken konnte die Würzburger Bibliothek auch mit den vielen Schriften der Kirchenväter und der karolingischen Theologen. Die Gottesgelehrtheit der Väter wurde in Würzburg besonders hochgehalten und auch im Unterricht vermittelt. Besonders beliebt scheint Augustinus gewesen zu sein, aber auch Hieronymus, Ambrosius und Gregor der Große waren gut vertreten. Einen nicht geringen Platz in der Dombibliothek dürften die uns bekannten Kommentare zu den Paulusbriefen beansprucht haben, auch wenn sich aus dem Bestand in Würzburg selbst nur wenig bis zur Gegenwart gerettet hat. Genutzt

---

[213] Vgl. Tischler, Klosterschule (wie Anm. 39), S. 127.

[214] Vita Brunonis (wie Anm. 32), c. 8, S. 9: „Scurilia et mimica, que in comediis et tragediis a personis variis edita quidam concrepantes risu se infinito concutiunt, ipse (Bruno) semper serio lectitabat; materim pro minimo, auctoritatem in verborum compositionibus pro maximo reputabat“.

[215] Tischler, Klosterschule (wie Anm. 39), S. 128f.

[216] Bern, Burgerbibliothek, 265; Cologny (Genève), Bibliotheca Bodmer, Cod. Bodmer 111; Wien, Nationalbibliothek, Cod. 443; Hoffmann, Buchkunst (wie Anm. 5), S. 358f., 360 u. 364.

[217] Hoffmann, Paulinenkommentare (wie Anm. 14), S. 246.

werden konnten Bibelkommentare von Autoritäten wie Rhabanus Maurus, für den sich schon Bischof Hunbert von Würzburg (833–844) besonders interessierte[218], Cassiodor, Sedulius Scottus, die Augustinuskompilationen Bedas und des Florus von Lyon. Natürlich waren in Würzburg die Kommentare Lantfranchs zu den Paulusbriefen bekannt, wie auch die Bibelkommentare des Claudius von Turin.[219]

Schon in der Karolingerzeit legte man großen Wert auf die gregorianische Gesangsweise. Davon haben wir Kenntnis durch Neumen, die man über einzelnen Wörtern, Hallelujaversen oder Schriftworten in älteren Codices eingetragen oder hinzugefügt hat. Für Hans Thurn belegen sie, „dass man den Unterricht in Theologie mit Unterricht im liturgischen Gesang verband".[220] Und doch mutet es seltsam an, dass vollständige liturgische Handschriften mit Neumen, wie Sakramentare, Missalien, Breviere, Antiphonare, Hymnare etc., die es für die Gottesdienste am Dom gegeben haben muss, kaum zu entdecken sind. Hoffmann konnte nur ein eher unbedeutendes Sakramentarfragment dem Domskriptorium aus dem dritten Viertel des 11. Jahrhunderts zuweisen[221] und ein Hymnenbuch des Notker Balbulus, das um 1100 geschrieben wurde.[222]

Daneben gewähren Handschriftenreste einen gewissen Einblick in die Liturgie am Dom. Robustes Pergament mit liturgischen Texten, die durch den Druck überflüssig geworden waren, wurde seit dem Spätmittelalter bevorzugt als Einbandmaterial benutzt. Hoffmann weist auch (wie schon Hans Thurn andeutungsweise) auf einige, wenige Zeilen hin, die sporadisch in älteren Handschriften eingetragen wurden und die für die Liturgie- und Musikgeschichte in Würzburg von Bedeutung sein können und sich in der Universitätsbibliothek Würzburg befinden[223]:

M.p.th.f. 14 (fol. 1r); M.p.th.f. 20 (fol. 56r); M.p.th.f. 42 (fol. 1r); M.p.th.f. 45 (fol. 1r); M.p.th.f. 75 (fol. 2r, fol. 80r).

Von Bedeutung für den Heiligenkult im Würzburger Sprengel sind die Nachträge aus dem 10. und 11. Jahrhundert in einem karolingischen Martyrolog (Universitätsbibliothek Würzburg, M.p.th.f. 50).[224]

Auch Bemerkenswertes hat sich aus der Würzburger Liturgie- und Gottesdienstpraxis in ottonisch-salischer Zeit erhalten. Auf eine Notiz aus dem 11. Jahrhundert (Universitätsbibliothek Würzburg, M.p.th. 74, fol. 24v) machte schon 1952 Bernhard Bischoff aufmerksam.[225] Der nachgetragene Text in dem Beda- und Augustinuscodex (9. Jahrhundert) lässt den Schluss zu, dass man im Dom ein sogenanntes Dreikönigsspiel („Magierspiel") entweder aufführte

---

218 Thurn, Domschule (wie Anm. 85), S. 19.
219 Hoffmann, Paulinenkommentare (wie Anm. 14), S. 246.
220 Thurn, Domschule (wie Anm. 85), S. 25.
221 Universitätsbibliothek Würzburg, M.p th.f. 218; Hoffmann, Schreibschulen Südwesten (wie Anm. 8), S. 348; Thurn, Handschriften, Bd. 4.1 (wie Anm. 9), S. 208.
222 Hoffmann, Paulinenkommentare (wie Anm. 14), S. 239; Buchen, Stadtarchiv, Sondersammlungen 2.
223 Hoffmann, Paulinenkommentare (wie Anm. 14), S. 252.
224 Hoffmann, Schreibschulen Südwesten (wie Anm. 8), S. 345.
225 Bernhard Bischoff, Ein Magierspiel im mittelalterlichen Würzburg, in: Die Mainlande. Geschichte und Gegenwart, 3. Jahrgang Nr. 19 (Beilage zur Main-Post, Dez. 1952), Würzburg 1952, S. 73–75; Thurn, Handschriften, Bd. 3.1 (wie Anm. 9), S. 63.

oder es zumindest plante. Damit rezipierte man die Neuerungen des religiösen Dramas, die im 11. Jahrhundert aufkamen. Von der Bischofsstadt aus scheinen diese Epiphanias-Feiern, in denen Kleriker bzw. Mönche die Rollen übernahmen, in das Bistum gewandert zu sein. Würzburg war mithin beteiligt an der Verbreitung des kirchlichen Singspiels.[226] Ein „ordo stellae", der u.a. die betreffende Zeile aus der oben genannten Würzburger Handschrift (M.p.th. 74, fol. 24v) enthält, taucht auch im sogenannten „Magierspiel" auf, das aus der Abtei Münsterschwarzach fragmentarisch überliefert ist.[227]

Dort in der ersten Hälfte des 11. Jahrhunderts in qualitativ hochstehender Manier geschrieben, wanderte es als Teil einer liturgischen Handschrift nach 1050 nach Lambach in Oberösterreich. Münsterschwarzacher Mönche brachten sie mit, als sie im Auftrag Bischof Adalberos eine benediktinische Gemeinschaft etablierten. Der Text gehört zu den ältesten Zeugnissen dieses Genre; nur eine Überlieferung des kirchlichen Singspiels aus Metz von ca. 1000 dürfte etwas älter sein.[228] Im Übrigen hat Hartmut Hoffmann auf fol. 1r des Würzburger Paulinenkommentars (Staatsbibliothek Berlin, Phill. 1650) offenbar ein Exzerpt aus einem Weihnachts- bzw. „Magierspiel" von einer Hand des 10. oder 11. Jahrhunderts entdeckt: „Quomodo fiet istud angele dei, quia uirum in concipiendo non pertuli. audi maria uirgo christi".[229]

Eine Lücke im Handschriftenbestand ist im Bereich des weltlichen und geistlichen Rechts auffällig; denn mindestens einige Geistliche am Dom müssten laut Hoffmann in kirchlichem Recht bewandert gewesen sein. Möglicherweise sind die „XX libri canonum", die der Bücherkatalog von 1000 auflistet, mit dem in 20 Büchern eingeteilten Werk des Burchard Worms[230] oder mit zwanzig verschiedenen Canonessammlungen zu identifizieren. Sollte diese Gleichsetzung zutreffen, „wäre das recht beachtlich, aber auch nicht weiter verwunderlich"; denn man besaß schon im 9. Jahrhundert – neben einem Bußbuch – zwölf Handschriften mit kirchenrechtlichem Inhalt.[231]

Weltliches Recht erwähnt der Bücherkatalog von ca. 1000 nicht. Dabei war in Würzburg eine Lex Salica aus dem 9. Jahrhundert und ein noch älteres Breviarium Alarici vorhanden gewesen. Daneben liegen noch zwei Blätter aus dem Codex Iustinianus in der Universitätsbibliothek Würzburg (M.p.j.f.m. 2).[232] Sie haben Schriftähnlichkeit mit den in Bamberg aufbewahrten Institutiones Iusti-

---

226 Bernhard Bischoff, Mittelalterliche Studien, Bd. 2, Stuttgart 1967, S. 156; Hans-Joachim Genge, Die liturgiegeschichtlichen Voraussetzungen des Lambacher Freskenzyklus (Münsterschwarzacher Studien 16), Münsterschwarzach 1972, S. 125–130 (Beschreibung und Edition des Spiels) und Hochholzer, Kalendar-Nekrologfragment (wie Anm. 74), S. 250 mit Anm. 124.

227 Stift Lambach, Handschriften- und Inkunabelsammlung, Fragment 1; Elmar Hochholzer, Münsterschwarzach (wie Anm. 72), S. 200 mit Literaturangaben; siehe auch oben unter Anm. 73.

228 Hoffmann, Paulinenkommentare (wie Anm. 14), S. 252.

229 Hoffmann, Schreibschulen Südwesten (wie Anm. 8), S. 326.

230 Hartmut Hoffmann/Rudolf Pokorny, Das Dekret des Bischofs Burchard von Worms. Textstufen – Frühe Verbreitung – Vorlagen (Monumenta Germaniae Historica Hilfsmittel 12), Hannover 1991. Eine Handschrift liegt zwar in der Universitätsbibliothek Würzburg, M.p.th.f. 167, wurde aber im dritten Viertel des 11. Jahrhunderts im Kloster Amorbach geschrieben; Hoffmann, Schreibschulen Südwesten (wie Anm. 8), S. 17.

231 Hoffmann, Paulinenkommentare (wie Anm. 14), S. 253.

232 Ebd.

nians (Bamberg, Staatsbibliothek, Iur. 1) und sind im 10. Jahrhundert in Italien geschrieben worden. Beide, sehr seltene Handschriften übrigens, dürften wohl zusammen nach Deutschland gekommen sein, vielleicht über Würzburg, das ja auch mitgeholfen hat bei der Ausstattung des jungen Bistums an der Regnitz.[233]

Am Dom besaß man zwar hagiographische Werke – zu erinnern ist an die Kilianspassio und Vita Burchardi des Stephan von Novara –, aber zwischen 900 und 1100 ist kein bedeutendes Geschichtswerk überkommen. Das bedeutet aber nicht, dass es in Würzburg kein Interesse an Geschichte gegeben hat. Es wurde ein Katalog der Würzburger Bischöfe geführt und es dürfte auch einige annalistische Aufzeichnungen gegeben haben. Das sogenannte ‚Chronicon Wirziburgense' ist aber nicht in Würzburg geschrieben worden.[234] Um das Jahr 1080 verfasste der Anonymus Haserensis eine Chronik der Eichstätter Bischöfe und widmete sie vermutlich einem Würzburger Domgeistlichen, dem „geliebten Bruder G."[235] Er rechnete wohl mit dessen Interesse an Eichstätter Ereignissen und das umso mehr, als ja beide Domstifte über Pfründen personell miteinander verknüpft waren.[236]

Hoffmann weist auch auf Bischof Benzos von Alba Werk ‚Ad Heinricum IV. imperatorem' hin. In diesem kuriosen Geschichtswerk hat ein Würzburger Kalligraph zwischen 1085 und 1090 die Widmung verfasst, die nachträglich vorgeheftet worden ist (Uppsala, Universitätsbibliothek, C. 88, fol. 1). Das wirft die Frage auf: Hat der Würzburger Schreibkünstler den Bischof Benzo in Oberitalien getroffen, dort in dessen Auftrag die Widmung verfasst und das gesamte Werk nach Deutschland gebracht, um es Kaiser Heinrich IV. zu übergeben? Oder hat Bischof Benzo selbst sein Opus über die Alpen gebracht und dann in Würzburg die Widmung schreiben lassen? Die Handschrift in italienischer Schrift und das hinzugefügte Widmungsblatt blieben jedenfalls im gesamten Mittelalter in der Stadt am Main und scheinen nicht in die Hände des königlichen Empfängers gelangt zu sein.

Für Hoffmann fügt sich die Geschichte um die Benzo-Handschrift in Uppsala in die politisch-religiöse Entwicklung im Mainbistum ein, nachdem die Kaiserlichen mit der Einsetzung des Gegenbischofs Meinhard 1085 in Würzburg die Oberhand erlangt hatten. „Benzo und sein Schreibgehilfe, der vermutlich die gleichen politischen Sympathien hegte, passen in dieses kaiserfreundliche Umfeld".[237] Die enge Bindung einer Schule an das politische Schicksal der Stadt und die jeweilige Interessenlage des Herrscherhauses beeinflusste wohl auch die Klerikerausbildung und die Berufung des Lehrpersonals. Möglicherweise hat die politisch-personelle Konstellation an der Spitze des Bistums, auch wenn deren Position in den tagespolitischen Auseinandersetzungen nicht immer eindeutig zu fixieren ist, dazu beigetragen, dass ein Würzburger Domscholaster, der uns schon bekannte Ire David, die Hofhistoriographie weiter-

---

[233] Hoffmann, Bamberger Handschriften (wie Anm. 24), S. 139.
[234] Rudolf Pokorny, Das Chronicon Wirziburgense, seine neu aufgefundene Vorlage und die Textstufen der Reichenauer Chronistik des 11. Jahrhunderts, in: Deutsches Archiv für Erforschung des Mittelalters 57 (2001), S. 63–93, bes. S. 63–65.
[235] Anonymus Haserensis (wie Anm. 125), S. 39.
[236] Hoffmann, Paulinenkommentare (wie Anm. 14), S. 263.
[237] Ebd. (auch zum Vorhergehenden).

führen sollte.[238] Seine schriftstellerische Tätigkeit scheint auch die Bedeutung historiographischer Interessen im Umkreis der Domschule in spätsalischer Zeit zu belegen.[239]

Dabei nahm David gewissermaßen eine Vorreiterrolle ein – als eine Art Propagandist. Er sollte König Heinrich V. auf dem Romzug von 1110 begleiten mit dem Auftrag, darüber zu schreiben. Offenbar hatte man Davids schriftstellerische Fähigkeiten und den Wert der begleitenden Historiographie erkannt. „Geschichte wurde jetzt nicht erst nachträglich in räumlichem und zeitlichem Abstand zum Geschehen geschrieben, sondern der König sorgte gleich von Anfang an dafür, dass sein Tun und Lassen in der ‚richtigen' Version bekannt wurde".[240] Das Bemühen um die vorwegnehmende Berichterstattung mit dem Bestreben, die Hoheit darüber zu gewinnen, in welchem Zusammenhang Themen und Handlungsweisen weiterverbreitet und kommentiert werden sollen, ist innovativ. Und es erinnert nicht wenig an Parallelen zu meinungsbildenden Entwicklungen der Moderne.

6. Zusammenfassender Ausblick

Waren bislang die Domschule und ihre Leistungsfähigkeit im 10. und 11. Jahrhundert weitgehend eine terra incognita, so haben Hartmut Hoffmanns paläographische und textgeschichtliche Forschungen zu einer strahlenden Neubewertung beigetragen. Da sind zum einen die überraschend vielen und auch begehrten Handschriften aus dem Domskriptorium und zum anderen die Inhalte der in der Dombibliothek aufbewahrten und wohl auch benutzten Handschriften. Sie werfen ein helles Licht auf das Schaffen, die Denkschulung und den geistig-religiösen Überbau der ottonisch-salischen Zeit im Mainbistum.

Der bisher eher oberflächliche Schein mag dazu beigetragen haben, Würzburgs Domschule als eine in kultureller Hinsicht zu vernachlässigende Größe wahrzunehmen – als eine wenig spektakuläre und eher durchschnittliche deutsche Bischofsstadt.[241] Mit herausragenden Namen oder großen literarischen Werken konnte Würzburg ja nicht aufwarten. Dafür aber mit einer Reihe von beachtlichen Einzelleistungen, wie das genauere und fachkundige Hinsehen erweist. In ihrer Gesamtheit zeigen die Einzelbilder dem Kenner mit einiger Klarheit, dass Würzburg seinen „Beitrag zur Kultur des 10. und 11. Jahrhunderts geleistet hat".[242] Und das war nicht wenig.

---

238 Zur nicht immer eindeutigen Nähe oder Ferne der Bischöfe zum Herrscherhaus am Übergang zum 12. Jahrhundert: Wendehorst (Bearb.), Das Bistum Würzburg, Teil 1 (wie Anm. 168), S. 118–130.

239 Petersohn, Domschulen (wie Anm. 13), S. 4.

240 Hoffmann, Paulinenkommentare (wie Anm. 14), S. 264.

241 Mit keinem Wort wird Würzburgs hochmittelalterliche Domschule erwähnt bei Joachim Ehlers, Dom- und Klosterschulen in Deutschland und Frankreich im 10. und 11. Jahrhundert, in: Martin Kintzinger / Sönke Lorenz / Michael Walter (Hg.), Schule und Schüler im Mittelalter. Beiträge zur europäischen Bildungsgeschichte des 9. bis 15. Jahrhunderts, Weimar / Wien 1996, bes. S. 41–51.

242 Hoffmann, Paulinenkommentare (wie Anm. 14), S. 243.

Karolingische Traditionen wurden wieder aufgenommen oder fortgeführt, als die Domschule um 952 unter Stephan von Novara nachhaltige Schubkraft erhielt und sich gleich unter die führenden Domschulen des Reiches einreihte. Man unterrichtete die Sieben Freien Künste, führte in die Kommentare der Kirchenväter ein und beschäftigte sich wieder und intensiv mit der Paulusexegese als Teil des Theologieunterrichts. Die Schule am Domstift war in der Auslegung der Heiligen Schrift buchstäblich federführend. Das lässt sich an der Produktion und am Besitz diesbezüglicher Handschriften ablesen. An ihnen bestand offenbar Bedarf und Interesse zum Zweck der theologischen Unterweisung. Drei Codices mit den Glossen zu den Paulusbriefen gingen nach auswärts, dienten als Vorlage oder sie wurden sogar dem jungen Kaiser Otto III. von Erzbischof Willigis von Mainz geschenkt, um sich in die Heiligen Schriften einzulesen.

Es scheint, als seien die Würzburger Codices mit den kommentierten Paulusbriefen „etwas Besonderes gewesen", jedenfalls nach heutigem, dichten Überlieferungsstand. Würzburg hat sich in ottonischer Zeit als ein „Zentrum der Pauluslektüre" einen Namen gemacht.[243] Die Domschule ragte noch im 11. Jahrhundert heraus in der Arithmetik, wo man Neuland betreten hatte. Auch pflegte man hier wohl mehr als anderswo die Verskunst. In liturgischer Hinsicht trug Würzburg zur Verbreitung des kirchlichen Singspiels bei. Nicht zuletzt waren die Handschriften aus dem Domskriptorium wegen ihrer kalligraphischen Qualität begehrt.

Der Ruf der Domschule zog Studierende nicht nur aus Franken an, die später hohe Positionen in der kirchlichen Hierarchie einnahmen. Diese Entwicklung mag – neben der Förderung durch die Bischöfe – dadurch begünstigt worden sein, dass sich die Domschule in Würzburg als eine der ersten Bildungsstätten nördlich der Alpen und der Donau dem italienischen Bildungsgut geöffnet hatte. Sie rezipierte neues geistig-religiöses Repertoire und kulturelle Impulse. Die überörtlichen Denkanstöße wurden sicher auch dadurch vermehrt und verstärkt, dass Mitglieder des Skriptoriums im gegenseitigen Austausch mit anderen, weit entfernten geistlichen und einflussreichen Bildungsstätten, wie etwa Trier und Einsiedeln, standen.

Das geistige Fundament, das nach der Mitte des 10. Jahrhunderts angelegt wurde, war tragfähig genug, um die Hohe Schule am Dom als geistig-religiöses Bildungszentrum später über ein Jahrhundert lang auf einem eher gleichbleibend beachtlichen Niveau zu halten. Mochte es auch in der Forschung unterschätzt und als unauffällige Institution übergangen worden sein, so treten laut Hoffmann „die Höhepunkte des Würzburger Schullebens stärker hervor als die unvermeidlichen Schattenseiten". Zwar mochte das Alte manchmal mehr überwogen haben als das Neue wie in anderen Bildungsstätten des Reiches, bis neue Anstöße aus dem Westen kamen, doch hat Würzburg „nicht abseitsgestanden, sondern mindestens zeitweise zu den bedeutenden Zentren gehört".[244]

---

[243] Ebd., S. 247.
[244] Ebd., S. 265.

Vermutlich lässt sich über die Bildungsgeschichte und den religiös-geistigen Horizont nach der sogenannten „ottonischen Renaissance“ im Würzburgischen, über die man bisher kaum etwas Präzises wusste, im Vergleich mit anderen Domschulen noch mehr über Einzelstudien herausbringen und das bisher Erforschte vertiefen. Nötig ist aber, dass die handschriftliche Überlieferung gründlich und oftmals neu gesichtet, eingeordnet und scharfsinnig analysiert wird. Durch eine Verbreiterung der Quellenkenntnis, so Hoffmanns erwartungsvolles Fazit in seinen „Würzburger Paulinenkommentaren“, könnten „wir klarer sehen, wie damals die Voraussetzungen für die Auseinandersetzungen des Investiturstreits und die Anfänge der Scholastik geschaffen worden sind“.[245] Hartmut Hoffmann hat dazu anhand einer Einzelstudie methodisch beispielhaft die richtige Spur gewiesen und grundlegende Bausteine geliefert.

---

[245] Ebd.

Zwei lange vergessene Kilianslieder aus zwei Epochen: „Adoranda veneranda" und „Sankt Kilian ein edler Schott"

Oliver Weinreich

Kirchenlieder haben als Vehikel für Anbetung und religiöse Verehrung einen besonderen Stellenwert in der Frömmigkeitsgeschichte. Dabei können sie verschiedene Wirkungsformen annehmen: Sie werden intensiv über Epochen hinweg gesungen oder erfreuen sich nur vorübergehend eines Zuspruchs. Sie behaupten eine beständige Randrolle oder finden niemals den Weg in die Herzen. Manche kommen nach Jahrhunderten in der Versenkung wieder ans Tageslicht. Zwei Liedern, die sich mit dem Würzburger Bistumspatron Kilian beschäftigen, soll hier nachgegangen werden: der mittelalterlichen Sequenz „Adoranda veneranda" aus dem 12. Jahrhundert und dem Lied „Sankt Kilian ein edler Schott" aus dem 17. Jahrhundert, das Friedrich Spee zugeschrieben wird. Beide sind vor einigen Jahren auf verschiedene Weise wiederentdeckt worden.

1. „Adoranda veneranda"

Die früheste greifbare Quelle mit Text und Melodie von „Adoranda veneranda" ist eine Pergamenthandschrift aus Stift Haug, entstanden im 14. Jahrhundert, die das einzige aus dieser Epoche überlieferte Choralbuch für den in Würzburg verwendeten Chorgesang in der Messe ist.[1] Als Graduale mit Tropen, Kyriale mit Tropen und Sequentiar enthält es die je nach Anlass im Kirchenjahr wechselnden Gesänge im Unterschied zu den feststehenden, immer gleichbleibenden Teilen. Hier findet sich eine frühere Form der deutschen gotischen Notenschrift auf fünf (selten vier) roten Linien.

Neben den allgemein verbreiteten Liedversen, etwa aus Psalm 25 zum Ersten Adventssonntag: „Ad te levavi" (fol. 3r) oder aus Jesaja 9,6 am Weihnachtstag: „Puer natus" (fol. 11v), enthält es Lieder und Liedteile in den sogenannten Sequenzen und Tropen, die auch in anderen fränkischen und außerfränkischen Sammlungen oder nur in Würzburg nachgewiesen sind. Dabei handelt es sich um lateinische liturgische Gesänge, die frei gedichtet neben den biblischen Versen eingefügt wurden, wobei die Sequenzen nach dem Halleluja und vor dem Evangelium ihren Ort haben. Seit dem 9. Jahrhundert lässt sich die Entwicklung der Sequenzen beschreiben. Es ist typisch für sie, dass Text und Melodie parallel aufgebaut sind, indem für jede Silbe meist auch nur ein Ton, selten zwei oder mehr, gebraucht wird. Um 1200 sind Sequenzen in ganz Europa

---

1 Universitätsbibliothek Würzburg, M.p.th.f. 165; https://www.franconica.online/o/s/de/item/97867 (letzter Zugriff: 24.06.2021).

verbreitet. Tropen werden in diesem Graduale anders als die Sequenzen nicht in einem eigenen Teil zusammengefasst, sondern in die jeweiligen Formulare eingebunden.

Eine Sequenz, die in Würzburg in den Ablauf des Gottesdienstes eingefügt wurde, ist „Adoranda veneranda Trinitatis est usia" (fol. 160r–fol. 161r), die zum jährlichen Hochfest der Bistumspatrone vor dem Evangelium vorgesehen war. Auch „Adoranda veneranda" ist streng syllabisch aufgebaut, d. h. sie verwendet für jede Silbe einen Ton, und ist darum leicht singbar. Ihr Ursprung lässt sich ins 12. Jahrhundert zurückverfolgen. Eine in diese Zeit datierte Handschrift aus dem Benediktinerkloster St. Stephan enthält auf der Vorderseite des ersten Blattes einen Ausschnitt der Sequenz und den Vermerk über die Autorenschaft des Johannes Scholasticus bzw. Johannes Gallicus, wie er später auch genannt wurde.[2] Lorenz Fries widmet in der Chronik der Bischöfe von Würzburg einen eigenen Abschnitt dem „Johann Gallen dem Franzosen", der während des Pontifikats des Würzburger Bischofs Embricho (1127–1146) die Kiliansmesse geschrieben habe, zu der man diese Sequenz wohl rechnen kann, und Johannes einen „hochberumbt[en], wolgelert[en] vnd erfaren[en] singer, dichter vnd zirlich redner" genannt hat.[3]

Es liegen Editionen der Sequenz von Joseph Kehrein[4] und Franz Emmerich (s. folgender lateinischer Text)[5] vor. Paul-Werner Scheele[6] hat sie ins Deutsche übertragen:

1. Adoranda veneranda – Trinitatis est usia. Trinitatis sub figura – sacramenta latent plura.	*1.* Anzubeten und zu ehren ist das Wesen der Dreieinheit. Bilder der Dreieinheit bergen viele heilge Gnadenzeichen.
2. Quod iam dudum praesignavit – qui tres videns adoravit – monadem. In fornace tres intacti – sacramenta sunt adepti – eadem.	*2.* Früh hat Abraham bezeugt dies als er drei sieht und anbetet einen Herrn. In der Feuersglut erfahren die geretteten drei Männer das Geheimnis.
3. O quam mira virtus Dei, – quae nos certos reddit spei per tres viros, – ad quercum quos – Thabor fertur transmisisse: Hi ferebant trina dona, – per quae datur huic corona, trinae viae – recto pede – qui probatur institisse.	*3.* Wunderbar ist Gottes Gnade, die uns sichre Hoffnung schenkte durch drei Männer, die Saul trafen, als er kam zur Tabor-Eiche. Diese durch drei Gaben zeigten, dass er bald die Kron' empfange, und dass man auf den drei Wegen sichern Fußes gehen könne.

[2] Universitätsbibliothek Würzburg, M.p.th.f. 125, fol. 1r.

[3] Lorenz Fries, Chronik der Bischöfe von Würzburg, Bd. II: Von Embricho bis Albrecht III. von Heßberg (1127–1376), hg. von Ulrich Wagner / Walter Ziegler, bearb. von Christoph Bauer u. a., Würzburg 1994, S. 43.

[4] Joseph Kehrein, Lateinische Sequenzen des Mittelalters, Mainz 1873, S. 419f. Die Zählung der Strophen weicht von der Zählung Emmerichs ab.

[5] Franz Emmerich, Der Heilige Kilian. Regionarbischof und Martyrer, Würzburg 1896, S. 47f.

[6] Paul-Werner Scheele, Die Botschaft des Würzburger Kiliansschreins, Würzburg 1989 (2. Aufl.), S. 189f.

4.

Arbor dicta – benedicta – Salvatoris passione Nostras quoque – umbras fugae – dedit procul a regione.

4.

Durch das Leiden des Erlösers ist der Kreuzesbaum gesegnet. Seine Kraft ließ alle Schatten fern aus unsrem Lande fliehen.

5.

Nobis viros tres mittendo – Trinitatis qui docendo – veram fidem instaurarent Et erroris caecitate – victa lucis claritate – veritatem conprobarent.

5.

Das geschah durch die drei Männer, die gesandt, den wahren Glauben an die göttliche Dreieinheit durch ihr Zeugnis zu verkünden und die Wahrheit zu erweisen, da das Licht besiegt die Blindheit.

6.

Servi Christi – sunt tres isti: Colonatus et Totnanus – et beatus Kylianus. Salve vera – spes sincera – trinitatis sub figura – nostri tam expressa cura.

6.

Diese drei sind Knechte Christi: Kolonatus und Totnanus und der selge Kilianus. Grüß euch, wahre, klare Hoffnung, Abbild des dreiein'gen Gottes, das uns seine Fürsorg' kündet.

7.

Cura quidem bonitatis – et divinae pietatis – in mittendis tribus viris – ad nos exhibita; Odor quorum cum doctrina – tam remota quam vicina – replet loca et divina – ope adhibita.

7.

Diese Fürsorge der Güte und der treuen Liebe Gottes zeigt sich darin, dass sie sandte die drei Männer her zu uns. Gottes Macht tritt in Erscheinung, da der Wohlgeruch der Lehre allerorten ist zu spüren sowohl fern als nahe.

8.

Laude digna venerantur – et eorum celebrantur gesta, festa Orientis – in Francia, Aucta quorum ex favore – est praecelsa et honore Herbipolis civitatis nunc – eximia.

8.

Ihre großen Taten wollen wir mit würdgem Lob verehren und an ihrem Fest sie feiern im Frankenland. Jetzt ist überreich erhoben durch die Gunst, die sie ihr schenkten, überreich an Ehre auch geworden, die Stadt Würzburg.

9.

Sanguinis namque effusione – et hoc loco sepulturae – horum est famosa et – decorata, Triumphantes ergo viros – sanctitate hos tres miros haec et tota recolat – ecelesia [i. e. ecclesia].

9.

Das Vergießen ihres Blutes und ihr Grab an gleicher Stätte sind der Ruhm der Stadt und ihre Zierde. Die drei ehrt die Kirch' von Würzburg und die ganze Kirche Christi, die als Sieger Wunder sind an Heiligkeit.

10.

Isti enim in agone – spe mercedis et coronae – servierunt Trinitati, Cui et nos serviendo, – laudes preces effundendo – eius mirae bonitati.

10.

Noch im Todeskampfe dienten die drei dem dreieinigen Gotte. Lohn erhofften sie und Kronen. Ihm und seiner großen Güte gelten unsre treuen Dienste, Lobgesang und Bitten bietend.

11.

Exoremus donis eius – nos tam bonis – his patronis conbeari – et sociari – in aeterna requie. Amen.

11.

Flehn wir, dass durch seine Gnade wir den guten Schutzpatronen immerdar verbunden bleiben in der ewgen Seligkeit. Amen.

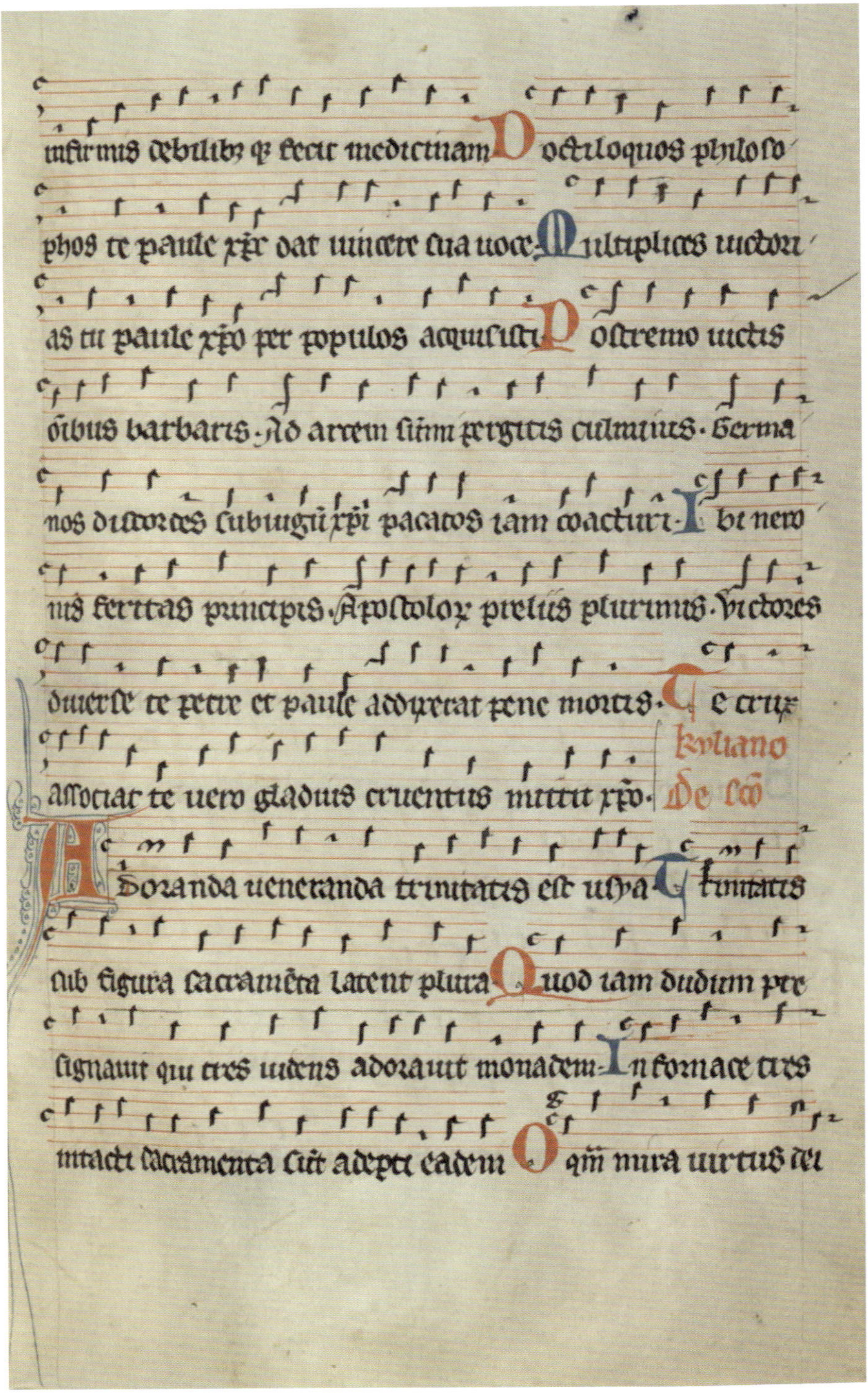

Abb. 1: *Beginn der Kilianssequenz Adoranda veneranda; Universitätsbibliothek Würzburg, M.p.th.f. 165, fol. 160r.*

Die Sequenz setzt in einer Reimfolge das Wirken Kilians und seiner Gefährten Kolonat und Totnan in Beziehung zum biblischen Heilgeschehen und zur göttlichen Dreifaltigkeit. Es werden Beispiele für die Verwendung der Dreizahl im Alten Testament gewählt, um das göttliche Wesen der Dreiheit zu verdeutlichen: Abrahams Bewirtung der drei Männer bei den Eichen von Mamre in Genesis 18, in denen er sofort Gottes Gegenwart erkennt und darum bittet, sie bewirten zu dürfen, woraufhin der Herr ihm und seiner Frau Sara einen Sohn ankündigt; die Rettung der drei jungen Männer im Feuerofen in Daniel 3, die sich dem Befehl Nebukadnezars verweigern, dem Götterbild zu huldigen, und daraufhin unverzüglich in den Feuerofen geworfen werden, der sie jedoch nicht verletzt, sondern ihre Bühne für ein großes Gotteslob ist, und die Weissagung an Saul, drei Männer an der „Tabor-Eiche" zu treffen, 1 Samuel 10,3, die nach Bet-El zu Gott hinaufziehen und Saul mit Gottes Geist erfüllen werden: Alle Geschichten erzählen von einer besonderen Begegnung mit Gott. Die Zahl Drei wird im Alten Testament typischerweise als Maßzahl verwendet, wenn die Rede von mehreren ist. In die Linie der Dreiheit setzt die Sequenz das Wirken Kilians, Kolonats und Totnans, die als Abbild des dreieinigen Gottes als seine Gesandten in Franken gewirkt und auf diese Weise ermächtigt die christliche Lehre und die Dreifaltigkeit verkündet haben. Ihre Standhaftigkeit im Glauben wird auch für den Moment ihres Martyriums noch einmal eigens hervorgehoben, das Würzburg – ganz im Sinne der mittelalterlichen Patronatsfrömmigkeit – geadelt und berühmt gemacht habe.[7] Der Gang von der Heilsgeschichte über das Wirken Kilians, Kolonats und Totnans in Franken mündet in die Bitte der ungebrochenen Verbindung mit den Patronen in ewiger Seligkeit.

„Adoranda veneranda" wird in weiteren Würzburger liturgischen Büchern vor und nach dem Konzil von Trient (1545–1563) zitiert, das der Kirche eine radikale Reduzierung lokaler Ergänzungen durch Sequenzen und Tropen im Ablauf der Messe verordnet hatte. Hier seien das Graduale Herbipolense von 1496, das Georg Reyser gedruckt hat[8], das von Johannes Wolf dem Älteren in Frankfurt gedruckte Graduale Herbipolense Julius Echters von 1583[9] sowie das Missale Herbipolense von 1613[10] genannt. Damit endet die Verwendung der Sequenz in kirchenamtlichen Büchern.

Karp hat den Melodieverlauf der Sequenz in moderne Notenschrift übertragen.[11] Beck hat auf die kraftvolle und eingängige Festlichkeit der Melodie

---

7 Vgl. Hans Thurn, Kat. Nr. 239, in: Kilian. Mönch aus Irland – aller Franken Patron, 689–1989, Würzburg 1989, S. 247f.

8 Universitätsbibliothek Erlangen, Inc 1203, fol. 226r–228r; http://digital.bib-bvb.de/webclient/DeliveryManager?custom_att_2=simple_viewer&pid=4719010 (letzter Zugriff: 31.03.2021); vgl. Helmut Engelhart, Der Buchdruck in Würzburg zur Bibrazeit, in: Enno Bünz / Wolfgang Weiß (Hg.), Bischof Lorenz von Bibra (1495–1519) und seine Zeit. Herrschaft, Kirche und Kultur im Umbruch, Würzburg 2020, S. 367–435.

9 Österreichische Nationalbibliothek Wien, SA.25.Aa.11, fol. 270r–271v; http://data.onb.ac.at/rep/ 1002D72E (letzter Zugriff: 29.03.2021). Dazu und zum Folgenden: Helmut Engelhart, Die liturgischen Drucke für Fürstbischof Julius Echter, Würzburg 2017.

10 Universitätsbibliothek Würzburg, 35/E1.303, S. 525.

11 Theodore Karp, A Serendipitous Encounter with St Kilian, in: Early Music 28 (2000), S. 226–237, bes. S. 234; auch bei Christoph Beck, Adoranda veneranda Trinitatis est usia. Die mittelalterliche Sequenz zu Ehren der Frankenapostel Kilian, Kolonat und Totnan, in: Kirchenmusikalisches Jahrbuch 92 (2008), S. 9–22, bes. S. 21f.

hingewiesen, aber die in weiten Teilen durch häufige Wiederholung von Bausteinen herrschende Eintönigkeit konstatiert.[12]

Die Wiederentdeckung der Kilianssequenz „Adoranda veneranda" wird durch die Wiedergabe auf dem in den 1980er Jahren von Heinrich Gerhard Bücker gefertigten Kiliansschrein dokumentiert sowie durch ihre Einarbeitung ins Oratorium „Der Schrein der Märtyrer" von Berthold Hummel, das im Kiliansjahr 1989 uraufgeführt wurde. Seither wird „Adoranda veneranda" auch regelmäßig beim Hochfest der Frankenapostel in der Domliturgie als Sequenz wieder verwendet und feierlich gesungen.[13]

Im Rahmen der Ausstellung „Elfenbein und Ewigkeit" zum 400-jährigen Jubiläum der Universitätsbibliothek Würzburg[14] wurde die Sequenz „Adoranda veneranda" im Lesesaal Sondersammlungen am 10. Mai 2019 durch den Madrigalchor Würzburg unter der Leitung von Volker Hagemann aufgeführt. Während der gesamten Ausstellung konnte die Sequenz in einer Aufnahme der Schola des Würzburger Domchors an einer Hörstation angehört werden.

2. „Sankt Kilian ein edler Schott"

Für „Sankt Kilian ein edler Schott" gibt es im Unterschied zu „Adoranda veneranda" nur eine Quelle, die bislang in einem einzigen Exemplar in der Schweiz nachgewiesen ist. Es erscheint 1621 in der Liedsammlung „Bell'Vedére oder Herbipolis Wurtzgärtlein", die von Johann Volmar in Würzburg gedruckt wird. Volmar war von 1619 bis zu seinem Tod 1627 als Buchdrucker in Würzburg tätig. Dort war sein erstes Werk ein Druck von Maximilian Sandaeus (van der Sandt), ein holländischer Jesuit, der in Würzburg Philosophie lehrte.[15]

„Bell'Vedére" enthält eine Gruppe von 27 Liedern für die Feiertage nach Pfingsten und eine Gruppe von zehn Liedern zu den christlichen Tugenden. Nur vier Lieder sind vorher schon einmal erschienen. Alle übrigen sind neu. Ungewöhnlich sind zu dieser Zeit lateinische Anmerkungen zu sieben Liedern mit Verweisungen auf die Bibel und ältere und neuere theologische Schriften, darunter auch das Kilianslied. Die Existenz des lateinischen Apparates wird als Hinweis auf die Herausgeberschaft innerhalb jesuitischer Kreise gedeutet.[16]

Es ist zunächst festzuhalten, dass der Druck noch keine Aussage über die Autorenschaft trifft, was in dieser Zeit zwar nicht mehr die Regel, aber auch nicht ganz ungewöhnlich ist. Zu Lebzeiten Spees ist kein einziges Lied unter seinem Namen veröffentlicht worden.[17] Im 19. Jahrhundert haben die Zu-

---

12 Ebd., S. 17.
13 Vgl. https://www.youtube.com/watch?v=O-ExY4Eg6mA (letzter Zugriff: 29.03.2021).
14 Vgl. Elfenbein & Ewigkeit – Schätze aus 400 Jahren Universitätsbibliothek. Kurzführer zur Ausstellung in der Universitätsbibliothek Würzburg, 3. Mai bis 30. Juni 2019, Würzburg 2019.
15 Christoph Reske, Die Buchdrucker des 16. und 17. Jahrhunderts im deutschen Sprachgebiet. Auf der Grundlage des gleichnamigen Werkes von Josef Benzing, Wiesbaden 2015 (2. Aufl.), S. 1116.
16 Friedrich Spee, Die anonymen geistlichen Lieder vor 1623, hg. v. Michael Härting, Berlin 1979, S. 24.
17 Ebd., S. 32.

schreibungen dieser Lieder zu Friedrich Spee begonnen, ohne allerdings zunächst zwingende Gründe dafür nennen zu können.[18] Härting weist auf die Bestimmung dieses Liederbuches für den Katechismusunterricht in Würzburg hin, für den die Jesuiten verantwortlich waren, wenn etwa im Widmungsgedicht von der „Kinderlehr" die Rede ist.[19] Mit seiner Edition der anonymen geistlichen Lieder hat Härting schließlich 1979 auch diese Liedsammlung mit guten Gründen Spee zugeschrieben.

Friedrich Spee von Langenfeld (1591–1635) war ein deutscher Jesuit, der auch als Kirchenlieddichter bekannt geworden ist. 1610 trat er in Trier in den Jesuitenorden ein, legte 1612 in Fulda das erste Gelübde ab und absolvierte anschließend das vorgeschriebene Philosophiestudium in Würzburg, bevor er 1616 nach Speyer geschickt wurde.

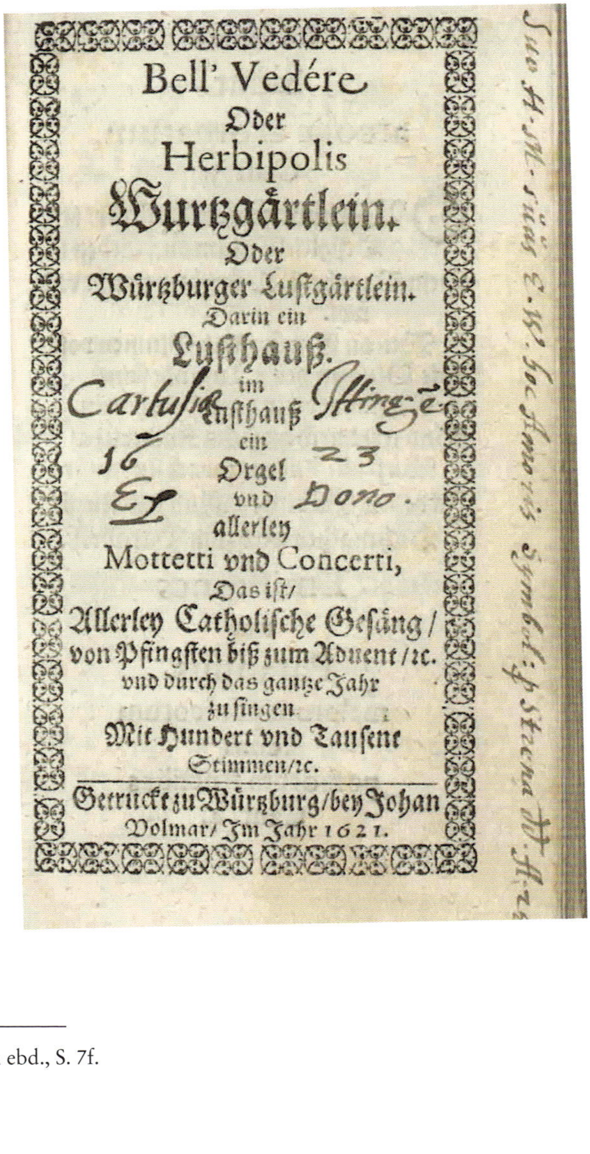
Bell' Vedére
Oder
Herbipolis
Wurtzgärtlein.
Oder
Würtzburger Lustgärtlein.
Darin ein
Lusthauß.
im
Lusthauß
ein
Orgel
vnd
allerley
Motteti vnd Concerti,
Das ist/
Allerley Catholische Gesäng/
von Pfingsten biß zum Advent/ etc.
vnd durch das gantze Jahr
zu singen.
Mit Hundert vnd Tausent
Stimmen/ etc.
Getruckt zu Würtzburg/ bey Johan
Volmar/ Im Jahr 1621.

Abb. 2:
Titelseite von „Bell'Vedére oder Herbipolis Wurtzgärtlein"; Kantonsbibliothek Thurgau Frauenfeld, CL 224.

18 Eine Übersicht dazu findet sich ebd., S. 7f.
19 Ebd., S. 24.

Von 1619 bis 1623 hielt er sich zum Theologiestudium in Mainz auf. Embach bringt die anonyme Herausgabe der Lieder 1621 und später in Verbindung mit einem Publikationsverbot des Ordens vor Abschluss seiner Studien.[20] Zusammen mit Paul Gerhard zählt Spee zu den herausragenden Dichtern des Kirchenliedes während dessen Hochblüte im 17. Jahrhundert. Deutsche Lieder haben auf der katholischen Seite in dieser Zeit ihren Ort in der Katechese, bei Wallfahrten, Predigten oder Andachten.[21] Jesuiten galten als Förderer des Kirchenlieds.[22]

Borgards hat die „deutsche Literaturleistung“ hervorgehoben, die in der Übertragung des lateinischen „Herbipolis“ in „Wurtzgärtlein“ stecke, insofern die „Burg“ in ein „Gärtlein“ umgedeutet werde, was dazu beitrage, ein ganz eigenes Bild von Würzburg zu zeichnen. Die Verwandlung in einen Garten hebe die so betitelte Schrift in ein lyrisches Spiel und strahle auf die enthaltenen Lieder aus.[23] Dieser Band ist inzwischen als Teil- oder Vorabdruck der 1623 bei Peter Brachel erschienenen, aber verschollenen Gesangbuchausgabe identifiziert worden, die van Oorschot rekonstruiert hat.[24] Allerdings findet sich „Sankt Kilian ein edler Schott“ darin nicht mehr.

Der Besitzvermerk „Cartusiae Ittingensi 1623 Ex Dono“ des Exemplars dokumentiert, dass es 1623 oder 1624 in die schweizerische Kartause Ittingen kam, deren Klosterbibliothek 1848 nach Aufhebung der Kartause an die Kantonsbibliothek in Frauenfeld ging.[25] Die Widmung „Suo H. M. suus E. W. hoc Amoris Symbolum pro Strena dedit Anno 24“ weist auf das Neujahr (Strena) hin. Mit „H. M.“ könnte Heinrich Murer (1588–1638) als der prominenteste Ittinger Kartäuser auf dem Titelblatt adressiert worden sein, der 1614 in die Ittinger Kartause eingetreten war und mit seinem Werk „Helvetia Sancta“, einer Sammlung eidgenössischer Heiligenviten, weit über Ittingen hinaus bekannt geworden ist.[26]

---

20 Michael Embach, Art. „Friedrich Spee“, in: Biographisch-Bibliographisches Kirchenlexikon, Bd. 14, Herzberg 1998, Sp. 1497–1506.

21 Hermann Kurzke, Art. „Kirchenlied. II. Textgeschichtlich“, in: Lexikon für Theologie und Kirche (3. Aufl.) 6 (1997), Sp. 23f.

22 Guido Fuchs / Wilhelm Schepping, Art. „Kirchenlied III. Liturgie- und kirchenmusikgeschichtlich“, in: Lexikon für Theologie und Kirche (3. Aufl.) 6 (1997), Sp. 24–27.

23 Roland Borgards, Herbipolis Wurtzgaertlein. Friedrich Spee in Würzburg, in: Dorothea Klein / Franz Fuchs (Hg.), Kulturstadt Würzburg. Kunst, Literatur und Wissenschaft in Spätmittelalter und Früher Neuzeit, Würzburg 2013, S. 345–359, bes. S. 349f.

24 Friedrich Spee, „Ausserlesene, catholische, geistliche Kirchengesäng“. Ein Arbeitsbuch, hg. v. Theo G. M. van Oorschot, Tübingen / Basel 2005, S. 650.

25 In dem um 1620 angelegten Katalog der Ittinger Klosterbibliothek, der bis in die 1640er Jahre fortgeführt wurde und seit seiner Wiederauffindung 1976 in der Stiftsbibliothek St. Gallen aufbewahrt wird, fehlt ein Nachweis: St. Gallen, Stiftsbibliothek, Cod.Sang. 2097; http://dx.doi.org/10.5076/e-codices-csg-2097 (letzter Zugriff: 29.03.2021). Vgl. Margit Früh, Die Ittinger Klosterbibliothek und ihr Förderer Prior Bruno. Zwei Kataloge im Vergleich, in: Sylvain Excoffon / Coralie Zermatten (Hg.), Sammeln, Kopieren, Verbreiten. Zur Buchkultur der Kartäuser gestern und heute, St. Étienne 2018, S. 337–363.

26 Peter Fuchs, Art. „Murer, Heinrich“, in: Neue Deutsche Biographie, Bd. 18, Berlin 1997, Sp. 607f.

Abb. 3:
Beginn des Kilianslieds; Kantonsbibliothek Thurgau Frauenfeld, CL 224, S. 29.

„1. Sankt Kilian, ein edler Schott, der Franken apostolisch Bot, aus Rom vom Papst ins Frankenland, der erste Bischof ward gesandt. Der ist, o Würzburg, edle Stadt, der dir gebracht den Glauben hat. Die Sonn hat dir das Licht gebracht, das Licht gebracht. Das Licht hat dir ein' Schein gemacht.

2. Daß du jetzt bist ein Paradeis, Sankt Kilian sag Dank und Preis. Er hat gemacht ganz Franken frei vom Unkraut der Abgötterei. Er hat gesäet von Ort zu Ort den guten Samen, Gottes Wort. Daraus alsbald gewachsen ist, gewachsen ist *Gosbert,* der Fürst, ein neuer Christ.

3. Daß nun der Lustgart wüchse sehr und daß der Blumen würden mehr, goß er darauf ein' Regen gut, sein teures und heiliges Blut. Und daß der Lustgart' sicher blieb, blieb er darin aus lauter Lieb. Zu Würzburg liegt sein Leib im Grab, sein Leib im Grab, und hält die Feind vom Garten ab.

4. Sein Seel auch über Sonn und Mon' glänzt in dem Himmel wunderschon. Ein' Sonnenschein vom Himmel send und diesen Schein zum Garten wend. Ein solche *influenz* und Kraft sehr großen Nutz im Garten schafft. Der Gart' dadurch wird blumenvoll, wird blumenvoll, und alle Frücht geraten wohl.

5. O Würzgart'! Wegen deiner Frucht Sankt Kilian dich viel besucht. Ein Kränzle du ihm geben hast, das er noch trägt, in Gold gefaßt. Das hast du, *Geila,* zugericht', weil er dein Sünd wollt leiden nicht, o Marterkron, o teurer Kranz, o teurer Kranz! O Kron! O Kranz! O Zier! O Glanz!

6. Wohlan, komm her, du edler Frank. Sankt Kilian sag Lob und Dank. Und du, apostolischer Mann, Bischof, Mart'er, Sankt Kilian, laß dir die edlen Franken dein von Herzen angelegen sein. Den Garten fort beschützen tu, beschützen tu, und laß kein wildes Tier hinzu."[27]

Spee überträgt die Kilianslegende in das Gartenmotiv und deutet Kilians Missionstätigkeit als die eines guten Gärtners, der das Unkraut der Abgötterei beseitigt und die Blumen im Lustgarten mit seinem heiligen Blut gegossen hat. Sein Märtyrergrab schützt fortan den „Würzgarten" Würzburg vor den Feinden und wilden Tieren. Die Bedeutung des lyrischen Gartens als poetischen oder religiösen Refugiums war zur Zeit Spees als Topos geistlicher Erbauungsliteratur längst etabliert, so bereits am Ende des 15. Jahrhunderts im „Ortulus anime" als „Wurtz gart der sel" oder „der selen wurtzgarten". Spee hat „Herbipolis" in den „Wurtzgarten" als Quelle geistlicher Erbauung umgedeutet.

In der lateinischen Anmerkung nennt Spee ergänzend Etappen der Kiliansvita: die Bischofsernennung Kilians, die Taufe Gosberts, der Befehl Geilas zur Tötung Kilians während der Abwesenheit Gosberts und ihr Ende in der Unterwelt, und gibt dort auch seine Quellen an.[28]

Ein reges Echo hat die Verwendung mundartlicher Diminutivformen wie des angehängten „-le", hier im „Kränzle" in der fünften Strophe, gefunden.[29] Härting weist darauf hin, dass Spee fränkisch-würzburgische Idiome auch in der Trutznachtigall verwendet und wertet darum die mundartlichen Sonderformen nicht als Argument gegen eine Autorenschaft des im Rheinland geborenen Spee.[30] Miesen bemerkt dazu: „Friedrich Spee pflückt die Mundart, wo er sie trifft."[31]

Die Erfahrung Spees, die Heimat für seine Glaubensreise im Jesuitenorden zu verlassen, ist in Verbindung mit seiner Darstellung der Peregrinatio Kilians gebracht worden.[32] Hinweise für eine solche Vermutung lassen sich allerdings kaum finden.

---

27 Deutscher Kirchengesang in der Neuzeit. Eine Gesangbuchanthologie, hg. von Gustav Adolf Krieg, Berlin 2013, S. 146f.

28 „KILIANVS. Nobilis hibernus &c. in Orientalem Franciam venit &c. ibi in oppido *Würtzburg* moratur, pro gentis salute, & Christi gloria paratus mori. Cum Romam ijsset, inde à Pontifice creatus Episcopus Herbipolim remissus, Gosbertum Franconiae Ducem conuertit ad Christum; quem à Geila fratris sui quondam vxore cum abstraheret, Geila re cognita, Duce absente, sanctum iussit mactari. Burgunda corpus sepelit piè. Geilam daemon arripit, rapitque in tartara, &c. Vide Lippeloo. 8. Iulij, ex Surio, & Baronio": Zacharias Lippeloo, Vitae Sanctorum; Laurentius Surius, De probatis Sanctorum historiis, und Caesar Baronius, Annales Ecclesiastici. In der Edition von van Oorschot: Spee, Kirchengesäng (wie Anm. 24), S. 49.

29 Paul-Werner Scheele, Begnadete Kunst. Sprache und Kunst im Licht des Glaubens, Würzburg 1986, S. 146.

30 Spee, Die anonymen geistlichen Lieder (wie Anm. 16), S. 33.

31 Karl-Jürgen Miesen, Friedrich Spee. Pater, Dichter, Hexen-Anwalt, Düsseldorf 1987, S. 61.

32 Miesen, ebd., S. 64 spricht von „uralt[n] Saiten der Sehnsucht aus der Kindheit", die die Kiliansvita bei Spee zum Klingen gebracht habe. Diese Beobachtung hat auch Dengel aufgegriffen: Günter Dengel, Friedrich Spee von Langenfeld und Würzburg, in: Würzburger Diözesangeschichtsblätter 64 (2002), S. 283–366, bes. S. 319.

Die Herkunft der Melodie ist nicht bekannt. Scheele hat die Parallelen von „Sankt Kilian ein edler Schott" zum 1625 erschienenen Kilianslied „Wir rufen an den teuern Mann" herausgearbeitet[33], das im Unterschied zu „Sankt Kilian ein edler Schott" bis heute einen festen Platz im Liedrepertoir der Würzburger Gesangbücher behauptet. Am deutlichsten ist dabei die fast wörtliche Übereinstimmung in der letzten Strophe: „Lass dir die edlen Franken dein von Herzen anbefohlen sein". Die Melodie von „Wir rufen an den teuern Mann" findet sich im „Bell'Vedére" von 1621 beim Lied „O unüberwindlicher Held".

Entgegen der lebendigen Nachwirkung vieler Kirchenlieder Spees in katholischen Gesangbüchern[34] ist es bis zur Edition Härtings 1979 still geworden um „Sankt Kilian ein edler Schott", das nach seinem Erscheinen nicht wieder gedruckt worden ist. Krieg hielt es gleichwohl 2013 für wert, es in seine Liedsammlung in der Rubrik der Jesuitengesangbücher der Spee-Ära aufzunehmen.[35] Für ihn ist dabei die magisch anmutende Beschwörung der Gegenwart des Heiligen bemerkenswert und Ausdruck einer spezifisch gegenreformatorischen Geisteshaltung, die sich in der Verwendung des Begriffs der Influenz in der vierten Strophe ausdrücke.[36] Anders wird dies von van Oorschot beurteilt, der Spee weit davon entfernt sieht, magisches Gedankengut einzuflechten, und vielmehr eine „ursprüngliche" Wortbedeutung annimmt, die gerade keine Einsprengsel mit magischer Deutungsabsicht kenne.[37]

3. Vergleich

„Adoranda veneranda" und „Sankt Kilian ein edler Schott" stammen aus weit voneinander entfernt liegenden Epochen. Ihnen ist die Kiliansthematik gemeinsam, die sie über verschiedene theologische Begriffsinstrumentarien entfalten.

„Adoranda veneranda" beginnt mit der getragenen Aufforderung zur Anbetung und Verehrung, die mit alttestamentlichen Bezügen trinitarischer Motive untermauert wird. Wie es sich bereits in der Titelzeile ausdrückt, ist für Johannes Gallicus das Trinitätsmotiv zentral, das er auf Kilian, Kolonat und Totnan anwendet. Ihre Missionstätigkeit und ihr Märtyrertod werden christologisch auf das durch Christi Tod gesegnete Kreuz konkretisiert, das die Schatten vertrieben hat, und damit auf ein hohes theologisches Niveau gehoben. „Adoranda veneranda" schließt mit einem großen Bogen zur Aufforderung zu Lob und Verehrung an alle Franken und Würzburger und spannt so auf elegante Weise den Bogen zum Eingangsvers.

---

33 Scheele, Begnadete Kunst (wie Anm. 29), S. 145.

34 Dazu Bernhard Schneider, Die Wirkungsgeschichte der Lieder Friedrich Spees in katholischen Gesangbüchern vom Barock bis zur Gegenwart, in: Gunther Franz (Hg.), Friedrich Spee zum 400. Geburtstag, Paderborn 1995, S. 265–348, bes. S. 269f.

35 Krieg, Deutscher Kirchengesang (wie Anm. 27), S. 146f.

36 Ebd., S. 853.

37 Spee, Kirchengesäng (wie Anm. 24), S. 49.

Spee erwähnt die zwei Gefährten Kilians nur in den lateinischen Anmerkungen und dort lediglich als „&c[omites]“, womit er sie namentlich komplett vernachlässigt. „Sankt Kilian ein edler Schott“ nimmt insofern eine Deutungsverschiebung von der Trinitätsthematik hin zu Kilians Funktion als sittlichem Vorbild vor. Kilian gebühre für seinen Märtyrertod Dankbarkeit, die der Franke dafür aufzubringen habe, dass Würzburg durch ihn in den Genuss des rechten Glaubens gekommen sei. Im Appell zum Dank liegt eine wesentliche Bedeutungsspitze des Kiliansliedes, indem es die Gemeinde in den Dank Kilians, ins Paradies eingegangen zu sein, einbindet und dessen Vorbildcharakter unmittelbar anwendet.[38] Theologischer Kern der „Gärtnerarbeit“ Kilians sind die Weitergabe von Gottes Wort und das Martyrium.

Johannes Gallicus sind die näheren Umstände des Märtyrertodes, die die Legende in der Agitation Geilas verortet, gleichgültig. Er erwähnt sie nicht. Für ihn ist nur die Tatsache des Martyriums bedeutend. Lediglich bei Spee taucht die Begebenheit stichpunktartig in der Nennung Gosberts in der zweiten und Geilas in der fünften Strophe sowie in der lateinischen Anmerkung auf.

Es lässt sich festhalten, dass Johannes Gallicus den größeren, weil heilsgeschichtlich und christologisch ausgerichteten, theologischen Bogen spannt als Spee, der wiederum einen konkreten Adressatenkreis in der Kinder- und Gemeindekatechese anspricht.

---

[38] Andrea Rösler, Vom Gotteslob zum Gottesdank. Bedeutungswandel in der Lyrik von Friedrich Spee zu Joseph von Eichendorff und Annette von Droste-Hülshoff, Paderborn u. a. 1997, S. 88f.

Lars Kagge in Würzburg

Überlegungen zum Bildnis eines Offiziers aus der Zeit des Dreißigjährigen Krieges im Museum für Franken

Hans-Wolfgang Bergerhausen

Das Museum für Franken in Würzburg besitzt das Bildnis eines Mannes aus der Zeit des Dreißigjährigen Krieges[1] (Abb. 1), das bis heute viele Rätsel aufgibt: Wer war dieser Mann? Welcher Armee gehörte er an? Welchen Rang nahm er ein? Welchen Bezug hatte er zu Würzburg?

Auf den ersten Blick scheinen diese Fragen allesamt leicht beantwortbar zu sein. Denn auf dem Gemälde selbst sind ein Name und die vermeintliche Funktion seines Trägers notiert: „Iacob Bauer von Eiseneck[,] General von Würzb:[urg] und Baiern". Der Dargestellte wäre, glauben wir dieser Aufschrift, also Jakob Baur[!] von Eyseneck. Dieser war 1581 in Frankfurt geboren worden und durch Vermittlung seines nach Würzburg abgewanderten älteren Bruders Christian in würzburgische Dienste gekommen. General ist er allerdings entgegen der Aufschrift nie geworden. Er war vielmehr Obrist eines Infanterieregiments, das der Würzburger Fürstbischof Johann Gottfried von Aschhausen als Mitglied der Liga 1619 aufstellen ließ. Dieses Regiment wurde zunächst zur Sicherung Frankens gegen Böhmen eingesetzt, das sich damals im Aufstand gegen die habsburgische Herrschaft befand; dann rückte es, vereint mit der Hauptarmee der Liga unter Tilly, in das benachbarte Königreich ein und nahm am 8. November 1620 an der siegreichen Schlacht am Weißen Berg teil. Doch schon einige Monate später, nämlich am 16. Juli 1621, fiel Jakob Baur von Eyseneck bei einem Scharmützel der Ligatruppen mit dem protestantischen Söldnerführer Ernst von Mansfeld nahe Waidhaus. Er wurde im Kreuzgang des Würzburger Doms bestattet. Sein Bruder Christian Baur von Eyseneck gen. Agricola, der es inzwischen bis zum Würzburger Bürgermeister gebracht hatte, ließ ihm dort ein Grabdenkmal errichten, das wohl von dem Bildhauer Michael Kern geschaffen wurde.[2]

---

1 Museum für Franken, Inv.-Nr. H.33086; das Bildnis wird zur Zeit gezeigt in Raum 22, stadtgeschichtliche Sammlung; für anregende Gespräche zum Thema danke ich Frau Dr. Ellen Christoforatou, Frau Dr. Claudia Lichte, Frau Dr. Renate Schindler und Herrn Dr. Helge Zöller.

2 Arthur Bechtold, Jakob Baur von Eyseneck, in: Frankenkalender 48 (1935), S. 57–61; Winfried Romberg (Bearb.), Das Bistum Würzburg 7: Die Würzburger Bischöfe 1617–1684 (Germania Sacra, Dritte Folge 4: Die Bistümer der Kirchenprovinz Mainz), Berlin/New York 2011, S. 73–82, bes. S. 77 u. 79; vgl. ebd., S. 101f.; Stefan Kummer, Architektur und bildende Kunst von den Anfängen der Renaissance bis zum Ausgang des Barocks, in: Ulrich Wagner (Hg.), Geschichte der Stadt Würzburg, Bd. II: Vom Bauernkrieg 1525 bis zum Übergang an das Königreich Bayern 1814, Stuttgart 2004, S. 576–678, bes. S. 609f. (mit einer Abbildung des Grabmals).

Abb. 1: *Porträt eines schwedischen Offiziers, Ölgemälde eines unbekannten Malers; Museum für Franken in Würzburg, Inventarnr. H.33086.*

Schon 1935 hat der Arzt und Privatgelehrte Arthur Bechtold allerdings gezeigt, dass die Zuschreibung des Gemäldes irrig ist. Die Aufschrift, die den Dargestellten als Jakob Baur von Eyseneck benennt, ist ihm zufolge erst lange nach Fertigung des Bildes angebracht worden, und zwar durch den aufgeklärten katholischen Würzburger Theologen Franz Oberthür, der um die Wende vom 18. zum 19. Jahrhundert umfangreiche Sammlungen zur Geschichte und Kultur Frankens anlegte. Sie besagt einiges über den Lokalpatriotismus des Sammlers und wohl auch über die örtliche Tradition, jedoch nichts über die abgebildete Person. Denn auch dies hat Bechtold nachgewiesen, dass die Tracht, die sie anhat, weder in die Zeit um 1620 passt noch von den Ligatruppen oder den Kaiserlichen getragen wurde. Ferner hat er dargelegt, dass die Physiognomie des Porträtierten nicht mit sonstigen beglaubigten Bildnissen des Jakob Baur von Eyseneck übereinstimmt. Schließlich hat er noch den wichtigen Hinweis gegeben, dass es sich vielleicht um einen schwedischen Offizier etwa aus der Zeit zwischen 1628 und 1635 handeln könne – ein Hinweis, dem jedoch nicht weiter nachgegangen wurde.[3]

Betrachten wir, ausgestattet mit diesen Vorinformationen, zunächst noch einmal genauer das Bildnis selbst.

Das Gemälde ist 216 cm hoch und 118 cm breit. Es ist mit Ölfarbe auf Leinwand gemalt. Es ist anscheinend unfertig geblieben. Zwar ist der Fußboden, auf dem der Mann steht, noch exakt ausgearbeitet; er zeigt im Wechsel diagonal liegende, bräunlich-gelbe und ganz dunkelblaue Fliesen, sodass ein Eindruck räumlicher Tiefe entsteht. Aber der Hintergrund ist nicht mehr vollständig ausgeführt. Von links oben fällt ein leicht geschwungener, offenbar ebenfalls dunkelblauer Vorhang schräg herab, der an den Umschlagkanten bei genauerem Hinsehen gelbe Borten erkennen lässt. Auf der rechten Seite indes ist der Hintergrund nicht mehr ausgemalt worden, dort befindet sich lediglich eine leere dunkle Fläche, die mutmaßlich mit einer Festungs- oder Stadtansicht gefüllt werden sollte, wie man es von vielen Porträts hochrangiger Offiziere des Dreißigjährigen Krieges her kennt. Es fehlt die Signatur des Malers. Die Leinwand ist ungefähr in halber Höhe durch einen waagerechten Riss beschädigt.

Dargestellt ist ein Mann als lebensgroße Ganzfigur im Dreiviertelprofil. Leicht breitbeinig und in offener Körperhaltung dastehend, blickt er seinem Betrachter selbstbewusst entgegen. Seine rechte Hand stützt er auf einen hellbraunen hüftlangen hölzernen Stock, der einen goldfarbenen Knauf und eine metallene Spitze hat; der Arm ist leicht abgewinkelt. Seine linke Hand ruht auf einem Helm. Dessen Form lässt sich nicht mehr eindeutig bestimmen, weil er fast schwarz ist und sich gegen den dunklen Hintergrund kaum abhebt. Deshalb ist auch nicht auszumachen, ob das Visier des Helms hochgeklappt ist

---

3 Bechtold, Baur (wie Anm. 2); zu Bechtold vgl. Landesarchiv Baden-Württemberg [online], URL: https://www.leo-bw.de/web/guest/detail/-/Detail/details/PERSON/kgl_biographien119371375/biografie (letzter Zugriff: 04.12.2020); zu Oberthür vgl. Otto Volk (Hg.), Professor Franz Oberthür. Persönlichkeit und Werk (Quellen und Beiträge zur Geschichte der Universität Würzburg 2), Neustadt a. d. Aisch 1966; Wolfgang Weiß, Kirche im Umbruch der Säkularisation. Die Diözese Würzburg in der ersten bayerischen Zeit (1802/1803–1806) (Quellen und Forschungen zur Geschichte des Bistums und Hochstifts Würzburg 44), Würzburg 1993, S. 24ff.

oder ob der Maler es noch nicht komplett ausgeführt hat. Der Helm ist mit einem Hals- und Nackenschutz aus Kettengeflecht ausgestattet. Lediglich in das Kettengeflecht eingearbeitete goldgelbe Ringe geben ihm einige Konturen; er hat keine praktische, sondern nurmehr symbolische Bedeutung als Wappenhelm. Der Tisch, auf dem der Helm liegt, verschwindet ganz unter einer vorhangartig herabfallenden roten Decke, die mit einer goldbraunen Bordüre umsäumt ist. Ebenso wie die ganzfigurige Darstellung verweisen bereits diese Beigaben – Stock, Helm, rote Decke, aufgeschlagener Vorhang im Hintergrund – als Würdeprädikate darauf, dass wir es mit einer hochgestellten Persönlichkeit zu tun haben.

Bekleidet ist der Mann mit einer bis über die Hüften reichenden, längs geriffelten gelben Jacke.[4] Sie ist aus zwei Teilen zusammengesetzt. Im Brustbereich liegt sie knapp wie ein Wams an; in der hoch angesetzten Taille ist ein geschlossener, die Hüften vollständig bedeckender, bis an die Oberschenkel reichender Schoß angenäht, der sich glockenförmig weitet. Zierartig herabhängende Nesteln verdecken die Verschlussleiste der Jacke. Sie hat einen typischen kleinen Stehkragen. Jeder ihrer Ärmel ist mit einem weit aufspringenden Längsschnitt geschlitzt, der den Blick auf ein weißes Hemd freigibt. Über Kragen und Schultern sind überaus kunstvoll gezeichnete weiße Spitzen gelegt, die bis über den Armansatz fallen. Auch die Manschetten des Hemdes haben am rechten Arm Spitzen, die mehrlagig gefächert sind. Während die rechte Hand bloß ist, steckt die linke in einem chamoisfarbenen Handschuh mit einer auffallend breiten, trichterförmigen, die Manschetten des Hemdes ganz bedeckenden, ebenfalls geriffelten Stulpe, die in gekrausten Fransen ausläuft. Auch dieser Handschuh hatte keine Schutzfunktion, sondern war Standeszeichen. Die röhrenartigen, sich nach unten verengenden gelben Hosenbeine sind wie die Jacke längs gestreift. Sie reichen über die Knie bis zu den Waden. Sie stecken in gelbbraunen, becherförmigen Stulpenstiefeln. Die Schäfte dieser Stiefel sind umgeschlagen und laufen nach vorne leicht spitz zu; sie wurden anlassbezogen, etwa bei einem militärischen Einsatz, hochgezogen. Über die umgeschlagenen Schäfte sind detailreich gezeichnete weiße Spitzenmanschetten gelegt, die meist an Gamaschen bzw. Wadenüberstrümpfe, sogenannte Canons, angenäht waren. Die Stiefel sind an der vorderen Kappe eckig zugeschnitten. Sie haben leicht abgeschrägte hohe Absätze. An den Stiefeln sind goldglänzende Sporen befestigt; als deren Halterungen dienen die über den Spann der Stiefel geschnallten Spornleder, die relativ breit gearbeitet sind. Sicher erklärt sich die etwas unbequeme Beinhaltung des Mannes dadurch, dass gerade auch die Absätze und die Sporen, die als Attribute der höheren Stände wie auch als Symbole für adlige Herkunft und für das Kriegshandwerk gelesen werden können, akzentuiert

[4] Zu den im Folgenden genannten Details der Bekleidung und ihrer zeitlichen und sachlichen Zuordnung vgl. Max von Boehn, Die Mode, Bd. 1: Eine Kulturgeschichte vom Mittelalter bis zum Barock, München 1986 (3. Aufl.), S. 285ff., bes. S. 287 u. 291; Harald Brost, Kunst und Mode. Eine Kulturgeschichte vom Altertum bis heute, Stuttgart u.a. 1984, S. 99ff., 107ff. u. 113; Ingrid Loschek, Reclams Mode- und Kostümlexikon, Stuttgart 2011 (6., erweiterte und aktualisierte Aufl., bearb. von Gundula Wolter), hier die Einführung, bes. S. 33–49; für mode- und kunsthistorische Beratung danke ich einmal mehr Frau Renate Völkel.

werden sollten.[5] An der linken Hüfte des Mannes steckt in einem goldgelben Gehänge ein korbloser Degen, von dem lediglich der wuchtige goldgelbe Griff mit Knauf und die eine, nach oben gebogene Seite der Parierstange sichtbar sind, während die typischerweise nach unten gebogene andere Seite der Parierstange und die Klinge hinter seinem Bein verschwinden. Rechtwinklig an die Parierstange angesetzt ist ein einfacher Parierring.[6]

Gelb ist mithin der vorherrschende Farbton der Bekleidung und Ausstattung des Mannes, und das Bildnis ist ganz darauf angelegt, dies deutlich zu betonen. Nur mit zwei Attributen wird diese Farbigkeit durchbrochen: zum einen mit der Schärpe, die der Mann wie eine Leibbinde um seinen Bauch geschlungen hat, und zum anderen mit seinem rechten Ärmelaufschlag. Die Schärpe, die mit zartgelben Spitzen durchsetzt ist, ist dunkelblau. Auch die Spitzen seiner rechten Ärmelmanschette sind mit einem winkelförmigen Tuch unterlegt, das dunkelblau ist. Bechtold mutmaßte, dass die Schärpe ursprünglich grün gewesen sein müsse; er nahm an, dass sich aus der durch Mischung von Gelb und Blau gewonnenen Farbe Grün die gelben Anteile inzwischen so weit verflüchtigt hätten, dass der Blauton wieder dominierend hervorgetreten sei. Diese Deutung beruht jedoch auf der irrigen Meinung, die Feldbinden, die die schwedischen Soldaten als Kennzeichen in der Schlacht getragen hätten, seien durchweg grün gewesen.[7] Bechtold wusste nicht (und konnte es nach damaligem Forschungsstand wohl auch nicht wissen), dass die schwedischen Truppen in Regimenter von jeweils unterschiedlichen Farben gegliedert waren. Davon wird gleich noch näher zu handeln sein. Wir dürfen bei der Interpretation des Bildes also zunächst einmal vom heutigen Sichtbefund ausgehen, und der ist bei der Schärpe, wie gesagt, eher blau. Jedenfalls hat auch die Farbgebung der Schärpe einen ausgesprochen deiktischen Charakter. Sie gibt uns, wie noch zu zeigen sein wird, einen weiteren wichtigen Hinweis auf die Person des Dargestellten und ihre Funktion und ist darüber hinaus für die Datierung des Bildes bedeutsam.

Die mittelbraunen, ins Rötliche spielenden Haare des Mannes fallen frei bis über den Kragen auf die Schultern, wie es mit dem Aufkommen des liegenden Spitzenwerks anstelle der Halskrause bei den höheren Ständen wieder möglich geworden war. Sie sind gewellt. Sie sind fransenartig in die Stirn gelegt. Es ist kein Scheitel gezogen. Die Ohren sind verdeckt. Wer sich ein kriegerisches Aussehen geben wollte, der trug sein Haar bewusst lässig, und so ist es auch

---

[5] Vgl. Loschek, Reclams Mode- und Kostümlexikon (wie Anm. 4), hier (in der Reihenfolge der Nennung im Text) die Artikel Jacke (S. 282f.), Wams (S. 505ff.), Nestel (386), Kragen (342ff.), Hemd (S. 262ff.), Spitze (S. 454ff.), Manschette (S. 361ff.), Handschuh (S. 243f.), Stulpe (S. 478), Hose (S. 270ff.), Fußbekleidung (S. 202ff.), Gamasche (S. 217f.), Canon (S. 141), Absatz (S. 96), Spornleder (S. 455); ferner Ingrid Loschek, Accessoires. Symbolik und Geschichte, München 1993, bes. S. 36 u. 38 für Absatz u. Absatzschuh, S. 86 für Handschuh u. Manschetten; zur Fußbekleidung auch Brost, Kunst und Mode (wie Anm. 4), S. 117; zur Form des Wamses ferner Erika Thiel, Geschichte der Mode. Von den Anfängen bis zur Gegenwart, Augsburg 1990 (7. Aufl.), S. 212.

[6] Vgl. Peter Engerisser, Von Kronach nach Nördlingen. Der Dreißigjährige Krieg in Franken, Schwaben und der Oberpfalz 1631–1635, Weißenstadt 2007 (2. Aufl.), S. 567–574 mit Abb. 92 u. 94.

[7] Bechtold, Jakob Baur (wie Anm. 2), S. 57; zur Schärpe vgl. auch Loschek, Reclams Mode- und Kostümlexikon (wie Anm. 4), „Schärpe“, S. 436; Brost, Kunst und Mode (wie Anm. 4), S. 113.

hier. Je länger indes das Haupthaar, desto kleiner wurde der Bart. Dementsprechend ist der spitze Kinnbart kurz und schmal wiedergegeben und lässt in dem Dreieck, das er bildet, eine sogenannte Kinnfliege erkennen; auch der Oberlippenbart ist schmal zugeschnitten; seine Spitzen ragen kaum noch über die Mundwinkel hinaus.[8] König Gustav Adolf hatte das Haupthaar noch kurz und den Knebelbart wesentlich voluminöser und mithin „altmodischer" getragen[9] (Abb. 2).

Markant sind die breite lange Hakennase des Mannes und die dunklen Knopfaugen unter schmalen, scharfen Brauen sowie die Ansätze zu einer aufsteigenden Stirnfalte (Glabellafalte). Sein Gesicht ist blass-rötlich.

Insgesamt weisen sowohl die Bekleidung als auch die Haar- und Barttracht des Porträtierten zahlreiche Elemente auf, die, zumal in ihrer Zusammenstellung, nach 1630 modern wurden. In dieser Zeit also hat man sich, wie es Bechtold bereits nahelegte, umzusehen, wenn man die Person identifizieren will. Ferner begrenzen die Attribute von Rang, Macht und Kriegshandwerk, die ihr beigelegt sind, den Suchradius erheblich. Denn die Kleidung, die der Mann trug, tendierte bei allen modischen Details im Einzelnen doch vor allem zur Wehrbekleidung hin. Wenn seine Gestalt auf den heutigen Betrachter unproportioniert wirkt, so erklärt sich das von daher, dass die Bekleidung mit ihrem dick auftragenden Stoff und ihren Signalfarben eben primär nach militärischen Bedürfnissen gestaltet war. Seine Jacke war im oberen Bereich eng anliegend, damit ein Brustharnisch oder ein Lederkoller darüber angelegt werden konnte; sie war im unteren Teil weit, damit sie beim Reiten nicht behinderte; sie erinnert vom Schnitt her insofern eher an eine Joppe.[10] Dementsprechend war ferner die Seitenwehr, die der Mann bei sich führte, mehr Waffe als höfisches Zierstück; ihre sichtbaren Teile passen zu einem auch „schwedisches Schwert" genannten niederländischen Felddegen.[11] Die Stiefel mit Sporen kennzeichneten in ihrer robusten Machart ebenfalls weniger den Kavalier als den einsatzbereiten Offizier. Der Stock war nach der ganzen Haltung, die der Porträtierte einnahm, nicht Stütze, sondern Funktionszeichen wie ein Kommando- oder Regimentsstab.[12] Ausgangspunkt der weiteren Erörterungen muss mithin zunächst einmal die fast überdeutlich betonte Farbgebung des Porträts sein, und zwar nach allem bisher Gesagten in militärischen Zusammenhängen und dort auf der Führungsebene.

---

[8] Loschek, Reclams Mode- und Kostümlexikon (wie Anm. 4), Art. „Bart", S. 118ff., Art. „Haarmode", S. 231ff., bes. S. 234, Art. „Halskrause", S. 242f., Art. „Stirnfransen", S. 458; Boehn, Die Mode (wie Anm. 4), S. 297; Brost, Kunst und Mode (wie Anm. 4), S. 113; Thiel, Geschichte der Mode (wie Anm. 5), S. 214; unser Mann trägt keinen seitlichen Zopf, wie Bechtold, Jakob Baur (wie Anm. 2), S. 57, behauptet.

[9] Astrid Heyde, Kunstpolitik und Propaganda im Dienste des Großmachtstrebens. Die Auswirkungen der Gustaf-Adolfinischen „Repraesentatio Maiestatis" auf Schweden und Deutschland bis zum Ende des Nordischen Krieges, in: Klaus Bußmann / Heinz Schilling (Hg.), 1648. Krieg und Frieden in Europa, Textband II: Kunst und Kultur, Münster 1998, S. 105–111; vgl. Loschek, Reclams Mode- und Kostümlexikon (wie Anm. 4), Art. „Knebelbart", S. 317.

[10] Zum Lederkoller vgl. Boehn, Die Mode (wie Anm. 4), S. 287; Thiel, Geschichte der Mode (wie Anm. 5), S. 210f.; ferner Loschek, Reclams Mode- und Kostümlexikon (wie Anm. 4), Art. „Joppe", S. 287f., Art. „Stoff", S. 458ff.

[11] Engerisser, Kronach (wie Anm. 6), S. 574.

[12] Vgl. auch Loschek, Reclams Mode- und Kostümlexikon, Art. „Spazierstock" (sic!), S. 451.

Abb. 2: *Porträt des schwedischen Königs Gustav II. Adolf, Rötelzeichnung von Lorenz Strauch, 1632; Museum für Franken in Würzburg, Inventarnr. Lg.60398.*

Zu Beginn des Dreißigjährigen Krieges gab es noch kaum Ansätze dazu, die Kleidung der Söldner zu vereinheitlichen, und in seinem späteren Verlauf fehlten den kriegführenden Parteien schlichtweg die Mittel dazu. Den Söldnern blieb es meist selbst überlassen, wie sie sich kleideten. Man bediente sich nur einfachster Mittel, um wenigstens die Zugehörigkeit von Regimentern zu kennzeichnen. Eine Möglichkeit dazu war die Verwendung farblicher Elemente. Doch beschränkten sich diese Farbgebungen wohl auf Regimentsfahnen, auf Schärpen für die Offiziere und auf Feldbinden für die einfachen Soldaten. Die Regimenter des protestantischen Söldnerführers Ernst von Mansfeld fielen um 1620/21 dadurch auf, dass sie nach Farben unterteilt waren, darunter auch gelb, blau und grün. Mansfeld starb aber bereits 1626, und seine inzwischen ohnehin völlig verwahrloste Armee zerfiel.[13]

Regelrechtes Aufsehen erregte dann erst wieder die Ausstaffierung der schwedischen Truppen, als sie auf dem deutschen Kriegsschauplatz erschienen.[14] Nach 1621 nämlich war König Gustav Adolf von Schweden dazu übergegangen, die Bekleidung seiner Söldner stärker zu regulieren und zu diesem Zweck seit 1626 auch die Stoffherstellung in seinem Reich zu fördern. Die militärische Kleidung begann sich bei den Schweden seither deutlich von der Kleidung der Bauern zu unterscheiden. Insbesondere griff der König nun ebenfalls auf das Verfahren zurück, Regimenter nach Farben zu unterscheiden. Vier schon länger bestehende ältere Infanterieregimenter bekamen die Farben gelb, blau, rot und grün zugeteilt (neue farbige Regimenter, die ab 1629 aufgestellt wurden, brauchen hier nicht weiter zu interessieren). Dabei beschränkte sich der König allerdings nicht mehr auf Flaggen und Feldbinden; vielmehr erhielten die Söldner und die (Zwangs-)Rekrutierten einfache Stoffe in festgelegten Mengen aus der königlichen Kleiderkammer, aus denen sie eine Jacke und, falls das zugeteilte Material ausreichte, auch eine Hose in ihrer Regimentsfarbe fertigen lassen sollten. Gustav Adolf ging damit hinsichtlich der Ausstattung seiner Männer weiter als alle anderen Armeeführer des Dreißigjährigen Krieges. Seine Offiziere besorgten sich auf eigene Kosten hochwertigere farbgleiche Tuche und setzten sich insofern durch die Qualität ihrer Kleidung deutlich von den Mannschaften ab. Zumindest in den vorderen Reihen waren die schwedischen Truppenteile einheitlich gekleidet.[15] Auf die Zeitgenossen machte dies großen Eindruck, eben weil es beispiellos war. Soweit bei großen Truppenansammlungen vor einer Schlacht ein zusätzliches einheitliches Erkennungszeichen für die zusammengezogenen schwedischen Regimenter insgesamt für nötig gehalten wurde, war es in der Regel ein blaues Band, das zumeist am Hut befestigt wurde.[16] Festzuhalten ist aber auch, dass dieses System der Heeresausstattung

---

[13] Engerisser, Kronach (wie Anm. 6), S. 538–543; Geoffrey Parker, Der Dreissigjährige Krieg, Frankfurt/New York 1987, S. 280ff.; Richard Brzezinski, The Army of Gustavus Adolphus, 1: Infantry (Men at Arms Series 235), London 1991, S. 11f.; die deutschsprachige Übersetzung dieser Studie ist leider wegen zahlreicher Übersetzungsfehler für wissenschaftliche Zwecke unbrauchbar: Richard Brzezinski/Richard Hook, Die Armee Gustav Adolfs, 1. Teil: Infanterie, Königswinter 2006; aus „lifergt." wird beispielsweise „Lebensregiment" (vgl. S. 12 der englischen mit S. 15 der deutschen Fassung).

[14] Brzezinski, Army (wie Anm. 13), S. 23f.

[15] Ebd., S. 11–16, 21–24 u. 40–42.

[16] Ebd., S. 33f.; Parker, Der Dreissigjährige Krieg (wie Anm. 13), S. 282.

nur für kurze Zeit einigermaßen funktionierte. Als auch die Schweden ab 1634 schwerste Niederlagen einstecken mussten, ließ es sich nicht mehr finanzieren. Nicht umsonst wurde der Begriff „Szwed" im Tschechischen bald zum Synonym für einen verlumpten Kerl. Auch dies gibt uns einen Datierungshinweis.[17] Denn mit Stolz ausgerechnet die Regimentsfarben in einem Bildnis hervorzuheben, ergab seither keinen Sinn mehr.

Das Gelbe Regiment war das prestigeträchtigste der schwedischen Armee. Denn es war das Hof- und Leibregiment des Königs. Es blieb auch nach dem Tod Gustav Adolfs in der Schlacht bei Lützen noch eine Zeitlang das Eliteregiment der schwedischen Armee. Es war ein Infanterieregiment, hatte seit 1633 aber auch dauerhaft eine berittene Kompanie.[18] Unter seinen Obristen hat die Suche nach dem in Würzburg gezeigten Porträtierten anzusetzen. Andere Armeen hatten zu dieser Zeit nämlich, um es noch einmal zu betonen, kein entsprechendes gelbes Farbregiment.

Als König Gustav Adolf im Juli 1630 in Deutschland landete[19], war Maximilian Teuffel, Freiherr von Guntersdorf, Chef des Gelben Regiments. Er fiel bereits 1631 in der Schlacht von Breitenfeld, mit der die schwedische Armee sich überhaupt erst den Weg nach Süddeutschland freikämpfte. Irgendwelche Bezüge nach Würzburg ergeben sich bei ihm nicht, sodass er im hier interessierenden Zusammenhang vernachlässigt werden kann.[20]

Sein Nachfolger als Obrist des Gelben Regiments wurde Nils Brahe. Er nahm Mitte Oktober 1631 an der Besetzung Würzburgs und an der mörderischen Eroberung der Festung Marienberg teil. Als die schwedische Hauptarmee am 19. November 1631 aus Würzburg abzog, verließ auch er mit dem Gelben Regiment die Stadt. Zum General der Infanterie aufgestiegen, stand er mit seinem Regiment in der Schlacht bei Lützen am 6. November 1632 in vorderster Linie. Gleich zu Beginn der Gefechte zerschmetterte eine Kugel sein linkes Knie. Zwei Wochen später erlag er den Folgen seiner schweren Verwundung.[21] Die gelbe, aus Satin gefertigte Regimentsjacke, die er in der Schlacht

---

17 Brzezinski, Army (wie Anm. 13), S. 33.

18 Vgl. ebd., S. 45.

19 Es ist im Rahmen einer Spezialstudie wie der vorliegenden nicht möglich, zur Einordnung der hier und im Folgenden angesprochenen kriegsgeschichtlichen Ereignisse Belege aus der gesamten weitläufigen Literatur zum Dreißigjährigen Krieg beizubringen; unter den für den vorliegenden Beitrag vor allem interessierenden militärgeschichtlichen Aspekten ist besonders ergiebig Peter H. Wilson, Europe's Tragedy. A New History of the Thirty Years War, [o. O.] 2010 (Penguin Books), S. 459–553 zum Schwedischen Krieg (deutsch: Der Dreißigjährige Krieg. Eine europäische Tragödie, Darmstadt 2017); vgl. als Überblick über die zahlreichen Neuerscheinungen im Zusammenhang mit dem Jubiläumsjahr 2018 beispielsweise Michael Kaiser, 1618–2018. Eine bibliographische Bestandsaufnahme zum Ausbruch des Dreißigjährigen Krieges vor 400 Jahren, in: Zeitschrift für historische Forschung 45 (2018), S. 715–797.

20 Vgl. Brzezinski, Army (wie Anm. 13), S. 14; Art. „Teufel, Maximilian", in: Nordisk familjebok, Bd. 28 (1919), Sp. 1013f., benutzt online, URL: http://runeberg.org/nfch/0537.html; ferner Bernd Warlich, Art. „Teuffel [Dyvell], Maximilian, Freiherr von Guntersdorf und Weyerburg", in: ders., Der Dreißigjährige Krieg in Selbstzeugnissen, Chroniken und Berichten, online-Portal, URL: http://www.30jaehrigerkrieg.de/teuffel-maximilian-freiherr-von-guntersdorf/ (jeweils letzter Zugriff: 05.12.2020); die bei Warlich genannten Lebensdaten Teuffels sind wohl zu korrigieren; nach Johann Heinrich Zedler, Grosses vollständiges Universal-Lexicon aller Wissenschaften und Künste, Bd. 42, Nachdruck Graz 1962, Sp. 1619, war Teuffel 36 Jahre alt, als er fiel.

21 Brzezinski, Army (wie Anm. 13), S. 14 u. 46; G. Jacobson, Art. „Nils Brahe", in: Svenskt biografiskt lexikon 5 (1925), S. 711ff., benutzt online, Reichsarchiv Stockholm, URL: https://sok.riksarkivet.se/sbl/mobil/Artikel/18050 (letzter Zugriff: 05.12.2020); vgl. Franz Seberich, Die

unter einer Ledermontur getragen hatte, hat sich bis heute erhalten. In ihrem Grundschnitt ähnelt sie der Jacke, die auf dem in Würzburg gezeigten Gemälde zu sehen ist.[22] Allerdings kann auch er nicht die gesuchte Person sein. Denn soweit Porträts von ihm greifbar sind, weisen sie andere Gesichtszüge auf, als auf dem Würzburger Bildnis zu sehen sind.[23] Zudem war Brahe erst kurz vor seinem Tod 28 Jahre alt geworden; auch vom Alter her passt dies nicht zum Bild. Ferner hatte er, wenn er auch als einer der vielversprechendsten Nachwuchskräfte in Gustav Adolfs Armee angesehen wurde, doch noch nicht solche Verdienste erworben, dass ihm Würdeprädikate wie auf dem Würzburger Bildnis zugeordnet werden könnten. Darüber hinaus lässt sich nicht erklären, wann denn im Herbst 1631 auf dem Sturmlauf der schwedischen Armee von Breitenfeld an den Main und weiter nach Mainz ein Porträt Brahes angefertigt worden sein könnte und warum es ausgerechnet in Würzburg zurückgelassen wurde.

Anders sieht dies aus, wenn man sich mit dem auf ihn folgenden Regimentschef Lars Kagge beschäftigt. Sehen wir uns darum zunächst seinen Werdegang und insbesondere seine Rolle in der schwedischen Phase des Dreißigjährigen Krieges genauer an.[24]

Lars Kagge, geboren 1595, entstammte einer altadligen Familie, die enge Verbindungen zum schwedischen Hof unterhielt. Was ihn auszeichnete, war, dass er eine gleichermaßen gründliche höfische wie auch militärische Ausbildung erhielt. Von frühester Jugend an war er mit dem damaligen Kronprinzen Gustav Adolf bekannt und wurde dessen Page – nur ein Altersunterschied von fünf Monaten trennte die beiden. Auf Empfehlung des schwedischen Hofes

---

Erstürmung des Schlosses Marienberg durch die Schweden 1631, in: Frankenkalender o. Bd. (1940), S. 87–116; Christian Leo, Würzburg unter schwedischer Herrschaft 1631–1633. Die „Summarische Beschreibung" des Joachim Ganzhorn. Edition und historische Einordnung (Quellen und Forschungen zur Geschichte des Bistums und Hochstifts Würzburg 74), Würzburg 2017.

22 Abbildung des Wamses bei Brzezinski, Army (wie Anm. 13), S. 46; weitere Abbildung online, URL: http://emuseumplus.lsh.se/eMuseumPlus?service=DynamicAsset&sp=SU5mxm4Yx/VbFU8g5NYREPgGrwNrcoo9Nez/Yx5EhVSCZjU0bcvvsnPxkoLiFJnF9QzRY98OZwV1b%0D%0AfnOjhdzPJCrGy%2BOIZxfXys9Yi8S8yOKfjSMg1OY7zpqlPqbqrNmy&sp=Simage/jpeg (letzter Zugriff: 05.12.2020).

23 Porträts Brahes zeigen eine andere Augenpartie, breitere Wangenknochen, eine lange gerade Nase, eine andere Haartracht und eine andere Bartform als dort; es fehlt die Zornesfalte; vgl. Jacobson, Brahe (wie Anm. 21); ferner online, URL: http://www.portraitindex.de/documents/obj/oai:baa.onb.at:7801326, URL: http://www.portraitindex.de/documents/obj/oai:baa.onb.at:7801332, URL: https://sok.riksarkivet.se/?Sokord=Nils+Brahe&page=44&postid=Kra_portrattsamling_7914776&tab=post#tab und URL: https://sok.riksarkivet.se/?Sokord=Nils+Brahe&page=48&postid=Kra_portrattsamling_7914775&tab=post#tab (jeweils letzter Zugriff: 05.12.2020).

24 Die Schreibweise des Namens wechselt; hier wird der in den deutschsprachigen gedruckten Quellen und in den Würzbuger Archivalien i. d. R. anzutreffenden Form „Kagge" der Vorzug vor „Kagg" gegeben; soweit nichts anderes angegeben, orientiert sich der folgende Lebensabriss zu Kagge vornehmlich an Sam Hedar, Art. „Lars Kagg", in: Svenskt biografiskt lexikon 20 (1973–75), S. 563ff., benutzt online, Reichsarchiv Stockholm, URL: https://sok.riksarkivet.se/sbl/Presentation.aspx?id=12302; vgl. Agneta Ribbing, Art. „Kagg, Lars", in: Svenskt biografiskt handlexikon 1 (1906), S. 563, benutzt online, URL: http://runeberg.org/sbh/a0563.html; Art. „Lars Kagg", in: Gabriel Anrep (Hg.), Svenska adelns ättar-taflor, Bd. 2 (1861), S. 412f., benutzt online, URL: https://dibiki.ub.uni-kiel.de/viewer/object/PPN655006451/414/; für Kagges Zeit in Deutschland materialreich, aber nicht fehlerfrei Bernd Warlich, Art. „Kagg, Lars Graf", in: ders., Der Dreißigjährige Krieg in Selbstzeugnissen, Chroniken und Berichten, online-Portal, URL: https://www.30jaehrigerkrieg.de/kagge-lars-graf/ (jeweils letzter Zugriff: 06.12.2020).

verbrachte er seit 1616 drei Jahre am Hof und in der Garde des Prinzen Moritz von Oranien in Holland, der als bedeutendster Militärstratege und Heeresreformer seiner Zeit galt; bei ihm studierte er die neuesten Entwicklungen der Kriegskunst. 1619/20 diente er als Fähnrich bei Kurfürst Friedrich von der Pfalz, dem böhmischen „Winterkönig", und nahm auch an einigen Gefechten des beginnenden Dreißigjährigen Krieges teil. Als König Gustav Adolf 1620 inkognito Deutschland bereiste, gehörte er zu seinen wenigen handverlesenen Begleitern.[25] Nachdem er vornehmlich auf den livländischen und polnischen Kriegsschauplätzen militärische Meriten erworben hatte, wurde er 1628 zum Obristen des Jönköping-Regiments ernannt, dessen Fahnen rot mit gelben Randverzierungen waren. In dieser Funktion nahm er von Anfang an am Kriegszug Gustav Adolfs nach Deutschland teil. 1632 wurde er zum schwedischen Stadtkommandanten von Magdeburg und zum Gouverneur des Hochstifts Magdeburg bestellt; dies war ein strategisch wichtiger Posten, ließen sich von hier aus doch der Nachschub über die Elbe wie auch die rückwärtigen Verbindungslinien der schwedischen Armeen sichern. In der Schlacht von Lützen kämpfte er deshalb nicht selbst mit. Nach dem Tod Brahes wurde er an der Jahreswende 1632/33 zum Obristen des Gelben Regiments ernannt.[26] Zugleich wurden ihm große Teile des Blauen Regimentes zugeordnet, dessen Oberst Johann Georg aus dem Winckel in Lützen schwer verwundet worden war und, nachdem er einigermaßen wiederhergestellt war, als schwedischer Stadtkommandant nach Augsburg geschickt wurde.[27] Unter Beförderung zum Generalmajor wurde Kagge im Frühjahr 1633 mit seinen Truppen zu Herzog Georg von Lüneburg abgeordnet, der zwei Jahre zuvor auf die schwedische Seite übergetreten war. Ihre Aufgabe war es, Liga und Kaiserliche aus dem Niedersächsischen Reichskreis zu verdrängen. Dieser Plan ging auf. In der Schlacht von Hessisch-Oldendorf wurde deren Armee am 8. Juli 1633 vernichtend geschlagen. Kagge hatte gerade auch mit seinem persönlichen Einsatz und mit seinem taktischen Geschick entscheidend zu diesem Sieg beigetragen. Die kaiserliche Position in Niedersachsen und weiter bis zum Rhein brach in seiner Folge völlig zusammen.[28]

Im September 1633 wurde Kagge vom schwedischen Reichskanzler Axel Oxenstierna zu Herzog Bernhard von Weimar abkommandiert.[29] Dieser be-

---

25 Ralph Tuchtenhagen, ... *Ihre Majestät wollten gerne weitere Adelsfräulein besuchen.* Schwedische Kontakte zur protestantischen Union im deutschen Südwesten 1608 bis 1620, in: Volker Rödel/Ralph Tuchtenhagen (Hg.), Die Schweden im deutschen Südwesten. Vorgeschichte – Dreißigjähriger Krieg – Erinnerung, Stuttgart 2020, S. 41–68, bes. S. 53ff; Teilnehmer der Reise waren demnach Pfalzgraf Johann Casimir, die Kammerjunker Johan Banér und Otto Taube, die Fähnriche Otto Sperling und Lars Kagg sowie Johan Hand; Kagge galt demnach auf der Reise als „der engste Vertraute des Königs" (S. 55); vgl. auch Engerisser, Kronach (wie Anm. 6), S. 198f. Anm. 112.

26 Vgl. Brzezinski, Army (wie Anm. 13), S. 14 u. 42.

27 Zu Winckel vgl. ebd., S. 14; Peter Engerisser/Pavel Hrncirik, Nördlingen 1634. Die Schlacht bei Nördlingen – Wendepunkt des Dreißigjährigen Krieges, Weißenstadt 2009, S. 24 Anm. 23; Bernd Roeck, Als wollt die Welt schier brechen. Eine Stadt im Zeitalter des Dreißigjährigen Krieges, München 1991, S. 239–279, bes. S. 265–267 u. 272–279.

28 Friedrich Kölling, Die Schlacht bei Hessisch-Oldendorf am 28. Juni 1633, Hessisch-Oldendorf 1933.

29 Bogislaw Philipp von Chemnitz, Königlich Schwedischer in Teutschland geführter Krieg [...], Teil II, Stockholm 1653, S. 210f. u. 234; online verfügbar, URL: https://reader.digitale-sammlungen.

fehligte die schwedischen Truppen in Franken und Schwaben und hatte erst kürzlich ein aus den Bistümern Würzburg und Bamberg neu gebildetes Herzogtum Franken als Lehen der schwedischen Krone übertragen bekommen. Ziel war die Eroberung Regensburgs und die Besetzung der Oberpfalz – für die Schweden ein Mittel zur Beherrschung der Donau, zur Abschnürung Bayerns und zur Gewinnung eines Einfallstores nach Böhmen, für Bernhard von Weimar eine weitere Etappe auf dem Weg zur Bildung einer eigenen Herrschaft, die er als elfter Sohn eines wettinischen Kleinfürsten im Erbgang nicht erhalten konnte.[30] Nach zehntägiger Belagerung zogen die vereinigten Armeen am 15. November 1633 in Regensburg ein. Den Übergabeakkord mit der bayerischen Besatzung der Stadt hatte Kagge ausgehandelt und am Vorabend unterzeichnet.[31]

Zum Stadtkommandanten von Regensburg und zum Gouverneur über die von ihm beanspruchte Oberpfalz ernannte Bernhard von Weimar Generalmajor Lars Kagge.[32] Kagge, der als ein Spezialist für das Fortifikationswesen galt, machte sich in Erwartung eines kaiserlich-bayerischen Rückeroberungsversuches sofort daran, nicht nur die Schwächen der Befestigung Regensburgs beseitigen, sondern die Verteidigungsanlagen der Stadt neuesten Wehrtechniken entsprechend ausbauen zu lassen.[33] Tatsächlich begannen die Kaiserlichen am 25. Mai 1634 mit der Blockade Regensburgs. Ein erster Entsatzversuch Bernhards scheiterte Anfang Juni.[34] Zwar stellte Bernhard den Verteidigern einen zweiten Entsatzversuch innerhalb der nächsten sechs Tage in Aussicht. Doch dazu kam es nicht, zum einen, weil Bernhard immer wieder durch kaiser-

---

de/de/fs1/object/display/bsb10717051_00005.html (letzter Zugriff: 07.12.2020); vgl. Rikskansleren Axel Oxenstiernas skrifter och brefvexling, Bd. II/7, hier die Abteilung: Hertig Bernhards af Sachsen-Weimar bref, 1632–1639, Stockholm 1895, Nr. 74, bes. S. 91.

30 Engerisser / Hrncirik, Nördlingen (wie Anm. 27), S. 19–33, bes. S. 24 u. 32; vgl. Wilson, Tragedy (wie Anm. 19), S. 513ff.

31 Engerisser / Hrncirik, Nördlingen (wie Anm. 27), S. 33–36; Gustav Droysen, Bernhard von Weimar, Bd. 1, Leipzig 1885, S. 295f. u. 302f.; Text des Übergabeakkords: Theatrum Europaeum, Bd. 3, verschiedene Ausgaben, hier verwendet Frankfurt 1670, S. 134f., benutzt online, URL: http://tudigit.ulb.tu-darmstadt.de/show/Gue-10948 (letzter Zugriff: 07.12.2020); für das Weitere vgl. die Beiträge in: Bernhard Lübbers (Hg.), Krieg – Pest – Schwedennot. Der Dreißigjährige Krieg in Regensburg (Kataloge und Schriften der Staatlichen Bibliothek Regensburg 16), Regensburg 2018, hier v. a. die Quellenedition von Lorenz Baibl, Kriegsschauplatz Regensburg. Das Diarium des Johann Georg Fuchs über die Belagerungen von 1633 und 1634, S. 32–60, und der Beitrag von Klaus-Peter Rueß, Regensburg im Dreißigjährigen Krieg. Militärische Strategien, Abläufe und Ereignisse in den Jahren 1631–1634, S. 61–84; ferner Wolfgang Hahn, Ratisbona Politica. Studien zur Geschichte der Reichsstadt Regensburg im 17. Jahrhundert bis zum Beginn des Immerwährenden Reichstages, Teil II, in: Verhandlungen des Historischen Vereins für Oberpfalz und Regensburg 126 (1986), S. 8–92, bes. S. 33–58.

32 Engerisser / Hrncirik, Nördlingen (wie Anm. 27), S. 35; die Bürgerfähnlein der Stadt Regensburg, die sich den Weimaranern bzw. Schweden anschlossen, wählten entsprechend der derzeitigen Signalfarbe Bernhards von Weimar bezeichnenderweise grün für ihre Standarten: Christian Gottlieb Gumpelzheimer, Regensburg's Geschichte, Sagen und Merkwürdigkeiten von den ältesten bis auf die neusten Zeiten, in einem Abriß aus den besten Chroniken, Geschichtsbüchern, und Urkunden-Sammlungen dargestellt, Bd. 3, Regensburg 1838, S. 1214, benutzt online, URL: https://opacplus.bsb-muenchen.de/title/BV001523041 (letzter Zugriff: 07.12.2020); danach dann bereits Droysen, Bernhard, Bd. 1 (wie Anm. 31), S. 303.

33 Engerisser / Hrncirik, Nördlingen (wie Anm. 27), S. 68; Näheres in der Anm. 31 genannten Literatur.

34 Ebd., S. 64–70; eine weitere eindringliche Schilderung auch bei Peter Engerisser, Eine bislang unbekannte Ansicht der Belagerung Regensburgs im Jahr 1634, in: Verhandlungen des Historischen Vereins für Oberpfalz und Regensburg 148 (2008), S. 55–83.

liche und bayerische Truppen gestört wurde, zum anderen aber auch, weil er schwere taktische Fehler beging und mit einer Belagerung Forchheims und der Eroberung Landshuts unnötig Zeit verschwendete. Denn die Kaiserlichen ließen sich im Bewusstsein der Schlüsselstellung Regensburgs durch solche Diversionen nicht von der Blockade der Reichsstadt abziehen. Verschärft wurden diese Probleme noch durch Differenzen Bernhards mit dem Kommandeur der zweiten in Süddeutschland operierenden schwedischen Armee, Gustav Horn.[35] Wassermangel und vor allem Pulverknappheit zwangen Kagge, wollte er eine Erstürmung der Stadt und das damit unvermeidlich einhergehende Blutbad verhindern, am 26. Juli 1634, zwei Monate nach Beginn der Belagerung, ein Abkommen zur Übergabe Regensburgs an die Kaiserlichen zu unterschreiben. Dazu holte er vorab den Konsens sämtlicher Offiziere und politischen Geschäftsträger vor Ort ein.[36] Den schwedischen Regimentern wurde ein ehrenvoller Abzug aus Regensburg gewährt. Als sie am 29. Juli die Stadt verließen, hatte sich König Ferdinand von Ungarn, der Sohn des Kaisers, mit dem gesamten Hofstaat und seinen Offizieren vor den Toren versammelt. Er rühmte ausdrücklich, dass die Verteidiger „sich wie redliche und tapffere Soldaten gehalten" hätten, ließ jeden ihrer Regimentschefs vor sich bringen und bot ihnen die Hand, zuletzt auch Kagge selbst als ihrem Kommandanten.[37]

Wie es im Übergabeakkord geregelt war, begab sich Kagge mit den ihm verbliebenen Truppen nach Neumarkt in der Oberpfalz. Von dort zog er weiter nach Nürnberg und schließlich nach Würzburg. Er lehnte es ab, Bernhard von Weimar noch einmal zu treffen, „über den er sich sehr beklagt, daß er ihm sein Wort in Succurrirung [!] der Stadt nicht gehalten" habe.[38] Aber hinter seiner Weigerung steckte offenbar wesentlich mehr als nur persönliche Enttäuschung. Als er Regensburg an die Kaiserlichen übergeben hatte, war Bernhard von Weimar nämlich nur noch wenige Stunden entfernt gewesen.[39] Dies konnte Kagge zwar aufgrund der vollständigen Abriegelung der Stadt durch die Belagerer nicht wissen; doch geriet er nun unter erheblichen Rechtfertigungsdruck. Seine Reputation und sogar sein Leben standen auf dem Spiel. Dies zeigt das Beispiel des schwedisch-weimarischen Festungskommandanten von Eichstätt, Obristleutnant Anton Claes de Rascha. Dieser hatte im Vorjahr, als Eichstätt von den bayerischen Truppen des Jan von Werth belagert worden war und keine Aussicht mehr auf Entsatz bestanden hatte, Stadt und Willibaldsburg dem Feind übergeben. Als er sich anschließend wieder bei Bernhard von Weimar eingestellt hatte, war er sofort verhaftet und am 9. Dezember 1633 in Regensburg

---

35 Engerisser / Hrncirik, Nördlingen (wie Anm. 27), S. 74–79; Helmut Lahrkamp, Jan von Werth. Sein Leben nach archivalischen Quellenzeugnissen (Veröffentlichungen des Kölnischen Geschichtsvereins 24), Köln 1988 (2. erweiterte Aufl.), S. 36f.; vgl. Wilson, Tragedy (wie Anm. 19), S. 543f.

36 Text des Übergabeakkords: Theatrum Europaeum, Bd. 3 (wie Anm. 31), S. 312–314; auch in: Frantz Christoph Khevenhiller, Annales Ferdinandei, Bd. 12, Leipzig 1726 (zuerst Regensburg / Wien 1646), Sp. 1191–1196, benutzt online, URL: https://reader.digitale-sammlungen.de//de/fs1/object/display/bsb10806224_00005.html (letzter Zugriff: 08.12.2020).

37 Khevenhiller, Annales, Bd. 12 (wie Anm. 36), Sp. 1199f. (Zitat).

38 Ebd., Sp. 1201 (Zitat).

39 Engerisser / Hrncirik, Nördlingen (wie Anm. 27), S. 79 (vier Meilen); Rikskansleren Axel Oxenstiernas skrifter, Bd. II/7 (wie Anm. 29), Nr. 139, bes. S. 222f. (Bernhard an Oxenstierna: nur vier Stunden); vgl. Droysen, Bernhard, Bd. 1 (wie Anm. 31), S. 404f. Anm. 1.

auf dem Kornmarkt enthauptet worden, weil er leichtfertig und feige gehandelt habe – ein für zeitgenössische Beobachter um so befremdlicheres Urteil, als er allgemein als „dapfere und erfahrne Person" geachtet war.[40] Seine Hinrichtung sollte demonstrativ abschreckend wirken. Dass Kagge selbst in diesen Vorgang involviert war, steht außer Frage.

Vom Regensburger Rat hatte Kagge ein exzellentes Zeugnis darüber erhalten, dass er alles Menschenmögliche getan habe, um die Stadt zu halten, und lediglich wegen des ausbleibenden Entsatzes und fehlender Munition in den Akkord gewilligt habe. Noch in Neumarkt ließ er darüber hinaus am 1. August ein umfangreiches Protokoll zur Rechtfertigung der Übergabe Regensburgs niederschreiben und unterzeichnete es gemeinsam mit seinen Obristen und Beratern. In Nürnberg ließ er den Übergabeakkord und das ihm von der Stadt Regensburg erteilte Zeugnis drucken; doch verwehrte ihm der Nürnberger Rat die Publikation weiterer Beiakten. Dass ihm Oxenstierna, Horn und Bernhard Anfang August jeweils Anerkennungsschreiben für seine Redlichkeit und Tapferkeit sandten und ihn zu persönlichen Gesprächen einluden, besagte angesichts ihres pflaumenweichen Stils sowie des allgemein rüden Umgangs mit erfolglosen Kommandeuren und der bekannten Unberechenbarkeit des Weimarers nicht viel. Erst 1635 konnte Kagge alle diese Schriftstücke in der von ihm gewünschten Form in Greifswald zum Druck bringen.[41] Ohnehin war das Verhältnis zwischen Bernhard und Kagge seit Langem gespannt; denn ausgerechnet der beutehungrige Weimarer hatte sich früher schon einmal bei Oxenstierna beschwert, dass Kagge nicht „dem gemeinen Wesen" diene, sondern „privatconsiderationen" nachhänge.[42]

Am 21. August 1634 erreichte Kagge Würzburg.[43] Für eine Nacht nahm er Quartier im Gasthaus Zum Falken. Er führte zwölf Kompanien des Gelben

---

40 Engerisser, Kronach (wie Anm. 6), S. 198–200; Lahrkamp, Jan von Werth (wie Anm. 35), S. 28; Franz von Soden, Gustav Adolph und sein Heer in Süddeutschland von 1631 bis 1635. Zur Geschichte des Dreißigjährigen Krieges, Bd. 2, Erlangen 1867, S. 306ff.; Theatrum Europaeum, Bd. 3 (wie Anm. 31), S. 149 (Zitat).

41 „Vollenkommene Warhaffte Relation, Wie es mit Blocquirung/Belagerung vnd Stürmung Der Stadt Regenspurg/auch endlichen Vnumbgängklichen Accord vnd rühmlichen Ubergab derselben in diesem 1534. Jahr/vom 12. Maji biß den 20. Julij abgangen/auch wie starck sich die Königliche Schwedische Soldatesca zu Anfangs der Belagerung darinnen befunden/wie viel derselben todt blieben vnd gequetschet worden/vnd wie starck endlich der Herr General Major Larß Kagge abgezogen/sampt etzlichen Copeyen der nothwendigsten vnd vornembsten Schreiben oder Beylagen/darauß ein jeglicher Vn*passionirter* für sich selbst ohne erholung anderer Redlichen Leute Bedencken/die Auffrichtigkeit/Standthafft: vnd Beständigkeit der Belagerten gnugsam abnehmen/vnd von der Vbergab *dextré judiciren* kan. ... Greyffswald ... 1635", unfol. u. unpag., benutzt online, URL: http://diglib.hab.de/drucke/287-16-quod-22/start.htm (letzter Zugriff: 08.12.2020); das Zeugnis des Regensburger Rates auch in: Theatrum Europaeum, Bd. 3 (wie Anm. 31), S. 314, und in: Khevenhiller, Annales, Bd. 12 (wie Anm. 36), Sp. 1196–1198; zur Verweigerung des Drucks aller Schriftstücke durch den Nürnberger Rat vgl. Soden, Gustav Adolph und sein Heer, Bd. 2 (wie Anm. 40), S. 534ff.; vgl. Droysen, Bernhard, Bd. 1 (wie Anm. 31), S. 416 (Droysen datiert wie die Quellen selbst nach dem alten Kalender!).

42 Rikskansleren Axel Oxenstiernas skrifter, Bd. II/7 (wie Anm. 29), Nr. 102, bes. S. 155.

43 Die zentrale Quelle für Kagges Aufenthalte in Würzburg ist Stadtarchiv Würzburg, Ratsprotokoll 28, pag. 405–433; vgl. Carl Gottfried Scharold, Geschichte der k. schwedischen und herzogl. sachsen-weimarischen Zwischenregierung im eroberten Fürstbisthume Würzburg, in besonderer Beziehung auf das reformirte Religions-, Kirchen- und Schulwesen, Bd. 2, 1845, S. 413–421, bes. S. 416ff.; die Schilderung Scharolds ist fehlerhaft, insbesondere entgeht ihm, dass Kagge bereits am 21.08.1634 Würzburg erreichte; ihm folgt die Darstellung von Engerisser/Hrncirik, Nördlingen (wie Anm. 27), S. 70 mit Anm. 78, S. 76 mit Anm. 86, S. 126 mit Anm. 155 u. S. 263 mit Anm. 39.

Regiments mit sich, die größtenteils zunächst außerhalb der Stadt lagerten; das Gelbe Regiment zählte anscheinend nur noch 750 kampffähige Soldaten. Ferner hatte Kagge die Reste des Schwarzen Regiments bei sich, vier Kompanien mit vielleicht noch 450 Mann unter dem Obristen Johann Jakob Graf Thurn, sowie die „brinckische squadron", also eine Reiterei des namengebenden Obristen Johann von den Brincken mit ca. 354 Mann. Die Überbleibsel des Blauen Regiments, 246 Leute, waren unter dem Obristen Hastver in Nürnberg zurückgeblieben.[44] Beabsichtigt war, die erschöpften Truppen auf die fränkischen Städte und Dörfer zu verteilen, damit sie sich erholen könnten; ferner sollten die Kompanien ergänzt und wieder auf ihre Sollstärke gebracht werden.[45] Darum zog Kagge mit dem Gelben und dem Schwarzen Regiment bereits am nächsten Tag weiter nach Kitzingen, während die dem Obristen von den Brincken unterstehenden Truppen zusammen mit Kranken und Verletzten in Würzburg einquartiert wurden.[46]

Weil jedoch die Lage der schwedischen Armeen unter Bernhard von Weimar und Gustav Horn in Süddeutschland angesichts des Vormarschs der Kaiserlichen und ihrer bevorstehenden Vereinigung mit einer über die Alpen heranmarschierenden spanischen Armada immer gefährlicher wurde, erteilte Oxenstierna unter dem Datum des 22. Augusts den Befehl, die von Kagge geführten Truppen wieder zu sammeln und mit denen des Feldmarschalls Cratz zu vereinigen, die schon von Forchheim nach Schweinfurt unterwegs waren.[47] Bereits am 24. August kehrte Kagge deshalb nach Würzburg zurück, logierte selbst erneut im Gasthof Zum Falken und quartierte nun auch die zwölf Fähnlein des Gelben Regiments in der Stadt ein. Diese Einquartierung lief völlig chaotisch ab; gegen die Bürger wurden dabei so schwere Exzesse verübt, *daß zu erbarmen, ja, daß man hett mit ihnen wainen mueßen.*[48] Nachdem bereits am Morgen des 26. Augusts das Gelbe Regiment mitsamt den Brinckischen und den Schwarzen Fähnlein abgerückt war, verließ auch Kagge mittags in größter Eile Würzburg in Richtung Schweinfurt, wo er mit Cratz zusammentraf.[49] Zwar hatte Bernhard von Weimar inzwischen Weisung gegeben, dass sowohl Cratz als auch Kagge ihm zuziehen sollten; doch Kagge zog es vor, sein Kommando niederzulegen und von Schweinfurt aus nach Schweden abzureisen, um seine in den Kämpfen um Regensburg erlittenen Verletzungen auszukurieren, aber wohl auch, um sich vor dem schwedischen Kronrat zu rechtfertigen.[50] So

[44] Vgl. Engerisser/Hrncirik, Nördlingen, wie in Anm. 43, sowie Relation (wie Anm. 41), unfol. u. unpag., „Folget wie starck jedes Regiment an Mannschafft außgezogen den 17. Julij 1634, ohne Officirer"; vgl. Stadtarchiv Würzburg, Ratsprotokoll 28, pag. 405–407.

[45] Chemnitz, Königlich Schwedischer in Teutschland geführter Krieg, Teil II (wie Anm. 29), S. 515.

[46] Stadtarchiv Würzburg, Ratsprotokoll 28, pag. 410–412.

[47] Chemnitz, Königlich Schwedischer in Teutschland geführter Krieg, Teil II (wie Anm. 29), S. 515, 519 u. 526.

[48] Stadtarchiv Würzburg, Ratsprotokoll 28, pag. 418–427, Zitat 425; vgl. ebd., pag. 433: für die beiden Aufenthalte Kagges präsentierte der Falkenwirt dem Würzburger Rat eine Rechnung über insgesamt 287 Gulden, 1 Batzen.

[49] Ebd., pag. 427 u. 433; auch die Brinckischen Soldaten zogen erst jetzt ab, obwohl der Befehl dazu bereits am 24. August ergangen war: vgl. ebd., pag. 418 u. 427–429; Kranke sollten jedoch noch bis zu ihrer Wiederherstellung bleiben: ebd., pag. 430.

[50] Chemnitz, Königlich Schwedischer in Teutschland geführter Krieg, Teil II (wie Anm. 29), S. 526; Rikskansleren Axel Oxenstiernas skrifter, Bd. II/7 (wie Anm. 29), Nr. 146; Droysen, Bernhard,

entging er nicht nur einer Begegnung mit Bernhard von Weimar, sondern auch der verheerenden Niederlage der Schweden in der Schlacht von Nördlingen elf Tage später. Den süddeutschen Kriegsschauplatz betrat er nicht mehr.

Das Gelbe Regiment wurde bei Nördlingen fast vollständig aufgerieben. Seine überlebenden Soldaten flohen nach Frankfurt am Main. Dort wurde das Gelbe Regiment durch Oberstleutnant Wulf von Schönbeck, Kagges früheren Vertreter als Regimentschef, zwar neu formiert, erlebte bei Kämpfen um Kaiserslautern im Sommer 1635 aber erneut ein Debakel und trat wenig später in französische Dienste über.[51] Sein besonderes Renommee war angesichts dieser Geschehnisse dahin. Sich in seinen Farben porträtieren zu lassen, war aus diesen Gründen seither gewiss nicht mehr opportun.

Was besagen diese ereignisgeschichtlichen Ausführungen für das in Rede stehende Bildnis? Zunächst bestätigen sie seine Datierung auf die frühen Dreißigerjahre des 17. Jahrhunderts, die auf der Grundlage der dort wiedergegebenen modischen Details vorgenommen wurde. Ferner kann der Fokus ihnen zufolge auf eine einzelne Person gerichtet werden. Von den Chefs des Gelben Regiments kommt nach Herkunft, höfisch-gesellschaftlichem Status, militärischem Rang, persönlichen Verdiensten und Bedeutung der wahrgenommenen Aufgaben nämlich nur Lars Kagge in Betracht. Nur er erwarb in der Summe dieser Kriterien ein Format, das es ihm erlaubte, sich in einer herrscherähnlichen Pose wie auf dem Würzburger Bildnis darstellen zu lassen – jedenfalls bis zur von ihm nicht verschuldeten Kapitulation Regensburgs. Als Generalmajor, Stadtkommandant von Regensburg und Gouverneur der Oberpfalz erreichte seine Karriere an der Jahreswende 1633/34 einen Höhepunkt. Deshalb darf man annehmen, dass das Porträt während seines Aufenthalts in Regensburg gemalt wurde, und zwar in der kurzen Phase der Konsolidierung der schwedischen Besatzung im Winter 1633/34. In Rechnung zu stellen ist dabei, dass Kagge beim Versuch der Eroberung der Burg Donaustauf, deren Inbesitznahme für die Sicherheit Regensburgs wichtig war, am 17. Januar 1634 durch einen Schuss in die Achsel schwer verletzt wurde.[52] Verwundung Kagges sowie Belagerung Regensburgs durch die Kaiserlichen könnten auch erklären, warum das Bildnis unvollendet blieb. Dass Kagge es nach der Übergabe der Stadt an die Kaiserlichen nicht in Regensburg zurücklassen konnte, liegt auf der Hand; denn es hätte von den Siegern propagandistisch ausgeschlachtet werden können. Wenn es einige Wochen später mutmaßlich in Würzburg vergessen wurde, dann lag das wohl an den chaotischen Verhältnissen, die hier während der wenigen Tage seines Aufenthalts herrschten, an den alle Planungen über den Haufen werfenden Ordern der schwedischen Armeeführung zur sofortigen Zurückverlegung der Truppen an die Donau und vielleicht auch daran, dass es nach dem Verlust Regensburgs seinen Wert für den Porträtierten verloren hatte.

Bd. 1 (wie Anm. 31), S. 423 u. 428; Hedar, Art. „Lars Kagg“ (wie Anm. 24), S. 567; Engerisser/Hrncirik, Nördlingen, wie in Anm. 43.

51 Engerisser/Hrncirik, Nördlingen (wie Anm. 27), S. 126f. mit Anm. 155f.; irgendwelche Bezüge des Regiments zu Würzburg ergaben sich nicht mehr.

52 Engerisser, Kronach (wie Anm. 6), S. 209.

Einige weitere Quellen erlauben es, Kagge noch etwas näher mit dem in Würzburg aufbewahrten Bildnis in Verbindung zu bringen. Einen zentralen Hinweis geben die „Annales Ferdinandei“ des Franz Christoph Khevenhiller. Khevenhiller vermerkte nicht nur, dass die Reste der vier schwedischen Regimenter beim Abzug aus Regensburg „wohlgekleidet“ gewesen seien, sondern hob gerade auch die Farben, die sie zeigten, besonders hervor. Explizit berichtete er, dass Kagge selbst sein eigenes Regiment „mit gelben Fähnlein geführt“ und „auf einem schönen blauen Roß gesessen“ habe. Zudem erzählt Khevenhiller, dass Kagge König Ferdinand von Ungarn, dem nominellen Führer der kaiserlichen Armee, vor den Toren der Stadt formvollendet seine Reverenz erwiesen habe.[53] Das ganze Verfahren hinterlässt den Eindruck einer sehr bewussten Inszenierung des schwedischen Abzugs durch Kagge. In einem politisch und militärisch hoch bedeutsamen Akt, wie es die Übergabe einer Schlüsselfestung an den Feind war, trat Kagge mithin in jenen Farben auf, die auch das Würzburger Bildnis prägen.

Selbstverständlich wurden bei einem derart rechtserheblichen Vorgang die Symbole der beteiligten Regimenter gezeigt. Zu bedenken ist ferner, dass sich im 17. Jahrhundert allmählich Gelb und Blau zu den Wappenfarben der Krone Schweden entwickelten, wenn sie auch erst im Flaggengesetz von 1663 in der noch heute üblichen Form als gelbes Kreuz auf blauem Grund standardisiert wurden.[54] Darüber hinaus kann aber noch auf einen weiteren, persönlicheren Bezug zu Kagge verwiesen werden. Er wird über das Stammwappen des Adelsgeschlechts, dem er entstammte, hergestellt. Dieses zeigt nämlich eine gelbe Eckspitze in blauem Feld.[55] Auch hier ist mithin die fragliche Farbkombination vorfindlich. Militärisches, politisches und familiäres Zeichen fielen beim Auszug Lars Kagges aus Regensburg also zusammen.

Soweit beglaubigte Bildquellen verfügbar sind, zeigen sie Kagge in anderen Altersstufen und Funktionen. Zu nennen ist hier vor allem ein Porträt, das Georg Günter Kraill (Crail; 1584–1641) von ihm anfertigte. Kraill, der aus Ulm stammte, hat zahlreiche schwedische Offiziere abgebildet; er wurde 1634 im Königreich Schweden naturalisiert und geadelt, wo er sein Leben auch beendete.[56] 1623 malte er Kagge als Höfling[57] (Abb. 3). Das ganzfigurige Porträt ist 198 cm hoch und 112 cm breit. Kagge trägt hier eine Jacke, die vom Schnitt her an diejenige des Würzburger Bildnisses erinnert, wenn auch die Ärmel nicht geschlitzt sind, einen kleinen, flach aufliegenden Spitzenkragen, eine spanische Hose, auch Heerpauke genannt, von Strumpfbändern über den Knien gehaltene Strümpfe und seitlich ausgeschnittene Schuhe mit Schuhrosen und flachem Absatz. Anscheinend hat er einen Mantelumhang, eine Capa, über die Schulter nach hinten in den Rücken geworfen. Die eine Hand, in der er einen

---

53 Khevenhiller, Annales, Bd. 12 (wie Anm. 36), Sp. 1199f.

54 Vgl. Ralf Stelter, Flaggenlexikon, Frankfurt 2010; ferner https://de.wikipedia.org/wiki/Flagge_Schwedens (letzter Zugriff: 09.12.2020).

55 Abbildung des Wappens: https://sv.wikipedia.org/wiki/Kagg (letzter Zugriff: 09.12.2020).

56 Zu Kraill vgl. https://sv.wikipedia.org/wiki/Georg_G%C3%BCnther_Kraill_von_Bemeberg (letzter Zugriff: 09.12.2020).

57 Das Geburtsjahr, das auf dem Bild vermerkt ist, ist falsch; Kagge wurde 1595 geboren; vgl. Anm. 24; es befindet sich heute in den Sammlungen von Schloss Skokloster, Inv.-Nr. SKO 2264.

chamoisfarbenen Handschuh hält, hat er in die Seite gestützt; die andere umfasst einen taillenlangen rotbraunen Stock und hält zugleich an einer Krempe einen spanischen Hut mit weit ausladendem Federschmuck und Kordel.[58] An der Hüfte hängt ein Degen, der in einer Scheide mit silberner Spitze steckt. Das Bildnis ist ganz in gedämpften Blau- und Rottönen gehalten. Rosarot ist dabei die Grundfarbe der Kleidung; sie wird durch aufgenähte, fein ausgearbeitete blaue Applikationen verziert. Nur an einer Schulterseite und in der Hutfeder ist jeweils ein gelber Streifen eingefügt.

Blau und Gelb – das waren, wie erinnerlich, die Kagge'schen Wappenfarben; Rot – das war die Farbe des Jönköping-Regiments, dessen Oberstleutnant er im Vorjahr geworden war. Auch hier kann man, wie bei dem Würzburger Bildnis, fragen, ob Regiments- und Familienfarben kombiniert wurden, ob dies mithin ein Muster ist, das zur Identifizierung des gesuchten schwedischen Offiziers beitragen kann. Die Gesichtszüge, die Kagge auf dem Kraill'schen Gemälde zeigt, gemahnen jedenfalls durchaus an die des Würzburger Porträts. Zwar sind die Haupthaare nicht mittelbraun-rötlich, sondern dunkel; aber dieser Unterschied erklärt sich leicht dadurch, dass man in der fraglichen Zeit bei Hofe die Haare eben dunkel zu tragen pflegte; sie sind streng nach hinten gekämmt und geben den Blick auf eine hohe Stirn frei.[59] Ungefärbt blieb der Bart, und der ist hier tatsächlich ebenso mittelbraun-rötlich wie auf dem „Würzburger" Porträt. Augen- und Nasenpartie zeigen ähnlich markante Züge wie dort, und auch die Gesichtsfarbe ist blass-rötlich wiedergegeben. Die von der Nasenwurzel zum Haaransatz laufende Stirnfurche, die auf dem Würzburger Porträt wegen der Frisur des Dargestellten nur ansatzweise erkennbar ist, ist hier als ein Charakteristikum des Porträtierten deutlich akzentuiert.

Zum Vergleich mit dem in Würzburg aufbewahrten Porträt kann ferner eine Lithographie herangezogen werden, die Kagge als gealterten schwedischen Kriegs- und Reichsrat zeigt. Es handelt sich dabei um ein nicht genauer datiertes ovales Brustbild. Kagge trägt hier langes, über die Schultern fallendes gewelltes Haar mit einem Mittelscheitel. Die Stirn ist frei. Er hat nur noch einen schmalen, dünnen Schnurrbart. Die Kagge kennzeichnenden Gesichtsmerkmale treten darum um so schärfer hervor: die stechenden Augen, die prominente Nase, die nun noch tieferen, weit in die Stirn auslaufenden „Zornesfalten".[60]

Von der Physiognomie des Dargestellten her steht das in Würzburg überlieferte Bildnis den beiden ergänzend herangezogenen Porträts also gewiss so nahe, wie es unter Einrechnung der Altersentwicklung einer Person und der unterschiedlichen Rollen, in denen sie abgebildet wurde, nur sein kann.

---

58 Vgl. die in Anm. 4 u. 5 genannte Literatur; daraus z. B. Loschek, Reclams Mode- und Kostümlexikon (wie Anm. 4), S. 262 zur „Heerpauke", S. 206 zur „Schuhrose", S. 327 zum spanischen Hut, S. 366 zur „capa" (ohne selbstständige Artikel!); Thiel, Geschichte der Mode (wie Anm. 5), S. 213 zur „Schuhrose" und zu Strumpfbändern.

59 Vgl. Loschek, Reclams Mode- und Kostümlexikon (wie Anm. 4), S. 234 (schwarze Perücken).

60 Porträt im Reichsarchiv Stockholm, https://sok.riksarkivet.se/?Sokord=Lars+Kagg&page=35&postid=Kra_portrattsamling_7924419 (letzter Zugriff: 10.12.2020); ähnlich, aber als „wilder Mann" stilisiert, ein Porträt in Ribbing, Art. „Kagg, Lars" (wie Anm. 24).

Abb. 3: *Porträt des Lars Kagge, Ölgemälde von Georg Günther Kraill, 1623; Schloss Skokloster; https://commons.wikimedia.org/wiki/File:Lars_Kagg,_1623.jpg.*

Welche Antworten lassen sich auf der Grundlage der erhobenen Befunde auf die eingangs gestellten Fragen abschließend formulieren? Die in den vorstehenden Ausführungen zusammengetragenen ereignis- und militärgeschichtlichen, kunst- und kulturhistorischen sowie biographischen Daten machen es plausibel, dass wir in dem in Würzburg gezeigten Porträt tatsächlich Lars Kagge vor uns sehen. Zwar bleiben einige Probleme ungelöst; aber sie beziehen sich vornehmlich auf den Verbleib des Bildnisses in der Zeit von 1634 bis zur Wende zum 19. Jahrhundert sowie auf seinen Maler, nicht jedoch auf die Person des Dargestellten selbst.

Das Gemälde besitzt mithin eine große überregionale Bedeutung. Denn es präsentiert mit Lars Kagge eine außerordentliche Gestalt aus der Zeit der schwedischen Großmachtbildung. Dies deutete sich in seiner Karriere, so weit sie bisher geschildert wurde, bereits an. Ein kurzer Blick auf seinen weiteren Lebensweg bekräftigt diese Einschätzung.

Auf Ersuchen der Vormundschaftsregierung für Königin Christina von Schweden trat Kagge im April 1635 unter Bestätigung seines Rangs als Generalmajor wieder in den Kriegsdienst ein. 1636 wurde er schwedischer Kriegsrat, 1641 Reichsrat, 1648 Feldmarschall, 1660 Präsident des Kriegsrates und Mitglied der fünfköpfigen Vormundschaftsregierung für den minderjährigen König Karl XI. Bereits 1653 war er zum Grafen erhoben worden. Er starb am 19. November 1661.[61] Seine Grabkapelle im westschwedischen Floda ist ein bemerkenswertes Zeugnis des Barocks.[62] Es lohnt sich also, sich mit Lars Kagge und den Fragen rund um das in Würzburg überlieferte Bildnis auch weiterhin zu beschäftigen.

---

61 Vgl. die in Anm. 24 genannte Literatur.

62 Ansichten z. B. unter https://de.wikipedia.org/wiki/Datei:Floda_kyrka,_S%C3%B6dermanland,_sept_2020c.jpg und unter http://christermalmberg.se/img/konst/pictor/floda/20170728_015w2d_Floda_ka_Kaggska_gravkoret.jpg (jeweils letzter Zugriff: 10.12.2020).

„Wie die Orgel in dem löbl. Gotteshaus zu Stadt Volkach völlig reparirt und verstärkt werden solle".

Zur Geschichte der Orgeln in der Pfarrkirche St. Bartholomäus in Volkach

Ute Feuerbach und Hendrik Weingärtner

1. Einleitung

Wenn die Konzilsväter in Nr. 120 der Liturgiekonstitution „Sacrosanctum Concilium" festhalten, dass „die Pfeifenorgel [...] in der lateinischen Kirche als traditionelles Musikinstrument in hohen Ehren gehalten werden [soll]; denn ihr Klang vermag den Glanz der kirchlichen Zeremonien wunderbar zu steigern und die Herzen mächtig zu Gott und zum Himmel emporzuheben", stützen sie sich auf eine breite kirchenmusikalische Tradition, in der die Orgelmusik stets eine tragende Säule bildete. Vor allem ab der Barockzeit und den damit verbundenen neuen Entwicklungen im Orgelbau begann eine Blütezeit, deren Auswirkungen bis heute spürbar sind. So ziemlich jedes Kirchengebäude verfügt aktuell über eine eigene Orgel, und Orgelwerke namhafter Komponisten – wie z.B. von Johann Sebastian Bach (1685–1750) oder Max Reger (1873–1916) – sind weithin bekannt. Aus der Kirchenmusik ist die Orgel nicht mehr wegzudenken. Im folgenden Beitrag soll daher exemplarisch die Orgelbaugeschichte in der Pfarrkirche St. Bartholomäus in Volkach von ihren Anfängen bis in die Gegenwart betrachtet und dabei herausgestellt werden, welche Kosten und Mühen für eine angemessene musikalische Gestaltung der Liturgie in einer mainfränkischen Kleinstadt aufgewendet wurden. Damit verbunden ist auch ein Überblick über die bisherigen aus Literatur- und Quellenstudium gewonnenen Erkenntnisse zur Geschichte des Orgelbaus in der Volkacher Pfarrkirche. Diese Zusammenstellung lässt dabei deutlich erkennen, welche Hypothesen und Angaben früherer Untersuchungen einer noch eingehenderen Überprüfung durch ein Studium der schriftlichen Quellen bedürfen.

Folgende Abkürzungen werden verwendet:
dn. = Pfennig
fl. = Gulden
lb. = Pfund
kr. = Kreuzer
RM = Reichsmark
PA Volkach = Pfarrarchiv Pfarrei St. Bartholomäus Volkach
Rthlr. = Reichstaler
StAVo = Stadtarchiv Volkach

2. Die Orgelbauten im 17. und zu Beginn des 18. Jahrhunderts

Am Anfang des Orgelbaus in der Pfarrkirche St. Bartholomäus in Volkach stehen Stiftungen frommer Bürger, die mit ihrer finanziellen Unterstützung einen ersten Orgelbau ermöglichten.[1] In den Jahren 1607/1608 waren die Räte der Stadt dann in der Lage, mit einem in Lohr ansässigen Orgelmacher den Bau eines ersten Werkes in Angriff zu nehmen und Verhandlungen zu beginnen.[2] Friedrich Künzinger (ca. 1575 bis nach 1630), der sich um das Jahr 1600 als einziger Orgelbauer in Lohr niederließ, stellte den Volkacher Stadtvätern zwei Instrumente zur Diskussion, ein größeres, das 550 fl. kosten sollte, und ein kleineres für 450 fl.[3] Künzinger, der noch im Jahr 1600 bei der Renovierung der Orgel im Kloster Neustadt a. M. mit dem aus Burgellern stammenden Martin Schonat (um 1570 bis um 1627) zusammengearbeitet hatte, baute und renovierte daraufhin größere und kleinere Werke in Lohr (um 1600), in der Abtei Münsterschwarzach (1602), in Mainz (1605/1610, 1611), in Miltenberg (1610, 1612, 1630), in der Klosterkirche Amorbach (1613, 1614), in Fulda (1615) und in der Abtei Neustadt a. M.[4] Demgegenüber ließ sich Schonat, der wohl evangelischen Glaubens war, in Kitzingen nieder und wurde hauptsächlich mit Orgelbauten in protestantischen Gebieten beauftragt, während er in den katholischen Gegenden Mainfrankens lediglich kleinere Aufträge ausführte.[5] Welches Werk Künzinger nach Volkach lieferte, ist bisher unbekannt und bedarf noch eingehender Nachforschungen. Bereits 1608 soll die neue Orgel in der Pfarrkirche auf- und ein Organist angestellt worden sein, dessen Einkommen durch die Stiftung eines Kapitals von 200 fl. durch den Fürstbischof Julius Echter v. Mespelbrunn (reg. 1573–1617) und seinen Bruder, dem Volkacher Amtmann Valentin Echter (1550–1624), aufgebracht und gesichert werden konnte.[6] Des Weiteren wurden 1616 vom Schultheißen Nikolaus Strigler 100 fl. zum Spiel der neuen Orgel gestiftet.[7] 1632 bezog der Organist 10 fl. und wurde beim Pfarrer verköstigt, 1685 soll der Lohn 15 fl. betragen haben.[8]

Für eine erste Reparatur der Orgel von Friedrich Künzinger beauftragte man im Jahr 1665 den Kulmbacher Orgelbauer Matthias Tretzscher (1626–1686) für eine Summe von 96 fl.[9] Tretzscher, der als ein bedeutender Orgelbauer

---

1 So spendete beispielsweise Valentin Rönnerts Vater im Jahr 1593 ein Legat in Höhe von 50 fl; vgl. dazu N. N., 100 Jahre Lied und Musik in Volkach [o. J., o. S.]. Valentin Rönnert selbst war 1596 und 1597 Oberbürgermeister von Volkach; vgl. dazu Gerhard Egert, Die Bürgermeister der Stadt Volkach 1400–1720, in: Ute Feuerbach (Hg.), Volkach 906–2006. 1100 Jahre verbriefte Geschichte (Volkacher Hefte 12/13), Volkach 2006, S. 120.

2 Vgl. dazu N. N., 100 Jahre Lied (wie Anm. 1).

3 Vgl. dazu Hermann Fischer, Orgelbau und Orgeln im Altlandkreis Lohr (Schriften des Geschichts- und Museumsvereins Lohr a. Main 49), Lohr 2008, S. 21; N. N., 100 Jahre Lied (wie Anm. 1).

4 Vgl. Fischer, Orgelbau und Orgeln (wie Anm. 3), S. 20–23.

5 Vgl. ebd., S. 21.

6 Vgl. Eugen Schön, Historische Nachrichten über Volkach besonders dessen kirchliche Verhältnisse, Würzburg 1833 (Nachdruck Volkach 1992), S. 161; N. N., 100 Jahre Lied (wie Anm. 1).

7 Vgl. ebd.

8 Vgl. ebd.

9 Vgl. ebd. Evtl. hat Tretzscher sogar einen Neubau für die Pfarrkirche angefertigt. Hermann Fischer geht von einem Neubau einer Orgel für 430 Reichstaler aus, die Tretzscher im Jahr 1664 angefertigt haben soll. Die Orgel soll über 12 Register verteilt auf zwei Manuale verfügt haben.

des 17. Jahrhunderts gilt, war im Maingebiet durchaus bekannt, unternahm er doch mit dem Ziel der Kundenakquise 1655 eine erfolglose Reise nach Würzburg. 1662 baute er eine Orgel für die Stadtkirche in Schweinfurt, 1681 ein Werk für die Abtei Maria Bildhausen und 1686 war er mit Neubauten in der Abtei Münsterschwarzach beschäftigt.[10] Den in Volkach ansässigen Organisten und Orgelbauer Hans Caspar Hoffmann bzw. dessen Sohn, der vermutlich der Arnsteiner Organist und Orgelbauer Conrad Hoffmann war und Aufträge in Arnstein (1642), Würzburg (1657), Randersacker (1666) und Gerolzhofen (1669) erledigte, hatte man für die Pfarrkirche nicht beauftragt.[11]

Für einen Orgel(neu)bau im zweiten Jahrzehnt des 18. Jahrhunderts gibt es mehrere Hinweise und Belege. Eine in der Literatur gängige These geht davon aus, dass zu Beginn des 18. Jahrhunderts ein neues Instrument für die Pfarrkirche beschafft worden ist, die genaue Jahresangabe differiert dabei jeweils. So gibt die im Volkacher Stadtarchiv aufbewahrte Publikation „100 Jahre Lied und Musik in Volkach“[12] das Jahr 1712 als Entstehungsjahr an, während Eugen Schön (1770–1842)[13] das Jahr 1716 angibt, worin der Organologe Hermann Fischer mit ihm einer Meinung ist.[14] Schön und Fischer stimmen ebenso in den Angaben zu Größe und Kosten des angeblich 1716 aufgestellten Werkes überein, wonach dieses über 16 Register verfügte und 600 Reichstaler an Kosten verursacht haben soll.[15] Die Quellenlage, zu der auch einige Fundstücke aus dem noch nicht katalogisierten Volkacher Pfarrarchiv zu zählen sind, kann zunächst keinen eindeutigen Beleg für das Jahr 1712 beisteuern. Bisher konnte

---

Einen Beleg für diese These bleibt Fischer jedoch schuldig; vgl. dazu Hermann Fischer, Der Orgelbauer Johann Philipp Seuffert und seine Nachkommen in Würzburg, Kirrweiler und Wien (Quellen und Forschungen zur Geschichte des Bistums und Hochstifts Würzburg 71), Würzburg 2015, S. 294; vgl. dazu auch Hans Hofner / Hermann Fischer, Art. „Tretzscher, Matthias“, in: Die Musik in Geschichte und Gegenwart Online, https://www.mgg-online.com/mgg/stable/23326 (letzter Zugriff: 23.07.2021). Hier sind noch weitere Nachforschungen anzustellen.

10 Vgl. Hermann Fischer / Theodor Wohnhaas, Matthias Tretzscher, in: Lebensbilder zur Geschichte der böhmischen Länder 4 (1981), S. 81–85; dies., Art. „Tretzscher, Matthias“, in: Lexikon süddeutscher Orgelbauer, S. 422.

11 Vgl. dies., Art. „Hoffman, Hans Caspar“, in: ebd., S. 164; dies., Art. „Hof(f)man, Conrad“, in: ebd., S. 163.

12 Dabei handelt es sich um die vom Musikverein 1867 Volkach e. V. gemeinsam mit der Stadtkapelle Volkach herausgegebene Festschrift zum 100-jährigen Jubiläum der beiden lokalen Institutionen; vgl. dazu Diana Metzner, Der Chor des Musikvereins in Geschichte und Gegenwart, in: Musikverein 1867 Volkach e. V. (Hg.), 150 Jahre Musikverein Volkach. 1867–2017, Volkach [o. J.], S. 35.

13 Eugen Schön, geboren als Johann Leopold Schön in Untereßfeld (Grabfeld) war ursprünglich in die Zisterzienserabtei Ebrach eingetreten (28.10.1793 Zulassung zur Profess, 20.05.1795 Weihe zum Subdiakon, 21.05.1796 Weihe zum Diakon, 23.09.1797 Priesterweihe) und war dort Repetitor für Theologie. Im Zuge der Säkularisation wurde er 1803 Kaplan in der ehemals vom Kloster Ebrach betreuten Pfarrei Burgwindheim, bevor er dann nach einer dreijährigen Zeit als Pensionist von 1814–1842 als Pfarrer von Volkach seelsorgerlich wirkte. Er verstarb am 21.05.1842 und wurde am 24.05.1842 in Volkach beigesetzt. Als Pfarrer von Volkach zeigte er ein besonderes Interesse an der Heimatgeschichte, das schließlich in seiner Publikation „Historische Nachrichten über Volkach besonders dessen kirchliche Verhältnisse“ mündete; vgl. dazu Gerhard Egert / Oskar Kern, Eugen Schön. Pfarrer zu Volkach. Beitrag zur Personalgeschichte einer fränkischen Kleinstadt im 19. Jh. (Volkacher Hefte 4), Volkach 1983; Günther Schmitt / Herbert Meyer, Eugen Schön, in: dies. (Hg.), Söhne und Töchter Volkachs – die Wohltäter unserer Stadt, Volkach [o. J., o. S.].

14 Vgl. dazu N. N., 100 Jahre Lied (wie Anm. 1); Schön, Historische Nachrichten (wie Anm. 6), S. 110f.; Fischer, Der Orgelbauer Johann Philipp Seuffert (wie Anm. 9), S. 294.

15 Vgl. Schön, Historische Nachrichten (wie Anm. 6), S. 110f.; Fischer, Der Orgelbauer Johann Philipp Seuffert (wie Anm. 9), S. 294.

lediglich eine auf den 13. September 1712 datierte „Designation“ des Würzburger Hoforgelbauers Johannes Hoffmann (1656–1725)[16] für die Orgel in der Wallfahrtskirche „Maria im Weingarten“ auf dem Kirchberg[17] und die Orgel in der Pfarrkirche ausfindig gemacht werden.[18] Im Abschnitt über die Pfarrkirchenorgel betont Hoffman die dringende Notwendigkeit, diese grundlegend zu reparieren und auszureinigen, sofern kein neues Pfeifenwerk gebaut werden sollte.[19] Veranschlagt sind darin zudem noch Ausbesserungsarbeiten an Windladen, Klaviatur und Blasbälgen, die der Orgelbauer auf „40 Rthlr. und die notige Kost“[20] summiert. Er unterbreitete ferner das kostenlose Angebot, aus Platzgründen die vier Blasbälge übereinander zu lagern und neue Windkanäle einzubauen. Zusätzliche Kosten würde er nicht erheben, allerdings müssten die Kosten für die dafür notwendigen Arbeiten der Zimmermänner und Schreiner selbst aufgewendet werden.[21]

Für die Pfarrkirche liegt außerdem ein auf das Jahr 1715 datiertes[22], aber nicht unterzeichnetes Angebot für eine Reparatur und Verstärkung der Orgel für eine Summe von 160 Reichstalern und vier Eimern Wein des Jahrgangs von 1712 vor.[23] Ebenso gibt es einen undatierten und nicht unterzeichneten Vorschlag zweier nicht näher beschriebener Orgelbauer über 400 Reichstaler, wonach das Werk über 18 Register verteilt auf zwei Manuale und Pedal verfügen sollte.[24] Den Titeln und dem jeweiligen Charakter der Schriftstücke ist ebenso wie der Tatsache, dass auf genaue Namensangaben sowie auf eine Unterzeichnung verzichtet worden ist, zu entnehmen, dass es sich hierbei nicht um Verträge, sondern um Abschriften bzw. Kopien handeln muss.[25] Beide Dokumente

---

16 Der aus Lauda stammende Schreinersohn Johannes Hoffmann wurde bei einem noch nicht bekannten fränkischen Orgelbauer ausgebildet und soll beim Würzburger Orgelbauer Nikolaus Will (1646–1689) und bei der Lohrer Orgelbaufamilie Schleich als Geselle mitgearbeitet haben. Nach dem Tod Wills eröffnete er eine eigene Werkstatt in Würzburg, wo er bereits 1690 geheiratet und das Bürgerrecht erhalten hatte. 1697 wurde er zum Hoforgelmacher ernannt. 1709 erfolgte zusätzlich die Ernennung zum Domorgelmacher; vgl. dazu Hermann Fischer/Theodor Wohnhaas, Art. „Hoffman, Johannes“, in: Lexikon süddeutscher Orgelbauer, S. 164.

17 Der Teil der Designation, der die Wallfahrtskirche betrifft, beginnt mit einer Zustandsbeschreibung der sieben Register (Prinzipal 4´, Octav 2´, Quint 1½´, Mixtur 3fach, Cimpel ½´, Floet 4´ und Grosgetact 8´), die Hoffmann dort vorgefunden hat. Im weiteren Verlauf listet Hoffmann die Mängel an den Windladen, der Klaviatur und der Blasbälge auf. Da das Orgelwerk seiner Meinung nach aufgrund der Größe der Kirche zu klein ausfällt, schlägt er die Erweiterung der Orgel um zwei Register (Viola da Gamba 8´ und Subbass 16´) vor, die laut Thomas Wehner auch vorgenommen worden ist; vgl. dazu Thomas Wehner (Bearb.), Realschematismus der Diözese Würzburg. Dekanat Kitzingen, Würzburg 1997, S. 203. Als Kosten für die Reparaturarbeiten gibt Hoffmann 100 Rthlr. an. 40 Rthlr. würden zusätzlich anfallen, wenn das gesamte Pfeifenwerk (insgesamt neun Register) aus gutem Material neu angefertigt werden soll; vgl. dazu PA Volkach, Akten. Betreff „Orgel“, o. Nr.

18 Vgl. PA Volkach, Akten. Betreff „Orgel“, o. Nr. Die Designation trägt die Unterschrift „Johann Hoffmann“. Dass es sich dabei wohl um den Hoforgelbauer Johannes Hoffmann (1656–1725) handelt, lässt sich aus dem Dokument nur indirekt entnehmen, da Hoffmann von seiner Würzburger Werkstatt schreibt. Allerdings fehlt die Bezeichnung Hoforgelmacher o. ä.

19 Vgl. PA Volkach, Akten. Betreff „Orgel“, o. Nr.

20 PA Volkach, Akten. Betreff „Orgel“, o. Nr.

21 Vgl. PA Volkach, Akten. Betreff „Orgel“, o. Nr.

22 Die Angabe der Jahreszahl ist auf der nach entsprechender Faltung des Blattes außenliegenden Seite angegeben.

23 Vgl. PA Volkach, Akten. Betreff „Orgel“, o. Nr.

24 Vgl. PA Volkach, Akten. Betreff „Orgel“, o. Nr.

25 Während das undatierte Dokument die Überschrift „Zu der Neuen Orgel in der Pfarrkirche zu Volkach sollen verfertigt werden“ trägt, lautet die Überschrift über dem auf das Jahr 1715 da-

verwenden die Bezeichnung „Orgelmacher“ im Plural, sodass angenommen werden kann, dass mehrere Orgelbauer zusammen die Planungen verantwortet haben.[26] Den schriftlichen Ausführungen zufolge war in beiden Fällen ein Neubau unter Verwendung alten Materials vorgesehen. Die Orgelbauer wurden demnach angehalten, brauchbares Material aus der alten Orgel für das neue Werk sorgfältig zu reparieren und brauchbar zu machen. Das undatierte Dokument weist dabei auf sehr umfangreiche Maßnahmen hin, die sich auch im höheren Preis niedergeschlagen haben dürften. Das Hauptwerk (1. Manual), das zweite Manual und das Pedal sollten demnach mit einer jeweils neuen Klaviatur und teilweise neuen als auch alten Registern ausgestattet werden.[27] Der Dispositionsvorschlag enthält deshalb stets auch den Hinweis, was von der alten Orgel übernommen werden soll. Folgende Disposition war dabei geplant[28]:

1. Manual	*2. Manual*	*Pedal*
Prinzipal 8´	Prinzipal 4´	Subbass 16´ (alt)
Octav 4´ (von der alten Orgel)	Flöten 8´ (alt)	Octavbass 8´
Quint 3´ (auch von der alten Orgel)	Flöten 4´ (alt)	Posaunen 16´
Cymbel (auch von der alten Orgel)	Waltflöthen 2´	Pedalkoppeln
Mixtur 6fach	Rauschquint 3fach	
Grosgetact (so auch gebessert werden soll)	Trompeten 8´	
Gamba 8´		
Sesquialtera 1 3/5´		
Quintadena 8´		

Das Dokument enthält ebenso einen Hinweis auf die angestrebte Beteiligung weiterer Gewerke, da u. a. Schreiner-, Bildhauer-, Schlosser-, Schnitz- und Zimmermannsarbeiten, sofern sie nicht unmittelbar zum eigentlichen Orgelhandwerk dazugehörten, nicht mit in den Vertrag fielen.[29] Neben Klaviaturen und Pedalen sollten auch drei neue Windläden mit einem Falten aus Kalbsleder, neue Windkanäle und Wellenbretter angefertigt werden. Unter den Punkten, die zu den Arbeiten am Pedal aufgelistet werden, findet sich auch der Hinweis auf eine anzufertigende Koppel, welche die Manuale vermutlich auf das Pedal koppeln sollte.

Demgegenüber fallen die Maßnahmen in dem auf das Jahr 1715 datierten Schriftstück, das nicht von einem Neubau, sondern von einer Reparatur und Verstärkung der Orgel spricht, wesentlich bescheidener aus. An neuen Registern war nur ein Octavbass, eine Mixtur 3fach, eine Viola da Gamba 8´, eine Posaune 16´ und eine Sesquialtera geplant.[30] Auffällig ist der Verzicht auf ein weiteres Zungenregister, auf die Rauschquinte, auf die Prinzipalregister und die

---

tierten Dokument „Vorzeigung. Wie die Orgel in dem löbl. Gotteshaus zu Stadt Volkach völlig reparirt und verstärkt werden solle“; vgl. dazu PA Volkach, Akten. Betreff „Orgel“, o. Nr.

26 So enthält das undatierte Dokument einen wohl nachträglich angeführten Zusatz – das Schriftbild differiert hier zu den vorangegangenen Ausführungen – mit dem Hinweis, dass die beiden Orgelmacher für das Orgelwerk die Summe von 400 Rthlr. fordern. Das auf 1715 datierte Dokument spricht von den „hochlöblichen Orgelmachern“; vgl. dazu PA Volkach, Akten. Betreff „Orgel“, o. Nr.

27 Vgl. PA Volkach, Akten. Betreff „Orgel“, o. Nr.

28 Vgl. PA Volkach, Akten. Betreff „Orgel“, o. Nr.

29 Vgl. PA Volkach, Akten. Betreff „Orgel“, o. Nr.

30 Vgl. PA Volkach, Akten. Betreff „Orgel“, o. Nr.

Waldflöte. Die Mixtur sollte kleiner ausfallen und die Quintadena weggelassen werden. Ferner sollten die alte Manualwindlade ausgebessert, die Ventile neu beledert und drei neue Blasbälge angeschafft werden. Auch in diesem Angebot wird festgehalten, dass die anderen Gewerke (Schlosser, Schreiner, Schnitzer und Zimmermänner) mitbeteiligt werden sollten. Den Orgelbauern wurde die Tanzstube auf dem Rathaus als Bauwerkstatt zugewiesen und der Festtag des hl. Laurentius (10. August) als Übergabedatum für das zu verbessernde Werk festgesetzt.[31] Die Verwendung des Plurals „Orgelmacher", der Einbezug fremder Gewerke, die Versicherung, das brauchbare Material der alten Orgel wiederzuverwenden, der Plan, die sichtbaren Pfeifen des Octavbasses mit Stanniol zu verzieren, als auch die in beiden Dokumenten erwähnten Register lassen den Schluss zu, dass die beiden Schriftstücke eher in einem Abhängigkeits- als in einem Konkurrenzverhältnis zueinander stehen. Es kann daher berechtigterweise die Vermutung angestellt werden, dass ein erster, weitaus aufwendigerer Vorschlag der Orgelbauer zu teuer ausfiel, sodass diese eine Nachbesserung vornehmen mussten und mit einem Vorschlag aufwarteten, der die Kosten auf 160 Rthlr. und vier Eimer Wein drücken konnte.

Die bisherigen Quellen- und Literaturzeugnisse sowie die neuerdings ausgewerteten Dokumente deuten also auf eine größere und über mehrere Jahre hinweg verteilte Baumaßnahme hin, die in den Rechnungsbüchern der Stadt Volkach ihren Niederschlag gefunden haben muss. Tatsächlich sind bereits für das Jahr 1711 Schreinerarbeiten für das Anfertigen der Blasbälge und weitere Arbeiten an der Orgel verzeichnet.[32] Dabei ist der Eintrag mit dem Hinweis „als die Orgelmacher hier gewesen"[33] versehen, wobei schon damals die Verwendung der Pluralform heraussticht. Außerdem fallen im Rechnungsbuch entsprechende Ausgaben an den Schreinermeister Kilian Gruber und den Zimmermann Albano Zehr auf, die für ihre Arbeit auf der „Bohrkirchen" (Empore) entlohnt wurden.[34] Wohl musste die Empore aufgeschlagen werden, um den entsprechenden Platz für eine neue Orgel schaffen zu können. Wahrscheinlich wurden also im Jahr 1711 erste Vorbereitungsarbeiten für einen Orgelneubau ausgeführt. Im darauffolgenden Jahr wurden dann – so verzeichnet es zumindest die Publikation „100 Jahre Lied und Musik in Volkach" – für eine neue Orgel Ausgaben von 190 fl. für Schreinerarbeiten, 38 fl. für Malerarbeiten und 120 fl. für Zimmermannsarbeiten getätigt.[35] Ob das von Johannes Hoffmann unterbreitete Angebot tatsächlich ausgeführt wurde, lässt sich nicht belegen.

Weitere Hinweise bietet auch das Rechnungsbuch aus dem Jahr 1715: Darin sind tatsächlich Ausgaben für Orgelbau-, Maler-, Tünchner-, Schreiner- und Maurerarbeiten belegt.[36] Insgesamt werden dabei Ausgaben in Höhe von 830 fl. 3 lb. 13 dn. verrechnet, von denen an die Orgelmacher – im Rechnungsbuch

---

[31] Vgl. PA Volkach, Akten. Betreff „Orgel", o. Nr.
[32] Vgl. StAVo, R 13 Nr. 61 (1711), fol. 107f.
[33] StAVo, R 13 Nr. 61 (1711), fol. 108.
[34] Vgl. StAVo, R 13 Nr. 61 (1711), fol. 150f. Außerdem habe der Schreinermeister Kilian Gruber laut Ausgabenverzeichnis einen Sitz in die Orgel eingebaut; vgl. dazu StAVo, R 13 Nr. 61 (1711), fol. 154.
[35] Vgl. N. N., 100 Jahre Lied (wie Anm. 1). Diese Kostenangaben bedürfen noch einer genaueren Überprüfung.
[36] Vgl. StAVo, R 13 Nr. 65 (1715), fol. 161–183.

wird wiederum der Plural verwendet – eine Summe von 225 fl. 3 lb. 11 dn. ging, die sich mit 160 Rthlr. auf die Orgel selbst und 28 Rthlr. für die „Quintaten" verteilten.[37] Zusätzlich verzeichnet das Rechnungsbuch auch die Ausgabe von vier Eimern Wein des Jahrgangs 1712 an die Orgelbauer mit Verweis auf den entsprechenden Accordbrief. Aufgrund der Summe scheint dieser Rechnungsbetrag mit den oben bereits angeführten Kosten des Angebots aus dem Jahr 1715 übereinzustimmen. Lediglich 28 Rthlr. wurden zusätzlich aufgewendet. Vermutlich wurde das im ersten (dem teureren) Angebot vorgesehene Register Quintadena 8′ noch nachträglich geordert und eingebaut. Ob die Orgel noch im Jahr 1715 oder erst im Folgejahr – wie Eugen Schön schreibt – aufgestellt worden ist, lässt sich aus vorhandenen Quellenzeugnissen nicht ermitteln. Angebot und Ausgaben sind aber für das Jahr 1715 in Anschlag zu bringen. Auch die Größe des dann fertiggestellten Werkes lässt sich nicht angeben, da aus den Unterlagen nicht zu entnehmen ist, welche Teile und vor allem wie viele Register aus der alten Orgel übernommen worden sind. Die konsequente Pluralverwendung bei der Beschreibung der Auftragnehmerseite könnte eventuell darauf hindeuten, dass der in Karlstadt ansässige Orgelbauer Jakob Theodor Berns (1678–1753), der zusammen mit Johann Baptist Funtsch (1674–1743) 1711 mit der Reparatur der Orgel in Sommerach und von 1713–1717 jährlich mit der Wartung der Orgeln in der Abtei Münsterschwarzach und in Dimbach in der Nähe Volkachs tätig war, zusammen mit seinem Geschäftspartner als Orgelbauer infrage kommt.[38] Ob beide den Auftrag tatsächlich auch erhielten, muss Spekulation bleiben. Alternativ könnte die Bezeichnung „Orgelmacher" auch auf die Werkstatt Hoffmanns bezogen werden, der für seine Designation evtl. mit einem Gesellen die Orgeln in Volkach begutachtet haben könnte. Auch dies lässt sich nicht belegen.

Für den Prospekt der Orgel wurde in den 1720er Jahren der Sommeracher Bildhauer Matthias Sporer beauftragt, einen Schnitzdekor anzufertigen.[39] Bereits 1729 bemühte sich die Stadt Volkach in Konkurrenz mit der Gemeinde Hopferstadt, die alte einmanualige Orgel aus der Würzburger Neumünsterkirche, die 1648 bei Johann Georg Künzinger (um 1600 bis um 1665) bestellt wurde, 14 Register umfasste und die im Lauf der Jahre mehrmals überarbeitet und repariert worden ist, für 200 fl. anzukaufen. Dass der Ankauf für die Volkacher Pfarrkirche geplant war, lässt sich nun durch ein auf den 23. Oktober 1729 datiertes abschlägig beschiedenes Reskript aus Würzburg, das vom

---

[37] Vgl. StAVo, R 13 Nr. (1715), fol. 161.

[38] Vgl. Hermann Fischer/Theodor Wohnhaas, Der Orgelbauer Jakob Theodor Berns von Karlstadt a. Main, in: Musik in Bayern 35 (1987), S. 57 u. 62.

[39] Während Eugen Schön und Hermann Fischer in Übereinstimmung das Jahr 1726 für die Anfertigung der Verzierungen des Orgelprospekts durch Matthias Sporer angeben, findet sich bei Hanswernfried Muth/Hendrik Weingärtner die Jahreszahl 1729. Ein genauer Quellenbeleg zur entsprechenden Jahreszahl findet sich in keiner der entsprechenden Veröffentlichungen. Eine Bestätigung der genauen Jahreszahl steht noch aus. Aus stilistischen Gründen ist laut Hermann Fischer der erhaltene Prospekt und das dazugehörige verzierende Schnitzwerk Johann Philipp Seuffert zuzuschreiben. Der Vorgängerprospekt und die Schnitzarbeiten Sporers sind nicht erhalten geblieben; vgl. Schön, Historische Nachrichten (wie Anm. 6), S. 110f.; Fischer, Der Orgelbauer Johann Philipp Seuffert (wie Anm. 9), S. 294f.; Hanswernfried Muth/Hendrik Weingärtner, Volkach. Die Kirchen der Pfarrei (Schnell, Kunstführer Nr. 227), Regensburg 2014 (8. Aufl.), S. 36.

damaligen Weihbischof Johannes Bernhard Mayer (1669–1747)[40] unterzeichnet wurde und im Volkacher Pfarrarchiv aufgefunden werden konnte, entnehmen.[41] Demnach beantragte der Volkacher Pfarrer Johann Kaspar Warth[42], für die Aufstellung der Orgel in der Pfarrkirche die Kosten aus den Mitteln der örtlichen Hospital- und Almosenpflege aufzuwenden, was ihm jedoch nicht genehmigt wurde.[43] Die Orgel sollte demnach nicht – wie beispielsweise von Hermann Fischer angenommen – für die Wallfahrtskirche „Maria im Weingarten“ auf dem Volkacher Kirchberg angeschafft werden.[44]

Die Ablehnung des Gesuches lässt sich vor dem Hintergrund der 1693 von Fürstbischof Johann Gottfried von Guttenberg (reg. 1684–1698) erneuerten Kirchenordnung erklären, welche eine der Widmung entsprechende Verwendung der Gelder von christlichen Stiftungen (darunter auch Hospital- und Almosenstiftungen) vorsah und somit das Gesuch des Volkacher Pfarrers eine Bitte um die nicht zweckgemäße Verwendung von Stiftungsgeldern darstellte, was durch die geistliche Regierung mit Blick auf die Kirchenordnung nur abgelehnt werden konnte.[45] Da das Geld dann scheinbar überhaupt nicht

---

40 Der in Lauda geborene Johannes Bernhard Mayer (die niederen Weihen sowie die Weihe zum Subdiakon, Diakon und Priester erfolgten im Jahr 1694 in Rom) trat nach seiner Rückkehr nach Würzburg in die Dienste der Fürstbischöfe Johann Gottfried von Guttenberg (reg. 1684–1698) und Johann Philipp von Greiffenclau zu Vollraths (reg. 1699–1719). Nach der Promotion zum Doktor beiderlei Rechte lehrte er an der Universität als Professor für kanonisches Recht, ehe er zum Nachfolger des 1703 verstorbenen Weihbischofs Stephan Weinberger und damit gleichzeitig verbunden zum Präsidenten der geistlichen Regierung ernannt wurde. Die Bischofsweihe fand am 01.03.1705 statt; vgl. dazu Nikolaus Reininger, Die Weihbischöfe von Würzburg. Ein Beitrag zur fränkischen Kirchengeschichte, in: Archiv des Historischen Vereins von Unterfranken und Aschaffenburg 18 (Würzburg 1865), S. 258–270.

41 Hintergrund dieses Antrags ist wohl die von Johann Gottfried von Guttenberg 1693 erneuerte Kirchenordnung, welche unter anderem das Vorgehen in Kirchenbauangelegenheiten und den Umgang mit Stiftungsvermögen regelte und im Nachgang (die Kirchenordnung wurde unter den Nachfolgern Guttenbergs nur wenig verändert) zunehmend zum Kompetenzgewinn der geistlichen Regierung bezüglich der Vermögensverwaltung geistlicher Stiftungen führte; vgl. dazu Anm. 45. Wir danken Herrn Dr. Winfried Romberg für den freundlichen Hinweis.

42 Johann Kaspar Warth stammte gebürtig aus Hofheim und trat die Pfarrstelle in Volkach am 17.09.1725 an. 1746 wechselte er auf die Pfarrstelle nach Ochsenfurt; vgl. Schön, Historische Nachrichten (wie Anm. 6), S. 156.

43 Vgl. PA Volkach, Akten. Betreff „Orgel“, o. Nr.: „Auff des Pfarrers zu Volkach unterthänigstes Aufsuchen, umb die von Stift Neumünster dahier in die Pfarrkirch zu gedl. Volkach erkauffte Orgel vom dasigen Hospital und Allmosen pfleeg bezahlen zu dürffen; wird demselben hinwider rescribiert, das sothanen petitio nicht können deferiert werden.“

44 Der Vermutung von Hermann Fischer ist zu widersprechen, wenn er ausführt: „Es wäre auch unvorstellbar, dass schon nach wenigen Jahren wieder eine Orgel – noch dazu eine gebrauchte – für die Kirche angeschafft würde, es sei denn, es habe einen Brand gegeben, der freilich in keiner Chronik ‚vergessen‘ worden wäre. Die Bewerbung um die Gebrauchtorgel macht aber Sinn, wenn sie für eine andere Kirche der Stadt, etwa für die Wallfahrtskirche Maria im Weingarten, bestimmt war“; Fischer, Der Orgelbauer Johann Philipp Seuffert (wie Anm. 9), S. 295. Allerdings konnte die Motivlage, warum die Orgel für die Pfarrkirche angekauft werden sollte, bisher nicht vollständig geklärt werden. Der Hinweis aus dem Rechnungsbuch von 1735, dass die Orgel verstimmt und verderbt gewesen sei, könnte auf den schlechten Zustand des Werkes und auf bauliche Mängel hindeuten; vgl. dazu StAVo, R 13 Nr. 74 (1735), fol. 113.

45 Grundlage für die Ablehnung des Antrages bildete die bereits erwähnte Kirchenordnung in der Fassung von 1693. Der Pfarrer musste nach Kapitel XVIII der Kirchenordnung um Genehmigung von Baumaßnahmen anfragen (vgl. v. a. Kap. XVIII, Nr. 128). Außerdem wird hinsichtlich der Hospital- und Almosenstiftungen in Kapitel XIII, Nr. 111 angeordnet, dass „die fundirte Renthen und Gefäll zu der Armen und Bedürfftigen Notthurfft, worzu sie gewidmet seind, ordentlich verwendet, und richtige Rechnungen darüber geleistet werden mögen.“ Größere Baumaßnahmen, wie der Einbau einer neuen bzw. gebrauchten Orgel, hätten ebenso wie die normabweichende Verwendung von Stiftungsvermögen einer Genehmigung der geistlichen Re-

aufzubringen war, kam der Verkauf nicht zustande, sodass der Würzburger Hoforgelbauer Johann Philipp Seuffert (1693–1780) diese 1732 für 100 Rthlr. kaufte und 1735 in Burkardroth aufstellte.[46] 1729 verzeichnet die Kirchenrechnung, dass die Orgel durch einen hiesigen Orgelmacher neben anderen Arbeiten gestimmt worden ist.[47] Die Vermutung, dass der Würzburger Orgelbauer Johann Philipp Seuffert die Stimmung vorgenommen habe und man von Volkacher Seite her den Hoforgelbauer dadurch kennenlernen wollte, lässt sich mit Blick auf die Aussage des Rechnungsbuches nicht bestätigen.[48] Bei dem angesprochenen Orgelbauer dürfte es sich wohl um den seit 1728 in Volkach ansässigen Johann Michael Schöpf (1703–1763) handeln.[49] Der Volkacher Orgelbauer war mehrmals aufgrund von Reparatur- und Ausbesserungsarbeiten in der Pfarrkirche tätig. So enthält etwa das Rechnungsbuch von 1735 den Hinweis, dass die Orgel verstimmt und verderbt gewesen sei, wofür der hiesige Orgelbauer einen Auftrag zur Säuberung und zum Treffen von Vorsehungen vor erneutem Schmutzbefall erhielt. Des Weiteren wird die Reparatur der drei Blasbälge und das Zusammenziehen der beiden Manuale erwähnt.[50] Des Weiteren sind 16 dn. für die Ausbesserung des Orgelbodens durch den Schreiner während der Reparaturmaßnahmen verzeichnet.[51]

3. Der Orgelneubau durch Johann Philipp Seuffert von 1757

Zu einem Auftrag an Johann Philipp Seuffert, der 1731 zum Hoforgelbauer ernannt worden war, kommt es allerdings erst in den 1750er Jahren, nachdem mit dem Einzug, der Stuckierung und der Ausmalung der flachen Spiegeldecke

gierung bedurft; vgl. dazu Franz Xaver Himmelstein, Synodicon Herbipolense. Geschichte und Statuten der im Bisthum Würzburg gehaltenen Concilien und Dioecesansynoden, Würzburg 1855, S. 439f. u. 443 sowie Winfried Romberg, Das Würzburger Pfarrwesen vom Dreißigjährigen Krieg bis zur Säkularisation (1617–1803). Institutionen und Pastoral im Spiegel der landesherrlichen Kirchenordnungen, in: Würzburger Diözesangeschichtsblätter 73 (2011), S. 95–158.

46 Vgl. Hermann Fischer, Die Orgeln der Neumünsterkirche in Würzburg, in: Die Mainlande 15 (1964), S. 73–75 u. 80; Fischer, Der Orgelbauer Johann Philipp Seuffert (wie Anm. 9), S. 145 u. 294f.

47 Vgl. StAVo, R 13 Nr. 72 (1729), fol. 104.

48 Die These, dass Seuffert zu Reparaturen oder zur Orgelstimmung in Volkach war, stützt sich dabei auf die von Rudolf Walter angegebene Auflistung der von Seuffert durchgeführten Orgelbauten und Reparaturen. Walter betont allerdings, dass diese nur einen aktuellen, aber keinen endgültigen Stand wiedergebe; vgl. dazu Rudolf Walter, Der Orgelbaustil von Joh. Philipp Seuffert (1693–1780), in: Acta organologica 20 (1988), S. 144.

49 Vgl. Hermann Fischer/Theodor Wohnhaas, Art. „Schöpf, Orgelbauerfamilie in Hofheim, Volkach und Seßlach“, in: Lexikon süddeutscher Orgelbauer, S. 163. Johann Michael Schöpf wurde 1703 in Hofheim geboren und ließ sich 1728 in Volkach nieder, wo er 1763 verstarb. Bis auf den gemeinsam mit Jakob Theodor Berns ausgeführten Orgelbau in Rödelsee hat Schöpf wohl nur Reparaturen vorgenommen; vgl. auch Fischer/Wohnhaas, Der Orgelbauer Jakob Theodor Berns (wie Anm. 38), S. 73–75.

50 Vgl. StAVo, R 13 Nr. 74 (1735), fol. 113.

51 Folgende Arbeiten an der Orgel sind in verschiedenen Rechnungsbüchern verzeichnet: Bereits 1718 baute der Schreiner eine Bucht für die Choralbücher in die Orgel ein. Außerdem wurden im gleichen Jahr 2 lb. und 7 dn. dem Schulrektor für (wohl kleinere) Reparaturarbeiten an der Orgel gezahlt; vgl. dazu StAVo, R 13 Nr. 68 (1718), fol. 119 u. 121. Die Reparatur an der Orgel durch den Rektor der Volkacher Lateinschule zeigt dabei auch die enge Verbindung der Kirchenmusik mit dem Schulwesen an, da der Rektor auch Musikunterricht erteilte und mit den

1753 eine erste Phase der Barockisierung des Innenraums ihren Abschluss gefunden hatte. In etwa zeitgleich mit der Aufstellung der neuen Seitenaltäre in den 1750er und 1760er Jahren wurde auch der Plan eines Orgelneubaus verfolgt. Die Publikation „100 Jahre Lied und Musik in Volkach" datiert diesen jedoch fälschlicherweise auf das Jahr 1758 und gibt mit 420 Rthlr., einem Malter Korn und zwei Eimern Wein die Kosten für den Neubau durch Seuffert an.[52] Der einzig bisher belastbare Beweis, dass der Würzburger Hoforgelbauer eine Orgel für die Volkacher Pfarrkirche erbaute, ist ein unscheinbarer Windladenzettel (Abb. 1), auf dem Folgendes zu lesen ist:

Johann Philipp Seuffert
Bürger und Hof-Orgellmacher
zu Würzburg, hat dieses Orgell-
werck von neuen verfertiget,
im Jahr Christi 1757.[53]

Abb. 1: *Windladenzettel – Seuffert 1757 (Foto: Hendrik Weingärtner).*

Für diesen Orgelneubau soll die Stadt 1758 80 fl. von der Witwe Georg Michael Baumeisters erhalten haben.[54] Dennoch konnte die hohe Summe nicht unmittelbar aufgebracht werden, weswegen man zunächst 1758 einen Ab-

---

Schulkindern den Gottesdienst musikalisch gestalten musste. Neben dem Organisten waren somit die Lateinschüler mit ihrem Lehrer die Träger der städtischen Kirchenmusik; vgl. dazu Schön, Historische Nachrichten (wie Anm. 6), S. 156–164. Ausgaben zur Reparatur der Blasbälge durch den Dimbacher Schulmeister und Schreiner als auch durch Kilian Gruber werden 1723 verzeichnet; vgl. StAVo, R 13 Nr. 69 (1723), fol. 88f. Weitere Arbeiten an der Orgel wurden 1742 getätigt, als man die Pfeifen von einem Johann Menges ausbessern ließ; vgl. dazu StAVo, R 13 Nr. 79 (1742), fol. 106. 1749 werden Reparaturarbeiten von einem Schreiner an der Orgel durchgeführt, welche durch einen „bösen Buben" beschädigt worden ist; StAVo, R 13 Nr. 86 (1749), fol. 72.

52 Vgl. dazu N. N., 100 Jahre Lied (wie Anm. 1).

53 Der Windladenzettel wurde beim Abbruch der alten Seuffertorgel durch die Firma Klais 1948 erhalten und in dem neuen Werk in der Pfarrkirche aufgehängt, wo er bis heute vorzufinden ist.

54 Vgl. dazu N. N., 100 Jahre Lied (wie Anm. 1).

schlag in Höhe von 384 fl. gezahlt sowie eine „Ratenzahlung“ über den Restbetrag (1759: 100 Rthlr.; 1760: 40 Rthlr.) vereinbart hatte.[55] Dem Werk lag wohl ein undatiertes Angebot Seufferts zugrunde, das dieser zeitlich nach seiner Bestellung zum Hoforgelbauer ausfertigte und das sich noch heute im Volkacher Pfarrarchiv befindet.[56] Demnach plante er eine einmanualige Orgel mit 14 Registern, wovon sich zwölf auf das Manual (45 Tasten) und zwei auf das Pedal (18 Tasten) verteilten.[57] Seuffert fertigte vor allem Werke mit einem Manual von maximal 48 Tasten, deren Registeranzahl zwischen sechs und sechzehn variierten. Das Pedal, das zwischen 14 und 18 Tasten umfasste, war meist nur sehr gering besetzt.[58] Dies lässt sich auch für das Volkacher Angebot feststellen. Der Spieltisch dürfte sich ursprünglich in einer Nische am Prospekt mit seitlich angeordneten Registerzügen befunden haben.[59] Auf Zungenregister, die sich bei Seuffert nur im Pedal finden, verzichtete er.[60] Aus dem Angebot geht weiter hervor, dass der Würzburger Hoforgelbauer Schreiner- sowie Bildhauerarbeiten selbst ausführte und somit auch einen Prospekt herstellte.[61] Außerdem gab er als Kosten 300 Reichstaler an und wollte des Weiteren die alte Orgel in Zahlung nehmen. Die in diesem Angebot genannten Kosten übersteigen diejenigen, welche die Publikation „100 Jahre Lied und Musik in Volkach“ mit Verweis auf die Bürgermeisterrechnung von 1758 auflistet.[62] Den Bau dieser Orgel gemäß des Vorschlags von Seuffert legt laut Hermann Fischer die von der Firma Klais dokumentierte Disposition beim Abbruch des Instrumentes im Jahr 1948 nahe.[63] Dass auch dieses Werk entsprechend eines romantischen Klangideals im 19. Jahrhundert oder um die Wende zum 20. Jahrhundert verändert wurde, lässt sich anhand folgender drei Aspekte festmachen:

(1) Die von der Firma Klais dokumentierte Disposition bei den Abbrucharbeiten 1948 zeigt neben einer Verlegung des Spieltisches die Einfügung eines zweiten Manuals, den Anbau des Positivs hinter dem Spieltisch (Salicional 8´ und Liebl. Gedackt 8´) sowie den Austausch zweier Register im ersten Manual (Hohlflöte 8´ statt Decima ¾´ und Vox coelestis 8´ statt Quint 3´) an.[64] Im Pedal fand Klais 1948 zwei zusätzliche Register (Prinzipalbass 16´ und Cello 8´) vor, von denen der Prinzipalbass noch von Seuffert stammen könnte.[65] Der Einbau der 8´-Register in Manual und Pedal, insbesondere der Vox coelestis, deutet dabei auf eine dem romantischen Klangideal entsprechende Veränderung hin.

---

[55] Vgl. ebd. Diese Kostenangaben bedürfen noch einer genaueren Überprüfung.
[56] Vgl. PA Volkach, Akten. Betreff „Orgel“, o. Nr. sowie Fischer, Der Orgelbauer Johann Philipp Seuffert (wie Anm. 9), S. 296.
[57] Vgl. ebd., S. 296.
[58] Vgl. Walter, Der Orgelbaustil von Joh. Philipp Seuffert (wie Anm. 48), S. 116.
[59] Dies bestätigt auch die Einschätzung von Hans Klais aus dem Jahr 1948, der den vorgefundenen freistehenden Spieltisch als spätere Einrichtung auffasste; vgl. PA Volkach, Akten. Betreff „Orgel“, o. Nr.
[60] Vgl. Walter, Der Orgelbaustil von Joh. Philipp Seuffert (wie Anm. 48), S. 116 u. 143.
[61] Vgl. Fischer, Der Orgelbauer Johann Philipp Seuffert (wie Anm. 9), S. 296.
[62] Vgl. N. N., 100 Jahre Lied (wie Anm. 1); Fischer, Der Orgelbauer Johann Philipp Seuffert (wie Anm. 9), S. 296.
[63] Vgl. ebd., S. 296f.
[64] Vgl. ebd.
[65] Vgl. ebd.

Disposition nach der Bestandsaufnahme von 1948[66]

Manual C–f^3 (4 Töne der großen Oktave ergänzt)
Prinzipal 8´ Metall Prospekt, alt
Hohlflöte 8´ Holz / Zink / Metall, neu
Zimbel 1–3fach Metall, alt
Mixtur 3–5fach Metall, alt
Octav 2´ Metall, alt
Vox coelestis 8´ Metall, ab c°, neu
Octav 4´ Metall, alt
Gamba 8´ C–F Zink neu, ab G Metall, alt
Quintatön 16´ ab c°, c° Zink neu, sonst alt
Spitzflöte 4´ Metall, alt, C Zink neu
Geigenprinzipal 8´ C–c° Zink neu, dann alt
Gedackt 8´ C–h° Holz, dann Metall, alt

Positiv
Salicional 8´ C–H Holz gedackt, ab c° Metall, neu
Liebl. Gedackt 8´ Holz, neu

Pedal C–f° (18)
Subbass 16´ Holz, alt
Octavbass 8´ Holz, alt
Cello 8´ Zink, neu
Prinzipalbass 16´ Holz, alt

(2) Beim Abbruch des Werkes wurden damals ebenfalls die alten Porzellanschilder an den Registerzügen mit den entsprechenden Registerangaben abgebaut. Diese sind scheinbar ebenfalls nachträglich angebracht worden und bis heute erhalten geblieben. Sie befinden sich zusammen mit dem Windladenzettel von Seuffert im Gehäuse der aktuellen Orgel.

(3) Außerdem blieb ein Doppelfalten-Magazinbalg unter der Empore erhalten, der aufgrund technischer Veränderungen im Orgelbau erst ab dem 19. Jahrhundert eingebaut werden konnte.

Aus den im Pfarrarchiv zum Orgelbau enthaltenen Akten lässt sich entnehmen, dass sich die Kirchenverwaltung der Pfarrei unter Pfarrer Franz Förster[67] am 3. März 1851 an den Stadtrat der Stadt Volkach hinsichtlich einer Reparatur der Orgel in der Pfarrkirche wandte, die man eigentlich schon in den 1840er Jahren hatte durchführen wollen.[68] Der dem Schreiben beigefügte Kostenvoran-

---

[66] Diese ist dokumentiert bei Hermann Fischer; vgl. ebd.

[67] Pfarrer Franz Förster wurde am 03.09.1813 in Gerolzhofen geboren und am 24.11.1836 zum Priester geweiht. Nach der Resignation seines Vorgängers Johann Peter Vatter (die Erledigung wurde im Intelligenzblatt Nr. 10 vom 24.01.1850 angezeigt), der auf die Pfarrstelle nach Obertheres wechselte, trat Förster, der im Schematismus der Diözese Würzburg für das Jahr 1850 als Unterlehrer bzw. Studienlehrer an der Lateinschule in Lohr geführt wird, die Stelle in Volkach, die ihm zum 30.03.1850 verliehen wurde (die Verleihung wurde im Intelligenzblatt Nr. 46 vom 23.04.1850 angezeigt) wohl im Laufe des Jahres an. Er verließ Volkach bereits 1858 wieder (die Erledigung wurde im Kreisamtsblatt Nr. 90 vom 24.08.1858 angezeigt) und Förster wird im Schematismus der Diözese Würzburg für das Jahr 1859 als Pfarrer von Aschach (Dekanat Bad Kissingen) geführt. Pfarrer Förster gelang es, in Volkach im Jahr 1856 einen Konvent der Dillinger Franziskanerinnen anzusiedeln. Den Schwestern oblag fortan die Erziehung und Ausbildung der weiblichen Bevölkerung; vgl. dazu Franz Förster, Erinnerung an die feierliche Eröffnung des Hospizes der Lehrfrauen aus dem Orden des h. Franziskus zu Volkach am 19. October 1856, Würzburg [o. J.] sowie Ute Feuerbach, Kloster St. Maria Volkach 1856–2006. 150 Jahre Erziehung zum Leben, Volkach 2006.

[68] Vgl. PA Volkach, Akten. Betreff „Orgel“, o. Nr. Dass eine Reparatur in den 1840er Jahren bereits geplant war, lässt sich aus der Korrespondenz zwischen Kirchen- und Stadtverwaltung entnehmen. Demnach haben bereits 1840 Verhandlungen zur Orgelreparatur stattgefunden. In einem auf den 02.07.1841 datierten Brief des Bürgermeisters Konrad Friedrich wird die Kir-

schlag und das ebenfalls beigelegte Sachverständigengutachten waren im Pfarrarchiv bisher nicht aufzufinden. Bezüglich der Finanzierung einigte man sich darauf, dass die eine Hälfte der Kosten von der Stadtverwaltung und die andere Hälfte von der Kirchenverwaltung getragen werden, wozu sich der Stadtrat mit Beschluss vom 29. März 1851 bereit erklärte.[69] In der Kirchenverwaltungssitzung vom 7. Mai 1851 bezifferte man dabei den Anteil der Pfarrei auf 165 fl., was eine Gesamtsumme in Höhe von 330 fl. ergibt.[70] Für die Jahre 1852–1854 veranschlagte man dabei, die Kosten mit Genehmigung des königlichen Landgerichts von 22. April 1851 auf die drei Stiftungen in Höhe von 9 fl. 20 kr. auf die Totenkappellenstiftung, 17 fl. und 20 kr. auf die Pfarrkirchenstiftung und 28 fl. 40 kr. auf die Kirchbergstiftung aufzuteilen.[71] 1854 oder 1855 nahm der Orgelbauer nochmals Nachbesserungen an der Orgel vor, für die er 42 fl. 30 kr. von der Stadtkämmerei einforderte, die diese aber zu zahlen sich weigerte.[72]

Aus dem der Kirchenverwaltung übersandten Schreiben wird der Orgelbauer, der die Nachreparatur ausgeführt hat, namentlich erwähnt.[73] Demnach handelte es sich um Orgelbauer Heinrich Menger (1815–1880)[74], der in die Euerdorfer Orgelbauwerkstatt Kirchner eingeheiratet hatte und ab 1848 an den Orgelbauten seines Schwiegervaters Johann Kirchner (1784–1853)[75] beteiligt war.[76] Seine eigene Bautätigkeit, die ihn nur selten, wie im Falle der Orgel für das Würzburger Waisenhaus, aus dem näheren Umkreis der Werkstatt herausführte, zeichnet sich durch ein romantisches Klangideal aus. Probleme bereiteten ihm allerdings immer wieder technische Mängel, die oftmals zu Ersatzneubauten innerhalb weniger Jahrzehnte führten.[77] Dass Mengers Werke zu Unstimmigkeiten führten, zeigt beispielsweise die Kontroverse um seinen Neubau in Stangenroth aus dem Jahr 1858, die sich an technischen Mängeln und Abweichung von der vertraglich vereinbarten Ausstattung des Werkes entzündet hatte.[78] Auch wenn der genaue Beleg diesbezüglich noch nicht erbracht werden kann, ist anzunehmen, dass Menger, der die Nacharbeiten ausführte, auch die ursprünglichen Maßnahmen an der Orgel ausgeführt haben dürfte.

---

chenverwaltung zur Vorlage der entsprechenden Unterlagen, die das königliche Landgericht zur Genehmigung einforderte, und zur Übersendung eines Kostenvoranschlags aufgefordert.

69 Vgl. PA Volkach, Akten. Betreff „Orgel“, o. Nr. Weiterhin erlaubt der Stadtrat die Durchführung einer Kollekte bei der hiesigen Bürgerschaft.

70 Vgl. PA Volkach, Akten. Betreff „Orgel“, o. Nr.

71 Vgl. PA Volkach, Akten. Betreff „Orgel“, o. Nr.

72 Vgl. PA Volkach, Akten. Betreff „Orgel“, o. Nr.

73 Vgl. PA Volkach, Akten. Betreff „Orgel“, o. Nr.: „Orgelbauer Menger von Euerdorf“.

74 Vgl. dazu Hermann Fischer/Theodor Wohnhaas, Art. „Menger, Heinrich“, in: Lexikon süddeutscher Orgelbauer, S. 255f.

75 Johann Kirchner führte die Orgelbauwerkstatt seines Vaters Johann Caspar Kirchner (1762–1812), der sich den Orgel- und Tasteninstrumentenbau selbst beibrachte, in Euerdorf weiter; vgl. dazu Hermann Fischer/Theodor Wohnhaas, Art. „Kirchner, Orgelbaufamilie in Euerdorf/Ufr.“, in: Lexikon süddeutscher Orgelbauer, S. 195f.

76 Vgl. Hermann Fischer, Die Orgeln des Landkreises Bad Kissingen, Bad Kissingen [o. J.], S. 27.

77 Vgl. ebd.

78 Vgl. ebd., S. 209. Neben nicht abgesprochenen klanglich-technischen Veränderungen in den Registern Mixtur, Salicional und Gedackt, lieferten die Balsbälge in Stangenroth nur einen Winddruck von 25–27%. Ebenso wurden die Gestaltung des Spieltisches sowie die fehlende Belegung der Obertasten mit Bein kritisiert.

Angesichts der von Hermann Fischer beschriebenen Mängel in der Orgelbaukunst Mengers sind nachträgliche Ausbesserungsarbeiten nicht unwahrscheinlich.[79] Welche Veränderungen genau durch die Reparatur, die von der Stadtverwaltung auch als „vollkommene gute brauchbar Erstellung"[80] bezeichnet wird, in Angriff genommen worden sind, ist ebenfalls noch unbekannt. Jedenfalls dürfte es sich bei dieser Summe nicht um Kleinigkeiten gehandelt haben. Für das Jahr 1921 liegt zudem ein Kostenvoranschlag in Höhe von 5080 RM für eine Generalüberholung der Orgel von der Firma W. Siemann & Co[81] vor.[82] Wann und ob genau diese Maßnahmen von Siemann & Co ausgeführt worden sind, lässt sich nicht genau angeben. Jedoch sind für die Jahre 1926 und 1927 Benefizkonzerte des Musikvereins Volkach belegt, die einen späteren Termin nahelegen.[83] Weitere größere Baumaßnahmen an der Orgel vor 1948 sind nicht überliefert.[84]

4. Der Orgelneubau von 1941/1948

Zu Beginn der 1940er Jahren bemühte sich die Pfarrei Volkach ein weiteres Mal um einen Neubau ihrer Pfarrkirchenorgel. Der Volkacher Pfarrer Emil Bauer (1887–1954)[85] fand dabei im Fuldaer Domorganisten und Domchordirigenten Fritz Krieger (1902–1963)[86] einen geeigneten Sachverständigen, der ein auf 17. Januar 1941 datiertes erstes Gutachten erarbeitete.[87] In diesem schlägt er

---

79 Vgl. ebd., S. 27.

80 PA Volkach, Akten. Betreff „Orgel", o. Nr.

81 Die Firma W. Siemann & Co wurde von Willibald Siemann (1864–1932) gegründet. Siemann stieg 1886 in die Orgelbauwerkstatt seines Onkels Martin Binder (1849–1904) ein, der die Werkstatt 1890 von Pfaffenhofen nach Regensburg verlegte. Parallel baute Siemann eine eigene Werkstatt in München auf, die er 1904 mit der Regensburger Werkstätte institutionell verband. Die Orgelbaufirma avancierte zu einer der führenden innerhalb Bayerns; vgl. dazu Hermann Fischer/Theodor Wohnhaas, Art. „Siemann, Willibald", in: Lexikon süddeutscher Orgelbauer, S. 388.

82 Vgl. PA Volkach, Akten. Betreff „Renovierung der Pfarrkirche/Glocken", o. Nr.

83 Vgl. Musikverein 1867 Volkach e. V., 150 Jahre Musikverein Volkach (wie Anm. 12), S. 41.

84 Es liegt lediglich ein auf den 04.10.1934 datierter Kostenvoranschlag in Höhe von 35 RM für eine Stimmung der Orgel durch den Schweinfurter Orgelbauer Georg Müller vor, der bereits die Orgel in der Volkacher Totenkapelle gereinigt, instandgesetzt und mit neuen Prospektpfeifen ausgestattet hat. Ob diese Stimmung auch vorgenommen wurde, ist nicht überliefert; vgl. dazu PA Volkach, Akten. Betreff „Orgel", o. Nr.

85 Emil Bauer wirkte von 1934–1947 als Pfarrer in Volkach. Bereits an seiner vorherigen Wirkungsstätte in Kahl kam es zu Auseinandersetzungen mit dem NS-Staat, die sich auch in seiner Volkacher Zeit fortsetzen. So wurde er 1933 aufgrund „seines Widerstandes gegen die NS-Schulpolitik" in Schutzhaft genommen und 1941 „wegen Verletzung der Feiertagsregelung […] zu einer Geldstrafe verurteilt"; Ute Feuerbach, Pfarrei und kirchliches Leben, in: dies. (Hg.), Volkach 906–2006. 1100 Jahre verbriefte Geschichte (Volkacher Hefte 12/13), Volkach 2006, S. 203.

86 Fritz Krieger wurde 1929 als Domorganist zum ersten hauptamtlichen Dommusiker an der Fuldaer Kathedrale berufen und übernahm ab 1935 die Leitung des Domchores. Nach dem Zweiten Weltkrieg soll die Ernennung Dommusikdirektor erfolgt sein; vgl. dazu http://www.bistum-fulda.de/hefimueller/Kirchenmusik-im-Bistum.php (letzter Zugriff: 15.07.2021) sowie https://osthessen-news.de/n9318/200-jahre-domchor-konzerte-reisen-und-gestaltung-der-gottesdienste-fulda.html (letzter Zugriff: 15.07.2021).

87 Vgl. PA Volkach, Akten. Betreff „Orgel", Nr. 1.

zunächst eine Disposition auf Grundlage der Register der alten Orgel vor und erwägt, bei den Firmen Gebrüder Späth in Ennetach-Mengen[88], die mit dem Umbau und der Erweiterung der Fuldaer Domorgel 1933/1934 beauftragt wurden, und Johannes Klais Bonn[89], von der die Orgeln in der Abtei Münsterschwarzach (1937) und im Würzburger Dom (1937) gefertigt wurden, ein Angebot einzuholen.[90]

Dispositionsvorschlag nach Fritz Krieger vom 17. Januar 1941[91]

Hauptwerk	*Schwellwerk*	*Pedal*
Quintatön 16´	Geigenprinzipal 8´	Prinzipalbass 16´
Prinzipal 8´	Liebl. Gedackt 8´	Subbass 16´
Hohlflöte 8´	Salizional 8´	Zartbass 16´
Gedeckt 8´	Vox coelestis 8´	Quintbass 10 2/3´
Oktave 4´	Prinzipal 4´	Oktavbass 8´
Spitzflöte 4´	Rohrflöte 4´	Bassflöte 8´
Quinte 2 2/3´	Sesquialter 2fach	Choralbass 4´
Oktav 2´	Gemshorn 2´	Posaune 16´
Mixtur 2–5fach	Scharf 1 1/3´ 3–4fach	3 Normalkoppeln
Cymbel 1–3fach	Kopftrompete 8´	5 Oktavkoppeln zu Manual II
Dulzian 16´	Tremolo zu II.	
Trompete 8´		

Johannes Klais bewarb sich daraufhin mit einem Werk, das insgesamt 22 Register umfassen sollte und aus der alten Orgel lediglich den von Seuffert gefertigten Prinzipal 8´ einplante. Sämtliche andere Register sollten für einen Gesamtpreis von 11 460 RM neugebaut werden, wobei – nach dem Urteil Kriegers – ein barockes Klangbild angestrebt war.[92]

---

[88] Die Orgelbaufirma Gebr. Späth geht auf Alois Späth (1825–1876) zurück, der die Werkstatt seines Lehrmeisters Vitus Klingler (1810–1877) 1862 übernahm. Seine Söhne und Enkel führten die Werkstatt gemeinsam weiter, bis August Späth (1908–1979) sich 1964 von seinem Bruder Karl Späth (1899–1971) trennte und die Freiburger Filiale eigenständig unter dem Namen „Freiburger Orgelbau August Späth“ weiterführte. Das Stammhaus in Ennetach-Mengen wurde nach dem Tod von Karl Späth von acht Mitarbeitern als „Orgelbau Späth GmbH“ weitergeführt. Hartwig Späth (* 1942), Sohn von August Späth, kaufte im Jahr 2002 die „Orgelbau Späth GmbH“ auf und schloss die Produktion in Ennetach-Mengen. Seit 2008 ist sein Sohn Tilmann Späth (* 1984) Miteigentümer der Firma Freiburger Orgelbau Hartwig und Tilmann Späth OHG; vgl. dazu Hermann Fischer/Theodor Wohnhaas, Art. „Späth, Orgelbauerfamilie in Ennetach-Mengen“, in: Lexikon süddeutscher Orgelbauer, S. 394f.; Hermann Fischer, Art. „Späth“, in: Die Musik in Geschichte und Gegenwart Online, https://www.mgg-online.com/mgg/stable/395687 (letzter Zugriff: 23.07.2021) sowie https://www.freiburgerorgelbau.de/ueber-uns/#company (letzter Zugriff: 21.07.2021).

[89] Die Orgelbaufirma Klais wurde von Johannes Klais (1852–1925) gegründet und von seinem Sohn Hans Klais (1890–1965) weitergeführt, der den Betrieb an seinen Sohn Hans-Gerd Klais (* 1930) übergab. Seit 1995 leitet Philipp Klais (* 1967) – Urenkel des Gründers – die Firma; vgl. dazu Hermann Fischer/Theodor Wohnhaas, Art. „Klais, Orgelbauerfamilie in Bonn“, in: Lexikon süddeutscher Orgelbauer, S. 198 und https://klais.de/m.php?pid=4 (letzter Zugriff: 21.07.2021). Hans Klais hat auf allen Dokumenten, die im Pfarrarchiv erhalten geblieben sind, mit „Johannes Klais“ unterzeichnet.

[90] Vgl. PA Volkach, Akten. Betreff „Orgel“, Nr. 1.

[91] Vgl. PA Volkach, Akten. Betreff „Orgel“, Nr. 1.

[92] Vgl. PA Volkach, Akten. Betreff „Orgel“, Nr. 2. u. Nr. 4.

Dispositionsvorschlag der Firma Klais vom 8. April 1941[93]

Hauptwerk C–g³	*Oberwerk C–g³*	*Pedal C–f¹*	*Koppeln*
Gedacktpommer 16´	Rohrflöte 8´	Subbass 16´	II–I
Prinzipal 8´ (Prospekt alt)	Salicional 8´	Zartbass 16´	Sub II–I
Holzflöte 8´	Prinzipal 4´	Prinzipalbass 8´	I–P
Oktave 4´	Blockflöte 4´	Gedacktbass 8´	II–P
Hohlflöte 4´	Sifflöte 1 1/3´	Choralbass 4´	
Rauschpfeife 2fach	Schwegel 2´	Posaune 16´	
Mixtur 4fach	Sesquialter 2fach		
Trompete 8´	Cymbel 2–3fach		

Die Gebrüder Späth hingegen versuchten, der ersten Einschätzung des Fuldaer Sachverständigen zu entsprechen, indem sie für eine Summe von 14 960 RM planten, die Pfeifen der alten Orgel auf Wiederverwendbarkeit hin zu überprüfen und ausgehend von dieser Basis die Orgel auf 30 Register zu erweitern.[94] Krieger bestätigte, dass sich so ein vollerer Klang und vielseitigere Möglichkeiten beim solistischen Spiel erzielen lasse. Weiterhin hielt er die Preisvorstellungen der beiden Orgelbauer für angemessen.[95] Der genaue Dispositionsvorschlag der Gebrüder Späth lässt sich jedoch nicht aus den Unterlagen des Pfarrarchivs entnehmen. In einem auf den 28. Mai 1941 datierten Gutachten votierte der Würzburger Domkapellmeister Richard Schömig (1909–1993)[96] aus musikalischen Gründen für den Vorschlag von Klais, der vorsah, die alten Pfeifen aufgrund des schlechten Zustandes und wegen der veralteten Mensurierung nicht wiederzuverwenden.[97] Das Angebot von Späth erschien ihm zu groß und zu teuer.[98]

Dem Verfahrensvorschlag Kriegers folgend, forderte Pfarrer Bauer beide Firmen zu Nachbesserungen in ihren Angeboten auf.[99] Während an Klais die Aufforderung erging, ein Angebot für ein etwas größeres Werk (Ergänzung um einen Prinzipalbass 16´, einer zusätzlichen Zungenstimme 8´[100] und weitere Chöre der Cymbel) vorzulegen, sandte Bauer nach Ennetach-Mengen die Bitte, ein Gutachten über die Verwendungsmöglichkeit der alten Pfeifen und einen Dispositionsvorschlag mit 22–26 Registern einzureichen. Klais sah sich

[93] Vgl. PA Volkach, Akten. Betreff „Orgel", Nr. 2.
[94] Vgl. PA Volkach, Akten. Betreff „Orgel", Nr. 4 u. Nr. 5b.
[95] Vgl. PA Volkach, Akten. Betreff „Orgel", Nr. 4.
[96] Richard Schömig wurde 1934 zum Priester geweiht und studierte von 1935–1937 Kirchenmusik in Regensburg, bevor er zum 01.09.1937 die Stelle des Domkapellmeisters antrat, die er bis Ostern 1961 innehatte. Sein Nachfolger wurde Franz Fleckenstein (1922–1996). Zum Wirken Schömigs vgl. Siegfried Koeseler, Die Würzburger Dommusik in den ersten zwei Dritteln des 20. Jahrhunderts, in: Dieter Kirsch/Ulrich Konrad (Hg.), Kirchenmusik in der Diözese Würzburg – Studien und Quellen vom 16. bis ins 20. Jahrhundert (Quellen und Forschungen zur Geschichte des Bistums und Hochstifts Würzburg 64), Würzburg 2010, S. 285–287.
[97] Vgl. PA Volkach, Akten. Betreff „Orgel", Nr. 5b: „Die Bedenken gegen eine solche Verwendung des gesamten Pfeifenmaterials liegen hauptsächlich auf musikalischem Gebiet, wenn auch die technische Frage der Verwendbarkeit des alten Materials nochmal genau zu prüfen wäre, da hier das Urteil der beiden Orgelbauer, die das Werk besichtigt haben widersprechend ist. Aber es ist durchaus zu bezweifeln, ob die Mensuren der alten Pfeifen so günstig sind bzw. so abgeändert werden könnten, daß sie sich klanglich lückenlos in den Gesamtklang der Orgel einfügen."
[98] Vgl. PA Volkach, Akten. Betreff „Orgel", Nr. 5a.
[99] Vgl. PA Volkach, Akten. Betreff „Orgel", Nr. 6.
[100] Klais schlägt dafür eine Schalmei 8´ vor; vgl. PA Volkach, Akten. Betreff „Orgel", Nr. 7a.

mit den Vorschlägen einverstanden und bezifferte die dadurch entstehenden Zusatzkosten auf 1 420 RM; demgegenüber musste Späth feststellen, dass eine Verwendung der historischen Pfeifensubstanz aufgrund des schlechten Zustandes, waren doch die Holzpfeifen vom Holzwurm angegriffen worden, nur in geringem Umfang möglich war.[101] Das am 10. Juli 1941 übersandte neue Angebot aus Ennetach-Mengen listet Kosten in Höhe 15 650 RM auf.[102]

Dispositionsvorschlag der Gebr. Späth vom 10. Juli 1941[103]

Hauptwerk C–g³	*Schwellwerk C–g⁴*	*Pedal C–f¹*	*Koppeln*
Quintatön 16´	Koppelflöte 8´[104]	Prinzipalbass 16´	II–I
Prinzipal 8´	Gedeckt 8´	Subbass 16´	I–P
Choralflöte 8´	Salicional 8´	Gedecktbass 16´	II–P
Oktave 4´	Prinzipal 4´	Quintbass 10 2/3´	II–I 4´
Rohrflöte 4´	Blockflöte 4´	Oktavbass 8´	II–II 4´
Nassard 2 2/3´	Gemshorn 2´	Bassflöte 8´	II–P 4´
Superoktav 2´	Terzian 1 3/5´ + 1 1/3´	Prästant 4´	II–I 16´
Mixtur 2´ 6–8fach	Scharf 1´ 3–5fach	Posaune 16´	Tremolo zu Man. II
Dulzian 16´	Kopftrompete 8´		
Trompete 8´			

Für die Finanzierung erbat Bauer, dessen Gesuch die Entscheidung für die Firma Gbr. Späth bereits zu entnehmen ist, beim Bischöflichen Ordinariat in Würzburg ein Darlehen in Höhe von 10 000 RM, das er mit Schreiben vom 18. September 1941 auch gewährt bekam. Dieses sah einen Darlehenszins in Höhe von vier Prozent und eine jährliche Tilgung in Höhe von 750 RM vor.[105] Der Auftrag wurde am 22. Oktober 1941 erteilt und eine Anzahlung in Höhe von 5 500 RM geleistet sowie der Wunsch geäußert, die Orgel bereits bis Frühjahr oder Sommer 1942 fertigzustellen, da man Bischof Matthias Ehrenfried (1924–1948) zu Firmung erwartete, der bei dieser Gelegenheit die Orgelweihe hätte vornehmen können.[106] Am 14. Januar 1942 erfolgte eine weitere Zahlung der Pfarrei in Höhe von 1 000 RM und der Kaufvertrag wurde auf den 28. Januar des Jahres datiert.[107] Aufgrund des Krieges konnte die Orgelbaufirma das Werk trotz einer in Aussicht gestellten Lieferzeit von eineinhalb Jahren nicht bauen, da zunächst Heeresaufträge bevorzugt erledigt und der Orgelbau selbst zum 1. Dezember 1942 aufgrund einer Verordnung eingestellt werden musste. Angesichts der knappen Zuteilung von Materialien sahen sich die Gebr. Späth lediglich in der Lage, Reparaturen für kriegsbeschädigte Orgeln vorzunehmen. Von weiteren Ratenzahlungen der Pfarrei bat man Abstand zu nehmen.[108]

---

[101] Vgl. PA Volkach, Akten. Betreff „Orgel“, Nr. 7a u. Nr. 8e.
[102] Vgl. PA Volkach, Akten. Betreff „Orgel“, Nr. 8e. Die Kosten verteilen sich im Angebot demnach auf 4 900 RM für das 1. Manual, 3 890 RM für das zweite Manual, 3 720 RM für das Pedal, 1 800 RM für den Spieltisch, 610 RM für den Schwellkasten, 450 RM für den Umformer und 280 RM für die Versetzung des Gehäuses.
[103] Vgl. PA Volkach, Akten. Betreff „Orgel“, Nr. 8e.
[104] Dieses Register wurde nachträglich in das Angebot handschriftlich eingetragen; vgl. PA Volkach, Akten. Betreff „Orgel“, Nr. 8e.
[105] Vgl. PA Volkach, Akten. Betreff „Orgel“, Nr. 9a.
[106] Vgl. PA Volkach, Akten. Betreff „Orgel“, Nr. 12a.
[107] Vgl. PA Volkach, Akten. Betreff „Orgel“, o. Nr.
[108] Vgl. PA Volkach, Akten. Betreff „Orgel“, o. Nr.

Neuen Schwung in den Volkacher Orgelbau brachte Pfarrer Simon Himmel (1898–1979)[109], der nach seiner Bestellung zum Volkacher Pfarrer zum 21. Juni 1947 gegen Ende desselben Jahres erneut den Kontakt mit der Ennetach-Mengener Orgelbaufirma Späth aufnahm, um den aktuellen Stand des Neubaus in Erfahrung zu bringen.[110] Die Pfarrei war aufgrund des schlechten Zustandes der alten Orgel und angesichts ihrer bereits geleisteten Anzahlungen in Höhe von 6500 RM daran interessiert, dass das Orgelbauprojekt endlich einen Abschluss fand. In Erwiderung auf die Anfrage Himmels stellte man aufgrund der anhaltenden Materialknappheit einen Beginn der Arbeiten für das Jahr 1950 in Aussicht, mit der Bedingung, dass die Pfarrei sich durch das Aufbringen von Materialien (ca. 50 Stück Schaffelle, 15 m^2 Spaltleder, 30 m Filz, 40 m Multon, 200 kg Tafelleim und 1200 kg Zinkbleche) für die Werkstatt am Neubau beteiligt. Himmel, der den Auftrag unbedingt aufrecht erhalten wollte, bot aufgrund der Unmöglichkeit der Materialbeschaffung eine Gegenleistung in Wein oder Schnaps an.[111] Besuche der Firma Späth in Volkach, die einer Beilegung der Auseinandersetzung dienen sollten, scheiterten. Inzwischen hatte die Pfarrei sich durch den Volkacher Rechtsanwalt Dr. Hermann Voss vertreten lassen. Während die Orgelbauer auf die Bereitstellung von Materialien seitens der Pfarrei insistierten und am 7. Juli 1948 anmerkten, dass angesichts der ausstehenden Währungsreform bindende Abmachungen nicht möglich seien, zog man sich von Volkacher Seite auf Anraten von Ernst Ludwig Hock, Einzelhändler in Volkach und Mitglied des Gerolzhöfer Kreistages, vom Vertrag zurück. Möglich machte das der § 20 Abs. 3 des Währungsgesetzes, das bis zum 10. Juli 1948 ein Rücktrittsrecht einräumte und mit Verweis auf § 16 desselben Gesetzes eine Rückerstattung der Anzahlung in Höhe eines Zehntels ihres Nennwertes in Deutscher Mark vorsah.[112] Aus Furcht, dass die Aufrechterhaltung des alten Vertrags im Zuge der Währungsreform einen erheblichen finan-

---

[109] Simon Himmel wurde 1898 in Sulzdorf geboren und wirkte von 1947–1968 als Pfarrer in Volkach; vgl. dazu Feuerbach, Pfarrei und kirchliches Leben (wie Anm. 85), S. 204f.

[110] Vgl. PA Volkach, Akten. Betreff „Orgel“, o. Nr.: „Darf ich heute bei Ihnen anfragen, wie weit bereits die Arbeiten gediehen sind. Unsere alte Orgel macht uns nämlich jeden Tag immer mehr Sorgen. Sie ist so verstimmt, verschiedene Töne hängen, trotzdem der Orgelbauer innerhalb eines Jahres schon dreimal daran gearbeitet hat. Es ist eben ein altes Werk.“

[111] Vgl. PA Volkach, Akten. Betreff „Orgel“, o. Nr.: „Wir halten den geschlossenen Vertrag aufrecht und bitten Sie, den damals bezahlten Betrag in seinem damaligen vollen Wert anzuerkennen. Damals war noch die Möglichkeit gegeben, Material beizubringen, sonst hätten Sie diesen Vertrag nicht schließen dürfen mit der Pfarrgemeinde Volkach. Wir selbst können die von Ihnen geforderten Materialien nicht beschaffen, doch wären wir zu Gegenleistungen bereit in Wein oder Schnaps. Diese Gegenleistungen würden nach Friedenspreisen verrechnet.“

[112] Vgl. Drittes Gesetz zur Neuordnung des Geldwesens (Umstellungsgesetz), § 20, Abs. 3: „War die dem Gläubiger obliegende Gegenleistung Gegenstand eines Werkvertrages, so hat der Gläubiger in Abweichung von § 649 BGB nur Anspruch auf Ersatz der Aufwendungen, die er für die Gegenleistung gemacht hat. Auf die Verpflichtung zum Ersatz von Aufwendungen, die der Gläubiger vor dem 21. Juni 1948 gemacht hat, findet § 16 Anwendung. War Gegenstand des Werkvertrages die Herstellung einer nicht vertretbaren Sache aus einem vom Gläubiger zu beschaffenden Stoff, so wird der gemeine Wert, den das Werk im Zeitpunkt des Rücktritts hat, auf den Anspruch des Gläubigers auf Ersatz seiner Aufwendungen angerechnet.“ Vgl. auch Drittes Gesetz zur Neuordnung des Geldwesens (Umstellungsgesetz), § 16, Abs. 1: „Die Reichsmarkforderungen werden grundsätzlich mit der Wirkung auf Deutsche Mark umgestellt, daß der Schuldner an den Gläubiger für je zehn Reichsmark eine Deutsche Mark zu zahlen hat.“

ziellen Nachteil zu Lasten der Pfarrei bedeuten könnte, trat man mit Schreiben vom 7. Juli 1948 vom Vertrag zurück.[113]

Im gleichen Jahr nahm die Pfarrei wiederum Kontakt mit der Firma Klais auf. Auf einen Besuch 1948 in Bonn folgte ein Aufenthalt von Hans Klais (1890–1965) am 23. und 24. September 1948 in Volkach, den der Orgelbauer erneut dazu nutzte, die alte Orgel – wie bereits 1941 – zu begutachten. In diesem Zusammenhang erstellte er auch eine Entwurfszeichnung für die neue Orgel (Abb. 2). Aufbauend auf dem Angebot von 1941 hatte Klais bereits am 7. Juli 1948 einen Vorschlag für die Disposition erarbeitet, den die Pfarrei auch bestätigte und damit den Auftrag erteilte. Diesen begutachtete der Kirchenmusiker, Orgelsachverständige und Komponist Eberhard Bonitz (1921–1980), der bereits 1947 für die Instandsetzung der 1938 gebauten Klais-Orgel in der Abtei Münsterschwarzach hinzugezogen worden war, und änderte diesen an einigen Stellen ab. Die Kosten bezifferte Klais im Angebot vom Juli 1948 auf 25 080 DM. Als Liefertermin wurde das Osterfest 1949 vereinbart.

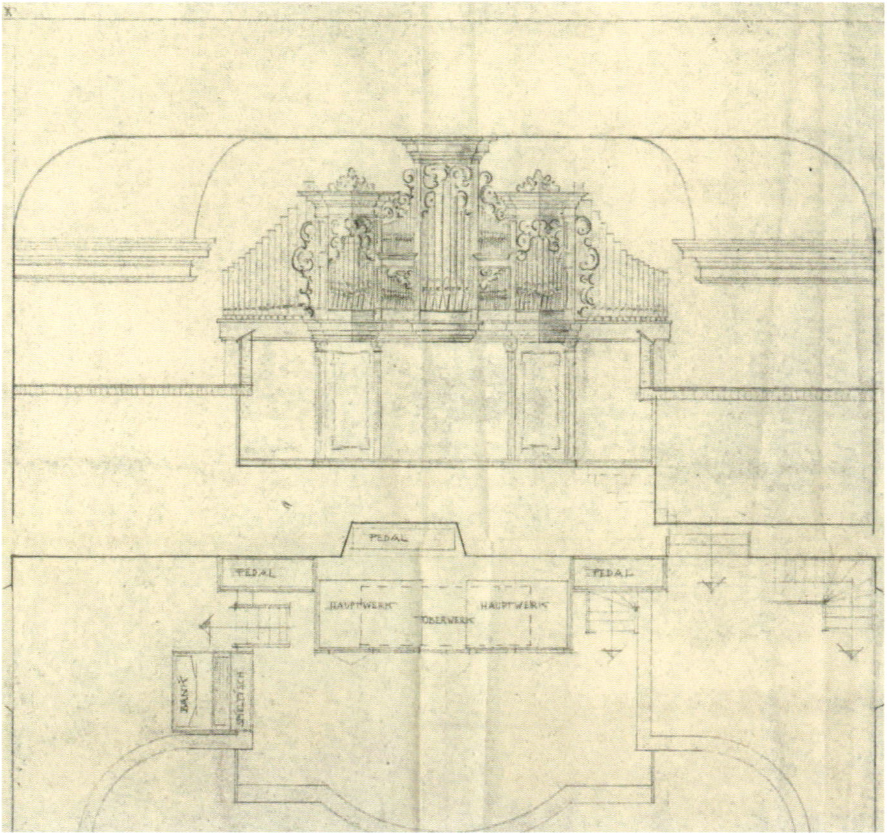

Abb. 2: *Johannes Klais, Entwurfzeichnung zur neuen Orgel, 7. Oktober 1948. Maßstab 1:50 (PA Volkach, Akten. Betreff Orgel, o. Nr.)*

[113] Vgl. PA Volkach, Akten. Betreff „Orgel“, o. Nr.

Um die das Gesamtwerk um ca. 3 000 DM verteuernden Zungenstimmen mussten Pfarrei und Orgelbaufirma lange ringen, schließlich konnte die Pfarrei das Geld doch noch aufbringen.[114] 8 700 DM musste die Pfarrei als Anzahlung vorlegen, weitere 10 000 DM wurden im Januar 1949 fällig, der Restbetrag sollte nach der Fertigstellung bzw. Abnahme des Werkes beglichen werden.[115] Für den Bau der neuen Orgel konnte die Pfarrei 1 000 DM als Zuschuss der Stadt Volkach einwerben und ein Darlehen in Höhe von 1 500 DM von ihr erhalten. In der Übersicht über die Spenden und Sammlungsergebnisse ist eine Summe von 4 731,56 DM für die Unterstützung des Neubaus verzeichnet.[116]

Am Ostersonntag, dem 17. April 1949, konnte schließlich die Weihe der neuen Orgel vorgenommen werden (Abb. 3).

Urkunde

Im Jahre des Heils 1949
als Deutschland in 4 Zonen geteilt,
Pius XII. Papst,
Dr. Julius Döpfner Bischof von
Würzburg,
Simon Himmel Pfarrer von Volkach,
Edgar Dinkel Kaplan von Volkach,
Georg Berz Bürgermeister von Volkach war,
wurde diese Orgel für DM 25000.-- nach
der Währungsreform am 20.6.1948 von der
Firma Klais, Bonn erbaut.
Ihr erstes Alleluja jubelte sie am Heiligen
Osterfeste, den 17.4.1949.
Die alte Orgel hatte von 1757-1949 gedient.

Abb. 3: *Urkunde zur Orgelweihe am 17. April 1949 (PA Volkach, Akten. Betreff Orgel, o. Nr.).*

114 Vgl. PA Volkach, Akten. Betreff „Orgel", o. Nr.
115 Vgl. PA Volkach, Akten. Betreff „Orgel", o. Nr.
116 Vgl. PA Volkach, Akten. Betreff „Orgel", o. Nr.

Die Schlussrechnung, die auf den 31. Mai 1949 datiert ist, weist eine Summe von 25 580 DM aus, die durch die angefallenen Lohnerhöhungen um 500 DM über der Angebotssumme vom 7. Juli 1948 lag.[117] Eigentlich bezifferten sich die Mehrkosten auf 1 103,52 DM, welche die Pfarrei nicht hätte aufbringen können, weshalb man sich mit Klais auf eine Zahlung von 500 DM geeinigt hatte.[118] Eine Versetzung des Prospektes um ca. 20 cm nach vorne, die Klais bereits 1941 vorschlug, ließ sich aus seiner Sicht nach der erneuten Begutachtung der Volkacher Verhältnisse 1948 aus architektonischen Gründen nicht verwirklichen.[119] Somit entschied man sich, den Spieltisch auf die Seitenempore zu verlagern und mit der Anbringung des Registers Subbass 16´ rechts und links des Prospektes an der Rückwand der Kirche, einer „nicht alltägliche[n] Lösung des Pedalbaues“[120], den Platzverhältnissen gerecht zu werden.

Disposition der Klaisorgel von 1949[121]

Hauptwerk C–g^3	*Oberwerk C–g^3*	*Pedal C–f^1*
Gedacktpommer 16´	Holzflöte 8´	Subbass 16´
Prinzipal 8´ (C–h° im Prospekt)	Salicional 8´	Zartbass 16´
Lieblich Gedeckt 8´	Prinzipal 4´	Prinzipalbass 8´
Oktave 4´	Blockflöte 4´	Gedacktbass 8´
Quintadena 4´	Schwegel 2´	Choralbass 4´
Nasard $2\,^2/_3$´	Sifflöte $1\,^1/_3$´	Flachflöte 2´
Superoctave 2´	Sesquialtera 2fach	Posaune 16´
Mixtur 4fach	Scharff 3fach	Koppeln: I/P + II/P
Trompete 8´	Krummhorn 8´	
Koppeln: II/I + Sub II/I	Tremulant	

In dem auf den 11. Juli 1949 datierten Abschlussgutachten zeigt sich der Würzburger Domkapellmeister Richard Schömig, der die Orgel im Beisein von Hans Klais und Domorganist Ludwig Körber (1910–2001)[122] abnahm, voll des Lobes für die geleistete Arbeit: „Es ist hier der [...] Firma Klais ein Werk gelungen, das nicht Abklatsch eines vielgebrauchten Orgeltyps ist, sondern ein eigengeprägtes Instrument voll klanglicher Möglichkeiten. Es dient dem Volksgesang ebensogut wie dem anspruchsvollen solistischen Spiel, es füllt das schöne Gotteshaus mit dem Klang barocken Lebensgefühls und eint sich mit der schönen Architektur der Kirche.“[123] Als einzigen Kritikpunkt benennt Schömig jedoch das von Bonitz als wertvoll erachtete Prinzipalregister, das er als asketisch-schlicht charakterisierte.[124] Die neue Orgel sollte auch in der von

---

117 Vgl. PA Volkach, Akten. Betreff „Orgel“, o. Nr.

118 Vgl. PA Volkach, Akten. Betreff „Orgel“, o. Nr.

119 Vgl. PA Volkach, Akten. Betreff „Orgel“, Nr. 2 und PA Volkach, Akten. Betreff „Orgel“, o. Nr.

120 Eberhard Bonitz, Die neue Orgel in Volkach (Main), in: Musik und Altar 4 (1951/52), S. 22.

121 Vgl. ebd.

122 Ludwig Körber wurde nach der Fertigstellung der Klaisorgel für das Neumünster im Jahr 1950 zum Domorganisten berufen. Zuvor war er, der in Würzburg studierte und 1934 das Examen ablegte, als Organist und Chorleiter am Stift Haug tätig und unterrichtete nach dem Krieg zunächst an der Münnerstädter Kirchenmusikschule, am Würzburger Kilianeum und am Würzburger Staatskonservatorium. Ihm folgte 1962 Paul Damjakob nach, da er 1961 an das Staatskonservatorium wechselte. Zu Körber vgl. Siegfried Koeseler, Die Würzburger Dommusik (wie Anm. 96), S. 292f.

123 Firmenarchiv Firma Orgelbau Klais Bonn, Gutachten vom 11.07.1949, o. S.

124 Vgl. Bonitz, Die neue Orgel in Volkach (wie Anm. 120), S. 21; Firmenarchiv Firma Orgelbau Klais Bonn, Gutachten vom 11.07.1949, o. S.

Kriegsschäden getroffenen Stadt einen weiteren Baustein für einen Neuanfang darstellen. Von der Nachahmung stark barockisierender oder romantisierender Klangideale wich man bewusst ab, um ein eigenständiges für Liturgie und Konzert taugliches Werk zu schaffen, das zwar klanglich einen Kontrapunkt zu den durch barocke Eingriffe geprägten Kirchenraum bildet, aber dennoch nicht die Gemeinde oder Konzertbesucher in eine fremde Zeit zurückversetzen sollte, die gerade von dem durch die Katastrophe des Zweiten Weltkrieges erfolgten Bruch als nicht anschlussfähig erachtet wurden. Schömig selbst bedient sich am Ende seines Gutachtens des Narratives des (musikalischen) Neuanfangs, wenn er der Gemeinde wünscht, „daß sie das Werk schätze wie eine Kostbarkeit ihrer Kirche und sich zum Lob Gottes erheben lasse inmitten schwerer Zeit.“[125]

5. Der Orgelneubau aus dem Jahr 2020

Aufgrund des in mehreren Gutachten attestierten schlechten Zustandes der Klaisorgel und des Rats der Sachverständigen, statt einer Restauration besser einen Neubau in Angriff zu nehmen, entschied sich die Kirchenverwaltung, mit der Orgelmanufactur Vleugels aus Hardheim[126] eine neue dreimanualige Orgel für die Pfarrkirche zu bauen (Abb. 4). Als Orgelsachverständiger begleitete Diözesanmusikdirektor Gregor Frede (* 1957)[127] Planung, Disposition und Bau der neuen Orgel, der mit dem Abbruch der alten Orgel Anfang Januar 2019 begann. Bei der Erstellung der Disposition orientierte man sich unter anderem auch an Stil und Bauart von Johann Philipp Seuffert und Karl Joseph Riepp (1710–1775)[128], wobei man Riepps Werke als „Glanzleistungen

[125] Firmenarchiv Firma Orgelbau Klais Bonn, Gutachten vom 11.07.1949, o. S.

[126] Die Orgelmanufactur Vleugels geht auf die von Ignaz Dörr (1829–1886), der sich 1855 in Waldstetten bei Hardheim niederlässt, 1861 in Hardheim eröffnete Orgelbauwerkstatt zurück. 1886 wird diese von Wilhelm Bader (1846–1927) übernommen, dessen Söhne Wilhelm (1875–1964), Max (1879–1955) und Cornell (1888–1973) 1906 in die väterliche Werkstatt einsteigen. Ab 1922 führt Wilhelm Bader die Geschäfte alleine weiter, sein Bruder Max eröffnet 1936 eine eigene Werkstatt in Hardheim, welche 1958 von Hans Theodor Vleugels (* 1931) übernommen wird. 1960 wird auch die Werkstatt von Wilhelm Bader übernommen und Orgelbaumeister Paul Mund, der 1967 die Werkstatt wieder verlässt, steigt in die neu zusammengeführten Hardheimer Orgelbauwerkstätten ein. Seit 1967 besteht die Orgelbau Vleugels GmbH, die 1991 von Hans-Georg Vleugels (*1958) übernommen wurde und die seit 2015 mit Johannes Vleugels einen weiteren Gesellschafter und Geschäftsführer hat; vgl. dazu Hermann Fischer/Theodor Wohnhaas, Art. „Bader, Orgelbauerfamilie in Hardheim/Baden“, in: Lexikon süddeutscher Orgelbauer, S. 20; dies, Art. „Dörr, Ignaz“, in: ebd., S. 69 sowie https://vleugels.de/orgelbau-tradition/ (letzter Zugriff: 16.07.2021).

[127] Gregor Frede wurde 2003 zum Diözesanmusikdirektor der Diözese Würzburg ernannt.

[128] Karl Joseph Riepp wurde 1710 in Eldern (Markt Ottobeuren) geboren, erlernte in seiner Heimat das Orgelbauhandwerk (vermutlich bei Johann Georg Hofer [1680–1731] in Ottobeuren) und ging anschließend nach einer erfolglosen Bewerbung bei Andreas Silbermann (1678–1734) zu Georg Friedrich Merckel (1691–1766) nach Straßburg. Dort soll er ca. ein Jahr lang geblieben sein. Ab 1742 betrieb er in Dijon seine Orgelbauwerkstatt und einen Weinhandel; vgl. dazu Rudolf Walter, Art. „Riepp, Karl Joseph“, in: Die Musik in Geschichte und Gegenwart Online, https://www.mgg-online.com/mgg/stable/27014 (letzter Zugriff: 23.07.2021); Hermann Fischer/Theodor Wohnhaas, Art. „Riepp, Karl Joseph“, in: Lexikon süddeutscher Orgelbauer, S. 321f. Sein Stil ist als eine Mischung der französischen und schwäbischen Orgelbaukunst zu

des süddeutschen Orgelbarocks"[129] bezeichnen kann. Nach Riepps und Seufferts Vorbild entstand dabei „eine moderne Orgel in einer klanglichen Synthese süddeutscher Orgeln des 18. und 19. Jahrhunderts. Mit einem Schwellwerk, der Spielbarmachung einzelner Hauptwerkregister auf einem 3. Manual durch Wechselschaltungen sowie der Einrichtung zahlreicher Oktavkoppeln und einem modernen elektronischen Setzer wird durchaus die Interpretation vieler Musikstile auf diesem Instrument ermöglicht."[130] Den von Johannes Klais 1948 beschriebenen engen Platzverhältnissen auf der Orgelempore konnte man nun durch eine Tieferlegung des Bodens um ca. 15 Zentimeter und eine Versetzung des Prospektes um ca. einen Meter nach vorne adäquat begegnen.

Abb. 4: *Spieltisch mit drei Manualen nach dem Orgelneubau 2020 (Foto: Hendrik Weingärtner).*

---

verstehen: „Riepps Orgelstil ist eine Synthese aus französischen und schwäbisch-süddeutschen Eigenschaften; süddeutsch der imponierende Principalklang seiner Werke, der Flötenreichtum und der (ausnahmsweise) Gebrauch von Streichern, französisch der Zungenreichtum, die Farbigkeit der labialen Kornettmischungen und das Recit."; Fischer / Wohnhaas, Riepp, Karl Joseph, in: ebd., S. 322.

[129] Theodor Wohnhaas, Art. „Riepp, Karl Joseph", in: Biographisch-Bibliographisches Kirchenlexikon 8, S. 335.

[130] Hans-Georg Vleugels / Johannes D. C. Vleugels, Die Volkacher Vleugels-Orgel von 2020 im Seuffert Gehäuse von 1757. Grußwort der Orgelbauer Hans-Georg und Johannes D. C. Vleugels, in: Pfarrei St. Bartholomäus Volkach (Hg.), Pfarrbrief. Advent 2020, Volkach 2020, S. 7.

Disposition der Vleugels-Orgel von 2020:

I. Manual – Hauptwerk	*II. Manual – Schwellwerk*	*III. Manual – Positiv*[131]	*Pedal*
Copl 16´	Bourdon 16´	Flauta 8´	Untersatz 32´
Ratsherr 8´[132]	Bourdon 8´	Flet 4´	Subbass 16´
Flauta 8´	Gamba 8´	Quint 2 2/3´	Bourdon 16´
Copl 8´	Vox coelestis 8´	Doublet 2´	Octavbass 8´
Salicet 8´	Viola 4´	Terz 1 3/5´	Gedackt 8´
Octav 4´	Traverse 4´	Larigot 1 1/3´	Choralbass 4´
Flet 4´	Flageolet 2´	Tremulant	Fagott 16´
Quint 2 2/3´	Trompete 8´		Trompete 8´
Doublet 2´	Hautbois 8´		Clarine 4´
Terz 1 3/5´	Tremulant		
Larigot 1 1/3´			
Mixtur 4fach 2´			
Tremulant			

Mechanische und elektrische Koppeln, Tremulanten regulierbar
Stimmung: a´ = 440 Hz bei 15°C,
temperiert nach Neidhardt „für eine große Stadt“

Somit kann der Organist / die Organistin sowohl Werke aus der Barockzeit als auch aus der Romantik und der Moderne aufführen. Wiederum ist die Einschätzung des historischen Registers Prinzipal bzw. Ratsherr 8´ auffällig. Während Richard Schömig es 1949 als asketisch-schlicht bezeichnete, Eberhard Bonitz den historischen Wert betonte, bildete es diesmal sogar – ganz im Sinne des Dispositionskonzeptes – das Vorbild für die Intonation der Prinzipalgruppe im Hauptwerk. Auch wenn aufgrund mehrmaliger Überarbeitungen die Frage danach, ob das Register dem von Seuffert anvisierten Klang noch entsprechen kann, schwer zu beantworten ist[133], zeigt sich Diözesanmusikdirektor Gregor Frede in seinem auf den 15. Juli 2021 datierten Schlussgutachten voll des Lobes für das Register, das die Prospektpfeifen der Orgel stellt: „Der Klang ist edel, trägt im Raum und bietet gemeinsam mit Flöten und Streichern ausreichend Fundament. Darauf aufbauend ist die gesamte Gruppe der Principale im Hauptwerk intoniert.“[134] Vor allem aber ist dieses neue Werk dazu geeignet, die liturgischen und kirchenmusikalischen Anforderungen für Gottesdienst und Gemeindegesang zu erfüllen. Es ist ein Werk, das sich in die Volkacher Orgelbautradition einfügen und den musikalischen Erfordernissen der Gegenwart gleichermaßen stellen will. Mit der Weihe des neuen Instrumentes am 20. De-

---

[131] Durch Transmissionen (Wechselschaltungen) ist es möglich, einige Register aus dem Hauptwerk auch auf dem 3. Manual zu spielen.

[132] Hinter diesem auf die Weinlage „Volkacher Ratsherr“ anspielenden Namen verbirgt sich das von Johann Philipp Seuffert gebaute Register Prinzipal 8´ aus der Orgel von 1757.

[133] Diözesanmusikdirektor Gregor Frede schreibt dazu in seinem Abschlussgutachten: „Die vorhandenen Prospektpfeifen wurden als Vorgabe übernommen und in den neuen Principal 8´ – Ratsherr 8´ eingefügt. Neues Material wurde mit historischem Material durch gute Intonation verbunden. Ich gehe davon aus, dass die Prospektpfeifen in den letzten Jahrhunderten zahlreiche Überarbeitungen erfahren haben und somit nicht mehr im Stile Seufferts erklingen. Der zarte, fast flötige Charakter der Pfeifen lässt eher an süddeutsch historische Instrumente erinnern.“; Kirchenstiftung Volkach, AZ. 82,66, Abnahmebericht „Volkach Pfarrkirche Orgelabnahme“, S 3f.

[134] Kirchenstiftung Volkach, AZ. 82,66, Abnahmebericht „Volkach Pfarrkirche Orgelabnahme“, S. 4.

zember 2020 durch Weihbischof Ulrich Boom fand der vorerst letzte Orgelneubau in der Pfarrkirche seinen Abschluss (Abb. 5 und 6).

Abb. 5: *Westempore mit spätbarockem Orgelprospekt von 1757, Zustand nach der Renovierung 2020 (Foto: Ellen Kimmel, Kreuz und Quer Kreativagentur, Volkach).*

Abb. 6: *Nahaufnahme des spätbarocken Orgelprospekts, Zustand nach der Renovierung 2020 (Foto Ellen Kimmel, Kreuz und Quer Kreativagentur, Volkach),*

Joseph Greissing in neuem Licht: Die veränderte Wahrnehmung seiner Bedeutung – überraschende Entdeckungen zum 300. Todestag

Johannes Mack

1. Die veränderte Wahrnehmung von Greissings Bedeutung in der Forschung sowie an den Orten seines Wirkens

1.1 *Menschen prägen Orte, Orte prägen Menschen*

Wie sähe Würzburg heute ohne Joseph Greissing aus? Oder besser: Wie sähe (Main-)Franken ohne Joseph Greissing aus?

Solch eine fiktive Fragestellung, hier aus Anlass seines 300. Todestages am 12. Dezember 2021 formuliert, hat durchaus ihren Reiz. Selbst wenn eine erschöpfende Antwort natürlich nicht möglich sein wird, ist es doch möglich, einige herausragende Zeugnisse und Einflüsse seiner Tätigkeit herauszuarbeiten und auf ihre Wirkung hin zu untersuchen: ihre Wirkung auf die Zeitgenossen sowie ihr Einfluss, ja vielleicht sogar ihre prägende Kraft bis heute.

1.2 *Eine außergewöhnliche Lebensleistung*[1]

Als der junge Vorarlberger Zimmermann Joseph Greissing spätestens 1697[2] im Alter von etwa 33 Jahren in Würzburg eintraf, war er bereits weit herumgekommen. Die seiner Heimat direkt benachbarte Schweiz und den Bodenseeraum einschließlich Oberschwabens zu kennen, stellte unter Vorarlberger Bauleuten keine Besonderheit dar; er jedoch hatte sich 1693 einen Reisepass nach Brünn in Mähren ausstellen lassen, wohin man üblicherweise über Wien gelangte. Wien aber war als kaiserliche Residenzstadt der Kulminationspunkt barocker Architektur in deutschen Landen, wobei auch Mähren als ein Zentrum der Barockbaukunst anzusehen ist. Niemand konnte bei Greissings Ankunft in Würzburg voraussehen oder auch nur ahnen, was er hier einst hinterlassen würde, so wenig wie jemand wissen konnte, dass ihm für sein Wirken in und von der fränkischen Bischofsstadt aus gerade einmal gut zwei Jahrzehnte

---

1 Grundlegend dazu: Johannes Mack, Der Baumeister und Architekt Joseph Greissing. Mainfränkischer Barock vor Balthasar Neumann (Diss. Saarbrücken 2007), Würzburg 2008. Außerdem: ders., Joseph Greissing zum 350. Geburtstag: 1664–2014. Der aktuelle Stand der Greissingforschung, in: Würzburger Diözesangeschichtsblätter 77 (2014), S. 297–308. Dort jeweils weitere Literaturhinweise.

2 Archivalisch fassbar ab 12.04.1698, doch bereits als erster Palier des Stadtzimmermeisters Adam Nick, leitet für diesen das Schillingsfürster Bauwesen und rechnet dort auch ab. Solch eine verantwortungsvolle Stelle hat man nicht kurz nach der Ankunft aus der Fremde inne.

zur Verfügung stehen sollten. Genutzt hat er diese Zeit allerdings außerordentlich effektiv, sein Fleiß ist sprichwörtlich geworden: *„Ich habe schon mehr widerholter massen in sein haus schickhen und urgiren lassen, jez ist Er nit daheimb, jez nit in Würzburg gewesen, der mann hat eben gar zu viel zu thuen.“*[3] Als der Hochfürstliche Geheime Cammerrat Philipp Christoph Reibelt diese Worte spürbar verzweifelt zu Papier brachte, war Greissing schon wieder *„von hier hinweggeritten“*[4], obwohl er erst wenige Tage zuvor aus Frankfurt von der Messe zurückgekommen war, wo er sich länger aufgehalten hatte. Auch wenn dieses Zitat auf 1717 datiert, bringt es gleich mehrere Wesenszüge auf den Punkt, die ihn von Anfang an bestimmen: Sein enormer Fleiß ist gepaart mit breit angelegtem Interesse und Organisationstalent. Er koordiniert und kontrolliert unablässig persönlich seine vielen Bauprojekte, ständig zu Pferd irgendwo zwischen Frankfurt, Nürnberg, Kronach oder Schwäbisch Hall unterwegs – so in etwa ist sein gewöhnlicher Arbeitsradius zwischen 1697 und 1721 zu umreißen.

Der dokumentierte Besuch der Frankfurter Messe, der älteren Forschung gänzlich unbekannt, ist in seiner Bedeutsamkeit nicht zu unterschätzen, denn dort wurden nicht allein spezielle Bau- und Ausstattungsmaterialien feilgeboten, sondern vor allem auch Bücher! Bauherren wie Architekten schätzten besonders die großformatigen, anschaulichen Stichwerke – oder Einzelabzüge – zu den modernsten oder interessantesten Bauwerken der in Architekturfragen führenden Länder. Grundrisse, Aufrisse oder Ansichten französischer Schlösser, römischer Kirchen, Wiener Stadt- oder Gartenpalais', Brücken- wie Gewölbekonstruktionen, dazu Traktate über Wasserbau, Schleusen, Mühlen- oder Hammerwerke ... standen zum Verkauf. So nimmt es nicht wunder, wenn im Œuvre Greissings Konstruktionen, Bautypen oder (Dekorations-)Formen erscheinen, die man einem bloßen Zimmermann vielleicht so nicht zugetraut hätte. Zweifellos besaß er eine besondere Auffassungsgabe, ein gutes Auge, praktischen Sinn. Spuren für die Herkunft seiner Architekturkenntnisse liefern natürlich auch seine Bauten.

Eine wichtige Grundlage bildet demzufolge, neben der klassischen, soliden Zimmermannslehre, augenscheinlich die auf diversen Schweizer respektive süddeutschen Baustellen erlebte Architektur des Jesuiten Br. Heinrich Mayer, eines erwiesenen Baupraktikers aus Altenburg in Thüringen.[5] Anderes hat er auf seiner Gesellenwanderschaft oder Reisen gesehen, abgezeichnet, mitgebaut ... Nicht ungewöhnlich wäre auch der Erwerb zumindest eines Teils seiner (Spezial-)Kenntnisse auf autodidaktischem Wege, was gleich für mehrere seiner Fachkollegen im 18. Jahrhundert gut dokumentiert ist. So hatte beispielsweise der als Schöpfer der Dresdner Frauenkirche berühmt gewordene, direkte Zeit-

3 Schlossarchiv Burgpreppach, Vormundschaftliche Korrespondenz, Brief vom 23.05.1717.
4 Schlossarchiv Burgpreppach, Vormundschaftliche Korrespondenz, Brief vom 23.05.1717.
5 Dies arbeitet besonders klar der Schweizer Architekt und Architekturhistoriker Pius Bieri in seinem Artikel zu Joseph Greissing heraus. Bieri steht hinter dem inzwischen fest etablierten Internetauftritt „Sueddeutscher Barock“, wo viele Aspekte barocken Bauens dargestellt werden. Bieri bietet dort auch hervorragend recherchierte Einzelartikel zu den wichtigsten Baumeistern und ihren Werken.

genosse George Bähr (1666–1738) ebenso lediglich eine Zimmermannslehre absolviert; plante und konstruierte nach autodidaktischen Studien bekanntlich jedoch auch aufwendige, statisch anspruchsvoll gewölbte Steinbauten – und reparierte Orgeln.

Joseph Greissing muss weit überdurchschnittliche Fähigkeiten wie Fertigkeiten mitgebracht haben, wenn er sich als Zuwanderer, ohne den an sich obligatorischen Würzburger Meisterbrief, in Aufsehen erregender Art bereits 1699, mit gerade 35 Jahren und noch nicht lange in der Stadt, ob seiner technischen wie gestalterischen Überlegenheit erfolgreich gegen gleich mehrere einheimische Bewerber um das Amt des Stadtzimmermeisters durchsetzt. In einem Sitzungsprotokoll des Rats der Stadt wird schon zu Beginn des Bewerbungsprozesses um die begehrte Stelle festgehalten, dass er „*Ein experimentirte*[r] *Man*[n]" sei „*vnd sich am besten hirzu qualificiren würdte*"[6]: Dahinter stand vielleicht bereits der neue, im selben Jahr 1699 ins Amt gelangte Fürstbischof Johann Philipp II. von Greiffenclau, der bis zu seinem Tod 1719 für genau zwei Jahrzehnte Joseph Greissings Mentor und wichtigster Förderer werden sollte, der ihn alsbald zum Hofzimmermeister und schließlich zum „Hochfürstlich Würzburgischen Stadt- und Landbaumeister" ernennen wird.

Genau im Jahr seiner Berufung zum Stadtzimmermeister ereignete sich im Juliusspital ein verheerender Großbrand. Zum Wiederaufbau berief der neu gewählte Fürst den schon unter seinen Vorgängern bewährten Antonio Petrini, einen inzwischen hochbetagten Maurer-Baumeister aus dem Tessin, dem interessanterweise von Anfang an der junge Stadtzimmermeister Greissing an die Seite gestellt wird. Bereits im Folgejahr 1700 wird neben Petrini nun Joseph Greissing auch als „*baw meister*" in der Baurechnung geführt und erhält „*vor die Zue disem baw Verfertigte abriss*"[7] – also die Anfertigung von Plänen – die hohe Summe von 120 Gulden, was einem seinerzeit üblichen Baumeister-Jahresgehalt auf einer öffentlichen Großbaustelle entspricht. Der älteren Forschung nicht bekannt war die in den Originalquellen dokumentierte Tatsache, dass erst lange nach Petrinis Tod am 8. April 1701, nämlich ab Herbst 1701, die riesige Brandruine unter der nun Greissing übertragenen Leitung schrittweise abgetragen wurde und man im Oktober 1701 nachweislich noch grundsätzlich mit Greiffenclau über die Ausführungspläne verhandelte. Erst am 13. Februar 1702 wird durch den Auftraggeber schließlich „*der abrieß zum Neuen fürsten baw* g[nä]*d*[i]*gst. approbirt*"[8] und danach mit dem eigentlichen Neubau begonnen. Allerdings stand der alte ausgebrannte Fürstenbau sogar noch bis in den Mai 1702. So spät sind also gerade die endgültigen Fassadengestaltungen anzusetzen! Mit dem gewaltigen neuen Nordflügel beginnt gleichzeitig ein neuer Abschnitt in der Würzburger Barockarchitektur: Insgesamt noch als ein dem frühbarocken Schlossbau entstammender Monumental-Baukörper gedacht, der durch die schiere Anzahl seiner aneinander gereihten Achsen beeindrucken möchte, ist sein Zentrum nun durch einen modernen Mittel-

---

6 Stadtarchiv Würzburg, Ratsprotokolle, Bd. 62, fol. 403r, Protokoll vom 04.09.1698.
7 Im Stadtarchiv Würzburg: Juliusspitalsarchiv, R 3712, fol. 266r.
8 Im Stadtarchiv Würzburg: Juliusspitalsarchiv, Lit. 287, fol. 9v, 10r–v u. 23r.

pavillon betont. Dieser in Anlehnung an den Vorgänger wiederum ‚Fürstenbau' genannte Abschnitt wird zudem von einem hochmodernen Mansarddach mit figurenbesetzter Dachbalustrade bekrönt und zeigt auch sonst eine ganze Reihe vorher in Würzburg nicht bekannter Architekturmotive, die unter anderem eine Kenntnis der aktuellen Wiener Architektur eines Domenico Martinelli verraten. Hieraus ist zu ersehen, welchen gestalterischen Einfluss der – heute würde man sagen ‚Newcomer' – Joseph Greissing schon bei diesem seinem ersten Großprojekt entfalten konnte (Abb. 1).

Der im Anschluss an den Nordflügel ebenfalls für das Juliusspital ab 1704 ausgeführte Auftrag zu einem kunstreichen Gartenpavillon weist erstmals in Würzburg das Architekturmotiv abgerundeter Gebäudekanten auf und zeigt insgesamt erstaunlich früh bereits Tendenzen hin zum Rokoko (Abb. 2). Technisch wie gestalterisch höchst anspruchsvoll ist nicht allein dessen geschweiftes Mansarddach, sondern auch die ausgeklügelte Technik in einem seiner beiden turmartigen Pavillons: Die außergewöhnliche Höhe war erforderlich, da der nördliche Pavillon als Wasserturm für einen gewaltigen Springbrunnen konstruiert ist. Greissing integrierte dazu in das von einem Mühlkanal durchflossene Untergeschoss eine vorhandene Radstube und lieferte gleich die Grundeinbauten für Hebewerke und Wasserbassin unter dem Dach.[9] Technisch versiert, gestalterisch auf der Höhe der Zeit – Fürstbischof Greiffenclau konnte höchst zufrieden mit seinem neuen Baumeister sein, denn der auch eine nach französischem Vorbild gestaltete aufwendige Gartenanlage umfassende Juliusspitalkomplex war ein echtes Prestigeobjekt für einen Fürsten und für die gesamte Stadt. Fürstenbau und Gartenpavillon bildeten – und bilden bis heute – darin die Glanzstücke.

Während das Juliusspital ob seines Bauvolumens bis etwa 1714 langsam in die Höhe wuchs, strahlte vom Turm der Neubaukirche schon seit 1700 die aufwendig mit geschieferten Rippen besetzte Turmkuppel samt ihrer phantasievollen Laterne – deren Grundriss aus einem Stern besteht, zwischen dessen Zacken Kreissegmente eingelegt sind – über der Stadt (Abb. 3). Es ist in jeder Hinsicht Greissings Meisterstück.[10] Mit etwa 91 Metern ist er nicht allein der höchste Kirchturm Würzburgs, sondern nach der Meinung von Georg Dehio auch der schönste des oberdeutschen Barock. Wie parallel bei den Planungen zum Juliusspital, arbeitete der junge Vorarlberger auch hier anfangs noch mit Antonio Petrini zusammen, wobei Greissings gestalterischer Einfluss bereits am gemauerten Turmoktogon mit seiner Balustrade zum Ausdruck kommt, das bereits lockerer, leichter und stärker durchbrochen erscheint als die Schöpfungen Petrinis.

---

9 Im Stadtarchiv Würzburg: Juliusspitalsarchiv, Akt 4725, S. 1–28. Accord vom 12.05.1704 über *„das neu aufgeführte Gartten- und Wasserkunst- oder Brunnenhaus"*. Greissing baute die Radstube der alten Ellenmühle entsprechend um. Hebewerke und Bleirohre lieferte 1706 ein Brunnenmeister.

10 Eine vom Universitätsbauamt 1904 gefertigte detaillierte Bauaufnahme der Konstruktion ermöglichte eine originalgetreue Kopie nach der Kriegszerstörung.

Abb. 1: *Würzburg, Juliusspital, Nordflügel mit Fürstenbau, ab 1702 (Foto: Rainer Schäffner, Würzburg).*

Abb. 2: *Würzburg, Juliusspital, Gartenpavillon, ab 1704 (Foto: Rainer Schäffner, Würzburg).*

Abb. 3:
Würzburg, Neubaukirchturm, Oktogon und Kuppel, ca. 1699–1701 (Foto: Universität Würzburg).

Im Gegensatz zu seinem Vorgänger als Stadtzimmermeister, Johann Adam Nick, wandelte Greissing den Zimmereibetrieb schnell zu einem Großbauunternehmen um, das Fachkräfte aller Gewerke beschäftigte. Als erster Bauunternehmer in Mainfranken bietet er „schlüsselfertige" Bauweise an, also die Ausführung sämtlicher Arbeiten, sodass der Auftraggeber direkt einziehen kann. Er schloss Verträge, laut denen „*er den schlüssel über Jedes Lieffern soll, kein Handwerckhs arbeith ausgenohmen*"[11] und setzte damit Standards, die bis in die heutige Zeit reichen. Überall in der Stadt und auf dem Land wuchsen Gebäude unter seiner Generalunternehmerschaft empor.

[11] Staatsarchiv Bamberg, G 52, A 957; vgl. Mack, Baumeister und Architekt (wie Anm. 1), S. 571. Vgl. auch unter Kap. 3, Neuerkenntnisse, den Eintrag Versbach, Herrenmühle.

Abb. 4:
Würzburg, Stiftskirche Neumünster, Fassade, 1712–1716, Stiege bis 1719 (Foto: Rainer Schäffner, Würzburg).

Ein weiteres Prestigeobjekt war der Neumünsterumbau in Würzburg ab 1711 mit seiner voluminösen Kuppel über dem Märtyrergrab der „Frankenapostel“ genannten Landespatrone Kilian, Kolonat und Totnan (Abb. 4). Im folgenden Jahr 1712 wurde noch der Grundstein zu einer überaus eleganten Fassade gelegt, deren Inspiration durch den römischen Hochbarock unverkennbar ist. Zusammen mit den Würzburger Hofkünstlern Jacob van der Auwera, Balthasar Esterbauer, Kilian Stauffer und anderen schuf Greissing – als Hofbaumeister für die Ausführungsplanung und Endredaktion zuständig – bis 1716 ein absolutes Glanzstück des süddeutschen Barock. Genauso interessant wie bedeutend ist die von ihm geplante und ausgeführte Kuppelkonstruktion, die ein ausgereiftes System von schmiedeeisernen Ringankern umfasst, wodurch der Seitenschub minimiert wird, um als senkrechter Druck auf die Grundmauern abgeleitet werden zu können. Ebenso neu in Würzburg ist eine dabei angewandte Mischmauertechnik aus druckfestem, jedoch schwerem Werkstein oder Ziegelstein für alle statisch stärker belasteten Teile und wesentlich leichterem Tuffstein für die reinen Gewölbeflächen.[12]

Unzählige Bürgerhäuser in Würzburg, teils von ihm selbst entworfen und ausgeführt, wie etwa der Hof zum Heubarn in der Sanderstraße 7 (1712–1714) oder der Hof Friedberg in der Bronnbacher Gasse (1711–1715), zeigen noch heute seinen Stil, obwohl durch den letzten Krieg so viele davon unwiederbringlich verloren gingen. Fast idealtypisch repräsentieren die sogenannten „Greissing-Häuser" des heutigen Stadtarchivs auf der Neubaustraße seine zierfreudige Gestaltungsweise, sind jedoch von anderen Meistern in seiner Nachfolge errichtet. Als (erhaltene) eigenständige architektonische Schöpfungen Greissings in der Stadt sind unbedingt noch das ehemalige Jesuitenkollegium (1715–1719), heute Priesterseminar, der Rückermainhof (1716–1723), der Rote Bau des Bürgerspitals (1717–1718), die Peterskirche (1717–1721, Abb. 5), das Huttenschlösschen (1718–1721, Abb. 6), das Palais Würtzburg in der Turmgasse (1719), heute Kulturamt, und das Talaveraschlösschen (1719, Abb. 7) zu erwähnen.

Abb. 5:
Würzburg, Pfarrkirche St. Peter und Paul, 1717–1721 (Foto: Rainer Schäffner, Würzburg).

[12] Schon 1710 wölbt Greissing seine Comburger Stiftskirche mit Tuff und wendet dort über den Seitenschiffen sogar Hufeisengewölbe an, die sonst erst im 19. Jahrhundert beim Eisenbahnbau wegen ihres reduzierten Seitenschubs allgemeine Verbreitung fanden. Den bis dahin in Süddeutschland führenden italienischen Baumeistern war diese Form nicht geläufig.

Abb. 6: *Würzburg, Huttenschlösschen, 1719–1721 (Foto: Rainer Schäffner, Würzburg).*

Abb. 7: *Würzburg, Gartenpavillon „Talaveraschlösschen", 1719 (Foto: Johannes Mack, Happertshausen).*

Eines seiner schönsten Privathäuser, wenn nicht sein schönstes überhaupt, errichtete Joseph Greissing für einen jüdischen Auftraggeber, nämlich auf Verlangen des kaiserlichen Oberhoffactors Samson Wertheimer zu Wien für dessen Bruder Emanuel Wertheimer in dem Landstädtchen Marktbreit am Main. Ein kostbarer, harmonisch proportionierter Bau, großteils in Haustein ausgeführt, mit dezenter Ornamentik überzogen, reich beschnitztem Traufgesims, ausgezeichnet durch einen eleganten Eckerker, der in seiner zurückhaltenden Noblesse selbstbewusst eine Straßenkreuzung beherrscht (Abb. 15).

Entscheidende Impulse erhält auch der fränkische Kirchenbau insgesamt: Greissings von 1705 bis 1709 ausgeführte evangelische Patronats- und Hauptkirche in Wilhermsdorf bei Fürth (Abb. 8), eine besonders vornehme Freipfeiler-Emporenhalle mit elegantem Chorscheitelturm und prächtiger, *„an den römischen Barockpathos angelehnte*[r] *Giebelfassade"* gilt zu Recht als *„Eine der großartigsten hochbarocken Landkirchen in Franken"* überhaupt.[13] Noch weiter vervollkommnet er das System der Freipfeiler-Halle an der ebenfalls ob ihrer hervorragenden Proportionen und ausgereiften Lichtverhältnisse berühmten Ritterstiftskirche St. Nikolaus auf der Comburg bei Schwäbisch Hall, 1706 bis 1715 erbaut[14] (Abb. 9).

Waren in Wilhermsdorf zwischen sämtliche Freipfeiler der Seitenschiffe Emporen eingezogen, beschränken die Emporen sich auf der Comburg auf den Chorbereich sowie den Westteil der Stiftskirche, wodurch im Lang- und Querhaus eine noch größere Lichtfülle erzielt wird. Eine Hängekuppel überspannt die Vierung, die somit zwar optisch betont ist, jedoch nicht zu sehr aus dem renaissancehaften Ebenmaß der Pfeilerfolge heraussticht. In vollendeten Proportionen zeigt das Langhaus der bereits erwähnten Würzburger Peterskirche, 1717 bis 1720 ausgeführt, letztmals das Motiv der Freipfeiler-Emporenhalle im Œuvre des Architekten. Leider wurde nur dieser Mittelteil von Greissing ganz neu geplant, während der auf Wunsch der Bauherrschaft zu erhaltende gotische Ostchor wie auch zwei romanische Westtürme in jenen Bereichen zu architektonischen Kompromisslösungen zwangen.

Als Schlüsselbau für die große Tradition der mainfränkischen Einturmfassaden gilt die katholische Schlosskirche, heute Pfarrkirche, Mariae Himmelfahrt in Friesenhausen, Kreis Haßberge, die er von 1713 bis 1715 errichtete (Abb. 10). Diese erste ganz barock durchgeformte Einturmfassadenkirche Frankens bildet zusammen mit den ebenso vornehmen Pfarrkirchen in Gereuth bei Ebern, St. Philippus, 1713 begonnen, und St. Joseph in Steinbach bei Lohr am Main (Abb. 11), 1718 bis 1721 geschaffen, den Ausgangspunkt für zahlreiche Nachfolgebauten. Besonders wirksam war zweifellos die Einturmfassade der 1716 begonnenen Benediktinerabteikirche Theres am Main, die nach der Säkularisation der Spitzhacke zum Opfer fiel, jedoch in Plänen und Zeichnungen überliefert ist.

---

[13] Konrad Bedal, Dorfkirchen in Franken. Kontinuität und Wandel in Bauformen und Ausstattung 1000–1800, Bad Windsheim 2015 (4. Aufl. 2019), S. 287.

[14] Johannes Mack, Lichtraum und Wertschätzungsbau. Die barocke Stiftskirche St. Nikolaus und St. Maria des Vorarlberger Baumeisters Joseph Greissing, in: Staatliche Schlösser und Gärten Baden-Württemberg / Klaus Gereon Beuckers (Hg.), Kloster Großcomburg. Neue Forschungen, Regensburg 2019, S. 341–367.

Abb. 8:
Wilhermsdorf bei Fürth, Patronats- oder Hauptkirche, 1705–1709 (Foto: Wolfgang Bouillon, Bayreuth).

Abb. 9:
Großcomburg, Ritterstiftskirche St. Nikolaus und St. Maria, 1706–1715 (Foto: Landesmedienzentrum Baden-Württemberg, Stuttgart).

Abb. 10:
Friesenhausen, Kreis Haßberge, Schlosskirche Mariae Himmelfahrt, 1713–1715 (Foto: Christoph Gundermann, Würzburg).

Abb. 11:
Steinbach bei Lohr am Main, Patronats- und Pfarrkirche St. Joseph, 1718–1721 (Foto: Udo Kleinfelder, Lohr am Main).

Greissing selbst führte noch einige Einturmfassadenkirchen aus, wie in Albersdorf bei Ebern oder in Oberwittighausen bei Würzburg. Dazu viele weitere Landkirchen und Kapellen, von denen hier nur das durch Pilaster gegliederte Langhaus von St. Ägidius in Kleinbardorf und der schlanke Bau von St. Jakobus in Herlheim, jeweils mit hervorragend proportionierten Westfassaden in römischer Art gestaltet, genannt werden sollen. Unbedingt erwähnenswert ist die Talkirche bei Münnerstadt als Musterbeispiel für eine Schöpfung im Geist der mährischen Landkirchenarchitektur eines Domenico Martinelli, ausgezeichnet durch ihre betont schlichte ‚architettura minore' in Putzrahmenfeldern, dabei höchst qualitätvoll – besonders ihre Fassade – im goldenen Schnitt proportioniert.

Im Schlossbau sucht Greissing die Verknüpfung von fränkischer Tradition mit österreichischen sowie französischen Ideen. An Domenico Martinelli und dem Wiener Palastbau orientiert sich der bereits genannte Fürstenbau des Würzburger Juliusspitals, während Schloss Bimbach an Martinellis mährische Bauten anknüpft. Von Wien, und zwar direkt von einem Gartenpalais des Johann Bernhard Fischer von Erlach, inspiriert ist sowohl das Würzburger Huttenschlösschen, ein leider abgegangener Gartenpavillon für die Grafen Schönborn in Wiesentheid[15], als auch das posthum nach Greissings Tod durch seinen langjährigen Palier und Ehenachfahr Johann Leonhard Stahl d. Ä. für Christoph Franz von Hutten respektive dessen Bruder Franz Ludwig errichtete Schloss Steinbach bei Lohr am Main. Schloss Burgpreppach rekurriert mit seinem kastellartigen Grundriss samt Wassergraben, jedoch kombiniert mit moderner Pavillonbauweise, auf französische Vorbilder verschiedener Epochen. Vaux-le-Vicomte ist Vorbild für das exquisite, 1720 begonnene Ebracher Amtsschloss Burgwindheim, das Greissing bis zu seinem Tod 1721 noch zu gut einem Drittel unter Dach brachte.

Auch das posthume Ebracher Amtsschloss Oberschwappach (Abb. 12) steht in der französischen Tradition des 17. Jahrhunderts. Wien und Mähren hatte er selbst gesehen. Ob die Kupferstichvorlagen für die französisch inspirierten Werke in den Bibliotheken der Auftraggeber standen oder sich in seinem eigenen Besitz befanden, ist dabei unerheblich. Strukturell gehören Joseph Greissings bedeutendste Klosteranlagen Ebrach, ab 1716, und das noch größere, abgegangene Münsterschwarzach, ab 1718 gebaut, zu den trikliniumsförmigen Schlossanlagen und stehen grundsätzlich in der französischen Architekturtradition. Ebrach zeigt augenfällig Einflüsse aus dem nahen Pommersfelden, jedoch auch bewusste Eigenständigkeit, wobei die Ebracher Architektur, vermutlich durch die Mitarbeit des Stuckateurs Georg Hennicke, vielleicht auch noch durch den während der Arbeiten 1718 dort verstorbenen Stuckateur Daniel Schenk, eine charakteristische sächsische Note aufweist.

---

[15] Der Pavillon wird ob seiner Qualität bereits 1720 in Kupferstichen publiziert: Johann David Fülck, Neue Garten-Lust oder völliges Ornament [...], Augsburg 1720, Tab. 62 u. 63. In der Sammlung Eckert, SE 412, ist eine Studienzeichnung erhalten; vgl. Mack, Baumeister und Architekt (wie Anm. 1), S. 506–508.

Abb. 12: *Oberschwappach, Ebracher Amtsschloss oder Curie, posthum 1733–1738 (Foto: Gemeinde Knetzgau, Franz Langguth).*

Abb. 13:
Ebrach, Zisterzienserabteikirche, kuppelartiger Dachreiter über der Vierung, 1716 (Foto: Wolfgang Rößner, Ebrach).

Sehr gut lässt sich diese beispielsweise am oberen Abschluss von Joseph Greissings kuppelartigem, kupferbeschlagenen Dachreiter aus Eichenholz von 1716 über der Vierung der Zisterzienserabteikirche erkennen (Abb. 13). Trotz seiner enormen Größe wirkt dieser überhaupt nicht schwer oder lastend auf dem hohen Dach des gotischen Baus, sondern gerade nach oben hin erscheint sein kunstvoller, mehrfach gestauchter Knauf, spielerisch leicht, vom Wesen her den Torbekrönungen des Dresdner Zwingers verwandt, wie der Fuß einer riesigen Monstranz.

Für Theres am Main plante er nicht allein die genannte monumentale Einturmfassadenkirche, deren Fassadenturm beinahe 70 Meter Höhe erreichte, sondern er entwarf und baute diese Kirche als Nordflügel eines vollständig neuen Klausurquadrums, das heute, nach dem säkularisationsbedingten Verlust des Gotteshauses als viertem Flügel, als hufeisenförmiges Gebäude unter dem Namen ‚Schloss Obertheres' firmiert. In Schöntal an der Jagst dominieren und zentrieren Greissings charakteristische Doppeltürme der Zisterzienserabteikirche höchst angenehm die Fernsicht auf die Klosteranlage. In Kloster Bronnbach an der Tauber, wiederum Zisterzienser als Auftraggeber, stehen seine Bauten augenfällig an der Durchgangsstraße. Tritt man in den Hof der ehemaligen Kartause Tückelhausen, zieht ein überaus malerischer Erker über der Tordurchfahrt des Priorats die Blicke auf sich. Seine größtenteils abgegangenen Bauwerke und Tätigkeiten für die Karthäuser in Würzburg sowie zu Astheim am Main seien hier nur mit Namen genannt, weitere Arbeiten für Ordensgemeinschaften sollen hier ausgespart werden.

Legion wären, wenn man sie alle aufzählen würde, auch die fürstbischöflichen Amtshäuser, wie Mainberg, 1708 bis 1710, um eines der prächtigsten zu nennen, wobei noch zwei bisher nicht als Greissingschöpfungen bekannte, nämlich Aura im Sinngrund und der Johanneshof bei Sulzfeld im Grabfeld, nun in sein gesichertes Werk aufgenommen werden dürfen.[16] Amtsbauten sind auch die repräsentativen Rathäuser in Eibelstadt, Iphofen oder Giebelstadt, letzteres ursprünglich als Schloss errichtet und erst später umgewidmet. Ganz zu schweigen von den zahllosen Staats-, Ordens- und Privataufträgen für Bastionen, Befestigungswerke, Brücken, Häuser, Scheuern, Pferdeställe, Mühlen, Wehre, Schleusen etc. oder auch nur für Ausstattungsstücke wie Treppen oder hölzerne Balustraden – selbst Lafetten als Fahrgestelle für Kanonen war der Großbauunternehmer Greissing in der Lage zu liefern!

Zum Erfolg hatte bei Greissing eine günstige Verbindung von jenem sprichwörtlichen Fleiß mit herausragender natürlicher Begabung, überdurchschnittlicher Auffassungsgabe, einem besonders ausgeprägten Interesse und großer Willenskraft geführt. Von außen war schließlich eine ganz und gar unabwägbare, nur wenig beeinflussbare Größe dazugestoßen, die gerade bei Karrierefragen oft alles entscheidend ist, nämlich auf welche Person(en) man in welchem Lebensabschnitt trifft! Bei einem armen Bergbauernsohn wie Greissing war dieses Moment vielleicht noch entscheidender als bei Personen aus gut situierten Kreisen. Auch dies hatte sich in Würzburg geradezu idealiter gefügt!

---

[16] Vgl. dazu Kap. 2, Eine Bestandsaufnahme, und unter Kap. 3, Neuerkenntnisse, die Einträge AURA IM SINNGRUND, SCHÜTTBODEN und SULZFELD IM GRABFELD, JOHANNESHOF.

Getrübt wurde diese beinahe unglaubliche Erfolgsgeschichte durch den Tod seines wichtigsten Förderers Johann Philipp von Greiffenclau im Jahre 1719 und vor allem durch die anschließende „feindliche Übernahme“ des Bischofsthrons durch Johann Philipp Franz von Schönborn.[17] Hofämter erloschen mit dem Tod eines Bischofs. Der Nachfolger bediente sich nun Balthasar Neumanns als Hofarchitekten, ohne diesen Titel explizit zu vergeben. Greissing wurde sofort wieder zum Hofzimmermeister berufen und auch Bauinspektionen im gesamten Hochstift wurden ihm, sicher wegen seiner Erfahrung, weiterhin aufgetragen, oft zusammen mit Neumann, der zweifelsohne von dieser Erfahrung seines Vorgängers profitieren konnte.[18] Joseph Greissing war offensichtlich unabkömmlich! Beim nun beginnenden Bau der Residenz war seine Firma deshalb als Zimmereibetrieb von Anfang an maßgeblich beteiligt, lieferte Gerüste sowie Schalungen für die Kellergewölbe und wird, für Jahrzehnte bis zur Vollendung, führend an diesem Bau mitwirken. Greissings Auftragsbücher waren voll, ja übervoll, doch dürfte es für ihn persönlich nicht angenehm gewesen sein, dass – wenn auch nur pro forma – dem jungen Neumann als „Aufsicht“ beim Residenzbau der Bamberger Johann Dientzenhofer beigestellt wurde und nicht er. Vermutlich hat er dies als Zurücksetzung empfunden, als Prestigeverlust, wie gesagt, als Unternehmer war er gerade in den Jahren 1719 bis 1721 äußerst erfolgreich. Gleichzeitig betreute er die größten Baustellen der Region: Kloster Ebrach, Kloster Münsterschwarzach, Kloster Theres sowie weitere Ordensbaustellen, mehrere Schlossbauten, mehrere Amtshäuser, mehrere Kirchenbauten, reihenweise Privataufträge etc. und war auf der neuen Residenzbaustelle tätig, aber hier eben „nur“ als Hofzimmermeister.

Für uns heute unvorstellbar ist allein die schiere Menge an Aufträgen, die natürlich im Sinne einer optimalen Qualitätssicherung – und Qualität war eines seiner Markenzeichen! – ständig zu begleiten, zu beaufsichtigen, vor Ort zu kontrollieren waren. Dennoch starb Joseph Greissing völlig unerwartet, offenbar ohne vorherige Anzeichen von Erschöpfung, im Alter von 57 Jahren am 12. Dezember 1721 in seinem prächtigen neuen Haus am Main bei St. Burkard (Abb. 14) *„ahn einer hizigen Kranckheit“*, obwohl *„derselbe, dem ansehen nach von einer starcken Gesunthen Natur zu seyn geschienen“*.[19] In der Sterbematrikel der Würzburger Pfarrei St. Burkard ist unter dem 12. Dezember 1721 verzeichnet: *„D:*[ominus] *Josephus Greissing faber lignarius et architectus, superioris Magistratus assessor æt:*[atis] *57. a~*[nn]*orum .11. mensium .3. dierum. confessus et s.*[acro] *viatico refectus, extremæque unctio~*[n]*is Sacramento roboratus.“*[20]

---

17 Zur Feindschaft Greiffenclau – Schönborn besonders Andreas Flurschütz da Cruz, Das Ende einer Familienkarriere. Die verhinderte Würzburger Koadjutorwahl von 1716 und ihre Folgen für das Haus Schönborn, in: Jahrbuch für Regionalgeschichte 31 (2013), S. 17–43; vgl. Mack, Baumeister und Architekt (wie Anm. 1), S. 531–534.

18 Vgl. dazu unter Kap. 3, Neuerkenntnisse, die Nennungen Hardheim, Guttenberg und Euerdorf; dazu ausführlich Mack, Baumeister und Architekt (wie Anm. 1).

19 Schlossarchiv Burgpreppach, Vormundschaftliche Korrespondenz 1721–25: Cammerrat Philipp Christoph Reibelt am 12.12.1721 aus Würzburg an den Obervogt Johann Adam Doles in Burgpreppach sowie dessen Antwort vom 26.12.1721.

20 Kath. Matrikelamt Würzburg, St. Burkard, Bd. A 2, S. 41.

Abb. 14: *Würzburg, letztes Wohnhaus Joseph Greissings bei St. Burkard, 1719. 1945 beschädigt, anschließend abgebrochen, Aufnahme 1930er Jahre (Foto: Stadtarchiv Würzburg).*

1.3 Greissings Wirkung auf die Zeitgenossen: Greissingstil und Greissingzeit

Seine überaus zierfreudige, dekorative Architektur traf den Puls der Zeit! So erlangte die später ‚Greissingstil' genannte Gestaltungsart eine Volkstümlichkeit, ja Popularität, wie sie weder der Architektur seines Vorgängers Antonio Petrini noch der seines Schülers und Amtsnachfolgers Balthasar Neumann in der Breite jemals zuteil wurde. Dafür dürften zwei Faktoren ausschlaggebend gewesen sein: zum einen der allgemein stark wachsende Wohlstand nach 1702, den eine längere Friedenszeit und relativ stabile Ernten mit sich brachten.[21] Dieser Trend wurde noch verstärkt, als 1714 auch der Spanische Erbfolgekrieg, der glücklicherweise die Region nicht direkt berührt hatte, jedoch mental auf Staat und Gesellschaft lastete, beigelegt werden konnte. Ein regelrechter Bauboom erfasste das Land: Adel, Kirche, Klöster wie Privatleute begannen eine durchgreifende Erneuerung der vielerorts überalterten Bausubstanz, teils aus Notwendigkeit, gleichermaßen jedoch aus wachsendem Repräsentationsbe-

[21] Die Jahre bis 1702 waren Hungerjahre. Erst die gute Ernte von 1702 änderte die Situation grundlegend und beflügelte auch das Bauwesen.

dürfnis heraus. Dies ist der zweite Grund, denn ein schmuckvoller Stil, eine aufwendig dekorative Bauweise, kann neuen Wohlstand besonders deutlich für alle sichtbar zur Schau stellen. Joseph Greissing war offensichtlich zur rechten Zeit am rechten Ort und besaß das notwendige Gespür für die aktuelle Stimmungslage und die daraus resultierenden Bedürfnisse. Als Mensch war er offenkundig ein Typ, der gut auf andere eingehen konnte, sich nie in den Vordergrund spielte und damit als Person die Voraussetzungen mitbrachte, um auch als Persönlichkeit „volkstümlich" zu werden. So ließ er sich von jedermann, vom Prälaten bis zum Handlanger, nur bescheiden „*Meister Joseph*" nennen. Er selbst setzte anscheinend nie einen Vertrag mit seiner offiziellen Titulatur als „*Hochfürstlich Würzburgischer Stadt- und Landbaumeister*" oder als „*Oberrats-Assessor*" auf. Es ist bis heute auch keine einzige Unterschrift von ihm bekannt geworden, die etwas anderes zeigen würde als maximal ein „*M:*" oder „*Mr:*" für ‚Meister' vor seinem Namen – und selbst solche Unterschriften sind eher selten, denn in der Regel findet sich nur „*Joseph Greissing*".

Schnell verbreitete sich nach der von nüchterner Strenge geprägten Architektur Petrinis jetzt ein heiter froher Zierstil, der statt manchmal sogar schroff anmutender Plastizität nun ein fein gestuftes Wandrelief auf einem flächenhafteren Grund entwickelt. Tiefengliederung wird durch perspektivische Raffinessen, wie ganz in die Wand – oder sogar in eine Innenecke! – eingestellte Rundpfeiler, nur vorgetäuscht, wie beispielhaft am Portalrisalit des Würzburger Jesuitenkollegs (Priesterseminar) oder am Roten Bau des Bürgerspitals zu sehen ist. Dazu dienen auch schräge Hinterlegungen, geschweifte, gebrochene oder gezackte Linien, Tuchgehänge sowie der spielerische Umgang mit Wappensymbolen nach Art der Päpste. Eine wichtige Inspirationsquelle für Greissings Dekorationen war der 1701 durch Pietro Magno ausgeführte Würzburger Domstuck, wovon er unter anderem die dekorativen Laubstäbe in sein Formenvokabular übernahm.[22]

Dank der frühen Förderung durch Johann Philipp II. von Greiffenclau (reg. 1699–1719), dessen absoluter Favorit in Architekturangelegenheiten Joseph Greissing war, erlangte er in den ersten beiden Jahrzehnten des 18. Jahrhunderts quasi eine Monopolstellung in Mainfranken als Architekt wie Unternehmer für Großbauten der fürstbischöflichen Regierung und der katholischen Kirche. Dazu kamen eine umfassende Tätigkeit für beinahe sämtliche Klöster und Stifte der Region, für den zumeist katholischen Adel[23], seine Aufträge von Städten und Gemeinden sowie von Privatleuten. Damit erklärt sich erst auch einmal seine Dominanz in stilistischer Hinsicht. Bemerkenswert ist jedoch, dass dieser Stil zum Teil sehr weit über seinen Tod hinaus gepflegt wurde, und zwar nicht allein in die Neumann-Epoche hinein, sondern teils bis zu deren Ende(!): In der Residenzstadt Würzburg selbst behauptete sich der Greissing-

---

22 Vgl. Wolfgang Hegel, Die Stuckausstattung von Giovanni Pietro Magno im Würzburger Dom (1701–1967) (Quellen und Forschungen zur Geschichte des Bistums und Hochstifts Würzburg 78), Würzburg 2019.

23 Es gab auch Aufträge von Protestanten, z.B. der Franziska Barbara von Hohenlohe in Wilhermsdorf oder dem Ratsherrn und Handelsmann Jobst Carl Precemeder in Kitzingen. Dazu Aufträge von jüdischer Seite, z.B. für Samson Wertheimer in Marktbreit oder für den Juden Hirsch in Thüngen; vgl. dazu unter Kap. 3, Neuerkenntnisse, den Eintrag THÜNGEN.

stil noch bis etwa 1725, mit späteren Ausläufern, während die Landmeister in Kitzingen, Ochsenfurt, Münnerstadt, Ebern, im gesamten Gebiet der Haßberge oder in und um Neustadt an der Saale noch in den späten 1740er Jahren Kirchen[24] wie Profanbauten errichteten, als wären sie von Greissing selbst entworfen worden.[25]

Aufgrund dieser stilprägenden Kraft, die Joseph Greissings Architektur vor allem in den beiden Jahrzehnten der Regierung des Johann Philipp von Greiffenclau im gesamten Hochstift Würzburg entfalten konnte, wurde diese Epoche in der Kunstgeschichte öfter als „Grei(s)singzeit“ bezeichnet. Schöpfer des Begriffs ist der spätere Generalkonservator und herausragende Architekturkenner Felix Mader, der die stilistische Dominanz Greissings über die Architektur der ersten Greiffenclauzeit im Rahmen der Kunstdenkmälerinventarisation erkannte.[26] Doch bereits den Zeitgenossen im 18. Jahrhundert war diese Führungsposition Joseph Greissings in gestalterischer Hinsicht wie auch seine überragende Kompetenz in Fragen des Baubetriebs bewusst. So lässt der Geheime Cammerrat Reibelt am 30. Mai 1720 durch seinen Schreiber folgende Zeilen notieren: „[...] *weilen der rare undt tewere mann, Meister Joseph Kreußling auf vier biß fünfmahliges beschicken nicht zu haben vielweniger zu sprechen undt sein Sentiment hierüber ein zu hohlen gewesen* [...]“.[27] Man bemühte sich hier mit Nachdruck um seine ganz persönliche Einschätzung in einer Baufrage. Seine Meinung und sein Rat waren allerorten gefragt, nicht zuletzt verlangten beinahe sämtliche Klöster wie Stifte der Region nach ihm und wünschten ihn als Baumeister für ihre teils hochtrabenden Ambitionen.

Natürlich schwingt im folgenden Zitat auch entsprechendes Selbstbewusstsein mit, doch bildet der als sehr zuverlässig geltende Chronist der Benediktinerabtei Münsterschwarzach, P. Burkard Bausch[28], die Einschätzung der Zeitgenossen ab, wenn er Joseph Greissing im Kontext seiner Berufung zum Klosterneubau im Jahre 1718 „*architectum totâ franconiâ et finitimis provincijs à peritia architectonica omnium ore celebratissimum*“, also den nach allgemeinem Urteil berühmtesten Architekten in ganz Franken und den benachbarten Gegenden nennt.[29]

---

[24] Langhaus und Chor der Kirche von Althausen bei Münnerstadt, 1748 errichtet, zeigen reinsten Greissingstil und wurden früher für ein Werk Greissings gehalten; ebenso die Kirche in Fridritt, 1737 vollendet.

[25] In Ebern war es Greissings ehemaliger Maurer-Palier Johann Georg Dantzer, in Neustadt a.d. Saale sein ehemaliger Zimmerer-Palier Christian Gruber, in Goßmannsdorf bei Hofheim i. UFr. sein ehemaliger Steinhauer-Palier Johann Georg Bierdümpfel ... außerdem weitere Landmeister.

[26] Felix Mader (Bearb.), Die Kunstdenkmäler des Königreichs Bayern, Stadt Würzburg, München 1915, S. 640–655 u.a. Seiner Beobachtung zufolge bevorzugt Greissing „*reichen Schmuck, ohne überladen oder kleinlich zu werden.* [...] *Wärme, frohe Behaglichkeit* [,...] *gelegentlich auch vornehme Repräsentation*“ sprechen aus seinen Schöpfungen.

[27] Schlossarchiv Burgpreppach, Vormundschaftliche Korrespondenz 1721–25: Jeremias Höhn, Schreiber des Cammerrats Philipp Christoph Reibelt am 30.05.1720 aus Würzburg an den Obervogt Johann Adam Doles in Burgpreppach.

[28] Erwin Muth, P. Burkard Bausch OSB (1656–1721/23). Benediktinermönch und Chronist (Veröffentlichungen der Gesellschaft für fränkische Geschichte, Reihe VII A: Fränkische Lebensbilder, Bd. 20), Neustadt a.d. Aisch 2004, S. 119–134; dort weitere Literatur.

[29] Abteiarchiv Münsterschwarzach: Chronik des P. Burkard Bausch „Felicitas Rediviva“, Tom. II, p. 125.

Zurück zur eingangs gestellten Frage: Wie sähe Würzburg heute ohne Joseph Greissing aus? Oder besser: Wie sähe (Main-)Franken ohne Joseph Greissing aus?

Wäre Würzburg wirklich das uns vertraute Würzburg ohne den dominanten Baukomplex des Juliusspitals – Greissings Nordflügel mit dem Fürstenbau war schließlich wiederum Vorbild für den späteren, straßenseitigen Flügel an der Juliuspromenade –, ohne den dortigen Gartenpavillon?

Wie sähe die Stadtsilhouette ohne den höchsten Kirchturm Würzburgs aus, den Neubaukirchturm, dessen von Greissing gestaltetes, balustradengesäumtes Oktogon sowie dessen Kuppelhaube samt der ausgefallenen Laterne, Greissings Meisterstück, wie eine Krone weit über die Stadt leuchten? Der anerkanntermaßen zum Schönsten gehört, was diese Epoche an Turmarchitektur im gesamten oberdeutschen Raum hervorgebracht hat.

Was wäre Würzburg ohne die Neumünsterkuppel? – die, nebenbei bemerkt, in der Stadt eine neuartige Bautechnik begründet, welche Balthasar Neumann, inklusive der für Greissing am Neumünster tätigen Spezial-Handwerker, direkt im Anschluss für die Ausführung seiner „ersten Kuppel" über der Schönbornkapelle zum Einsatz brachte und noch viel später konstruierte er die kühnen Gewölbe seines Treppenhauses der Residenz nach dieser Methode.

Wie würde der Platz vor der Grablege der Frankenapostel wirken (auch die Kiliansgruft selbst ist von Greissing geplant und erbaut!), stünde dort nicht die prächtige, raumgreifend plastische Neumünsterfassade aus rotem Sandstein mit ihren pathetisch bewegten, weiß strahlenden Figuren, die unverkennbar römisches Flair an den Main vermittelt und deren Figuren bekanntermaßen auch Vorbildcharakter für die noch imposanteren Sandsteinstatuen auf der Alten Mainbrücke hatten?

Es sollen hier nicht noch einmal all die oben bereits genannten Gebäude wiederholt werden, denn es dürfte längst klar sein, dass das uns vertraute, „spezifisch Würzburgische" am Stadtbild zu einem entscheidenden Teil wegbrechen würde. Vor allem das gefühlte Ambiente wäre ohne Greissings Architektur(en), ohne den behäbig repräsentativen Rückermainhof, ohne das zierliche Talaveraschlösschen, ohne die von edler Barockarchitektur eingerahmte, lauschige Außengastronomie im Hof Friedberg in der Bronnbacher Gasse fraglos nicht mehr dasselbe. Dabei ist noch gar nicht mit eingerechnet, wie viele Bauten der nachfolgenden Jahrhunderte sich direkt oder / und indirekt an diesem von Joseph Greissing geschaffenen Bestand orientierten, wie viele (auswärtige) Architekten sich von seinen Werken inspirieren ließen ... So waren das Huttenschlösschen in der Sanderau oder der heute leider durch die völlig veränderte Umgebungsbebauung seiner Schönheit beinahe ganz beraubte Gartenpavillon hinter dem Polizeigebäude in der Augustinerstraße nachweislich wiederum Vorbilder für andere Gebäude!

Dasselbe gilt für die Region Mainfranken insgesamt, in der Joseph Greissings Einturmfassaden ein architektonisches Leitmotiv für das gesamte 18. und sogar noch für das frühe 19. Jahrhundert bilden, weshalb der von ihm geschaffene

Typus als „Markenzeichen" dieses Kulturraums firmiert.[30] Nicht zuletzt Balthasar Neumann ließ sich davon beeindrucken, griff diesen Typus auf und verbreitete ihn weiter. Schließlich wirkten Neumann wie auch seine Schüler bis nach Trier, wo die geschickt inszenierte Paulinuskirche ob ihrer schlanken Einturmfassade bereits von Weitem als in der fränkischen Tradition Greissings und Neumanns stehend erkennbar ist. Dazu die vielen weiteren Einturmfassaden an Main, Rhein und Mosel, bei denen optisch identifizierbar oder über die Biographie ihrer Schöpfer eine Verbindung zu Joseph Greissings mainfränkischen Schlüsselbauten besteht. Was wäre die Region Mainfranken ohne die vielen Kirchen, Schlösser, Rathäuser oder Amtshäuser? Wie sähen beispielsweise der Marktplatz von Eibelstadt, der Marktplatz von Iphofen oder der von Giebelstadt aus, ohne die repräsentativen Rathäuser Greissings, die sich allein ob ihrer guten Proportionen qualitativ deutlich von so manchem zur selben Zeit in anderen fränkischen Landstädten errichteten öffentlichen Gebäude abheben.

Das vielleicht schönste von Greissing erdachte Bürgerhaus, das Haus Wertheimer in Marktbreit, reizte bereits kurz nach seiner Vollendung im 18. Jahrhundert einen gegenüber wohnenden Kaufmann, sich ein Gebäude errichten zu lassen, das man als freie Kopie bezeichnen könnte – eine Kopie, die allerdings doch nicht die Qualität des Originals erreicht (Abb. 15).

Abb. 15: *Marktbreit, rechts: Haus Wertheimer, 1718/19; links: Haus zur Groe (Günther), 1724/25 (Foto: Karl Schönherr, Marktbreit).*

---

[30] Hanswernfried Muth, Von der Baukunst des Barock zur Revolutionsarchitektur, in: Peter Kolb/Ernst-Günter Krenig (Hg.), Unterfränkische Geschichte, Bd. 4/2: Vom Ende des Dreißigjährigen Krieges bis zur Eingliederung in das Königreich Bayern, Würzburg 1999, S. 247–310, bes. S. 277.

Gerade dieses Beispiel zeigt, wie sehr gute Architektur von guten Proportionen abhängt, und wie leicht diese verloren gehen, wenn man sie nur ein ganz klein wenig verändert! An Greissings Haus Wertheimer und dem gegenüberliegenden, nur wenig später von einem einheimischen Meister kopierten Haus Günther, kann man genau dieses Feingefühl, dieses Gespür Joseph Greissings für gute Architektur, für harmonische Maßverhältnisse ersehen, das ihn weit über die Kleinmeister hinaushebt und zum bedeutenden Künstler macht.

Als nach Joseph Greissings Tod Balthasar Neumann in Münsterschwarzach das von Greissing bereits projektierte, aber noch in einem frühen Planungsstadium befindliche Bauprojekt zu einer neuen Abteikirche übernahm, entwickelte er seine Planungen direkt auf der Basis des vorhandenen Materials seines Vorgängers. Auch sonst steht Neumann – besonders in der Baupraxis, in der Baustellenorganisation etc. – auf den Schultern seines Vorgängers, dessen exzellente Logistik den damals üblichen Standard bei Weitem übertraf. Gute Architektur in einem bereits bebauten Umfeld zu gestalten, ist immer ein Geben und Nehmen! Der Schnellstart des jungen Neumann an und mit der Würzburger Residenz ist kaum vorstellbar ohne eine intime Kenntnis und ohne gründliches Studium des hochentwickelten Bauwesens seines Vorgängers Greissing. So wie überhaupt gerne übersehen wird, dass die Entdeckung von Neumanns Talent und seine erste Förderung in die Greiffenclauzeit fällt und nicht durch einen Schönborn geschah. Seine soliden Grundkenntnisse im Zivilbauwesen, nicht zuletzt im Gewölbebau, konnte er auf den Großbaustellen Joseph Greissings erwerben und auch von einer zumindest zeitweisen Mitarbeit im Baubüro seines Amtsvorgängers ist unbedingt auszugehen.

Greissing kommt dabei die künstlerische wie bautechnische Mittlerrolle zwischen Antonio Petrini und Balthasar Neumann zu, dem Dreigestirn der Würzburger Barockarchitektur.

1.5 Wie Joseph Greissing heute wahrgenommen wird

Prägend war und ist die Architektur Joseph Greissings in der Stadt Würzburg wie in der Region Mainfranken zweifellos. Um dies (an)zuerkennen, ist es nicht nötig, weitere Beispiele aufzulisten, denn nicht die Menge, sondern die Qualität seiner Werke sorgte und sorgt dafür, dass Menschen sie wahrnehmen, sich für sie interessieren, sich in, mit und wegen ihr wohl fühlen. Nicht wenige begeistern sich sogar für sie. Gerade das vom städtischen Kulturamt, teils zusammen mit engagierten Einzelpersonen, erarbeitete und hoch motiviert durchgeführte Jubiläums-Jahresprogramm der Stadt Würzburg anlässlich des 300. Todestages am 12. Dezember 2021 zeigt das in den letzten Jahren deutlich gestiegene Interesse an Greissings Künstlerpersönlichkeit und das damit verbundene neue Bewusstsein für dessen Bedeutung.[31] Der Kulturreferent der Stadt Würzburg, Achim Könneke, und der Baureferent der Stadt, Benjamin

---

[31] In diesem Rahmen erschien u. a.: Claudia Lother, Mittler zwischen Bauwelten: Vom würdevollen Hochbarock zum beschwingt heiteren Rokoko. Joseph Greissing – Würzburg gedenkt dem Baumeister zum 300. Todestag, in: Stadt Würzburg (Hg.), Eckart, Ausgabe Mai 2021, S. 4–7. Frau Claudia Lother M. A., Pressesprecherin der Stadt Würzburg, danke ich sehr herzlich für viele überaus freundlich gewährte Hinweise.

Schneider, schreiben in einem gemeinsamen Editorial der Zeitschrift *Eckart*: „*Anlässlich des 300. Todestages ist es Zeit, die Bedeutung Joseph Greissings aus dem Schatten Neumanns und der Residenz mehr in das Licht der Öffentlichkeit zu rücken und das große Potential der Baukultur offensiver zu vermitteln.* [...] *Greissings Bauwerke werden sichtbarer und können die ihnen gebührende Wertschätzung erfahren.*"[32]

Dasselbe erlebe ich seit Jahren bei Vorträgen zu Greissings Leben und Werk in der Region, bei denen des Öfteren die Säle sogar überfüllt waren und manchmal selbst die Organisatoren von der Anzahl an Interessenten überrascht wurden. Zu wünschen wäre für die Zukunft eigentlich nur, dass dieses Interesse anhält! Ein adäquates äußeres Zeichen für eine gewachsene Wertschätzung sowie für ein gewachsenes Bewusstsein um die Bedeutung Joseph Greissings in seinem Wirkungsort Würzburg könnte die Korrektur – es wäre ja nicht einmal eine Umbenennung – des Straßennamens in „Greissingstraße" sein. Nur konsequent wäre parallel dazu die Anpassung der Schreibweise des Namens des nach ihm benannten Berufsbildungszentrums in „Joseph Greissing Schule". Illusorisch erscheint mir dieser Wunsch jedenfalls nicht.

1.6 Würdigung

Joseph Greissing hat mit seiner Architektur ganz besonders der Stadt Würzburg ein unverwechselbares Antlitz gegeben. Nicht nur zeitlebens, sondern weit darüber hinaus prägt sein ureigener, unverwechselbarer Baustil vor allem die Region Mainfranken. Herkunft, Ausbildung und besonders die Kunst wie auch die Menschen der Region, in der er sich ganz bewusst niederließ, prägten Joseph Greissings Stil, der Greissingstil wiederum prägt Würzburg und Mainfranken – aufgrund der Fülle hochwertiger Bauwerke in einem Ausmaß, wie es hier kein einzelner Architekt vor ihm jemals erreichte. Auch nach ihm war wohl keinem Architekten in der Region eine solche unmittelbare Breitenwirkung auf alle Bevölkerungsschichten beschert, gerade noch für solch einen langen Zeitraum über den Tod hinaus.

Menschen prägen Orte, Orte prägen Menschen.
Für Joseph Greissing gilt dies in ganz besonderer Weise.

2. Eine Bestandsaufnahme und Ausblicke für die Forschung anlässlich seines 300. Todestages am 12. Dezember 2021

Überraschender Zuwachs an ausgewertetem Archivmaterial wie auch Studien zum Wirken Joseph Greissings: Der wissenschaftliche Nachlass von Barbara Nitschke.

Wer sich mit der Erforschung Joseph Greissings auseinandergesetzt hat, kennt den Namen Barbara Nitschke. Wenngleich sie nur wenig veröffentlichte,

[32] Achim Könneke/Benjamin Schneider, Barockstadt Würzburg vermitteln, Editorial, in: Stadt Würzburg (Hg.), Eckart, Ausgabe Mai 2021, S. 3.

zeichnen sich ihre Arbeiten durch ein sehr hohes wissenschaftliches Niveau aus. Im vergangenen Jahr ist sie im Alter von 84 Jahren verstorben. Es ist mir ein Herzensanliegen, ihren wissenschaftlichen Nachlass zu sichern und zu veröffentlichen. Doch zunächst möchte ich der engagierten Forscherin zu Leben und Werk Joseph Greissings gedenken:

Kunsthistorikerin
Frau Barbara Nitschke
* 1936 – † 2020

Am 27. Februar 1936 in Breslau geboren, verstorben am 7. März 2020 in Schweinfurt. Bereits während ihres Studiums der Kunstgeschichte in Würzburg widmete sie sich der systematischen Erforschung Greissings auf einer neuen, soliden Basis: Quellenarbeit. Archivstudium stand für sie im Mittelpunkt und sie betrieb ihre Studien mit Akribie. Daraus resultierte ihre erste Konsequenz: Die durch Carl Gottfried Scharold im 19. Jahrhundert eingeführte falsche Schreibweise[33] von Greissings Familiennamen mit nur einem „s" verwarf sie und begann konsequent die durch Autographe belegte Form „Greissing" zu verwenden. Schon hiermit hat sie einen wichtigen Beitrag zur Greissingforschung geleistet, denn in Würzburg war sie nach dem Krieg damit die Erste. Nach und nach schlossen sich immer mehr Forscher wie Herausgeber verschiedener Publikationen diesem Vorbild an, das besonders von zahlreichen auswärtigen Fachleuten vertreten wurde. Sehr gefreut hätte sie sicher, dass die Stadt Würzburg ihre Veranstaltungen zum 300. Todestag erstmals mit der korrekten Schreibung „Greissing" ankündigt. In den letzten Jahren ist diese Form fast überall üblich geworden – doch in der Stadt seines Wirkens hielten (und halten) einige an der falschen Schreibweise fest.

Diese Barbara Nitschke eigene Akribie war gleichzeitig ihr größtes Hindernis: Stets bemüht, Leben und Wirken Greissings noch akkurater aufzuarbeiten, sammelte sie über vier Jahrzehnte lang Material für eine Dissertation, hatte schließlich jedoch Bedenken, ihre Erkenntnisse einzureichen. Irgendwann dürften ihr wohl die Kräfte ausgegangen sein. In Gesprächen konnte ich mich von der Seriosität ihrer Studien überzeugen. Zwischenzeitlich reichte ich 2007 eine monographische Dissertation zu Joseph Greissing ein, womit sich eine weitere erledigte. Ausdrücklich dankte ich Barbara Nitschke in meiner Arbeit für ihre Hinweise und ließ ihr den Themenkomplex Juliusspital zur Publikation offen.[34] Den letzten telefonischen Kontakt zu ihr hatte ich 2019, von ihrem Tod im März 2020 erfuhr ich – coronabedingt – leider erst Anfang 2021.

In überaus großzügiger Weise vertraute mir ihre Schwester, Frau Roswitha Eaheart-Nitschke, Washington D. C., den gesamten wissenschaftlichen Nachlass Barbara Nitschkes zum Thema Joseph Greissing an, um daraus möglichst viel zu veröffentlichen. Die Qualität des Materials ist sehr gut: gut recherchiert, sehr zuverlässig exzerpiert! Nur als tragisch kann man daher den Umstand bezeichnen, dass Frau Nitschke keine vollständige Veröffentlichung wagte.

---

33 Vielleicht unterlief Scharold (oder seinem Drucker?) auch nur ein Flüchtigkeitsfehler, denn in seinem Besitz befand sich ein Originalautograph, das klar „Joseph Greissing" zeigt. Dieses wird heute mit Scharolds Nachlass in der Universitätsbibliothek Würzburg aufbewahrt.

34 Mack, Baumeister und Architekt (wie Anm. 1), S. 15 Anm. 3, S. 147 Anm. 339–341 u. a.

Schade ist, dass weitestgehend parallel, also doppelt, geforscht und damit viel Arbeitszeit wie Energie vertan wurde. Überaus positiv ist jedoch die sich daraus ergebende „doppelte“ Bestätigung der Ergebnisse: Die von ihr aufgespürten Werke Greissings decken sich vollständig mit meinen Forschungen! Sie kam in der Summe zu denselben Ergebnissen, lediglich Details unterscheiden sich, indem sie manchen Hinweis in Archivalien entdeckte, der mir entgangen ist, während ich vor allem einige Bauten über Konstruktionsanalysen der Dachstühle für Greissing sichern konnte, die ihr nicht bekannt wurden. Manches hat sie auf archivalischem Wege und ich – parallel dazu – über Bauanalyse für Joseph Greissing sichern können.

Hier im Anschluss wird ein erster Teil der (Detail-)Erkenntnisse Frau Nitschkes in einem alphabetisch nach Orten angelegten Verzeichnis der Tätigkeiten Greissings veröffentlicht. Das übrige Material soll später folgen. Als Ergebnis einer umfassenden Sichtung kann aber bereits festgestellt werden, dass das von mir in meiner Dissertation sowie in meinen anschließenden Veröffentlichungen von Joseph Greissing gezeichnete Bild – vor allem die Einschätzung wie auch Bewertung seiner Künstlerpersönlichkeit – durch die umfassenden Studien von Frau Nitschke vollauf bestätigt und sogar noch weiterreichend gestützt werden. Wenn schon jetzt allein die schiere Menge an Bauwerken und Aufträgen, die Greissing in gut 20 Jahren von Würzburg aus bewältigte, einen in bewunderndes Staunen versetzt[35], kann hier versichert werden: Es waren noch mehr Aufträge, sein Œuvre ist noch umfangreicher und im Detail noch vielseitiger!

3. Neuerkenntnisse zu Joseph Greissings Tätigkeit und zu seinen Werken

Alphabetisch nach Orten angelegter Katalog zu einer Auswahl an Neuentdeckungen. Aus dem wissenschaftlichen Nachlass von Barbara Nitschke stammende Informationen sind als solche gekennzeichnet.

Arnstein, Schloss, Einfriedung

Archivalische Information aus dem Nachlass Barbara Nitschke, als Mitteilung von Dr. Joachim Hotz, Karlsruhe, vermerkt.

Staatsarchiv Würzburg, Hofkammerprotokolle 1705–1713, 1712 V 4, fol. 332, 4. Mai 1712:

„*Arnstein Schloß Zaun. Soll besichtiget werden biß Meister Joseph heraus gehet.*“

Aura im Sinngrund, Schüttboden

Archivalische Information aus dem Nachlass Barbara Nitschke, als Mitteilung von Dr. Joachim Hotz, Karlsruhe, vermerkt.

[35] Unter der Überschrift *Petrini, Greissing, Neumann: Dreigestirn der Barockarchitektur*, schreibt Erich Schneider mit Recht: „*In* […] *rund 20 Jahren entfaltete er* [= Greissing] *eine in ihrem Umfang kaum nachzuvollziehende Bautätigkeit.*“; Erich Schneider, Kleine Geschichte Unterfrankens, Regensburg 2020, S. 76f.

Staatsarchiv Würzburg, Hofkammerprotokolle 1720 VI 21, damals noch nicht foliiert[36], 21. Juni 1720:

„Aura Sinngrund der neue schüttboden leydet schad durchs waßer und regen. – Detur dem Baumeister Joseph, der den bau überhaupt gehabt“.

Dieses früher auch Amtshaus genannte, große, einflügelige, langgestreckte, zweigeschossige Gebäude mit zentraler, rundbogiger Toreinfahrt, darüber Wappen des Johann Philipp von Greiffenclau als Fürstbischof von Würzburg, ist von einem Walmdach bedeckt. Es liegt in der Ortsmitte von Aura direkt an der Sinn und beherbergt, nach hinten erweitert, heute eine Grundschule. Die geohrten Fenstergewände sowie der Torbogen aus rotem Sandstein zeigen eindeutig die Formen Greissings. Eine Datierung wäre über eine dendrochronologische Untersuchung des originalen Dachstuhls jederzeit möglich. Der Innenausbau ist vollständig modern, dem dahinter liegenden Hof zu wurden neue Fenster eingebrochen, während die Straßenseite weitgehend original erhalten ist.

ELTMANN UND RIPPBERG, CENTCUSTODIEN

Archivalische Information aus dem Nachlass Barbara Nitschke, als Mitteilung von Dr. Joachim Hotz, Karlsruhe, vermerkt.

Staatsarchiv Würzburg, Hofkammerprotokolle 1714–1719, 1717 XI 25, nicht foliiert, 25. November 1717:

„Die Reparation der Centcustodien zu Eltmann und Ripperg wäre förderlichst zu veranstalten und hette auch von anderen hochstiffts ämbteren bericht geschehen können, wan von den beambten die Specification und Überschläg der kosten über solche Reparationes, wie der in alle Hochstiffts Ämbter [...] *expresse abgeschickt gewesene jezige Stuckhaubtman wie auch Fendrich Neumann und Zimmermeister Greysing solche vor nötig befunden, und an handen gegeben, eingeschicket worden wären* [...]“ Der Rest kaum lesbar, doch zu erahnen, dass die Gefängnisse auf gemeinsame Kosten von Hofkammer und Canzlei zu reparieren sind.

EUERDORF BEI HAMMELBURG, PFARRHOFINSPEKTION

Archivalische Information aus dem Nachlass Barbara Nitschke.

Staatsarchiv Würzburg, Domkapitelsprotkolle, 21. Juni 1720:

„Pfarrer zu Eurendorff erinnert die Beschaffenheit des Bauwesens im pfarr hoff und Bittet, ad interim nur die höchste nothdurfft machen zu Lassen. Conclusum solle der Baumeister Joseph hin aus geschickt werden, umb Einen Vorschlag zu thuen, wie zu helffen“.

Was Greissing empfahl, wird nicht erwähnt. Erst 1729/30 errichtete ein unbekannter Werkmeister ein neues Pfarrhaus in einfachen Formen.

FAHR AM MAIN, PFARRKIRCHE ST. JOHANNES

Informationen aus den Kunstdenkmälern des Königreichs Bayern, Bezirksamt Gerolzhofen, S. 75f., waren Ausgangspunkt für Recherchen von Barbara Nitschke im Pfarrarchiv:

---

[36] Die Bände der Hofkammerprotokolle sind nicht streng chronologisch gebunden, die (Mit-) Schrift der Protokollanten ist teils nahezu unlesbar! So war, trotz bekannter Datumsangabe, so manche Stelle nicht wiederzufinden. Erst auf meine Anregung hin führte Frau Dr. Ingrid Heeg-Engelhart (etwa 2004?) eine Foliierung der noch nicht foliierten Bände durch.

Dort befindet sich eine „*Specification was verschiedene Ziemmer= und mauermeister* [...] *Zum Kirchenbau vorgeschlogen haben*“.

Darunter ein undatierter Überschlag für Abbruch und Neubau des Langhauses von „*Meister Joseph greissing*“, „*Ziemmermann Zu würtzburg*“, darin die Formulierung: „*Vor diesen Benöthigten holtz Zu Verarbeiten, den alten Bau ab Zu brechen und den neuen sauber und wohlgemacht Bewehret Zu stellen Verdienet ein Ziemmermann .70. rthlr.*“. Die Gesamtkosten werden mit 335 Reichstalern veranschlagt. Vermutlich 1705 eingereicht, da am 5. Januar 1705 auch Steinhauer und Mauermeister Johann Michael Mahr aus Münnerstadt einen Überschlag einreicht, desgleichen am 9. November 1705 die Würzburger Tünchermeister Christoph und Franz Hart. Die Kunstdenkmäler nennen das Jahr 1707.

Aus Geldmangel wird erst einmal nichts gemacht. Laut Kunstdenkmäler, die noch aus den 1945 verbrannten Akten des Ordinariatsarchivs zitieren, meldet der Pfarrer am 16. Dezember 1713 „*daß er die höchst baufällige Kirche durch zwei vom hochfürstlich würzburgischen Zimmermann, Meister Joseph Greising, abgeordnete Bausachverständige habe stützen lassen*“. Damals fertigte anscheinend Jacob Bauer aus Würzburg einen Riss, den Mauermeister Michael Cleiner aus Escherndorf ausführte. Für die Fenster- und Türgewände wurden teils Profilschablonen Joseph Greissings verwandt, jedoch ist die Ausführung, vor allem der Westfassade, sehr grob, fast primitiv, und – man vergleiche die Kirche zu Kolitzheim – besonders nach oben hin lässt die Qualität noch weiter nach. Dagegen ist der Dachstuhl über dem Langhaus offenkundig direkt von Greissings Firma sehr professionell aus Frankenwälder Floßholz verzimmert worden (viele Wiedenlöcher und Floßkeile sichtbar).

Gadheim bei Würzburg

Archivalische Information aus dem Nachlass Barbara Nitschke.

JuliusspitalsArchivWürzburg, R 159, Anno 1705/06, fol. 624.

„[...] *1. Eymer* [Wein, 1702er Gewächs] *Joseph Greissing Zimmermann ins geding wegen Verschiedener arbeith Zu Gada*“.

Guttenberg, Jagdschloss bei Würzburg

Archivalische Information aus dem Nachlass Barbara Nitschke, als Mitteilung von Dr. Joachim Hotz, Karlsruhe, vermerkt.

Staatsarchiv Würzburg, Hofkammerprotokolle 1719 XII 12, damals noch nicht foliiert, 12. Dezember 1719:

„*Celsissimus lassen durch H. Neumann befehlen, mit dem Baumeister Joseph über das, was zu Guttenberg neugemacht werden soll, überhaubt zu handeln, so auch alsogleich geschiehet, und will derselbe für alles 230. rthlr. ohne fuhren* [...] *welches man ihm auch zu geben* [... bereit]“.

Dieselbe Stelle verkürzt in den Quellen zur Geschichte des Barocks in Franken unter dem Einfluss des Hauses Schönborn, 1. Teil, Nr. 748, und dort dazu Anm. 1.

Hardheim, Früchte Casten

Archivalische Information aus dem Nachlass Barbara Nitschke.

Staatsarchiv Würzburg, Hofkammerprotokolle 1714 XI 10, damals noch nicht foliiert, 10. November 1714:

„Hartheim reparationes. sind wohl nöthig, doch sollen von den abgängigen Fensteren einstweilen [...?] machen zu lassen. Der früchte casten soll durch Meistern Joseph besichtiget werden, und kann ein und anders noch eine zeit anstand haben“.

Nachlass Barbara Nitschke, Mitteilung von Dr. Joachim Hotz, Karlsruhe.

Staatsarchiv Würzburg, Hofkammerprotokolle 1720 III 8, damals noch nicht foliiert, 8. März 1720:

„bei Abhörung der Hartheimer Rechnung“ sollen gehört werden *„Haubtmann Neumann und Baumeister Greysing“.*

JAGSTBERG, REPARATUREN

Archivalische Information aus dem Nachlass Barbara Nitschke, als Mitteilung von Dr. Joachim Hotz, Karlsruhe, vermerkt.

Staatsarchiv Würzburg, Hofkammerprotokolle 1713 IX 4, fol. 452, 4. September 1713:

„Jagsberg Reparations=Nothwendigkeit. Meistern Joseph zu geben“.

KOLITZHEIM, PFARRKIRCHE ST. STEPHAN

Stilistische Zuweisung von Langhaus und Chor der Pfarrkirche St. Stephan in Kolitzheim, erbaut 1718 bis 1720, an Joseph Greissing. Der ältere Turm wurde dabei offenbar zum Teil umgebaut oder angepasst. Archivalien, die Greissing namentlich nennen, sind mir bisher keine bekannt.[37] Aufgrund der Stilformen ist jedoch von einer Planung durch Greissing unbedingt auszugehen. Der Dachstuhl ist zweifelsfrei ein Werk seiner Firma. Dazu kommt, dass der Bauherr das Würzburger Stephanskloster unter Abt Alberich Ebenhöch war, einem treuen Parteigänger Fürstbischof Greiffenclaus. Für Ebenhöch arbeitet Greissing mehrfach.[38]

Sämtliche Fenster- und Türgewände von Langhaus und Chor wie auch die der oberen beiden Turmgeschosse sind in guter Qualität nach Greissing-Schablonen gefertigt. Die Maurerarbeiten lassen nach oben hin, das ist besonders am Westgiebel zu beobachten, jedoch in ihrer Qualität sehr nach. Überhaupt ist die Westfassade offenbar in der Ausführung verändert, d.h. vereinfacht worden (vgl. dazu die Kirche in Fahr), was schon ein vergleichender Blick auf die ganz entscheidend hochwertigere Westfassade der Kirche im nahe gelegenen Herlheim offenbart. Ebenso ist das Chorgewölbe zwar vom System her ein für Greissing möglicher Typus, doch weist die Proportionierung der Anfänger in den stumpfwinkligen Ecken im Osten darauf, dass es von einem weniger erfahrenen, bzw. mit Greissings Wölbungen nicht so vertrauten Maurer ausgeführt wurde. Dagegen ist der Dachstuhl über dem Langhaus offenkundig direkt von Greissings Firma sehr professionell aus Frankenwälder Floßholz verzimmert

---

[37] Baurechnungen sind nicht erhalten. Die Kirchenstiftungsrechnungen im Pfarrarchiv, heute im Diözesanarchiv Würzburg, belegen größere Baumaßnahmen für 1718 bis 1722. So werden 1719 *„30 fl. dem Zimmerpalliren“* sowie *„12 fl. den anderen Zimmermannspalliren ahn der Kirchen arbeith bezahlt“*, was Greissings Großbauunternehmen indirekt bestätigt, denn ein einheimischer Zimmerer hätte keine zwei Paliere gleichzeitig beschäftigen können. Mein Dank gilt Frau Marika Fersch M. A. vom Diözesanarchiv für diese Belege.

[38] Für St. Stephan in Würzburg errichtete Greissing 1715 einen neuen Chor und 1714 eine große Sakristei, die 1945 zerstört wurde; vgl. Mack, Baumeister und Architekt (wie Anm. 1), S. 219, 221, 381–383, 642 u. 647.

worden (viele Wiedenlöcher und Floßkeile sichtbar). Auch das Traufgesims am alten Turm ist barock erneuert und interessanterweise wird der dem Augenschein nach echterzeitliche Spitzhelm von einem Spanischen Kreuz bekrönt, dem typischen Abschluss der meisten von Greissing neu geschaffenen Turmabschlüsse. Bei diesen Überarbeitungen wurden auch die Fenstergewände der oberen beiden Turmgeschosse barockisierend ausgetauscht.

KÜNZELSAU, WÜRZBURGISCHES AMTSHAUS

Anwesenheit Joseph Greissings 1713 in Künzelsau. Aus einem Kleincomburg betreffenden Schreiben vom 23. September 1713 geht hervor, „*daß J. Greissing dem Vernehmen nach erst kürzlich sich in Künzelsau eingefunden hatte*".

Franz-Xaver Mayer, Klein=Komburg, in: Archiv für christliche Kunst, 20. Jg., Stuttgart 1902, S. 81.

LAUDA, PFARRHOF-BESICHTIGUNG

Archivalische Information aus dem Nachlass Barbara Nitschke.

JuliusspitalsArchivWürzburg, R 171, Anno 1717/18, fol. 524.

„*2. fl. 3. lb. 11. d. bey besichtigung des Pfarrhoff Bawes mit maister Joseph Greising in die Kuchen Zu Lauda Verehrt*".

MÜNSTERSCHWARZACH, ABTEIKIRCHE

SCHÖNENBERGKIRCHE OB ELLWANGEN

Aus der frühen Planungsphase für eine neue Abteikirche in Münsterschwarzach sind die mit guten Argumenten Joseph Greissing zuzuschreibenden zwei Grundrissvarianten zu einer Emporenbasilika auf dem Blatt SE 64 im Museum für Franken (früher Mainfränkisches Museum) in Würzburg erhalten.[39] Beide zeigen hinter dem Tabernakel des Hochaltars ein Fenster in die dort angebaute Sepultur. Der dahinterstehende Gedanke ist die direkte, unauflösliche Verbindung der verstorbenen Mönche mit dem allerheiligsten Altarsakrament – parallel zur Verbindung der lebenden Mönche, die sich vor dem Tabernakel versammeln.

Bei einer erneuten Reise zur Schönenbergkirche ob Ellwangen ist mir bewusst geworden, dass sich dort – direkt vergleichbar mit SE 64 – hinter dem Tabernakel des Hochaltars ein ebensolches Fenster befindet. Dort stellt es die direkte Verbindung von Altarsakrament und Loretokapelle her. Wird aus gut begründbaren stilistischen Erwägungen heraus bereits in der älteren Literatur eine Mitarbeit des jungen Joseph Greissing an der Schönenbergkirche vermutet, und auch ich habe diese Argumente immer für höchst plausibel gehalten, so bildet diese parallele Gestaltung zusätzliche Argumente sowohl für Greissings Mitarbeit auf dem Schönenberg als auch für seine Urheberschaft von SE 64. Dieses „Verbindungsfenster" ist, wenn vielleicht nicht einmalig, jedenfalls ein höchst seltenes Motiv, das hier über Greissing vermittelt worden sein dürfte. Hier kommt auch die gestalterische Nähe Greissings zu dem Jesuitenarchitekten Br. Heinrich Mayer deutlich zum Vorschein. Übrigens bleibt diese Idee in Münsterschwarzach durch alle Planungsphasen erhalten und war demnach an Balthasar Neumanns Kirche auch umgesetzt worden.

---

[39] Ausführlich zu Münsterschwarzach ebd., S. 428–463. Dort zum Riss SE 64 bes. S. 443–453 u. 457–463 mit Abbildungen.

Oberdürrbach, Söldenhaus

Archivalische Information aus dem Nachlass Barbara Nitschke.

JuliusspitalsArchivWürzburg, R 167, Anno 1713/14, fol. 629:

„ – .3. *Ay:*[mer Wein, 1707er Gewächs] – *wegen aufgerichten Newen söldenhauses auf .6. wohnungen zu Oberdürrbach Meister Joseph Grising Zimmermann alhier in accord. besag allegirten No: 118*“.

JuliusspitalsArchivWürzburg, R 167, Anno 1713/14, fol. 587:

„*2. Mlr:* [Korn] *wegen Newgebawten söldenhauß auf .6. wohnungen Zu oberdürrbach Meister Zimmermann inß geding. No: 118*“.

Oberschwarzach, Amtshaus und Schüttboden, Reparatur

Archivalische Information aus dem Nachlass Barbara Nitschke, als Mitteilung von Dr. Joachim Hotz, Karlsruhe, vermerkt.

Staatsarchiv Würzburg, Hofkammerprotokolle 1719 VI 17, damals noch nicht foliiert, 17. Juni 1719:

„*Oberschwarzach Reparation im ambthauß und schüttboden. Ratificetur. Und wäre das übrige dem baumeister Joseph wegen des Schüttbodens zu geben*“.

Ochsenfurt, Pfarrhof

Zusätzliche archivalische Informationen aus dem Nachlass Barbara Nitschke, als Mitteilung von Dr. Hanswernfried Muth vermerkt.

Staatsarchiv Würzburg, Stift Hauger Kapitelsprotokolle, Bd. 12, 1710 – 1716, fol. 84, 116, 121, 191, 193, 197, 260, 284:

Am 26. März 1711 beschloss das Hauger Kapitel einen Neubau des Pfarrhofes, da das alte „*haus gahr zu schlecht Vndt Völlig ruinos*“ sei. Ein neues solle „*Von fundament gebauet Vndt dem Meister Joseph Zimmermann Vberhaupt accordirt werden*“. Bereits am 25. Juni 1711 „*Producirn Se: Magf: Herr Dechandt den Riess Von Meister Joseph dem Zimmerman des neuen Pfarrhofs zu ochsenfurt. Errinnern dabey das der Vberschlag gemacht seyn Vndt komme auf .2430. rthlr.*“ Man war nun der Meinung, dass „*dieser bau zu hoch in die spesen falle, als mögten seine Magf: Herr Dechandt herr Dr. pfenning Cantor Vndt Se: Hochwurdt:n gndt Herr weyhebischoff zu sammen dretten, mit dem Meister Joseph das werckh Vberlegen Vndt tractiren, wie Vndt auf wes weis solches Einzurichten das es nicht allzu hoch in das gelt komme*“. Etwa drei Wochen später, am 14. Juli 1711, „*wird Capitulariter proponiret, das der Contract mit dem Meister Joseph wegen des Pfarrhaus Vmb .2300. rthlr. .6. Ey:r wein Vndt .6. Mltr. Korn Veraccordirt seye*“. Im April 1712 war das Haus großenteils aufgemauert, doch störte man sich an der Innenaufteilung. Deshalb „*wird Erinnert das der neue Pfarrhoff Zu ochsenfurt in Einem Vndt andteren sehr schlecht aus getheilet werdte, wäre also rathsamb den augenschein Ein zu nehmen*“. Am 7. Mai war dies bereits geschehen und es wurde erinnert, „*was in dem neuen Pfarrhoff Zu Verbesseren seye, auch habe sich noch gestern Meister Joseph Zimmermann Erbotten, das in Etwaß ruinirte Keller gewölb Zu repariren Vndt ganz zu machen auf seine Kosten, Er wollte als dann Zu sehen das Er sich an dem Mauer Meister Regressiren Vndt Erhohlen könne, so venerabile Capitulum dabey bewenden lasset*“. Im Frühjahr 1713 war das Pfarrhaus vollendet. Ein Stall und ein Waschhaus, worum der Pfarrer noch bat, sind nach dem 16. März 1713 in Angriff genommen worden.

Da Joseph Greissing *„wegen deß ochsenfurder Pfarrhoffs baw, wo Er wegen Ein undt anderen bekanten Vrsachen grosßen schaden Erlitten“*, wird ihm zum Dank ein silbernes Becherlein *„pro discretione abgegeben“*.

RIPPBERG, CENTCUSTODIE

Vgl. oben unter ELTMANN UND RIPPBERG, CENTCUSTODIEN

SELIGENSTADT BEI WÜRZBURG, SCHEUER UND AUBESSERUNGSARBEITEN IM JULIUSSPITAL AN DEN PFERDESTÄLLEN UND EINER HOLZLEGE

Archivalische Information aus dem Nachlass Barbara Nitschke.

JuliusspitalsArchivWürzburg, R 152, „Haubt Rechnung [...] von Petri Cathedra .1698. bis dahin .1699.“, fol. 444:

„10. fl. – lb. 28. d: für .30 ½ taglohn à .5. patzen, schliessern Zur selgenstatter schewern, dann Ein geblänckh Zum holzhaus Vndt pferdtsställ im spithal ausZubessern Erstg: m. greissing Zahlt besag scheins No: 499“.

SULZFELD IM GRABFELD, JOHANNESHOF (CLOSTER ST. JOHANNIS)

Archivalische Information aus dem Nachlass Barbara Nitschke, als Mitteilung von Dr. Joachim Hotz, Karlsruhe, vermerkt.

Staatsarchiv Würzburg, Hofkammerprotokolle 1714–1719, 1715 VIII 28, ohne fol., 28. August 1715:

„Sultzfeldt Holzabgab zum Closter S. Johannis. audiatur Meister Joseph, ob das holz in Accord versprochen worden“.

Staatsarchiv Würzburg, Hofkammerprotokolle 1714–1719, 1715 IX 2, ohne fol., 2. September 1715:

„Sultzfeldt Holz zum Closter Johannis. wäre von der herrschafft gratis herzugeben verwilliget“.

StadtArchiv Bad Königshofen im Grabfeld, Bd. 23: Merkershausen 23/02-9310, vom 29. August 1715 :

Brief von „J[ohann] Ludwig Otto, [Amts]Keller“ „Ahn Hochfürst: Würtzburg: ambts Schultheisen zu Merckhershausen“, ausgefertigt am 29.08.1715:

„Sonders geehrter H: Schultheis

Zu dem Neuen Kirchenbau in dem Closter St: Ioannis hoff bey Sultzfeldt werdten Zu beyführung der benötigten bau Materialien ahn Holtz, stein, Sand, Kalch und anderes so Vihl fuhren erforderet, das auch die alhiesige ambts underthanen solche allein Zu bestreitten nit Vermögen, mithin benöthiget werde die benachbahrte Zur beyhilff anZusprechen, ersuche derowegen den herrn Schultheisen hiermit dienstlich, seine mitnachbahren dahin Zu Disponiren, das selbe noch dise wochen 15 eichen stämb aus der Baunacher Waldung Zu dem Closter St: Ioannis einführen mögen, dargegen ihnen bier und brod Von der Kellerey alhier gereicht werden solle

getröste mich solcher Willfahrung und Verbleibe

Sultzfeldt den 29. aug: 1715

Derselben

Dienst freund Williger

J[ohann] *Ludwig Otto* [Amts]*Keller“*

Neben der hier erwähnten Kirche, die im 19. Jahrhundert vollständig abgebrochen wurde, errichtete Greissing, offenbar teils unter Einbeziehung älteren Mauerwerks, ein bis heute erhaltenes, winkelförmiges Kellereigebäude. Dieser behäbige barocke Walmdachbau umfasst zwei Geschosse über einer unregelmäßigen Kelleranlage. Höchst bemerkenswert ist, dass der professionell verzimmerte Dachstuhl durchweg aus Frankenwälder Fichte, also aus Floßholz, besteht, was die vielen Wiedenlöcher und Floßkeile verraten! Der Johanneshof liegt aber direkt am Waldrand der Haßberge, jedoch mindestens 30 Kilometer vom Main entfernt. Wenn also hier ausschließlich Floßholz verbaut wurde, deutet dies wohl auf einen akuten Mangel an schlagreifem Bauholz – oder war das oberfränkische Holz dermaßen preisgünstig?

Für die Kirche wurden laut Archivalie nur 15 Eichen, vermutlich als Stuhl- oder Hängesäulen, vielleicht auch teils zur Empore, aus der nahen Waldung am Baunachsee beigeschafft. Auch wenn es vielleicht noch weitere Fuhren aus dem Haßberg gab, ist dennoch anzunehmen, dass auch der Dachstuhl der Kirche weitestgehend aus Floßholz bestand. Im erhaltenen Amtsgebäude befindet sich noch eine originale Stiege aus Eiche mit den für Joseph Greissing typischen Eiche-Balustern. Dazu einige originale Türen und Kamintürchen. Das Allianzwappen, außen über dem Hauptportal, dürfte aus späterer Zeit stammen, jedenfalls ist es keinem Würzburger Fürstbischof zuzuordnen.

Thüngen, Häuslein für den Juden Hirsch

Archivalische Information aus dem Nachlass Barbara Nitschke

JuliusspitalsArchivWürzburg, Literalien Nr. 288:

„*Protocollum Anno 1703*“, fol 7r.

„*Thüngern Juden Häußlein veraccordirt worden Mittwoch den 7ten febr: Ist Zur verfertigung Eines Neüen Häußlein über den Kellerhalß Hirschens Juden behausung vberhaubt 15. rthlr. veraccordirt vndt Zugesprochen wordten auch wie mit Ihme Joseph Grising Zimmerman abgeredt standthafftig vndt gute arbeit machen solle.*“

Es handelt sich offensichtlich um einen Wiederaufbau über dem noch vorhandenen Keller. Am 9. Oktober 1700 hatte in Thüngen ein großes Feuer auch viele Judenhäuser zerstört. Diese lagen im Burggraben, wo man sich die Mündung eines Kellerhalses aus dem Berg heraus in einen hohen Sockel gut vorstellen kann. Im 19. Jahrhundert wurden die Judenhäuser im Burggraben abgetragen.

Herrn Günter Morgenstern, Thüngen, danke ich für diese Hintergrundinformationen sehr herzlich!

Trimberg, unbekanntes Gebäude

Archivalische Information aus dem Nachlass Barbara Nitschke, als Mitteilung von Dr. Joachim Hotz, Karlsruhe, vermerkt.

Staatsarchiv Würzburg, Hofkammerprotokolle 1714–1719, 1717 III 17, ohne fol., 17. März 1717:

„*Trimperger Rechnung wird abgehört, und resolvirt auf die anfrag ad 1. die kosten zur reparation wären zu specificiren, sodann Meister Joseph zu hören*“.

Joseph Greissing soll offenbar einen Kostenüberschlag machen. Es könnte sich um Bauschäden an der damals noch als Lagergebäude benutzten Burg handeln.

VERSBACH, HERRENMÜHLE

Inzwischen konnte ich klären, dass es sich bei der 1709 von Greissing in Versbach errichteten Mühle zweifelsfrei um die damals dem Stift Haug gehörende Herrenmühle an der Straße nach Rimpar (heute Versbacher Straße 220) handelt. Meine mit Sachargumenten begründete Vermutung in Mack, Baumeister und Architekt (wie Anm. 1), S. 622, ist damit bestätigt.

Barbara Nitschke hat dazu eine Reihe Archivalien transkribiert, aus denen hervorgeht, dass Greissing – schlüsselfertig zum Festpreis – das Mühl- und Wohngebäude, eine Scheuer und einen Stall errichtete. Dazu gehörten auch zwei Mahlgänge, also zwei komplette Mühlenwerke mit hölzernen Zahnrädern und Kammrädern, Mühlsteinen, Schüttlern, Wasserschiebern etc. Nur die beiden Wellbäume – starke Eichenstämme für die Achsen der Mühlräder – stellte das Stift.

Hieran kann man ermessen, welche Spezialkräfte Joseph Greissing in seinem Unternehmen beschäftigte, denn zur Anfertigung dieser Mühlentechnik benötigte man nicht allein holzverarbeitende Spezialisten, sondern auch Schmiede, die auf Mechaniken spezialisiert waren. Dazu natürlich Steinmetzen, die Mühlsteine – Bodensteine und Läufer – herstellen konnten. Dies lohnte sich aber nur, wenn er regelmäßig Mühlen baute. Archivalisch nachweisbar ist noch eine Mühle, die er für die Kanonie Triefenstein als neue Klostermühle errichtete. Es müssen jedoch viel mehr Neubauten und wohl auch Ausbesserungsarbeiten dieser Art gewesen sein.

Staatsarchiv Würzburg, Stift Hauger Kapitelsprotokolle, Bd. 11, 1697–1709, Anno 1702, S. 313 u. 315.

Anno 1709, S. 894, 896, 911–913, 915 u. 918f.

Staatsarchiv Würzburg, Stift Hauger Kapitelsprotokolle, 1709 V 28, S. 894 u. 896, 28. Mai 1709:

„*muhl bau zu Verspach bet:*[reffend] *wir Capit.r Erinnert, weilen mann nuhn mehro ein stuckg gelt Vor Verkauffte früchte Vndt wein Eingenohmen, solches gelt aber in abschlag kommen dörffte, ob mann nicht die bereits angefangene muhl Zu Verspach fortführen Vndt ausbauen wollte, Cons*[ensu]*m. solle durch etliche Herrn Deputirte visitirt, Vndt nach Eingenohmenen augenschein tractirt Vndt Von dem Prcurazey ambt gebauet werden.*“

Staatsarchiv Würzburg, Stift Hauger Kapitelsprotokolle, 1709 IX 5, S. 912, 5. September 1709:

„*Muhl bau zu Verspach bet: Wird Ein abriess Von der Vorseyendten muhl Zu Verspach producirt, welcher auf .2500. rthlr. Kommen solle. Woruber Deliberirt Vndt geschlossen worden, das der bau etwas geringer angefangen, mithin auf .1500. fl. in allem sich belauffen mögte.*“

Staatsarchiv Würzburg, Stift Hauger Kapitelsprotokolle, 1709 IX 19, S. 915, 19. September 1709:

„*Muhlbau Zu Verspach bet: Ist abermahlen nach weisser Vberlegung geschlossen worden, die mühl Zu Verspach Zu Erbauen, ijedoch das ZuVor nochmahlen mit Meister Joseph Zimmermann wegen der höhe der Zimmer Vndt der fenster eine abredt gepflogen werdte, die Commissarij aber sollen sein s:e Magt: Herr Dechandt h: Demrad h: oberRevisor pfenning h: Dr. Braun Scholasticus.*“

Staatsarchiv Würzburg, Stift Hauger Kapitelsprotokolle, 1709 X 10, S. 919, 10. Oktober 1709:

„Muhl Plaz Zu Verspach bet: thuen s:e Magt: Herr dechandt gleicher massen Venerabili Capitulo Vorstellen, das die herrn Deputati den muhl Plaz Zu Verspach dem Meister Joseph gresing stadt Zimmermann nach genugsamer Vberlegung Zu bauen Vberlassen hetten, also Vndt dergestalt das obgedachter Zimmermann dieselbe in guten standt in allem sezen solle, mit Zu thuung scheuer Vndt stall, 2. gäng nichts ausgenohmen, lauth dessen schriftlichen accords, den schlüssel dem stiefft einZu Händtigen Zwischen hier Vndt Pfingsten 1710. Vor Vndt Vmb Zwey dausent funfhundert funfzich reichsthlr .2. Ey: wein .2. Mltr Korn Vndt Zwey Vorräthige weehl baumen im Neuen Keller, alles Vom Procurazey ambt. 1/3tel an Dupplonen Vndt das Vbrige an weissen gelt Zu Zahlen. Welcher accord Von sambtlichen Herrn Capitularibus Vor guth Erkandt worden, Vndt also Zu halten gleich die herrn Deputati geschlossen. deputati seynt gewesen s:e Magt. Herr Dechandt h: ober Revisor pfenning Vndt h:r D.r Braun Scholasticus."

Werneck, Ochsenstall und andere Reparaturen

Archivalische Information aus dem Nachlass Barbara Nitschke, als Mitteilung von Dr. Joachim Hotz, Karlsruhe, vermerkt.

Staatsarchiv Würzburg, Hofkammerprotokolle 1714–1719, 1714 I 19, ohne fol., 19. Januar 1714:

„Werneck reparation im Ambt. H. Maulbeck soll mit Meister Joseph reden."

Staatsarchiv Würzburg, Hofkammerprotokolle 1714–1719, 1715 IV 6, ohne fol., 6. April 1715:

„*Werneck* [.?.] *Reparationes seind zu machen, und das andere als des ochsenstals Meistern Joseph zu sagen, daß er es in augenschein nehme.*"

Die Stelle zum Ochsenstall habe ich bereits in meiner Dissertation, dort leider ohne Datum.

Wilhermsdorf, altes Schloss, grössere Umbauten

Archivalische Information aus dem Nachlass Barbara Nitschke.

Staatsarchiv Nürnberg, Rep. 169, Lehen Wilhermsdorf, Nr. 1311, „*Bau Rechnungs Manuale. Von Walpurgis Anno .1707. biß dahin Anno .1708.*" fol. 39, 10. Oktober 1707:

„[...] *des Zimmermeisters von Würtzburg, Joseph greißings, Leuthe, haben Zur arbeith im saal des ältern schloßbaues, 550. stämm waich Holtz beschlagen, und 44. aichen* [...]"

Bei fast 600 verarbeiteten Stämmen „im saal" dürfte es sich um eine neue Decke samt Dachstuhl, und zwar um einen ziemlich großen Dachstuhl gehandelt haben. Zur selben Zeit lief parallel dazu der Kirchenneubau in Wilhermsdorf!

Willanzheim, Pfarrhaus, Gutachten

Archivalische Information aus dem Nachlass Barbara Nitschke.

Staatsarchiv Würzburg, Domkapitelsprotokolle 1721, fol. 154v, 155r, 182r, 206v, 207r u. 210r:

Der Baumeister des Domkapitels Georg Bayer hatte einem Mauermeister Pläne für ein neues Pfarrhaus übergeben, die dieser dann, angeblich auf Einreden des Zimmermanns und des Amtskellers, offenbar veränderte und damit Schaden anrichtete. Joseph Greissing wird als Bausachverständiger zur Begutachtung geschickt.

17. November 1721, fol. 210r:

„*Ferner wie meister Joseph greüsling den willanzheimber newen pfarrhoffs Bau Beaugenscheiniget, und sein Vnterthäniges gutachten dahin geben hätte, das zwar der zimmermann daselbst wider den Von dem Dombcapit. Baumeistern* [Georg Bayer] *Capitulariter übergebenen riss die stiegen und anderes mehr VerEnderet, mithin Von sothanem riss abgewichen seye, allein die uncosten trügen die änderung nicht aus, würdte auch dessentwegen ahm pfarrhoff nichts Verbesseret, ausser das der abtridt unten im pfarrhoff gar zugemauert, und ein andterer Vor das gesindt nechst ahn dem waschhaus ahngebauet werdten könte. solchem nach daß werck, wie es dermahlen stehet, also zu Lassen beschlossen wordten.*“

WÜRZBURG, BALLHAUS, ANBAU UND LAFETTE INS ZEUGHAUS

Archivalische Information aus dem Nachlass Barbara Nitschke.

Staatsarchiv Würzburg, Rechnung No: 262, Rechnung Gemeiner Statt Baw Ambts Dahier zu Würzburg Von Petri Cathedra 1716, bis dahin 1717, fol. 57v:

„*Ausgab ahn Geldt dem Zimmermann für Verfertigte taglohns Arbeith*

.23. fl. 3. lb. 23. dn. seynd h.n Joseph Greissing für die Laveten Zum newen mörschner [= Mörser], *so sr. hochfürst: Gn. in Dero new erbautes Zeüg haus vnterthst. ver ehrt worden lt No. 123. dann*

.4. fl. 4. lb. 9. dn. demselben für ein newes bäwlein anß ballhaus, als eine Redirate für grosse hh.n [= Herren] *zu machen, Zahlt worden, Lauth Schein. No. 124.*“

WÜRZBURG, JULIUSSPITAL, AUBESSERUNGSARBEITEN AN DEN PFERDESTÄLLEN UND EINER HOLZLEGE

(vgl. unter SELIGENSTADT)

WÜRZBURG, UNTERE MAINMÜHLE

Archivalische Information aus dem Nachlass Barbara Nitschke, als Mitteilung von Dr. Joachim Hotz, Karlsruhe, vermerkt.

Staatsarchiv Würzburg, Hofkammerprotokolle 1720 V 3, damals noch nicht foliiert, 3. Mai 1720:

„*Würzburg Untermain Müller* [...] *ratione der Gült* [...]

H. Pfanzert soll mit Baumeister Joseph, einigen geschwornen [...] *beede Mühlen besichtigen, auf wie viel Gängen in jeder gemahlen werde*“.

4. Literaturverzeichnis

Literaturtitel zu Joseph Greissing und zum Verständnis seiner Zeit. Neuerscheinungen seit der Greissing-Monographie 2008.

Konrad Bedal, Dorfkirchen in Franken. Kontinuität und Wandel in Bauformen und Ausstattung 1000–1800, Bad Windsheim 2015 (4. Aufl. 2019).

Jürgen Emmert / Jürgen Lenssen (Hg.), Das Neumünster zu Würzburg, Baugeschichte – Restaurierung – Konzeption, Regensburg 2009.

Dieter Michael Feineis, Johann Gallus Jacob von Hollach, in: Würzburger Diözesangeschichtsblätter 77 (2014), S. 187–220.

Finanzministerium Baden-Württemberg (Hg.), Die Comburgen bei Schwäbisch Hall, Stuttgart 2010.

Andreas Flurschütz da Cruz, Das Ende einer Familienkarriere. Die verhinderte Würzburger Koadjutorwahl von 1716 und ihre Folgen für das Haus Schönborn, in: Jahrbuch für Regionalgeschichte 31 (2013), S. 17–43.

Thomas Horling / Uwe Müller (Hg.), Fürsten und Industrielle. Schloss Mainberg in acht Jahrhunderten, Schweinfurt 2011.

Landkreis Haßberge (Hg.), Kunst- und Kulturführer durch den Landkreis Haßberge. Mit einem Vorwort von Karlheinz Deschner, Haßfurt 2018 (2. überarb. Aufl.).

Wolfgang Kraus / Hans-Christoph Dittscheid / Gury Schneider-Ludorff (Hg.), Mehr als Steine ... Synagogen-Gedenkband Bayern, Teilband III/2: Unterfranken, Lindenberg 2021 (Synagogengemeinde Marktbreit).

Jürgen Lenssen (Hg.), Das Neumünster zu Würzburg, „Der heyl. fränkischen Patronen und Aposteln Ruhestatt“, Regensburg 2011.

Claudia Lother, Mittler zwischen Bauwelten: Vom würdevollen Hochbarock zum beschwingt heiteren Rokoko. Joseph Greissing – Würzburg gedenkt dem Baumeister zum 300. Todestag, in: Stadt Würzburg (Hg.), Eckart, Ausgabe Mai 2021, S. 4–7.

Johannes Mack, Die katholische Schlosskirche Mariae Himmelfahrt zu Friesenhausen in Franken – ein Werk Joseph Greissings, in: Würzburger Diözesangeschichtsblätter 72 (2010), S. 205–345.

Johannes Mack, Art. „Johann Leonhard Greissing“ in: Saur. Allgemeines Künstlerlexikon. Die bildenden Künstler aller Zeiten und Völker, Bd. 61, München / Leipzig 2009, S. 425.

Johannes Mack, Art. „Joseph Greissing“ in: Saur. Allgemeines Künstlerlexikon. Die bildenden Künstler aller Zeiten und Völker, Bd. 61, München / Leipzig 2009, S. 426–427.

Johannes Mack, Joseph Greissing zum 350. Geburtstag: 1664–2014. Der aktuelle Stand der Greissingforschung, in: Würzburger Diözesangeschichtsblätter 77 (2014), S. 297–308.

Johannes Mack, Lichtraum und Wertschätzungsbau. Die barocke Stiftskirche St. Nikolaus und St. Maria des Vorarlberger Baumeisters Joseph Greissing, in: Staatliche Schlösser und Gärten Baden-Württemberg / Klaus Gereon Beuckers (Hg.), Kloster Großcomburg. Neue Forschungen, Regensburg 2019, S. 341–367.

Pfarrgemeinde Heilig Geist Heidelberg (Hg.), 250 Jahre Jesuitenkirche Heidelberg [Festschrift], Lindenberg 2009.

Volker Rößner, Schloss Heilgersdorf. Forschungsgeschichte, Baugeschichte, kunsthistorische Analyse, Ahorn 2013.

Winfried Romberg, Johann Philipp II. von Greiffenclau 1699–1719, in: ders. (Bearb.), Die Würzburger Bischöfe von 1684 bis 1746 (Germania Sacra, Dritte Folge: Die Bistümer der Kirchenprovinz Mainz und das Bistum Würzburg 8), Berlin / Boston 2014, S. 201–284.

Winfried Romberg, Stift Comburg im Zeitalter von Reformation, Gegenreformation und Barock (ca. 1500–1800). Eine Skizze aus Sicht des Bistums und Hochstifts Würzburg, in: Rottenburger Jahrbuch für Kirchengeschichte 36 (2017), S. 221–241.

Staatliche Schlösser und Gärten Baden-Württemberg / Klaus Gereon Beuckers (Hg.), Kloster Großcomburg. Neue Forschungen, Regensburg 2019.

Hans Steidle, Josef Greissing und die zweite Zerstörung Würzburgs, in: Meeviertel-Anzeiger, Ausgabe Oktober 2010, Würzburg 2010.

Elke Schuler, St. Ägidius: Oberwittighausen, in: Gemeinde Wittighausen (Hg.), Kirchen und Kapellen in der Gemeinde Wittighausen (Wittighäuser Hefte 10), Wittighausen 2011, S. 4–9.

Heinrich Weisel, Lexikon der Bauhandwerker des 17. und 18. Jahrhunderts im Gebiet der Haßberge und angrenzenden Regionen, bearb. von Volker Rößner / Wolfgang Jäger / Johannes Mack, Haßfurt 2021.

Alexander Wiesneth, Gewölbekonstruktionen Balthasar Neumanns (Kunstwissenschaftliche Studien 167), Berlin / München 2011.

Passionskreuze und deren Symbolik

Beispiele aus Franken

Franz Schicklberger

1. Zwei Passions- bzw. Arma-Christi-Kreuze in Eibelstadt

1.1 Das Arma-Christ-Kreuz in der Maingasse

Ein in der Maingasse in Eibelstadt aufgerichtetes Kreuz (Abb. 1 und 2) zeigt anstelle des Corpus des Gekreuzigten mehrere biblisch belegte und legendäre Leidenswerkzeuge, die bei der Folter und der Hinrichtung Jesu Verwendung fanden. Die Gestaltung dieser Kreuze nennt man *Arma-Christi-Kreuz,* auch *Waffen-Christi-Kreuz* oder *Passionskreuz.* An diesen Kreuzen werden die verschiedenen Leidensstationen Jesu in einer einzigen Bildkomposition auf überschaubarem Raum zusammengefasst, geben aber keine exakte Abfolge der Geschehen.

Abb. 1, 2: *Arma-Christi-Kreuz in der Maingasse zu Eibelstadt; links: vor der Ruine eines alten Bet-Häuschens (Aufnahme vor 1910), rechts: das gegenwärtige Kreuz.*

Die Passionsinstrumente, die in den Evangelien erwähnt werden, wie auch Objekte, die eine fromme Phantasie der Passion Jesu beiordnete, galten bis ins 12./13. Jahrhundert als Waffen des Triumphes Jesu über Tod und Teufel. Vor allem erweiterte man das Repertoire der Marterwerkzeuge ab dem 12. Jahrhundert. Die Symbole wechselten je nach Heimat der Gläubigen, nach Strömungen der Volksreligiosität oder nach Schwerpunkten der Theologie von Gelehrten.

Ab dem 14. Jahrhundert gab es einen Bedeutungswandel. Nun helfen die Bilder der Leidenswerkzeuge zum meditativen Nacherleben des Leidens Jesu. Somit weisen die Arma auf Höheres und sind Hilfen zur Meditation, vertiefen das Mitleiden mit dem Erlöser und sollen zum Einssein mit dem Leidenden führen. Papst Innozenz VI. förderte die Verehrung der Leidenswerkzeuge, indem er das Fest „De Armis Christi“ 1353 für Deutschland und Böhmen einführte. Gefeiert wurde dieses Fest am Freitag in der Osteroktav. Die Arma gelten nun als religiöse Heilszeichen. Sehr beliebt waren diese Kreuze in den Jahren der Rekatholisierung von protestantischen Einflussbereichen und in der Epoche des Barock. Arma-Christ-Kreuze schmückten bereits früh Fresken und wurden aufgerichtet an Außenwänden von Kirchen sowie Kapellen oder dienten als Flurdenkmäler, vorzüglich im süddeutschen Raum. Vor Wohnhäusern sollten sie das Haus sowie dessen Bewohner vor Unbilden bewahren; diese stellten sie sogar als Schutz in der guten Stube im Herrgottswinkel auf.

Wann und von wem das älteste Eibelstadter Arma-Christi-Kreuz geschaffen wurde, ist nicht bekannt. Für gewöhnlich fertigten ortsansässige Handwerker und keine namhaften Künstler diese Kreuze. Das heute sichtbare Kreuz gestaltete 1996 Schreiner Alfons Meisner, finanziert von Rosa Schüßler; das davor zimmerte um 1910 die Firma Kraus. Im Laufe der Jahre konnte es vorkommen, dass einzelne Leidenswerkzeuge aufgrund verwitterten Aussehens abgenommen, aus Modeerscheinungen ausgewechselt wurden oder Liebhaber bzw. Abergläubische sich damit bedienten. Wie ältere Aufnahmen belegen, gibt es Veränderungen auch beim Arma-Christi-Kreuz in Eibelstadt.

Pfarrer Johann Georg Bötemer (1635–1657) wollte hier nach dem Dreißigjährigen Krieg eine Kreuzkapelle anstelle des von den Schweden in den Weinbergen zerstörten Jakobs-Kirchleins errichten lassen. Möglicherweise stand damals an dieser Stelle schon ein Arma-Christi-Kreuz. Der Platz wurde jedoch für eine Kapelle als zu klein erachtet.

An diesem Kreuz sind folgende Leidenswerkzeuge erkennbar, die zum Teil heute nicht mehr vorhandenen sind: Das Kreuz krönt ein Hahn. Darunter sind das Namensschild des Hingerichteten INRI sowie Würfel und eine Dornenkrone angebracht. Der linke Querbalken des Kreuzes zeigt ein Rutenbündel (oder Knüttel?), eine festgenagelte Hand, eine Zange und wohl einen Becher, den man kaum mehr sieht. Auf dem rechten Kreuzesbalken steht ein Kelch und hängt (wohl eine römische) Geißel. Auch ist hier wie am linken Querbalken eine Hand festgenagelt. Am Längsbalken des Kreuzes befindet sich unterhalb der Dornenkrone ein Herz, aus dem der Stiel einer Lanze und der Stab mit einem Schwamm hervorgehen. Darunter sind eine Leiter, ein Schwert sowie ansatzmäßig eine Geißelsäule zu sehen. Auf dem steinernen Sockel des Kreuzes verkündet eine kurze Inschrift die letzten Worte Jesu am Kreuz: „Es ist vollbracht“.

Das gegenwärtige Arma-Christi-Kreuz in der Maingasse vor Haus Nr. 18 (alte Hausnr. 186) hat eine Gesamthöhe mit Sockel von fünf Metern. Dieses Kreuz betreute durch Generationen die Familie Schüßler. Folgende Leidenswerkzeuge führt dieses Kreuz am Längsbalken von oben nach unten angebracht vor Augen: Oben kräht ein Hahn, darunter teilen Initialen den Grund der Hinrichtung mit, es folgen drei Würfel und ein Herz. Daneben steigen Stiel mit Lanze sowie ein Stab mit Schwamm fächerförmig bis über den Querbalken des Kreuzes hoch. Es folgen nach unten eine Leiter, ein Schwert sowie eine Geißelsäule und festgenagelte Füße. Auf dem Querbalken stehen links ein Becher und rechts ein Kelch. Ebenfalls am Balken sind links und rechts eine Hand festgenagelt. Am Balken hängen wiederum links ein Hammer sowie ein Knüttel und rechts eine Geißel sowie eine Zange. Der steinerne Sockel verkündet die letzten Worte Jesu.

1.2 Das private Arma-Christi-Kreuz

In Eibelstadt verwahrt Familie Wittmann noch ein privates Arma-Christi-Kreuz (Höhe 43 cm; Abb. 3).

Private Arma-Kreuze sind selten erhalten. Auffallend ist, dass dieses Passionskreuz ein Kreuz mit zwei Querbalken präsentiert. Das Kreuz zeigt von oben nach unten: einen Hahn, eine Leiter, ein Schweißtuch, die Inschrift INRI, den Gekreuzigten und ein Gefäß; darunter einen Ysopstab sowie eine Fackel. Am Fuß des Kreuzes steht Maria mit sieben Schwertern in der Brust. Am oberen Querbalken sieht man links eine Faust und rechts einen Geldbeutel: am unteren Querbalken einen Knüttel, eine Geißelsäule, eine Zange, einen Hammer, einen Leibrock und eine Geißel. Darüber hinaus ragen eine Lanze sowie ein Rohrstab mit Schwamm.

An diesen beiden Kreuzen sieht man an den verschiedenen Arma, dass bei der Aufnahme der Arma wohl unterschiedliche theologische Schwerpunkte beabsichtigt sein konnten. Vornehmlich sollten Bilder einer breiteren Bevölkerungsschicht, die weder lesen noch schreiben konnte, erzählen und helfen, das Leiden Christi meditativ nachzuerleben und mitzuempfinden. Auf die Symbolik wie auch auf die Ambivalenz in der Aussage einzelner dieser Leidenswerkzeuge sowie deren zugeschriebenen Wirkungen je nach Zeitläuften und Regionen gehen die folgenden Ausführungen ein.

Abb. 3:
Privates Arma-Christi-Kreuz in Eibelstadt.

Ebenso auf deren biblischen Bezug.[1] Beide Passionskreuze werden nun näher betrachtet. Zuerst wird den gemeinsamen Leidens- bzw. Heilswerkzeugen an den Kreuzen Aufmerksamkeit geschenkt. In einem zweiten Abschnitt folgen einzelne sowie unterschiedliche Arma an den Kreuzen.

1.3 Gemeinsame Attribute der Arma-Christi-Kreuze in Eibelstadt

Alle drei vorgestellten Arma-Christi-Kreuze zeigen einen Hahn (Abb. 4). Der Hahn gilt als Symbol für Wachsamkeit. Schon Jesus sagt: „Seid wachsam! Denn ihr wisst nicht, wann der Hausherr kommt, ob am Abend oder um Mitternacht, ob beim Hahnenschrei oder erst am Morgen“ (Markus 13,35); hier sind die vier Phasen der römischen Nachtwachen aufgezählt. Auch warnt ein Hahn vor Glaubensverrat und ist Zeuge des Verrats von Petrus an Jesus (Matthäus 26,34; 74f.).

---

[1] Umfassende Recherchen zum Thema bei: Rudolf Berliner, Arma Christi, in: Münchner Jahrbuch der bildenden Kunst, Dritte Folge 6 (1955), S. 35–152; Robert Suckale, Arma Christi. Überlegungen zur Zeichenhaftigkeit mittelalterlicher Andachtsbilder, in: Städel Jahrbuch, Neue Folge 6 (1977), S. 177–208. – Mit den Arma beschäftigen sich u. a.: Lenz Kriss-Rettenbeck, Bilder und Zeichen religiösen Volksglaubens, München 1963. – Andrea-Maria Apold, Das Arma-Christi-Motiv, in: Volkskunst 1 (1978), S. 196–202, geht vornehmlich auf das historische Auffinden der biblischen bzw. auf den zeitlichen Ursprung der einzelnen aus dem Volksglauben erwachsenen Arma ein. – Richilde Werner / Paul Werner, Hieroglyphen der Passion. Die Arma Christi in Kunst und Volksfrömmigkeit, in: Unser Bayern. Heimatbeilage der Bayerischen Staatszeitung, Jahrgang 41, Nr. 3 (1992). – Vgl. Michael Hesemann, Die stummen Zeugen von Golgotha. Die faszinierende Geschichte der Passionsreliquien Christi, München 2000. – Manfred Thierer, Symbole am Weg. Arma-Christi-Kreuze im Westallgäu, in: Wolfegger Blätter 1 (2006), S. 1–8. – Karlheinz Dietz / Christian Hannick u. a. (Hg.), Das Christusbild. Zu Herkunft und Entwicklung in Ost und West, Würzburg 2016 (sehr reich bebildert). – Andrea Zimmermann, Jesus Christus als Schmerzensmann in hoch- und spätmittelalterlichen Darstellungen in der bildenden Kunst – eine Analyse ihres Bildgehalts (Dissertation Halle-Wittenberg), elektronisches Dokument Universitäts- und Landesbibliothek Sachsen-Anhalt: https://sundoc.bibliothek.uni-halle.de/diss-online/97/98H110/prom.pdf (letzter Zugriff: 16.04.2021).

Abb. 4:
Hahn auf dem Arma-Christi-Kreuz in der Maingasse. Der jetzt vorhandene Hahn aus Kupfer ersetzte 1990 einen Hahn, der aus Gusseisen gefertigt war.

Der Hahn erhaben an der Spitze eines Kreuzes sieht früh das Licht des Tages und ist somit auch Symbol für Christus: Der Hahn kündigt mit seinem Krähen das Licht des Tages an, Christus erweckt zum Licht des ewigen Lebens.

Auf Kreuzen darf die öffentliche Bekanntgabe der *Schuld des Hingerichteten* nicht fehlen (vgl. Abb. 1–3, jeweils oben entsprechendes Schild). Dies entsprach römischem Recht. Zumeist ist die Schuld Jesu mit den Buchstaben INRI festgehalten, die die Initialen des lateinischen Satzes „Jesus Nazarenus Rex Judeorum“ wiedergeben, was übersetzt heißt „Jesus von Nazareth König der Juden“.

Seit Kaiser Augustus war das Führen eines Königtitels ohne kaiserliche Erlaubnis verboten und galt als Aufruhr. Dies wurde seit der Amtszeit von Kaiser Tiberius (14 bis 37 n. Chr.) mit der Kreuzigung bestraft. Und dieser Jesus von der jüdischen Obrigkeit unterschobene Titel begründete somit das Todesurteil. Möglicherweise waren der Kreuzestitel und die Hinrichtung Jesu in der Nähe Jerusalems auch anschauliches Exempel und Warnung für Judäer und Galiläer, sich mit der Verwaltungsstruktur der Römer zu arrangieren.

In der Basilika Santa Croce, einer der Hauptkirchen Roms, soll angeblich ein Teil der originalen Kreuzesinschrift noch erhalten sein. Diese Beschriftung könnte ein jüdischer Lohnschreiber verfasst haben, da der lateinische und der griechische Text ähnlich dem Hebräischen bzw. Aramäischen von rechts nach links geschrieben stehen, also linksläufig sind.[2]

Da nach Matthäus 27,37 und Lukas 23,38 die Angabe der Schuld Jesu über sein Haupt gesetzt wurde, vermutet man, dass der Längsbalken des Kreuzes über den Querbalken hinausragte. Anstelle des bei den Römern üblichen Tau-Kreuzes in Form eines T, bei dem ein Kreuzesbalken auf dem Kreuzesstamm

[2] Näheres zur Kreuzesinschrift bei Michael Hesemann, Die Jesus-Tafel – Die Entdeckung der Kreuzesinschrift, Freiburg 1999. – Als Kuriosum sei hier erwähnt, dass ein Unternehmer in der Nähe von Augsburg die Kreuzesinschrift INRI als registrierte Marke im September 2020 sichern ließ. Die Sicherung gilt für die Nutzerklassen Lederwaren, Textil, Kosmetika und Getränke.

liegt und dem griechischen Buchstaben TAU entspricht, entstand so die heute als lateinisches Kreuz bezeichnete Kreuzesform † mit dem nach oben verlängerten Längsbalken. Theologisch sollen die Querbalken ein Zeichen auf die Verbundenheit der Menschen untereinander sein und der emporragende Längsbalken ein Hinweis auf die Beziehung von Menschen zu Gott. Ungewöhnlich ist hier, dass über der Inschrift auf dem privaten Arma-Kreuz nochmals das Antlitz des Gekreuzigten angebracht ist, obwohl biblische Hinweise belegen, dass über dem Kopf Jesu die Schuld des Hingerichteten festgehalten war.

Zahlreiche Arma-Christi-Darstellungen zeigen einen *Kelch* (Abb. 5–7). Ein Hobbykünstler drechselte den heute am Arma-Christi-Kreuz in der Maingasse vorhandenen Kelch sowie den Becher vor einigen Jahren neu. Wie bei anderen Symbolen ist auch hier die Bedeutung des Symbols nicht eindeutig festgelegt. Dies war wohl beabsichtigt, denn ein Kelch steht metonymisch für das, was er enthält. Und nach der Bibel kann ein Kelch Schlimmes und Gutes enthalten. So enthält ein Kelch nach Jesaja (51,17) Zorn, Taumel und Grimm. Der Inhalt kann aber auch Ausdruck des Segens sein (Psalm 23,5; 116,13). Im Neuen Testament kann ein Kelch wiederum Leid enthalten, das Gottvater Jesus reicht und das Jesus annimmt. So weist Jesus bei der Gefangennahme auf dem Ölberg Petrus, der ihn mit dem Schwert verteidigen will, mit den Worten zurecht: „Soll ich den Kelch, den mir der Vater gegeben hat, nicht trinken?" (Johannes 18,11). Die Gläubigen werden zudem am Leid Jesu aus dem Leidenskelch teilnehmen, was die Worte des Herrn aufzeigen: „Den Kelch, den ich trinke, werdet auch ihr trinken" (Markus 10,39; Matthäus 20,23).

Der Kelch unter den Arma Christi weist jedoch auch auf das heilwirkende Blut Jesu beim letzten Abendmahl, das Jesus als „Blut des Bundes" bezeichnet, „das für viele / für euch vergossen wird zur Vergebung der Sünden" (Matthäus 26,28; Markus 14,24; Lukas 22,20).

Abb. 5, 6, 7 *(von links nach rechts): Kelch am Arma-Christi-Kreuz in der Maingasse. Engel mit dem Kelch des Leids; Ölberg im Eibelstadter Kirchhof. Engel mit dem Kelch des Leids, Ausschnitt einer Ölbergszene an einem Bildstock aus dem Jahr 1723 an der Doles-Straße in Eibelstadt; das stark zerstörte Sandsteinbildnis wurde 1975 von Meister Hans Herrhammer in Muschelkalk kopiert.*

In Eibelstadt gibt es mehrere Darstellungen von Kelchen mit z.T. unterschiedlichen Aufgaben.[3] So könnte der Kelch am Arma-Christi-Kreuz auch auf unterschiedliche Bedeutungen hinweisen.

Auf so manchem Arma-Christi-Kreuz ist auch ein *Becher* (Abb. 8) angebracht, der in der Literatur unterschiedlich gedeutet wird. War es ein Würfelbecher, der von den Schergen benutzt wurde? Hier bleibt fraglich, ob römische Soldaten bereits zur Zeitenwende Würfelbecher kannten. Oder ist der Becher ein Hinweis auf die Worte des Gekreuzigten „Mich dürstet" (Johannes 19,28)? Oder weist der Becher auf das Gefäß für Essig, den man dem Gekreuzigten reichte? (Matthäus 27,48; Markus 15,36; Lukas 23,36; Johannes 19,29). Somit könnte er ein Myrrhe-Becher sein.

Abb. 8:
Becher auf dem Arma-Christi-Kreuz in der Maingasse.

Auf dem Querbalken des Kreuzes sind *Hände* (Abb. 9 und 10) festgenagelt. Hände sind wichtige Organe des menschlichen Körpers und eines der augenfälligen Mittel der menschlichen Kommunikation. Zahlreiche Slogans, Redewendungen, Begriffe und Sprichwörter weisen auf die Bedeutung der Hände. Über 100 Redewendungen, Begriffe und Sprichwörter zeugen von der Bedeutung sowie Aussagekraft der Hände.[4] Händen eignen spontane Ausdrucksmöglichkeiten und machen elementare Beziehungen durch Gesten sichtbar. Sie können Zuwendung anzeigen oder eine Drohung signalisieren. Hände realisieren aber auch überlieferte Symbole wie das Falten zum Gebet, das Schlagen eines Kreuzes, das Klopfen an die Brust, das Händeklatschen oder das Erheben

[3] Auch in der theologischen Literatur wird die Bedeutung des Kelches unter den Arma nicht eindeutig bestimmt; vgl. Suckale, Arma Christi (wie Anm. 1), S. 203: „Der Kelch ist oft nicht eindeutig auf den Ölberg, das Abendmahl oder die eucharistische Bedeutung zu beziehen." – Berliner, Arma Christi (wie Anm. 1), S. 42: „Nicht eindeutig bestimmbar ist die Bedeutung des Kelches."

[4] Eine Zusammenstellung davon findet man bei Horst Bayer/Anneliese Bayer, in: Sprichwörterlexikon, München 1985, S. 245–248.

zum Schwur. Hände können bestrafen und zerstören, etwa mit Ohrfeigen und Schlägen, aber auch heilen und segnen oder im Gestus des Handauflegens ein Amt feierlich übertragen. So überträgt Moses durch Handauflegen Josua den Oberbefehl (Numeri 27,18). Auch kann durch Handauflegung Schuld oder Last etwa auf den Sündenbock abgeladen werden (Leviticus 16,21). Die Bibel erwähnt schließlich die Wirksamkeit Gottes mit seiner Hand oder erhobenen Armen über zweihundert Mal als Symbol von Macht, Gericht und Hilfe.

Im Neuen Testament vermittelt Jesu Geste des Handauflegens Segen wie etwa bei Kindern (Markus 10,16) und Heilungen wie etwa bei der gekrümmten Frau (Lukas 13,13) oder bei der Heilung des Blinden von Bethsaida (Markus 8,23–26) und bei zahlreichen Kranken (Lukas 4,40). Im kirchlichen wie im profanen Bereich blieb die Symbolkraft der Hand bis heute erhalten. Sie segnet oder man reicht sich die rechte Waffenhand als Zeichen des Friedens. Sie festigt und besiegelt Verträge mit Unterschrift und / oder Stempel.

Auf dem privaten Kreuz sind nicht wie üblich zwei Hände von Nägeln durchbohrt herausgehoben. Sondern nur eine einzige. Diese Hand dürfte jedoch nicht die schaffende oder helfende Hand Gottes darstellen, sondern den Arma beizuordnen sein, da sie zu einer *Faust* (Abb. 11) geballt ist. Die Faust ist hier Sinnbild für jemanden, der bei der Qual Jesu beteiligt war. Diese Faust konnte für Nicht-Lesende in Bildersprache illustrieren, dass Jesus beim Verhör Schläge ins Gesicht vom Diener des Hohepriesters erhalten hat (Matthäus 26, 67f.; Markus 14,65; Johannes 18,22); es könnte die Hand sein, die Judas die Silberlinge vorzählte; Pilatus wiederum wusch seine Hände in Unschuld.

Abb. 9, 10: *Rechte und linke durchbohrte Hand auf dem Arma-Christi-Kreuz in der Maingasse.*

Abb. 11:
Faust auf dem privaten Arma-Christi-Kreuz.

Der Hochbalken des Kreuzes in der Maingasse zeigt zudem ein *Herz* (Abb. 12). Das Herz ist im Glauben der Völker das Zentrum des Menschen. Nicht im Äußeren, sondern im Inneren des Menschen wirken Kraft und Schönheit. Selbst Gott schaut nicht auf den äußeren Augenschein, sondern auf das Herz (1 Samuel 16,7). Selbst nach dem Tode widmeten Völker dem Herzen besondere Aufmerksamkeit. So blieb es bei den Ägyptern allein im einbalsamierten Leib. Auch Christen – vor allem der Adel wie z.B. die Habsburger oder die Wittelsbacher – pflegten Jahrhunderte lang mit dem Herzen eigene Bestattungsriten. Das Herz Jesu soll jedoch durch den Lanzenstich zerstört werden. Dennoch lebt es für den Gläubigen weiter.

Im Mittelalter wird das Herz immer mehr zum Symbol der Liebe. Mystiker verehren es in der Herz-Jesu-Verehrung als Sinnbild des leidenden und liebenden Erlösers. Gefeiert wird heute das Herz Jesu am Herz-Jesu-Fest, am dritten Freitag nach Pfingsten. Zudem sind zahlreiche Kirchen dem Herzen Jesu geweiht. Beliebt waren und sind Andachtsbildchen mit dem Herzen Jesu (Abb. 13). In mehreren Orden ist die Verehrung des Herzens Jesu sogar vornehmliche Aufgabe.

Zu den Arma Christi gehört auch die *heilige Lanze* (Abb. 1–3). Des Öfteren findet man Lanze, Stab mit Schwamm sowie verschiedene Arma fächerförmig angeordnet. Vor der Kreuzesabnahme wurde mit der Lanze in die Seite Jesu gestochen, um dessen Tod herbeizuführen bzw. diesen festzustellen. Nach Johannes 19,34 vollzog dies ein römischer Soldat, worauf Wasser und Blut aus der Wunde flossen. Nach apokryphen Schriften hieß dieser Soldat Longinus. Blut und Wasser wiederum habe Josef von Arimathäa mit dem Abendmahlskelch aufgefangen; diese seien Symbole für Taufe und Abendmahl. Diese Annahmen haben allerdings keine kirchliche Anerkennung gefunden wegen unsicherer Herkunft und oft phantastischen Mirakeln und Lehren in den apokryphen Schriften.

Die Lanze, mit der Jesu Seite geöffnet wurde, war lange Jahre kostbare Reliquie. Sie galt als Zeichen der Macht und versprach dem, der sie in einer Schlacht bei sich führte, den Sieg. Wegen ihrer angeblichen Wirksamkeit wurde diese Lanze mehrfach nachgeahmt. Hier kam wohl der Gedanke zum Tragen, dass Abbildungen sowie Berührungen mit einem Original an der Heiligkeit sowie Wirkung des Vorbildes Teil haben. Heute gibt es mindestens deren drei, die sogar Echtheit beanspruchen. Die bekannteste dieser Lanzen gehört zu den Reichsinsignien, deren Besitz wie die Kaiserkrone, das Reichszepter und das Reichsevangeliar etc. die Rechtmäßigkeit der Herrschaft im Heiligen Römischen Reich Deutscher Nation dokumentierte. Heute ist diese Lanze in der weltlichen Schatzkammer in Wien aufbewahrt.

Abb. 12, 13: *Links: Das Herz am Arma-Christi-Kreuz in der Maingasse. Rechts: Herz auf einem Ausschnitt eines Andachtsbildchens mit Leidenswerkzeugen aus der ersten Hälfte des 19. Jahrhunderts; Material: Pergament (Diözesanarchiv Würzburg, Nr. 03674).*

Der *Schwamm mit einem Getränk* als Teil der Leidenswerkzeuge Christi wird in allen vier Evangelien erwähnt. Unklar bleibt aber dessen Funktion. So meint man einerseits, dass der Misch-Trunk, der mit einem Schwamm dem Gekreuzigten gereicht wird, auf einen jüdischen Brauch zurückgehe, mit dem Verurteilte erquickt und Leiden gemindert werden sollten: „Gebt Rauschtrank dem Versinkenden und Wein den Verbitterten. Der trinke und vergesse seine Not und denke weiter nicht an seine Mühsal“ (Sprüche 31,6f.). Andere Deutungen zum Getränk im Schwamm sind: Es sei ein scharfes Reizmittel gewesen, um das entweichende Leben noch einmal erbarmungslos und barbarisch zurückzuhalten. Oder wollte man mit Essig den Durst des Gekreuzigten nur erhöhen? Es bleibt aber die Frage, woher auf Golgotha so plötzlich Essig kam, wenn kein mit Essig – zu welchem Zweck auch immer – zubereitetes Getränk auf den Hinrichtungsplatz mitgeführt wurde. Einer Legende nach reichte ein römischer Soldat Namens Stephaton den Stab mit dem Essigschwamm (Abb. 1, 2 und 3 Schwamm jeweils auf einer Lanze).[5] Vom sog. heiligen Schwamm gibt es zahlreiche Reliquien an verschiedenen Orten.

In Eibelstadt finden sich die heilige Lanze und der heilige Schwamm auf dem Stab nicht nur an den Arma-Kreuzen, sondern auch in der Kreuzkapelle dargestellt. Träger sind hier allerdings Engel (Abb. 14 und 15). Das Hochaltarbild zeigt die Abnahme Jesu vom Kreuz, gemalt 1659 von Baptist de Rüll. Das ursprüngliche Altarretabel wurde 1774 von Schreiner Johann Michael Becker (1703 – 1777) in Dettelbach erneuert und somit auch die beiden Engel mit Speer und Schwamm.[6]

Abb. 14, 15: *Links: Engel mit (heiliger Lanze) auf der linken Seite des Hochaltars in der Kreuzkapelle Eibelstadt. Rechts: Engel mit Schwamm auf einem Stab auf der rechten Seite des Hochaltars in der Kreuzkapelle Eibelstadt.*

5 Leopold Kretzenbacher, Zum kaum noch bekannten Namen des Kreuzigungszeugen Stephaton, in: Österreichische Zeitschrift für Volkskunde, N. S. Bd. 55 = 104 (2001), S. 1 – 22.

6 Stadtarchiv Eibelstadt, Kreuzkapellen-Rechnung 1774, S. 32.

Eine *Geißel* am Kreuz ist einerseits Zeichen für Macht über Leben und Tod. Die Geißelung fügt extreme körperliche Schmerzen zu durch Schläge mit Ruten, Rohrstöcken oder bei den Römern mit einer kurzen Peitsche (flagellum), an deren Enden Blei-, Eisen- oder eckige Knochenstücke eingeflochten waren. Nach Markus 15,15 hielt sich Pilatus an römische Rechtsnormen und ließ Jesus zuerst geißeln, bevor er ihn zur Kreuzigung übergab. Geißelung ist aber auch Züchtigungsmittel, um lebensbedrohende und dämonische Mächte zu vertreiben. Mit der Geißelung nimmt Jesus die Sünden und Vergehen der Menschen auf sich und büßt stellvertretend dafür.

In der Nachfolge Jesu gab es im Mittelalter besonders in Klöstern die Selbstgeißelung. Dies artete jedoch in Laienbruderschaften, bei den sogenannten Flagellanten, die sich öffentlich zur Buße geißelten, in selbstverherrlichende Unsitte aus. Diese Bruderschafts-Bewegung verbot schließlich Papst Clemens VI. (reg. 1342–1362) im Jahr 1349. Die Bibel spricht von Rute und Geißel als Bild von Züchtigung (Psalm 89,33; Jesaja 10,5), die letztlich jedoch vor dem Totenreich rettet. Im Neuen Testament kann Züchtigung sogar auf die Liebe des Herren weisen (Hebräer 12,6). Festgehalten zur Geißelung konnten Verurteilte auf verschiedene Weise werden. Die Geißel am Arma-Christi-Kreuz in der Maingasse dürfte den römischen Geißeln nachempfunden sein, deren Enden verschiedene Schmerzen erzeugende Objekte beigeflochten sind (Abb. 17).

Für Jesus überliefert die christliche Tradition eine Säule, an der der Verurteilte festgebunden war. Diese *Geißelsäule* hat nicht nur auf „Arma-Christi-Kreuzen" (Abb. 16 und 18), sondern auch auf Gemälden oder an Statuen Aufnahme gefunden. So auch in Eibelstadt, wo sich eine Geißelsäule mit festgebundenem Jesus am Eingang zum Bachs-Graben seit 1724 (122 cm) erhebt (Abb. 19 und 20).[7] Restauriert wurde das Denkmal 1996 von Melchior Gresser für 10235 DM. Dabei konnten die bis zur Unkenntlichkeit verwitterten oder fehlenden Teile anhand alter Bild- und Textdokumente weitestgehend wiederhergestellt werden.[8] Als Geißelsäule dient hier ein toskanischer Säulenstumpf ohne Kannelierung. Möglicherweise war ein Stich (?) zur Statue der Geißelung von Gregorio Fernández (1576–1636) im spanischen Valladolid aus dem Jahr 1616 auch Vorbild für den Künstler in Eibelstadt 1724? Auch der Bozzetto im Museum für Franken von Johann Peter Wagner (1730–1809) aus der Zeit um 1775 zeigt auffällige Ähnlichkeiten zum Eibelstadter Flurdenkmal.

---

[7] Dazu Wolfgang Menzel, Statuen, Bildstöcke und Wegekreuze in der Markung Eibelstadt (maschinenschriftlich), Eibelstadt 1957 [o. S.]. – Annette Weiser, Religiöse Male im Alten Landkreis Ochsenfurt (Zulassungsarbeit), Würzburg 1977, S. 30f. – Georg Hures, Eibelstadt. Bildstöcke, Freifiguren und Flurdenkmäler, Eibelstadt 1996, S. 73–75. Einen Bericht über den schlechten Zustand der Statue brachte die MAIN-POST bereits am 29.01.1976 mit dem Titel „Unverstand kommt vor dem Zerfall" und illustriert das zerfallende Flurdenkmal mit einem aussagekräftigen Bild. Am 09.11.1979 rückt die Zeitung erneut mit dem Titel „Noch ist es nicht zu spät" das verkommene Kleinod mit Bild ins Bewusstsein.

[8] Zu den Befunden sowie zu den Schritten der Restaurierung vgl. das Konvolut zu „Christus an der Geißelsäule" im Stadtarchiv Eibelstadt. Vornehmlich waren der Kopf sowie der linke Unterarm des Geschundenen zu ergänzen und der rechte, einst schlecht restaurierte Arm wurde ersetzt.

Abb. 16, 17, 18 (von *links nach rechts): Geißelsäule am privaten Arma-Christi-Kreuz. Geißel am Arma-Christi-Kreuz in der Maingasse. Geißelsäule mit festgenagelten Füßen am Arma-Christi-Kreuz in der Maingasse.*

Abb. 19, 20: *Christus an der Geißelsäule; stark verwittertes Flurdenkmal in Eibelstadt, aus grünem Sandstein, vor und nach der Restaurierung.*

Dieses Flurdenkmal ist für den Zusammenhang mit den Arma-Christi-Kreuzen insofern interessant, als an der Rückseite der Christusskulptur zwei Dübel-Löcher sichtbar waren. „Da die Figur ausreichend Standfestigkeit besitzt“, stellt Restaurator Melchior Gresser fest, waren diese Löcher geschlagen für „Halterungen, an denen Passionswerkzeuge befestigt waren“.[9] Somit war die Skulptur mit Arma Christi versehen und setzte der Passionsfrömmigkeit unter den etwa 50 Flurdenkmälern in der Gemarkung Eibelstadt eigene Akzente.[10] Da sie am Fuße der Weinberge errichtet war, spielen alte Übersetzungen des beigegebenen Textes (Klagelieder 1,12) „der Herr hat mich abgelesen“ (1705) und „denn der Herr hat Weinlese an mir gehalten“ (1842) auf den Schmerz Jesu und auf die Tätigkeit von Winzern an. Sie mögen selbst bei der Weinlese an das Leid Jesu erinnern.[11]

Fast immer zeigen Arma-Christi-Kreuze einen *Hammer* und eine *Beißzange* (Abb. 1–3, jeweils am Querbalken). Der Hammer auf Arma-Christi-Kreuzen ist ein Objekt der Grausamkeit. Mit ihm werden eiserne Nägel durch Fleisch gedrückt, dass Blut herausspritzt, und mit ihm können Knochen zersprengt werden. Die Kreuzigung ist eine brutale Hinrichtungsart, die ein qualvolles langsames Sterben meist durch Ersticken zur Folge hatte. Mit der *Zange* wiederum wurden bei der Abnahme des verstorbenen Hingerichteten die Nägel aus dem Holz und den Gliedmaßen gezogen. Der Tradition nach war Jesus zumeist mit *drei Nägeln* am Kreuz befestigt, die die hl. Helena, Mutter von Kaiser Konstantin, anno 325 in Jerusalem gefunden haben soll. In den Jahren des abergläubischen Reliquienhandels waren sogenannte „echte“ Kreuzesnägel sehr beliebt und wertvoll, weshalb es zahlreiche Nachbildungen gab, insgesamt über 20 Stück, die als „echt“ ausgewiesen wurden und werden. Der Legende nach ließ Kaiser Konstantin einen der Nägel in sein eisernes Diadem einarbeiten, die übrigen in das Zaumzeug seiner Pferde. Ein Kreuzesnagel befindet sich auch bei den Reichsinsignien, die heute in der Schatzkammer der Wiener Hofburg zu sehen sind.[12]

Auch auf historischen Gemälden finden sich ab dem Hochmittelalter drei Nägel unter den Leidenswerkzeugen wie auch auf dem Bild der Grablegung Jesu von 1626 am Kreuzaltar (rechter Seitenaltar) in der Pfarrkirche Eibelstadt (Abb. 21). Vorbild dafür war das Gemälde (um 1586) von Federico Barocci (1653–1704) in der Chiesa della Croce in Senigallia an der Adriaküste.

---

[9] Schreiben an das Landesamt für Denkmalpflege, Schloss Seehof vom 02.10.1996 (Duplikat im Stadtarchiv Eibelstadt).

[10] Diese Anzahl von Flurdenkmälern ist auf der historischen Flurkarte von 1787 (238 × 439 cm) im Rathaussaal verzeichnet. Näheres dazu bei Franz Schicklberger, Das gotische und das barocke Rathaus von Eibelstadt, Eibelstadt 2000, S. 66f.

[11] Gelegentlich wird in der Literatur festgestellt, dass die Eibelstadter Skulptur *Christus an der Geißelsäule* angeregt wurde durch den Christus an der Geißelsäule in der *Wallfahrtskirche zum gegeißelten Heiland auf der Wies* in der Gemeinde Steingaden im Allgäu. Dies kann aber nicht sein, da die Eibelstadter Statue Jahre früher als die Statue in der Wieskirche gefertigt wurde, die sich zudem dem Gläubigen völlig anders gestaltet darbietet.

[12] Mechthild Schulze Dörrlamm, Heilige Nägel und heilige Lanzen, in: Falko Daim / Jörg Drauschke (Hg.), Byzanz. Das Römerreich im Mittelalter, Teil 1: Welt der Ideen, Welt der Dinge, Mainz 2010, S. 97–171. – Die Literatur zu den heiligen Nägeln ist zahlreich, vor allem zu den einzelnen Orten ihrer angeblichen Aufbewahrung.

Abb. 21: *Ausschnitt aus dem Altarbild des Kreuzaltares (rechter Seitenaltar) in der Pfarrkirche Eibelstadt mit der gemeinsamen Präsentation von Leidenswerkzeugen.*

In der Leidensgeschichte Jesu ist dem *Schwert* mehrfach Aufmerksamkeit geschenkt. Im Alten Testament eignet dem Schwert die Scheidung (Genesis 3,24), ist schreckliches Züchtigungsmittel (Ezechiel 21,13–22) und kann sogar Bild für die Eindringlichkeit des Wortes Gottes sein (Jesaja 49,2). Im Neuen Testament heißt es, dass eine Schar geschickt von der Obrigkeit mit Schwertern und Knütteln Jesus gefangen nehmen will (Markus 14,43), denen Jesus entgegenhält: „Ihr seid ausgegangen wie zu einem Rebellen mit Schwertern und Knütteln“ (Markus 14,48; Lukas 22,52). Als Petrus sein Schwert (Abb. 22) bei diesem Unternehmen des Hohen Rates zog und Malchus, einem Knecht, ein Ohr abhieb, fordert Jesus ihn auf, das Schwert wieder in die Scheide zu stecken (Johannes 18,10f.).

Die den Arma Christi beigeordnete *Leiter* (Abb. 23) mag zunächst und in erster Linie mit der Abnahme Jesu vom Kreuz in Zusammenhang gebracht worden sein, wie beklemmende Bildnisse dies darstellen. Von einer Leiter ist aber auch im Alten Testament die Rede. Einmal in Genesis 28,12 sowie im deuterokanonischen Buch 1 Makkabäer 5,30. Nach Genesis 28,12 träumt Erzvater Jakob von einer Leiter in Bethel, auf der Boten Gottes auf- und niedersteigen. Diese Leiter führt in den Himmel zu Gott und ist somit als Himmelsleiter mit positiver Bedeutung dargestellt (Abb. 24). Die Leiter in 1 Makkabäer 5,30 hat dagegen einen negativen Sinn. Sie gehört nämlich zum Kriegsgerät, zu den Belagerungsmaschinen, die Kriegsvolk zur Erstürmung von Mauern und Befestigungsanlagen verwendet, um Orte einzunehmen. Somit sind Leitern auch Symbol der Bedrohung. Für den Gläubigen und Bibelkundigen gehört die Leiter unter den Arma Christi jedoch zu den Leidenswerkzeugen, die auf Heilbringendes weisen. Zisterzienser- und Kartäuserklöster trugen zeitweise sogar den Beinamen „scala dei“.

Abb. 22:
Schlafender Petrus mit einem Schwert; Ölberg im Eibelstadter Kirchhof.

Abb. 23:
Schwert und Leiter auf dem Arma-Christi-Kreuz in der Maingasse.

Abb. 24: *Jakobs Traum von der Himmelsleiter, Kupferstich wohl aus einer Bibel des 17. Jahrhunderts (Privatbesitz).*

1.4 Unterschiedliche Attribute der Arma-Christi-Kreuze in Eibelstadt

Die *Symbole an Arma-Christi-Kreuzen* waren nicht immer und überall dieselben. Auch auf den beiden in Eibelstadt erhaltenen Arma-Christi-Kreuzen finden sich neben identischen auch unterschiedliche Heilsgeräte mit Hinweisen auf das Leiden Jesu.

Eng am Stamm des privaten Arma-Christi-Kreuzes der Familie Wittmann steht *Maria,* die Mutter Jesu, deren *Herz von sieben Schwertern* durchbohrt wird, die die sieben Schmerzen Mariens symbolisieren und sie als „mater dolorosa" (schmerzhafte Mutter) ausweisen (Abb. 25). Diese Darstellung an Arma-Christi-Kreuzen ist äußerst selten. Bei diesem Kreuz sind die sieben Schmerzen Mariens den Leiden Jesu beigeordnet.[13] Das Fest der Sieben Schmerzen Mariens folgt wohl deshalb am 15. September im kirchlichen Jahreskreislauf dem Fest der Kreuzerhöhung vom 14. September. Hier wird veranschaulicht, dass Maria mit ihrem Sohn leidet und Vorbild für Christen ist. Das Fest exaltatio crucis eröffnete bzw. beendete ehedem in Eibelstadt auch das Rechnungsjahr für die Stadt und die Gotteshausstiftung.

---

[13] Zur vielfältigen Symbolik der Zahl Sieben vgl. die Zusammenstellung bei Manfred Lurker, Wörterbuch der biblischen Symbole, München 1979, S. 285–288.

Abb. 25:
Mater dolorosa (schmerzhafte Mutter) mit sieben Schwertern am Fuße des privaten Arma-Christi-Kreuzes. Die Schwerter symbolisieren die sieben Schmerzen Mariens:
1. *Darstellung Jesu im Tempel mit Weissagung Simeons (Lukas 2,34–35).*
2. *Flucht nach Ägypten (Matthäus 2,13–15).*
3. *Verlust des 12-jährigen Jesus im Tempel (Lukas 2,43–45).*
4. *Jesus begegnet seiner Mutter auf dem Kreuzweg (unbiblische Szene).*
5. *Kreuzigung und Tod Jesu (Johannes 19,17–39).*
6. *Kreuzabnahme, Beweinung Jesu (Matthäus 27,57–59).*
7. *Grablegung Jesu (Johannes 19,40–42).*

Das private Arma-Christi-Kreuz zeigt zu den Leidenswerkzeugen noch das *Schweißtuch der Veronika* (Abb. 26), was eher außergewöhnlich ist. Zwei Ursachen mögen zur Beliebtheit des Abbildes Jesu auf dem Schweißtuch beigetragen haben. Einmal war es die Sehnsucht nach einem Porträt des Erlösers, zum anderen achtete man den Mut Veronikas, einem zum Tode Verurteilten unter schwierigen Umständen zu helfen. Im Laufe der Geschichte gab es im Volksglauben mehrere Typen von Jesusbildern: So ließen der Legende nach die drei Magier ein Bild des Jesusknaben malen, auch Pontius Pilatus soll ein Abbild Jesu anfertigen haben lassen. Sogar von Boten des Königs Abgar von Edessa sowie im Auftrag von Kaiser Tiberius soll Jesus von Publius Lentulus, dem römischen Präfekten von Judäa, porträtiert worden sein.

Auf diesem Schweißtuch, das Veronika dem zum Tode Verurteilten reicht, dessen Antlitz von Schweiß und Blut entstellt ist, prägte sich der Legende nach das Antlitz des Geschundenen meist ohne Dornenkrone ein.

Abb. 26, 27: *Links: Schweißtuch der Veronika auf dem privaten Arma-Christi-Kreuz; darüber Leiter und Hahn, darunter die auch sonst übliche Kreuzesinschrift. Rechts: Schweißtuch der Veronika im Gewölbe der Apsis der Pfarrkirche Eibelstadt.*

Veronika hat somit ein „vera ikon“ (ein wahres Bild) des Herrn erhalten, was auch aus dem griechischen Namen „Veronika“ volksetymologisch herausgelesen wird. Mit diesem Symbol wird zudem ausgesagt, dass gerade Frauen es sind, die Angst und Furcht vor Potentaten und Despoten überwinden, wenn sie fremdem oder aufgezwungenem Leid von Machthabern gegenüberstehen. Veronika ist mit ihrer mutigen Tat nicht nur eine Helfende, sondern auch eine mit dem Abbild des Herrn reich Beschenkte. Diese Erkenntnis mag auch die Kreuzweg-Station mit Veronika, die allerdings nicht in der Bibel belegt ist, so beliebt gemacht haben. Dass in Eibelstadt das Schweißtuch der Veronika hoch geschätzt war, belegt schon, dass beim Bau der Pfarrkirche St. Nikolaus das Schweißtuch Veronikas im Kreuzgewölbe der Apsis um 1480 angebracht wurde (Abb. 27).

Im Zusammenhang mit der Barockisierung des Gotteshauses wurde das spätgotische Sakramentshaus mit Schweißtuch am 25. Oktober 1625 aus der Kirche an die Ostwand des Kirchhofs gestellt. 1965 ließ Pfarrer Alfons Deppisch (1914–1997) dieses Sakramentshäuschen restaurieren, zurück in die Kirche bringen und seiner ursprünglichen Aufgabe als Aufbewahrungsort für konsekrierte Hostien wieder zuführen (Abb. 28 und 29). Ursprünglich gab es am Weg zur Kreuzkapelle eine Darstellung der „Sieben Fälle“, darunter die Szene mit dem Schweißtuch der Veronika (Abb. 30). 1890 ersetzte der Würzburger Meister M. Knarr die alten Kreuzwegtafeln durch neue Relieftafeln, gestaltet in Anlehnung an Bozzetti von Johann Peter Wagner. Heute befinden sich die sieben historischen Bildtafeln in der Arkade des Friedhofs.[14]

---

[14] Näheres dazu bei Franz Schicklberger, Die „Sieben Fälle“ auf dem Weg zur Kreuzkapelle in Eibelstadt, in: Würzburger Diözesangeschichtsblätter 73 (2011), S. 335–351.

Abb. 28, 29: *Schweißtuch der Veronika am Sakramentshaus, das zwischenzeitlich im Kirchhof Eibelstadt aufgestellt war und dort stark verwitterte; nach der Restaurierung wieder in der Pfarrkirche.*

Abb. 30:
Schweißtuch der Veronika an einer der historischen Kreuzwegstationen der „Sieben Fälle" am Weg zur Kreuzkapelle.

Der Befehl der Schergen, die Simon von Cyrene zwangen, Jesus den Kreuzesbalken zu tragen (Matthäus 27,32; Lukas 22,26), lässt erkennen, wie sehr Jesus durch die vorausgegangenen Qualen, etwa die Geißelung, geschwächt war. Diesen schon vor der Kreuzigung gemarterten Leib zeigt auch die private Arma-Christi-Darstellung (Abb. 31). Der Transport gewaltiger und schwerer Kreuzesbalken zum Ort der Hinrichtung wäre von einem durch Geißelung Geschwächten unmöglich gewesen. Auf die Geißelung folgte die Verspottung. Jesus erhielt als *Zepter* ein Rohr (Ysopzweig) in seine Hand, ferner hingen sie ihm einen Mantel um und Soldaten huldigten mit den Worten „Heil dir, König der Juden!“ (Markus 15,17f.; Matthäus 27,28f.). Auch beugten sie spottend ihre Knie als Geste der Unterwerfung (Markus 15,19; Matthäus 27,29).

In der Eibelstadter Kreuzkapelle findet sich ein Gemälde der Verspottung Jesu von Johann Baptist de Rüll (1638–1685), das eine Darstellung Anthonis van Dycks (1599–1641) als Vorbild hat (Abb. 32). De Rüll hat es aber mit einem Kreuzträger und einer stillenden Frau bereichert (Abb. 33). Hier ergänzen sich der Todgeweihte und neues Leben, das eine Mutter stillt. Der Spottmantel ist auf dem Bild de Rülls nicht mehr rot, sondern in dunklem Blau gehalten – wie auf dem privaten Arma-Christi-Kreuz der Familie Wittmann (siehe unten Abb. 36).

Abb. 31: *Der durch Geißelung und Dornenkrönung gemarterte Jesus am privaten Arma-Christi-Kreuz.*

Abb. 32, 33: *Links: Verspottung Jesu (ecce homo) nach Anthonis van Dyck. Rechts: Verspottung Jesu in der Eibelstadter Kreuzkapelle nach Johann Baptist de Rüll.*

Auf dem privaten Arma-Christi-Kreuz befindet sich unter den festgenagelten Füßen des Gekreuzigten ein *Gefäß* (ein Kelch oder Nuppenbecher?) (Abb. 34). Darin stehen die Stiele für Lanze und Schwamm. Soll damit angedeutet werden, dass dahinein Wasser und Blut des Gekreuzigten nach dem Stich durch Longinus geflossen sind? Oder wurde aus diesem Gefäß Wein / Essig vermengt mit Galle entnommen? Links neben dem Becher ist wohl ein *Ysopstab* angebracht, den man Jesus als Zepter bei der Verspottung in die Hand gedrückt hat und mit dem auch auf seine Dornenkrone geschlagen wurde (Matthäus 27, 29f.). Möglicherweise soll diese Pflanze an das Ysopbüschel erinnern, mit dem die Israeliten Blut des Passa-Lammes in Ägypten an die Türschwelle streichen, um den Würgengel fernzuhalten (Exodus 12,22f.). Ist deshalb die Pflanzenspitze rot? Auf Bildern und Statuen halten Heilige, die mit ihrem Leben den christlichen Glauben bezahlten, ebenfalls eine Pflanze, eine *Märtyrerpalme* in ihren Händen. Die *Fackel* rechts neben dem Becher weist möglicherweise auf Fackeln hin, die bei der Gefangennahme Jesu, die ja nachts stattgefunden hat, Verwendung fanden. Auch könnten sie den jüdischen Brauch der Totenkerze für kurz vorher Verstorbene symbolisieren.

In der Kreuzkapelle trägt Maria Magdalena auf dem Vesperbild des rechten Seitenaltars neben der Mater Dolorosa ebenfalls eine Fackel (Abb. 35). Als Maler zeichnete mit seinem Namen Oswald Onghers (1628–1706) im Jahr 1660. Das Vesperbild veranschaulicht das Mitleiden mit dem Heiland. Es zeigt zudem, dass Maria Vorbild für Gläubige bei der Compassio, dem meditativen Mitleiden, ist.

Auf dem privaten Arma-Christi-Kreuz ist auch ein *Mantel* (Abb. 36) zu sehen. Es könnte der Mantel sein, den man Jesus bei seiner Verspottung als Symbol der Königswürde umhängte.

Abb. 34:
Gefäß (Kelch oder Nuppenbecher?) am privaten Arma-Christi-Kreuz, worin Stiele für Lanze und Schwamm stecken, links ein Ysopstab, rechts eine Fackel.

Abb. 35:
Vesperbild von Oswald Onghers, Altartafel des rechten Seitenaltars in der Kreuzkapelle, mit Maria Magdalena, die eine Fackel hält.

Abb. 36:
Blauer Mantel auf dem privaten Arma-Christi-Kreuz.

Das Kleidungsstück könnte vielleicht auch ein Totenhemd darstellen oder auf das Gewand verweisen, um das die Kreuzigungsschergen nach der Kreuzigung das Los geworfen haben, weshalb auch *Würfel* (Abb. 37) – wie auf dem Kreuz in der Maingasse – des Öfteren auf diesen Kreuzen dargestellt sind. Im Johannesevangelium (19,23f.) wird sogar zwischen einem Obergewand (Mantel, Überwurf) und einem am Leib getragenen Untergewand unterschieden. Nach römischem Brauch durften sich die Soldaten, die eine Kreuzigung vollzogen, die Kleider des Hingerichteten teilen. Stücke des Obergewands Jesu werden verteilt. Um das Untergewand, das aus einem Stück gewebt war, ist das Los geworfen worden. Christen sahen wiederum in der Zweiteilung des Gewandes die Erfüllung eines Psalmwortes, das der Evangelist sogar zitiert: „Sie teilten meine Kleider unter sich, und über mein Gewand warfen sie das Los" (Psalm 22,19). Bei Christen erfuhr dieses Untergewand unterschiedliche Deutungen, wie das Kleid Adams und das von Moses, die von Gott als ein Stück gefertigt waren. Das am privaten Kreuz dargestellte Kleidungsstück hat die Farbe Blau. Im Neuen Testament wird die Farbe des Kleides allerdings als purpurrot (Markus 15,7; Johannes 19,2) bzw. scharlachrot (Matthäus 27,28) angegeben. Arma-Kreuze, die auf das Werfen des Loses um das Kleidungsstück eingehen, stellen das Verlosen als Würfelaktion dar, obwohl die Verteilung auch auf andere Weise stattgefunden haben kann. Zu sehen sind – wie auch in Eibelstadt – auf den Kreuzen vielfach drei Würfel. Vor Ort sind jedoch die drei Würfel jüngst abgefallen oder haben einen Liebhaber gefunden.

Auf dem privaten Kreuz mit zwei Querbalken ist auf dem rechten oberen Balken ein *Geldbeutel* (Abb. 38) dargestellt. Es dürfte der Geldbeutel von Judas für die 30 Silberlinge sein, die Judas vom Hohen Rat für den Verrat Jesu erhalten hat (Matthäus 26,15). Als Judas sieht, dass er unschuldig Blut verraten hat (Matthäus 27,4) und die Silberlinge zurückgeben will, diese aber als Blutgeld der Hohe Rat für den Tempelschatz nicht annahmen will, kauft man mit dem Blutgeld einen Begräbnisacker für verstorbene Fremde (Matthäus 27,17). Ist vielleicht deshalb der Geldbeutel blutrot?

Abb. 37, 38: *Links: Würfel auf dem Arma-Christi-Kreuz in der Maingasse. Rechts: Geldbeutel am privaten Arma-Christi-Kreuz.*

Meist findet man unter den Arma auch eine *Dornenkrone*. Auf dem Vorgängerkreuz in der Maingasse war in der Mitte des Querbalkens eine Dornenkrone angebracht. Eine Dornenkrone trägt zudem der Gekreuzigte am privaten Arma-Christi-Kreuz, sie fehlt jedoch auf dem heutigen Kreuz in der Maingasse (Abb. 2). Unklar bleibt, ob diese etwa verloren gegangen oder abgenommen worden ist, obwohl drei Evangelien berichten, dass Jesus von Folterknechten ein Kranz aus Dornen aufgesetzt wurde (Matthäus 27,29; Markus 15,17; Johannes 19,2). Dieser Kranz war spottender Ersatz eines Lorbeerkranzes, der Insigne für besondere Leistungen.

Auf der historischen Aufnahme des Arma-Christi-Kreuzes (Abb. 1) ist etwa in der Mitte des Hochbalkens eine *Laterne* angebracht. Diese wurde wohl zu bestimmten Gelegenheiten oder Wochentagen angezündet – wie dies bei dem Marienbild am Marktplatz der Fall war. Hinter diesem Kreuz befand sich in der Mauer eine Nische. Möglicherweise für Blumen oder Weihegeschenke. Heute ist die Nische zugemauert.

Nicht übersehen werden darf aber, dass dem *Kreuz* auch ohne Leidensinstrumente von den Christen große Verehrung zugewiesen wird, auch wenn es bei den verschiedenen Konfessionen unterschiedliche Darstellungen gefunden hat. Verehrt wird das Kreuz bei den katholischen Christen besonders am Karfreitag, dem Todestag Jesu am Kreuz, mit den Worten „ecce lignum crucis" innerhalb der Liturgie sowie am Fest der Kreuzauffindung (3. Mai) und am Fest der Kreuzerhöhung (14. September). Der Legende nach fand das Kreuz Jesu angeblich die hl. Helena, die Mutter Kaiser Konstantins, bei einer Wallfahrt nach Jerusalem. Im 4. Jahrhundert wurde es Zeichen des Christentums und gilt auf Gräbern als Zeichen des Sieges über den Tod. Seit dem 13. Jahrhundert zählt es zu den Symbolen der Qualen, die Jesus bei seiner Kreuzigung erlitten hat.

Die letzten Worte Jesu, die am Sockel des Kreuzes in der Maingasse angebracht wurden, lauten nach Johannes 19,30: *„Es ist vollbracht"*. Diese Worte sind wohl „Überschrift" oder Thema zum Arma-Christi-Kreuz in der Maingasse und helfen bei dessen Interpretation (Abb. 39).

Abb. 39:
Die letzten Worte Jesu am Sockel des Arma-Christi-Kreuzes in der Maingasse: „Es ist vollbracht" (Johannes 19,30).

Das Lebenswerk Jesu, zu dem ihn sein Vater beauftragt hat, ist erfüllt. Er hat auch den Leidensweg auf sich genommen. Auf diesen weisen auf kleinem Raum zusammengefasst diverse Arma. Mit seinem Tod hat Jesus jedoch den Tod überwunden. Somit wird auch den Menschen offenbart, dass ihr Leid aus dem Rückblick – wie der Lebensweg und das Leid Jesu – unerwartet sinnvoll wird.

2. Weitere Formen und Träger der Arma-Christi-Kreuze

Zumeist begegnet man Arma-Christi-Kreuzen als Flurdenkmal. Es gibt aber weitere Formen und Träger mit entsprechenden Motiven, die im folgenden Abschnitt kurz vorgestellt werden.

Zuerst ein Glasbecher mit Arma-Darstellungen (Abb. 40), den das Mainfränkische Museum 1953 erworben hatte, der aber durch Diebstahl 1989 abhandengekommen ist. Auf der Vorderseite zeigt das Glas das Kreuz Christi mit Leidenswerkzeugen zwischen ornamentalen Bordüren in Emailmalerei. Der Künstler – oder der Auftraggeber – der Arma-Darstellungen an diesem Glas legte besonderen Wert auf das Kreuz (ohne Corpus des Gekreuzigten) sowie eine Lanze und den Stab mit Schwamm. Am Querbalken des Kreuzes hängen ferner ein Rutenbündel sowie eine dreischwänzige Peitsche. Zu sehen ist ferner eine Leiter. Auf der Rückseite steht die Inschrift „Auf got und daß guete glückh hoffe ich alle Stundt und Augenblickh. Vivat Joseph Rudolff 1727."[15]

In den Sammlungen des Diözesanarchivs Würzburg befindet sich eine *Geduldflasche (Eingericht)* mit einem Arma-Christi-Kreuz im Innern (Abb. 41). Bei solchen Eingerichten handelt es sich um Glasflaschen, in denen eine biblische Szene durch filigrane Kleinteile dargestellt wird. Meist wurden Eingerichte in den langen Wintermonaten, in denen zahlreiche Arbeiten ruhten, gefertigt. Mit diesem Brauch, der Geduld forderte, vertrieb man sich die Zeit und verdiente so ein wenig Geld. Eingerichte gibt es etwa seit 300 Jahren, speziell im Erzgebirge und im Allgäu.

Die Abteilung Kunst der Diözese Würzburg besitzt auch eine *Hinterglasmalerei*, auf der ein Kruzifixus von Arma umgeben ist (Abb. 42). Entstehungsorte sind wohl Buchers (Süd-Tschechien, an der Grenze zum Waldviertel, Niederösterreich) oder Sandl (Mühlviertel, Oberösterreich). Auch auf *Andachtsbildchen* bzw. *kleinen Andachtsbildern* sind immer wieder die Arma dargestellt. Hinzuweisen ist auf zwei Arma-Bildchen mit jeweils einem verehrungswürdigen Herz in der Mitte, die aus der Zeit vor 1850 stammen. Ein Andachtsbildchen (Abb. 43) zeigt das Herz in Verbindung mit einem Anker (Symbol für Hoffnung) und einer Rose (wie das Herz Symbol der göttlichen Liebe und auch des roten Opferblutes); um diese sind die Arma angeordnet und darunter ist der Spruch „Von Gott Mich Niemahl wendt bis hat all Creüz ein Endt" zu lesen.

[15] Veröffentlicht wurde der Becher unter den Neuerwerbungen des Mainfränkischen Museums I, 1960, S. 49 sowie in: Emailbemaltes Glas, Römer und barockes Farbglas. Aus der Glassammlung des Mainfränkischen Museums Würzburg, bearb. von Elisabeth M. Truxan (Katalog des Mainfränkischen Museums 6), Würzburg 1993, S. 66f. Dankenswerterweise stellte das Foto das Museum für Franken, Würzburg, zur Verfügung.

Abb. 40:
Glasbecher mit Arma-Christi-Darstellungen; gemäß Aufschrift aus dem Jahr 1727, Höhe 10,5 cm (vormals im Besitz des Mainfränkischen Museums).

Abb. 41:
Eingericht (Flasche); Kreuz mit Arma Christi aus Holz, am Kreuz aufgeklebter Christus (wohl Chromolithographie), 19. Jahrhundert, Glashöhe 150 mm, Durchmesser unten 50 mm (Diözesanarchiv Würzburg, Sammlung Pfr. Josef Hofmann u. a.: Nr. 9/9).

Abb. 42:
Hinterglasmalerei mit Darstellung eines Arma-Christi-Kreuzes; 2. Viertel 19. Jahrhundert, 31,7 × 23,3 cm (mit Rahmen). Ausgestellt ist das Bild im Museum Karthause Astheim (Abteilung Kunst der Diözese Würzburg: H 10-18).

Abb. 43:
Kleines Andachtsbild mit Arma-Christi-Motiven und Herz im Zentrum; 1. Hälfte 19. Jahrhundert, Machart: Gouache, Material: Pergament, 89 × 135 mm (Diözesanarchiv Würzburg: Nr. 03674).

Ein anderes Bildchen bringt genau und detailreich die einzelnen Arma zusammen mit einem Kreuz. In der Mitte des Längsbalkens umschließt das Herz den segnenden jugendlichen Salvator (Abb. 44). Diese Darstellung und Anordnung der Arma dürfte auf ein älteres Vorbild (Holzschnitt des 16. Jahrhunderts?) zurückgehen. Über dem Bild ist zu lesen „Gebet oder Sterbens Vater Unser gezogen aus den hl. Worten Christi“.

Ein weiteres kleines Andachtsbild (gemäß einer Widmung auf der Rückseite vor 1841 entstanden) zitiert mit „Kein anderer Name“ – gleichsam als Überschrift – verkürzt ein Wort aus der Apostelgeschichte (Abb. 45). Es bezieht sich auf die Szene, als sich Petrus und Johannes vor dem Hohen Rat zu verantworten haben. Im Verhör wird ihnen die Frage gestellt, in wessen Namen sie einen Gelähmten geheilt haben. Die Antwort lautete: „Im Namen unseres Herrn Jesus Christus ... denn in keinem anderen ist Heil“ (Apostelgeschichte 4,10; 12). Auf dem Bildchen trösten den von irdischen und seelischen Nöten Gepeinigten die Worte und wollen ihm Kraft schenken, wie es im Gebet auf der unteren Bildhälfte zum Ausdruck kommt: „Will die Kraft erschlaffen, Stehst du ganz allein, Greif zu diesen Waffen: Und der Sieg ist dein.“ Mit den Waffen sind die Leidenswerkzeuge als Zeichen der Zuversicht, Rettung und Erlösung gemeint.

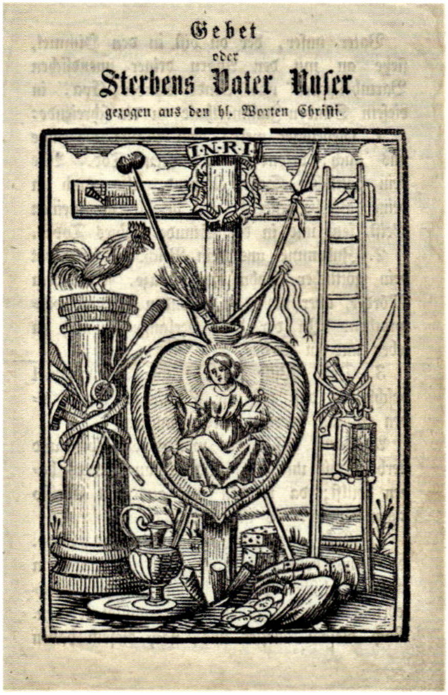

Abb. 44, 45: *Links: Kleines Andachtsbild mit Arma-Christi-Kreuz und Herz im Zentrum, das eine Salvatordarstellung zeigt; 1. Hälfte 19. Jahrhundert, Machart: Holzschnitt, Material: Papier, Verlag u. Künstler: W. Walz, Würzburg, 85 × 132 mm (Diözesanarchiv Würzburg: Nr. 07891). Rechts: Kleines Andachtsbild mit Arma-Christi-Kreuz; Rückseite Widmung 1841, Druck koloriert, Material: Papier, Verlag Benziger, 99 × 63 mm (Diözesanarchiv Würzburg: Nr. 04400).*

Darüber hinaus gibt es *Kreuz-Amulette,* auf denen die Leidenswerkzeuge abgebildet sind. Ein Kreuz-Amulett (Abb. 46), bei dem es sich wahrscheinlich um ein Wallfahrtsandenken handelte, wie es mancherorts noch heutzutage in Nachahmung älterer Amulette angeboten wird, bietet auf der Vorderseite den Gekreuzigten mit Nimbus und die Inschrift INRI; auf der Rückseite sind mehrere Arma zu sehen. Nach Gestaltung und Aufbau ist es wohl im 18. Jahrhundert entstanden. Amulette sollen Glück bringen und Unheil abwenden. Hier ist vielleicht ein Wort zum Unterschied von Amulett-Kreuz und Kreuz-Amulett angebracht. Bei einem Amulett-Kreuz war letztlich nicht die Kreuzesform, sondern das für das Kreuz verwendete Material wesentlich. So galt z.B. Eisen besonders gegen Dämonen wirksam. Bei Kreuz-Amuletten begründet dagegen die Form des Kreuzes den Schutz und die Wirksamkeit des Amuletts.

Eine besondere Rarität stellt ein Kreuzanhänger aus Messing dar, der aus der zweiten Hälfte des 19. Jahrhunderts stammen dürfte. Das Kreuz ist aufklappbar und kann im Inneren eine Reliquie – vornehmlich eine Kreuzreliquie – aufnehmen. Es besitzt auf der Rückseite in einer Vertiefung ein Relief mit den Arma Christi (Abb. 47).

Abb. 46, 47: *Links: Kreuz-Amulett mit Arma-Christi-Motiven; Gestaltung und Aufbau wohl 18. Jahrhundert, Eisenblech, 26 × 18 mm (Privatbesitz). Rechts: Aufklappbares Reliquienkreuz, mit Aufhängeöse und unten mit Verschlussschraube, hier die Rückseite mit Arma-Christi-Motiven im vertieften Relief; 2. Hälfte 19. Jahrhundert, Messing, 40 × 100 × 7 mm (Diözesanarchiv Würzburg, Bestand Reliquien und Reliquiare: Nr. 53).*

Auf der Stirnseite des Kreuz-Amuletts sind der Gekreuzigte und am Fuß des Kreuzes Maria zu sehen. Solche Kreuze stehen in der Tradition der schon in der Spätantike bekannten Reliquienkapseln und -kreuze, die an einer Kette befestigt auf der Brust getragen wurden. Solche Brustkreuze heißen Enkolpion – vom Griechischen en kolpos (an der Brust). Diese tragen noch heute ostkirchliche Würdenträger.

Im unterfränkischen Eßfeld wiederum gibt es in der romanischen Nikolauskapelle ein Gemälde wohl aus der ersten Hälfte des 17. Jahrhunderts, das die Stationen des Leidens Jesu angeordnet um das Kreuz zeigt (Abb. 48). Pfarrer Georg Hartmann vergleicht dieses Bild mit profanen Wimmelbildern, die verschiedene Figuren, Handlungen und Gegenstände auf einem Bild zeigen. Bekannt ist das Wimmelbild von Peter Breugel „Der Kampf zwischen Karneval und Fasten".

Zu den Arma Christi gab es sogar erbauliche *Meditationsschriften* und *Predigtwerke.* So verfasste der Redemptorist Johann Emanuel Veith (1787–1876), von 1831–1845 Domprediger am Wiener Stephans-Dom, das Werk „Die Leidenswerkzeuge Christi" (Abb. 49), in dem er 18 Arma Christi betrachtet.[16]

Abb. 48:
Das Passionsbild (Größe 130×80 cm) eines unbekannten Malers mit Leidenswerkzeugen. Ungewöhnlich sind die Darstellung der im Vordergrund am Boden aufgereihten Silberlinge und der beiden zum Kuss sich zuneigenden Männer sowie der weisende Zeigefinger des Gekreuzigten.

[16] Johann Emanuel Veith, Die Leidenswerkzeuge Christi, Wien 1827, hier 3. Aufl. 1833 (Buch im Besitz des Autors).

Die
Leidenswerkzeuge Christi.
Von
Joh. Emanuel Veith,
Domprediger an der Metropolitankirche zu St. Stephan.

Dritte Auflage.

12•Hom

INRI

IHS

Wien, in Carl Armbruster's Verlage.

1833.

Abb. 49:
Titelseite der Schrift „Die Leidenswerkzeuge Christi"; Erstauflage 1827, hier 3. Aufl. 1833 (Buch im Besitz des Autors).

Die Leidenswerkzeuge fanden auch an *Rosenkränzen* Aufnahme. Diese Symbole waren vielfach aus Knochen hergestellt. Im Heimatmuseum Eibelstadt ist einer dieser Rosenkränze mit Motiven der Arma-Christi-Kreuze aufgehoben (Abb. 50, 51a–d). Zusätzlich enthält der Rosenkranz einen *Totenkopf* (Abb. 51a), der auf Kreuzigungsbildern oft am Fuß des Kreuzes liegt und auf den Ort der Kreuzigung Golgotha (= Schädelstätte) weist. Der Name „Ort des Schädels" bzw. „Schädelstätte" wird auf verschiedenen Ursprung zurückgeführt. Origines vermutet, dass hier der Schädel Adams beerdigt liege. Hieronymus wiederum wähnt, dass hier Schädel von Hingerichteten begraben seien. Meist leitet man jedoch den Namen „Schädelstätte" von der Form des Hügels ab. Die Schädelstätte ist ein bis heute nicht sicher identifizierbarer Hügel außerhalb von, aber nahe bei Jerusalem. Möglicherweise lag dieser Hügel in der Nähe eines Hauptweges nach und aus Jerusalem. War hier eine offizielle Hinrichtungsstätte als Warnung an Übeltäter?

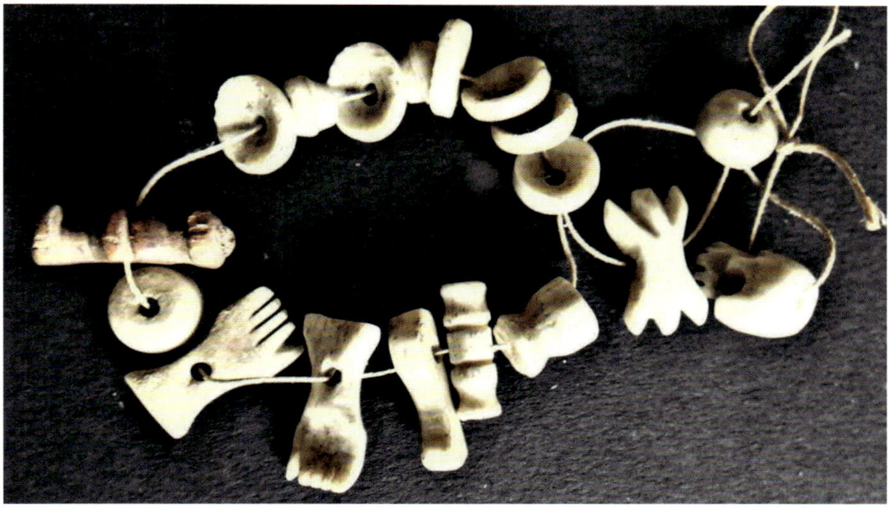

Abb. 50: *Rosenkranz aus Perlen, die Leidenswerkzeuge darstellen (Heimatmuseum Eibelstadt).*

Abb. 51 a–b: *Links: Totenschädel, rechts: Becher (Detailansicht aus Abb. 50).*

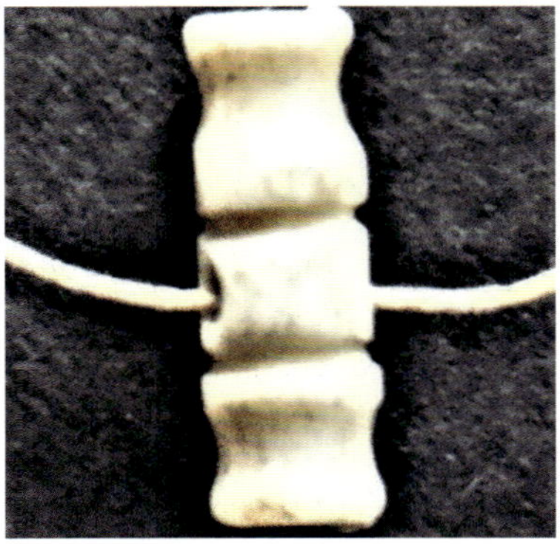

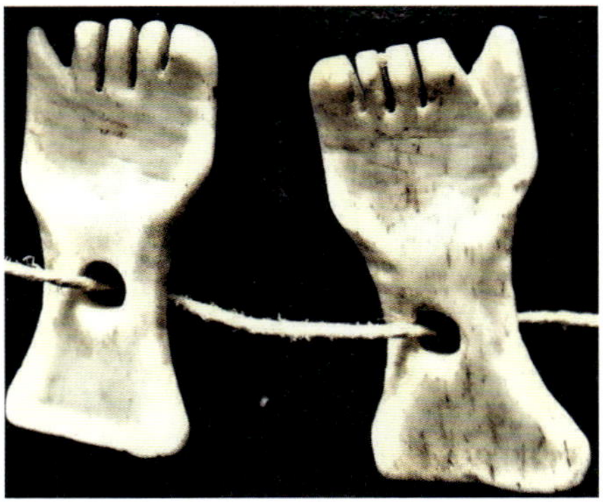

Abb. 51 c–d: *Links: Geißelsäule, rechts: durchbohrte Handgelenke (Detailansicht aus Abb. 50).*

3. Leidenswerkzeuge im Kopf eines Hechtes

Nach altem Glauben enthält sogar der *Kopf eines Hechtes* die Leidenswerkzeuge Jesu (Abb. 52 und 53). Der Eibelstadter Fischer Michael Henneberger zeigte sie seiner Familie, wenn es Hecht zum Essen gab. Interessant ist, dass der Kopf nur drei „Nägel" enthält, die Anzahl, die von der hl. Helena anno 325 der Legende nach gefunden wurde. Aus dem Gebiss des Raubfisches bog er die Dornenkrone. Und wer sich Mühe macht und zu erkennen versteht, findet im Schädel eines Hechts auch Kelch, Kreuz, Hammer, Lanzenspitze, ja sogar Geißelsäule, Schwamm, Zange und Würfel.[17]

Wie es zu den Leidenswerkzeugen im Kopf eines Hechtes kam, weiß eine Legende zu erzählen: Als der Herr auf seinem Weg zur Kreuzigungsstätte Golgotha das schwere Kreuz selbst tragen musste, versteckten sich alle Tiere, um die Qualen des Herrn nicht ansehen zu müssen. Nur der Hecht schoss im Bach, den der Herr eine kurze Strecke entlanggehen musste, raub- und neugierig hin und her. Da schaute der Herr auf den ruhelosen Hecht. Der milde Blick des geschundenen Herrn traf den Hecht so sehr, dass er voller Scham und Reue in den Grund des Baches fuhr. Seitdem trägt der Hecht alle die Werkzeuge, die in den Leidenstagen des Heilands Verwendung fanden, im Kopf. Das Kreuz aus dem Hechtkopf nähten früher die Fischer in ihre Kleidung; dieses Kreuz soll vor Unheil auf und im Wasser schützen.

Abb. 52: *Kopf eines Hechtes.*

[17] Erstmals wies auf dieses Phänomen hin: Hans Henneberger, Nikolaus Henneberger – Fährmann, Sandschöpfer, Fischer und sein Leben mit dem Main, in: Wan khörd d'Mäi? Uns khörd d'Mäi, Eibelstadt 1998, S. 110f. – Nikolaus Henneberger ist der Großvater und Michael Henneberger der Vater des Autors Hans Henneberger.

Abb. 53: *„Leidenswerkzeuge" aus dem Kopf eines Hechtes; die hier abgebildete Auswahl löste Hildegard Henneberger, die Gattin des Fischers Hans Henneberger (beide mittlerweile verstorben), aus einem im Sud zubereiteten Hechtkopf, da aus einem „blau" zubereiteten Hecht der Kopf leichter zerlegbar ist.*

Bei allen, die mit Rat und Tat diese Publikation angeregt und begleitet haben, bedanke ich mich vielmals, insbesondere bei Prof. Dr. Wolfgang Weiß.

Bilder stellten dankenswerterweise zur Verfügung:
Museum für Franken (Nr. 40),
Abteilung Kunst der Diözese Würzburg (Nr. 42),
Heimatvereins Eibelstadt e.V., Fotoarchiv (Nr. 1, 28, 32),
Diözesanarchiv Würzburg (Nr. 13, 41, 43, 44, 45, 47).
Die hier nicht aufgeführten Bilder fertigte der Autor.

Ein Arma-Christi-Reliquienkreuz

Harald Knobling

Der Beitrag „Passionskreuze und deren Symbolik“ von Franz Schicklberger in diesem Band war Anlass, das kleine Reliquienkreuz, das sich seit Generationen in Familienbesitz befindet, einer genaueren Betrachtung zu unterziehen. Es ist ein Arma-Christi-Kreuz und stammt aus dem Elternhaus der Mutter des Autors, einem Bauernhaus im Grabfeld, einem von Glauben und katholischer Tradition stark geprägten Haus: die große Madonna an der Straßenfassade, ein Zimmerkreuz in jedem Raum, Heiligenbilder als Öldrucke an den Wänden und das Abendmahl Leonardo da Vincis als Stahlstich auf einer repräsentativen Nussbaumkommode in der guten Stube, sichtbare Zeugnisse des Glaubens.

Bei der zu betrachtenden Devotionalie handelt es sich um ein kleines Holzkreuz, mit dem Gekreuzigten und Maria als Mater Dolorosa am Fuße der Vorderseite des Kreuzes (Abb. 1 und 2). Figuren und Kreuz wurden aus einem Stück Nussbaumholz geschnitzt, wobei die Figuren stark erhaben als Hoch- bzw. Vollrelief aus dem Grund hervortreten. Der Kreuzesstamm verjüngt sich geringfügig nach unten. Die Stirnseiten der Kreuzbalken sind mit Bein eingefasst. Dies nobilitiert die Devotionalie. Die Aufhängeöse am oberen Ende des Längsbalkens besteht ebenfalls aus Bein.

Abb. 1, 2, 3: *Seiten-, Frontal- und Rückansicht des Arma-Christi-Reliquienkreuzes mit Gekreuzigtem und Maria als Mater Dolorosa (Fotos: Harald Knobling).*

Wendet man das Kreuz, so stellt man fest, dass die Rückseite mit Schiebedeckeln versehen ist, die Motive der Arma Christi zeigen (Abb. 3). Diese Deckel verschließen das Reliquienrepositorium, einen Hohlraum, der in die Längs- und Querbalken des Kreuzes eingetieft ist. Er birgt sieben Reliquien. Das Kreuz hat die Maße 22 × 9 cm. In Größe, Material und Machart gehört es zu einem festen Typus der Passions-Reliquienkreuze, die zahlreich entstanden und einer bestimmten Provenienz zuzuordnen sind.

1. Frontseite – Schauseite

Das lateinische Kreuz wirkt, bedingt durch seine Funktion als Reliquienkreuz, relativ mächtig im Verhältnis zu den beiden Figuren Christus und Maria. Im Bereich des Gekreuzigten weisen die Balken ein leicht vertieftes Feld auf, das jeweils in einer Passform endet. Die Oberfläche des Feldes besitzt eine Textur, die wie gepunzt wirkt. Kleine, linear angeordnete punktartige Vertiefungen bilden eine Zierlinie auf der Randleiste. So entsteht der Eindruck, dass man sich hier an Bearbeitungsmethoden von Metall orientierte, die der Holzschnitzerei weitgehend fremd sind.

Der Gekreuzigte ist als Dreinageltypus wiedergegeben, die Kreuznägel sind jedoch nicht ausgebildet. Der Korpus ist sehr fein ausgearbeitet, zeigt aber dennoch einen gewissen Schematismus bezüglich seiner anatomischen Erfassung. Das ausdrucksstarke, filigran geschnitzte dornengekrönte Haupt ist seitlich auf die Brust gesunken und in Richtung Mariens geneigt, die Seitenwunde weit geöffnet. Der Körper Christi mit dem rhythmisch, fast kristallin gefalteten Lendentuch entwächst dem Kreuzesstamm, nur die angewinkelten Beine sind durchbrochen und lösen sich vom Grund. Hinter dem Haupt wird ein asymmetrisch geformter Strahlennimbus im Flachrelief sichtbar, darüber, ebenfalls nur flach ausgearbeitet, der Titulus Crucis.

Maria steht am Fuße des Kreuzes leicht erhöht auf einer Konsole. Sie ist in einen Mantel gehüllt, der sich in einem opulenten Faltenwurf dynamisch über ihren Körper legt. In barocker Manier aufbauschend tiefer Falten wird der Betrachter gleichsam in die Gebärde ihres Schmerzes hineingenommen. Unter dem Gewand ist der Kontrapost angedeutet, der durch die bewegte Haltung Mariens an eine raumgreifende Figura Serpentinata denken lässt. Durch die materiale Verschmelzung mit dem Kreuzesbalken ist sie aber eher eine Gewändefigur, die solcher Betrachtung entgegensteht. Mit der Hand berührt Maria ihr Herz, in das ein Schwert gedrungen ist. Ikonographisch ist es das Schwert des Schmerzes, die bildhafte Übertragung der Worte des Sehers Simeon an Maria bei der Darstellung Jesus im Tempel: „Dir selbst aber wird ein Schwert durch die Seele dringen“ (Lukas 2,35).[1] Im Zusammenhang mit der Darstellung der Kreuzigung und der Arma Christi kann der fromme Betrachter sie bei der Kontemplation in das Passionsgeschehen als Identifikationsfigur wahrnehmen.

---

[1] Die Darstellung der Mater Dolorosa zeigt Maria auch oft mit sieben einzelnen Schwertern in der Brust. Sie stehen differenziert für die sieben Schmerzen Mariens, in die sich der fromme Betrachter versenken kann; vgl. den Beitrag von Franz Schicklberger in diesem Band, Abb. 25.

2. Rückseite

Auf der Rückseite des Kreuzes sind Arma Christi als flache Reliefs dargestellt. Die Motive befinden sich auf dem Längs- und Querdeckel. Auch die Rückseite des Reliquienkreuzes weist die linear angeordneten punktartigen Ziervertiefungen in der Randleiste auf, und auch der Reliefgrund der Arma zeigt dieselbe Oberflächenbearbeitung wie das vertiefte Feld hinter dem Gekreuzigten. Im Gegensatz zu den stark erhabenen Figuren der Vorderseite sind die Motive der Arma Christi ohne plastische Werte, fast holzschnittartig wiedergegeben. Die Motive, es sind dreizehn, folgen keinem festgelegten Kompositionsprogramm. Sie orientieren sich in Größe und Format an den zur Verfügung stehenden schmalen Flächen. Das bedeutet auch, dass die Größe der Darstellungen unabhängig von ihrer realen Größe ist. So werden es Zeichen, also Abbreviaturen[2] der Leidensstationen im Hinblick auf ihre Funktion und Bedeutung.

Auf dem senkrechten Schiebedeckel sind von unten nach oben eine zur Faust geballte Hand, das Spottgewand, die Würfel, Kreuz und Leiter, drei Kreuzesnägel, die Lanze überkreuz mit dem auf einem Stab befestigten Ysopschwamm und darüber der Hahn Petri auf einer Kugelform angeordnet. Über dem Hahn erklärt schließlich der Titulus nochmals den Zusammenhang mit der Kreuzigung. Auf dem Querbalken rechts folgen Geißel und Zange und auf der linken Seite Läupbesen und Hammer. Die Anordnung und die Auswahl[3] der einzelnen Motive sowie deren Gestaltung stimmen bis auf kleine Abweichungen mit den zahlreichen Waffen-Christi-Darstellungen auf Passions-Reliquienkreuzen dieses Typus überein. Anders als bei den vielen, weit verbreiteten Passionsdarstellungen wie Arma-Christi-Kreuzen, Schmerzensmann, Geißelung oder Pietà, sind bei diesem Typus die Leidenswerkzeuge nicht attributiv erklärend angefügt. Vielmehr erzählen sie autonom in einzelnen Stationen die ganze Leidensgeschichte. Es geht um die Betonung der Summe des Leids durch die einzelnen Motive. Die Auswahl dieser Gegenstände, d.h. der Zeichen[4], die der Betrachter sieht und memoriert, setzen Gewichtungen innerhalb der Leidensgeschichte. Darüber hinaus besaßen die Waffen die „Kraft eines vollgültigen Symbols“[5] für die Hauptinhalte des christlichen Glaubens. Abgesehen von diesem Aspekt ist es bemerkenswert, dass hinsichtlich der Funktion des Kreuzes als Reliquienrepositorium die verwahrten Heiligenreliquien in einen direkten inhaltlichen und formalen Zusammenhang mit der bildlichen Darstellung der

---

2 Andrea Zimmermann, Jesus Christus als „Schmerzensmann“ in hoch- und spätmittelalterlichen Darstellungen der bildenden Kunst, Diss. Halle 1997, S. 501.

3 Der Umfang der Darstellung der biblischen und nicht-biblischen „Leidenswerkzeuge“ umfasst insgesamt etwa 60 Motive, die im Laufe der Frömmigkeitsgeschichte entstanden sind.

4 Zur Frage der Zeichen und Symbole in der mittelalterlichen Arma-Bedeutung vgl. Robert Suckale, Arma Christi, in: ders., Stil und Funktion. Ausgewählte Schriften zur Kunst des Mittelalters, hg. von Peter Schmidt / Gregor Wedekind, Berlin 2003, S. 15–58, bes. S. 31–33. Inwieweit sich die Begrifflichkeit und die Bedeutung in der Entwicklung der Motive in der Neuzeit, d.h. bis ins 19. Jahrhundert, ihre Relevanz behalten haben, ist nicht abschließend beantwortet.

5 Vgl. Rudolf Berlinger, Arma Christi, in: Münchner Jahrbuch der bildenden Kunst, 3. Folge Bd. VI (1955), S. 35–152, hier S. 103.

Passionsreliquien Christi[6] bzw. der Herrenreliquien gestellt werden, ausgenommen das Motiv des Hahns und der geballten Faust.

3. Die Reliquien

Öffnet man den Deckel auf der Rückseite des Kreuzes, so fällt das Auge auf sieben in Reihe angeordnete Heiligenreliquien. Es sind kleine Päckchen, in einen gelben Seidenstoff gewickelt, die wiederum auf einem karierten Seidenstoffstreifen befestigt sind. Ornamental gedrehte Messingfäden rahmen die Reliquien. Dazwischen befinden sich Zierröschen aus Draht und filigrane Halterungen, die die Beschriftungszettel, die Cedulae, der Reliquien fixieren. Eingefasst sind diese mit einem gezackten grünen Papierbändchen (Abb. 4 und 5). Solche filigranen Zierausstattungen für die Reliquienbetten waren meist Klosterarbeiten.

Abb. 4: *Geöffnete Rückseite mit Reliquien (Foto: Harald Knobling).*

[6] Vgl. ebd., S. 37f. Er kommentiert kurz die Geschichte der Passionsreliquien und ihrer Auffindungsgeschichten im Verlaufe der Jahrhunderte sowie ihre Funktion als Meditationsgegenstand.

Die Heiligennamen, mit der Feder geschrieben, sind noch gut lesbar. Vor jedem Namen steht ein „S:“ für Sanctus oder Sancta, nach dem Namen jeweils ein „M.“ für Martyris, manche Namen der Heiligen sind abgekürzt. Im Querbalken die Märtyrernamen: „S: Honesti. M., und S: Fidelis. M.“, im Längsbalken: „S: Lori. M., S: Columbi. M., S: Justi. M., S: Firmi. M. und S: Celsi. M.“. Es handelt sich wohl um sogenannte Berührungsreliquien.[7]

Diese Heiligen sind ausnahmslos frühchristliche Blutzeugen aus der Zeit vor der Regentschaft Kaiser Konstantins, vornehmlich Katakombenheilige, die als Repräsentanten für den überwundenen Tod stehen, die gleichsam die Imitatio Passionis erfahren haben und auf das ewige Leben im Himmel verweisen. Die Wiederentdeckung der römischen Grabanlagen in der Zeit des Barock hatte großen Einfluss auf den Märtyrerkult und die Frömmigkeitsgeschichte, besonders im süddeutschen[8], österreichischen und schweizerischen Kulturraum.

Abb. 5: *Detailaufnahme der geöffneten Rückseite (Foto: Harald Knobling).*

---

[7] Im Gegensatz zu primären Reliquien bedeuten Berührungsreliquien Gegenstände, die von Heiligen der Legende nach selbst berührt wurden, aber auch Gegenstände, die man mit Reliquien von Heiligen in Berührung gebracht hat.

[8] Vgl. Werner Schiedermair, Die Waldsassener Heiligen Leiber, in: Kirchenstiftung Waldsassen (Hg.), Stiftsbasilika Waldsassen. Raumgestaltung – Bewahrung – Instandsetzung, Regensburg 2017, S. 69–79.

4. Provinienz – Zeitliche Einordnung

Das Reliquien-Passionskreuz mit den Arma Christi ist in Süddeutschland zu verorten. Berlinger verweist im Rahmen der Entstehung der Arma-Christi-Wegekreuze im späten 18. Jahrhundert im Zusammenhang mit Stationskreuzen auf die weite Verbreitung häuslicher Devotionalien in Gestalt von Arma-Christi-Kreuzen, die aus Oberammergau stammen.[9] Dieser dort entstandene Typus wurde als Sterbekreuz entwickelt, das man den Sterbenden zum Trost in die Hände gegeben hat.[10]

Recherchiert man obigen Typus im Internet, so entdeckt man eine große Zahl an vergleichbaren Reliquien-Passionskreuzen, deren Herkunft Oberammergau ist und die zum Verkauf angeboten werden. Im späten 18. und im 19. Jahrhundert hat es eine enorme Produktion solcher Kreuze gegeben, die in ganz unterschiedlichen schnitzhandwerklichen Qualitäten geschaffen wurden, vom bäuerlichen Schnitzwerk bis zum ästhetisch und stilistisch anspruchsvollen künstlerischen Werk; obiges Kreuz zählt wohl zu letzteren. Geschaffen wurden solche Kreuze meist in hoher Stückzahl von Bildschnitzern in Heimarbeit.

Dieser Devotionalientypus war nie polychrom gefasst. Die holzsichtigen Kreuze waren aus Buchs, Obstholz oder aus dem weicheren Lindenholz, das dunkel gebeizt wurde. Für die Vorderseite solcher Kreuze gab es auch Motiverweiterungen, wie beispielsweise die Darstellung der Trinität mit Gott Vater und der Heiliggeisttaube.[11] Die Mater Dolorosa am Fuße des Kreuzes konnte entsprechend der sieben Schmerzen Mariens mit sieben Schwertern anstatt mit einem Schwert dargestellt sein. Auf der Rückseite konnte die Auswahl der Arma variieren oder auch ganz fehlen, die Anzahl und die Auswahl der Reliquien war ebenfalls unterschiedlich.

Zeitlich sind diese Devotionalien in der Regel nicht exakt zu datieren, denn der Typus und die Darstellungsweise waren über mehr als ein Jahrhundert hinweg gültig und wurden bis zum Ende des 19. Jahrhunderts unverändert so geschaffen. Das vorliegende Kreuz ist als eine neobarocke Arbeit anzusehen.

Solche Kreuze dienten der häuslichen Andacht und waren ein Zeichen der Volksfrömmigkeit, die bis ins 20. Jahrhundert das Leben vieler Menschen prägte. Sie waren Gegenstand privater Religiosität und Glaubensausübung. Heute hat sich dies weitgehend verändert, die Menschen haben kaum noch eine Beziehung zu Devotionalien. So werden diese zunehmend im Antiquitätenhandel und auf Internetportalen[12] angeboten. Traditionen gehen verloren, und so bleiben die Passionsreliquienkreuze meist nur Gegenstand frömmigkeitsgeschichtlicher, volkskundlicher oder kunsthistorischer Betrachtung.

---

[9] Berlinger, Arma Christi (wie Anm. 5), S. 92.

[10] Wolfgang Brückner, Die Sprache christlicher Bilder (Kulturgeschichtliche Spaziergänge im Germanischen Nationalmuseum 12), Nürnberg 2010, S. 41.

[11] Vgl. ebd., S. 42, Abb. 25. Vgl. auch Beispiel: https://www.br.de/mediathek/video/reliquienkreuz-die-inneren-werte-zaehlen-av:6065d475729f9e001afa2926 (letzter Zugriff: 15.07.2021).

[12] Vgl. https://www.zeller.de/de/katalog/auktion-126-september-2015/suche-im-auktionskatalog-nr-126-september-2015/kategorie/devotionalien-und-volkskunst/ Auktionshaus Michael Zeller, Katalognr. 126, Sept. 2015 Lindau am Bodensee, Beispiele: Katalognummern 1614 bis 1632.

Ein früher Bericht über reformatorische Ereignisse in Königsberg (Franken) von 1527

Norbert Kandler

1. Vorbemerkung

Manchmal fördern Bearbeitungen von Archivbeständen ungeahnte Schriftstücke oder auch Irrläufer zutage, die dunkle Flecken der Geschichte ein wenig mehr erhellen. Das Diözesanarchiv Würzburg verwahrt an die 2500 Testamente und Verlassenschaftsakten von Klerikern aus dem 15. bis ins 19. Jahrhundert, welche die Zerstörung Würzburgs überstanden haben und die bisher nur wenig Beachtung fanden. Der Bestand wurde – für eine bessere Nutzung – seit 2011 geordnet und verzeichnet.[1] Bei der Bereinigung gab es so manche Überraschung, und von einem solchen Zufallsfund berichtet der nachfolgende Beitrag.

Unter der Nr. 1222 liegt das Testament des Geistlichen Georg Lichtenstein von 1527, gewesener Pfarrer von Mechenried. Das Testament des bisher unbekannten Pfarrers enthielt ein Kurzschreiben, dessen Inhalt mit dem Testament zunächst nichts zu tun zu haben schien. Das Schriftstück ist auf das Jahr 1527 datiert, trägt jedoch keine Unterschrift. Auf der Rückseite ist es aber eindeutig an den Fiskal der Diözese adressiert (vgl. Edition Kap. 9).

Der Fiskal betreute die Registratur und das Archiv der Diözesanleitung, führte die Jahresrechnungen, verwaltete eingegangene Zahlungen aus den Pfarreien und Landkapiteln (Dekanaten) und verfügte auch über das Siegel des Generalvikars. Man könnte ihn auch als Finanzbeamten bezeichnen.[2] Als Fiskal des Bistums Würzburg fungierte 1525/1528 Johann Geis.[3]

Da in der Anrede des Schriftstückes kein Name genannt wird, dürfte es sich wahrscheinlich an den Fiskal Johann Geis gerichtet haben. Beim Charakter des Berichtes handelt es sich mehr um eine Art Aufzählung von Pfründenstiftungen und deren Erträge als um einen Brief. Gleich in der ersten Zeile wird der

---

Folgende Abkürzung wird verwendet:
DAW = Diözesanarchiv Würzburg

1 Bearbeitung und Neuordnung nahmen Franz Grumbach, Pfarrer i. R., und der stellvertretende Leiter des Archivs Thomas Wehner M. A. vor.

2 Vgl. Erik Soder von Güldenstubbe, Die Entwicklung der kirchlichen Strukturen im Bistum Würzburg, in: Peter Kolb / Ernst-Günter Krenig (Hg.), Unterfränkische Geschichte, Bd. 2: Vom hohen Mittelalter bis zum Beginn des konfessionellen Zeitalters, Würzburg 1992, S. 229f.

3 DAW, Nachlass Franz J. Bendel, Karteikasten IV, Fiskale: Geis / Geys; vgl. Norbert Kandler, Pfarreien und Klerus im Landkapitel Ebern anhand der frühesten Protokolle und Berichte, in: Würzburger Diözesangeschichtsblätter 55 (1993), S. 179–247, bes S. 192.

Ort „Kungsberg" genannt, um den es geht. Es kann sich hier nur um die Stadt Königsberg in Franken (seit 1920 Bayern) handeln, wie nachfolgende Ausführungen bestätigen werden. Um den Bericht und Inhalt überhaupt verstehen und einordnen zu können, sollen zunächst kurz territoriale und kirchliche Verhältnisse von Königsberg für den Zeitraum der Abfassung erörtert werden.

2. Territoriale Einordnung von Königsberg i. Fr.

Königsberg in den Haßbergen, das im 12. Jahrhundert wohl im Besitz der Andechs-Meranier lag, wird im Jahre 1234 als Reichsburg erstmals erwähnt. 1249 kam es an die Grafen von Henneberg. 1353 hatten die Wettiner bereits in Franken Fuß gefasst und 1358 erhält Königsberg Stadtrecht und Gerichtsbarkeit. 1394 gelangt es für kurze Zeit an das Hochstift Würzburg; dieses verkaufte das Amt Königsberg aber im Jahre 1400 an die Markgrafen von Meißen. Ab jetzt galt Königsberg als der am weitesten gegen den Main vorgeschobene Außenposten der Herrschaft der Grafen von Thüringen und Sachsen und blieb somit eine abgeschnittene Exklave der sächsisch-thüringischen Pflege Coburgs, umgeben von Besitzungen des Hochstifts Würzburg.[4]

Neuer Landesherr in Coburg und Königsberg wurde nun Kurfürst Ernst von Sachsen, sein Nachfolger 1486 dessen Sohn Kurfürst Friedrich III. (der Weise), der später, 1528, auf seinem Territorium die Reformen Luthers durchführen ließ.[5]

3. Kirchliche Zuordnung von Königsberg

Es wird angenommen, dass Rügheim – ein Nachbarort – zu den frühen kirchlichen Zentren in den Haßbergen gezählt werden kann. Eine Pfarrkirche ist dort am 11. Januar 1317 nachgewiesen.[6] Ursprünglich umfasste das Pfarrgebiet die Orte Goßmannsdorf, Burgpreppach, Vorberg, Unfinden, Königsberg,

---

[4] Alfred Wendehorst (Bearb.), Das Bistum Würzburg, Teil 2: Die Bischofsreihe von 1254 bis 1455 (Germania Sacra, Neue Folge 4: Die Bistümer der Kirchenprovinz Mainz), Berlin 1969, S. 112; Alexander Tittmann, Haßfurt. Der ehemalige Landkreis (Historischer Atlas von Bayern, Teil Franken, Reihe I Heft 33), München 2002, S. 204f.; Johannes Mack, Königsberg i. B., in: Hans-Michael Körner / Alois Schmid (Hg.), Handbuch der Historischen Stätten. Bayern II, Franken, Stuttgart 2006, S. 275f.; vgl. generell zu Amt und Stadt Königsberg: Johann Werner Krauß, Antiquitates et Memorabilia Historiae Franconicae, Hildburghausen 1755. Im DAW wird seit 1990 bei den Verwaltungshandschriften eine dicke, gebundene Akte mit Schriftstücken und Aufzeichnungen des 17. und 18. Jahrhunderts und dem Titel: „Chronik von Stadt und Amt Königsberg" aufbewahrt. Auf S. 7 (alte Zählung) steht: „Allerhand geistliche und weltliche Antiquitäten der Stadt Königsberg, gesammelt von M. Johann Werner Kraus." Somit dürfte es sich um die Sammlung und Vorfassung des vorgenannten Druckwerkes handeln, die dem Inhalt der Handschrift folgt. Die Handschrift kam 1990 an das DAW und wird seither unter Hs 5/27 geführt und in nachfolgenden Ausführungen auch so zitiert.

[5] Tittmann, Haßfurt (wie Anm. 4), S. 205.

[6] Alfred Wendehorst, Der Archidiakonat Münnerstadt am Ende des Mittelalters, in: Würzburger Diözesangeschichtsblätter 23 (1961), S. 5–50, bes. S. 40.

Prappach, Holzhausen, Mechenried und Hellingen.[7] In einer Schenkungsurkunde vom 9. April 1369 übergibt ein Königsberger Frühmesser namens Johannes dem Prior und Konvent für das Augustinerkloster in der „pfarre Künigsberg im Bistum Würzburg“ eine Anzahl genannter Güter. Hier wird Königsberg eindeutig als Pfarrei betitelt.[8] Im Jahre 1396 erhielt Johann von Miltz – wohl als Oberpfarrer – eine päpstliche Provision auf die Pfarrkirche in „Rughen alias Kungsperg“[9], woraus man schließen könnte, dass beide Orte wie ein Pfarrort behandelt wurden. Schließlich verlagerte sich der Schwerpunkt des Pfarrsprengels immer mehr nach Königsberg, da die Stadt wohl immer bedeutender wurde.[10]

Als Simon von Malkoz und Johann Tylonis von Kreuznach 1405 auf ihre Pfarrpfründen Rügheim und Königsberg verzichten, übernimmt Otto Wolf von Sponheim, inzwischen Würzburger Domherr, die Pfarrstellen und erhält 1411 noch einmal die Erlaubnis, die Pfarrei „Kunigsperg alias Rughem“ auf drei Jahre behalten zu dürfen.[11] Bei allen weiteren Ernennungen eines Pfarrers im 15. Jahrhundert werden in der Regel beide Pfarrorte zusammen genannt.[12] „Rughem alias Konigßberg“ werden so 1464 auch in der Würzburger Diözesanmatrikel im Landkapitel Münnerstadt aufgezählt.[13]

Da bei einer Sendreise durch den Archidiakonat Münnerstadt um 1520 der Offizial der Diözese nicht nur in Rügheim, sondern auch in Königsberg übernachtete, könnte man deuten, dass Rügheim und Königsberg inzwischen wieder als selbstständige Pfarreien angesehen wurden.[14] Jedoch ab etwa 1450 gilt Königsberg wohl als Schwerpunktpfarrei und Rügheim wird von Königsberg aus mit Plebanen oder Pfarrvikaren besetzt.[15]

4. Kirchliches Leben und reformatorische Vorkommen in Königsberg und Rügheim

Zum besseren Verständnis des in Kap. 9 edierten Berichtes ist es notwendig, vorreformatorische und reformatorische Vorkommnisse und Tendenzen in Königsberg aufzuzeigen.[16] 1475 erhält ein „Sohn“ der Stadt, Johannes Müller,

---

7 Helmut Holzapfel, Die Priesterbruderschaft an der Baunach (Bayerisch-Fränkische Bruderschaftsbücher des Mittelalters 2), Nürnberg 1953, S. 68.

8 Adolar Zumkeller, Urkunden und Regesten zur Geschichte der Augustinerklöster in Würzburg und Münnerstadt (Quellen und Forschungen zur Geschichte des Bistums und Hochstifts Würzburg 18), Würzburg 1967, Nr. 940f.; vgl. Michael Wieland, Das Augustinerkloster und die adelige Schwesternschaft der Agelblume zu Königsberg i. Fr., Würzburg 1895, S. 7.

9 Wilhelm Engel, Vatikanische Quellen zur Geschichte des Bistums Würzburg (Quellen und Forschungen zur Geschichte des Bistums und Hochstifts Würzburg 1), Würzburg 1948, Nr. 48.

10 Holzapfel, Priesterbruderschaft (wie Anm. 7), S. 68.

11 Engel, Vatikanische Quellen (wie Anm. 9), Nr. 348, 515 u. 668.

12 Vgl. Holzapfel, Priesterbruderschaft (wie Anm. 7), S. 69.

13 Franz J. Bendel, Die Würzburger Diözesanmatrikel aus der Mitte des 15. Jahrhunderts, in: Würzburger Diözesangeschichtsblätter 2, Heft 2 (1934), Nr. 61/62.

14 Vgl. Franz J. Bendel, Quellenbeiträge zum mittelalterlichen Send im Bistum Würzburg, in: Würzburger Diözesangeschichtsblätter 6 (1938), S. 1–20, bes. S. 10f.

15 Nach Staatsarchiv Würzburg, Miscell 1157, fol. 8v war Collator der Rügheimer Pfarrkirche der Pfarrer von Königsberg.

16 Vgl. generell zu diesem Thema: Krauß, Antiquitates (wie Anm. 4) und nachfolgende Ausführungen.

eine Stiftsherrenstelle zu Neumünster in Würzburg. Es dürfte sich hier um den bekannten Mathematiker Regiomontanus handeln, der mit dieser Pfründe wohl unterstützt werden sollte und der 1476 in Rom gestorben ist.[17] Noch schien nach außen hin die „katholische Infrastruktur" in der Stadt und Umgebung in Ordnung gewesen zu sein.

In der Stadt gab es bereits seit dem Spätmittelalter ein Männerkloster. Durch die Stiftung der ritterschaftlichen Witwe Kunigunde von Sternberg konnte 1363 durch Papst Urban V. ein Kloster für zwölf Augustinereremiten bestätigt werden. Das Gelände des Klosters lag in der Vorstadt in Richtung Unfinden in der Nähe der St. Burkarduskirche am Friedhof, an der Stelle, wo nach dem Abriss der Klosteranlagen im 17. und 18. Jahrhundert der frühere Superintendentengarten angelegt wurde und wo sich heute der sogenannte Klostergarten befindet.[18]

Im 14. und vor allem im 15. Jahrhundert wurde das Kloster immer wieder reichlich mit Stiftungen sowie Grund und Boden ausgestattet. Einkünfte und Abgaben erhielt es aus vielen Orten der ganzen Umgebung. Die Kirche, die der Jungfrau Maria geweiht war, dürfte wohl im Juni 1391 konsekriert worden sein. Sie wurde im Laufe der Jahre mit einer großen Anzahl an Frühmessen und Jahrtagen ausgestattet. Die Klostergemeinschaft selbst gehörte zur thüringisch-sächsischen Ordensprovinz.[19] Wohl unter dem Einfluss des Männerordens hatte sich 1381 auch eine Schwesterngemeinschaft von 31 adeligen Frauen gebildet. Sie gehörte zum dritten augustinischen Orden und die Gemeinschaft nannte sich wohl nach den am Hang vor den Gebäuden wachsenden Akeleiblumen „Schwesternschaft der Agelblume". Eine solche vergoldete Akeleiblume hatte jede der Schwestern als Zeichen auch am Ordensgewand zu tragen. Die Gemeinschaft wurde allerdings vom Würzburger Bischof erst im Jahre 1450 bestätigt. Auch diese Ordensgemeinschaft bedachten Ritterschaft und Adelige immer wieder mit Stiftungen. Die Schwestern hatten neben vielen karitativen Aufgaben vor allem auch die Fürsorge für die Seelenruhe der Verstorbenen. Außerdem taten sie sich durch viele Wohltaten hervor. Unter anderem besaßen die Schwestern in der Kirchgasse ein eigenes Haus.[20]

In der Stadt selbst und in Rügheim gab es eine Reihe an Bruderschaften, Vereinigungen, in denen sich Kleriker und fromme Bürger kirchlich und karitativ betätigen und verwirklichen konnten.[21] An der Pfarrkirche existierte seit

---

[17] Engel, Vatikanische Quellen (wie Anm. 9), Nr. 1474; Alfred Wendehorst (Bearb.), Das Bistum Würzburg, Teil 4: Das Stift Neumünster in Würzburg (Germania Sacra, Neue Folge 26: Die Bistümer der Kirchenprovinz Mainz), Berlin/New York 1989, S. 539.

[18] Zumkeller, Augustinerklöster (wie Anm. 8), Nr. 425, 858 u. 940f.; Wieland, Augustinerkloster (wie Anm. 8), S. 5–7; Rudolf Mett, Eine feste Burg ist unser Gott. Aus der Königsberger Reformationsgeschichte, Hofheim/Ufr. 1983, S. 12f.; Meinrad Sehi, Die Bettelorden in der Seelsorgsgeschichte der Stadt und des Bistums Würzburg (Forschungen zur fränkischen Kirchen- und Theologiegeschichte 8), Würzburg 1981, S. 331–333; Krauß, Antiquitates (wie Anm. 4), S. 104–123; Tittmann, Haßfurt (wie Anm. 4), S. 207f.

[19] Wieland, Augustinerkloster (wie Anm. 8), S. 7–15 u. 31–46.

[20] Ebd., S. 13 u. 21–30; Mett, Eine feste Burg (wie Anm. 18), S. 13.

[21] Vgl. generell zum Bruderschaftswesen: Ludwig Remling, Bruderschaften in Franken. Kirchen- und sozialgeschichtliche Untersuchungen zum spätmittelalterlichen Bruderschaftswesen (Quellen und Forschungen zur Geschichte des Bistums und Hochstifts Würzburg 35), Würzburg 1986, bes. S. 234f., 247f., 260–262, 284, 293 u. 339.

etwa 1495 eine St. Anna-Bruderschaft, die 1516 von Bischof Lorenz von Bibra bestätigt wurde.[22] Der hl. Anna zu Ehren hat man immer wieder kostbare Gaben gestiftet, wie 1514 ein silbernes Bildnis.[23] Seit mindestens 1500 ist eine Elendenbruderschaft nachgewiesen[24], die sich nicht zuletzt um Totenwachen und Bestattungen kümmerte. Ferner gab es eine Jakobus- und Sebastians-Bruderschaft und eine Engelmess-Bruderschaft. Die meisten waren mit Vikarien ausgestattet.[25]

In Rügheim und Königsberg waren im Laufe der Jahre eine stattliche Anzahl an Messstiftungen (Vikarien) fundiert worden, durch die und in denen sich die Gläubigen für sich und ihre Vorfahren oder in bestimmten Anliegen die Hilfe Gottes und seine Gnade erflehen konnten. In Rügheim hatte schon 1446 Eberhard von Schaumberg eine Frühmesse gestiftet. Auch die dortige Schlosskapelle war seit 1494 mit einer Frühmesse ausgestattet.[26] In der Kirche „Unserer Lieben Frau" (Maria) zu Königsberg, der heutigen Stadtpfarrkirche, deren Bau 1397 begonnen und die am 13. Juli 1432 konsekriert worden ist[27], wurden an den vorhandenen fünf Altären mehrere Frühmessen und Vikarien eingerichtet. Schon 1369 ist ein Priester Johannes als Frühmesser erwähnt.[28] 1453 hatte ein Königsberger Pfarrer, Johann von Melmeringhausen, eine Frühmesse zu Ehren von St. Katharina legiert. Als Vikare sind bekannt: Hans Knecht, Hans Heinlein 1411, Johann Föß 1423, Berthold Buhl 1423, Leonhard Gebhard 1436, Thomas Luchse 1437, Johann Kelner 1450–1468, Wolf Anting 1503, Michael Freysing 1508.[29] Eine Engelmesse oder auch Coporis-Christi-Vikarie war 1437 von Privatleuten gestiftet und am 9. April durch den Würzburger Bischof bestätigt worden. Der Stadtrat hatte hier das Besetzungsrecht. Als Inhaber dieser Vikarie sind bekannt: Johann Kellner 1450–1468, Nikolaus Pistor 1482, Nikolaus Hund 1508–1523.[30]

Johannes Kellner war Chorherr im Augustiner-Chorherrenstift zu Altenburg[31], in das auch der Königsberger Leonhard Zehender, der später noch eine Rolle spielen wird, eingetreten war. Dieser Johannes Kellner wird 1468 als

---

22 DAW, Nachlass Paul Schöffel, Regesten, Bde. 1–5, bes. Bd. 3, fol. 90v; vgl. Wendehorst, Münnerstadt (wie Anm. 6), S. 42.

23 DAW, Nachlass Paul Schöffel, Regesten, Bd. 1, fol. 29 u. Bd. 3, fol. 119v; vgl. zum Annakult: Remling, Bruderschaften in Franken (wie Anm. 21), S. 260–262.

24 Sebastian Zeißner, Die Priesterbruderschaften im Bistum Würzburg im Spätmittelalter, in: Würzburger Diözesangeschichtsblätter 4, Heft 2 (1936), S. 41–65, bes. S. 42.

25 Georg Berbig, Die erste kursächsische Visitation im Ortsland Franken, in: Archiv für Reformationsgeschichte 3 (1905/06), S. 336–402, bes. S. 355; Wendehorst, Münnerstadt (wie Anm. 6), S. 41f.

26 Ebd., S. 40f.; Holzapfel, Priesterbruderschaft (wie Anm. 7), S. 69f.; Berbig, Visitation (wie Anm. 25), S. 363; an Frühmessern werden dort genannt: 1448 Johann Ammerbach, 1450–1468 Johann Kelner, bis 1494 Andreas Gallus, von 1494–1528 Karl Hartel.

27 Wendehorst, Münnerstadt (wie Anm. 6), S. 41; Krauß, Antiquitates (wie Anm. 4), S. 74–81.

28 Zumkeller, Augustinerklöster (wie Anm. 8), Nr. 940f.; Wieland, Augustinerkloster (wie Anm. 8), S. 32, Regest 4.

29 Krauß, Antiquitates (wie Anm. 4), S. 170 u. 177; Holzapfel, Priesterbruderschaft (wie Anm. 7), S. 70; zur Katharinenvikarie vgl. Krauß, Antiquitates (wie Anm. 4), S. 78 u. 170; Wendehorst, Münnerstadt (wie Anm. 6), S. 41; DAW, Diözesanmatrikel 1618/19, fol. 66.

30 Krauß, Antiquitates (wie Anm. 4), S. 170 u. 177; DAW, Hs. 5/27, fol. 195v; Wendehorst, Münnerstadt (wie Anm. 6), S. 41; Holzapfel, Priesterbruderschaft (wie Anm. 7), S. 70; Mett, Eine feste Burg (wie Anm. 18), S. 6.

31 Die Gründung des Augustiner-Chorherrenstiftes St. Marien auf dem Berge vor Altenburg, der thüringischen Reichsstadt, wird Friedrich Barbarossa zugeschrieben. Die Kirche soll in dessen

Inhaber der Pfarrpfründe von Rügheim erwähnt, war aber als Stiftsherr von Altenburg wohl nicht persönlich vor Ort. In die Königsberger Pfarrkirche stiftete er eine Marienvikarie, die 1515 bestätigt wurde.[32] Mit dem in Rügheim eingesetzten Pfarrverweser Nikolaus Kießling legierte er im Jahre 1508 mit 600 Gulden in die Pfarrkirche von Königsberg – wohl auch in Zusammenhang mit den dortigen Bruderschaften – an die Altäre St. Jakobus und St. Urban zwei weitere Vikarien. Kellner war allerdings bereits verstorben, als diese am 12. August 1515 vom Würzburger Bischof Lorenz von Bibra bestätigt wurden. Bürgermeister und Rat der Stadt erhielten ein Jahr später (1516) das Präsentationsrecht auf diese Stellen. Als Pfründeninhaber werden 1516 Balthasar Düring, der aus Königsberg stammte, und von 1518–1528 Wolfgang Hetzel genannt.[33]

Kellner besaß auch von 1482–1498 die vom Priester Johann von Melmeringhausen 1453 gestiftete Vikarie am St. Thomasaltar in der Pfarrkirche. Ihm folgten als Pfründeninhaber auf dieser Stelle die Geistlichen Johann Heller (von 1498–1519) und Wolfgang Hetzel nach.[34] Im Zusammenhang mit der St. Anna-Bruderschaft entstand offenbar auch eine Vikarsstelle in der Pfarrkirche, die der Pfarrer selbst zu verleihen hatte und die von 1490–1518 der Vorsteher dieser Bruderschaft, Johannes Müller (Molitoris), besaß.[35]

In der Vorstadt liegt heute noch im Friedhof oberhalb der Stadt eine St. Burkarduskapelle, die auch als „alte" Pfarrkirche bezeichnet wird und an deren Stelle wohl vorher eine ältere Kapelle gestanden hat. Laut Inschrift ist die heutige Kirche 1420 erbaut worden.[36] Dort gab es eine St. Burkardus-Vikarie, die 1497 Nikolaus Hemel und ab 1515 Matthäus Orthlieb innehatte.[37]

Noch eine weitere Frühmesse gab es für die sogenannte Vikarie am „Breiten Weg". Es handelt sich um eine Kapelle, die zu Ehren der „Jungfrau Maria" Anfang des 15. Jahrhunderts errichtet worden war. Sie lag „außerhalb der Stadt oben am breiten Weg gegen Mittag, wo man nach Altershausen ins Roth oder auf den Pappelsee zugeht, rechter Hand am Fahrweg gegen die Wart zu." So beschreibt es 1755 der Königsberger Diakon Johann Werner Kraus, durch dessen Chronik wir große Einblicke in die Geschichte der Stadt erhalten. Die Kapelle wurde 1535 abgerissen.[38] Die Frühmesse für diese Kapelle wurde vom

---

Anwesenheit 1172 geweiht worden sein. Infolge der Reformation kam es 1543 zur Auflösung des Stiftes; vgl. Homepage der Stadt Altenburg/Thüringen: www.residenzschloss-altenburg.de/rote-spitzen.html (letzter Zugriff: 05.01.2021).

32 Holzapfel, Priesterbruderschaft (wie Anm. 7), S. 69f. u. 78; Krauß, Antiquitates (wie Anm. 4), S. 135; Wendehorst, Münnerstadt (wie Anm. 6), S. 42.

33 DAW, Nachlass Paul Schöffel, Regesten, Bd. 1, fol. 29 (pag. 51); Bd. 3, fol. 8 (Tom. A, fol. 115), pag. 22; Bd. 3, fol. 13v (pag. 6); Krauß, Antiquitates (wie Anm. 4), S. 78, 170 u. 172f.; Wendehorst, Münnerstadt (wie Anm. 6), S. 42; Mett, Eine feste Burg (wie Anm. 18), S. 6; DAW, Hs. 5/27, fol. 195v.

34 Krauß, Antiquitates (wie Anm. 4), S. 78 u. 169; Wendehorst, Münnerstadt (wie Anm. 6), S. 41; Berbig, Visitation (wie Anm. 25), S. 355.

35 Krauß, Antiquitates (wie Anm. 4), S. 169.

36 Ebd., S. 89f.; Wendehorst, Münnerstadt (wie Anm. 6), S. 42; Rudolf Mett, Stadtführer Königsberg in Franken, Hofheim/Ufr. 1985, S. 25f; DAW, Hs. 5/27, fol. 30f.

37 Krauß, Antiquitates (wie Anm. 4), S. 169; DAW, Hs 5/27, fol. 195v u. 299.

38 Krauß, Antiquitates (wie Anm. 4), S. 123f.; Festschrift zur 750-Jahrfeier der Stadt Königsberg in Franken, 5. bis 7. Juli 1930, Verlag der Königsberger Zeitung, Druckerei Holl, S. 9; Mett, Eine feste Burg (wie Anm. 18), S. 10; Ernst Solger, Geschichte der Stadt und des Amtes Königsberg, Coburg 1894, S. 25.

Rat der Stadt und der Bürgerschaft gestiftet und warf jährlich an die 50 Gulden ab. Der Würzburger Bischof Johann III. von Grumbach stellte am 7. Juni und am 23. August 1456 einen Ablassbrief auf die Kapelle aus und 1504 wurden verschiedene Stiftungen in das Gotteshaus getätigt.[39] Zur Kapellenpfründe gehörte außerdem ein Haus mit Scheune und Keller für den „Kapellenmann" sowie zwei Äcker.[40]

Am 11. August 1501 und 1502 präsentierten Bürgermeister und Rat der Stadt Leonhard Zehender zur Übernahme der Stelle.[41] Zehender stammte selbst aus Königsberg, hatte 1482 in Leipzig studiert, wird wenigstens von 1494 bis 1527 als Inhaber der Königsberger Pfarrpfründe erwähnt und besitzt von 1501 bis 1527 die Vikarie in der Marienkapelle am „Breiten Weg". Er kann aber unmöglich dauernd vor Ort gewesen sein, denn er fungierte zur gleichen Zeit als Stiftsherr und Cantor (1508) des bereits erwähnten Augustiner-Chorherrenstifts in Altenburg (Thüringen). Bald wird er als schwach und kränklich bezeichnet, er verstarb im Stift an Weihnachten 1527.[42] Damit die seelsorgerlichen Aufgaben in Königsberg überhaupt wahrgenommen werden konnten, bestellte Zehender für seine Pfründen und für die Pfarrei jeweils Verweser, wie 1508/09 Linhard Schwarzbach, 1518/19 Johann Huther und schließlich 1519–1524 Bartholomäus Güthlein.[43]

Bis 1517 – dem Jahr, in dem Luther seine Ablassthesen verkündete – erlebten die kirchlichen Verhältnisse in Königsberg den auch andernorts zu verzeichnenden intensiven inneren Ausbau. Bald lassen sich aber bestimmte Anzeichen so deuten, dass diese nicht mehr wie bisher hingenommen wurden. Aktenkundig ist, dass der Stadtrat dem Leonhard Zehender, der, wie schon erwähnt, zwar Pfründen in Königsberg innehatte, die damit verbundenen Leistungen als Stiftsherr in Altenburg aber nicht leistete, in den Jahren 1517/18 die Auszahlung verschiedener Gelder für bestimmte Gottesdienste verweigerte. Es kam zum sogenannten „Meßpfennigstreit", und der bereits erwähnte Geistliche Balthasar Düring sollte deswegen zwischen ihm und dem Stadtrat vermitteln.[44]

Vor allem aber unter dem Pfarrverweser Bartholomäus Gütlein dürfte sich hinsichtlich der neuen Bestrebungen des Reformators Luther, der inzwischen 1517 seine 95 Thesen bei Adeligen und den Intellektuellen seiner Zeit bekannt gemacht hatte, etwas bewegt haben. Offenbar hatte Gütlein noch Melanchthon, der 1518 an die Universität Wittenberg berufen wurde, gehört und kam beeinflusst und begeistert von dort 1519 nach Königsberg. Er betete nämlich ab jetzt kein Stundengebet – wie vorgeschrieben – und hielt auch keine Ves-

---

39 Krauß, Antiquitates (wie Anm. 4), S. 123f.

40 Ebd., S. 90 u. 124.

41 DAW, Nachlass Paul Schöffel, Regesten, Bd. 1, fol. 29 (pag. 51).

42 DAW, Nachlass Paul Schöffel, Regesten, Bd. 1, fol. 29 (pag. 51); Holzapfel, Priesterbruderschaft (wie Anm. 7), S. 69; Berbig, Visitation (wie Anm. 25), S. 356; DAW, Hs 5/27, fol. 191v u. 195v; Krauß, Antiquitates (wie Anm. 4), S. 136.

43 Mett, Eine feste Burg (wie Anm. 18), S. 10; Holzapfel, Priesterbruderschaft (wie Anm. 7), S. 69; Krauß, Antiquitates (wie Anm. 4), S. 137 u. 294; Ignaz Denzinger, Beitrag zur Reformationsgeschichte Würzburgs, in: Archiv des historischen Vereins von Unterfranken und Aschaffenburg 10, Heft 1 (1850), S. 105–136, bes. S. 110.

44 Mett, Eine feste Burg (Anm. 18), S. 10; Krauß, Antiquitates (wie Anm. 4), S. 136.

per mehr. Seine Predigten waren bereits vom reformatorischen Gedankengut Luthers beeinflusst.[45]

Gütlein stand auch im Schriftverkehr mit dem vorher erwähnten Balthasar Düring.[46] Dürings Vater, Jakob, war Keller (Finanzbeamter) und Vogt in Haßfurt und wurde 1497 Bürger und Gotteshausmeister (Kirchenpfleger) von Königsberg, wo er 1511 gestorben ist.[47] Der Sohn, Balthasar Düring (geb. um 1466/67), hatte sich im Wintersemester in Leipzig 1509 immatrikuliert, hatte 1511 den Baccalaureus- und 1514 den Magistertitel erworben, nahm seit 1516 dort Prüfungen ab und hielt bereits Vorlesungen. Im gleichen Jahr erhielt er vom Königsberger Stadtrat die St. Urbans-Vikarie, möglicherweise für die Fortsetzung seiner Studien und Lehrtätigkeit. Er behielt sie bis 1528. Am 19. September 1517 empfing er in Merseburg die Priesterweihe, 1518 forderte ihn der Stadtrat für einen theologischen Kurs in Königsberg an und 1520 wurde er noch vom Würzburger Bischof als Inhaber der St. Katharinenvikarie in Coburg bestätigt. Dort nahm er vor allem das Predigeramt wahr. Schon 1522 galt er als reformatorischer Prediger, heiratete im Juni 1524 und führte den Gottesdienst nach der neuen lutherischen Form ein.[48]

Offenbar holte sich Bartholomäus Gütlein von Düring immer wieder Ratschläge ein, hatte aber wohl mit seinem reformatorischen Vorgehen in Königsberg so übertrieben, dass sich selbst Melanchthon an Düring wandte, damit er dem Pfarrverweser Gütlein Einhalt gebiete.[49] Offiziell bekannte sich Gütlein 1524 zur neuen Lehre. Er ließ die Gottesdienststiftungen wie Frühmessen, Engelsmesse, Vikarien, Jahrtage und andere außeracht und schlug deren Erträge dem Kirchenvermögen zu.[50]

Im September 1520 erhielt der Schulmeister und Stadtschreiber Philipp Schmid(t), auch Fabri genannt, die Pfründe der St. Jakobus-Vikarie vom Stadtrat und auch 1521 wurde er aus der Engelmesse bezahlt.[51] Er dürfte, wie aus dem unten dargelegten Schreiben hervorgeht, aber Kleriker gewesen sein.

Nicht ohne Auswirkungen sind die reformatorischen Bewegungen auch auf das Augustinerkloster in Königsberg sowie das Agelblume-Kloster, eine Ein-

45 Mett, Eine feste Burg (wie Anm. 18), S. 10; Denzinger, Reformationsgeschichte (wie Anm. 43), S. 110; Georg Kuhr (Bearb.), Ritterschaftliches Pfarrerbuch Franken (Einzelarbeiten aus der Kirchengeschichte Bayerns 58), Stegaurach 1979, S. 433 u. Nr. 915; DAW, Hs 5/27, fol. 191v u. 195v; Krauß, Antiquitates (wie Anm. 4), S. 137; Berbig, Visitation (wie Anm. 25), S. 356.

46 Mett, Eine feste Burg (wie Anm. 18), S. 10.

47 Krauß, Antiquitates (wie Anm. 4), S. 68; Ludwig Weiß, Würzburger Bistumsangehörige als Weihekandidaten in Merseburg 1470–1556, in: Würzburger Diözesangeschichtsblätter 18/19 (1956/57), S. 148–195, bes. S. 181f. Nr. 201.

48 Ebd., Nr. 201; Denzinger, Reformationsgeschichte (wie Anm. 43), S. 110; Rudolf Mett, Berühmte Königsberger, Hofheim/Ufr. [o.J.], S. 15–17; ders., Eine feste Burg (wie Anm. 18), S. 5f., 8 u. 10; Krauß, Antiquitates (wie Anm. 4), S. 173 u. 209; DAW, Hs. 5/27, fol. 195v; Alfred Wendehorst, Das Würzburger Landkapitel Coburg zur Zeit der Reformation (Studien zur Germania Sacra 3), Göttingen 1964, S. 10.

49 Denzinger, Reformationsgeschichte (wie Anm. 43), S. 110; Mett, Eine feste Burg (wie Anm. 18), S. 16; Krauß, Antiquitates (wie Anm. 4), S. 174 u. 177.

50 Mett, Eine feste Burg (wie Anm. 18), S. 12.

51 Norbert Kandler, Ernennungslisten mit Klerikern und Pfründen des 15. und 16. Jahrhunderts in der Diözese Würzburg, in: Würzburger Diözesangeschichtsblätter 57 (1995), S. 163–224, bes. Nr. 1090; Krauß, Antiquitates (wie Anm. 4), S. 170 u. 190; DAW, Hs 5/27, fol. 127, 187, 190 u. 195v.

richtung für adelige Frauen, geblieben.[52] Wenn man bedenkt, dass Luther 1518 auf seiner Reise von Wittenberg zum Heidelberger Generalkapitel der Augustinereremiten ziemlich sicher – von Coburg kommend – am 16./17. April im Königsberger Kloster übernachtet[53] hat, ist es nur schwer vorstellbar, dass er mit den dortigen Mitbrüdern nicht auch Kritik an und über Missstände in der römischen Kirche geäußert haben soll.

1509 werden im Königsberger Kloster Georg Nagel als Prior und Nikolaus Heinlein als Subprior, Konrad Beck als Kustos und 1514 Ägidius Göbel als Schaffer (Verwalter) und Augustiner genannt. Weiter werden 1523 namhaft: Hans (Johannes) Baunacher und Nikolaus Fleischmann, auch Schweizer genannt.[54] Hans Baunacher war erst am 3. März 1520 in Würzburg zum Diakon und am 21. September 1521 zum Priester geweiht worden.[55] Noch 1523 bat der neue Prior, Georg Büttner, um Geldunterstützung, weil er vorhatte, in Wittenberg ein Studium zu absolvieren.[56] Am 13. November 1523 erschienen Prior und Konvent vor dem Würzburger Offizial Wilhelm Schaumberg und dem Frühmesser von Rügheim, Karl Hertel, wegen eines Lämmerzehnts, den die Gemeinde Humprechtshausen dem Konvent und Frühmesser zu reichen hatte.[57]

Bis etwa 1522 lässt noch keine konkrete Handlung auf reformatorisches Geschehen im Augustinerkloster schließen. Jedoch sollen die Mönche schon im Jahr 1523 – und das sicher nicht ohne Einfluss des Priors – angefangen haben, einen Teil ihrer Vasa Sacra (liturgische Geräte) und ihres Heiltums (Reliquien), also ihren Klosterschatz, zu veräußern. Dies sprach sich bald bei vielen Stiftern aus der Ritterschaft und anderen herum. Sie protestierten, sodass am 25. Juni 1523 das Heiltum auf Befehl des Herzogs Johann von Sachsen auf die Königsberger Burg gebracht wurde. Ein Jahr später wurde der Klosterschatz nach Coburg geschafft und später in Coburg und Nürnberg verkauft. Noch 1523 werden Hans Hetzel und Hans Schmidt vom Stadtrat zu Vorstehern des Klosters bestellt.[58]

1524 ist der Prior Georg Büttner offiziell aus dem Kloster ausgetreten und reformatorisch geworden. Als Abfindung erhielt er aus den Klostereinkünften jährlich 30 Gulden Pension.[59] Da der bisherige Pfarrverweser, Bartholomäus

52 Vgl. Mett, Eine feste Burg (wie Anm. 18), S. 12f.

53 Wieland, Augustinerkloster (wie Anm. 8), S. 15; Alfred Wendehorst (Bearb.), Das Bistum Würzburg, Teil 3: Die Bischofsreihe von 1455 bis 1617 (Germania Sacra, Neue Folge 13: Die Bistümer der Kirchenprovinz Mainz), Berlin/New York 1978, S. 65.

54 Wieland, Augustinerkloster (wie Anm. 8), S. 19f.; DAW, Hs 5/27, fol. 82.

55 Theobald Freudenberger, Die Würzburger Weihematrikel der Jahre 1520–1552 (Quellen und Forschungen zur Geschichte des Bistums und Hochstifts Würzburg 41), Würzburg 1990, S. 93, 1520 Nr. 119, S. 128, 1521 Nr. 403; DAW, Nachlass August Amrhein, Abschrift der Weihematrikel, S. 176.

56 Wieland, Augustinerkloster (wie Anm. 8), S. 19; in der Wittenberger Universitätsmatrikel ist Büttner jedoch nicht verzeichnet, sodass angenommen werden muss, dass er dort nicht studierte.

57 DAW, Hs. 5/27, fol. 82; Krauß, Antiquitates (wie Anm. 4), S. 118.

58 Wieland, Augustinerkloster (wie Anm. 8), S. 15f.; Mett, Eine feste Burg (wie Anm. 18), S. 12f.; DAW, Hs 5/27, fol. 46 u. 118; Sehi, Bettelorden (wie Anm. 18), S. 333.

59 Wieland, Augustinerkloster (wie Anm. 8), S. 19f.

Gütlein, ohnehin alt und kränklich erschien, übernahm Büttner in Rügheim und wohl auch in Königsberg die Pfarrseelsorge.[60]

Der Augustinerkonvent, der nur noch aus acht Brüdern (Mönchen) bestanden hat, löste sich auf. Es wurde ein Inventar angefertigt und der Behörde übergeben. Das Klostervermögen wurde 1526 auf 9506 Gulden veranschlagt und zum Amt Königsberg geschlagen.[61]

Schon 1524 hatte Sachsen auf seinem Gebiet eine neue, lutherische Gottesdienstordnung genehmigt.[62] 1527 erhalten alle Würdenträger, Amtleute und Städte ein Anschreiben mit Ankündigung einer durchzuführenden Visitation auf kursächsischem Gebiet. Schon diese enthält eine ausführliche Befragung über Pfarrer, Kapläne, Vikare, Prediger sowie über Gottesdienststiftungen, Vikarien, Sakramentenspendung, Seelgerät, Vigilien, Seelbäder, Bruderschaften, Salvesingen und ob es sonst irgendwelche Sekten gäbe. Hiermit ist wohl die Wiedertäuferbewegung gemeint, die in der näheren Umgebung Fuß gefasst hatte. Bei der Befragung wird eigens darauf hingewiesen, dass jeder, der nicht mit dem geplanten Vorgehen der Reform einverstanden sei, seine derzeitige Pfründe und sein Lehramt abgeben müsse.[63]

5. Die kursächsische Visitation in Königsberg 1528

Schließlich sollte ab 6. September 1528 die erste kursächsische Visitation durchgeführt werden.[64] Der Würzburger Bischof hatte seinen Geistlichen auf sächsischem Gebiet jedoch verboten, sich den sächsischen Visitatoren zu stellen.[65] Schon ein Jahr zuvor, 1527, war Balthasar Düring wiederum in seine Heimatstadt Königsberg gerufen worden. Zwei Bürger der Stadt, die sich kurz vor ihrer Hinrichtung befanden, weil sie als Prediger der verbotenen Wiedertäuferbewegung aufgetreten waren, hatten ihn gebeten, das Schlimmste zu verhindern. Sie wurden trotzdem auf dem Marktplatz enthauptet.[66]

Jetzt, bei der am 16. November 1528 in Königsberg durchgeführten, kurfürstlich-sächsischen Visitation, wurde Balthasar Düring erneut in seine Ge-

---

[60] Ebd., S. 19; Denzinger, Reformationsgeschichte (wie Anm. 43), S. 111 u. 113; Berbig, Visitation (wie Anm. 25), S. 356; Kuhr (Bearb.), Ritterschaftliches Pfarrerbuch (wie Anm. 45), S. 474 Nr. 281.

[61] Denzinger, Reformationsgeschichte (wie Anm. 43), S. 111f.; Wieland, Augustinerkloster (wie Anm. 8), S. 15–20; Krauß, Antiquitates (wie Anm. 4), S. 121; Tittmann, Haßfurt (wie Anm. 4), S. 208. Vgl. auch Erik Soder von Güldenstubbe, Die Restitution unter Fürstbischof Philipp Adolf von Ehrenberg 1623–1631, in: Würzburger Diözesangeschichtsblätter 43 (1981), S. 389 Nr. 162.

[62] Tittmann, Haßfurt (wie Anm. 4), S. 205.

[63] Berbig, Visitation (wie Anm. 25), S. 340; Krauß, Antiquitates (wie Anm. 4), S. 79f.

[64] Ebd., S. 78f.; Denzinger, Reformationsgeschichte (wie Anm. 43), S. 110; Berbig, Visitation (wie Anm. 25), S. 354–364; Wendehorst, Landkapitel Coburg (wie Anm. 48), S. 10–12; ders. (Bearb.), Das Bistum Würzburg, Teil 3 (wie Anm. 53), S. 90; Matthias Simon, Die Evangelische Kirche (Historischer Atlas von Bayern), Kirchliche Organisation, Teil 1, München 1960, S. 389f.

[65] Wendehorst (Bearb.), Das Bistum Würzburg, Teil 3 (wie Anm. 53), S. 90.

[66] Mett, Eine feste Burg (wie Anm. 18), S. 19–22; ders., Berühmte Königsberger (wie Anm. 48), S. 17; Krauß, Antiquitates (wie Anm. 4), S. 173f.; Tittmann, Haßfurt (wie Anm. 4), S. 53.

burtsstadt in die Kommission berufen. Neben Düring gehörte ein weiterer Visitator dem Gremium an, nämlich Dr. Nikolaus Kyndt, Kanoniker von Neumünster in Würzburg. Er war nicht nur überzeugter Lutheraner, er hatte 1523 bereits – wie auch andere Chorherren – geheiratet.[67]

Bei der Durchführung der Reformen in Königsberg selbst regelte man ab 16. November als erstes die Pfarrbesetzung in Königsberg. Der bisherige Pfründeninhaber und Chorherr in Altenburg, Leonhard Zehender, war schon 1527 verstorben. Da er ohnehin kaum vor Ort war, hatte er 1519 als Verweser Barholomäus Gütlein eingesetzt, der sich bereits 1524 offiziell zur neuen Lehre bekannte und alle katholischen „Gepflogenheiten" und Traditionen beendet hatte. Bei der Visitation stellten ihm Amtmann und Rat der Stadt ein gutes Zeugnis aus und als Inhaber der Pfarrstelle wurde er offiziell bestätigt. Da er aber seit längerer Zeit gebrechlich und schwach war, stellte ihm die Kommission Magister Wolfgang Hoffmann, genannt Horn, zur Seite, der vorher Prediger in Schweinfurt und im Kloster Sonnefeld war. Gütlein schlug man vor, sich zurückzuziehen und bot ihm ein jährliches Ruhestandsgeld von 30 Gulden aus der Gemeindekasse an. Außerdem stand ihm ein eigenes Wohnhaus zu. Am Ende seines Lebens war er so schwach, dass er nicht mehr gehen konnte und getragen werden musste. Er verstarb an Ostern 1540.[68]

Wolfgang Hoffmann wurde von der Kommission zum Superintendenten ernannt und mit Aufsicht über die im kurfürstlich-königsbergischen Amtsgebiet gelegenen Pfarreien und Orte betraut. Es entstand somit 1528 eine eigene reformatorische Kirchenstruktur im Königsberger Gebiet, die fast 400 Jahre währte und erst mit Anschluss des coburgisch-sächsischen Amtes an Bayern 1920 endete.[69]

Bei der Visitationsbefragung wurden auch die vielen Vikarien und Jahrtage abgeschafft, soweit sie nicht schon durch Gütlein und den Stadtrat eingestellt worden waren. Hierzu zählten die Benefizien, die schon vorgestellt wurden, nämlich die Engelmesse oder Corporis-Christi-Vikarie, die St. Thomas- und St. Katharinen-Vikarie, die in der Pfarrkirche angesiedelt waren, weiter die Vikarie in St. Burkard, der Kapelle am Friedhof, und die Vikarie zu Ehren von Maria in der Kapelle am „Breiten Weg". Die Erträge aller dieser Legate wurden dem Stadtvermögen („Gemeindekasten") zugeschlagen, aus dem wiederum die einzelnen Pfründeninhaber und Vikare bezahlt oder abgefunden werden sollten.

Der Königsberger Balthasar Düring besaß, obwohl er als Vikar in Coburg stationiert war, die Pfründen der Thomasvikarie in der Pfarrkirche sowie die Marienvikarie in der Kapelle am „Breiten Weg". Aus beiden Pfründen gingen die Erträge – von der Thomasvikarie 32 Gulden Zins und der Marienvikarie 50 Gulden jährlich – an den Rat der Stadt. Dieser bezahlte die Beträge in der

[67] Mett, Eine feste Burg (wie Anm. 18), S. 22; Wendehorst (Bearb.), Das Bistum Würzburg, Teil 4 (wie Anm. 17), S. 383f.

[68] Krauß, Antiquitates (wie Anm. 4), S. 136f. u. 177; Berbig, Visitation (wie Anm. 25), S. 356f.; DAW, Hs 5/27, fol. 191v u. 195v; Denzinger, Reformationsgeschichte (wie Anm. 43), S. 110f.; Mett, Eine feste Burg (wie Anm. 18), S. 23f.; Kuhr (Bearb.), Ritterschaftliches Pfarrerbuch (wie Anm. 45), Nr. 915 u. S. 433.

[69] Berbig, Visitation (wie Anm. 25), S. 357; Simon, Die Evangelische Kirche (wie Anm. 64), S. 389f.

Regel an Düring. Nach dem unten veröffentlichten Fragment kürzte der Stadtrat aber ab 1527 diese Summe um die Hälfte. Düring wurde auf Befehl des Kurfürsten zum Superintendenten in Coburg ernannt, wo er 1529 starb.

Wolfgang Hetzel, Mitglied der St. Anna-Bruderschaft und bisher Inhaber der St. Anna- wie der St. Thomasvikarie, wurden ab 1528 vom Stadtrat aus deren vormaligen Vermögen 26 Gulden und 4 Pfund sowie 24 Pfennige jährlich zugesprochen. Das zugehörige Pfründenhaus, das bereits baufällig war, wurde ihm ebenfalls überlassen.

Die Erträge und Schulden aus dem Engelmesslehen und den Bruderschaften wurden an den Stadtrat mit 64 Gulden und 5 Pfund zusätzlich der Naturalienreichnisse übergeben. Dem Lehrer Philipp Schmid(t) (bzw. Fabri) sollten aus einer Vikarie ein Leben lang Erträge gereicht sowie eine feste Behausung zugesprochen werden. Zwei Jahre Studium auf Kosten der Stadt sollten ihm nachgelassen und 6 Gulden aus der Pfründe von Wolfgang Hetzel zur Unterstützung gereicht werden.[70]

Die liturgischen Geräte (Vasa Sacra) sowie die liturgische Kleidung (Paramente) sollten, soweit sie noch benötigt wurden, bei den jeweiligen Vorstehern der Pfarrei bleiben. Das Restliche sollte an arme Leute verteilt oder vom Rat der Stadt verkauft werden.[71] Mit den Geldern von 86 Gulden aus 12 Gütern sowie dem sog. Pestpferd oder der Pestkuh – diese gehörten zum Notbestand einer Pfründe – sollte der verordnete Pfarrer sich um arme Leute kümmern.[72]

Nachdem Georg Büttner, der letzte Prior der Augustiner in Königsberg, schon 1524 das Kloster verlassen und in der Pfarrei Rügheim die Seelsorge übernommen hatte, setzten ihn dort die Visitatoren 1528 offiziell als ersten evangelischen Pfarrer ein. Er blieb Pfarrer von Rügheim bis 1536.[73]

Zum Zeitpunkt der Visitation gab es im Kloster keine Mönche oder Ordensbrüder mehr. Soweit sie nicht inzwischen verstorben waren, waren sie schon 1524 mit Pensionen versorgt worden.[74] Die Klostereinkünfte sollten in Zukunft für das Spital, die Kirche und die Schule genutzt werden. Seit 1527 waren nämlich verschiedene Abrechnungen über Einkünfte aus Klosterbesitz erstellt worden.[75] Der Vogt gab auch eine Anzahl an Geldern für die Erhaltung des Klostergebäudes frei, das mittlerweile baufällig geworden war.

Im Kloster selbst wohnten 1527 nurmehr die ehemaligen Brüder Hans Merboth und Hans Baunacher. Merboth war von 1507 bis 1517 sowieso schon als Frühmesser und Pfarrverweser von Hellingen tätig und besaß auch die St. Jakobus- sowie die Sebastiansvikarie in der Pfarrkirche, war Mitglied

---

70 Berbig, Visitation (wie Anm. 25), S. 355–360; DAW, Hs 5/27, fol. 195v; Weiß, Würzburger Bistumsangehörige (wie Anm. 47), Nr. 201; Krauß, Antiquitates (wie Anm. 4), S. 169f.

71 Berbig, Visitation (wie Anm. 25), S. 360.

72 Ebd., S. 356f.

73 DAW, Hs 5/27, fol. 194f.; Denzinger, Reformationsgeschichte (wie Anm. 43), S. 111 u. 113; Berbig, Visitation (wie Anm. 25), S. 362; Krauß, Antiquitates (wie Anm. 4), S. 294; Wieland, Augustinerkloster (wie Anm. 8), S. 19; Mett, Eine feste Burg (wie Anm. 18), S. 13f.; Kuhr (Bearb.), Ritterschaftliches Pfarrerbuch (wie Anm. 45), Nr. 281.

74 Freudenberger, Würzburger Weihematrikel (wie Anm. 55), S. 55f.; Krauß, Antiquitates (wie Anm. 4), S. 120; Berbig, Visitation (wie Anm. 25), S. 361.

75 Krauß, Antiquitates (wie Anm. 4), S. 120; Denzinger, Reformationsgeschichte (wie Anm. 43), S. 111; Soder von Güldenstubbe, Restitution (wie Anm. 61), S. 389 Nr. 162.

der St. Anna-Bruderschaft und wirkte auch in Unfinden als Vikar. Hellingen wurde 1535 eigene Pfarrei mit der Filiale Holzhausen. Hans Baunacher erhielt ebenfalls jährlich 30 Gulden Abfindung aus dem Klostervermögen, wurde Prediger und heiratete schließlich.[76]

Nikolaus Fleischmann (Schweizer), der frühere Ordensbruder, wurde ab 1528 als Verwalter über das Kloster sowie über dessen Grund und Boden von der Kommission eingesetzt. Außerdem sollte er in der Klosterkirche noch an Sonn- und Feiertagen predigen. Als Besoldung erhielt er 12 Gulden und 6 Scheffel Getreide, die aber noch einmal um 4 Scheffel erhöht wurden. Ab 1528 kennen wir ihn auch als Prediger in Römershofen und in Altershausen. Bis 1544 ist er als Pfarrer von Altershausen bekannt.[77]

Somit hatte das Augustinerkloster nach fast 150 Jahren und mit ihm wohl auch die augustinische Frauengemeinschaft der „Agelblume" in Königsberg endgültig aufgehört zu existieren.

Wie schon in der Ankündigung der sächsischen Visitation von 1527 an alle Amts- und Kirchenpersonen gefordert, sollten alle, die sich mit den reformatorischen Maßnahmen nicht einverstanden erklärten, ihr Amt und ihre Pfründe aufgeben und das Land verlassen.[78] Dies sollte nun durch die Visitation 1528 verwirklicht werden. Im Schloss von Rügheim wohnten die Gebrüder aus der Ritterfamilie Fuchs. An ihrer Schlosskapelle versah seit 1494 Karl Hertel die Vikarie und die Gottesdienste. Da er als „gancz papistisch" befunden wurde, also noch keine reformatorische Gesinnung zeigte, sondern sich noch als römisch-katholischer Geistlicher empfand, erregte er Anstoß und wurde von den Visitatoren nach Königsberg zitiert. Man warf ihm vor, dass er noch nicht geheiratet habe. Es wurde ihm befohlen, das Kurfürstentum Sachsen zu verlassen. Da seine Edelleute aber wegen seines hohen Alters Bedenken zeigten und um Einhalt der Maßnahmen baten, wurde ihnen vorgeworfen, ob sie das vor Gott und dem Kurfürsten verantworten könnten? Es wurde ihnen empfohlen, Hertel bis zum Ende des Jahres abzusetzen. Karl Hertel selbst wurde vorgeschrieben, in eine evangelische Predigt zu gehen, die papistische Predigt aber solle er meiden. Schließlich dürfe er keine päpstliche (römische) Messe und auch keine anderen kirchlichen (katholischen) Zeremonien mehr halten. Es wurde von ihm verlangt, innerhalb eines Monats seine Köchin zu ehelichen und die kirchliche Feier hierfür sei nach der christlichen (also der neuen evangelischen) Ordnung (Zeremonie) abzuhalten. Falls er sich nicht an das Verlangte halte, sollte er aus dem Kurfürstentum geschafft werden.[79] Ob diese Forderungen erfüllt wurden, ist nicht zu erfahren.

---

[76] DAW, Hs 5/27, fol. 331 u. 347; Krauß, Antiquitates (wie Anm. 4), S. 121, 220 u. 286; Mett, Eine feste Burg (wie Anm. 18), S. 13; Freudenberger, Würzburger Weihematrikel (wie Anm. 55), S. 56; Wieland, Augustinerkloster (wie Anm. 8), S. 17–19.

[77] Berbig, Visitation (wie Anm. 25), S. 361f.; Denzinger, Reformationsgeschichte (wie Anm. 43), S. 112; Mett, Eine feste Burg (wie Anm. 18), S. 14; DAW, Hs 5/27, fol. 195v, 299 u. 312; Krauß, Antiquitates (wie Anm. 4), S. 120, 178 u. 316; Wieland, Augustinerkloster (wie Anm. 8), S. 15 u. 19; Kuhr (Bearb.), Ritterschaftliches Pfarrerbuch (wie Anm. 45), Nr. 646.

[78] Berbig, Visitation (wie Anm. 25), S. 340; Krauß, Antiquitates (wie Anm. 4), S. 79 u. 119.

[79] Berbig, Visitation (wie Anm. 25), S. 363; Denzinger, Reformationsgeschichte (wie Anm. 43), S. 119f.

6. Wer kommt als Verfasser des Berichtes in Frage?

Wie schon in der Einleitung des Beitrages bemerkt, ist das in Kap. 9 edierte Schreiben an den Fiskal der Diözese gerichtet, wie der Rückenvermerk ausweist: „Ad dominum viscalem". Im Jahr der Abfassung, 1527, war wohl Johannes Geis (Geys) Fiskal gewesen, der 1525 und 1528 (Mai) aktenkundig wird.[80] Allerdings ist 1526 als Fiskal auch Johann Rodt, Vikar in Königsberg, belegt.[81]

Noch viel interessanter aber ist die Frage, wer das Schreiben von 1527 an den Fiskal verfasst hat, da es am Ende keine Unterschrift aufweist. Wollte der Verfasser etwa seinen Bericht geheim halten oder nicht erkannt werden, weil er brisante Vorkommnisse aus einem inzwischen reformatorisch gewordenen Ort an die Würzburger Behörde meldete?

In der Regel war es die Aufgabe des Dekans, über sein Landkapitel (Dekanat) bzw. über die Zustände, Missstände, Unregelmäßigkeiten oder Beschwerden in den Pfarreien nach Würzburg zu melden. Der einzige bis jetzt bekannte Dekan für die genannten Jahre für das Landkapitel Münnerstadt, in dem die Stadt Königsberg lag, ist Jeremias Kremer. Am 15. Dezember 1528 verfasste er als Pfarrvikar von Wetzhausen und als Dekan des Landkapitels an den Würzburger Fiskal einen Bericht, in dem er mitteilt, dass viele Priester auf sächsischem Gebiet von ihrer Herrschaft aus an die kirchliche Behörde keine Abgaben mehr zahlen dürften.[82] Es handelt sich hier um Abgaben und Gebühren aus den verschiedenen Pfründen, Benefizien und Stiftungen vor Ort in die geistliche Zentrale nach Würzburg.[83]

Wie eingangs ebenfalls schon angemerkt, lag der im Folgenden edierte Bericht an die kirchliche Behörde im Testament des Mechenrieder Pfarrers Georg Lichtenstein.[84] Wenngleich er keine Unterschrift besitzt, könnte man doch annehmen, er sei durch Pfarrer Lichtenstein selbst verfasst worden. Da er aber schon 1527 verstorben war, kommt er nicht als Autor in Frage. Vergleicht man den Schriftduktus des Schreibens von 1527 mit dem des Münnerstädter Dekans von 1528, stellt man anhand bestimmter Buchstaben fest, dass es auch nicht von Dekan Kremer stammen kann. Man fragt sich abermals, wieso das Schreiben überhaupt in dieses Testament kam? Laut einer eidesstattlichen Erklärung des Hellinger Frühmessers Wolfgang Remmann (Reumann?) im Testament geht

80 DAW, Nachlass F. J. Bendel, Kartei IV; Kandler, Pfarreien und Klerus (wie Anm. 3), S. 192. 1505 wird ein gleichnamiger Geis als Vicepleben in Alzenau erwähnt; vgl. DAW, Klerikerdatei.

81 DAW, Nachlass F. J. Bendel, Kartei IV; Franz J. Bendel, Visitationsbericht über das Kapitel Mellrichstadt aus dem Jahre 1526, in: Würzburger Diözesangeschichtsblätter 6 (1938), S. 40–49, bes. S. 43 Nr. 24a; DAW, Nachlass Bendel wird in Kartei IV Fiskale 1530 als Fiskal Leonhard Rippach erwähnt.

82 DAW, Landkapitelsakten der Geistlichen Regierung bis 1821, Nr. 290 (Münnerstadt); Norbert Kandler, Steuerlisten des 16. Jahrhunderts als Quelle für Geistliche und Pfründeninhaber im Bistum Würzburg, in: Würzburger Diözesangeschichtsblätter 59 (1997), S. 31–140, bes. S. 109; der Name J. Premer (ebd., S. 60 u. 116) ist falsch und ist mit J. Kremer aufzulösen; vgl. Enno Bünz, „nichts dann muhe, arbeit, ellend und durftigkeit". Über die Lage der Pfarrgeistlichkeit im Bistum Würzburg zur Zeit der Reformation, in: Würzburger Diözesangeschichtsblätter 62/63 (2001), S. 327–360, bes. S. 335 Anm. 46.

83 Vgl. zum Themenfeld Steuern und Pfründeneinnahmen im Bistum Würzburg: Kandler, Steuerlisten (wie Anm. 82), S. 31–140, bes. S. 33; Erik Soder von Güldenstubbe, Würzburger Benefizialpatronate in einer Aufstellung der Echterzeit, in: Würzburger Diözesangeschichtsblätter 56 (1994), S. 235–286, bes. S. 235f.; Bünz, Lage der Pfarrgeistlichkeit (wie Anm. 82), S. 334–343.

84 DAW, Testamente und Verlassenschaftsakten bis 1821, Nr. 1222.

hervor, dass er von Pfarrer Lichtenstein schon 1523 zum Testamentar bestimmt worden sei. Von Remmann ist im weiteren Testament nicht mehr die Rede, der Zettel aber zeigt, dass das Testament bereits vier Jahre vor dem Tod von Pfarrer Lichtenstein abgefasst worden sein muss.

Auf einem weiteren Zettel im Testament bestätigt der Notar des Testaments, Johann Hacker, zwei weitere Testamentare, nämlich Caspar Molitoris (Mulner), Vizepleban in Holzhausen (Landkapitel Haßfurt), und Karl Hertel (Hartel), den Rügheimer Frühmesser im Schloss. Hacker gibt an, dass sie von Pfarrer Lichtenstein zu Testamentaren erwählt worden seien. Beide leisten wiederum auf separaten Zetteln eine eidesstattliche Erklärung, dass sie von Pfarrer Lichtenstein dazu gebeten worden seien. Zusätzlich liegen im Testament zwei Inventare über Hab und Gut des Pfarrers Lichtenstein, auf deren Titelseite jeweils in lateinischer Sprache erklärt wird, dass sowohl „Casparus Molitoris", Plebanus in Mechenried, sowie „Charolus Hartels", Vikar im Schloss Rügheim, im Februar dieses Inventar des verstorbenen Georg Lichtenstein, der in Mechenried beerdigt worden sei, angefertigt hätten.[85] Die Schrift auf und in den Inventaren ähnelt tatsächlich auffallend der im hier behandelten Schriftstück über Königsberg. Somit kann angenommen werden, dass einer der beiden Testamentare, Hertel oder Mulner, den Bericht über Königsberg verfasst und an den Würzburger Fiskal zusammen mit den Inventaren und dem Testament geschickt hat. Da Mulner offenbar inzwischen Georg Lichtenstein 1527 als Pfarrer in Mechenried nachgefolgt war[86], kommt er als Schreiber eher nicht in Frage; denn er dürfte über die Vorkommnisse in Königsberg wohl kaum so genau Bescheid gewusst haben. Es kommt eher Karl Hertel, Vikar in Rügheim, als katholischer Berichterstatter in Betracht. Er bekam die Ereignisse in der Pfarrei persönlich und inmitten des Geschehens direkt mit und ihn hatten die lutherischen Visitatoren als „papistisch" bezeichnet. Er steht noch ganz in der Tradition der römischen Kirche „und unserem gnädigen Herrn von Würzburg", wie es in seinem mutmaßlichen Bericht am Ende im Zusammenhang mit der Bestätigung der St. Anna-Bruderschaft zu lesen ist.

7. Zum Bericht von 1527 selbst

Bevor der Berichterstatter über Königsberg mit dem eigentlichen Inhalt beginnt, setzt er eine Art Leitspruch oder seelsorgerliche Empfehlung in lateinischer Sprache über das ganze Schreiben: „Hunc qui cunctorum infirmitatum est medela pro salute" (Den, der das Heilmittel gegen alle Schwachheit ist, [brauchen wir] als Medizin für [unser] Heil).[87]

---

85 DAW, Testamente und Verlassenschaftsakten bis 1821, Nr. 1222.

86 DAW, Testamente und Verlassenschaftsakten bis 1821, Nr. 1222, dort Deckblatt der Inventare „Caspar Molitoris, pleban in Mechered" 1527; bei Kaspar Mulner könnte es sich noch um den Frühmesser handeln, der bis 1493 in Schweigern seinen Dienst tat und der vermutlich aus Lauda stammte; vgl. Oskar Friedlein, Die kirchlichen Verhältnisse im Oberamt Boxberg im Schüpfgrund vor der Reformation, in: Würzburger Diözesangeschichtsblätter 31 (1969), S. 143–170, bes. S. 157.

87 Für Interpretationshilfen danke ich Herrn Dr. Helmut Engelhart, Frau Dr. Ingrid Heeg-Engelhart sowie Prof. Dr. Johannes Merz.

Offenbar wollte der Berichterstatter ausdrücken, dass Gott allein die Medizin zum Seelenheil aller Wankelmütigen ist. Nach seiner Meinung und Haltung kann dieses Heilmittel wohl nur in der katholischen Tradition zu finden sein.

Nach kurzer Anrede „Ehrwürdiger Herr“ fällt er sofort mit der „Tür ins Haus“ und stellt klar, dass er – der Fiskal – über die Fakten des (inzwischen aufgelösten) Augustinerklosters bereits informiert worden sei. Über dieses Ereignis war der Würzburger Behörde 1527 offenbar längst berichtet worden.

Anschließend folgt Antwort auf Antwort, wobei die dazu gehörigen Fragen erst aus den Antworten erschlossen werden müssen, die wohl in einem vermuteten, aber nicht mehr vorhandenen Schreiben aus Würzburg an den Berichterstatter gestellt worden sind.

Zuerst wird „er, Mathes“ aufgeführt, womit Matthäus Orthlieb gemeint sein dürfte. Er besitzt zur Zeit die Burkardusvikarie an der gleichnamigen Kapelle.[88] Es wird berichtet, dass dieser Priester keine hl. Messe mehr halten würde und sich mit Frauen herumtreibe.

Der Schreiber fährt fort, dass stadteinwärts beim Stadttor ein früherer Mönch (Augustiner) wohne, der jetzt als Schreiner arbeite und der inzwischen eine Nonne geehelicht habe. Ob dabei eine Ordensfrau aus dem sog. Agelblume-Kloster gemeint ist, bleibt ungeklärt.

Als nächstes kommt er auf den sog. „Schweizer“ zu sprechen, einen ehemaligen Augustiner, der inzwischen ebenfalls geheiratet habe und der weiterhin im Kloster predigen würde. Es handelt sich hier um Nikolaus Fleischmann, den alle nur den „Schweizer“ nennen. Für seine Verwaltung im Kloster und den Predigtdienst zahle ihm der Rat der Stadt 12 Gulden.[89]

Auf die Frage nach der Engelmess-Vikarie oder auch Corporis-Christi-Vikarie, die in der Pfarrkirche angesiedelt war, gibt der Verfasser die Antwort, dass sie bereits nicht mehr existiere. Der Rat der Stadt habe die Geld- und Naturalienerträge an sich genommen. Im zugehörigen, inzwischen aber verkauften Pfründenhaus wohne jetzt ein Metzger („Fleischhauer“).[90]

Mit „breyttwehck ober Konigsberg“ ist die Vikarie zu „Unsrer Lieben Frau“ in der Kapelle am „Breiten Weg“ gemeint. Diese bringe zwar jährlich an die 50 Gulden Ertrag, aber der Stadtrat habe diese Gottesdienststiftung ebenfalls aufgehoben. Die Hälfte des Ertrags, also 25 Gulden, behalte der Rat inzwischen ein, die andere Hälfte würde noch „Linhartten“ gereicht. Gemeint ist hier Leonhard Zehender, der letzte Stelleninhaber, der jedoch noch im gleichen Jahr 1527 als Stiftsherr in Altenburg verstorben ist.[91]

Anschließend kommt der Schreiber noch einmal auf die Frühmesse zurück, die im Zusammenhang mit der Engelmesse stand und mit der sicherlich die St. Katharinen-Vikarie gemeint ist. Die soll ein Priester namens „Lorentz“ besitzen, der auch schon geheiratet habe und der ebenfalls keine hl. Messe mehr halten würde. Bei diesem Vikar handelt es sich um Lorenz Schnetter, der wohl nach 1518 dem berühmten Königsberger Johannes Müller alias Regiomonta-

[88] Vgl. Kap. 4 und 5.
[89] Vgl. zum Augustinerkloster und Nikolaus Fleischmann Kap. 4 und 5.
[90] Vgl. zur Engelmesse Kap. 4 und 5.
[91] Vgl. zu Leonhard Zehender und die Vikarie am „Breiten Weg“ Kap. 4 und 5.

nus als Inhaber auf diese Pfründe nachgefolgt war und der ab 1528 von der Pfründe lebte. Schnetter wird noch 1535 als Pfarrer von Rügheim namhaft.[92]

Im Anschluss daran erwähnt der Bericht eine weitere „neuw" Frühmesse, die „Philippus", der Sohn des Stadtschreibers unterhalte. Auch er sei inzwischen verheiratet, predige zwar, halte aber ebenfalls keine hl. Messe mehr. Etwas später, nachdem eine andere Nachricht dazwischen geschaltet ist, kommt der Schreiber allem Anschein nach noch einmal auf diesen „Philippus" zurück, indem er über „Philippus Schad", der eine „ehrbare" Nonne (Ordensfrau) von „St. Joannen" geheiratet hätte, berichtet.[93] Hier kann kein anderer als Philipp Schmidt (auch Fabri genannt) gemeint sein, der 1517 bis 1528 immer wieder als Lehrer genannt wird. Als Lehrer hatte er bei verschiedenen Messen zu singen und 1520 ist er selbst Inhaber der St. Jakobus-Vikarie, die erst 1508 gestiftet und 1515 bestätigt wurde, deshalb „neue" Frühmesse.[94]

Eine Zeile vor der zweiten Nennung des Philipp Schmidt (bzw. Schad) wird von einem Bamberger Mönch „Hans" berichtet, der mit einer Frau in Königsberg zusammenlebe, die aber keine Ordensfrau, sondern eine Frau weltlichen („werntlich") Standes sei. Leider wird auch hier nicht mitgeteilt, um welches Bamberger Kloster es sich handelt.

Ferner wird noch ein „Deutscher Her" erwähnt, der mit seinem Eheweib nach Königsberg gekommen sei, der dort das Buchbinderhandwerk betreibe und der inzwischen Bürger der Stadt geworden sei. Es handelt sich hier wohl um ein Mitglied oder einen Geistlichen aus dem Deutschen Orden.

Am Ende kommt der Schreiber noch einmal auf die St. Anna- und die St. Jakobus-Bruderschaft zu sprechen, die „mit Römischer Gnade und von unserm Herrn von Würzburg vidimirt" worden seien. Gerade auch durch diese Bemerkung weist sich der Initiator des Berichtes als Mann mit treuer, römisch-katholischer Gesinnung aus. Beide Stiftungen seien inzwischen beendet und die Erträge nähme inzwischen ebenfalls der Stadtrat ein.[95]

Zum Schluss drückt der letzte Satz lapidar die nüchterne Realität über Pfarrei und den Pfarrer von Königsberg, Bartholomäus Gütlein[96], aus und stellt fest, dass dieser nur die hl. Messe hielte, falls es Gläubige gäbe, die zur Kommunion kämen. Er lehnt also gemäß der lutherischen Auffassung nicht nur die Privatmesse des Priesters ab, sondern erwartet ein gemeinsames Abendmahl mit den Gläubigen wohl unter beiderlei Gestalt von Brot und Wein.

Im Grunde bestätigt der Bericht das, was die ein Jahr später stattfindende, reformatorische Visitation als Tatsache festgesetzt und beschlossen hat: Das Augustinerkloster und somit eine jahrhundertelange Ordenstradition war aufgelöst und die römisch-katholische Messe abgelegt. Alle typisch katholischen Stiftungen und „Heilsmittel" wie Vikarien, Messen, Bruderschaften u. a. wurden nicht mehr gebraucht, waren verboten oder abgewickelt. Die Erträge dieser Stiftungen wurden dem Stadtrat, der Gemeinde- und Kirchenkasse oder

---

92 Vgl. zu Lorenz Schnetter und zur Frühmesse St. Katharina Kap. 4 und 5.
93 Um welches Kloster es sich bei St. Johannes handelt, konnte nicht geklärt werden.
94 Vgl. zu Philipp Schmidt und St. Jakobus-Vikarie Kap. 4 und 5.
95 Vgl. zur St. Anna- und St. Jakobus-Bruderschaft sowie den dazugehörigen Vikarien Kap. 4 und 5.
96 Vgl. zu Bartholomäus Gütlein Kap. 4 und 5.

anderen Institutionen wie Schule, Spital oder Armenpflege zugeführt. Alle Ordensleute und Priester wurden zur Ehe angehalten und teilweise erhielten sie aus den Geldern der Stiftungen oder dem aufgelösten Klostergut Pensionen oder Erträge für geleistete Arbeiten in Schule oder Seelsorge.

8. Anlass und Ziel des Berichtes

Der eben beschriebene Brief gibt in Kürze Antworten auf Fragen nach Missständen – und zwar aus altkirchlicher Perspektive – bei Pfründeninhabern und anderen geistlichen Personen wie den ehemaligen Mönchen und Nonnen in Königsberg. Er beantwortet Fragen nach Erträgen bestimmter Stiftungen oder Legate bzw. deren ausbleibende Gelder, mit denen man in Würzburg sicherlich gerechnet hatte. Diese Gelder, Steuern oder Gebühren (Episcopalia oder Commenda) für Stiftungen, Vikariestellen oder Gottesdienste waren in der Regel vom Kämmerer, dem Prokurator oder den Diffinitores eines Landkapitels einzusammeln und nach Würzburg zu schicken.[97] Ob Vikar Karl Hertel, von dem aller Wahrscheinlichkeit nach der Bericht stammt, damit beauftragt war, derartige Gelder in der Pfarrei oder im Landkapitel Münnerstadt einzutreiben, ist nicht bekannt. Als Testamentar des Mechenrieder Pfarrers Georg Lichtenstein hätte er aber die Vermögensinventare und die an den Bischof zu zahlenden Gebühren im Falle dessen Todes abliefern müssen. In Zusammenhang mit dem Testament könnte auch der Bericht über die reformatorischen Tatsachen von Königsberg und über wohl nicht mehr zu erwartende Erträge aus den bisher existierenden Stiftungen in Königsberg nach Würzburg zum Fiskal gelangt sein.

Zusammenfassend lässt sich zu diesem, eigentlich zunächst unspektakulär wirkenden und auch recht knappen Bericht über bestimmte Königsberger Zustände, der schon einige Kenntnisse über die Vorgänge voraussetzt, sagen: Das Schreiben ist die einzige Nachricht zur Pfarrei Königsberg im Landkapitel Münnerstadt aus der frühen Zeit der Reformation von 1527 im Diözesanarchiv. Es zeigt, dass reformatorisches Vorgehen vor Ort schon abgeschlossen war, bevor der kursächsische Landesherr im November 1528 offiziell die Reformation im Amt Königsberg eingeführt hat. Der Bericht nennt eine Anzahl von Klerikern, die sich inzwischen von der römischen Kirche abgewandt hatten. Er zeigt aber auch, dass es durchaus noch der „alten“ Kirche treu ergebene Geistliche wie Karl Hertel gab, der inmitten der Pfarrei tätig war und der von den Änderungen und Abweichungen aus erster Hand an den Bischof berichten konnte und der der Würzburger Behörde damit klarmachte, dass von dieser Gegend und Pfarrei wohl keine Einnahmen und kein „Gehorsam“ mehr zu erwarten sind.

---

[97] Vgl. zum Themenkreis kirchliche Steuern im Bistum Würzburg: Bünz, Lage der Pfarrgeistlichkeit (wie Anm. 82), S. 333–335; Kandler, Steuerlisten (wie Anm. 82), bes. S. 33f.

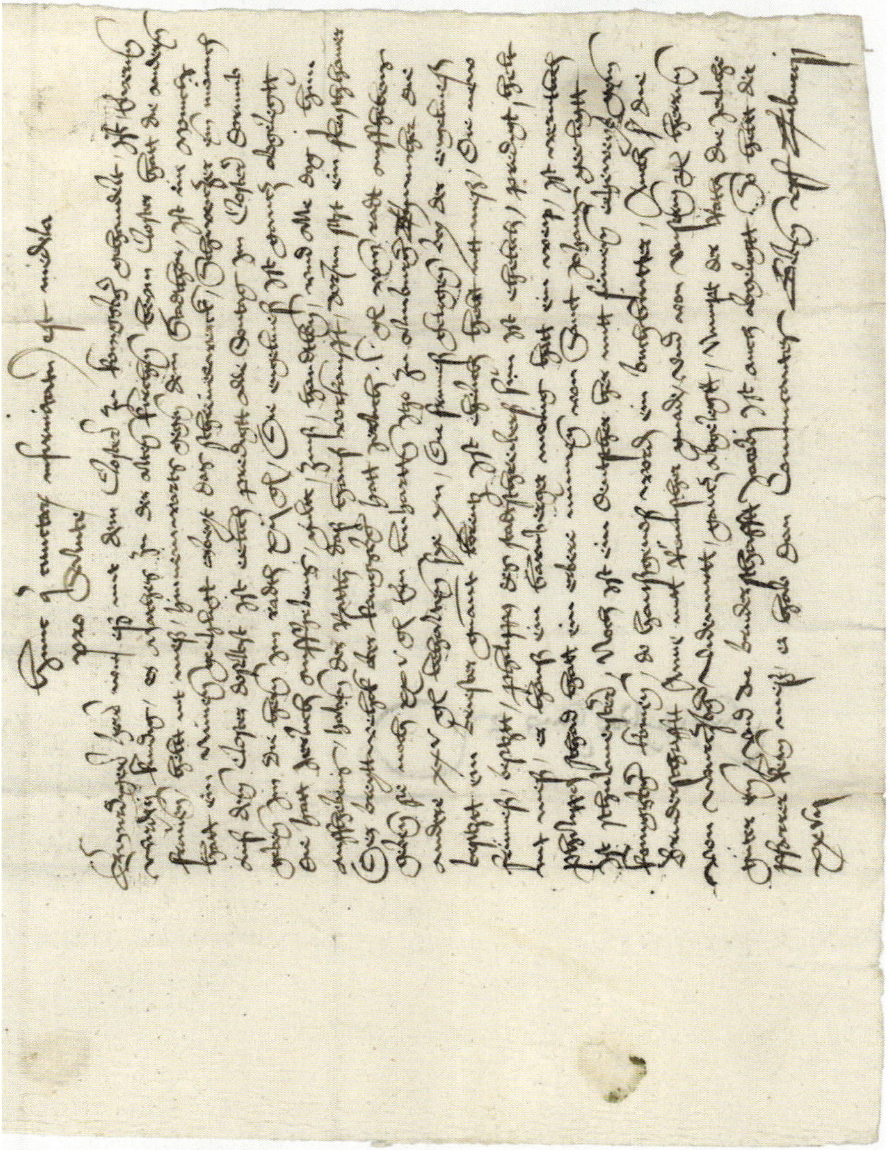

Abb.: *Bericht an den Fiskal in Würzburg über reformatorisches Geschehen in Königsberg (i. Fr.) 1527; DAW, Landkapitelsakten Münnerstadt, Nr. 290.*

9. Edition und Transkription

Regest: Schreiben eines Geistlichen im Landkapitel Münnerstadt über reformatorische Ereignisse in der Stadt Königsberg i. Fr. an den Fiskal der Diözese Würzburg, 1527.

Original: DAW, Landkapitelsakten der Geistlichen Regierung bis 1821, Nr. 290 (Münnerstadt), ursprünglicher Bestand: Testamente von Klerikern 15. Jh. bis 19. Jh., Nr. 1222.

Text:

„*Hunc qui cunctorum infirmitatum est medela pro salute*"

„*Erwirdiger herr, wie eß mit dem Closter zu Kungsberg gehandelt, ist Euernn wirdigen kundig. er, Mathes zu der alten Kirchen beym Closter hatt die andern frauen, heltt nit meß. Hineinwärts gegen dem Stadthor Ist ein Munch, hatt ein Nunen geehligt, arbeyt das Schreinerwerck. Schweitzer, ein mönich auß dem closter doselbst, Ist eelich, predigtt alle Sontag Im Closter, darumb geben Im die Hern Im radth XII gl [Gulden]. Die engelmeß ist gantz abgelegtt, die hatt jerlich auffhebens, gultt, zinß, Handtlon und alle dag 1 Hun auffhebens, haben der ratth daß Hauß verkaufft, dorinn sitzt ein fleischhauer. Der breyttwehck ober Konigsberg hatt jerlich L [50] gl [Gulden] vom radt auffhebens, geben so noch XXV [25] gl [Gulden] hern Linhartten, itzo zu Altenburg Thumher, die XXV [25] gl [Gulden] behalten sye yn [ein]. Die frumeß, gelegen bey der engelmeß, besitztt ein briester, genannt Lorentz. Ist ehelich, heltt nitt meß. Die new frümeß besitztt Philippus, des stadtschreiberß sun. Ist ehelich, predigt, helt nit meß. Er, Hanß, ein barnberger [Bamberger] monig, hatt ein weip, ist werntlich [weltlich].*

Philippus Schad [wohl Schmidt] hat ein erbare nunnen von Sanct Johans geeligtt. Ist Schulmeister. Noch ist ein Deutscher Her [Deutschordensherr] mitt seinem eeheweyp gein Konigsberg komen, do Haußgenoß worden, ein buchbintter. Auch ist die Bruderschafft Anne mit Römischer Gnade und von unserm gd [gnädigen] Herrnn von Wurczburg videmirtt, gancz abgelegtt. Numpt der Rath die jerliche güter yn [ein] und die bruderschafft Jacobi ist auch abgelegtt. So heltt der pfarrer kein meß, er hab dan Communicantes.

Geben uff Tiburcjj [hl. Tiburcius 14. April/11. August] [MD]XXVII [1527]"

Rückseite:

„*Ad dominum viscalem*" *[an den Herrn Fiskal]*

10. Liste der katholischen Oberpfarrer, Pfarrer, Pfarrverweser von Rügheim und Königsberg bis zur Reformation 1528

1353	Konrad von Hammelburg	Oberpfarrer von Rügheim[98]
1366	Friedrich Echer	Pfarrer von Rügheim[99]
1385	Friedrich Reckeis	Pfarrer von Rügheim[100]
1385	Heinrich	Pfarrer von St. Burkard in Königsberg[101]
– 1389	Günther von der Kere	Pfarrer von Rügheim u. Königsberg[102]
1389 –	Johann von Milz	Pfarrer von Rügheim u. Königsberg[103]
1391	Johann Marstaller	Pfarrer von Rügheim[104]
1393 – 1396	Günther von der Kere	Pfarrer von Rügheim u. Königsberg[105]
1396	Johann von Milz	Pfarrer von Rügheim u. Königsberg[106]
1400	Günther von der Kere	Pfarrer von Rügheim u. Königsberg[107]
– 1404	Simon v. Malkoz u. Johann Tylonis v. Kreuznach	Pfarrer von Rügheim u. Königsberg[108]
1405 – 1413	Otto Wolf von Sponheim	Pfarrer von Rügheim u. Königsberg[109]
1418	Konrad Haubner	Pfarrer von Königsberg, da an Werner von Hayn nicht verliehen[110]
1420 – 1426	Richard von Maßbach	Oberpfarrer von Königsberg[111]
1421	Johann Knecht	Pfarrverweser von Rügheim[112]
1423	Martin Rath	Pfarrer von Rügheim und Königsberg[113]
1431	Ernennung, unbekannt	Pfarrer von Rügheim und Königsberg[114]
1437 – 1446	Johann Kloß	Pfarrer von Rügheim und Königsberg[115]
1447 – 1449	Heinrich Bucher	Pfarrer von Rügheim[116]

98 Holzapfel, Priesterbruderschaft (wie Anm. 7), S. 68.

99 Ebd. und Wieland, Augustinerkloster (wie Anm. 8), Reg. 3.

100 Norbert Kandler, Mechenried. Historische Notizen und eine Ablaßurkunde für die Kapelle St. Peter aus dem Jahre 1485. Edition, in: Würzburger Diözesangeschichtsblätter 49 (1987), S. 75–86, bes. S. 77.

101 Staatsarchiv Würzburg, Standbuch 831, fol. 196v.

102 Engel, Vatikanische Quellen (wie Anm. 9), Nr. 348.

103 Ebd., Nr. 348.

104 Ebd., Nr. 346 u. 545. Er war 1391 Kanonikus in Stift Haug zu Würzburg und verstarb 1407 als Pfarrer von Burgebrach; Holzapfel, Priesterbruderschaft (wie Anm. 7), S. 68.

105 Holzapfel, Priesterbruderschaft (wie Anm. 7), S. 69; Krauß, Antiquitates (wie Anm. 4), S. 134.

106 Holzapfel, Priesterbruderschaft (wie Anm. 7), S. 69; Engel, Vatikanische Quellen (wie Anm. 9), Nr. 48.

107 Krauß, Antiquitates (wie Anm. 4), S. 134.

108 Holzapfel, Priesterbruderschaft (wie Anm. 7), S. 69; Engel, Vatikanische Quellen (wie Anm. 9), Nr. 515.

109 Holzapfel, Priesterbruderschaft (wie Anm. 7), S. 69; Engel, Vatikanische Quellen (wie Anm. 9), Nr. 515 u. 668; Kandler, Mechenried (wie Anm. 100), S. 77.

110 Holzapfel, Priesterbruderschaft (wie Anm. 7), S. 69; Engel, Vatikanische Quellen (wie Anm. 9), Nr. 781.

111 Holzapfel, Priesterbruderschaft (wie Anm. 7), S. 69; Krauß, Antiquitates (wie Anm. 4), S. 134.

112 Holzapfel, Priesterbruderschaft (wie Anm. 7), S. 69; N[ikolaus] Reininger, Münnerstadt und seine nächste Umgebung, 1852, S. 166; DAW, Schottkartei.

113 Holzapfel, Priesterbruderschaft (wie Anm. 7), S. 69; Krauß, Antiquitates (wie Anm. 4), S. 134 u. 240.

114 Ebd., S. 134.

115 Holzapfel, Priesterbruderschaft (wie Anm. 7), S. 69; Krauß, Antiquitates (wie Anm. 4), S. 134.

116 Holzapfel, Priesterbruderschaft (wie Anm. 7), S. 69; Krauß, Antiquitates (wie Anm. 4), S. 294; DAW, Hs 5/27, fol. 190; Bucher stirbt 1461.

1455	Hermann Düring	Pfarrer von Rügheim und Königsberg[117]
1464	Johann Herold aus Königsberg, Propst in Altenburg	Pfarrer von Königsberg[118]
1465	Heinrich Ley(m)bach	reserv. Pfarrpfründe Königsberg[119]
1468	Johann Kelner	Pfarrer von Rügheim und Königsberg[120]
1482	Johann Herold s. o.	Pfarrer von Rügheim[121]
1482	Jodokus Werberg	Pfarrverweser von Rügheim[122]
1490/1494	Johann Wüst	Pfarrverweser von Rügheim[123]
1497	Nikolaus Dietz	Pfarrverweser von Königsberg[124]
1494 – 1527	Leonhard Zehender	Pfarrer von Königsberg[125]
1508	Jakob Scharf	Pfarrverweser von Königsberg[126]
1508/1509	Linhard Schwartzbach	Pfarrverweser von Königsberg[127]
1512 – 1522	Andreas Fabri (Schmidt)	Pfarrverweser für Rügheim[128]
vor 1508, 1516	Nikolaus Kießling	Pfarrverweser für Rügheim[129]
1517	Karl Hertel	Pfarrverweser für Rügheim[130]
1518 – 1519	Johann Huther	Pfarrverweser für Königsberg[131]
1519 – 1524/28	Bartholomäus Gütlein	Erster evang. Pfarrer für Königsberg[132]
– 1528	Georg Kestler	Pfarrverweser für Rügheim[133]
1524 – 1536	Georg Büttner	ehem. Prior und Pfarrer für Rügheim[134]
1535	Laurentius Schnetter	Pfarrverweser für Rügheim[135]
1528 – 1557	Wolfgang Hoffmann gen. Horn	Pfarrer von Königsberg und Superintendent für das Amt Königsberg[136]

117 Krauß, Antiquitates (wie Anm. 4), S. 135.
118 Ebd., S. 207.
119 Engel, Vatikanische Quellen (wie Anm. 9), Nr. 1230; Ley(m)bach ist 1485 Pfarrer in Mechenried; Kandler, Mechenried (wie Anm. 100), S. 80.
120 Holzapfel, Priesterbruderschaft (wie Anm. 7), S. 69f.; Krauß, Antiquitates (wie Anm. 4), S. 135.
121 Ebd., S. 135 u. 207.
122 Holzapfel, Priesterbruderschaft (wie Anm. 7), S. 69; Krauß, Antiquitates (wie Anm. 4), S. 294.
123 Holzapfel, Priesterbruderschaft (wie Anm. 7), S. 29, 69 u. 88. Wüst studiert 1494 als Priester in Erfurt, wird 1483 / 1490 als Pfarrer von Oberleichtersbach und 1509–1522 in Stockheim namhaft, wo er resigniert; vgl. Kaspar Gartenhof, Geschichte der Pfarrei Brückenau, Brückenau 1951/52, Heft 1, S. 54; Michael Müller, Das Landkapitel Mellrichstadt (Franconia Sacra), Würzburg 1901, S. 326 u. 338.
124 Holzapfel, Priesterbruderschaft (wie Anm. 7), S. 69; Krauß, Antiquitates (wie Anm. 4), S. 294.
125 Holzapfel, Priesterbruderschaft (wie Anm. 7), S. 69; Krauß, Antiquitates (wie Anm. 4), S. 136.
126 Holzapfel, Priesterbruderschaft (wie Anm. 7), S. 69; Krauß, Antiquitates (wie Anm. 4), S. 294.
127 Ebd., S. 137.
128 Fabri stirbt 1522; Kandler, Ernennungslisten (wie Anm. 51), Nr. 1029.
129 DAW, Nachlass Paul Schöffel, Regesten, Bd. 3, fol. 13 (pag. 6).
130 Krauß, Antiquitates (wie Anm. 4), S. 294; Holzapfel, Priesterbruderschaft (wie Anm. 7), S. 69; Hertel war seit 1494 Vikar im Schloss von Rügheim.
131 Krauß, Antiquitates (wie Anm. 4), S. 137; Huther war vorher Pfarrer in Gemeinfeld.
132 Ebd., S. 137 u. 177; Denzinger, Reformationsgeschichte (wie Anm. 43), S. 110; Kuhr (Bearb.), Ritterschaftliches Pfarrerbuch (wie Anm. 45), S. 433.
133 Krauß, Antiquitates (wie Anm. 4), S. 294.
134 Denzinger, Reformationsgeschichte (wie Anm. 43), S. 111 u. 113.
135 Krauß, Antiquitates (wie Anm. 4), S. 294.
136 Ebd., S. 137; Denzinger, Reformationsgeschichte (wie Anm. 43), S. 110; Kuhr (Bearb.), Ritterschaftliches Pfarrerbuch (wie Anm. 45), S. 433.

11. Vikarien, Frühmessen und Bruderschaften in Königsberg und Rügheim

11.1 Königsberg

Pfarrkirche

Primissaria exempta[137]:
1369 erwähnt – 27. Dezember 1436 fundiert.

Engelmess mit Corporis Christi-Vikarie[138]:
9. April 1437 fundiert – von Stadtrat und Bürger – Präsentation Stadtrat – 9. April 1437 bestätigt – 1528 erwähnt im Zusammenhang mit der *Engelsbruderschaft.*

St. Katharinen-Vikarie (Frühmesse)[139]:
1453 fundiert – von Johann von Melmeringhausen und Bürger – Collation Pfr. zu Königsberg.

St. Thomas-Vikarie[140]:
1453 fundiert – von Johann von Melmeringhausen – Collation Pfr. von Königsberg – erwähnt 1482–1498.

Marien-Vikarie[141]:
fundiert von Johann Kellner – 12. August 1515 bestätigt durch Würzburger Bischof.

St. Urban-Vikarie[142]:
1508 gestiftet – von Johann Kellner und Nikolaus Kießling – Präsentation Stadtrat – 12. August 1515 confirmirt – 1. Februar 1516 besetzt – 1. Juli 1516 bestätigt.

St. Jakobus-Vikarie[143]:
1508 fundiert – von Johann Kellner und Nikolaus Kießling – Präsentation Stadtrat – 12. August 1515 confirmiert durch Bischof von Würzburg – 1. Juli 1516 bestätigt – 26. Juli 1515 besetzt – 1528 erwähnt mit *Sebastiansbruderschaft.*

---

137 Zumkeller, Augustinerklöster (wie Anm. 8), Nr. 940; Krauß, Antiquitates (wie Anm. 4), S. 281 Nr. 9; DAW, Diözesanmatrikel 1618, fol. 66; Wendehorst, Münnerstadt (wie Anm. 6), S. 41; Soder von Güldenstubbe, Restitution (wie Anm. 61), S. 365.

138 Vgl. Edition; DAW, Diözesanmatrikel 1618, fol. 66; Krauß, Antiquitates (wie Anm. 4), S. 78 u. 170; Berbig, Visitation (wie Anm. 25), S. 355; Wendehorst, Münnerstadt (wie Anm. 6), S. 42; Soder von Güldenstubbe, Restitution (wie Anm. 61), S. 365.

139 DAW, Diözesanmatrikel 1618, fol. 66; Krauß, Antiquitates (wie Anm. 4), S. 78 u. 170; Berbig, Visitation (wie Anm. 25), S. 355; Wendehorst, Münnerstadt (wie Anm. 6), S. 41; Soder von Güldenstubbe, Restitution (wie Anm. 61), S. 365.

140 Krauß, Antiquitates (wie Anm. 4), S. 78 u. 169; Berbig, Visitation (wie Anm. 25), S. 355; Wendehorst, Münnerstadt (wie Anm. 6), S. 41.

141 Krauß, Antiquitates (wie Anm. 4), S. 295; Wendehorst, Münnerstadt (wie Anm. 6), S. 41f.; Holzapfel, Priesterbruderschaft (wie Anm. 7), S. 69.

142 DAW, Diözesanmatrikel 1618, fol. 66; DAW, Nachlasss Paul Schöffel, Regesten, Bd. 3, Tom. A. fol. 115, Tom B. fol. 492; Krauß, Antiquitates (wie Anm. 4), S. 78; Wendehorst, Münnerstadt (wie Anm. 6), S. 41; Soder von Güldenstubbe, Restitution (wie Anm. 61), S. 365.

143 Vgl. Edition; DAW, Nachlasss Paul Schöffel, Regesten, Bd. 3, Tom. A. fol. 115, Tom B. fol. 129 u. 492; DAW, Diözesanmatrikel 1618, fol. 66; Krauß, Antiquitates (wie Anm. 4), S. 78; Berbig, Visitation (wie Anm. 25), S. 355; Soder von Güldenstubbe, Restitution (wie Anm. 61), S. 365.

St. Anna-Vikarie und Bruderschaft[144]:
seit mindestens 1490 – von Geistlichen und Laien der Bruderschaft – Collation Vorsteher der Bruderschaft – 8. Oktober 1516 bestätigt durch Bischof von Würzburg.

Elendenbruderschaft[145]:
seit mindestens 1500.

Marienkapelle am „Breiten Weg"
Marien-Vikarie „Unserer Lieben Frau"[146]:
7. und 23. August 1456 Ablass für die Kapelle – 11. August 1501 vom Stadtrat genannt – 12. August 1515 Fundation der Vikarie – von Johann Kellner – Präsentation Stadtrat – 12. August 1515 bestätigt.

St. Burkards-Kapelle außerhalb der Stadtmauer
Vikarie[147]:
mindestens seit 1497 – Collation Bischof von Würzburg – 1497 genannt.

11.2 Rügheim

Pfarrkirche
Frühmesse[148]:
19. April 1446 fundiert – von Eberhard von Schaumberg – 1502 Präsentation.

Schlosskapelle
Vikarie:[149]
1437 Kaplan erwähnt – 12. Juli 1494 fundiert – von Fuchs von Rügheim – Präsentation und Collation Fuchs von Rügheim.

---

[144] Vgl. Edition; DAW, Nachlass Paul Schöffel, Regesten, Bd. 3, Tom. H. fol. 300v; Diözesanmatrikel 1618, fol. 66; Krauß, Antiquitates (wie Anm. 4), S. 169; Berbig, Visitation (wie Anm. 25), S. 355; Wendehorst, Münnerstadt (wie Anm. 6), S. 42; Soder von Güldenstubbe, Restitution (wie Anm. 61), S. 365.

[145] Zeißner (wie Anm. 24), S. 42.

[146] Vgl. Edition; DAW, Nachlass Paul Schöffel, Regesten, Bd. 1, fol. 29; DAW, Diözesanmatrikel 1618, fol. 66; Berbig, Visitation (wie Anm. 25), S. 355; Wendehorst, Münnerstadt (wie Anm. 6), S. 41f.; Soder von Güldenstubbe, Restitution (wie Anm. 61), S. 365.

[147] DAW, Diözesanmatrikel 1618, fol. 66; Krauß, Antiquitates (wie Anm. 4), S. 169; Berbig, Visitation (wie Anm. 25), S. 355; Wendehorst, Münnerstadt (wie Anm. 6), S. 42; Soder von Güldenstubbe, Restitution (wie Anm. 61), S. 365.

[148] Krauß, Antiquitates (wie Anm. 4), S. 294; Holzapfel, Priesterbruderschaft (wie Anm. 7), S. 69f.; Wendehorst, Münnerstadt (wie Anm. 6), S. 40f.; Soder von Güldenstubbe, Restitution (wie Anm. 61), S. 365.

[149] Krauß, Antiquitates (wie Anm. 4), S. 294; Berbig, Visitation (wie Anm. 25), S. 365; Wendehorst, Münnerstadt (wie Anm. 6), S. 40f.

„Ich lasse mir in diesen kirchlichen Sachen nicht herumnörgeln"

Die Verurteilung des Trappstädter Pfarrers Wilhelm Müller durch das Amtsgericht Königshofen im Grabfeld 1940

Eine Quellenedition

Tobias Haaf

1. Im Spannungsfeld von nationalsozialistischer und religiöser Erziehung

Im *Dritten Reich*[1] wurden gerade die öffentlichen Schulen zum Schauplatz für einen „Ringkampf der Ideen".[2] In den zentralen Fragen von Bildung und Erziehung prallten die katholischen und nationalsozialistischen Lehrsysteme und Interessen aufeinander. Hierüber konnten auch die prokirchlichen Bekenntnisse des Reichskanzlers Adolf Hitler in seiner Regierungserklärung vom 23. März 1933[3], in der er die Bedeutung der beiden christlichen Konfessionen für den Staat hervorhob, oder die positiv konnotierten Äußerungen in Regierungsverantwortung stehender Nationalsozialisten nicht lange hinwegtäuschen. Bayerns Kultusminister Hans Schemm hatte nur fünf Tage nach Hitlers Regierungserklärung in einem Erlass vom 28. März 1933 „Über die religiöse und nationale Haltung der Lehrkräfte an den bayerischen Schulen" die Parole ausgegeben: „Unsere Religion heißt Christus, – unsere Politik heißt Deutschland" und betont: „Christentum und Deutschtum sind die obersten Gesetze

---

1 Zu der Wirkungsgeschichte des Begriffs Drittes Reich und seiner Rezeption und durchaus ambivalenten Deutung durch Adolf Hitler selbst vgl. Hans Maier, Hitler und das Reich, in: Vierteljahrshefte für Zeitgeschichte 67 (2019), S. 521–536.

2 Diese Formulierung wählt Bischof Matthias Ehrenfried in seinem Fastenhirtenbrief des Jahres 1939, worin der Oberhirte klagte, die Nationalsozialisten scheuten den „freien Ringkampf der Ideen"; vgl. Diözesanarchiv Würzburg, Mandate, Kasten 10, D IX/63 sowie Würzburger Diözesanblatt 3 (1939), S. 15–26. – Im Anschluss an die Verlesung dieser Passage aus dem Fastenhirtenbrief erklärte Lokalkaplan Philipp Röder in Heinrichsthal, „dass bei einem Ringkampf sich immer 2 Gegner gegenüberstehen, denen beiden Gelegenheit gegeben wird, sich ihrer Kräfte zu messen. Heute ist es allerdings so, dass der eine schreiben und reden kann, was er will, während der andere sich nicht wehren darf."; Bericht der Gendarmerie-Station Heigenbrücken vom 26.02.1939, in: Staatsarchiv Würzburg, Gestapoakten, Nr. 10809.

3 Vgl. Tobias Haaf, Von volksverhetzenden Pfaffen und falschen Propheten. Klerus und Kirchenvolk im Bistum Würzburg in der Auseinandersetzung mit dem Nationalsozialismus (Quellen und Forschungen zur Geschichte des Bistums und Hochstifts Würzburg 61), Würzburg 2005, S. 28f. – Walter Ziegler, Zu Hitlers Frühzeit in Bayern 1918–1924. Neue Bücher und Überlegungen aus der Sicht der bayerischen Geschichte, in: Zeitschrift für bayerische Landesgeschichte 80 (2017), S. 719–767, betont auf S. 758f., Hitler habe „häufig und gern, je nach Lage und Vorteil, mit religiösen Formeln und angeblichen eigenen Überzeugungen rhetorisch gespielt". Vgl. in diesem Zusammenhang auch Paul Hoser, Hitler und die katholische Kirche. Zwei Briefe aus dem Jahr 1927, in: Vierteljahrshefte für Zeitgeschichte 42 (1994), S. 473–492. In den beiden tradierten Briefen wandte sich Hitler an Pfarrer Magnus Gött in Lehenbühl im Allgäu.

eines jeglichen Unterrichts."[4] Doch schon bald erwies sich, dass derartige Formeln bloße Lippenbekenntnisse waren. Selbst das am 10. September 1933 ratifizierte Konkordat zwischen dem Heiligen Stuhl und der Reichsregierung[5], das eine „Annäherung von Kirche und NS-Staat zu bestätigen" schien[6], die Bekenntnis- und Religionsfreiheit garantierte und den katholischen Verbänden, Orden und Schulen sowie dem Religionsunterricht staatliche Protektion zusicherte, bot in der Folge de facto keinen ausreichenden Schutz gegen staatliche Übergriffe.[7]

Der NS-Staat, der empfindlich auf jede Infragestellung seines weltanschaulichen und politischen Gleichschaltungs- und Erfassungsanspruchs reagierte,

---

4 Amtsblatt des Bayerischen Staatsministeriums für Unterricht und Kultus vom 28.03.1933. – Zu dem anfänglich christentumsfreundlicheren Kurs des Kultusministeriums vgl. Manfred Pirner, Zwischen Kooperation und Kampf. Evangelischer Religionsunterricht und christliche Erziehung in bayerischen Schulen während der Zeit des Nationalsozialismus (Studien zur Theologie 17), Würzburg 1998, S. 20–22 u. 42–54. – Zu Hans Schemm vgl. Franz Kühnel, Hans Schemm. Gauleiter und Kultusminister 1891–1935, Nürnberg 1985 sowie Hermann Rumschöttel, Das Bayerische Staatsministerium für Unterricht und Kultus in der NS-Zeit, in: Archivalische Zeitschrift 96 (2019), S. 31–41, bes. S. 35–37.

5 Zu den Konkordatsverhandlungen vgl. Alfons Kupper, Staatliche Akten über die Reichskonkordatsverhandlungen 1933 (Veröffentlichungen der Kommission für Zeitgeschichte, Reihe A: Quellen 2), Mainz 1969 sowie Ludwig Volk (Bearb.), Kirchliche Akten über die Reichskonkordatsverhandlungen 1933 (Veröffentlichungen der Kommission für Zeitgeschichte, Reihe A: Quellen 11), Mainz 1969 und ders., Das Reichskonkordat vom 20. Juli 1933. Von den Ansätzen in der Weimarer Republik bis zur Ratifizierung am 10. September 1933 (Veröffentlichungen der Kommission für Zeitgeschichte, Reihe B: Forschungen 5), Mainz 1972. – Die Beiträge von Konrad Repgen, Reichskonkordats-Kontroversen und historische Logik, in: Manfred Funke u. a. (Hg.), Demokratie und Diktatur. Geist und Gestalt politischer Herrschaft in Deutschland und Europa, Bonn 1987, S. 158–177 sowie Matthias Stickler, Aufwertung des Nationalsozialismus? Die Konkordatspolitik der Katholischen Kirche im Deutschen Reich und Österreich im Spannungsfeld von Staatsloyalität und Regimekritik, in: Würzburger Diözesangeschichtsblätter 74 (2012) (= Karl Hillenbrand / Wolfgang Weiß [Hg.], Reichtum des Glaubens. Festgabe für Bischof Friedhelm Hofmann zum 70. Geburtstag), S. 713–739 führen in die wissenschaftliche Kontroverse zum Reichskonkordat ein. – Aufbereitet für den gymnasialen Religionsunterricht vgl. Tobias Haaf, Beiträge zur Unterrichtspraxis K 9.3, in: Katholisches Schulkommissariat in Bayern (Hg.), Materialien für den Religionsunterricht an Gymnasien. Katholischer Religionsunterricht Jahrgangsstufe 9 nach dem Lehrplan für das achtjährige Gymnasium in Bayern, München 2012, S. 17–21.

6 Maier, Hitler (wie Anm. 1), S. 534.

7 Wie das katholische Sozialmilieu im Bistum Würzburg auf die ständigen Übergriffe und die zunehmende Repression reagierte und welche Konflikte und Streitpunkte zwischen Priestern, Gläubigen und Nationalsozialisten ausgetragen wurden, untersucht die Quellenstudie von Haaf, Von volksverhetzenden Pfaffen (wie Anm. 3). – Vgl. hierzu weiterhin Klaus Wittstadt, Kirche im Widerstand gegen den Nationalsozialismus. Christliche Glaubenshaltung im Dritten Reich nach Regierungspräsidentenberichten und Gestapoakten, in: Würzburger Diözesangeschichtsblätter 37/38 (1975), S. 627–656; ders., Domkapitular Heinrich Leier 1876–1948. Der Hauptschriftleiter des Fränkischen Volksblattes im Kampf gegen den Nationalsozialismus, in: Würzburger Diözesangeschichtsblätter 39 (1977), S. 255–274; Johannes Merz, Der Protest gegen die Schulkreuzentfernungen 1941 in Unterfranken. Zum Hintergrund kirchlicher Verteidigung gegen Maßnahmen des nationalsozialistischen Regimes, in: Würzburger Diözesangeschichtsblätter 52 (1990), S. 409–437; Tobias Haaf, „Den Pfarrer zur Strecke bringen". Hugo Stöhr, Pfarrer von Rannungen und Dekan von Münnerstadt. Eine Priesterbiographie aus der nationalsozialistischen Zeit Unterfrankens, in: Würzburger Diözesangeschichtsblätter 65 (2003), S. 259–336; ders., „Die Äusserungen des Angeklagten haben den öffentlichen Frieden gestört". Die Verurteilung des Waldbrunner Pfarrers Josef Fröhlich durch das Sondergericht Bamberg 1935. Eine Quellenedition, in: Würzburger Diözesangeschichtsblätter 68 (2006), S. 323–350; ders., „Wenn der Pfarrer nicht fortkommt, geht in Waldbrunn alles drunter und drüber". Pfarrer Josef Fröhlich in der Auseinandersetzung mit den nationalsozialistischen Partei-, Polizei- und Justizstellen, in: Cherusker-Blätter 99 (2018), S. 75–85; ders., „Der Angeklagte gehört offenbar zu den politisierenden Geistlichen". Die Verurteilung des Rimparer Kaplans Friedrich Thein durch das Sondergericht Bamberg 1936. Eine Quellenedition, in:

war bemüht, die Einflussnahme der Kirche auf die Jugendlichen mehr und mehr zurückzudrängen. Die Konsequenz dieser Politik benennt der Chef des Sicherheitsdienstes des Reichsführers SS[8] klar in einem Lagebericht vom Mai/

Würzburger Diözesangeschichtsblätter 70 (2008), S. 261–283; Stefan Menz, Suspendierung und Verbannung. Konrad Hoos (1892–1982) und seine Abberufung aus Aschaffenburg als Beispiel für das Herausdrängen geistlicher Lehrkräfte aus dem Religionsunterricht im Dritten Reich. Eine Quellenedition der Gestapoakte, in: Würzburger Diözesangeschichtsblätter 70 (2008), S. 285–298; Tobias Haaf, „Die Verfehlung des Angeklagten ist grober Natur". Die Rolle des Sondergerichts Bamberg bei der Disziplinierung unterfränkischer katholischer Geistlicher, in: Würzburger Diözesangeschichtsblätter 71 (2009), S. 43–107; vgl. auch die weiteren Beiträge von Ulrich Bausewein, Elmar Hochholzer, Oskar Klemmert, Johanna Konrad-Brey, Wolfgang Weiß und Christoph Weißmann zum Thema „Das Bistum Würzburg im NS-Staat", in: Würzburger Diözesangeschichtsblätter 71 (2009), S. 11–161, die Ergebnis der Tagung „Der ‚schwarze Gau'. Das Bistum Würzburg unter nationalsozialistischer Herrschaft" waren, die der Würzburger Diözesangeschichtsverein in Zusammenarbeit mit der Katholischen Akademie Domschule und dem Diözesanarchiv Würzburg am 14. und 15.11.2008 durchgeführt hat; Tobias Haaf, „Der Vorgenannte hat staatsabträgliche Reden geführt". Das Sondergericht Würzburg als Instanz der Disziplinierung und Strafverfolgung in den Jahren 1942 bis 1945, in: Würzburger Diözesangeschichtsblätter 72 (2010), S. 551–576; ders., „Das Verbot führen sich die Sammlerinnen ziemlich stark zu Gemüte". Die Auflösung des „Frauenhilfswerkes für Priesterberufe" in der Diözese Würzburg im September 1939, in: Würzburger Diözesangeschichtsblätter 73 (2011), S. 399–412; ders., „Mißbrauch vaterländischer Melodien zu kirchlichen Zwecken". Kaplan Hermann Schebler von Holzkirchhausen und die Auseinandersetzungen wegen einer Papsthymne mit weltlicher Melodie 1939, in: Würzburger Diözesangeschichtsblätter 75 (2012), S. 221–240; Matthias Leineweber, Seliger Georg Häfner. Ein Märtyrerpriester widersteht dem Nationalsozialismus, in: Würzburger Diözesangeschichtsblätter 75 (2012), S. 179–220; Tobias Haaf, „... eine Verhöhnung der anordnenden Behörden". Witz und Ironie als Waffe und Ventil in der Auseinandersetzung mit dem Nationalsozialismus in Unterfranken, in: Würzburger Diözesangeschichtsblätter 76 (2013), S. 343–369; ders., „Erfüllet gerade in Notzeiten euere Pflichten gegen das Vaterland!". Der Würzburger Diözesanklerus vor der Herausforderung des Zweiten Weltkrieges, in: Würzburger Diözesangeschichtsblätter 77 (2014), S. 247–276; ders., „... eine einzige Anklage gegen die neue Zeit". Die Predigt des Bad Brückenauer Stadtpfarrers Anton Orgeldinger am Silvesterabend des Jahres 1935, in: Würzburger Diözesangeschichtsblätter 78 (2015), S. 503–511; ders., „Dazu habe ich mich als Seelsorger verpflichtet gefühlt". Die Verurteilung des Dipbacher Pfarrers Dr. Gottfried Eder durch das Sondergericht Bamberg 1940. Eine Quellenedition, in: Würzburger Diözesangeschichtsblätter 79 (2016), S. 295–315; ders., „Angesichts einer solchen erdrückenden Last von staatsabträglichen, ja staatsfeindlichen Handlungen und rednerischen Entgleisungen ...". Das gegen Benefiziat Otto Schmitt in Kleinostheim am 1. September 1937 verhängte Schulverbot. Eine Quellenedition, in: Würzburger Diözesangeschichtsblätter 80 (2017), S. 329–373; ders., „Gell, der Pfarrer hat schon recht, die wollen uns Stück für Stück unseren Glauben nehmen". Widerspruch und Opposition katholischer Frauen des Bistums Würzburg im nationalsozialistischen Kirchenkampf, in: Würzburger Diözesangeschichtsblätter 81 (2018), S. 353–395; ders., „Daher muß der Seelsorger in seinem Seelsorgebezirk stets wachsam sein". Die „Leitsätze für den Schulkampf" als Handlungsanweisung für die Würzburger Diözesanpriester in der Abwehr der nationalsozialistischen Gemeinschaftsschule, in: Würzburger Diözesangeschichtsblätter 82 (2019), S. 183–195; ders., „Er hat weltanschauliche Fragen in einer Form erörtert, daß erhebliche Mißverständnisse bei den Schulkindern hervorgerufen werden mußten". Das gegen den Neuendorfer Kaplan Rudolf Keith am 16. November 1939 ausgesprochene Unterrichtsverbot, in: Würzburger Diözesangeschichtsbläter 83 (2020), S. 391–409 sowie ders., „Die Zulassung ist zu widerrufen, wenn Tatsachen bekannt werden, die die politische Unzuverlässigkeit des Religionslehrers oder seine Ungeeignetheit als Erzieher dartun". Die gegen katholische Priester der Diözese Würzburg in der Zeit des Nationalsozialismus ausgesprochenen Schulverbote, in: Jahrbuch für fränkische Landesforschung 79/80 (2020), S. 245–278.

8 „Seit seiner Gründung [im August 1931] in raschem Aufbau begriffen, war es die Aufgabe des SD, die Gegner der NSDAP zu überwachen und Gefahren von der Partei abzuwenden. [...] Dem 1935 gegründeten SD-Hauptquartier unterstanden in den jeweiligen SS-Oberabschnitten SD-(Leit)-Abschnitte und SD-Außenstellen. Ein Netz von Vertrauensleuten (V-Männern) sorgte für den Nachrichtenfluss zur Zentrale, die ihrerseits in regelmäßigen Abständen Lageberichte zusammenstellte. 1934 wurde der SD zum alleinigen Nachrichtendienst der Partei erklärt, 1937 eine exakte Aufgabenteilung zwischen Gestapo und SD vorgenommen. Himmler sicherte sich mit dem SD das Monopol für die gesamte nachrichtendienstliche Tätigkeit der NSDAP. Der SD blieb daher immer eine Parteieinrichtung, und seine Mitglieder wurden von der NSDAP

Juni 1934: „‚Ohne katholische Jugend keine katholische Zukunft!‘ heißt es in einem katholischen Flugblatt. Der Nationalsozialismus muss erwidern: Ohne nationalsozialistische Jugend keine deutsche Zukunft! Die deutsche Zukunft kann nicht zu Gunsten katholischer Ziele preisgegeben werden. So spielt sich der entscheidende Kampf zwischen Nationalsozialismus und Katholizismus ab als ein Kampf um die Jugend. Gekämpft wird: 1. Um die Schule, 2. Um die Jugendverbände."[9]

Gerade der schulische Religionsunterricht bildete eine sensible Nahtstelle zwischen Kirche und totalitärem Staat, die beiderseitig die Weitergabe von Weltdeutungen und Wertvorstellungen an die jüngere Generation betraf. Dabei bot die religiöse Unterweisung, die auf der religiösen Erziehung im Elternhaus aufbauen konnte, der geistlichen Lehrkraft die Möglichkeit, den Kindern und Jugendlichen die katholischen Glaubens- und Sittenlehren zu vermitteln und auf diese Weise jenen christlichen Wertekodex zu tradieren, der von den Nationalsozialisten per se als feindlich oder zumindest störend angesehen und als gefährlich eingestuft wurde.[10] Daher stand als Zielvorgabe der NS-Bildungs-

---

auch besoldet. Heydrich, der Gestapo und SD in Personalunion führte, bot die Gewähr für eine enge Kooperation zwischen beiden Institutionen."; Reinhard Rürup (Hg.), Topographie des Terrors. Gestapo, SS und Reichssicherheitshauptamt auf dem „Prinz-Albrecht-Gelände". Eine Dokumentation, Berlin 1993, S. 63. – Zu Aufbau und Organisation des SD vgl. weiterhin Jens Banach, Heydrichs Elite. Das Führerkorps der Sicherheitspolizei und des SD 1936–1945 (Sammlung Schöningh zur Geschichte und Gegenwart), Paderborn u.a. 1998; George Clark Browder, Foundations of the Nazi Police State. The Formation of Sipo and SD, Lexington 1990 sowie Friedrich Zipfel, Gestapo und Sicherheitsdienst, Berlin 1960.

9 Heinz Boberach (Bearb.), Berichte des SD und der Gestapo über Kirchen und Kirchenvolk in Deutschland 1934–1944 (Veröffentlichungen der Kommission für Zeitgeschichte, Reihe A: Quellen 12), Mainz 1971, S. 23. – Zu den nationalsozialistischen Erziehungszielen und -methoden vgl. die Untersuchungen von Manfred Berger, „Gelobt sei alles, was hart macht!". Das Kindergartenwesen im nationalsozialistischen Deutschland aufgezeigt am Beispiel der Fachzeitschrift „Kindergarten", Saarbrücken 2015; Alexander Bolz, Nationalsozialismus und Gemeinschaftserziehung, Leipzig 2001; Hans-Jochen Gamm, Führung und Verführung. Pädagogik des Nationalsozialismus, München 1990; Ulrich Herrmann (Hg.), „Die Formung des Volksgenossen". Der „Erziehungsstaat" des Dritten Reiches (Geschichte des Erziehungs- und Bildungswesens in Deutschland 6), Weinheim/Basel 1985; Ulrich Herrmann/Jürgen Oelkers (Hg.), Pädagogik und Nationalsozialismus (Reihe Pädagogik), Weinheim/Basel 1989; Wolfgang Keim, Erziehung unter der Nazi-Diktatur, Bd. 1: Antidemokratische Potentiale, Machtantritt und Machtdurchsetzung, Bd. 2: Kriegsvorbereitung, Krieg und Holocaust, Darmstadt 2005; Wolfgang Klafki (Hg.), Verführung, Distanzierung, Ernüchterung. Kindheit und Jugend im Nationalsozialismus. Autobiographisches aus erziehungswissenschaftlicher Sicht (Reihe Pädagogik), Weinheim/Basel 1988; Hans-Uwe Otto/Heinz Sünker (Hg.), Politische Formierung und soziale Erziehung im Nationalsozialismus, Frankfurt a.M. 1991 oder Susanne Watzke-Otto, „Ich war ein einsatzbereites Glied in der Gemeinschaft". Vorgehensweise und Wirkungsmechanismus nationalsozialistischer „Erziehung" am Beispiel des weiblichen Arbeitsdienstes (Studien zur Bildungsreform 33), Frankfurt a.M. 1999. – Peter Dudek, „Der Rückblick auf die Vergangenheit wird sich nicht vermeiden lassen". Zur pädagogischen Verarbeitung des Nationalsozialismus in Deutschland 1945–1990, Opladen 1995 gibt einen Einblick in Forschungsperspektiven, -felder und -methoden erziehungswissenschaftlicher und pädagogischer Untersuchungen zum Nationalsozialismus. – Zu den Auseinandersetzungen zwischen der Kirche, den katholischen Elternhäusern und den nationalsozialistischen Staats- und Parteistellen wegen der Erziehung der Kinder und Jugendlichen in Unterfranken vgl. Karl-Werner Goldhammer, Katholische Jugend Frankens im Dritten Reich. Die Situation der katholischen Jugendarbeit unter besonderer Berücksichtigung Unterfrankens und seiner Hauptstadt Würzburg, Frankfurt a.M. 1987 sowie Haaf, Von volksverhetzenden Pfaffen (wie Anm. 3), S. 40–134.

10 Beispielsweise wurde der Religionsunterricht von Karl Stecher, Stiftskaplan in Aschaffenburg, 1935 durch den Kreisleiter beanstandet. Dieser warf dem Geistlichen eine „antinationalsoz. und antivaterländ. Erziehung" seiner Schüler vor; vgl. Diözesanarchiv Würzburg, Fragebogen A, Nationalsozialistische Verfolgung katholischer Geistlicher, Karl Stecher.

politik von Anfang an „die völlige Beseitigung des Religionsunterrichts und sein Ersatz durch nationalsozialistischen Weltanschauungsunterricht“[11] fest. Systematisch gingen die Nationalsozialisten deshalb 1936 gegen die klösterlichen Lehrerinnen vor[12], erzwangen 1937 unter enormem staatlichen Druck die Umwandlung der *Bekenntnisschulen* in *Gemeinschaftsschulen*, was im katholisch geprägten Unterfranken den organisierten breiten Widerstand von Bistumsleitung, Seelsorgeklerus und Eltern provozierte[13], dezimierten die Stundentafeln für den Religionsunterricht[14], verdrängten eine wachsende Zahl von Geistlichen über Unterrichtsverbote aus den öffentlichen Schulen[15], griffen in die Lehrpläne ein und diktierten die Unterrichtsinhalte. So erließ das Reichsministerium für Wissenschaft, Erziehung und Volksbildung am 14. Januar 1941 strenge Bestimmungen für die „Behandlung geschichtlicher Themen im Religionsunterricht“. Demnach waren die Religionslehrer durch die Schulleitung anzuweisen, „dass sie sich innerhalb der durch ihr Unterrichtsfach gesteckten Grenzen zu halten und jeder Übergriffe auf andere Unterrichtsfächer zu enthalten haben“. Beispielsweise wurde es ihnen untersagt, „das Verhältnis von Papsttum u. Kaisertum“ oder „die Kreuzzüge“ in der Religionsstunde zu thematisieren, andernfalls drohte ihnen Schulverbot.[16]

Der am 25. Oktober 1895 in Salz bei Neustadt an der Saale geborene Wilhelm Müller, katholischer Pfarrer von Trappstadt, reiht sich ein in die Gruppe der Geistlichen des Bistums Würzburg, über die die Regierung von Unterfranken ein Schulverbot verhängte.[17] Im Zusammenhang mit zwei Anzeigen der Gendarmerie-Station Trappstadt „wegen Verhetzung der Kinder in der Religionsstunde und Vergehen gegen das Heimtückegesetz“[18] untersagte das unterfränkische Regierungspräsidium mit Entschließung vom 15. Juni 1937 Wilhelm Müller „mit sofortiger Wirkung die Erteilung des Religionsunterrichts an der Volkshaupt- und Volks-Fortbildungsschule in Trappstadt“.[19] Pfarrer Müller wurde angelastet, „vor den Eltern seiner Pfarrgemeinde einen Aufklärungsvortrag“ gehalten und hierbei Äußerungen gemacht zu haben, die „nachdrücklichste Abwehr und schulaufsichtliches Einschreiten“ erforderlich machten. Unter anderem habe der Geistliche „gegen die Gemeinschaftsschule

---

11 Rolf Eilers, Die nationalsozialistische Schulpolitik. Eine Studie zur Funktion der Erziehung im totalitären Staat, Köln / Opladen 1963, S. 25.

12 Vgl. Haaf, Von volksverhetzenden Pfaffen (wie Anm. 3), S. 40–60.

13 Vgl. ebd., S. 60–97.

14 Vgl. ebd., S. 97–102 u. 117–120.

15 Vgl. ebd., S. 123–130 sowie Menz, Suspendierung (wie Anm. 7); Haaf, „Angesichts einer solchen erdrückenden Last von staatsabträglichen, ja staatsfeindlichen Handlungen und rednerischen Entgleisungen ...“ (wie Anm. 7) und ders., „Er hat weltanschauliche Fragen in einer Form erörtert, daß erhebliche Mißverständnisse bei den Schulkindern hervorgerufen werden mußten“ (wie Anm. 7).

16 Der Erlass ist zitiert in einem Schreiben des Bezirksschulamts Würzburg vom 24.02.1941 an die Leiter der Volksschulen, in: Diözesanarchiv Würzburg, NSDAP Kirchenakten, Rottendorf, Pfarrer Karl Schnabel 1936/37/41.

17 Vgl. Haaf, Von volksverhetzenden Pfaffen (wie Anm. 3), S. 123–130.

18 Schreiben der Geheimen Staatspolizei München vom 13.04.1938, in: Staatsarchiv Würzburg, Gestapoakten, Nr. 8226.

19 Entschließung der Regierung von Unterfranken Nr. 6406 a 71 vom 15.06.1937, in: Staatsarchiv Würzburg, Gestapoakten, Nr. 8226.

Stimmung" gemacht und „zum Kampf gegen nationalsozialistisches Schrifttum" aufgerufen.[20]

Wie aus dem Polizeibericht vom 21. April 1937 hervorgeht, hat Wilhelm Müller vor den rund 60 versammelten Eltern vor allem die Frage der Umwandlung der katholischen *Bekenntnisschule* in die nationalsozialistisch überformte *Deutsche Gemeinschaftsschule* intensiv erörtert: „Als weiteren Punkt behandelte Pfarrer Müller die Abstimmung für die Gemeinschaftsschule. Er warnte die Anwesenden, hier irgendwie eine Unterschrift zu leisten, für den Fall[, dass] Werber in die Häuser kommen sollten, die für die Gemeinschaftsschule werben. Er persönlich gebe schon seit langer Zeit niemals seine Unterschrift mehr her, weil man nicht weiß, was mit der Unterschrift alles gemacht wird. In Eichstätt sei man bei der Abstimmung für die Gemeinschaftsschule folgendermaßen vorgegangen: ‚Die Werber für die Gemeinschaftsschule seien mit ihren Abstimmzetteln in die Häuser gegangen und hätten dort die Unterschrift für die Einführung der Gemeinschaftsschule von den Leuten verlangt. Als man den Werbern die Unterschrift verweigert habe, weil man die Einführung der Gemeinschaftsschule nicht wollte, haben diese Leute – die Werber – darum gebeten, doch die Unterschrift zu geben, damit sie zu wenigstens den Nachweis haben, daß sie da gewesen sind, d. h., daß sie für die Gemeinschaftsschule geworben haben. Die Leute haben sich verleiten lassen und haben ihre Unterschrift hergegeben, damit die Werber den Nachweis erbringen konnten, daß sie die einzelnen Personen aufgesucht haben. Nachträglich habe man gesagt, daß alle Leute für die Gemeinschaftsschule gestimmt haben. Man sehe also hier, wie es gehen kann, wenn man seine Unterschrift hergibt.' Er warnte eingehend davor, bei der Abstimmung über die Einführung der Gemeinschaftsschule eine Unterschrift herzugeben, da man nicht weiß, was nachträglich mit der Unterschrift des andern alles gemacht wird."[21] Die Regierung von Unterfranken war in ihrer Begründung des gegen Pfarrer Wilhelm Müller ausgesprochenen Unterrichtverbots um eine Gegendarstellung bemüht: „Nach den alsbaldigen Feststellungen der Regierung bei den maßgebenden Stellen kann keine Rede von Irreführung, Überrumpelung oder gar Überlistung sein. Die gegenteilige Behauptung wurde als Verleumdung der mit dem Abstimmungsgeschäft betrauten Personen bezeichnet. Auf Veranlassung der Regierung wurde die Öffentlichkeit in Trappstadt sofort entsprechend aufgeklärt."[22]

Was das nationalsozialistische Schriftgut anbelangte, so kritisierte Pfarrer Wilhelm Müller in erster Linie den monatlich erscheinenden „Schulungsbrief"[23], der in den Jahren 1934 bis 1944 *das* zentrale Schulungsorgan der *Nationalsozialistischen Deutschen Arbeiterpartei* (NSDAP) und der *Deutschen Arbeitsfront* (DAF) war, sowie die von 1933 bis 1944 ebenfalls monatlich erschienene, vom *Nationalsozialistischen Lehrerbund* (NSLB) herausgegebene Schülerzeit-

---

[20] Staatsarchiv Würzburg, Gestapoakten, Nr. 8226.

[21] Bericht Nr. 576 der Gendarmerie-Station Trappstadt vom 21.04.1937, in: Staatsarchiv Würzburg, Gestapoakten, Nr. 8226.

[22] Entschließung der Regierung von Unterfranken Nr. 6406 a 71 vom 15.06.1937, in: Staatsarchiv Würzburg, Gestapoakten, Nr. 8226.

[23] Vgl. Lars Ollig, Mentale Kriegsmobilisierung im NS-Schulungsbrief 1934–1944, München 2012 sowie das entsprechende Digitalisierungsprojekt der Forschungsstelle NS-Pädagogik an der Goethe-Universität Frankfurt a. M.

schrift „Hilf mit!“.[24] Wilhelm Müller ermahnte die Gläubigen seiner Pfarrei: „Die Eltern sollten schauen, was ihre Kinder in die Hände bekämen, sie sollten derartigen Zeitschriften den Eingang in ihre Häuser verwehren. Kämen solche Sachen ins Haus, dann wüßten die Eltern ja, daß sie am besten ins Feuer gehörten.“[25]

Nach ausführlicher Schilderung und Bewertung der gegen Pfarrer Müller erhobenen Anschuldigungen fällt das abschließende Gesamturteil der Regierung von Unterfranken eindeutig aus: „Die besprochenen rednerischen Darlegungen Müllers stellen einen krassen Mißbrauch der Kirche dar. Es handelt sich weder um eine Predigt noch um einen Aufklärungsvortrag, sondern um Ausführungen, welche mit dem Ausdruck: ‚staatsabträglich‘ noch gelind gekennzeichnet sind.

Aus allem geht zweifellos hervor: Pfarrer Müller erfüllt nicht die Voraussetzungen, die im Dritten Reich an einen Lehrer der deutschen Jugend in seiner erziehlichen und politischen Haltung gestellt werden müssen.“[26]

Weil Pfarrer Müller „in der Kirche zu Trappstadt sich über staatliche Angelegenheiten abfällig geäußert hatte“[27], erstattete das Bezirksamt Königshofen im Grabfeld in dieser Angelegenheit zugleich Anzeige bei der Oberstaatsanwaltschaft des Sondergerichts Bamberg[28] „wegen Vergehens gegen das Heimtückegesetz“.[29] Laut Mitteilung des Oberstaatsanwalts vom 15. September 1937 wurde das Verfahren eingestellt, „da ein strafbarer Tatbestand nicht nachzuweisen sei“[30]. Am 17. Juli 1938 wurde der Geistliche erneut wegen eines Verstoßes gegen das *Gesetz gegen heimtückische Angriffe auf Staat und Partei und zum Schutz der Parteiuniformen*[31] zur Anzeige gebracht. Er hatte die Zu-

---

24 Vgl. Benjamin Ortmeyer, Indoktrination, Rassismus und Antisemitismus in der Nazi-Schülerzeitschrift „Hilf mit!“ (1933–1944), Weinheim 2013 sowie das betreffende Digitalisierungsprojekt der Forschungsstelle NS-Pädagogik an der Goethe-Universität Frankfurt a. M.

25 Entschließung der Regierung von Unterfranken Nr. 6406 a 71 vom 15.06.1937, in: Staatsarchiv Würzburg, Gestapoakten, Nr. 8226.

26 Staatsarchiv Würzburg, Gestapoakten, Nr. 8226.

27 Aktenvermerk der Geheimen Staatspolizei Würzburg Nr. 1732/38-II B. vom 29.04.1938, in: Staatsarchiv Würzburg, Gestapoakten, Nr. 8226.

28 Zu Einrichtung, Funktion und Ideologie der Sondergerichte vgl. Bernward Dörner, „Heimtücke“. Das Gesetz als Waffe. Kontrolle, Abschreckung und Verfolgung in Deutschland 1933–1945 (Sammlung Schöningh zur Geschichte und Gegenwart), Paderborn u. a. 1998, S. 34–48 sowie Helmut Kramer, Richter vor Gericht. Die juristische Aufarbeitung der Sondergerichtsbarkeit, in: Justizministerium des Landes Nordrhein-Westfalen (Hg.), Nationalsozialistische Sondergerichtsbarkeit (Juristische Zeitgeschichte 15), Düsseldorf 2007, S. 122–172. – Die Untersuchung von Anna Blumberg-Ebel, Sondergerichtsbarkeit und „politischer Katholizismus“ im Dritten Reich (Veröffentlichungen der Kommission für Zeitgeschichte, Reihe B: Forschungen 55), Mainz 1990 und der Beitrag von Norbert Keil, Priester und Ordensleute vor dem Sondergericht München, in: Georg Schwaiger (Hg.), Das Erzbistum München und Freising in der Zeit der nationalsozialistischen Herrschaft, Bd. 1, München / Zürich 1984, S. 489–580 geben Aufschluss über die sondergerichtliche Spruchpraxis gegen katholische Geistliche. – Für die Verhältnisse im Bistum Würzburg und die 1933 in Bamberg und 1942 in Würzburg installierten Sondergerichte vgl. die Untersuchungen von Haaf, „Die Verfehlung des Angeklagten ist grober Natur“ (wie Anm. 7) sowie ders., „Der Vorgenannte hat staatsabträgliche Reden geführt“ (wie Anm. 7).

29 Aktenvermerk der Geheimen Staatspolizei Würzburg Nr. 1732/38-II B. vom 29.04.1938, in: Staatsarchiv Würzburg, Gestapoakten, Nr. 8226.

30 Staatsarchiv Würzburg, Gestapoakten, Nr. 8226.

31 Reichsgesetzblatt 1934 I, S. 1269. – Einen Überblick über die Einzelheiten des *Heimtückegesetzes* gibt Blumberg-Ebel, Sondergerichtsbarkeit (wie Anm. 28), S. 46–52. Eine genaue Darstellung bietet die Studie von Dörner, „Heimtücke“ (wie Anm. 28).

hörer seiner Predigt gewarnt: „In unseren Tagen gibt es viele falsche Propheten, die euch mit allen schönen Worten von euerem Glauben bringen wollen. Sie verleugnen Gott u. untergraben alle Gesetze der Sittlichkeit.“[32]

Das Bestreben der nationalsozialistischen Machthaber war es, andere und insbesondere konfessionelle Einflüsse auf die Erziehung der jungen Generation zurückzudrängen und auszuschalten. Durch das planmäßige Herausdrängen aus den Schulen drohte der katholischen Kirche in Deutschland ein Kontinuitätsbruch, der ihren ideellen und institutionellen Fortbestand ernsthaft gefährdete. Je stärker die Repressalien auf Geistliche in den öffentlichen Schulen zunahmen und je mehr ihr Einfluss dort schwand[33], umso mehr wurde die kirchliche Katechese intensiviert und umso stärker nahmen die Seelsorger die Eltern in die Pflicht. So auch Pfarrer Müller, wenn er an die Eltern appellierte: „Das liegt nun an Euch, daß Euere Kinder in die Kirche kommen!“[34]

Die Stoßrichtung hatte der Würzburger Bischof Matthias Ehrenfried bereits in seinem Weihnachtshirtenwort des Jahres 1937 vorgegeben: „Es ist ein unveräußerliches Recht der Kirche, von sich aus die katholische Jugend im Glauben zu unterrichten. Dies kann durch keine staatliche Maßnahme beeinträchtigt werden. Wo daher ein Geistlicher aus dem Religionsunterrichte der Schule verbannt wird, hat er gleichwohl im Auftrage des Bischofs Beicht-, Kommunion- und Firmungsunterricht außerhalb des schulplanmäßigen Religionsunterrichts zu geben. Dazu kommt die rein religiöse Belehrung der Kinder im Sinne der Jugendseelsorge in geeigneten Räumen ohne schulplanmäßigen Charakter, aber zur Einführung der Jugend in den gesamten Glauben. Darüber werde ich noch besondere Anordnungen erlassen.[35]

---

[32] Aktenvermerk der Geheimen Staatspolizei Würzburg Nr. 1732/38-II B. vom 29.04.1938, in: Staatsarchiv Würzburg, Gestapoakten, Nr. 8226.

[33] Vgl. hierzu Haaf, Von volksverhetzenden Pfaffen (wie Anm. 3), S. 123–134 u. 211–216.

[34] Entschließung der Regierung von Unterfranken Nr. 6406 a 71 vom 15.06.1937, in: Staatsarchiv Würzburg, Gestapoakten, Nr. 8226.

[35] Beispielsweise verständigte das Generalvikariat im November 1940 die Stadtkommissariate und Dekanate des Bistums: „Bekanntlich ist im Vorjahr der Religionsunterricht in allen Klassen der Volksschule auf zwei Wochenstunden verkürzt worden. Durch die Anordnung des sogenannten Abteilungsunterrichtes und die ME. [Ministerialentschließung] vom 7.2.40 Nr. IV. 1875, dass die Unterrichtskürzungen jeweils sämtliche lehrplanmäßige Unterrichtsfächer anteilmäßig treffen mussten, um das derzeitige Verhältnis der Lehrfächer untereinander nicht zu verschieben, erleidet der lehrplanmäßige Rel. Unterricht weitere empfindliche Einschränkung, so dass vielerorts die Jahresziele der relig. Unterweisung u. Erziehung der Volksschulpflichtigen im Rahmen des schulischen Rel. Unterrichtes nicht mehr erreicht werden können. Namentlich leidet unter diesen Einschränkungen die Gebetserziehung, das Erlernen der wichtigsten Gebetsformeln u. Kirchenlieder sowie die Behandlung der Heilsgeschichte und die Einführung in das Kirchenjahr u. in das gottesdienstliche Leben der Pfarrei.
Aus diesen Gründen ergeht hiemit nachstehende oberhirtliche Anordnung: Wo immer die dargelegten Verhältnisse vorliegen, sind die Seelsorgsvorstände verpflichtet, in allen Gemeinden regelmäßig, d. h. wöchentlich ein- oder zweimal die Volksschüler – entweder alle oder einzelne Jahrgänge bzw. Abteilungen – zum kirchl. Zusatzunterricht in der Form der üblichen Kinderseelsorgsstunden zu versammeln. Dieser kirchl. Unterricht ist in der Kirche oder einem kircheneigenen Raum abzuhalten. Die Benutzung der Schulräume ist an jenen Orten zu beantragen, wo bei der Trennung von Kirchen- und Schuldienst ein diesbezüglicher Vorbehalt gemacht wurde. Durch schriftliche Mietverträge kann allenfalls auch ein heizbarer Saal einer karitativen Anstalt für [die] bestimmten Stunden als kircheneigener Raum gewonnen werden. Der staatliche Schulzwang und die staatl. Bestimmungen über das Züchtigungsrecht erstrecken sich nicht auf diesen kirchl. Unterricht. Möge es allen Seelsorgern gelingen, diese Seelsorgestunden recht anziehend u. lehrreich zu gestalten, damit dauernder Segen von ihnen f. d. relig. Leben der Jugend ausgehe u. diese Weihestunden den Kindern noch in späten Jahren in lb. Er-

Liebe katholische Eltern, es ist euere Pflicht, die Kinder zu diesen kirchlichen Unterweisungen zu schicken."[36] In jeder Pfarrei des Bistums richteten die Seelsorger katechetischen Unterricht für Kinder und Jugendliche ein. Der Kirchenraum bildete einen Schutzraum, in den hinein die Verfügungsgewalt von Staat und Partei nicht reichte. Priester, über die ein Schulverbot verhängt worden war, konnten durch die Initiative kirchlich organisierten Unterrichts den Verlust der institutionellen Unterweisung der Schülerschaft in gewissem Umfang kompensieren. Pfarrer Wilhelm Müller installierte in Trappstadt ebenfalls diesen außerschulischen Religionsunterricht. 1940 geriet sein Unterricht jedoch ins Visier des Bürgermeisters und stellvertretenden NSDAP-Ortsgruppenleiters Gregor Klopf, da der Geistliche, für den doch „Religionsverbot" bestehe, ungeachtet dessen er „schon jahrelang religiöse Übung in der Kirche" erteile, neuerdings „in der Kinderanstalt ‚Nivard-Kirchner-Stiftung' Unterricht erteilt, und zwar nicht nur Beicht-Kommunionunterricht, sondern auch Religionsunterricht".[37] Bürgermeister Klopf hatte selbst beobachtet, „wie Kinder aller Schulklassen mit Bibel u. Katechismus in die Kinderbewahranstalt gingen"[38], und gemutmaßt, dass Pfarrer Müller, der „ein ganz gemeiner Gegner" sei, andernfalls „müsste nicht jeder Ortsgruppenleiter und Gend.Posten mit ihm zu tun haben", „bei der Jugend erst recht macht, was er will", da sie „in dieser Hinsicht noch etwas empfindlicher" sei als die Erwachsenen, die „die fast jeden Sonntag stattfindenden Sticheleien" bereits gewöhnt seien.[39]

Auf der Grundlage der Nachforschungen und Ermittlungen des Gendarmerie-Einzelpostens Trappstadt und des Königshofener Landrats in dieser Sache und aufgrund von „hetzerischen Äußerungen"[40] in seinen Predigten erstattete die Geheime Staatspolizei Würzburg[41] am 1. April 1940 Strafanzeige gegen

---

innerung bleiben. Die H. Dekane werden beauftragt, mit den Seelsorgern diese f. d. Erhaltung des Glaubens vordringl. Anordnung zu besprechen und evtl. helfend einzugreifen."; Diözesanarchiv Würzburg, Dokumentation Deutsche Zeitgeschichte, Kasten 24, 4. Nationalsozialismus (1933–1945), 4.18 Sammlung Dr. Schebler, 4.16.4: Verlautbarungen des Bischöflichen Ordinariats Würzburg, Bekenntnisschule/Religionsunterricht.

36 Diözesanarchiv Würzburg, Mandate, Kasten 10, D IX/31.

37 Schreiben des Bürgermeisters und stellvertretenden NSDAP-Ortsgruppenleiters von Trappstadt an die Kreisleitung der NSDAP Königshofen im Grabfeld vom 23.02.1940, in: Staatsarchiv Würzburg, Gestapoakten, Nr. 8226.

38 Zeugenaussage des Gregor Klopf vor dem Gendarmerie-Einzelposten Trappstadt am 20.03.1940, in: Staatsarchiv Würzburg, Gestapoakten, Nr. 8226.

39 Schreiben des Gregor Klopf an die Kreisleitung der NSDAP Königshofen im Grabfeld vom 23.02.1940, in: Staatsarchiv Würzburg, Gestapoakten, Nr. 8226.

40 Bericht Nr. 419 des Gendarmerie-Einzelpostens Trappstadt an den Königshofener Landrat vom 20.03.1940, in: Staatsarchiv Würzburg, Gestapoakten, Nr. 8226.

41 § 1 Artikel 1 des *Gesetzes über die Geheime Staatspolizei* vom 10.02.1936 führte aus: „Die Geheime Staatspolizei hat die Aufgabe, alle staatsgefährlichen Bestrebungen im gesamten Staatsgebiet zu erforschen und zu bekämpfen, das Ergebnis der Erhebungen zu sammeln und auszuwerten, die Staatsregierung zu unterrichten und die übrigen Behörden über wichtige Feststellungen auf dem Laufenden zu halten und mit Anregungen zu versehen."; zitiert nach Rürup, Topographie (wie Anm. 8), S. 58. – Da auch die Aktivitäten von Geistlichen oft als „staatsabträglich" und „staatsfeindlich" geahndet wurden, war die Gestapo „ein besonderer Gehilfe der Partei bei der Bekämpfung der katholischen Kirche", wie es Klaus Wittstadt formulierte; Wittstadt, Domkapitular (wie Anm. 7), S. 259. John S. Conway, Die nationalsozialistische Kirchenpolitik. Ihre Ziele, Widersprüche und Fehlschläge, München 1969 charakterisiert auf S. 192f. das Vorgehen der Gestapo gegen missliebige Priester folgendermaßen: „Die Gestapo konnte weitgehend selbst entscheiden, welche ‚politischen' Aktionen der Geistlichen ein polizeiliches Einschreiten

Wilhelm Müller beim Oberstaatsanwalt des Landgerichts Schweinfurt.[42] Die Strafsache kam vor dem Amtsgericht Königshofen im Grabfeld zur Verhandlung.[43]

2. Edition des Urteils vom 30. Juli 1940

Ds. 4/40.

Im Namen des Deutschen Volkes!

Urteil [i. O. gesperrt und unterstrichen]

In dem Strafverfahren

gegen

Müller [i. O. gesperrt] Wilhelm, kath. Pfarrer in Trappstadt

wegen Vergehens nach der VO. zum Schutze von Volk u. Staat[44] u. a. erkennt das Amtsgericht Königshofen i. Gr. in der öffentlichen Sitzung vom 30. Juli 1940, an der teilgenommen haben:

1. Amtsgerichtsrat Dr. Bachmann
   als Vorsitzender,
2. Staatsanwalt Dr. Koch,
   als Beamter der Staatsanwaltschaft,
3. Justizassistent Lehmann
   als stv. Urk. Beamter der Geschäftsstelle

auf Grund der Hauptverhandlung für Recht:

---

erforderten, und sie bestand auf ihrem Recht, ‚unmittelbar' einzugreifen, wenn die Sicherheit des Staates bedroht schien. In ihren lokalen Maßnahmen war sie oftmals strenger, als es die Anweisungen vorsahen, und Einschüchterungs- und Terrorakte wurden als das einzig adäquate Mittel zur Abschreckung der ‚politischen' Opposition deklariert." – Zu den Verhältnissen in Unterfranken vgl. weiterhin Haaf, Von volksverhetzenden Pfaffen (wie Anm. 3), passim sowie Christoph Weißmann, Geheime Staatspolizei und Würzburger Diözesanleitung. Strategien und Verhaltensweisen in der Auseinandersetzung 1933–1939, in: Würzburger Diözesangeschichtsblätter 71 (2009), S. 19–41. – Zu Einrichtung, Organisation und Einsatz der Gestapo vgl. darüber hinaus Carsten Dams / Michael Stolle, Die Gestapo. Herrschaft und Terror im Dritten Reich, München 2009; Martin Faatz, Vom Staatsschutz zum Gestapo-Terror. Politische Polizei in Bayern in der Endphase der Weimarer Republik und in der Anfangsphase der nationalsozialistischen Diktatur (Studien zur Kirchengeschichte der neuesten Zeit 5), Würzburg 1995; Robert Gellately, Die Gestapo und die deutsche Gesellschaft. Die Durchsetzung der Rassenpolitik 1933–1945, Paderborn u. a. 1994; Hans-Joachim Heuer, Geheime Staatspolizei. Über das Töten und die Tendenzen der Entzivilisierung (Materiale Soziologie 4), Berlin 1995 sowie Friedrich Wilhelm, Die Polizei im NS-Staat. Die Geschichte ihrer Organisation im Überblick, Paderborn 1997. – Mit dem Spannungsverhältnis von populärer Einschätzung und faktischer Macht der Gestapo und der Problematik der Entstehung der Gestapo-Mythen und ihrer Übernahme in die Forschung haben sich ausführlich Klaus-Michael Mallmann und Gerhard Paul auseinandergesetzt; vgl. Klaus-Michael Mallmann / Gerhard Paul, Allwissend, allmächtig, allgegenwärtig? Gestapo, Gesellschaft und Widerstand, in: Zeitschrift für Geschichtswissenschaft 41 (1993), S. 948–999 sowie dies., Die Gestapo. Mythos und Realität, Darmstadt 1995.

42 Vgl. Anzeige II B-3455/40-Im. vom 01.04.1940, in: Staatsarchiv Würzburg, Gestapoakten, Nr. 8226.

43 Vgl. das im Folgenden edierte Urteil des Amtsgerichts Königshofen im Grabfeld vom 30.07.1940, in: Staatsarchiv Würzburg, Gestapoakten, Nr. 8226.

44 Reichsgesetzblatt 1933 I, S. 83; vgl. Haaf, „Die Verfehlung des Angeklagten ist grober Natur" (wie Anm. 7), S. 48–50 sowie ders., „Der Vorgenannte hat staatsabträgliche Reden geführt" (wie Anm. 7), S. 551f.

Müller [i. O. gesperrt] Wilhelm, geb. am 25. Oktober 1895 zu Salz, kath. Pfarrer in Trappstadt, ist schuldig

1. eines fortgesetzten Vergehens nach § 4 der VO. zum Schutze von Volk u. Staat vom 28.2.1933 in Verbindung mit der Bekanntm. des bayer. Staatsministeriums des Innern v. 13.6.33 in Tateinheit mit einem fortgesetzten Vergehen der Amtsanmassung gem. § 132 RStGB.
2. sachlich zusammentreffend mit einem Vergehen des Kanzelmissbrauchs[45] gem. § 130 a RStGB.
3. weiterhin sachlich zusammentreffend mit einem Vergehen der öffentlich verübten Beleidigung gem. §§ 185, 194, 196, 200 RStGB. und wird deshalb verurteilt,

wegen der Vergehen zu 1. zur Geldstrafe von 250 RM, ersatzweise 50 Tage Gefängnis, wegen des Vergehens zu 2. anstelle einer an sich verwirkten Gefängnisstrafe von 20 Tagen, zur Geldstrafe von 100 RM, und wegen des Vergehens zu 3. zur Geldstrafe von 100 RM, ersatzweise 20 Tage Gefängnis.

Dem Strafantragsteller wird die Befugnis zugesprochen, die Verurteilung auf Kosten des Schuldigen binnen 2 Wochen nach Rechtskraft im „Bote vom Grabfeld" einmal öffentlich bekannt zu machen.[46]

Der Verurteilte hat die Kosten des Verfahrens und des Strafvollzugs zu tragen.

Gründe: [i. O. unterstrichen]

Der Angeklagte ist seit dem Jahre 1933 als kath. Pfarrer in Trappstadt tätig. Mit Entschliessung der Reg. v. Mainfranken wurde ihm am 15.6.1937 die Erlaubnis zur Erteilung des Religionsunterrichts an der Volkshaupt- u. Volksfortbildungsschule in Trappstadt entzogen. Diese Massnahme wurde damit begründet, dass der Angeklagte wegen staatsabträglichen Verhaltens nicht die Voraussetzungen erfüllt, die im 3. Reich an einen Lehrer der deutschen Jugend in seiner erziehlichen und politischen Haltung gestellt werden müssen.[47]

Nach Entziehung der Erlaubnis zur Erteilung des Religionsunterrichts in der Schule hielt nun der Angeklagte regelmässig in der Kirche sogenannte „Seelsorgestunden" ab. Nach dem Wesen der Seelsorgestunden befragt, bezeichnet diese der Angeklagte als religiöse Unterrichtung. Im Laufe des Monats Februar 1940 verlegte der Angeklagte die Ausübung dieser Tätigkeit in einen Raum der Nivard-Kirchner-Stiftung. Es handelt sich dabei um eine weltliche Stiftung, deren Gebäude teilweise Schulzwecken und teilweise der Betreuung von Klein-

[45] Vgl. überblicksartig Haaf, „... eine einzige Anklage gegen die neue Zeit" (wie Anm. 7), S. 503–506 oder exemplarisch den Fall von Pfarrer Josef Fröhlich, der 1935 durch das Sondergericht Bamberg wegen Kanzelmissbrauchs zu einer dreimonatigen Gefängnisstrafe verurteilt wurde. Der Waldbrunner Pfarrer hatte sich öffentlich unter anderem gegen die nationalsozialistische Jugenderziehung und Kirchenpolitik sowie gegen Pressezensur und Meinungsdiktatur gewandt; vgl. hierzu Haaf, „Die Äusserungen des Angeklagten haben den öffentlichen Frieden gestört" (wie Anm. 7).

[46] Die (nicht selten reißerische) Presseberichterstattung über Prozesse gegen katholische Geistliche war im gesamten Bistumsgebiet während der nationalozialistischen Jahre Unterfrankens verbreitet; vgl. hierzu Haaf, Von volksverhetzenden Pfaffen (wie Anm. 3), passim.

[47] Vgl. die Entschließung der Regierung von Unterfranken Nr. 6406 a 71 vom 15.06.1937, in: Staatsarchiv Würzburg, Gestapoakten, Nr. 8226.

kindern durch Ordensschwestern dient. Vorsitzender des Verwaltungsrats ist der Landrat und stellvertretender Vorsitzender ist der jeweilige Ortspfarrer. Besondere Rechte sind der Kirche an diesem Gebäude nicht eingeräumt. Der Angeklagte hat nun in der fraglichen Zeit, darunter auch am 20.II.40 in dem sogenannten Anstaltssaal, der nach seiner Ausstattung mit Bänken zur Unterrichtserteilung geeignet ist, seine religiösen Unterweisungen gegeben. Als Lern- oder Übungsmittel wurden dabei auch die Bibel und der Katechismus durch die Kinder benützt. Zur Unterweisung, die regelmässig in den frühen Morgenstunden vor Besuch der Anstalt durch die Kleinkinder stattfand, wurden jeweils die Schüler der Klassen 1 mit 4 und 5 mit 8 für sich zusammengefasst. Zum Besuch dieser sogenannten Seelsorgestunden hat der Angeklagte in der Kirche aufgefordert. Soweit ein Kind fehlte, hat er den Eltern ein Schreiben nach Vordruck, der zu den Akten übergeben wurde, gesandt, worin nochmals zum Besuch aufgefordert und angegeben wurde, wann die nächste Seelsorgestunde stattfindet. Dieser Sachverhalt steht nach Geständnis des Angeklagten und der Aussage des Zeugen Klopf fest.

Der Angeklagte hat damit gegen § 4 Abs. 1 der VO. zum Schutze von Volk und Staat vom 28.2.33 verstossen.

Nach der Anordnung des bayer. Staatsministeriums des Innern vom 13.6.33 wurden Versammlungen jeglicher Art verboten. Eine Anmeldung zur Erwirkung der Erlaubnis hat der Angeklagte für die von ihm mit den Kindern abgehaltenen Zusammenkünfte unterlassen. Er hat sonach der Anordnung einer obersten Landesbehörde zuwidergehandelt. Der Angeklagte rechtfertigt sein Verhalten damit, dass er infolge der Kälte genötigt gewesen sei, in den Anstaltssaal zu gehen und er sich nicht dessen bewusst gewesen sei, dass es sich hier um Versammlungen gehandelt habe. Der Angeklagte kann nicht bestreiten, dass er das Versammlungsverbot gekannt hat und er musste auch wissen, dass jede Zusammenkunft von Menschen als Versammlung im weitesten Sinne angesehen werden muss. Selbst wenn bei dem Angeklagten diese Begriffsunkenntnis vorgelegen hätte, so wäre diese strafrechtlich unerheblich. Der andere Einwand ist für die tatbestandsmässige Würdigung unbedeutend.

Durch die geschilderte Religionsunterrichtung hat der Angeklagte auch eine Amtsanmassung begangen. (§ 132 RStGB.) Der Widerruf der Erlaubnis zur Erteilung des Religionsunterrichts erstreckt sich nicht auf die Abhaltung von Seelsorgestunden in der Kirche oder kircheneigenen Räumen. Der Angeklagte hat jedoch seine Seelsorgestunden im Laufe des Februar regelmässig ausserhalb der Kirche oder eines kircheneigenen Raumes durchgeführt. Er hat damit eine Unterrichtstätigkeit entfaltet, die er nur kraft eines öffentlichen Amtes als Religionslehrer vornehmen durfte. Wenn der Angeklagte vorgibt, dass es sich hier nur um sogenannte Seelsorgestunden gehandelt habe und nicht um einen lehrplanmässigen Religionsunterricht, so ist dies unerheblich. Für den Begriff der Unterrichtserteilung kommt es nicht darauf an, dass nach einem bestimmten Lehrplan vorgegangen wird. Dies war für den Angeklagten nach Entziehung der Erlaubnis unmöglich, da ein solcher Lehrplan der staatlichen Schulbehörde zur Genehmigung vorgelegt werden musste. Es genügt vielmehr jede sonstige Form der Unterweisung, es ist auch im vorliegenden Fall anzunehmen, dass der Angeklagte nach einer bestimmten Ordnung vorging, zudem er selbst angab, dass er sich nach den Ereignissen des Kirchenjahres richtete und dabei noch sonstige Begebenheiten zum Anlass nahm, daran religiöse Erläuterungen zu knüpfen. Die Seelsorgestunden, die es früher nicht gab, sind als Ersatzeinrichtung zu betrachten, die nach der Entziehung der Erlaubnis zur Erteilung des Religionsunterrichts durch den Ortsgeistlichen geschaffen wurde. Wenn sich der Angeklagte damit rechtfertigt, dass er behauptet, es stelle die Abhaltung der Seelsorgestunden in dem Stiftungsgebäude nur eine Fortsetzung seiner bisherigen Tätigkeit in der Kirche dar, so mag dies in tatsächlicher Hinsicht richtig sein bezw. konnte durch entgegenstehende Beweise nicht widerlegt werden. In strafrechtlicher Hinsicht ist es jedoch von erheblichem Unterschied, ob der Angeklagte seine „religiösen Übungen" in der Kirche abhält oder eine solche Unterrichtstätigkeit in einen weltlichen Raum verlegt. Soweit die Christenlehre von dem zuständigen Geistlichen in der Kirche oder auf kircheneigenem Boden gehalten wird, handelt es sich um eine rein kirchliche Lehrtätigkeit. Diesen Charakter verliert jedoch diese Tätigkeit dann, wenn sie in einem weltlichen Raum ausgeübt wird. Der Angeklagte musste sich dieser unbefugten Amtsausübung auch bewusst gewesen sein, zudem er damit auch gegen eine Anordnung seiner vorgesetzten kirchlichen Behörde gehandelt hat. Wie aus dem Abdruck eines Schreibens des bischöfl. Ordinariats Würzburg an das Bezirksamt Königshofen i. Gr. vom 13.7.37 hervorgeht, war der Angeklagte beauftragt, „die Kinder der Pfarrei wöchentlich mindestens 2 mal im Gotteshaus über die wichtigsten Glaubens- und Sittenlehren unserer hl. Religion zu unterweisen".[48] Der Angeklagte hat sonach in objektiver und subjektiver Weise den Tatbestand des § 132 RStGB. erfüllt. Die beiden unter sich in Tateinheit stehenden Vergehen nach der VO. vom 28.2.33 und nach § 132 RStGB. hat der Angeklagte mehrmals begangen, wobei jedoch anzunehmen ist, dass ein von vorneherein auf Wiederholung gerichteter Vorsatz bestanden hat. Es liegt deshalb Fortsetzungszusammenhang vor.

Am 11. Februar 1940 fand in Königshofen eine Musterung der Jahrgänge 1921, 1922 u. 1923 durch das SS-Ergänzungsamt statt. Es handelte sich um eine HJ.Angelegenheit in Verbindung mit der erwähnten Dienststelle des RFSS.[49] Dabei hat man sich der Unterstützung des Landrats bedient, der die fraglichen Jahrgänge durch die Bürgermeister zur Musterung vorladen liess. An diesem Sonntag hatten sich auch mehrere junge Leute von Trappstadt zur Musterung einzufinden, die sich bei Beginn des Gottesdienstes in der Nähe der Kirche sammelten. Der Angeklagte machte nun in der Kirche vor der Verlesung eines Hirtenbriefes in erregtem Tone einige Ausführungen. Er rügte die Eltern, weil sie ihre Kinder ohne Besuch eines Gottesdienstes zur Musterung gelassen hätten. In diesem Zusammenhang machte er die Bemerkung: „Dass man an einem

---

48 Vgl. oben Anm. 35.

49 Reichsführer SS. – Vgl. hierzu Martin Cüppers, Wegbereiter der Shoah. Die Waffen-SS, der Kommandostab Reichsführer SS und die Judenvernichtung 1939–1945 (Veröffentlichungen der Forschungsstelle Ludwigsburg der Universität Stuttgart 4), Darmstadt 2005; Heinz Höhne, Der Orden unter dem Totenkopf. Die Geschichte der SS, München 2008; Jan Erik Schulte u. a. (Hg.), Die Waffen-SS. Neue Forschungen, Paderborn u. a. 2014 sowie Gordon Williamson, Die Waffen-SS. Ein Handbuch, Wien 2005.

Sonntag Musterung hält, dazu will ich nichts sagen." Dabei sprach er das Wort „sagen" gedehnt und mit besonderer Betonung.[50] Er sagte dann weiter: „Es sind junge Männer aus Familien dabei, die die besten katholischen Familien sein wollen. Die jetzige schwere Zeit ist der Zorn Gottes (oder ist von Gott geschickt) und wenn die Leute nicht anders werden, wird Gott wohl noch mit anderen Mitteln strafen, die noch viel härter und viel schwerer sind."[51] Nach Behandlung dieser Sache kam der Angeklagte auf die Läutordnung zu sprechen und sagte dabei ungefähr folgendes:

„In der letzten Woche sind verschiedene Bemerkungen gemacht worden über das Läuten der Glocken.[52] Es ist mir auch von amtlicher Seite gedroht und laut geworden, dass meine Kirchenglocken zu viel läuten würden. Ich lasse mir in diesen kirchlichen Sachen nicht herumnörgeln (oder schnüffeln). Ich war in dem amtl. Haus und habe es richtig gestellt." Daraufhin verlas der Angeklagte die Läutordnung und knüpfte daran noch einige Bemerkungen, die jedoch hier von untergeordneter Bedeutung sind. Über die erwähnten Äusserungen haben einige Personen ihren Unwillen bekundet. Die getroffenen Feststellungen beruhen auf der eidlichen Aussage der Zeugin Berta Klopf.[53] Diese Zeugin machte einen durchaus glaubwürdigen Eindruck. Die Zeugin war über die Äusserungen des Angeklagten ungehalten und erregt. In diesem Zustande kam sie nach Hause und wurde von ihrem Vater, dem Zeugen Klopf, darüber befragt, was sich heute in der Kirche zugetragen habe. Daraufhin berichtete sie ihrem Vater, der sie aufforderte, das Gehörde [sic!] niederzulegen. Dies ist dann auch im Laufe des Tages durch die Zeugin geschehen. Die Zeugin benötigte zu ihrer Aussage nicht unbedingt diese Aufschreibungen, sondern sie hat noch in der Hauptverhandlung die massgeblichen Bemerkungen des Angeklagten aus unmittelbarer Erinnerung wiedergeben können. Die Zeugin besuchte aus religiöser Überzeugung den Gottesdienst und war nicht gegen den Angeklagten eingestellt. Es kann deshalb auch nicht angenommen werden, dass die Zeugin aus Abneigung oder einer gewissen Voreingenommenheit die Äusserungen des Angeklagten umgestellt und ihnen einen anderen Sinn gegeben hätte. Teilweise werden ihre Angaben auch durch das Geständnis des Angeklagten und die Bekundungen der übrigen Zeugen gestützt. Gegenüber den sicheren und noch am gleichen Tage niedergelegten Angaben der Zeugin Klopf kommt den Aussagen der von dem Angeklagten zu seiner Entlastung benannten Zeugen Lang, Bauer u. Balling ein geringerer Beweiswert zu.[54] Diese Zeugen haben den damaligen

---

50 Die rhetorische Strategie, amtliche Erlasse durch eine besondere Vortragsweise und Artikulation ironisch zu brechen, ist auch von anderen Geistlichen des Bistums Würzburg belegt; vgl. hierzu Haaf, „... eine Verhöhnung der anordnenden Behörden" (wie Anm. 7).

51 Die schweren Prüfungen der gegenwärtigen Zeit waren ein verbreiteter Topos in den Predigten unterfränkischer katholischer Geistlicher; vgl. hierzu Haaf, Von volksverhetzenden Pfaffen (wie Anm. 3), passim sowie ders., „Erfüllet gerade in Notzeiten euere Pflichten gegen das Vaterland!" (wie Anm. 7).

52 Zu den Auseinandersetzungen wegen des Glockengeläuts im Bistum Würzburg während der NS-Zeit vgl. Haaf, Von volksverhetzenden Pfaffen (wie Anm. 3), S. 196–208.

53 Berta Klopf war die Tochter des Bürgermeisters und stellvertretenden NSDAP-Ortsgruppenleiters von Trappstadt.

54 Zu der verbreiteten unterschiedlichen Gewichtung und gerichtlichen Verwertung der Aussagen der Belastungszeugen der Staatsanwaltschaft einerseits und der Aussagen der Entlastungszeugen der Verteidigung andererseits vgl. Haaf, „Die Verfehlung des Angeklagten ist grober Natur"

Ausführungen des Angeklagten keine besondere Bedeutung beigemessen und es kann erfahrungsgemäss nicht angenommen werden, dass sie nach einem längeren Zeitraum den Wortlaut der damaligen Bemerkung in Erinnerung haben können. Der Zeuge Lang, der beeidigt wurde, ist Kirchendiener und steht als solcher in einem engeren Verhältnis zu dem Angeklagten. Der Zeuge hat die Bemerkung des Angeklagten, er sage nichts darüber, dass heute die Musterung sei, im Wesentlichen bestätigt, hat jedoch darin eine versteckte Äusserung nicht gesehen. Die übrigen Ausführungen, die dem Angeklagten zur Last gelegt werden, hat der Zeuge nicht gehört. Der Angeklagte hatte vor der Benennung diesen Zeugen über die Sache befragt und ihm die einzelnen Punkte der Anklage vorgelesen.

Dabei wollte sich der Zeuge auch noch an die Worte „Zorn Gottes" erinnern können, was er jedoch in der Hauptverhandlung im Zusammenhang mit den Ausführungen des Angeklagten am 11.2.1940 in Abrede stellte. Der Zeuge Bauer hat ebenfalls von den massgeblichen Äusserungen des Angeklagten nichts gehört und geht davon aus, dass ihm dies aufgefallen wäre. Dieser Zeuge wurde unbeeidigt gelassen, weil er offenbar wider besseres Wissen zunächst die Fragen verneinte, dass er mit dem Angeklagten vor der Hauptverhandlung über die Sache gesprochen habe, was er dann später auf eindringliches Befragen zugeben musste und sonach als unglaubwürdig erschien. Der Zeuge Balling kann sich an die Äusserungen des Angeklagten, „dass heute Musterung sei, dazu sage er nichts" erinnern. Der Angeklagte habe auch von der schweren Zeit gesprochen und sonstige Bemerkungen seien jedoch in diesem Zusammenhang nicht gemacht worden. Bei den Ausführungen über die Läutordnung weiss er nichts davon, dass von einem amtlichen Haus die Rede gewesen sei. Die Äusserungen „herumnörgeln oder herumschnüffeln" habe der Angeklagte nicht gebraucht. Der Zeuge Balling wurde nach eindringlichen Ermahnungen vor seiner Beeidigung in der Behauptung seiner Angaben etwas unsicher. Zudem ist für die Glaubwürdigkeit des Zeugen bemerkenswert, dass der Angeklagte diesen Zeugen vor seiner Benennung mit der verfänglich erscheinenden Behauptung über die Sache befragte, er habe doch ein gutes Gedächtnis, obwohl er den Zeugen in dieser Hinsicht nicht genauer kannte, wie er selbst zugeben musste. Wenn es auch der Zeuge Balling mit seiner Wahrheitspflicht genauer nahm als die Zeugen Lang und Bauer, so bestand doch bei diesen Zeugen der Eindruck, dass sie erst durch die Rücksprache des Angeklagten bezw. anderer Personen, insbesondere auch infolge der Vernehmung durch den Gendarmeriebeamten über Einzelheiten der damaligen Ausführungen des Angeklagten wiederum Kenntnis bekamen und sich bei ihrer Aussage, sei es auch unbewusst, mit Rücksicht auf die Stellung des Angeklagten davon leiten liessen, dass sie dem Angeklagten die ihm zur Last gelegten Bemerkungen nicht zutrauten. Der Angeklagte gibt zu, gesagt zu haben, er rede nicht davon, dass die Musterung am Sonntag sei. Damit habe er jedoch nur zum Ausdruck bringen wollen, dass er diese Frage nicht zum Gegenstand seiner Erläuterungen machen wollte. Wenn dies richtig ist, so hätte jedoch der Angeklagte diese Frage überhaupt übergehen können.

(wie Anm. 7); ders., „Der Vorgenannte hat staatsabträgliche Reden geführt" (wie Anm. 7) sowie ders., „Dazu habe ich mich als Seelsorger verpflichtet gefühlt" (wie Anm. 7), bes. S. 305f.

Im Übrigen bestreitet er die ihn zur Last gelegten Bemerkungen. Wenn man die Frage stellt, ob man dem Angeklagten diese Äusserungen zutrauen kann, so muss man dies bei der damaligen Erregung des Angeklagten und bei seiner Einstellung zum heutigen Staat bejahen. Dem Angeklagten wurde wegen staatsabträglichen Verhaltens die Erlaubnis zur Erteilung des Religionsunterrichts entzogen. Gegen ihn mussten Ermittelungsverfahren wegen Verstösse gegen das Sammlungsgesetz[55] und die Flaggenbestimmungen[56] durchgeführt werden, die jedoch auf Grund allgemeiner Straffreiheit[57] eingestellt wurden. Durch Bemerkungen über die NSV[58] anlässlich einer Großwerbeaktion hierfür und auch äusserlich durch den Umstand, dass er den deutschen Gruss nicht

---

55 Wegen einer verbotenen Sammlung Wilhelm Müllers für die Innenrestaurierung der Pfarrkirche Trappstadt wurden 1939 umfangreiche polizeiliche Ermittlungen durchgeführt. Bei seinem Verhör durch den Trappstädter Gendarmeriehauptwachtmeister schildert Pfarrer Müller den schlechten Zustand des Kircheninneren und schließt: „Ich war nun gezwungen, mich an die Mildtätigkeit meiner Pfarrkinder zu wenden, weshalb ich etwa 40 gleichlautende Briefe an die mir bekannte[n] Personen aus meiner Pfarrei richtete und diese um eine Spende bat. Von diesen Personen habe ich den Betrag von etwa 300–350 M erhalten u. habe das Geld restlos zur Restaurierung der Kirche verwendet. Heute steht immer noch ein Betrag von 2000 M offen, die ich noch bezahlen muss, obwohl ich kein Geld hiezu habe. Das eingegangene Geld habe ich zu einem guten Zweck verwendet u. habe deshalb geglaubt, keine Genehmigung zu dieser Sammlung zu benötigen, da ich ja auch nicht öffentlich gesammelt habe, sondern nur bei mir bekannten u. aus meiner Pfarrei stammenden Personen. Die einzelnen Personen, von denen ich Geld erhalten habe, werde ich nicht nennen, damit denen keine Schwierigkeiten entstehen."; Bericht Nr. 1008 des Gendarmerie-Einzelpostens Trappstadt vom 25.08.1939, in: Staatsarchiv Würzburg, Gestapoakten, Nr. 8226. Am 30.08.1939 erstattete die Gestapo Würzburg Anzeige „wegen Vergehens gegen das Sammlungsgesetz". Am 04.11.1939 teilte die Geschäftsstelle der Staatsanwaltschaft beim Landgericht Schweinfurt mit, das gegen Wilhelm Müller eingeleitete Strafverfahren sei auf der Grundlage des Gnadenerlasses des Führers vom 09.09.1939 eingestellt worden; Staatsarchiv Würzburg, Gestapoakten, Nr. 8226.

56 Am 15.06.1939, an dem der alljährliche sogenannte „Hagelfeiertag" begangen wurde, musste der Leiter der Gendarmeriestation Obereßfeld im Grabfeld „gelegentlich eines Dienstganges in Trappstadt" feststellen, „daß das Wohngebäude des kath. Pfarrers Müller in Trappstadt mit 6 Stück rot-weißen Fähnchen, Größe 30–20 cm und mit ebensoviel Fähnchen gelb-weiß beflaggt war". „Da nach Anordnung der Geheimen Staatspolizei [...] die Kirchen und kirchlichen Dienstgebäude bei besonderen kirchlichen Anlässen, sofern nicht allgemeine Beflaggung angeordnet ist, nur mit der Reichs- und Nationalflagge und der gelb-weissen Kirchenfahne oder einer dieser beiden Flaggen beflaggen dürfen und das Setzen einer anderen Fahne, z. B. rot-weiss, verboten ist", machte der Gendarmeriebeamte Pfarrer Müller Vorhaltungen, woraufhin ihm dieser unwirsch entgegnete: „Es ist richtig, daß mein Wohngebäude am 15. Juni 1939 mit mehreren rot-weißen Fähnchen und gelb-weißen Fähnchen beflaggt war. Ich kann grün-weiße oder rot-weiße oder gelb-weiße Fähnchen zeigen, so viel ich will. Diese kleinen Fähnchen fallen nach meiner Ansicht nicht unter das Flaggengesetz. Nach meinen Vorschriften im Diözesanblatt ist über das Beflaggen mit diesen Farben kein Verbot enthalten."; Bericht Nr. 907 der Gendarmeriestation Obereßfeld im Grabfeld vom 28.06.1939, in: Staatsarchiv Würzburg, Gestapoakten, Nr. 8226. Am 05.07.1939 erstattete die Gestapo Würzburg Anzeige wegen „Vergehens gegen das Reichsflaggengesetz" beim Oberstaatsanwalt am Landgericht Schweinfurt. Am 14.10.1939 informierte die Geschäftsstelle der Staatsanwaltschaft Schweinfurt, das Verfahren gegen Wilhelm Müller sei aufgrund der Führeramnestie vom 09.09.1939 eingestellt worden; Staatsarchiv Würzburg, Gestapoakten, Nr. 8226. – Zu den Auseinandersetzungen wegen der NS-Beflaggungsvorschriften im Bistum Würzburg vgl. Haaf, Von volksverhetzenden Pfaffen (wie Anm. 3), S. 175–196.

57 Zu den Amnestien vgl. genauer Haaf, „Die Verfehlung des Angeklagten ist grober Natur" (wie Anm. 7), bes. S. 60–62.

58 Nationalsozialistische Volkswohlfahrt; vgl. hierzu Peter Hammerschmidt, Die Wohlfahrtsverbände im NS-Staat. Die NSV und die konfessionellen Verbände Caritas und Innere Mission im Gefüge der Wohlfahrtspflege des Nationalsozialismus, Wiesbaden 1999 sowie Herwart Vorländer, Die NSV. Darstellung und Dokumentation einer nationalsozialistischen Organisation (Schriften des Bundesarchivs 35), Boppard a. Rh. 1988.

erwiderte, gab er deutlich zu erkennen, dass er gegen den Nationalsozialismus als Träger des heutigen Staates eingestellt ist.

Der Angeklagte hat sonach in einer Kirche vor Mehreren Angelegenheiten des Staates in einer den öffentlichen Frieden gefährdenden Weise zum Gegenstand einer Erörterung gemacht. Der Begriff „Angelegenheit des Staates" ist bei der Einheit von Partei und Staat heute nicht mehr allein auf engere Angelegenheiten der staatlichen Verwaltung, sondern darüber hinaus weit zu erstrecken.[59] Die von dem Angeklagten erwähnte Musterung, deren genauen Charakter er nach seinem Geständnis gar nicht kannte und die diesbezügliche Anordnung des Landrats fallen unter die erwähnten Angelegenheiten. Durch diese Ausführungen hat der Angeklagte nicht nur eine Gefahr für den öffentlichen Frieden in der Gemeinde geschaffen, sondern diesen Frieden in Anbetracht der dadurch hervorgerufenen Erregung gestört. Der Angeklagte musste sich auch der Bedeutung seiner Ausführungen und deren Folgen bewusst gewesen sein. Der Angeklagte hat sonach gegen § 130 a RStGB. verstossen. Dagegen konnte dem Angeklagten nicht mit Sicherheit nachgewiesen werden, dass die weitere im Anschluss daran gebrauchte Äusserung über die schwere Zeit und die Strafen Gottes in Zusammenhang mit den erwähnten Angelegenheiten des Staates gebracht wurden. Es muss sonach in dieser Hinsicht zu Gunsten des Angeklagten angenommen werden, dass er mit diesen Bemerkungen nur die den Eltern erteilte Rüge besonders unterstreichen wollte.

Der Ausdruck „Herumnörgeln oder Herumschnüffeln", der von dem Angeklagten im Zusammenhang mit dem amtlichen Haus oder der amtlichen Stelle gebraucht wurde, womit er den Gendarmeriebeamten von Trappstadt meinte, kann sonach nur auf dessen Tätigkeit bezogen werden und stellt eine in der Öffentlichkeit gemachte ehrverletzende Kundgebung gegen diesen dar, da der Angeklagte damit seine Amtshandlungen ohne Grund herabsetzt. Es kann angenommen werden, dass der Angeklagte das Bewusstsein hatte, diese Äusserung stelle eine Missachtung dieses Beamten dar und komme mit seinem Willen zu dessen Kenntnis. Strafantrag wegen dieser Beleidigung (§ 185 RStGB) ist von dem Landrat ordnungsgemäss gestellt. (§§ 194, 196 RStGB.).

Der Angeklagte hat sich durch seine Handlungsweise eines fortgesetzten Vergehens nach § 4 der VO. zum Schutze von Volk und Staat in Tateinheit mit einem fortgesetzten Vergehen der Amtsanmassung (§ 132 RStGB), sachlich zusammentreffend mit einem Vergehen des Kanzelmissbrauchs (§ 130 a RStGB) und weiterhin sachlich zusammentreffend mit einem Vergehen der öffentlich verübten Beleidigung (§ 185 RStGB) schuldig gemacht und war demgemäss zu bestrafen. Die sachliche Zuständigkeit des Amtsrichters ist durch Art. I § 1 der VO. über die Zuständigkeit der Strafgerichte, die Sondergerichte und sonstige strafverfahrensrechtliche Vorschriften vom 21.2.1940 gegeben.

Beim Strafausmass war zu Gunsten des Angeklagten zu berücksichtigen, dass er noch nicht vorbestraft ist, ferner ihm bei den Vergehen des Kanzelmissbrauchs die zur Last gelegten Äusserungen nicht in voller Schwere nach-

[59] Vgl. Haaf, „... eine einzige Anklage gegen die neue Zeit" (wie Anm. 7), S. 503–506.

weisbar waren und er dabei teilweise in einer gewissen Erregung gehandelt hat, die zum Teile auf sein religiöses Empfinden zurückgeführt werden kann. Aus diesen Gründen wurde von der Verhängung einer Freiheitsstrafe abgesehen.

Andererseits hat sich der Angeklagte aus seiner ablehnenden Haltung gegen den heutigen Staat bewusst und bedenkenlos über bestehende Anordnungen hinweggesetzt und sich nicht gescheut, die Kirche in abträglicher Weise zu einer Kundgebung gegen Angelegenheiten des Staates und zu einem Angriff gegen einen Beamten zu benützen. Es müssen deshalb gegen den Angeklagten besonders fühlbare Geldstrafen[60] ausgesprochen werden, um ihm damit zum Bewusstsein zu bringen, dass er entschieden bemüht sein muss, ein anderes Verhältnis zu Partei und Staat zu finden und er bei Wiederholung seiner Verfehlungen mit einer Freiheitsstrafe rechnen muss. Es erschien demnach angemessen und ausreichend, gegen den Angeklagten folgende Strafe zu verhängen:

1.) wegen der fortgesetzten Vergehen nach der VO. zum Schutze von Volk und Staat in Tateinheit mit dem fortgesetzten Vergehen der Amtsanmassung eine Geldstrafe von RM 250, ersatzweise 50 Tage Gefängnis,

2.) wegen des Vergehens des Kanzelmissbrauchs an Stelle einer an sich verwirkten Gefängnisstrafe von 20 Tagen eine Geldstrafe von 100 RM,

3.) wegen des Vergehens der öffentlich verübten Beleidigung eine Geldstrafe von 100 RM, ersatzweise 20 Tage Gefängnis.

Der Ausspruch der Ersatzgeldstrafe und der Ersatzfreiheitsstrafen beruht auf §§ 27 b und 29 RStGB.

Dem Landrat als Strafantragssteller wegen der Beleidigung war die Befugnis zuzusprechen, die Verurteilung auf Kosten des Schuldigen binnen 2 Wochen nach Rechtskraft der Entscheidung einmal in der hier erscheinenden Tageszeitung „Bote vom Grabfeld“ zu veröffentlichen. § 200 RStGB.

Der Verurteilte hat die Kosten des Verfahrens und Strafvollzugs zu tragen. §§ 464, 465 STPO.

gez. Dr. Bachmann,
Amtsgerichtsrat.
Zur Beglaubigung:
Königshofen i. Gr., den 7. Aug. 1940
Geschäftsstelle des Amtsgerichts:
-Siegel- gez. Lehmann
Justizassistent.

---

60 Angesichts eines monatlichen Einkommens von 168 Reichsmark, das Pfarrer Wilhelm Müller bei seiner Vernehmung durch die Gendarmerie Obereßfeld im Grabfeld nannte, waren die verhängten Geldstrafen durchaus empfindlich; vgl. den Bericht Nr. 907 der Gendarmeriestation Obereßfeld im Grabfeld vom 28.06.1939, in: Staatsarchiv Würzburg, Gestapoakten, Nr. 8226.

3. Schulterschluss von Priestern und Gläubigen

Die Zurückweisung der braunen Ideologie und die Verneinung des Anspruchs auf alleinige Weltdeutung und Menschenführung waren die ureigenen Waffen der katholischen Kirche gegen den Nationalsozialismus. Eine der grundlegenden kirchlichen Abwehrstrategien im Ringen um die Erziehung und Bildung der Kinder und Jugendlichen war daher, auf die „Gewissenspflicht“[61] der Eltern zu drängen und ihnen einzuschärfen: „Es geht um euere Kinder und ihren Glauben.“[62] Die Regierungs- und Parteistellen lasteten Pfarrer Wilhelm Müller an, „die Eltern als willige, hilfsbereite Werkzeuge und Bundesgenossen im Kampf gegen Staat und Staatsjugend einzuschalten und vorzuspannen“.[63] Diejenigen Eltern, deren Kinder in seinem Unterricht fehlten, forderte der Geistliche „mehrmals schriftlich auf, ihre Kinder in den Religionsunterricht zu schicken, und tadelte das Fernbleiben“.[64] Nicht ohne eine gewisse Selbststilisierung schilderte Gregor Klopf eindringlich, welchen verheerenden Eindruck das ständige „Stänkern“, die „Gegenarbeit“ und „die Anspielungen des Pfarrers“ bei den Gläubigen hinterließen, und erklärte gegenüber der Kreisleitung: „Jedenfalls kann es nicht mehr so weiter gehen, denn das erschwert meine Arbeit als Ortsgruppenleitervertreter und als Bürgermeister.“[65]

In Trappstadt waren die gleichen Verhältnisse anzutreffen, wie sie für viele Dörfer des ländlich und katholisch geprägten Sozialmilieus Unterfrankens in nationalsozialistischer Zeit typisch waren: ein selbstbewusster Ortsgeistlicher, der hohes Sozialprestige besaß und als Autorität anerkannt war, kirchengebundene und katholisch sozialisierte Gläubige sowie ein eher isolierter NSDAP-Ortsgruppenleiter, dem es letztlich nicht möglich war, das Vertrauensverhältnis zwischen Seelsorger und Pfarrgemeinde aufzubrechen.[66]

Das staatlich verordnete Vorgehen gegen Ordens- und Weltgeistliche in der Schule, die polizeiliche Auflösung der katholischen Laienorganisationen, die Dezimierung des Religionsunterrichts, das Verbot von Versammlungen und Sammlungen oder die immer rigideren Vorschriften zu Wallfahrten, Kirchenfahnen und dem Glockengeläut rüttelten die Gläubigen wach und bestärkten sie in ihrer Überzeugung: „die wollen uns Stück für Stück unseren Glauben nehmen“.[67] An ihrer Motivation also fehlte es nicht. Das Ausmaß von Protest

---

61 So Bischof Matthias Ehrenfried in seinem Hirtenwort vom 08.08.1937, zitiert in: Haaf, Von volksverhetzenden Pfaffen (wie Anm. 3), S. 66f.

62 Aus dem Hirtenwort Bischof Ehrenfrieds zum Weihnachtsfest 1937, zitiert in: ebd., S. 70–72.

63 Entschließung der Regierung von Unterfranken Nr. 6406 a 71 vom 15.06.1937, in: Staatsarchiv Würzburg, Gestapoakten, Nr. 8226.

64 Schreiben des Bürgermeisters und stellvertretenden NSDAP-Ortsgruppenleiters von Trappstadt an die Kreisleitung der NSDAP Königshofen im Grabfeld vom 23.02.1940, in: Staatsarchiv Würzburg, Gestapoakten, Nr. 8226.

65 Staatsarchiv Würzburg, Gestapoakten, Nr. 8226.

66 Vgl. Haaf, „Den Pfarrer zur Strecke bringen“ (wie Anm. 7) sowie ders., Von volksverhetzenden Pfaffen (wie Anm. 3), passim. – Die Untersuchung von Alexander Röckl, Politische Tradition und NSDAP-Beitritt, in: Jürgen W. Falter (Hg.), Junge Kämpfer, alte Opportunisten. Die Mitglieder der NSDAP 1919–1945, Frankfurt a. M. 2016, S. 217–243 belegt eine Distanz des katholischen Milieus gegenüber der NSDAP.

67 Aus einem Bericht der NSDAP-Ortsgruppe Rimpar vom 22.06.1936, in: Diözesanarchiv Würzburg, NSDAP Kirchenakten, Rimpar, Hirtenbrief 1936/37.

und Opposition der Gläubigen indessen begrenzte die Reichweite staatlicher, polizeilicher und parteiamtlicher Pression. Je mehr den kirchengebundenen Kreisen genommen wurde, umso entschlossener hielten sie an den Ausdrucksformen ihrer religiösen Überzeugung fest, die ihnen geblieben waren. Beredtes Zeugnis hierfür sind die kirchlichen Feiern zum Himmelfahrts- und Fronleichnamsfest 1941 in Trappstadt. Wilhelm Müller und die Gläubigen seiner Pfarrei missachteten die Weisung des Generalbevollmächtigten für die Reichsverwaltung Wilhelm Frick vom 15. Mai 1941, mit Rücksicht „auf die Erfordernisse der Kriegswirtschaft" die Feste Christi Himmelfahrt und Fronleichnam „auf die nächstfolgenden Sonntage" zu verlegen.[68] Im gesamten Bistumsgebiet stieß die amtliche Verlegung der beiden kirchlichen Feste auf breite Verweigerung[69], was Pfarrer Müller jedoch nicht vor Strafanzeige[70] und gerichtlicher Verfolgung[71] bewahrte. Das Amtsgericht Königshofen im Grabfeld verurteilte ihn am 22. Februar 1943 zur Zahlung einer Geldstrafe in Höhe von 250 Reichsmark.[72]

Gläubige des Bistums Würzburg brachten den frommen Lippenbekenntnissen hoher Staatsmänner und führender Parteifunktionäre zunehmend Skepsis entgegen, schickten ihre Kinder in die Kirchen zum katechetischen Unterricht[73] und bekannten sich offen zu den Traditionen, kultischen Feiern, sichtbaren Zeichen und dem Brauchtum des katholischen Glaubens.[74] Dieses Bekenntnis war eine Positionsbestimmung innerhalb der *communio sanctorum* und außerhalb der *Bewegung* und richtete sich gegen die einseitige Vereinnahmung durch die NS-Ideologie.

---

[68] Reichsgesetzblatt 1941 I, S. 269.

[69] Vgl. Haaf, Von volksverhetzenden Pfaffen (wie Anm. 3), S. 168–175.

[70] Anzeige der Polizeistation Trappstadt Nr. 1137 vom 30.12.1941 bei der Gestapo Würzburg wegen „Zuwiderhandlung gegen die VO. über den Himmelfahrts- und Fronleichnamstag 1941", in: Staatsarchiv Würzburg, Gestapoakten, Nr. 8226.

[71] Mitteilung des Amtsgerichts Königshofen im Grabfeld vom 12.03.1943 an die Gestapo Würzburg, in: Staatsarchiv Würzburg, Gestapoakten, Nr. 8226.

[72] Vgl. Staatsarchiv Würzburg, Gestapoakten, Nr. 8226.

[73] Vgl. Haaf, Von volksverhetzenden Pfaffen (wie Anm. 3), S. 40–134.

[74] Vgl. ebd., S. 135–250.

In memoriam Pfarrer i. R. Prof. Dr. Dieter Michael Feineis

(1945–2021)

Wolfgang Weiß

© Kerstin Schmeiser-Weiß (POW).

Mit den Worten „große Kontinuität" und „große Verlässlichkeit" charakterisierte Domkapitular Christoph Warmuth[1] in seiner Würdigung als Vertreter des Bistums Würzburg beim Requiem für Pfarrer i. R. Prof. Dr. Dieter Michael Feineis dessen Persönlichkeit. Von diesen persönlichen Qualitäten profitierte in besonderer Weise der Würzburger Diözesangeschichtsverein, der ihm als langjähriges Mitglied des Vorstands und vor allem als Forscher viel verdankt. Ab 1999 war Dieter Michael Feineis stellvertretender Vorsitzender des Würzburger Diözesangeschichtsvereins. Von 2001 bis 2008 war er auch Mitherausgeber der Würzburger Diözesangeschichtsblätter. In einer schwierigen Situation war er 2018 bereit, von der Aufgabe des stellvertretenden Vorsitzenden zu der des

[1] Herrn Domkapitular Christoph Warmuth danke ich dafür, dass er mir den Text seines Nachrufes bei den Beerdigungsfeierlichkeiten überließ. Passagen, die daraus übernommen wurden, sind jeweils mit Anführungs- und Schlusszeichen markiert. Der Name des Urhebers wird jeweils anschließend in Klammern genannt.

Kassiers zu wechseln. Wie es für ihn charakteristisch war, zierte er sich nicht lange, den Vorstandsposten zu wechseln und sich den veränderten Gegebenheiten zu stellen. Zum 20. November 2020 hat er aus Alters- und Gesundheitsgründen das Amt als Kassier zur Verfügung gestellt. Im Rundschreiben des Würzburger Diözesangeschichtsvereins im Herbst letzten Jahres war zu lesen: „Dieter [Michael] Feineis konnte am 10.08.2020 seinen 75. Geburtstag feiern, wozu ihm der Würzburger Diözesangeschichtsverein von Herzen nachträglich gratulieren will. Daneben konnte er in diesem Jahr auch sein 50-jähriges Priesterjubiläum feiern. Auch dazu unser herzlicher Glückwunsch. [...] Nur knapp können an dieser Stelle seine vielfältigen wissenschaftlichen Leistungen angesprochen werden; eine ausführliche Würdigung soll in den nächsten Diözesangeschichtsblättern erfolgen." Auch habe ich die Hoffnung zum Ausdruck gebracht, dass er seine unermüdliche Forschertätigkeit noch lange fortsetzen kann.

Diese Hoffnung hat sich nicht erfüllt. Dieter Michael Feineis verstarb am 25. Februar 2021. Das Requiem wurde am Donnerstag, 4. März 2021, an der Hochkreuzkapelle, die sich oberhalb von Röllfeld befindet und für dessen Wiederherstellung sich der Verstorbene intensiv eingesetzt hat, pandemiebedingt im Freien gefeiert. Als Vertreter des Würzburger Diözesangeschichtsvereins hat Vorstandsmitglied Prof. Dr. Martin Rehak am Requiem teilgenommen. Die Beisetzung konnte aus den bekannten Umständen nur im engsten Familien- und Freundeskreis auf dem Friedhof von Röllfeld stattfinden. Dieter Michael Feineis war zwar schon längere Zeit gesundheitlich angeschlagen. Aber der Tod kam dann doch schnell und überraschend. So wird nun aus diesem traurigen Anlass diese sowieso geplante Würdigung zu einem Nachruf auf die Persönlichkeit und vor allem auch den Wissenschaftler Dieter Michael Feineis.

Dieter Michael Feineis wurde am 10. August 1945 in Würzburg geboren und wuchs in Waldbüttelbrunn auf. 1964 legte er an der damaligen Röntgen-Oberrealschule (heute Röntgen-Gymnasium) das Abitur ab. Noch in seiner Schulzeit, als Dieter Michael Feineis gerade 18 Jahre alt war, verstarb am 2. November 1963 seine Mutter. Dieser Verlust war ein schmerzvolles Erlebnis in seinem jungen Leben. Aus dem christlichen Glauben heraus vermochte er dieses einschneidende Ereignis zu verarbeiten. Die Entscheidung zum Priesterberuf hängt sicher eng damit zusammen.

Nach dem Abitur trat Dieter Michael Feineis in das Würzburger Priesterseminar ein und studierte bis 1969 Philosophie und Theologie an der Universität Würzburg. Es folgte das damals für die Priesteramtskandidaten übliche pastoralpraktische Jahr. Am 28. Juni 1970 weihte ihn Bischof Stangl zum Priester. Seine Primiz feierte er am 5. Juli 1970 in Waldbüttelbrunn. Sein Primizspruch lautete in einer etwas freieren Übersetzung von Joh 15,16: „Ich habe euch ausgewählt und dazu bestimmt, zu den Menschen hinauszugehen, damit eure Arbeit einen Ertrag bringt, der für die Ewigkeit vorhält."

Nach der Zeit als Kaplan in Amorbach und Bad Brückenau wurde er 1976 Pfarrer in Röllfeld; ab 1980 wurde ihm als Pfarrverweser auch die benachbarte Pfarrei Klingenberg anvertraut; 1987 wurde er zum Pfarrer von Klingenberg ernannt. Dass der Pfarrer von Röllfeld nun auch Klingenberg zu betreuen hatte, sorgte anfangs durchaus für Irritationen: „Vor 40 Jahren(!) war es v.a. für viele Klingenberger nur schwer vorstellbar, keinen *‚eigenen‘* Pfarrer mehr zu *‚haben‘*. Heute nach der Errichtung der Pfarreiengemeinschaften im ganzen Bistum – Pfarrer Feineis hat die erste Pfarreiengemeinschaft ‚St. Michael – Klingenberg, Röllfeld‘ aufgebaut – heute, wenn wir über pastorale Räume sprechen, wenn inzwischen auch Trennfurt in die neue Pfarreiengemeinschaft St. Nepomuk bestehend aus den drei Klingenberger Ortsteilen eingefügt wurde, klingt das gar nicht mehr so Aufsehen erregend. Vor 40 Jahren war das anders – und es war nicht einfacher“ (Christoph Warmuth). Dieter Michael Feineis schilderte die Situation mit folgenden Worten: „Ich stand vor der schwierigen Aufgabe, zwei völlig verschiedene Gemeinden, nämlich Klingenberg und Röllfeld, zu einer konstruktiven Zusammenarbeit zu bewegen. Da war auf der einen Seite eine durch die Nichtbesetzung tief gekränkte fränkische Kleinstadt, überaltert (in manchen Jahren hatte ich über 30 Beerdigungen in Klingenberg, aber nur ca. 12 in Röllfeld), mit vielen ausländischen Mitbürgern und strukturellen Problemen. Da war auf der anderen Seite ein Dorf [Röllfeld] mit einer festen Gemeinschaft im Dorfkern und einem großen Neubaugebiet mit vielen jungen Familien. Ich habe nie gerne gebaut – aber in beiden Gemeinden standen eine Reihe von Gebäuden, die renoviert werden mussten: zwei Pfarrkirchen, zwei Kindergärten, zwei Pfarrheime, zwei Pfarrhäuser, ein Benefiziatenhaus, der Grubinger Kirchhof, die Hochkreuzkapelle...“ (zitiert von Christoph Warmuth). Dieter Michael Feineis blieb als Pfarrer 34 Jahre am gleichen Ort und hat hier als Seelsorger mit der ihm eigenen unaufgeregten und doch intensiven Stetigkeit gewirkt. Seine Pfarrangehörigen wussten dies in einer schnelllebigen und oft zum Aktionismus neigenden Zeit zu schätzen. Als Dieter Michael Feineis 2010 in den Ruhestand ging, verlieh ihm die Stadt Klingenberg die Ehrenbürgerwürde. Schon 2005 hatte er die Bürgermedaille der Stadt erhalten. Zwei Zeichen der tiefen Wertschätzung des langjährigen Seelsorgers.

Seine Art des priesterlichen Dienstes hat Christoph Warmuth anlässlich der Festpredigt zum 40-jährigen Priesterjubiläums von Dieter Michael Feineis im Juli 2010 folgendermaßen beschreiben: „Lieber Dieter, was Du alles in 40 Jahren angegangen bist, ist schwer aufzulisten, weil jede/r auch immer nur einen kleinen Teil davon sieht, wo ein Priester in seiner Gemeinde steht. Wir sehen *nie* das gesamte Bild mit den Gremien, mit Pfarrgemeinderat und Kirchenverwaltung, mit den Verbänden und Vereinen (Kolping, Frauenbund ... Sport, Musik- und Gesangverein...), mit den gemeindlichen Gruppen (Ministranten, Familien, Senioren...), mit Schule, Erstkommunion, Firmung ... die Hochzeiten, Trauergespräche und Beerdigungen, die Jubiläen und die Ausflüge und ... und ... und ... Man könnte diese Liste noch länger fortsetzen. Was ein Priester tut, das tut er *nie* für sich. Es stellt sich für ihn immer die Frage: welche Wege gelingen gemeinsam? Wie kann – mitten in Alltag – eine Ahnung aufkeimen, dass wir auf unseren Wegen nicht allein, nicht ohne Hoffnung unterwegs, nicht vergessen sind [...]. Lieber Dieter, es gibt an Dir eine Seite, die uns hilft besser zu verstehen, was es für Dich heißt, als Priester in und mit einer Gemeinde zu leben. Diese Seite an Dir ist Deine Liebe zur Kirchengeschichte. Den Dingen auf den Grund gehen, nach den Quellen zu forschen, Zusammenhänge aufdecken, verstehen, warum Menschen und Dinge heute so sind, wie sie sind [...] Als Pfarrer geht es einem ähnlich, auch für Dich geht es darum, zu verstehen, aufzudecken und Verstehen zu helfen. Es geht darum, sich nicht über die Vergangenheit hinweg zu setzen, nicht zu richten und zu glauben, immer beim Punkt Null anzufangen. Ganz im Gegenteil: es geht darum, die Vergangenheit anzunehmen und daraus die Gegenwart und die Zukunft zu gestalten."[2]

Die Liebe des Dieter Michael Feineis zur fränkischen Kirchengeschichte ist – hier ist Christoph Warmuth zuzustimmen – nicht nur als säkulares Geschichtsinteresse, sondern vielmehr als Wesenszug seiner priesterlichen Lebensauffassung zu werten. Seine intensive Forschungstätigkeit ging auch nie auf Kosten seines seelsorgerlichen Wirkens, sie ergänzte dieses, gab diesem Weite und Ruhe. So führte er auch in der Kaplanszeit seine im Zusammenhang mit seiner Diplomarbeit begonnenen und anfanghaft niedergelegten Forschungen zu seinem Heimatort Waldbüttelbrunn fort. 1977 wurde er mit der Dissertation „Die Herrschaft des Ritterstiftes St. Burkard in Waldbüttelbrunn" zum Dr. theol. promoviert. Betreuer und Gutachter waren Prof. Dr. Dr. Klaus Wittstadt und Prof. Dr. Theobald Freudenberger. Die Veröffentlichung folgte 1978.[3] Anhand eines Beispiels, nämlich der Ortschaft Waldbüttelbrunn, behandelte er Entwicklungen der Rechts-, Verfassungs-, Wirtschafts-, Sozial- und Pfarreigeschichte. Insbesondere werden die Auseinandersetzungen des Ritterstiftes St. Burkard zu Würzburg mit der Grafschaft Wertheim deutlich, ebenso die Rolle des Hochstiftes Würzburg. Modellhaft öffnet sich der Blick in die Entwicklung der Innenstrukturen und der Außenbeziehungen eines fränkischen Dorfes vom Mittelalter bis zum Ende der Frühen Neuzeit um 1800. In seinem ersten Werk wird greifbar, was Dieter Michael Feineis auch später immer wieder herausarbeitet, dass sich fränkische Kirchengeschichte nur im Verbund mit allen anderen Aspekten der Landesgeschichte erschließen lässt. Kirche und Welt, Spiritualia und Temporalia kennen keine Trennung, sondern sind stets miteinander verflochten. Auch ein anderes Merkmal seiner historischen Arbeiten ist schon hier erkennbar, nämlich dass es ihm primär um Erschließung und Verarbeitung von (Primär-)Quellen geht und die (Sekundär-)Literatur nur eine subsidiäre Rolle spielt. Diese Tendenz verstärkt sich in seinem Forscherleben. Zuerst ist es für ihn wichtig, neue – im besten Sinne auch rein positivistische – unmittelbar an den Quellen orientierte Ergebnisse zu bieten.

Dieser Zug lässt sich auch an seiner 1985 eingereichten und 1986 veröffentlichten Habilitationsschrift „Das Ritterstift St. Burkard zu Würzburg unter der Regierung von Fürstbischof Julius Echter von Mespelbrunn (1573–1617)" erkennen. Erstgutachter war wiederum Klaus Wittstadt. Dieser Studie liegt die systematische Auswertung der umfangreichen Kapitelsprotokolle des Ritterstiftes St. Burkard von 1573 bis 1617 zugrunde. Er erschließt so die Mitglieder des Stiftes und deren Profile (von den Dignitären über die Kanoniker bis zu

---

[2] Christoph Warmuth greift in seinem Nachruf bei der Beerdigung seine Worte vom 40-jährigen Priesterjubiläum wieder auf. Sie finden sich daher im Text der Anm. 1.

[3] Die vollständige bibliographische Erfassung der genannten Werke findet sich jeweils im nachfolgenden Schriftenverzeichnis.

den Vikaren) sowie die Verfassung, die Wirtschaftsstruktur und Besitzungen (besonders auch im Bereich der Pfarreien). In Verbindung damit erhellt er detailreich die Reformpolitik Julius Echters, die dieses bedeutende Würzburger Nebenstift die Krise der nachreformatorischen Zeit meistern lässt und so weitere zwei Jahrhunderte seiner Existenz sichert. Zurückhaltend war Dieter Michael Feineis im Bestreben, ob der Habilitation auch die Ernennung zum Privatdozenten folgen solle, da er ja mit seiner pastoralen Arbeit und seinen Forschungsinteressen mehr als voll ausgelastet war. Erst 1990 erfolgte daher die Ernennung zum Privatdozenten. Er erhielt so neben der Lehrbefähigung auch die Lehrbefugnis für das Fachgebiet „Fränkische Kirchengeschichte" an der Universität Würzburg und führte nunmehr regelmäßig Lehrveranstaltungen an der Katholisch-Theologischen Fakultät durch. 1997 wurde er zum außerplanmäßigen Professor für Fränkische Kirchengeschichte an der Universität Würzburg ernannt.

Von seiner enormen Schaffenskraft und unermüdlichen Forschertätigkeit zeugt eine dritte Monographie, die Dieter Michael Feineis 1996 unter dem Titel „Untersuchungen zur Finanz- und Wirtschaftsgeschichte des Hochstifts Würzburg im 18. Jahrhundert" vorlegte. Er stellt hier jeweils die 53 Ämter des Hochstiftes kurz vor und listet deren Natural- sowie Geldeinnahmen auf, ebenso die entsprechenden Ausgaben. Er wählte dafür die Rechnungen im Staatsarchiv Würzburg aus dem Jahr 1717, weil er dieses Jahr, wie er überzeugend begründete, für eine exemplarische Auswertung für am meisten geeignet hielt. Neben den Ämtern betrachtete er nach dem gleichen Muster auch die Finanzverhältnisse des Würzburger Hofkammerzahlamtes und der Würzburger Obereinnahme sowie die der Stifte, Klöster und Stiftungen. Abschließend beleuchtet er in einem Exkurs die Ämter des Erzstiftes Mainz sowie des Hochstiftes Fulda, die sich auf dem heutigen Gebiet des Bistums Würzburg befinden, ebenfalls unter der Finanzperspektive.

Dieter Michael Feineis faszinierte die Geschichte seines näheren Umfeldes, so die seines Heimatortes Waldbüttelbrunn sowie später seiner beiden Pfarreien am Untermain. 1980 gab er für seinen ersten Pfarrort Röllfeld eine übersichtliche Chronik – er selbst bezeichnet sie als „geraffte Darstellung" – heraus, die gezielt an die Bewohner dieser Ortschaft gerichtet war. Sie sollte diesen „helfen, die Geschichte ihres Ortes kennenzulernen und sie in die großen geschichtlichen Entwicklungen einzuordnen."[4] Charakteristisch für seine Zugangsweise war, dass er die „Herrschaftliche Entwicklung" seinem „Überblick über die geschichtliche Entwicklung der Pfarrei Röllfeld" voranstellte. Trotz der populären Ausrichtung verzichtete er nicht auf Anmerkungen, die wiederum belegen, dass ein Großteil der Informationen sich ausgiebiger Archivrecherchen verdankt. Im ersten Band der „Chronik der Stadt Klingenberg" erschloss er die Geschichte der drei Kirchen und der Pfarreien, die seit der Gebietsreform zur Stadt Klingenberg gehören, nämlich St. Pankratius Klingenberg, St. Mariä Himmelfahrt Röllfeld und St. Maria Magdalena Trennfurt. Für seine forschungsorientierte Arbeitsweise spricht, dass er nicht

[4] Dieter Michael Feineis, Röllfeld, Klingenberg 1980, S. 2 (Vorwort).

weniger als neun Archive für die Erarbeitung dieses grundlegenden Beitrages heranzog. Weitere informationsreiche Detailstudien legte er zur Geschichte der Orte, wo er als Pfarrer wirkte, vor, so zur Geschichte der Herrschaft Klingenberg, zum lokalen Adel (von Kottwitze, von Aulenbach, von Bickenbach, von Mairhofen), zu den Hexenprozessen in Klingenberg oder auch zu dem aus Klingenberg stammenden Würzburger Hofkapellmeister Johann Georg Wasmuth. Einen wichtigen Aufsatz widmete er (der Wüstung) Grubingen, dem im 17. Jahrhundert abgegangenen Pfarrort mit der Mutterkirche St. Michael für die Gemeinden Klingenberg, Röllfeld und Schmachtenberg.

Daneben finden sich auch immer wieder ertragreiche Spezialuntersuchungen zu seinem Geburtsort („Analysen zur Struktur eines fränkischen Dorfes", 2005; „Der Wandel von Vermögens- und Besitzstrukturen in Waldbüttelbrunn vom 16. bis zum 19. Jahrhundert", 2007; „Die Errichtung der Pfarrkuratie Waldbüttelbrunn [...]", 2008), ebenso wie zu Nachbarorten (Hettstadt, 2018; eine zu Greußenheim für den Druck vorbereitet).

Dieter Michael Feineis hat sich wiederholt mit allgemeinen Fragen der Geschichte des Erzbistums Mainz und des Bistums Würzburg, vor allem auch der Geschichte der Stifte und Klöster auseinandergesetzt. Vorwiegend interessierten ihn vermögensrechtliche und finanzielle Aspekte, aber auch die historische Sachkultur war sein Metier. Zu erinnern ist hier besonders an den im Gedenkjahr zum 400. Todestag (2017) erschienenen Aufsatz „Haushalt und Finanzen des Hochstifts Würzburg unter Julius Echter" sowie dem letzten von ihm veröffentlichten Aufsatz „Gold, Silber, Preziosen und kostbare Messgewänder in der fürstbischöflichen Hofhaltung und im Dom zu Würzburg im 18. Jahrhundert" (2020). Einen Aufsatz zum „Kirchenornat von Stift Haug in Würzburg im 18. Jahrhundert" konnte er noch zur Veröffentlichung vorbereiten, zusammen mit einer Reihe von anderen Beiträgen, die in den nächsten Jahren an geeigneter Stelle noch gedruckt werden sollen (siehe Bibliographie).

Verschiedentlich hat sich Dieter Michael Feines auch mit zeitgeschichtlichen Fragen der Kirchengeschichte beschäftigt, so mit der Wirkungsgeschichte des Zweiten Vatikanischen Konzils in Bezug auf das Bistum Würzburg oder mit den Folgen des Ersten Weltkriegs und der Weimarer Republik für das Bistum Würzburg.

Über fünf Jahrzehnte bewährte sich Dieter Michael Feineis als kenntnisreicher und ausdauernder Erforscher der Geschichte seiner fränkischen Heimat. Gerade in seinem letzten Jahrzehnt als Pfarrer i. R. und wieder in Waldbüttelbrunn wohnhaft, konnte er seiner Forschungstätigkeit noch vermehrte Aufmerksamkeit schenken. Seiner Arbeitsweise einer strikten Quellennähe blieb er dabei stets treu. Ihm kam es auf die Fakten an. Sein Darstellungsstil war inhaltlich detailreich, stilistisch knapp und schnörkellos. Beeindruckend war seine Verbindlichkeit, seine zurückhaltende und doch liebenswürdig offene Art. Das mächtige Wort oder gar die große Geste waren ihm fremd. Gerade so vermochte er menschliche Wärme auszustrahlen und dem Gegenüber ein Gefühl des Angenommenseins zu vermitteln. Zu spüren war, wie er von seinem christlichen Glauben getragen wurde. Dieser gab ihm Sicherheit und Klarheit.

Trotz seiner akademischen Qualifikationen strebte Dieter Michael Feineis nie eine akademische Karriere an, sondern sah in seinem priesterlichen Dienst als Gemeindeseelsorger seine Berufung. Er gehörte damit zu den immer weniger werdenden Priestern, die ihre Tätigkeit als Seelsorger mit der wissenschaftlichen Aufgabe des Geschichtsforschers verbinden. Sein Engagement als Seelsorger und Wissenschaftler wurde nicht nur von der Stadt Klingenberg gewürdigt. 2007 erhielt Dieter Michael Feineis das Verdienstkreuz am Bande des Verdienstordens der Bundesrepublik Deutschland. 2010 ernannte ihn Papst Benedikt XVI. zum Päpstlichen Hauskaplan (Monsignore).

Der Würzburger Diözesangeschichtsverein verdankt Prof. Dr. Dieter Michael Feineis viel. Er wird ihm ein ehrendes Andenken bewahren. Seine „Kontinuität“ und „Verlässlichkeit“ im Einsatz für die Würzburger Diözesangeschichte und die fränkische Kirchengeschichte sind uns Auftrag und Ermutigung. Requiescat in Pace!

Bibliographie Dieter Michael Feineis

A. Monographien / Selbstständige Veröffentlichungen

1. Die Herrschaft des Ritterstiftes St. Burkard in Waldbüttelbrunn (Forschungen zur Fränkischen Kirchen- und Theologiegeschichte 4), [Diss. Theol. 1977] Würzburg 1978.
2. Röllfeld, Klingenberg (1980).
3. Das Ritterstift St. Burkard zu Würzburg unter der Regierung von Fürstbischof Julius Echter von Mespelbrunn (1573–1617) [Habil-Schrift 1986] (Quellen und Forschungen zur Geschichte des Bistums und Hochstifts Würzburg 36), Würzburg 1986.
4. Untersuchungen zur Wirtschafts- und Finanzgeschichte des Hochstiftes Würzburg im 18. Jahrhundert (Quellen und Forschungen zur Geschichte des Bistums und Hochstifts Würzburg 48), Würzburg 1996.
5. (mit Helmut Becker), Die Hochkreuzkapelle in Klingenberg-Röllfeld, Klingenberg 2005.

B. Aufsätze

1. Das dörfliche Leben in Höchberg nach alten Quellen, in: Würzburger Diözesangeschichtsblätter 42 (1980), S. 295–321.
2. Der Seelsorgssprengel des Ritterstiftes St. Burkard zu Würzburg, in: Würzburger Diözesangeschichtsblätter 48 (1986), S. 251–269.
3. Der Seelsorgssprengel des Ritterstiftes St. Burkard zu Würzburg während der Regierung von Fürstbischof Julius Echter von Mespelbrunn (1573–1617), in: Klaus Wittstadt (Hg.), 1000 Jahre Translatio Sancti Burkardi, Würzburg 1986, S. 47–66.

4. Das Verhalten der katholischen Kirche in Deutschland während des 1. Weltkrieges – dargestellt am Beispiel der Diözese Würzburg, in: Information der Bayerischen Julius-Maximilians-Universität Würzburg 4/20 (1986), S. 13f.
5. Sozialgeschichtliche und soziologische Untersuchungen zu Klingenberg und Röllfeld (16. bis 18. Jahrhundert), in: Würzburger Diözesangeschichtsblätter 52 (1990), S. 271–304.
6. Überblick über die Geschichte der Herrschaft Klingenberg bis zum Beginn des 16. Jahrhunderts, in: Würzburger Diözesangeschichtsblätter 54 (1992), S. 153–176.
7. Grubingen, in: Würzburger Diözesangeschichtsblätter 55 (1993), S. 53–84.
8. Katholische Kirchen in Klingenberg – Ein Gang durch die Geschichte der katholischen Pfarreien St. Pankratius Klingenberg, St. Mariä Himmelfahrt Röllfeld und St. Maria Magdalena Trennfurt, in: Stadt Klingenberg (Hg.), Chronik der Stadt Klingenberg am Main, Bd. 1, Klingenberg 1994, S. 235–298.
9. Hexenprozesse gegen Einwohner der Stadt Klingenberg, in: Würzburger Diözesangeschichtsblätter 56 (1994), S. 349–355.
10. Das Geschlecht der Kottwitze von Aulenbach, in: Würzburger Diözesangeschichtsblätter 57 (1995), S. 107–145.
11. Die Diözese Würzburg und das Zweite Vatikanische Konzil in den Jahren 1962 bis 1972, in: Wolfgang Weiß (Hg.), Zeugnis und Dialog. Die katholische Kirche und das II. Vatikanische Konzil. Klaus Wittstadt zum 60. Geburtstag, Würzburg 1996, S. 214–259.
12. Johann Georg Wasmuth, 1707 bis 1766. Würzburger Hofkapellmeister, in: Stadt Klingenberg (Hg.), Chronik der Stadt Klingenberg, Bd. 3, Klingenberg 1996, S. 275–279.
13. Die Stammtafeln der Familie Aulenbach und der Familie Kottwitz, in: Würzburger Diözesangeschichtsblätter 60 (1998), S. 213–223.
14. Der Ablauf der Besetzung einer Pfarrei im Erzbistum Mainz im 15. Jahrhundert, in: Würzburger Diözesangeschichtsblätter 61 (1999), S. 59–66.
15. Die Stammtafeln der Herren von Bickenbach, in: Würzburger Diözesangeschichtsblätter 62/63 (2001), S. 1003–1019.
16. Die Bickenbacher und die Herrschaft Hohenberg, in: Würzburger Diözesangeschichtsblätter 64 (2002), S. 159–239.
17. Der Würzburger Hofkapellmeister Johann Georg Franz Waßmuth (1707–1766), in: Würzburger Diözesangeschichtsblätter 64 (2002) Ergänzungsband, S. 103–110.
18. Die Wahl von Konrad Wilhelm von Wernau (1683–1684) zum Fürstbischof von Würzburg nach den Würzburger Domkapitelsprotokollen, in: Würzburger Diözesangeschichtsblätter 65 (2003), S. 67–117.
19. Waldbüttelbrunn um 1700 – Analysen zur Struktur eines fränkischen Dorfes, in: Würzburger Diözesangeschichtsblätter 66 (2004), S. 213–264.

20. Übersichten zur Finanz- und Wirtschaftsgeschichte des Hochstiftes Würzburg im 18. Jahrhundert, in: Würzburger Diözesangeschichtsblätter 67 (2005), S. 205–229.
21. Amalie von Aulenbach – Äbtissin des Zisterzienserinnenklosters Himmelspforten (1581–1592), in: Würzburger Diözesangeschichtsblätter 68 (2006), S. 271–278.
22. Der Wandel von Vermögens- und Besitzstrukturen in Waldbüttelbrunn vom 16. bis zum 19. Jahrhundert, in: Würzburger Diözesangeschichtsblätter 69 (2007), S. 645–686.
23. Die Errichtung der Pfarrkuratie Waldbüttelbrunn und ein Blick in die Zeit davor, in: Kath. Pfarramt Waldbüttelbrunn / Pfarrer Dr. Paul Julian (Hg.), 150 Jahre – 1858–2008 – eigenständige Pfarrei St. Bartholomäus Waldbüttelbrunn, Waldbüttelbrunn 2008, S. 12–21.
24. Untersuchungen zur Geschichte der Reichsfreiherren von Mairhofen zu Klingenberg und Aulenbach, in: Würzburger Diözesangeschichtsblätter 72 (2010), S. 493–518.
25. Die Finanzstruktur der Abtei Ebrach im 18. Jahrhundert, in: Würzburger Diözesangeschichtsblätter 74 (2012), S. 617–646.
26. Die Kontribution im Hochstift Würzburg im 18. Jahrhundert, in Würzburger Diözesangeschichtsblätter 75 (2012), S. 149–170.
27. Überblick über die Geschichte von Burg und Amt Prozelten bis zum Ende des Alten Reiches, in: Würzburger Diözesangeschichtsblätter 76 (2013), S. 211–222.
28. Johann Gallus Jacob von Hollach, in: Würzburger Diözesangeschichtsblätter 77 (2014), S. 187–220.
29. Die katholische Kirche in Deutschland und der Erste Weltkrieg – dargestellt anhand von Verlautbarungen des Bistums Würzburg, in: Würzburger Diözesangeschichtsblätter 77 (2014), S. 221–245.
30. Die wirtschaftliche Situation von Chorherrenstiften und Benediktinerabteien im Hochstift Würzburg gegen Ende des 18. Jahrhunderts, in: Würzburger Diözesangeschichtsblätter 78 (2015), S. 447–471.
31. Vom Diözesanausschuss der Katholischen Aktion zum Diözesanrat – Entwicklungen im Laienkatholizismus unter Karl Fürst zu Löwenstein-Wertheim-Rosenberg und Johannes Meisenzahl, in: Würzburger Diözesangeschichtsblätter 79 (2016), S. 43–63.
32. Der Bau der neuen Kirche von Stift Haug in Würzburg (1670–1691) sowie Kanoniker (1429–1691) und Vikare (1558–1691) des Stifts, in: Würzburger Diözesangeschichtsblätter 79 (2016), S. 195–267.
33. Haushalt und Finanzen des Hochstifts Würzburg unter Julius Echter, in: Wolfgang Weiß (Hg.), Fürstbischof Julius Echter († 1617) – verehrt, verflucht, verkannt. Aspekte seines Lebens und Wirkens anlässlich des 400. Todestages (Quellen und Forschungen zur Geschichte des Bistums und Hochstifts Würzburg 75), Würzburg 2017, S. 307–340.

34. Verwaltungsstrukturen und ausgewählte Rechnungen der Linien des Hauses Wertheim im 18. und zu Beginn des 19. Jahrhunderts, in: Würzburger Diözesangeschichtsblätter 80 (2017), S. 229–266.
35. Überblick über die Geschichte der Gemeinde Hettstadt (Landkreis Würzburg) bis 1803, in: Würzburger Diözesangeschichtsblätter 81 (2018), S. 109–128.
36. Die katholische Kirche in Deutschland in der Weimarer Republik (1918–1932) – dargestellt anhand von Verlautbarungen des Bistums Würzburg, in: Würzburger Diözesangeschichtsblätter 82 (2019), S. 313–351.
37. Gold, Silber, Preziosen und kostbare Messgewänder in der fürstbischöflichen Hofhaltung und im Dom zu Würzburg im 18. Jahrhundert, in: Würzburger Diözesangeschichtsblätter 83 (2020), S. 217–261.

C. Besprechungen

1. Wolfgang Weiß, Kirche im Umbruch der Säkularisation. Die Diözese Würzburg in der ersten bayerischen Zeit (1802/03–1806) (Quellen und Forschungen zur Geschichte des Bistums und Hochstifts Würzburg 44), Würzburg 1993, in: Würzburger Diözesangeschichtsblätter 55 (1993), S. 500–502.
2. Wolfgang Meister, Die Martinskapelle in Bürgstadt. Zeugnis von Kunstsinn und Glaubenseifer einer Landgemeinde um 1600 (Eine Veröffentlichung des Heimat- und Geschichtsvereins Bürgstadt. Sonderband zum 20-jährigen Bestehen), Bürgstadt 2004, in: Würzburger Diözesangeschichtsblätter 67 (2005), S. 405.

D. Zum Druck vorbereitete Aufsätze aus dem Nachlass von Dieter Michael Feineis:

1. Kriminalgerichtsbarkeit im Kurfürstentum Mainz im 18. Jahrhundert
2. Die Horber'sche Bibliothek im Pfarrarchiv zu Klingenberg am Main
3. Pröpste und Dekane der Chorherrenstifte Triefenstein und Heidenfeld
4. Der Haushalt der Würzburger Obereinnahme in den Jahren 1720–1728 und 1745–1753
5. Der Kirchenornat von Stift Haug in Würzburg im 18. Jahrhundert
6. Der Nachlass eines Dorfpfarrers im Erzbistum Mainz gegen Ende des 18. Jahrhundert (Nachlass Pfarrer Peter Schwarz / Röllfeld)
7. Überblick über die Geschichte der Gemeinde Greußenheim (Landkreis Würzburg) bis 1803

Zum Gedenken an P. Prof. Dr. Dr. Stephan Haering OSB (1959–2020)

Professor für Kirchenrecht in Würzburg (1997–2001)

Martin Rehak

„*Domine, si adhuc populo tuo sum necessarius, non recuso laborem; fiat voluntas tua.*"[1]

Im Rückblick liegt jenes geflügelte Wort „*Non recuso laborem* – ich verweigere mich der Arbeit nicht", welches Sulpicius Severus dem Heiligen Martin von Tours vor dessen Tod in den Mund gelegt hat, wie ein Lebensmotto über dem erfüllten Leben und vielfältigen Wirken von P. Stephan Haering OSB. Er selbst hat dieses Wort oft und immer wieder geäußert[2], wenn ihm von verschiedensten Seiten diese oder jene Aufgabe angetragen wurde. Gleich, ob es dabei um einen Vortrag, ein Gutachten, ein Interview, eine fachwissenschaftliche Publikation, oder auch um eine Predigt oder eine gottesdienstliche Feier ging: Er stellte sich diesen Anfragen mit einer Grundhaltung, bei der sich Anteilnahme mit Gerechtigkeitssinn, Liebenswürdigkeit mit Charakterstärke und Gelehrsamkeit mit feinem Humor verbanden. Denn Recht war für ihn jedenfalls jenes „Minimum an Liebe", das ein Mensch seinen Mitmenschen schuldet. So konnte jeder, der sich mit einem berechtigten Anliegen an ihn wandte, voller Zuversicht auf seinen Rat und seine Unterstützung hoffen, denn „das Wort Nein fand sich nicht in seinem Wortschatz".[3] Vielmehr war es ihm ein echtes Anliegen, die Unwissenden zu lehren und damit – wie er gelegentlich mit der ihm eigenen Mischung aus Frohsinn und Ernst betonte – ein geistliches Werk der Barmherzigkeit zu verrichten. In dankbarer Erinnerung an Stephan Haering verfolgt der nachfolgende Beitrag das Ziel, das Leben eines überaus produktiven Forschers, geduldigen Lehrers und gesuchten Ratgebers, besonders in Fragen des Ordenslebens, der weit über sein Fach hinaus äußerst geschätzt und geachtet war, unter besonderer Berücksichtigung seiner Beziehung zu Stadt und Bistum Würzburg nachzuzeichnen.

Bernhard Haering erblickte am 15. September 1959 als jüngster Sohn der Eheleute Martha und Josef Haering im niederbayerischen Grafenau das Licht

---

1 Sulpicius Severus, ep. III (ad Bassulam), in: Jacques Paul Migne (Hg.), Patrologia Latina, Bd. 20, Paris 1845, Sp. 181–184, hier Sp. 182; dt. Übersetzung in: Aloys Bieringer, Ausgewählte Schriften des Sulpicius Severus, Kempten 1872, S. 73–79, hier S. 76.

2 So das Zeugnis mehrerer Wortmeldungen bei der Akademischen Gedenkfeier der Katholisch-Theologischen Fakultät der Ludwig-Maximilians-Universität München am 30.06.2021 zu Ehren ihres völlig überraschend aus dem aktiven Dienst als Hochschullehrer in die Ewigkeit abberufenen Mitglieds.

3 Andreas Wollbold, Ansprache beim Requiem für P. Stephan Haering OSB am 23.11.2020, in: Burkhard Josef Berkmann u. a. (Hg.), „Miscens temporibus tempora". Gedenkschrift für P. Stephan Haering OSB (1959–2020), St. Ottilien 2021, S. 17f., hier S. 18.

der Welt.[4] Nach dem frühen Tod des Vaters im darauffolgenden Jahr wurde die Mutter der Mittelpunkt der Familie. Sie vertraute ihren Jüngsten, wie schon vor ihm seine drei Brüder Georg (1952–2016), Josef und Anton, den Mettener Benediktinern an, wo er von 1969 bis 1978 als Internatsschüler das St.-Michaels-Gymnasium besuchte. Nach einem ausgezeichneten Abitur trat Bernhard Haering im September 1978 als Novize in das Kloster ein.[5] Zu diesem Schritt war er vor allem durch die benediktinische Lebensweise, gekennzeichnet durch den Wechsel von Gebet und Arbeit („*ora et labora*"), angeregt worden. So pflegte er auf die Frage, was ihn zum Klostereintritt bewogen habe, sinngemäß zu erklären: „Die innere Gelassenheit, welche die Mettener Mönche ausstrahlten, hat mich davon überzeugt, dass das ein guter Weg ist, seinem Leben Sinn zu geben." Bei seiner Einkleidung erhielt Bernhard Haering den Ordensnamen Stephan.

Nach Ablegung der zeitlichen Profess absolvierte Stephan Haering von 1979 bis 1984 das Studium der Philosophie und der Theologie an der Salzburger Paris-Lodron-Universität. Dort wurden Hans Paarhammer (1947–2020), Professor für Kirchenrecht von 1982 bis 2015, sowie der damalige Universitätsassistent Johann Hirnsperger, nachmals Professor für Kirchenrecht in Graz (1995–2020), seine ersten Lehrer des Kirchenrechts[6]; alle drei verband zeitlebens eine enge Freundschaft.[7] Wenige Tage nach Ablegung der Ewigen Profess wurde Stephan Haering am 28. September 1983 zum Diakon geweiht. Am 14. Juli 1984 empfing er in Metten das Sakrament der Priesterweihe, gespendet vom damaligen Regensburger Diözesanbischof Manfred Müller (1926–2015). Nach kurzer Tätigkeit als Präfekt am Mettener Internat wurde er für ein Promotionsstudium in Salzburg freigestellt, welches er 1987 mit der Promotion zum Doktor der Theologie (Dr. theol.) abschloss. Seine von Hans Paarhammer betreute Dissertation[8] über die Bayerische Benediktinerkongregation von ihrer Gründung 1684 bis zur Säkularisation von 1803 vereinte mit ihrer gleichermaßen rechtsgeschichtlichen wie ordensrechtlichen Ausrichtung die beiden wichtigsten Schwerpunkte in Haerings gesamten wissenschaftlichen Werk.[9]

---

4 Die nachstehende Darstellung schöpft aus diversen Nachrufen: Abt und Konvent der Abtei Metten, Nekrolog Prof. Dr. P. Stephan Haering OSB (Sterbeparte); Michael Kaufmann, Prof. Dr. Dr. Stephan Haering OSB (15. September 1959 – 18. November 2020), online publiziert: http://benediktinerakademie.org/2020-2/ (letzter Zugriff: 03.08.2021); Elmar Güthoff, Nachruf auf P. Prof. Dr. Dr. Stephan Haering OSB, in: De Processibus Matrimonialibus 27/28 (2020/21), S. 19f.; ders., Nachruf auf P. Stephan Haering OSB, in: Berkmann u. a. (Hg.), Gedenkschrift (wie Anm. 3), S. 41–50.

5 Im darauffolgenden Jahr trat auch sein älterer Bruder Josef (jetzt: P. Markus) nach Abschluss seines BWL-Studiums in das Kloster Metten ein. Ihm gilt ein herzlicher Dank für die Überlassung der Fotos.

6 Vgl. dazu Johann Hirnsperger, Dank und Erinnerung an P. Stephan Haering OSB, in: Berkmann u. a. (Hg.), Gedenkschrift (wie Anm. 3), S. 27–32, bes. S. 28 mit einer lesenswerten Anekdote über die erste Begegnung von Hirnsperger und Haering.

7 Vgl. Johann Hirnsperger, Hans Paarhammer (1947–2020) zum Gedenken, in: Archiv für katholisches Kirchenrecht 187 (2020), S. 137–145.

8 Stephan Haering, Die Bayerische Benediktinerkongregation 1684–1803. Eine rechtsgeschichtliche Untersuchung der Verfassung eines benediktinischen Klösterverbandes unter Berücksichtigung rechtlicher Vorformen und rechtssprachlicher Grundbegriffe, veröffentlicht in: Studien und Mitteilungen zur Geschichte des Benediktinerordens und seiner Zweige 100 (1989).

9 Das Publikationsverzeichnis von Stephan Haering umfasst annähernd 900 Einträge; vgl. dazu jetzt Yves Kingata / Ferdinand Josef Müller, Verzeichnis der Veröffentlichungen von P. Prof. Dr. Dr. Stephan Haering OSB, in: Berkmann u. a. (Hg.), Gedenkschrift (wie Anm. 3), S. 159–222;

In den Jahren 1987 bis 1994 folgten weitere Studien in München, Washington und Rom. Vor allem um für eine etwaige künftige Verwendung als Lehrer am Mettener Gymnasium besser gerüstet zu sein, absolvierte er an der Münchener Universität zum einen ein Studium der Germanistik und Geschichte, das er 1993 mit dem akademischen Grad eines Magister Artium abschloss. Zum anderen erweiterte und vertiefte er in München am damaligen Kanonistischen Institut (heute: Klaus-Mörsdorf-Studium für Kanonistik) im Studiengang Kanonisches Recht seine kirchenrechtlichen Kenntnisse und Fertigkeiten. Dort wurde Heribert Schmitz (1929–2018) sein Lehrer, der zunächst Haerings Lizentiatsarbeit[10] und anschließend seine Habilitationsschrift betreute. Ein Habilitationsstipendium (1991–1994) der Fritz-Thyssen-Stiftung ermöglichte Stephan Haering einen einjährigen Studienaufenthalt am Department of Canon Law der Catholic University of America in Washington D.C. (1993) sowie einen Forschungsaufenthalt in Rom (1994). Besonders die Zeit, die er in den Vereinigten Staaten von Amerika verbrachte, hat er stets als wertvolle Bereicherung seiner persönlichen Biographie und seines Erfahrungshorizonts empfunden. Nach Erwerb des Lizentiats im Kanonischen Recht (Lic. iur. can.) im Jahre 1994 schloss Stephan Haering seine kirchenrechtlichen Studien im Sommer 1996 mit der Habilitation ab, wodurch ihm gemäß der damaligen Habilitationsordnung zugleich ein weiteres Doktorat (Dr. iur. can. habil.) verliehen wurde.

Die Habilitationsschrift[11] über Rezeption weltlichen Rechts im kanonischen Recht bietet nicht nur eine systematische Analyse des geltenden Kirchenrechts, die sich über alle sieben Bücher des geltenden Kodex des Kanonischen Rechts erstreckt, sondern offenbart mit ihren vermögens- und staatskirchenrechtlichen Fragestellungen zugleich zwei weitere große Interessenschwerpunkte in Stephan Haerings wissenschaftlichem Werk.[12] Bereits während dieser Studienjahre zeigte sich die Arbeitskraft und der Forscherfleiß des jungen Gelehrten in zahlreichen weiteren Veröffentlichungen, unter denen die Herausgabe einer Festschrift[13] für den 1971 an die Römische Kurie berufenen Mettener Abt Augustinus Kardinal Mayer OSB (1911–2010) sowie eine stattliche Zahl von Lexikonartikeln für die dritte Auflage des *Lexikon für Theologie und Kirche* eigens genannt seien. Ein Jahr nach seiner Habilitation erhielt Stephan Haering einen Ruf auf den Lehrstuhl für Kirchenrecht an der Katholisch-Theologischen Fakultät der Julius-Maximilians-Universität Würzburg. Dies war für ihn nicht zuletzt deshalb eine freudige Überraschung, weil er – wie er selbst einmal rückblickend meinte – speziell für Würzburg im Vorfeld wohl nicht als

ferner Helmuth Pree, P. Stephan Haering OSB – Sein Beitrag und seine Bedeutung für die Kanonistik, in: ebd., S. 51–62.

10 Stephan Haering, Weltliches Recht im Vermögensrecht des Codex Iuris Canonici, München [maschinenschriftl. Diss.] 1994.

11 Stephan Haering, Rezeption weltlichen Rechts im kanonischen Recht. Studien zur kanonischen Rezeption, Anerkennung und Berücksichtigung des weltlichen Rechts im kirchlichen Rechtsbereich aufgrund des Codex Iuris Canonici von 1983 (Münchener Theologische Studien. Kanonistische Abteilung 53), St. Ottilien 1998.

12 Vgl. dazu auch Andreas Kowatsch, Stephan Haering OSB in memoriam. Fragmentarische Annäherungen zu einem bedeutenden Staatskirchenrechtler, in: Berkmann u.a. (Hg.), Gedenkschrift (wie Anm. 3), S. 111–129.

13 Stephan Haering (Hg.), In unum congregati. Festgabe für Augustinus Kardinal Mayer OSB zur Vollendung des 80. Lebensjahres, Metten 1991.

aussichtsreichster Mitbewerber aus der seinerzeitigen Nachwuchsriege gegolten habe. Er trat seinen Dienst zum Wintersemester 1997/98 an und nahm mit Zuversicht und Zielstrebigkeit die Aufgaben in Angriff, die hier in Forschung, Lehre und Verwaltung auf ihn warteten.

Eine unerwartete Herausforderung ergab sich bereits im Juni des darauffolgenden Jahres, als Rudolf Weigand (1929–1998), sein unmittelbarer Vorgänger auf dem kirchenrechtlichen Lehrstuhl, plötzlich verstarb. Weigand hatte sein Forscherleben ganz dem mittelalterlichen Kirchenrecht des 12. Jahrhunderts gewidmet. Von Stephan Kuttner (1907–1996) hatte er die Aufgabe übernommen, drei kanonistische Summen zur Kirchenrechtssammlung des Bologneser Gelehrten Gratian aus der so genannten anglo-normannischen Schule zu edieren, und wollte sich als Emeritus ganz dieser Arbeit widmen. Im Einzelnen handelt es sich um die Dekretsumme *De iure canonico tractaturus* und die Quaestionensumme *De questionibus decretalibus tractaturi* eines gewissen Honorius von Kent sowie um die Dekretsumme *Omnis qui iuste iudicat,* auch *Summa Lipsiensis* genannt. Keiner der drei Summentexte war zu diesem Zeitpunkt zur Publikationsreife gediehen. Nach Weigands Tod übernahm daraufhin Stephan Haering die administrative Leitung des Projekts, gemeinsam mit dem Münchener Rechtshistoriker Peter Landau (1935–2019) als wissenschaftlichem Leiter. In Würdigung seines Einsatzes, der die Fortführung des Editionsvorhabens ermöglicht hatte, veranstalteten die Würzburger Projektmitarbeiter bei Stephan Haerings Abschied aus Würzburg 2001 eine scherzhafte Ehrenpromotion „*Honorii causa*", also in der Angelegenheit des Honorius. Das Projekt selbst blieb in Würzburg angesiedelt, wo Weigands Schülerin Waltraud Kozur die Organisation und Koordination sowie zusammen mit Karin Miethaner-Vent die editorische Hauptarbeit schulterte. Aus Stephan Haerings weiterer Begleitung dieses großen Editionsprojekts[14], das nach jahrzehntelanger intensiver Arbeit 2019 zu Ende ging, ist reflektierend ein Fachaufsatz über Kanonistik als Quellenarbeit entstanden.[15]

---

[14] Bislang im Druck erschienen: Rudolf Weigand † / Peter Landau / Waltraud Kozur, unter Mitarbeit von Stephan Haering / Karin Miethaner-Vent / Martin Petzolt (Hg.), Magistri Honorii Summa ‚De iure canonico tractaturus', Bd. 1 (Monumenta Iuris Canonici, Series A, 5/1), Città del Vaticano 2004; Rudolf Weigand † / Peter Landau / Waltraud Kozur, unter Mitarbeit von Stephan Haering / Karin Miethaner-Vent / Martin Petzolt (Hg.), Summa ‚Omnis qui iuste iudicat' sive Lipsiensis, Bd. 1 (Monumenta Iuris Canonici, Series A, 7/1), Città del Vaticano 2007; Peter Landau / Waltraud Kozur, unter Mitarbeit von Stephan Haering / Heribert Hallermann / Karin Miethaner-Vent / Martin Petzolt (Hg.), Magistri Honorii Summa ‚De iure canonico tractaturus', Bde. 2–3 (Monumenta Iuris Canonici, Series A, 5/2–3), Città del Vaticano 2010; Peter Landau / Waltraud Kozur, unter Mitarbeit von Stephan Haering / Heribert Hallermann / Karin Miethaner-Vent / Martin Petzolt (Hg.), Summa ‚Omnis qui iuste iudicat' sive Lipsiensis, Bd. 2 (Monumenta Iuris Canonici, Series A, 7/2), Città del Vaticano 2012; Peter Landau / Waltraud Kozur / Karin Miethaner-Vent, unter Mitarbeit von Stephan Haering / Heribert Hallermann / Martin Petzolt / Ioannis K. Grossmann (Hg.), Summa ‚Omnis qui iuste iudicat' sive Lipsiensis, Bd. 3 (Monumenta Iuris Canonici, Series A, 7/3), Città del Vaticano 2014; Waltraud Kozur /Peter Landau / Karin Miethaner-Vent, unter Mitarbeit von Stephan Haering / Ioannis K. Grossmann / Martin Petzolt (Hg.), Summa ‚Omnis qui iuste iudicat' sive Lipsiensis, Bde. 4–5 (Monumenta Iuris Canonici, Series A, 7/4–5), Città del Vaticano 2018. Die Edition der *Summa Lipsiensis* hat kürzlich Martin Bertram, Ein kanonistischer Leuchtturm. Die kritische Edition der Summa Lipsiensis, in: Zeitschrift der Savigny-Stiftung für Rechtsgeschichte. Kanonistische Abteilung 106 (2020), S. 367–375, gewürdigt.

[15] Stephan Haering, Kanonistik als Quellenarbeit, in: Hanns Peter Neuheuser (Hg.) Pragmatische Quellen der kirchlichen Rechtsgeschichte (Rechtsgeschichtliche Schriften 28), Köln u. a. 2011, S. 73–85.

Abb. 1: *Prof. Stephan Haering und Dr. Waltraud Kozur bei einer Lehrstuhlbesprechung (Foto: privat; Abtei Metten, Nachlass P. Stephan Haering).*

Betrachtet man das reiche wissenschaftliche Werk Stephan Haerings, so fällt auf, dass mit der Berufung nach Würzburg auch die neue Wahlheimat das Forscherinteresse des jungen Professors auf sich zog. So publizierte er bereits 1998 einen Aufsatz, der schon im Titel an den Dialogprozess des Bistums Würzburg der Jahre 1993 bis 1996 anknüpfte, der unter dem Motto „Wege suchen im Gespräch" gestanden hatte.[16] Dabei nahm er das Gesamtpanorama innerkirchlicher Mitverantwortung in den Blick und merkte in Auseinandersetzung mit einer 1997 von Rom veröffentlichten *Instruktion über die Diözesansynode*[17] kritisch an, dass eine rein formale Kritik an parakanonischen Formen von Synodalität anstelle einer inhaltlichen Auseinandersetzung doch etwas dürftig erscheine. Stephan Haerings Beitrag zur 2001 veröffentlichten Festschrift für seinen Fakultätskollegen Klaus Wittstadt untersuchte die jurisdiktionelle Situation im südthüringischen Teil des Bistums Würzburg nach dem Zweiten Weltkrieg.[18] Die Studie, die im Anhang einschlägiges Quellenmaterial aus dem Würzburger Diözesanarchiv veröffentlicht, wollte darlegen „wie man politische Veränderungen und deren Auswirkungen auf die Pastoral mit den Mitteln des kanonischen Rechts zu bewältigen suchte und in der Tat auch bewältigt

---

16 Stephan Haering, „Wege suchen im Gespräch". Kirchenrechtliche Überlegungen zur synodalen Mitverantwortung der Gläubigen, in: Stimmen der Zeit 216 (1998), S. 689–699.

17 Congregatio pro Episcopis / Congregatio pro Gentium Evangelizatione, Instructio de Synodis dioecesanis agendis, in: Acta Apostolicae Sedis 89 (1997), S. 706–727; dt. in: L'Osservatore Romano. Die Vatikanzeitung in deutscher Sprache 27 (1997), Nr. 29, S. 8–12.

18 Stephan Haering, Die jurisdiktionelle Situation im südthüringischen Teil des Bistums Würzburg nach dem Zweiten Weltkrieg. Ein kirchenrechtlicher Beitrag zur Diözesangeschichte, in: Würzburger Diözesangeschichtsblätter 62/63 (2001) (= Wolfgang Weiß in Verbindung mit Dieter M. Feineis / Erik Soder von Güldenstubbe [Hg.], Kirche und Glaube – Politik und Kultur in Franken, Festgabe für Klaus Wittstadt zum 65. Geburtstag), S. 839–860.

hat".[19] Im selben Jahr erschien aus seiner Feder ein weiterer Festschriftbeitrag für den Würzburger Patristiker Jakob Speigl, der im Rückblick auf ein Jahrzehnt beleuchtet, wie die deutschsprachige Kanonistik den im Jahr 1990 von Papst Johannes Paul II. (1978–2005) promulgierten Kodex für die katholischen Ostkirchen auf Tagungen, in der akademischen Lehre sowie in Veröffentlichungen zum Gegenstand der wissenschaftlichen Betrachtung gemacht hat.[20] Doch auch die Geschichte des eigenen Faches an der Universität Würzburg war Stephan Haering, der sich damals mit dem Gedanken an ein Großprojekt zur deutschsprachigen Kanonistik im 19./20. Jahrhundert trug, ein Anliegen. In diesem größeren Zusammenhang lässt sich jener Aufsatz sehen, der 2007 über August Hagen (1889–1963), der von 1935 bis 1947 in Würzburg Kirchenrecht gelehrt hatte, in der Festgabe für den Würzburger Kirchenhistoriker Klaus Ganzer erschien.[21] Das Thema war insofern mit Bedacht gewählt, als Hagen und Ganzer beide aus dem schönen Schwabenland stammten und Tübingen ihre *Alma mater* nennen konnten. Ein durchaus persönliches Anliegen jedoch war es Stephan Haering, seinem verstorbenen Lehrstuhlvorgänger Rudolf Weigand ein ehrendes Andenken zu bewahren. Nachdem er bereits für die Würzburger Diözesangeschichtsblätter einen Nachruf verfasst und die von Christian Wolfsberger im *Archiv für katholisches Kirchenrecht* von 1998 publizierte Bibliographie Weigands initiiert hatte[22], würdigte er auf dem 13. Internationalen Kongress für mittelalterliches Kirchenrecht, der 2008 im ungarischen Esztergom stattfand, nochmals Weigands Bedeutung für die kirchenrechtliche Mediävistik.[23] Der in einer Kurzfassung in den Akten des Kongresses sowie in einer Langfassung in der *Savigny-Zeitschrift für Rechtsgeschichte* veröffentlichte Beitrag beinhaltet im Anhang auch einen Nachtrag zum Schrifttumsverzeichnis Weigands, das die nach seinem Tod erschienenen Veröffentlichungen (bzw. Übersetzungen) berücksichtigt. Dass Stephan Haering schließlich 2010 einen Beitrag zu einem Internationalen Symposion über den aus Oberelsbach in der Rhön gebürtigen Komponisten und Kirchenmusiker Valentin Rathgeber beisteuerte, verdankt sich wohl gleichermaßen seiner rechtsgeschichtlichen Expertise wie der gemeinsamen Zugehörigkeit beider zum Orden des Heiligen Benedikt.[24]

---

19 Ebd., S. 840.

20 Stephan Haering, Die Rezeption des Codex Canonum Ecclesiarum Orientalium durch die deutschsprachige Kanonistik, in: Ostkirchliche Studien 50 (2001), S. 177–200.

21 Stephan Haering, August Hagen (1889–1963) als Professor des Kirchenrechts in Würzburg (1935–1947). Ein Schwabe an der Alma Julia, in: Würzburger Diözesangeschichtsblätter 69 (2007), S. 175–204.
In dem genannten größeren Zusammenhang sind ferner die Artikel im *Lexikon des Kirchenrechts* über August Hagen sowie über dessen Nachfolger Ernst Rösser, Professor für Kirchenrecht an der Universität Würzburg von 1947 bis 1971, zu sehen.

22 Vgl. Christian Wolfsberger, Bibliographie Rudolf Weigand †, in: Archiv für katholisches Kirchenrecht 167 (1998), S. 125–149.

23 Stephan Haering, Rudolf Weigand und die kirchenrechtliche Mediävistik, in: Péter Erdő / Sz. Anzelm Szuromi (Hg.), Proceedings of the Thirteenth International Congress of Medieval Canon Law, Esztergom, 3–8 August 2008 (Monumenta iuris canonici, Series C, 14), Città del Vaticano 2010, S. 797–814; ders., Rudolf Weigand und die kirchenrechtliche Mediävistik. Ein Überblick, in: Zeitschrift der Savigny-Stiftung für Rechtsgeschichte 127. Kanonistische Abteilung 96 (2010), S. 381–406.

24 Stephan Haering, Valentin Rathgebers klösterlicher Lebensrahmen in kirchenrechtlicher Perspektive, in: Berthold Gaß (Hg.), An der Schwelle zur Klassik – Valentin Rathgeber. II. Inter-

Abb. 2:
Scribere necesse est: Prof. Stephan Haering bei der Arbeit (Foto: privat; Abtei Metten, Nachlass P. Stephan Haering).

In Bezug auf seine Würzburger Lehrtätigkeit verdient eine Romexkursion besondere Erwähnung, welche Stephan Haering gemeinsam mit Hans Paarhammer im Oktober 1999 veranstaltete.

In Würzburg konnte Stephan Haering auch seinen ersten Doktoranden zu einer erfolgreichen Promotion begleiten. Die von Johnson Michael Kallidukil, einem indischen Pater aus der Kongregation der Missionare des Hl. Franz von Sales, in englischer Sprache verfasste Dissertation über die Bedeutung der Bischofssynode von 1994 für das Geweihte Leben ist – soweit mir bekannt – zugleich die einzige Doktorarbeit, zu deren Veröffentlichung Stephan Haering als Doktorvater ein Vorwort beigesteuert hat.[25] In München sollten dem indischen Pater noch etliche Doktoranden und Habilitanden nachfolgen. In knapp 19 Jahren betreute Haering dort „hauptverantwortlich fünf Habilitationen, zehn Dissertationen zum Dr. iur. can. und drei zum Dr. theol. sowie 20 kanonistische Lizentiatsarbeiten".[26]

Als Stephan Haering im Jahr 2009 in seiner Geburtsstadt Grafenau gleichermaßen sein 25-jähriges Priesterjubiläum wie auch seinen 50. Geburtstag fei-

nationales Rathgeber-Symposium am 5.–6. Juni 2010 in Oberelsbach, Festschrift für Gottfried Rehm zum 85. Geburtstag, Pfaffenhofen a. d. Ilm 2011, S. 81–103.

25 Stephan Haering, Foreword, in: Johnson Michael Kallidukil, The canonical significance of the synod of bishops of 1994 on consecrated life. From the *Lineamenta* to the *Vita consecrata*, Frankfurt a. M. u. a. 2003, S. 9.

26 Güthoff, Nachruf (wie Anm. 4), S. 44.

erte und dazu die Angehörigen seiner leiblichen und seiner geistlichen Familie ebenso wie Mitarbeiter und Freunde zu einer großen Feier einlud, zählten auch ehemalige Würzburger Studierende zu den Gästen. Dies mag exemplarisch verdeutlichen, wie gut sich Stephan Haering auf Würzburg einlassen konnte und wie er es verstand, dort dauerhafte Kontakte zu knüpfen.

Obwohl es Stephan Haering nach einer kaum zweijährigen Tätigkeit in Würzburg unpassend erschienen war, per Initiativbewerbung die Nachfolge seines akademischen Lehrers Heribert Schmitz anzustreben, wurde er dennoch von der Münchener Katholisch-Theologischen Fakultät aufgefordert, im Verfahren zur Wiederbesetzung des dortigen Lehrstuhls für *Kirchenrecht, insbesondere für Verwaltungsrecht und Kirchliche Rechtsgeschichte*, seine Bewerbungsunterlagen einzureichen. Haering entsprach dieser Bitte und nahm den Ruf, der daraufhin aus München an ihn erging, gerne an – dem Vernehmen nach nicht zuletzt wegen der größeren Nähe zu seiner niederbayerischen Heimat und der Abtei Metten. So kam es, dass er bereits zum Sommersemester 2001 nach München wechselte, wo er als neuer alter Hausgeistlicher bereits sehnsüchtig von den Benediktinerinnen der Gemeinschaft Venio in Nymphenburg erwartet wurde.[27] Allerdings hielt er in jenem Semester zusätzlich auch noch in Würzburg Vorlesungen und nahm Prüfungen ab.

Abb. 3: *Das Team des Lehrstuhls Kirchenrecht im Jahr 2000/01 (v. l. n. r.): Erich Kunkel, Jörg Amrhein, Stephan Haering, Rüdiger Seyler, Guido Spahn, Waltraud Kozur, Philipp Höppler, Martin Petzold (Foto: privat; Abtei Metten, Nachlass P. Stephan Haering).*

[27] Stephan Haering hatte bereits während seiner Münchener Studienjahre dort gewohnt; vgl. dazu auch Carmen Tatschmurat, Damit das Leben Glanz bekommt. Erinnerungen an P. Stephan Haering OSB aus der Sicht der Abtei Venio, in: Berkmann u. a. (Hg.), Gedenkschrift (wie Anm. 3), S. 33–35.

Während seiner ersten Jahre als Universitätsprofessor für Kirchenrecht in München kam gelegentlich das Gerücht auf, Stephan Haering könnte für das Bischofsamt in Vorschlag gebracht werden. Indes haben sich derartige Spekulationen zu seiner eigenen großen Erleichterung als offenbar unbegründet erwiesen. So konnte er sich weiterhin tatkräftig der Kirchenrechtswissenschaft widmen, wobei hier in rascher Folge neue Verpflichtungen auf ihn zukamen.

Nachdem er bereits im Jahr 2001 Mitherausgeber des *Archiv für Katholisches Kirchenrecht* geworden war, übernahm er 2004 die Schriftleitung dieser traditionsreichen Fachzeitschrift und widmete sich dieser Aufgabe mit Leidenschaft und Sorgfalt.[28] So war es ihm eine Selbstverständlichkeit, eingereichte Manuskripte ebenso wie das fertig redigierte Heft vor Ablieferung beim Verlag höchstpersönlich einer gründlichen Korrekturlesung zu unterziehen. Ebenso übernahm er 2003 die Mitherausgeberschaft der Schriftenreihe *Münchener Theologische Studien,* wo er für die kanonistische Abteilung verantwortlich zeichnete.[29] Für die Arbeitsgemeinschaft Kirchenrecht, einen Zusammenschluss aller Fachvertreterinnen und Fachvertreter, die das Fach Kirchenrecht an deutschen Hochschuleinrichtungen selbstständig vertreten, übernahm er von 2004 bis 2014 das Amt des Sprechers. Gemeinsam mit Wilhelm Rees und Heribert Schmitz initiierte er eine dritte Auflage des *Handbuch des katholischen Kirchenrechts,* die nach über vierjähriger Vorbereitungszeit 2015 im Druck erschien. Das Werk umfasst auf beinahe 2200 Seiten nicht weniger als 126 Einzelbeiträge von rund 60 Autoren. Überdies fungierte er als Mitherausgeber mehrerer Festschriften[30] und Tagungsbände[31].

Der Sommer des Jahres 2005 bescherte Stephan Haering eine unerwartete Einladung nach Rom, wo er auf Geheiß Papst Benedikts XVI. (2005–2013) als Mitarbeiter im Sondersekretariat der XI. Ordentlichen Generalversammlung der Bischofssynode tätig wurde, die vom 2.–23. Oktober 2005 gefeiert wurde und sich mit der Bedeutung der Eucharistie für Leben und Sendung der Kirche beschäftigte. Haering hat seine Eindrücke und Erlebnisse zu einem äußerst lesenswerten Bericht verarbeitet, der einen guten Einblick in die Arbeitsweise einer Versammlung der Bischofssynode bietet.[32]

---

28 Für Näheres vgl. Yves Kingata, Der Tradition getreu und der Zeit gerecht – P. Stephan Haering OSB und das *Archiv für katholisches Kirchenrecht,* in: ebd., S. 75–90.

29 Zum Aufgabenfeld der Herausgeberschaft vgl. auch Stefan Mückl, P. Stephan Haering OSB als Herausgeber, in: ebd., S. 131–136.

30 Es seien stichwortartig genannt: FS Gerhard Holotik (1999); FS Karl-Theodor Geringer (2002); FS Hans Paarhammer (2012); FS Ulrich Faust OSB (2015); FS 1250 Jahre Benediktinerabtei Metten (2016); FS Hirnsperger (2020); FS Wilhelm Rees (2020); für Einzelheiten vgl. Kingata/Müller, Verzeichnis (wie Anm. 9).

31 Vgl. dazu auch Christoph Ohly, Leidenschaft für den kanonistischen Diskurs – P. Stephan Haering OSB und die Tagungen für Kirchenrecht, in: Berkmann u.a. (Hg.), Gedenkschrift (wie Anm. 3), S. 137–142. Der Trierer Kirchenrechtler Peter Krämer hatte 1997 eine Tagungsreihe ins Leben gerufen, die in etwa zweijährigem Rhythmus an verschiedenen Orten stattfand. Nach 2010 trat Stephan Haering in den Kreis der Veranstalter ein und verantwortete gemeinsam mit Ludger Müller (1952–2020), Wilhelm Rees und Christoph Ohly vier weitere Tagungen in Innsbruck (2012), München (2014), Berlin (2016) und Trier (2018).

32 Stephan Haering, Die Eucharistie: Quelle und Höhepunkt des Lebens und der Sendung der Kirche. Notizen eines Teilnehmers der XI. Ordentlichen Generalversammlung der Bischofssynode, in: Alt und Jung Metten 72 (2005), S. 96–110.

Eine hochschulrechtliche Neuordnung des Studiums der Kanonistik durch das Dekret *Novo codice*[33] der Kongregation für das katholische Bildungswesen führte dazu, dass unter maßgeblicher Mitwirkung Stephan Haerings im Jahr 2011 eine formelle Kooperation zwischen dem Klaus-Mörsdorf-Studium für Kanonistik und der Theologie im Fernkurs bei der Katholischen Akademie Domschule Würzburg ins Leben gerufen wurde.[34] Gemäß *Novo codice* war es nicht mehr zulässig, dass Studierende ohne akademische Vorbildung in Philosophie und Theologie ein kirchenrechtliches Fachstudium aufnahmen. Das hier geforderte „Theologische Propädeutikum" kann seither ohne Weiteres im Rahmen des Würzburger Fernstudiums absolviert werden.

Neben dem bereits angedeuteten Engagement in Forschung und Lehre übernahm Stephan Haering im Laufe der Zeit auch diverse Aufgaben im Bereich der akademischen Selbstverwaltung. So zählte er längere Zeit zum Consiglio Consultivo des Päpstlichen Athenäums St. Anselmo in Rom. Dem Stiftungs- und Hochschulrat der Katholischen Universität Eichstätt-Ingolstadt gehörte er von 2007 bis 2015 an und übernahm in einer Zeit der Krise auch vorübergehend den Vorsitz in diesem Gremium. Für das Max Weber-Programm Bayern stand er von 2005 bis 2017 als Mentor zur Verfügung.

Die vielfältigen Kompetenzen und Interessen Stephan Haerings verdeutlichen auch zahlreiche Mitgliedschaften in Vereinen und Verbänden. Genannt seien hier zunächst die Mitgliedschaft in der internationalen Kanonistenvereinigung Consociatio Internationalis Studio Iuris Canonici Promovendo, deren Leitungsgremium (Consiglio Direttivo) er seit 2008 angehörte, sowie als Gründungsmitglied seit 1995 der Associatio Winfried Schulz, zwischenzeitlich umbenannt in Deutsche Gesellschaft für Kirchenrecht. Das Interesse des Gelehrten an Bayern und seiner Geschichte dokumentieren die Mitgliedschaften im Institut für Bayerische Geschichte und in der Gesellschaft der Münchner Landeshistoriker. In das Advisory Board des Stephan Kuttner Institute of Medieval Canon Law wurde er 2009 aufgenommen. Im selben Jahr machte ihn die Studentenverbindung K.D.St.V. Trifels München im CV zu ihrem Ehrenmitglied. Als langjähriges Mitglied (in der Sektion für Rechts- und Staatswissenschaft) der Görres-Gesellschaft zur Pflege der Wissenschaft wurde er 2015 in deren Beirat berufen.

Bei aller Leidenschaft für sein Fach war für Stephan Haering die Kirchenrechtswissenschaft freilich keine Kunst um der Kunst willen. Im Gegenteil war sein akademisches Wirken geerdet durch ein vielfältiges Engagement, bei dem seine fachliche Expertise für die Praxis des kirchlichen Lebens fruchtbar wurde. So wirkte er jahrzehntelang als Richter an den Diözesangerichten in Salzburg (1985–2003), München (1996–1998, zugleich Vizeoffizial; 2002–2020) und Würzburg (1998–2003). Als Richter mit der Befähigung zum Richteramt nach kirchlichem Recht gehörte er seit 2016 dem Kirchlichen Arbeitsgerichtshof in Bonn an. Des Weiteren war er von 2004 bis 2011 als Berater der Glaubenskom-

---

[33] Congregatio de Institutione Catholica, Decretum quo ordo studiorum in Facultatibus Iuris Canonici innovatur vom 02.09.2002, in: Acta Apostolicae Sedis 95 (2003), S. 281–285.

[34] Vgl. dazu Thomas Franz, Quereinstieg in das Studium des Kanonischen Rechts – Zur Zusammenarbeit von Theologie im Fernkurs mit dem Klaus-Mörsdorf-Studium für Kanonistik, in: Berkmann u. a. (Hg.), Gedenkschrift (wie Anm. 3), S. 153–157.

mission und anschließend seit 2011 als Berater der Ökumenekommission der Deutschen Bischofskonferenz tätig und wirkte in der Arbeitsgruppe Kirchenrecht der Deutschen Bischofskonferenz mit. Dem Landeskomitee der Katholiken in Bayern gehörte er seit 2001 als berufenes Mitglied an.

Einen besonderen Platz nahm im Wirken Stephan Haerings sein unermüdlicher und unerschrockener Einsatz für die Belange des Ordenslebens ein. Auch wenn seine fachkundige Beratung immer wieder auch von weit jenseits der Grenzen Bayerns oder des Benediktinerordens gesucht und erbeten wurde, bleibt sein Engagement für das benediktinische Mönchtum in Bayern einer eigenen Erwähnung wert. Hier wiederum sind allem voran seine Verdienste für die Hauszeitschrift *Alt und Jung Metten* der Abtei Metten zu nennen, die seit 1926 aktive und ehemalige Schülerinnen und Schüler des dortigen Gymnasiums (und Internats) miteinander verbindet, und deren Schriftleitung Stephan Haering für mehr als ein Vierteljahrhundert innehatte.[35] Der Bayerischen Benediktinerkongregation diente er nicht nur als kirchenrechtlicher Berater, sondern gehörte zuletzt auch deren Präsidium an. Bereits 1988 war Stephan Haering ein Mitglied der Historischen Sektion der Bayerischen Benediktinerakademie geworden. Seit 2014 fungierte er als deren Dekan, womit auch die Organisation der jährlichen Sektionstagungen verbunden war. Im Jahr 2018 fand diese Tagung – in Kooperation mit dem Würzburger Diözesangeschichtsverein und mit der Domschule Würzburg – in Würzburg statt.

Während seiner Würzburger Professorenjahre hatte Stephan Haering im Würzburger Stadtteil Heidingsfeld ein Domizil im Kloster der Armen Schulschwestern gefunden, die sich sehr über den benediktinischen Gast freuten, der täglich mit der Schwesterngemeinschaft Eucharistie feierte und jede Schwester mit Namen kannte. Dabei war er – wie aus dem dortigen Konvent berichtet wird – auch gerne bereit, beim alljährlichen Sommerfest gekonnt in kleinen Theaterstücken mitzuwirken. So verwundert es nicht, dass die enge Verbindung besonders zum Heidingsfelder Kloster bis zu seinem Tod anhielt. Immer wieder machte er dort auf der Durchreise Station oder nutzte das Kloster für seine Sommerurlaube und als Ausgangspunkt ausgedehnter Radtouren, sei es am Main entlang, sei es durch das unterfränkische Land bis ins Taubertal.

Nach einem erfüllten Leben verstarb Stephan Haering plötzlich und unerwartet am 18. November 2020. Am 23. November 2020 hat er nach einer anrührenden Seelenmesse auf dem Mönchsfriedhof der Abtei Metten seine letzte irdische Ruhe gefunden.

[35] Vgl. dazu auch Wolfgang M. Hagl, P. Stephan Haering OSB als Schriftleiter von Alt und Jung Metten, in: Berkmann u. a. (Hg.), Gedenkschrift (wie Anm. 3), S. 143–146.

Würzburg im Mittelalter – zur Erinnerung an Prof. Dr. Winfried Schich (1938–2021)

Enno Bünz

In seiner Heimatstadt Berlin ist der Historiker Winfried Schich am 22. März 2021 nach schwerer Krankheit verstorben.[1] Obwohl Schich den Großteil seines Historikerlebens mit anderen Themen befasst war, wird der Name des am 20. Januar 1938 in Berlin geborenen Gelehrten immer mit Würzburg verbunden bleiben. Sein Buch über Würzburg im Mittelalter, das 1977 in der renommierten Reihe „Städteforschung" des Instituts für vergleichende Städtegeschichte in Münster erschien[2], stellt eine historiographische Wegmarke der Würzburger Stadtgeschichtsforschung dar, die bis dahin eher kleinteilig verschiedene Facetten der Bischofs- und Bürgerstadt behandelt hatte, sich des Ranges und der Komplexität dieser Stadt aber nicht wirklich bewusst war. Während Alfred Wendehorst seit 1962 mit seinen Germania-Sacra-Bänden die mittelalterliche Bistumsgeschichte auf neue Grundlagen stellte (wobei sich natürlich auch manche Erkenntnisse zur Geschichte der Bischofsstadt ergaben)[3], blieb die Stadtgeschichte Würzburgs doch merkwürdig konturlos und kleinteilig. Lokalgeschichtlich hatte bis dahin vor allem das spätmittelalterliche Würzburg Interesse gefunden, für das nicht nur reiche kirchliche, sondern auch städtische Quellen vorliegen, die vor allem Historiker wie Hermann Hoffmann, Franz Seberich, Arthur Bechtold und Wilhelm Engel zu nutzen wussten.

Wie diese Stadt im Hochmittelalter entstanden war und wie sie sich entfaltete, welche herrschaftlichen Kräfte, gesellschaftlichen Strukturen und wirtschaftlichen Faktoren dafür prägend waren, aus welchen frühmittelalterlichen Voraussetzungen sich Würzburg entwickeln konnte, das war weitgehend unerforscht und sollte das große Thema des jungen Winfried Schich werden. Mit

---

1 Für zahlreiche Hinweise habe ich vor allem dem Berliner Kollegen Knut Schulz zu danken, der Winfried Schich seit der Studienzeit an der Freien Universität Berlin kannte und auch durch gemeinsame Forschungsinteressen mit ihm bis zu seinem Tod im engen Kontakt stand. Nachrufe finden sich bislang auf der Homepage der Historischen Kommission zu Berlin (https://www.hiko-berlin.de/koepfe-kooperationen/prof-dr-winfried-schich), der Landesgeschichtlichen Vereinigung für die Mark Brandenburg (https://www.geschichte-brandenburg.de), des Instituts für Geschichtswissenschaften der Humboldt-Universität zu Berlin (https://www.geschichte.hu-berlin.de/de/bereiche-und-lehrstuehle/emeriti-ehemalige-professor_innen/prof-dr-wilfried-schich/in-memoriam-winfried-schich-1938-2021), verfasst von Michael Menzel, und des Instituts für vergleichende Städtegeschichte in Münster (https://www.uni-muenster.de/imperia/md/content/staedtegeschichte/0_startseite_aktuelles/2021_nachruf_schich.pdf), verfasst von Peter Johanek.

2 Winfried Schich, Würzburg im Mittelalter. Studien zum Verhältnis von Topographie und Bevölkerungsstruktur (Städteforschung, Reihe A, Bd. 3), Köln u.a. 1977. – XXIV, 324 S. mit Abb., Tafeln und Karten.

3 Zum Œuvre Enno Bünz, Alfred Wendehorst (1927–2014), in: Blätter für deutsche Landesgeschichte 150 (2014, erscheint 2015), S. 579–585.

der Untersuchung über Würzburg im Mittelalter wurde Schich 1974 an der Freien Universität Berlin promoviert.

Es gab in den 1960er und 70er Jahren wohl keinen besseren Platz in der Bundesrepublik Deutschland, um mittelalterliche Geschichte zu studieren, als das Friedrich-Meinecke-Institut der FU Berlin, das damals das größte und bestausgestattete Historische Seminar im freien Teil Deutschlands war.[4] Neben Geschichte studierte Schich Slawistik und Geographie. Schichs Doktorvater war Karlheinz Quirin (1913–2000), der aus der Leipziger landesgeschichtlichen Schule Rudolf Kötzschkes kam[5] und durch seine mehrfach aufgelegte „Einführung in das Studium der mittelalterlichen Geschichte" (Braunschweig 1950, zuletzt 1991) weitbekannt war, in seiner Berliner Zeit allerdings nur noch wenig publizierte.[6] Zu seinen Lehrern rechnete Schich neben dem Doktorvater auch (den wissenschaftlich weitaus bedeutenderen) Wolfgang H. Fritze (1916–1991), der ebenfalls an der FU Berlin lehrte und zu den scharfsinnigsten Erforschern der Geschichte der Westslawen im Früh- und Hochmittelalter gehörte.[7] Fritze war 1954 als Assistent von Walter Schlesinger (1908–1984) an das Berliner Friedrich-Meinecke-Institut gekommen. Auch Schlesinger selbst, der 1959 von Berlin an die Universität Frankfurt berufen wurde und der seit 1964 bis zu seiner Emeritierung an der Universität Marburg lehrte, wurde von Schich im Vorwort der Dissertation „für wertvolle Hinweise" bedankt.[8] Seitdem ist fast ein halbes Jahrhundert vergangen, und in der heutigen Mittelalterforschung sind Namen wie Quirin, Fritze und Schlesinger kaum noch präsent, damals aber gehörten sie zu den produktiven und ideenreichen Vordenkern einer neuen Mittelalterforschung, die sich vom Primat der Reichs- und Politikgeschichte abwandte und die mit neuen Fragestellungen und mit breiter Perspektive Verfassungs- und Gesellschaftsgeschichte betrieb. Wichtig war auch, dass diese Protagonisten einer neuen Mittelalterforschung dabei stets im Blick behielten, dass neue Erkenntnisse vor allem durch die Verbindung allgemein-

---

4 Dietrich Kurze / Knut Schulz, Das Friedrich-Meinecke-Institut. Mittelalterliche Geschichte, in: Karol Kubicki / Siegward Lönnendenker (Hg.), Die Geschichtswissenschaften an der Freien Universität Berlin (Beiträge zur Wissenschaftsgeschichte der Freien Universität Berlin 2), Göttingen 2008, S. 41–61.

5 Winfried Schich, Heinz Quirin (1913–2000). Von der sächsischen Heimatforschung zur Mittelalterlichen Geschichte und Historischen Landeskunde, in: Enno Bünz (Hg.), 100 Jahre Landesgeschichte. Leipziger Leistungen, Verwicklungen und Wirkungen (Schriften zur sächsischen Geschichte und Volkskunde 38), Leipzig 2012, S. 317–341.

6 Zu diesem Werk Schich, Heinz Quirin (wie Anm. 5), S. 326f. – Ich will nicht unerwähnt lassen, dass bereits die erste Auflage mit einem Geleitwort Hermann Heimpels versehen war, dessen Lektüre noch immer lohnt.

7 Winfried Schich, Wolfgang H. Fritze (1916–1991). Ostmitteleuropahistoriker und Landeshistoriker, in: Friedrich Beck / Klaus Neitmann (Hg.), Lebensbilder brandenburgischer Archivare und Historiker. Landes-, Kommunal- und Kirchenarchivare, Landes-, Regional- und Kirchenhistoriker, Archäologen, Historische Geografen, Landes- und Volkskundler des 19. und 20. Jahrhunderts (Brandenburgische historische Studien 16), Berlin 2013, S. 174–183.

8 Winfried Schich, Walter Schlesinger (1908–1984). Seine Bedeutung für die genetische Siedlungsforschung in Mitteleuropa, in: Siedlungsforschung 6 (1988), S. 215–222. – Ders., Walter Schlesinger und die Stadtgeschichtsforschung. Von der Heimatgeschichte und mitteldeutschen Landesgeschichte zur Erforschung der Anfänge des Städtewesens in Mitteleuropa – oder: Von der Burg zur Stadt, in: Hessisches Jahrbuch für Landesgeschichte 60 (2010), S. 213–236. Vgl. auch Enno Bünz, Walter Schlesinger, Historiker, in: Institut für Sächsische Geschichte und Volkskunde e.V. (Hg.), Sächsische Biographie, Online-Ausgabe: http://www.isgv.de/saebi/ (02.04.2008) (letzter Zugriff: 22.06.2021).

historischer Fragestellungen mit landesgeschichtlichen Untersuchungsansätzen zu gewinnen seien.

Die Entscheidung Winfried Schichs, eine Dissertation über Würzburg im Mittelalter zu schreiben, entwickelte sich im Rahmen eines besonderen Lehrformats am Friedrich-Meinecke-Institut. Als sog. „Studium Exemplare" wurden mehrere Lehrveranstaltungen und eine anschließenden Exkursion durchgeführt, die im Sommersemester 1960 Mainfranken zum Ziel hatte. Nach dem Weggang Walter Schlesingers wurde das Studium Exemplare von seinem Vertreter Hans Patze sowie von den Berliner Historikern Herbert Helbig, Heinz Quirin, Dietrich Kurze und den Spezialisten vor Ort geleitet. Die studentischen Teilnehmer mussten einen Schwerpunkt zur Bearbeitung übernehmen und auf der Exkursion vorstellen. Schich hatte eigentlich Bamberg zugeteilt bekommen, doch bat ihn Bernhard Schimmelpfennig, mit ihm das Thema zu tauschen und Würzburg zu übernehmen. Während Schimmelpfennig seine Dissertation über Bamberg im Mittelalter bereits im Wintersemester 1963/64 vorlegte und schnell zum Druck brachte[9], wurde Schich das Leben in der geteilten Stadt Berlin zum Verhängnis, sodass sich sein Promotionsvorhaben erheblich verzögerte. Da er als Ostberliner in Westberlin studierte, unterbrach der Mauerbau 1961 das Studium, und ein Fluchtversuch brachte Schich eine achtmonatige Haftstrafe ein. Erst danach gelang ihm mit Frau und Sohn die Flucht aus Ostberlin, sodass Winfried Schich 1964 endlich das Studium an der Freien Universität Berlin fortsetzen konnte und schließlich die Staatsprüfung für das höhere Lehramt in den Fächern Geschichte und Russische Philologie ablegte.

Angesichts der besonderen Studienbedingungen am Friedrich-Meinecke-Institut der FU Berlin wird erst richtig verständlich, warum ein Berliner Doktorand in den 1960er Jahren auf Würzburg im Mittelalter angesetzt wurde. An der Universität Würzburg selbst war ein solches strukturgeschichtliches Thema – salopp formuliert – damals hingegen nicht „angesagt". Die mittelalterliche Geschichte an der Universität Würzburg wurde in diesen Jahren geprägt von Otto Meyer (1906–2000), der ganz anderen Fragestellungen folgte – auch er ein Mittelalterhistoriker mit landesgeschichtlicher Fundierung, der mit seinem großen Schülerkreis Grundlegendes für die fränkische Landesgeschichte des Mittelalters getan hat, aber eben mit ganz anderer Ausrichtung auf die regionale Geistes-, Bildungs- und Frömmigkeitsgeschichte.[10] Der vergleichende Blick zeigt, wie unterschiedlich man mittelalterliche Landesgeschichte betreiben kann.

Die Anfänge von Schichs Dissertationsvorhaben reichen bis 1967 zurück. Am 12. Mai stellte Schich im Staatsarchiv Würzburg einen Benützerantrag

9 Bernhard Schimmelpfennig, Bamberg im Mittelalter. Siedelgebiete und Bevölkerung bis 1370 (Historische Studien 391), Lübeck u. a. 1964.

10 Überlieferung, Frömmigkeit, Bildung als Leitthemen der Geschichtsforschung. Vorträge beim wissenschaftlichen Kolloquium aus Anlaß des achtzigsten Geburtstags von Otto Meyer Würzburg, 25. Oktober 1986, Wiesbaden 1987. – Otto Meyer, Varia Franconiae Historica. Aufsätze – Studien – Vorträge zur Geschichte Frankens, 3 Bde., hg. von Dieter Weber / Gerd Zimmermann (Mainfränkische Studien 24/I–III = Historischer Verein für die Pflege der Geschichte des ehemaligen Fürstbistums Bamberg, Beiheft 14/I–III), Würzburg 1981–1986.

für die Bearbeitung einer Dissertation und gab als Thema das „Verhältnis von Stadtplan und Bevölkerungsstruktur in Würzburg (Mittelalter und Frühneuzeit)“ an. Wie aus dem Begleitschreiben von Heinz Quirin vom 27. April 1967 hervorgeht, sollte Schich seine „ausgezeichnete Staatsexamensarbeit über den Zusammenhang von Topographie und Sozialgeschichte des mittelalterlichen Würzburg“ nun zur Dissertation ausbauen. Schich hat intensiv vor Ort gearbeitet, darüber hinaus aber auch wiederholt Fotoaufträge für die Dissertation im Staatsarchiv bestellt, zuletzt im September 1972.[11] Im Stadtarchiv Würzburg, das damals noch ehrenamtlich von dem bereits erwähnten Otto Meyer betreut wurde, hat Schich wohl seit dem 6. September 1967 gearbeitet, denn an diesem Tag hat er dort erstmals einen Benützerschein ausgestellt, dann nochmals am 21. September 1972 und letztmalig – nun wohl im Zusammenhang mit der Drucklegung der Dissertation – am 28. Oktober 1975.[12] Das Buch entstand also im Laufe von gut sieben Jahren. Für die Drucklegung der Arbeit in der Veröffentlichungsreihe des Münsteraner Instituts für vergleichende Städteforschung bemühten sich der Würzburger Kulturgeograph Helmut Jäger und der Doktorvater Quirin, beide Mitglieder des Kuratoriums des Städteinstituts, um einen Druckkostenzuschuss. Vom Kulturreferat der Stadt Würzburg wurde, wie einer Notiz des seit 1973 hauptamtlich tätigen Stadtarchivars Heiner Dunkhase zu entnehmen ist, am 17. Oktober 1975 ein Zuschuss von 500 DM für die Drucklegung der Dissertation beschlossen, was angesichts der von Quirin bezifferten Druckkosten von insgesamt 19 000 DM kaum ins Gewicht fiel. Man wird das wohl als Indikator betrachten dürfen, welchen Stellenwert damals Stadtgeschichte und lokale Geschichtskultur in Würzburg hatten. Schich übersandte dem Stadtarchiv am 3. August 1977 ein Belegexemplar, und Stadtarchivar Dunkhase fand am 1. September 1977 in einem Dankschreiben an den Autor höchst lobende Worte für die Arbeit.[13]

Das Buch über Würzburg im Mittelalter bietet – wie es der Untertitel ankündigt – „Studien zum Verhältnis von Topographie und Bevölkerungsstruktur“. In den acht Kapiteln weitet sich die Perspektive mit der Darstellung der Entwicklung von der Burg zur Stadt. Nachdem die natürlichen Grundlagen und die frühe Besiedlung des Würzburger Raumes (Kap. 1) erörtert sind, betrachtet der Verfasser zunächst das linksmainische Castrum Würzburg (Marienberg) bis zur Bistumsgründung 741/742 (Kap. 2), folgt dann der Verlegung des Bischofssitzes auf die andere Mainseite. Dabei wird zunächst die Bischofsburg bis zum Anfang des 11. Jahrhunderts behandelt (Kap. 3), um dann die Kaufleute- und Marktsiedlung außerhalb der Bischofsburg zu untersuchen (Kap. 4). Im Anschluss verfolgt der Verfasser die Stadtwerdung im 11. und 12. Jahrhundert (Kap. 5), wobei die Befestigung und Bautätigkeit ebenso behandelt wer-

---

[11] Die Angaben beruhen auf der Benutzerakte Schichs im Staatsarchiv Würzburg, die mir der damalige Direktor des Staatsarchivs, Herr Dr. Klaus Rupprecht, am 15.04.2021 mitgeteilt hat, wofür ich ihm vielmals danke.

[12] Benützerakte Schichs im Stadtarchiv Würzburg, Bestand Stadtarchiv, B 161. Dem Leiter des Stadtarchivs, Herrn Dr. Axel Metz, danke ich vielmals für diese und weitere Recherchen und Mitteilungen.

[13] Auch diese Angaben beruhen auf den Recherchen von Herrn Dr. Axel Metz (Mail vom 18.06.2021), wofür ich ihm verbindlichst danke.

den wie wirtschaftliche und rechtliche Aspekte. Zwei weitere Untersuchungsabschnitte gelten der topographischen Entwicklung der Stadt, indem zunächst die Bebauung des sog. Fünfeckareals, also des Kernbereichs der Stadt, während des 11. und 12. Jahrhunderts nachgezeichnet wird (Kap. 6), die einerseits durch das geistliche Viertel geprägt war, andererseits durch Handwerkergassen, die Judensiedlung inmitten der Stadt und die repräsentativen Höfe der Ministerialen. Wie weiter gezeigt wird, wuchs die Stadt über das hochmittelalterliche Fünfeckareal durch Vorstädte im 12. und 13. Jahrhundert hinaus (Kap. 7), die sich auf allen Seiten vor den Mauern und jenseits des Mains bildeten, sodass Würzburg um 1300 mit schätzungsweise 5 000 Einwohnern zu den großen Mittelstädten gehört haben dürfte. In einem letzten Untersuchungsgang verfolgt Schich auf der Grundlage der nun sicher nachgezeichneten topographischen Entwicklung die verfassungsmäßig und sozial führenden Gruppen der Stadt im 13. Jahrhundert, die sich aus der Ministerialität, den Münzerfamilien und der Kaufmannschaft speisten. Hier flossen auch aktuelle Forschungen des Berliner Studienkollegen Knut Schulz ein, der am Friedrich-Meinecke-Institut bei Herbert Helbig (auch er wie Quirin ein Kötzschke-Schüler) eine wegweisende Dissertation über Ministerialität und Bürgertum am Beispiel der Bischofsstadt Trier angefertigt hatte.[14]

Der Blick auf die tonangebenden Kräfte im mittelalterlichen Würzburg verdeutlicht, dass Schichs Untersuchung nicht bei der minutiösen Rekonstruktion der Sozialtopographie der Bischofsstadt stehenbleibt, sondern dies mit einer entwicklungsgeschichtlichen Perspektive verbindet, um festzustellen, bis zu welchem Zeitpunkt Würzburg den Status einer Stadt erreicht hatte. Im Gegensatz zu Bischofsstädten wie Mainz oder Speyer haben die Würzburger weder vom König noch vom bischöflichen Stadtherrn ein Privileg erhalten, das einen Wendepunkt der Stadtwerdung markiert, sondern Würzburgs Stadtwerdung hat sich in einem langsamen Prozess vollzogen, der schon im 11. Jahrhundert in die entscheidende Phase trat, lange bevor sich eine Ratsverfassung herausbilden und zur bekannten Dichotomie von bürgerlichen Führungsschichten und bischöflicher Stadtherrschaft führen konnte. Schimmelpfennig hat in seiner Rezension des Buches von Schich zu recht betont, dass er gegenüber Forschern wie Hans Planitz und Karl Kroeschell (rechtshistorische Autoritäten auf dem Gebiet der deutschen Rechtsgeschichte) gezeigt hat, dass es bei der Stadtwerdung nicht nur auf rechtliche Kriterien ankommt.[15] Das war damals ein Neuansatz und eine neue Sichtweise auf die Stadt des Mittelalters.

Die Bedeutung dieser Arbeit ist auf mehreren Ebenen zu suchen. Zum einen ist festzuhalten, dass das Buch Schichs einen Quantensprung der Würzburger Stadtgeschichtsforschung markiert und diese auf neue Grundlagen stellte. Das ist alleine schon an dem großen Umfang ungedruckter Quellen ablesbar,

---

14 Knut Schulz, Ministerialität und Bürgertum in Trier. Untersuchungen zur rechtlichen und sozialen Gliederung der Trierer Bürgerschaft vom ausgehenden 11. bis zum Ende des 14. Jahrhunderts (Rheinisches Archiv 66), Bonn 1968; vgl. auch ders., Die Ministerialität als Problem der Stadtgeschichte. Einige allgemeine Bemerkungen, erläutert am Beispiel der Stadt Worms, in: Rheinische Vierteljahrsblätter 32 (1968), S. 184–219.

15 Schimmelpfennig, Besprechung (wie Anm. 26), S. 120.

die es für diese Arbeit auszuwerten galt. Selbst für das Hochmittelalter ist in Würzburg ein erheblicher Teil der urkundlichen Überlieferung noch immer nicht ediert. Dafür genügt ein Blick in das Verzeichnis der von Schich benutzten ungedruckten Quellen vor allem im Staatsarchiv Würzburg oder – für die bischöfliche Überlieferung – in die Dissertation von Peter Johanek über die Anfänge der Siegelurkunde im Bistum Würzburg.[16]

Ich muss hier eine persönliche Bemerkung anfügen: Unter dem Einfluss meines späteren Doktorvaters Peter Herde war ich Mitte der 80er Jahre im Begriff, mich auf die italienische Geschichte zu konzentrieren, fasziniert von der Vorstellung, in den reichhaltigen Archiven Siziliens noch neue Quellen zur Stauferzeit aufzuspüren. Würzburg im Mittelalter interessierte mich nicht besonders, bis mir eben das Buch von Schich in die Hände fiel und ich verstand, dass auch im Würzburger Staatsarchiv noch viele ungedruckte Quellen der Stauferzeit lagen. Eines Tages ging ich ins Staatsarchiv und ließ mir das Standbuch 184 vorlegen, das Schich vielfach zitiert hatte, den „liber censualis minor" des Stiftes Neumünster von ca. 1230. Es war einer der vielen Zufälle, die im Laufe des Wissenschaftlerlebens ja eine viel größere Rolle spielen, als man gerne annimmt. Dieser „liber censualis" enthielt Dutzende Urkunden des 12. und 13. Jahrhunderts, die ungedruckt waren. Damit verband sich ein weiteres Schlüsselerlebnis, denn neben Italien interessierte mich vor allem die mittelalterliche Gesellschaftsgeschichte. Hierbei spielte der Münchner Mittelalter- und Landeshistoriker Karl Bosl (1908–1993) eine prägende Rolle, dessen Bücher und Aufsätze über den gesellschaftlichen Wandel Europas im Hochmittelalter ich mit Begeisterung gelesen hatte. Neben der Ministerialität verwies Bosl immer wieder auf die Bedeutung der Zensualität. Diese „censuales" waren ursprünglich bäuerliche Unfreie, die von ihren Herren als Wachszinser, deshalb auch „cerocensuales" genannt, an Kirchen geschenkt und mit der Verpflichtung zu einer geringfügigen Zinszahlung freigelassen wurden. Bei diesen Leuten ließ sich die soziale Dynamik von Bosls „Aufbruch Europas" mit Händen greifen, zumal in den Schenkungsurkunden der drückende Status ihrer Unfreiheit in manchen Fällen eindrucksvoll ausgemalt wurde. Nur merkwürdig, in den Schriften Karl Bosls, der von 1954 bis 1960 in Würzburg einen Mittelalterlehrstuhl innegehabt hatte, war von diesen Würzburger Quellen nie die Rede. Er kannte sie nicht, was meiner Begeisterung für diesen Historiker einen argen Dämpfer versetzte und mich mehr und mehr skeptisch stimmte gegenüber weitausgreifenden Geschichtsdeutungen ohne breite Quellengrundlage. Die Zweifel an Bosl wuchsen noch mehr, als ich feststellte, dass sich auch in den gedruckten Würzburger Urkundenbüchern zahlreiche Belege über Zensualen fanden, während Bosl immer nur auf die immer gleichen Regensburger Quellen rekurrierte. Das erste Mal verstand ich den (mir damals noch gar nicht bekannten) Satz von Hermann Heimpel: Literaturkenntnis schützt vor Neuentdeckungen![17] Soweit meine persönlichen Erinnerungen, die verdeut-

[16] Peter Johanek, Die Frühzeit der Siegelurkunde im Bistum Würzburg (Quellen und Forschungen zur Geschichte des Bistums und Hochstifts Würzburg 20), Würzburg 1969.
[17] Vgl. dazu Klaus Graf, Über den Doppelsinn von „Literaturkenntnis schützt vor Neuentdeckungen" (17.08.2016) in: https://archivalia.hypotheses.org/58549 (letzter Zugriff: 23.06.2021).

lichen mögen, dass die zufällige Begegnung mit bestimmten Büchern manchmal mehr bewirken kann, als elaborierte Studienordnungen und Curricula.

Um die Bedeutung des Buches von Schich für die Würzburger Stadtgeschichtsforschung zu verstehen, muss man sich des Weiteren vergegenwärtigen, dass der eben erwähnte Historiker Karl Bosl in seinen Würzburger Jahren eine Dissertation über die Frühzeit Würzburgs vergeben hatte, deren Ergebnisse sich weder methodisch noch in der Sache als tragfähig erwiesen.[18] Gleichwohl war Bosl mit der für ihn charakteristischen Nachdrücklichkeit bemüht, die Ergebnisse seines Schülers Karl Withold zu puschen[19], da er selbst offenbar gar nicht erkannte, wie methodisch fragwürdig diese waren. Als sich mit Wilhelm Engel, Franz Seberich und Anton Meyer Kenner der Würzburger Stadtgeschichte kritisch zur Methode Witholds wie auch konkret zu seinen topographischen und namenkundlichen Ergebnissen äußerten[20], veranlasste Bosl seinen Schüler Withold zu einer Replik, die mit einem Vorwort des Doktorvaters in hektographierter Form verbreitet wurde.[21] Bosl begründete sein Vorgehen damit, dass die Kritiker Witholds „ihre Kritik an alle in Frage kommenden Stellen in ganz Westdeutschland verschickt haben“, weshalb er sich veranlasst sähe, „diesen ungewöhnlichen Weg zu einer Erwiderung zu beschreiten, noch bevor sie demnächst auch in einer wissenschaftlichen Zeitschrift erfolgt“.[22] Zu dieser Veröffentlichung ist es allerdings nicht gekommen, und die hektographierte Replik Witholds ist, soweit ich feststellen konnte, von der weiteren Forschung gar nicht wahrgenommen worden.

Bosls Schüler hatte mit großem Gestus zum kleinen Wurf ausgeholt. In z.T. mühsamer Detailforschung hat Winfried Schich dann in seiner Dissertation die Fehldeutungen Witholds wieder zurechtgerückt. Eine besonders krasse Fehlinterpretation lieferte Withold mit seinem Bemühen, im rechtsmainischen Würzburg eine karolingerzeitliche Befestigung („castrum“) nachzuweisen, um damit seine Argumentation zu stützen, der frühmittelalterliche Bischofssitz habe sich immer auf dieser Seite des Mains befunden; dafür deutet Withold den am Unteren Markt gelegenen Casteller Hof als Beleg für dieses frühmittelalter-

[18] Karl Withold, Frühgeschichte der geistlichen Stadt in Franken. Ein Beitrag zur frühmittelalterlichen Geschichte der Stadt in Deutschland, phil. Diss. (masch.) Würzburg 1959; die Ergebnisse zu Würzburg publiziert von: ders., Die frühgeschichtliche Entwicklung des Würzburger Stadtplanes, in: Studien zu den Anfängen des europäischen Städtewesens. Reichenau-Vorträge 1955–1956 (Vorträge und Forschungen 4), Konstanz u.a. 1958 (unv. Nachdruck 1965), S. 363–388. Dass diese Arbeit an so prominenter Stelle erscheinen konnte, sei „erstaunlich genug“, bemerkte Schich, Walter Schlesinger (wie Anm. 8), S. 217 noch 2010.

[19] So dürfte es auf Bosl zurückgehen, dass Withold den Artikel „Würzburg“ in: Karl Bosl (Hg.), Bayern (Handbuch der historischen Stätten Deutschlands 7 = Kröners Taschenausgabe 277), Stuttgart 1961 (3., überarb. Aufl. 1977), S. 837–845 verfasste.

[20] Wilhelm Engel / Franz Seberich / Anton Meyer, Neue Erkenntnisse über „die frühgeschichtliche Entwicklung des Würzburger Stadtplanes“? Eine Kritik … des Aufsatzes von Karl Withold, in: Die Mainlande 9 (1958), S. 37–40 u. 44. Kritisch zu Witholds Thesen auch Alfred Wendehorst, in: Würzburger Diözesangeschichtsblätter 20 (1958), S. 203–205.

[21] Karl Withold, Würzburg in der deutschen Städteforschung. Eine Erwiderung, Typoskript 15 Seiten, undatiert. Am Kopf der ersten Seite: „Aus dem Seminar für mittlere und neuere Geschichte und Landesgeschichte an der Universität Würzburg, Abt. Prof. Dr. Karl Bosl“. Das Exemplar, das sich in meinem Besitz befindet, stammt aus der Bibliothek von Prof. Dr. Rudolf Buchner, Würzburg.

[22] Ebd., S. 1f.

liche „castrum“. Winfried Schich gelang ohne großen Aufwand der schlüssige Nachweis, dass es sich tatsächlich um einen spätmittelalterlichen Stadthof der Grafen von Castell gehandelt habe.[23] Ich gebe gerne zu, dass mich bei der ersten Lektüre als Student die ruhige, besonnene Art, mit der Schich solche und andere nachgerade absurden Thesen zur Frühzeit Würzburgs unter Anführung der relevanten Quellen mühelos abgeräumt hat, ziemlich beeindruckte.

Auf der Homepage des Münsteraner Instituts für vergleichende Städtegeschichte hat Peter Johanek, früherer Leiter dieser Einrichtung, jüngst einen Nachruf auf Winfried Schich veröffentlicht. Johanek, der in den 1970er Jahren Assistent von Otto Meyer in Würzburg war, ist nicht nur mit der mittelalterlichen Stadtgeschichtsforschung, sondern auch mit den spezifischen Würzburger Diskussionen bestens vertraut und urteilt, Schich habe „die damals festgefahrene Diskussion neu eröffnet und mit Umsicht, Klugheit und durch Präzision der Argumente eine tragfähige Grundlage für die weitere Forschung geschaffen. Seine Ergebnisse wurden weitgehend akzeptiert, und sie gaben auch ganz allgemein wichtige Anstöße für die Untersuchung des Verhältnisses von Topographie und der Sozialstruktur in der Entwicklung von Städten, insbesondere von Kathedralstädten“. Das habe auch den damaligen Leiter des Instituts für vergleichende Städteforschung (Heinz Stoob) bewogen, die Dissertation von Schich in die damals noch recht neue Reihe des Instituts aufzunehmen.[24]

Dass Schich selbst auch gezwungen war, manche Ergebnisse durch vorsichtige Rückschlüsse aus erst später belegten Verhältnissen abzuleiten, ändert an der Tragfähigkeit seines Untersuchungsansatzes nichts. Es dürfte wohl kaum jemanden geben, der wie Schich nicht nur mit den Würzburger Schriftquellen bestens vertraut war, sondern auch mit der Topographie der Bischofsstadt am Main, die trotz des verheerenden Bombardements am 16. März 1945 noch manches von ihrer mittelalterlichen Topographie und Baustruktur bewahrt hat. Darüber hinaus hat Schich methodisch den Blick für den stadtgeschichtlichen Quellenwert des Urkatasters von 1832 geschärft und gezeigt, dass dieser erste präzise Plan der Altstadt noch viele Strukturen der mittelalterlichen Stadt erkennen lässt. Ob man den Feststellungen Schichs auch für das frühe Mittelalter immer wird folgen können, sei hier dahingestellt. Dass er jedenfalls mit präziser Beobachtungsgabe noch im Urkataster beispielsweise Argumente für den Verlauf der Domimmunität oder für die ursprüngliche Lage der Kathedrale an der Stelle des späteren Stiftes Neumünster fand, sind in jedem Fall plausible Vermutungen, die man erst einmal durch schlüssigere Gegenargumente entkräften müsste. Soweit zum Ertrag seines Buches für die Würzburger Stadtgeschichte.

Auf der anderen Seite hat Schich eine Modellstudie für die hochmittelalterliche Stadtgeschichte Mitteleuropas geliefert, die nicht nur für die Erforschung der Bischofsstädte, die im Reich Vorreiter der Stadtentwicklung waren, wichtige Fingerzeige enthält, sondern überhaupt für die Entfaltung des Städte-

---

[23] Schich, Würzburg im Mittelalter (wie Anm. 2), S. 15f.

[24] Peter Johanek, Nachruf auf Prof. Dr. Winfried Schich. https://www.uni-muenster.de/imperia/md/content/staedtegeschichte/0_startseite_aktuelles/2021_nachruf_schich.pdf (letzter Zugriff: 23.06.2021).

wesens in jenen Teilen Europas, die nicht römisch geprägt waren und in denen die Entwicklung der Stadt vor allem durch herrschaftliche Kräfte gefördert wurde.[25] Von der wissenschaftlichen Kritik wurde Schichs Würzburg-Buch deshalb mit großer Zustimmung aufgenommen. Matthias Werner urteilte, dass die Arbeit „in ihrem methodischen Ansatz als vorbildlich für die Untersuchung von Städten vergleichbarer Bedeutung gelten darf und deren Ergebnisse, etwa zur Wechselwirkung von topographischer Situation und Verfassungsverhältnissen, zur Berechtigung funktionaler Kriterien bei der Bestimmung des mittelalterlichen Stadtbegriffes oder auch zum Verhältnis von Ministerialität und Bürgertum, weit über den unmittelbaren Rahmen Würzburgs hinaus allgemeines Interesse für die Stadtgeschichtsforschung beanspruchen können" wird.[26] Als methodisch vorbildlich wurde beispielsweise von Traute Endemann auch die „sinnvolle Verknüpfung verfassungs-, siedlungs- und sozialtopographischer Betrachtungsweisen" hervorgehoben.[27] Diesen modellartigen Anspruch erfüllen die Monographien über das Werden der beiden anderen fränkischen Bischofsstädte Bamberg und Eichstätt übrigens nicht. Die Arbeit von Schimmelpfennig über Bamberg, auch eine Berliner Dissertation, deren Thema wie erwähnt ursprünglich Schich zugedacht war[28], entstand wohl zu früh, um methodisch so vorbildlich wie Schich verfahren zu können, und Schimmelpfennig blieb streckenweise auch in der bloßen Materialsammlung stecken[29], und die Untersuchung von Flachenecker hatte mit Eichstätt eine Stadt zum Gegenstand, die weder topographisch noch quellenmäßig dem Fallbeispiel Würzburg gleichkommt, was den Wert dieser Untersuchung natürlich nicht mindert.[30]

Gleichwohl überrascht es doch, dass Schichs Forschungsleistung überregional in der Stadtgeschichtsforschung heute nicht mehr so sichtbar ist, wie man das annehmen könnte und sich das wünschen möchte. In Eberhard Isenmanns monumentalem Handbuch über die deutsche Stadt des Mittelalters wird natürlich im Kapitel über die Stadttopographie auch auf Schichs Buch

---

[25] Zum forschungsgeschichtlichen Hintergrund vgl. vor allem Schich, Walter Schlesinger (wie Anm. 8) passim.

[26] Matthias Werner, Besprechung, in: Deutsches Archiv für die Erforschung des Mittelalters 35 (1979), S. 669. – Weitere Besprechungen von Walter Scherzer in: Mainfränkisches Jahrbuch für Geschichte und Kunst 29 (1977), S. 210f. (eingehend); Klaus Fehn in: Vierteljahrschrift für Sozial- und Wirtschaftsgeschichte 65 (1978), S. 574f. (von belangloser Allgemeinheit); Friedrich Merzbacher in: Zeitschrift der Savigny-Stiftung für Rechtsgeschichte, Germanistische Abt. 95 (1978), S. 319f. (nur aus der Perspektive des Rechtshistorikers); Traute Endemann in: Hessisches Jahrbuch für Landesgeschichte 29 (1979), S. 361–363; Hatto Kallfelz in: Zeitschrift für bayerische Landesgeschichte 42 (1979), S. 530–532; Bernhard Schimmelpfennig in: Zeitschrift für Historische Forschung 7 (1980), S. 119–121.

[27] Endemann, Besprechung (wie Anm. 26), S. 363.

[28] Vgl. oben vor Anm. 9.

[29] Wie Anm. 9. – Der relativ kurzen auswertenden Darstellung stehen umfangreiche Abschnitte mit Besitzlisten, topographischen Zusammenstellungen und dergleichen gegenüber. Wenn Schimmelpfennig in seiner Rezension des Buches von Schich (wie Anm. 25), S. 119 anmerkt, die Anwendung sozialtopographischen Methode sei „nicht neu", so dachte er wohl an seine Dissertation über Bamberg, erkannte aber an, dass Schichs Arbeit „durch Gründlichkeit und Umsicht besteche (ebd.).

[30] Helmut Flachenecker, Eine geistliche Stadt. Eichstätt vom 13. bis zum 16. Jahrhundert (Eichstätter Beiträge. Schriftenreihe der Katholischen Universität Eichstätt 19 = Abteilung Geschichte 5), Regensburg 1988.

verwiesen[31], und auch in manchen anderen überregionalen Werken wird darauf Bezug genommen.[32] Aber der Forschungsstand zur deutschen Stadtgeschichte des Mittelalters ist mittlerweile so unüberschaubar, dass man bei der Beschäftigung mit gewachsenen Bischofsstädten oder Studien zur Sozial- und Gewerbetopographie angesichts zahlreicher Fallstudien nicht zwingend zum Buch von Schich greifen muss. Man darf wohl auch festhalten, dass sich der von Schich gewählte methodische Ansatz so sehr etabliert hat, dass man nicht mehr zwingend auf die Würzburger Modellstudie verweisen muss. Zuletzt hat sich vor allem Frank G. Hirschmann mit der Genese der früh- und hochmittelalterlichen Bischofsstädte im Reich vergleichend befasst und dabei auch wiederholt die Dissertation von Winfried Schich zitiert[33], den Rang dieser Arbeit aber nicht expressis verbis hervorgehoben. Allerdings verfolgt Hirschmann auch einen anderen Ansatz als Schich, weil er mit einem Kriterienkatalog die Entwicklung aller Bischofsstädte im Reich vergleichend betrachtet und deshalb Einzelbefunden und lokalen Besonderheiten weniger Aufmerksamkeit schenken kann. Das hängt mit der Genese der stadtgeschichtlichen Arbeiten Hirschmanns zusammen, die aus einem großangelegten Trierer Forschungsprojekt zur komparativen Erforschung der urbanen Zentren hervorgegangen sind.[34] Es ist dabei zweifellos das Verdienst Hirschmanns, dass er deutlicher als Schich, weil nun über eine wesentlich breitere Vergleichsperspektive verfügend, den exzeptionellen Rang Würzburgs als hochmittelalterliche Bischofsstadt östlich des Rheins markiert hat, nämlich dass Würzburg „von der Mitte des 8. bis zur Mitte des 12. Jahrhunderts (und wohl noch bis ins 13. Jahrhundert) die […] bedeutendste Stadt östlich des Rheins und nördlich der Donau war“ und „in Bezug auf seine Größe, die Quantität und insbesondere die Vielfalt […] seiner Sakralausstattung und die Infrastruktur insgesamt eine exzeptionelle Stellung“ einnahm.[35] Als fundierte Modellstudie bleibt Schichs Buch unangefochten, und erst auf dieser Grundlage sollte es dann Forschern wie Hirschmann möglich sein, durch breiter angelegte, vergleichende Fragestellungen den Rang Würzburgs als hochmittelalterliche Bischofsstadt genauer zu bestimmen.

Zwar hatte sich Schich, um die Möglichkeiten einer rückschreitenden Methodik zu nutzen, auch mit der spätmittelalterlichen Geschichte der Bischofs-

---

[31] Eberhard Isenmann, Die deutsche Stadt im Mittelalter 1150–1550. Stadtgestalt, Recht, Stadtregiment, Kirche, Gesellschaft, Wirtschaft, Köln u.a. 2014 (2., durchges. Aufl.), S. 1020 (Kap. 1.5.5).

[32] Z.B. von Knut Schulz, Handwerk, Zünfte und Gewerbe. Mittelalter und Renaissance, Darmstadt 2010, S. 83–85 behandelt die mittelalterliche Gewerbetopographie aufgrund der Forschungen von Schich.

[33] Frank G. Hirschmann, Die Anfänge des Städtewesens in Mitteleuropa. Die Bischofssitze des Reiches bis ins 12. Jahrhundert, Teilband 1–3 (Monographien zur Geschichte des Mittelalters 59, 1–3), Stuttgart 2012, bes. Bd. 2, S. 652–674. – Ders., „Wirtziburgensibus ... naturale est destruere et edificare“. Bauprojekte und Stadtplanung in Würzburg im hohen Mittelalter, in: Steffen Patzold (Hg.), Bischofsstädte als Kulur- und Innovationszentren (Das Mittelalter. Perspektiven mediävistischer Forschung, Bd. 7 [2002], Heft 1), Berlin 2002, S. 39–70.

[34] Monika Escher / Frank G. Hirschmann, Die urbanen Zentren des hohen und späteren Mittelalters. Vergleichende Untersuchungen zu Städten und Städtelandschaften im Westen des Reiches und in Ostfrankreich. Mit Beiträgen von Sonja Benner u. a., Bd. 1: Thematischer Teil, Bd. 2: Ortsartikel, Bd. 3: Karten, Verzeichnisse, Register (Trierer Historische Forschungen 50/1–3), Trier 2005.

[35] Hirschmann, Anfänge des Städtewesens (wie Anm. 33), Bd. 2, S. 674.

stadt vertraut gemacht (und dafür umfangreiche Archivstudien betrieben), doch hat er dazu nur einen Aufsatz vorgelegt: Die Studie über die Reichen und die Armen in Würzburg 1361 führt die sozialtopographischen Untersuchungen in das späte Mittelalter fort, indem ein Konflikt zwischen Stadt und Bischof zwischen 1353 und 1360 in seinen Auswirkungen untersucht wird, führte doch die an den Bischof zu leistende Strafzahlung und deren Lastenverteilung zu einem innerstädtischen Konflikt zwischen „Reichen“ und „Armen“, der 1361 urkundlich beigelegt wurde.[36] Das Dokument ermöglicht es vor allem, die Seite der „Reichen“ prosopographisch genauer zu betrachten. Gewiss hätte Schich, der mit der Würzburger Überlieferung bestens vertraut geworden war, noch manche Kabinettstücke zur Stadtgeschichtsforschung beitragen können, aber diese Studie blieb in seinem Œuvre ein Solitär, weil er seit Ende der 1970er Jahre schon längst intensiv mit völlig anderen Themen befasst war.

Erst nach Jahrzehnten ist Schich noch einmal auf sein Dissertationsthema zurückgekommen, als er für den ersten Band der Würzburger Stadtgeschichte, der 2001 erschienen ist, die topographische Entwicklung der Stadt von 1000 bis 1400 darzustellen hatte.[37] Sein Buch von 1977 bildete dafür noch immer die gültige Grundlage, und das ist letztlich auch heute noch so, nachdem das Erscheinen der Stadtgeschichte auch schon wieder zwei Jahrzehnte zurückliegt. Lediglich für das ausgehende Mittelalter haben die Forschungen des Tübinger Sonderforschungsbereichs 8 „Spätmittelalter und Frühe Neuzeit“ mit einschlägigen Arbeiten über Würzburg im 15. und 16. Jahrhundert wichtige neue Ergebnisse erzielt, insbesondere die Dissertation von Hannelore Götz über die Vermögensstruktur Würzburgs im 16. Jahrhundert.[38] Dass der erwähnte Aufsatz von Schich über die Reichen und die Armen 1361 in einem Sammelband dieses Tübinger Sonderforschungsbereichs erschienen ist, ist letztlich kein Zufall, weil die Erforschung der Sozialstruktur verschiedener süddeutscher Städte zum Forschungsprogramm des SFB gehörte, das sich aufgrund der reichhaltigen Quellen des 15. und 16. Jahrhunderts auf quantitativ ganz anderen Fundamenten abspielte, als die Untersuchungen Schichs vor 1300. Der überblicksartige Beitrag Schichs zur „Geschichte der Stadt Würzburg“ zeigt deutlich, dass seit seinem Buch von 1977 nur wenige substanzielle Forschungsfortschritte erzielt worden sind, am ehesten noch für die geistlichen Institu-

---

36 Winfried Schich, Die Reichen und die Armen von Würzburg im Jahre 1361, in: Ingrid Bátori (Hg.), Städtische Gesellschaft und Reformation. Kleine Schriften 2 (Spätmittelalter und Frühe Neuzeit 12), Stuttgart 1980, S. 97–135, bes. S. 133–135 mit Edition der Urkunde von 1361 April 21 im Stadtarchiv Würzburg, Urkunde Nr. 4885.

37 Winfried Schich, Die topographische Entwicklung Würzburgs im Hoch- und Spätmittelalter (1000–1400), in: Ulrich Wagner (Hg.), Geschichte der Stadt Würzburg, Bd. I: Von den Anfängen bis zum Ausbruch des Bauernkriegs, Stuttgart 2001, S. 183–210 u. 606–611.

38 Hannelore Götz, Würzburg im 16. Jahrhundert. Bürgerliche Vermögen und städtische Führungsschichten zwischen Bauernkrieg und fürstbischöflichem Absolutismus (Veröffentlichungen des Stadtarchivs Würzburg 2), Würzburg 1986. – Von den weiteren Arbeiten des SFB 8 zu Würzburg sind hier zu nennen: Karl Trüdinger, Stadt und Kirche im spätmittelalterlichen Würzburg (Spätmittelalter und Frühe Neuzeit 1), Stuttgart 1978; vgl. dazu aber die kritische Besprechung von Peter Johanek in: Mainfränkische Jahrbücher für Kunst und Geschichte 30 (1978), S. 309–312, und: Hans-Christoph Rublack, Gescheiterte Reformation. Frühreformatorische und protestantische Bewegungen in süd- und westdeutschen geistlichen Residenzen (Spätmittelalter und Frühe Neuzeit 4), Stuttgart 1978.

tionen (Stifte Haug und Neumünster, Klöster St. Burkard und St. Stephan).[39] Hervorzuheben sind auch die neuen Forschungsergebnisse zur Geschichte der jüdischen Gemeinde in Würzburg, die vor allem durch spektakuläre Grabsteinfunde 1987 ausgelöst wurden.[40] Daneben ist anzumerken, dass die Quellengrundlage mittlerweile durch Editionen der Würzburger Bischofschronik des Lorenz Fries[41], der Inschriften der Stadt Würzburg bis 1525[42] und durch die wissenschaftliche Katalogisierung der Handschriften der Universitätsbibliothek Würzburg[43] erweitert wurde.

Mittlerweile liegt auch der Überblicksbeitrag Winfried Schichs zur Würzburger Stadtgeschichte schon wieder 20 Jahre zurück. Aus heutiger Sicht wäre wohl das dringendste Desiderat, die zahlreichen stadtarchäologischen Untersuchungen der letzten Jahrzehnte mit dem stadtgeschichtlichen Forschungsstand zu konfrontieren.[44] Mehr dürfte nicht mehr zu leisten sein, nachdem in den seit Schichs Buch verstrichenen Jahrzehnten in Würzburg zwar zahlreiche Grabungen stattgefunden haben, nicht aber eine koordinierte Stadtarchäologie in Verbindung mit der Landes- und Stadtgeschichte aufgebaut wurde.[45] Bis zum Beweis des Gegenteils gilt noch immer Walter Scherzers bereits 1977 geäußerte Feststellung zur Validität der Forschungen Schichs: „Angesichts der umfangreichen und fundierten Arbeit scheint es kaum denkbar, daß in Zukunft noch wesentlich Neues zur früh- und hochmittelalterlichen Geschichte der Stadt Würzburg zu sagen ist".[46]

Nach dem Staatsexamen wurde Schich zunächst 1968 Wissenschaftlicher Mitarbeiter am Osteuropa-Institut der FU Berlin im Bereich der Ortsnamenforschung, übernahm aber 1970 eine Stelle als Wissenschaftlicher Assistent am Friedrich-Meinecke-Institut. Als solcher war er bei „Quirin mit dem Auf-

---

39 Alfred Wendehorst (Bearb.), Das Bistum Würzburg, Teil 4: Das Stift Neumünster in Würzburg (Germania Sacra, Neue Folge 26: Die Bistümer der Kirchenprovinz Mainz), Berlin / New York 1989. – Ders. (Bearb.), Das Bistum Würzburg, Teil 6: Die Benediktinerabtei und das adelige Säkularkanonikerstift St. Burkard in Würzburg (Germania Sacra, Neue Folge 40: Die Bistümer der Kirchenprovinz Mainz), Berlin / New York 2001. – Enno Bünz, Stift Haug in Würzburg. Untersuchungen zur Geschichte eines fränkischen Kollegiatstiftes im Mittelalter, 2 Teilbände (Veröffentlichungen des Max-Planck-Instituts für Geschichte 128 = Studien zur Germania Sacra 20), Göttingen 1998. – Monika Ofer, St. Stephan in Würzburg. Untersuchungen zu Herrschafts-, Wirtschafts- und Verwaltungsformen eines Benediktinerklosters in Unterfranken 1057–1500, Köln u. a. 1990.

40 Karlheinz Müller, Die Würzburger Judengemeinde im Mittelalter. Von den Anfängen um 1100 bis zum Tod Julius Echters (1617) (Mainfränkische Studien 70), Würzburg 2004.

41 Ulrich Wagner / Walter Ziegler (Hg.), Lorenz Fries, Chronik der Bischöfe von Würzburg 742–1495, 6 Bde. (Fontes Herbipolenses. Editionen und Studien aus dem Stadtarchiv Würzburg 1–6), Würzburg 1992–2004.

42 Die Würzburger Inschriften bis 1525. Auf der Grundlage des Nachlasses von Th. Kramer unter Mitarbeit von Franz X. Herrmann bearb. von Karl Borchardt (Die Deutschen Inschriften 27), Wiesbaden 1988.

43 Hans Thurn (Bearb.), Die Handschriften der Universitätsbibliothek Würzburg, Bd. 1–5, Wiesbaden 1970–1994. – Ders., Die datierten Handschriften der Universitätsbibliothek Würzburg (Datierte Handschriften in Bibliotheken der Bundesrepublik Deutschland 5), Stuttgart 2004.

44 Schich, Die topographische Entwicklung (wie Anm. 37), S. 190–192 hat beispielsweise darauf hingewiesen, dass trotz mehrfacher archäologischer Nachweise des mutmaßlich ältesten Mauerrings Würzburgs die Frage, ob die Ummauerung des Fünfecks im 11. Jahrhundert erfolgte, noch immer nicht bewiesen ist.

45 Zur Bedeutung der Mittelalterarchäologie für die Erforschung des frühen Städtewesens vgl. in diesem Zusammenhang nur Schich, Walter Schlesinger (wie Anm. 8), S. 236.

46 Scherzer, Besprechung (wie Anm. 26), S. 211.

gabenbereich Hilfswissenschaften, Kartografie und mitteldeutsche Landesgeschichte sowie Wolfgang Fritze mit seinem Projekt ‚Germania Slavica' fest eingebunden" (Knut Schulz), deren Wissenschaftsgebieten er nahestand. So ergab es sich, dass Quirin „auch Schichs Doktorvater wurde, zumal er auch enge Beziehungen nach Münster zum Institut für Stadtgeschichtsforschung mit den Arbeiten zum Städteatlas und Städtebuch unterhielt und die Aufnahme der Diss. von Schich in diese Schriftenreihe beförderte" (Schulz).[47]

In diesen Jahren zeigten auch mehrere Berliner Mediävisten Interesse an der Erforschung des Zisterzienserordens.[48] Reinhard Schneider (1934–2020), der sich 1971 an der FU Berlin habilitierte und der 1975 an die Universität Marburg / Lahn berufen wurde, betrieb Forschungen zur wirtschaftlichen Seite des Zisterzienserordens, also Handel und Gewerbe, die sich vor allem im Unterhalt von Stadthöfen und in der Salzgewinnung manifestierte.[49] Durch die Berufung von Kaspar Elm (1929–2019) an das Friedrich-Meinecke-Institut der FU Berlin 1975 erweiterte sich die Zisterzienserforschung dann zur Vergleichenden Ordensgeschichte. Diese Berliner Forschungen trafen sich mit Bestrebungen im Rheinland, dem Zisterzienserorden eine großangelegte Ausstellung zu widmen, die dann 1980 mit dem Rheinischen Museumsamt des Landschaftsverbandes Rheinland in Aachen realisiert werden konnte. Der Ausstellungskatalog und der Aufsatzband sind bis heute Standardwerke der Ordensforschung, die der Beschäftigung mit den Zisterzienserklöstern viele Impulse gegeben haben.[50]

Nach der vollendeten Promotion brachte sich auch Winfried Schich in diesen Forschungsbereich ein und debütierte mit einem noch heute grundlegenden Aufsatz über die Stadthöfe der fränkischen Zisterzienserklöster in Würzburg.[51] Im Grunde hat Schich mit dieser Modellstudie schon gezeigt, welches Potenzial die Beschäftigung mit diesen Stadthöfen bietet, nicht nur für die wirtschaftliche Entwicklung des Zisterzienserordens, sondern auch für die Stadt-Umland-Beziehungen, das Verhältnis von Stadt und Kirche und die Stadttopographie. Dabei berücksichtigte Schich übrigens auch die Stadthöfe der Zisterzienserinnen, die zwar nicht wie die Männerklöster im großen Stil Landwirtschaft mit Konversen betrieben, aber doch auf eine wirtschaftliche Anbindung an die Stadt nicht verzichten konnten. Mit der Wirtschaftstätig-

47 Beide Zitate aus einer Mail des Kollegen Knut Schulz (Berlin) vom 07.04.2021, dem ich sehr herzlich für seine ausführlichen Mitteilungen über Winfried Schich danke.

48 Vgl. die Beiträge in Zisterzienser-Studien 1–4 (Studien zur europäischen Geschichte 11–14), Berlin 1975–1979.

49 Eine Bilanz dieser Forschungen ist die Monographie von Reinhard Schneider, Vom Klosterhaushalt zum Stadt- und Staatshaushalt. Der zisterziensische Beitrag (Monographien zur Geschichte des Mittelalters 38), Stuttgart 1994.

50 Kaspar Elm / Peter Joerißen / Hermann Josef Roth (Hg.), Die Zisterzienser. Ordensleben zwischen Ideal und Wirklichkeit. Eine Ausstellung des Landschaftsverbandes Rheinland, Rheinisches Museumsamt, Brauweiler. Aachen, Krönungssaal des Rathauses, 3. Juli – 28. September 1980 (Schriften des Rheinischen Museumsamtes 10), Bonn 1980. – Kaspar Elm (Hg.) unter Mitarbeit von Peter Joerißen, Die Zisterzienser. Ordensleben zwischen Ideal und Wirklichkeit. Ergänzungsband (Schriften des Rheinischen Museumsamtes 18), Bonn 1982.

51 Winfried Schich, Die Stadthöfe der fränkischen Zisterzienserklöster in Würzburg. Von den Anfängen bis zum 14. Jahrhundert, in: Zisterzienser-Studien 3 (Studien zur europäischen Geschichte 13), Berlin 1976, S. 45–94.

keit des Ordens wurde Schich bald so gut vertraut, dass er zu dem erwähnten Aachener Ausstellungskatalog 1980 einen entsprechenden Überblicksbeitrag beisteuern konnte, der weit über Franken hinaus auch andere deutsche und europäische Regionen in den Blick nahm.[52]

Auf die fränkischen Zisterzen ist Schich bei seinen weiteren Arbeiten wiederholt zurückgekommen, beispielsweise in Aufsätzen über Kloster Heilsbronn[53], der aus einem Vortrag auf der Jahrestagung 1980 des Historischen Vereins von Mittelfranken hervorgegangen ist, über die Bedeutung der Stadthöfe für den Handel[54] oder über die topographische Lage und Funktion der Klosterhöfe.[55] Hinzuweisen ist – als letzter einschlägiger Beitrag – auch auf eine Veröffentlichung Schichs zu den südwestdeutschen Stadthöfen der oberrheinischen Zisterze Salem.[56] Die wichtigsten Beiträge zum Thema sind in Schichs Aufsatzsammlung „Wirtschaft und Kulturlandschaft" wieder abgedruckt worden.[57]

Die Zisterzienser waren zwar nicht die großen Kolonisatoren im Zuge der Ostsiedlung, wie noch die ältere Forschung meinte, aber der Orden hat wirtschaftlich zweifellos eine große Rolle gespielt, und das ist mittlerweile so gut erforscht, dass die Leistungen des Berliner Forschungsprojekts seit den 1970er Jahren heute gar nicht mehr so deutlich hervortreten. Dies gilt gerade auch für die Stadthöfe der Zisterzienser, die mittlerweile in etlichen Fallstudien untersucht wurden.[58] Es bleibt aber festzuhalten, dass es Winfried Schichs Verdienst ist, die wirtschaftliche Bedeutung dieser Stadthöfe als Schnittstellen zwischen Kloster und Markt exemplarisch herausgearbeitet zu haben, weshalb die Forschung bis heute auch immer wieder auf seine Studien Bezug nimmt. Darüber hinaus war es Schich, der in diesem Zusammenhang erstmals die Vorreiterrolle von Würzburg erkannt hat, denn in dieser Bischofsstadt unterhielten besonders viele und bedeutende Zisterzienserklöster Stadthöfe. Bei den Höfen der Klöster Ebrach und Heilsbronn, die schon 1142 belegt sind, „handelt es sich um die ältesten unter den bisher nachgewiesenen Zisterzienserhöfen in

---

52 Winfried Schich, Die Wirtschaftstätigkeit der Zisterzienser im Mittelalter. Handel und Gewerbe, in: Elm / Joerißen / Roth (Hg.), Die Zisterzienser (wie Anm. 50), S. 217–236.

53 Winfried Schich, Heilsbronn – ein Zisterzienserkloster im Mittelalter, in: Jahrbuch des Historischen Vereins für Mittelfranken 89 (1977/81), S. 57–79.

54 Winfried Schich, Der frühe zisterziensische Handel und die Stadthöfe der fränkischen Zisterzienserklöster, in: Klaus Wollenberg (Hg.), In Tal und Einsamkeit. 725 Jahre Kloster Fürstenfeld. Die Zisterzienser im alten Bayern, Bd. 3: Kolloquium, Fürstenfeldbruck 1990, S. 121–143; wiederabgedruckt in: Winfried Schich, Wirtschaft und Kulturlandschaft. Gesammelte Beiträge 1977 bis 1999 zur Geschichte der Zisterzienser und der „Germanica Slavica", bearb. und hg. von Ralf Gebuhr / Peter Neumeister (Bibliothek der Brandenburgischen und Preussischen Geschichte 12), Berlin 2007, S. 55–80.

55 Winfried Schich, Topographische Lage und Funktion zisterziensischer Stadthöfe im Mittelalter, in: Der Adel in der Stadt des Mittelalters und der Frühen Neuzeit (Materialien zur Kunst- und Kulturgeschichte in Nord- und Westdeutschland 25), Marburg 1996, S. 279–294; wiederabgedruckt in: Schich, Wirtschaft und Kulturlandschaft (wie Anm. 54), S. 127–142.

56 Winfried Schich, Salem und die Städte im südwestdeutschen Raum: die Stadthöfe bis zum frühen 14. Jahrhundert, in: Werner Rösener / Peter Rückert (Hg.), Das Zisterzienserkloster Salem im Mittelalter und seine Blüte unter Abt Ulrich II. von Seelfingen (1282–1311) (Oberrheinische Studien 31), Ostfildern 2014, S. 91–122.

57 Schich, Wirtschaft und Kulturlandschaft (wie Anm. 54), S. 13–190.

58 Die umfassendste Arbeit stammt von Gerd Steinwascher, Die Zisterzienserstadthöfe in Köln, Bergisch-Gladbach 1981. Ansonsten liegen mittlerweile für zahlreiche Städte Einzelstudien in Aufsatzform vor.

einer Stadt".[59] Die Präsenz der zisterziensischen Klosterhöfe verdeutlicht den Rang der Weinbauregion Franken im Mittelalter, aber auch die Bedeutung der Bischofsstadt am Main als Handelsplatz.

Die Beschäftigung mit der mittelalterlichen Stadt Würzburg und mit den Stadthöfen fränkischer Zisterzienserklöster verweist grundsätzlich auf zwei große Forschungsfelder, mit denen sich Winfried Schich immer wieder befasst hat, wenn auch in anderen regionalen Zusammenhängen, nämlich die hochmittelalterliche Stadtwerdung und die wirtschaftliche Rolle des Zisterzienserordens in Mittel- und Ostdeutschland. Und als starker Grundakkord kam noch ein Thema hinzu, auf das ihn vor allem seine akademischen Lehrer Quirin und Fritze geführt haben: die Germania Slavica, die deutsch-slawische Kontaktzone. Unter diesem Namen formierte sich am erwähnten Friedrich-Meinecke-Institut in Berlin auch eine Forschergruppe, die der bereits erwähnte Wolfgang H. Fritze initiierte[60] und von der – ähnlich wie bei der Zisterzienserforschung – nachhaltige Impulse für die Forschung ausgingen.

Im gleichen Jahr, in dem die Dissertation über Würzburg im Druck erschien, legte Schich die gemeinsam mit Fritze bearbeitete Karte über die vorkoloniale und hochmittelalterliche Besiedlung der Zauche und Hohen Teltow vor[61] und vertiefte Kartenblatt und Erläuterungsheft noch um einen einschlägigen Aufsatz.[62] Damit stieg Winfried Schich in das große Forschungsfeld ein, das ihn zeitlebens beschäftigen sollte: den Wandel der Kulturlandschaft im Laufe des Mittelalters, wobei ihn geographisch vor allem der Bereich Mittel- und Ostdeutschlands interessierte, in dem Slawen und Deutsche die Kulturlandschaft im Früh- und Hochmittelalter in sehr unterschiedlicher Weise formten, mit prägenden Wirkungen bis heute. Es ist vor allem das Verdienst von Winfried Schich, dass das Land Brandenburg mittlerweile als Städte- und als Klosterlandschaft bestens untersucht ist.[63] Vor allem die Anfänge der Städte Brandenburg[64] und Berlin[65] haben ihn wiederholt beschäftigt. Darüber hinaus beschritt

---

59 Winfried Schich, Grangien und Stadthöfe der Zisterzienserklöster im Raum östlich der mittleren Elbe bis zum 14. Jahrhundert, in: ders. (Hg.), Zisterziensische Wirtschaft und Kulturlandschaft (Studien zur Geschichte, Kunst und Kultur der Zisterzienser 3), Berlin 1998, S. 64–98; wiederabgedruckt in: ders., Wirtschaft und Kulturlandschaft (wie Anm. 54), S. 143–172, Zitat S. 155.

60 Winfried Schich, „Germania Slavica". Die ehemalige interdisziplinäre Arbeitsgruppe am Friedrich-Meinecke-Institut der Freien Universität Berlin, in: Jahrbuch für die Geschichte Mittel- und Ostdeutschlands 48 (2002, erschienen 2003), S. 269–297.

61 Winfried Schich/Wolfgang H. Fritze, Vorkoloniale und hochmittelalterliche Besiedlung der Zauche und des Hohen Teltow (Historischer Handatlas von Brandenburg und Berlin, Abt. IV, Lfg. 56), Berlin 1977.

62 Winfried Schich, Zum Verhältnis von slawischer und hochmittelalterlicher Siedlung in den brandenburgischen Landschaften Zauche und Teltow, in: Jahrbuch für die Geschichte Mittel- und Ostdeutschlands 26 (1977), S. 53–85; wiederabgedruckt in: Schich, Wirtschaft und Kulturlandschaft (wie Anm. 54), S. 193–222.

63 Vgl. dazu Enno Bünz, Das mittelalterliche Brandenburg als Geschichts- und Klosterlandschaft. Zum Erscheinen des Brandenburgischen Klosterbuchs, in: Jahrbuch für die Geschichte Mittel- und Ostdeutschlands 53 (2007), S. 285–317.

64 Als Bilanz mit Hinweis auf die älteren Arbeiten Winfried Schich, Brandenburg an der Havel, in: Evamaria Engel/Lieselott Enders/Gerd Heinrich/Winfried Schich (Hg.), Städtebuch Brandenburg und Berlin (Deutsches Städtebuch. Neubearbeitung 2), Stuttgart u.a. 2000, S. 47–69.

65 Wolfgang H. Fritze, Gründungsstadt Berlin. Die Anfänge von Berlin-Cölln als Forschungsproblem, bearb., hg. und um einen Nachtrag ergänzt von Winfried Schich (Kleine Schriften der Historischen Kommission zu Berlin 5), Potsdam 2000. Vgl. auch Winfried Schich, Das mittelalterliche Berlin, in: Wolfgang Ribbe (Hg.), Geschichte Berlins, Bd. 1, München 1987, S. 137–248.

er auch neue Wege, indem er für etliche Städte das Stadtsiegel als Zeugnis der Stadtentwicklung zu interpretieren wusste.[66]

Die frühe Berliner Prägung und Orientierung als Historiker wirkte auch weiter, als Schich, der 1979 an der FU Berlin kumulativ habilitiert worden war, dort zunächst als Assistenzprofessor und dann als Professor für Mittelalterliche Geschichte (mit besonderer Berücksichtigung Ostmitteleuropas) am Friedrich-Meinecke-Institut (Fachbereich Geschichtswissenschaften) auf Zeit berufen wurde, 1982 als Professor für mittelalterliche Geschichte an die Universität Gesamthochschule Kassel ging, wo er bis zu seiner Berufung an die Humboldt-Universität Berlin 1992 lehren sollte. Ungeachtet der Tatsache, dass Schich seinen Wohnsitz in Westberlin beibehielt, haben auch die Kasseler Jahre Spuren in seinem Œuvre hinterlassen. Das Stadtjubiläum 1989 veranlasste ihn – natürlich, möchte man einwerfen – sich mit der Entstehungsgeschichte Kassels zu beschäftigen.[67] Die Veröffentlichung erlebte immerhin drei Auflagen. Noch nach seiner Wegberufung nach Berlin organisierte Schich zusammen mit seiner Kasseler Nachfolgerin Ingrid Baumgärtner eine Tagung über Nordhessen im Mittelalter und verglich in seinem Beitrag den Landesausbau in Nordhessen mit dem östlich der Elbe.[68] Im Nachhinein bedaure ich, Winfried Schich nicht dazu ermuntert zu haben, eine vergleichend angelegte Studie über die Entwicklung der Bischofsstädte Würzburg und Brandenburg zu schreiben.

Was Winfried Schich jenseits der Würzburger Stadtgeschichte als Forscher vorgelegt hat, wird von berufenerer Seite zu würdigen sein. Die Auswahlsammlung wichtiger Aufsätze zur Erforschung der Germania Slavica und des Zisterzienserordens, die eine kurze Würdigung der Herausgeber enthält[69], aber auch die beiden Festschriften der Schüler und Kollegen, die ihm zum 70. Geburtstag gewidmet wurden[70], vermitteln eine Vorstellung davon, was Winfried Schich auf seinen Hauptarbeitsgebieten geleistet hat, welche Anregungen davon aus-

---

66 Von Winfried Schich angeregt wurde das Projekt „Städtebuch Historisches Ostbrandenburg", bearb. von Joachim Stephan (angekündigt für 2021).

67 Winfried Schich, Die Entstehung der Stadt Kassel. 1075 Jahre Kassel – 800 Jahre Stadt Kassel (Quellen und Perspektiven zur Entwicklung Kassels 1), Kassel 1989 (3. Aufl. 1993).

68 Winfried Schich, Der hochmittelalterliche Landesausbau im nördlichen Hessen und im Raum östlich der mittleren Elbe im Vergleich – mit besonderer Berücksichtigung der Klöster und Städte, in: Ingrid Baumgärtner / Winfried Schich, Nordhessen im Mittelalter. Probleme von Identität und überregionaler Integration, Marburg 2001, S. 29–51. – In diesem Zusammenhang ist auch eine Vortragsveröffentlichung zu erwähnen: Winfried Schich, Von Ritte bis Martinhagen und Freienhagen. Ortsnamen und Siedlungen im Baunatal im Mittelalter. Festvortrag zur 1225-Jahrfeier der Stadtteile Altenritte und Großenritte der Stadt Baunatal am 16. November 2000, Baunatal 2000. In Baunatal hatte Schich seit seiner Zeit an der Universität Kassel ein Feriendomizil.

69 Winfried Schich, Wirtschaft und Kulturlandschaft (wie Anm. 54), S. 6f. im Vorwort.

70 Doris Bulach / Matthias Hardt (Hg.), Zentrum und Peripherie in der Germania Slavica. Beiträge zu Ehren von Winfried Schich (Forschungen zur Geschichte und Kultur des östlichen Mitteleuropa 34), Stuttgart 2008, bes. S. 7–11 das Vorwort der Herausgeber; die Beiträge gehen auf ein Kolloquium zurück, das anlässlich des 65. Geburtstages von Winfried Schich 2003 im Geisteswissenschaftlichen Zentrum Geschichte und Kultur Ostmitteleuropas an der Universität Leipzig stattfand, zu dessen Forschungsschwerpunkten die Germania Slavica gehört. – Christian Popp / Joachim Stephan, An Elbe und Oder. Beiträge zur brandenburgischen Landesgeschichte. Winfried Schich zum 70. Geburtstag, Einhausen 2008, enthält Beiträge seiner Schüler ohne Vorwort oder Einleitung.

gingen und wie er überregional, auch international gewirkt hat. Insbesondere seine Kontakte nach Polen sind hier hervorzuheben.

Schichs Heimatstadt Berlin war zeitlebens sein Lebensmittelpunkt und die dortige Landesgeschichtliche Vereinigung, der er bereits 1971 beigetreten war und deren Ehrenmitglied er 2009 anlässlich des 125-jährigen Bestehens der Vereinigung wurde, bildete jenseits der beruflichen Wirkungsmöglichkeiten bis ins hohe Alter neben dem Berliner Mittelalterkolloquium und dem 2006 konstituierten Seniorenkreis Berliner Mediävisten einen Bezugspunkt und ein Diskussionsforum, das er vor allem bei den regelmäßigen landesgeschichtlichen Kolloquien ganz wesentlich mitgetragen hat. In seinem Nachruf schreibt der Vorsitzende der Landesgeschichtlichen Vereinigung, Peter Bahl: „Wer ihn kannte und seine Bedeutung für die landesgeschichtliche Forschung und ihre Kreise einzuschätzen weiß, wird innehalten und kaum glauben können, dass dieser liebe Mensch, dieser allseits, bis in das Ausland hochgeschätzte Wissenschaftler nicht mehr als Gesprächspartner, als Ratgeber, als fruchtbarer Autor, als Instanz existiert".[71] Damit ist etwas sehr Wichtiges angesprochen, was jenseits aller Publikationen und wissenschaftlichen Großtaten gerne vergessen wird: Winfried Schich war nicht nur ein bedeutender Wissenschaftler, ein leidenschaftlicher Landeshistoriker, sondern ein ausgesprochen liebenswürdiger, aufmerksamer und stets zugewandter Kollege. Er wird fehlen.

Es konnte nicht Aufgabe dieses Beitrags sein, den Mittelalter- und Landeshistoriker Winfried Schich hinsichtlich aller seiner Arbeitsgebiete zu würdigen, denn das wird in verschiedenen Nachrufen gewiss noch von berufenerer Seite erfolgen, aber gerade angesichts seiner unübersehbaren Verdienste um die Erforschung der mittel- und ostdeutschen Landesgeschichte sowie der Germania Slavica und der Wirtschaftstätigkeit der Zisterzienser sollte nicht übersehen werden, dass Winfried Schich mit seinem Buch über Würzburg im Mittelalter ein Grundlagenwerk vorgelegt hat, das die Forschung noch lange Zeit dankbar benutzen wird. In Würzburg wird diese frühe Leistung Winfried Schichs noch lange von Nutzen sein und in dankbarer Erinnerung bleiben.

---

[71] http://geschichte-brandenburg.de.

Buchbesprechungen

Geschichte der Diözese Rottenburg-Stuttgart, Bd. 1: Christentum im Südwesten vor 1800. Das 19. Jahrhundert, Bd. 2: Das 20. Jahrhundert. Im Auftrag des Geschichtsvereins Rottenburg-Stuttgart hg. von Andreas Holzem / Wolfgang Zimmermann, Ostfildern: Jan Thorbecke Verlag 2019. – geb., Bd. 1: XV u. 723 S., Bd. 2: IX u. 774 S., zahlreiche farb. Abb., beigefügte Karte der Diözese: Dekanate, Seelsorgeeinheiten und Pfarreien mit Jahr der Ersterwähnung oder Gründung.

Die Gründung der Diözese Rottenburg – seit 1975 Rottenburg-Stuttgart – vor 200 Jahren bot den gegebenen Anlass, die „ganze Geschichte des religiösen Raumes“ (Bd. 1, Einführung, S. XI) auf dem Gebiet des damals neu entstandenen württembergischen Bistums in einem zeitgemäßen wissenschaftlichen Ansatz und auf dem aktuellsten Forschungsstand darzustellen.

Die Herausgeber Andreas Holzem und Wolfgang Zimmermann wählen dazu ein durchgehend chronologisches Vorgehen mit vertiefenden thematischen Schwerpunkten. Der erste der beiden reich bebilderten, voluminösen Bände umfasst die Herausbildung und Entwicklung dieses Gebietes bis zur Entstehung der Diözese Rottenburg und das 19. Jahrhundert. Der gesamte zweite Band widmet sich der Geschichte der Diözese im 20. Jahrhundert bis zum Jahr 1999, dem Ende des Episkopats Walter Kaspers. Der Band schließt mit „Reflexionen über Vergangenheit, Gegenwart und Zukunft“ (Bd. 2, S. 631–694) von Bischof Gebhard Fürst.

In ihrer programmatischen Einführung (Bd. 1, S. XI–XV) stellen die beiden Herausgeber die Leitidee des Projekts vor, Kirchengeschichte nicht mehr rein „als eine Geschichte der Institutionen und ihrer leitenden Figuren“ (Bd. 1, S. XI) zu schreiben, sondern „das Christentum [...] als eine dynamische Kraft religiöser Orientierung sichtbar zu machen“ (ebd., S. XIV).

Das erste Kapitel von Andreas Holzem und Wolfgang Zimmermann bietet in einer hohen Informationsdichte die entscheidenden Aspekte der mittelalterlichen (Regional-) Geschichte, die von der Entstehung des christlichen Raumes im Frühmittelalter bis zu den theologischen Auf- und Umbrüchen im Spätmittelalter reichen. Das Kapitel schließt mit einem Abschnitt über die Universität in „Tübingen als einem Zentralort von Debatten [...], die die Reformation vorbereiteten“ (S. 131) – die Tübinger Katholisch-Theologische Fakultät und ihre Professoren sollten dann auch seit dem 19. Jahrhundert wieder eine entscheidende Rolle in der Auseinandersetzung um eine katholische Reform spielen.

Die Problematik, die frühneuzeitliche Geschichte von zum Teil erst relativ jungen kirchlichen Gebilden wie den heute bestehenden deutschen Diözesen zu erzählen, machen die folgenden Kapitel von Andreas Holzem über „[d]ie Reformation und die Konfessionalisierung“ (Überschrift, S. 143), die Barockzeit, die Aufklärung und die Säkularisation deutlich: Während wir heute von geschlossenen kirchlichen und politischen Gebilden – Diözese und Bundesland – ausgehen, offenbart sich besonders seit der Zeit der Reformation die Schwierigkeit des berühmt-berüchtigten Flickenteppichs im Römischen Reich: Protestantische wie katholische, kirchliche wie weltliche Herrschaften konkurrierten um Macht- und Einflusssphären, um Patronats- und Herrschaftsrechte. Der Autor legt in seinen Ausführungen dagegen den Schwerpunkt auf die Ideen- und Frömmigkeitsgeschichte, auf – wie die Herausgeber es in der Einführung beschreiben – das religiöse, „das intuitive Wissen darum, was zu tun ist [...] es *ereignet* sich als diskursive Praxis “ (Bd. 1, S. XIV, Hervorhebung im Original).

Die folgenden beiden Kapitel von Hubert Wolf umfassen die Phase von „Gründung und Formierung einer württembergischen Diözese“ und die Zeit „zwischen Revolution und Konzil“. Hier ist insbesondere auf die erbitterten Auseinandersetzungen um die Besetzung der Katholisch-Theologischen Fakultät in Tübingen zu verweisen, die mehr waren als ein kirchenpolitischer und theologischer Stellvertreterkrieg, denn „[w]er die Ausbildung der zukünftigen Geistlichen kontrollierte, verfügte über eine wichtige Schlüsselposition“ (Bd. 1, S. 515). Mit dem den ersten Band abschließenden Beitrag von Claus Arnold über „[d]as Bistum Rottenburg im Kaiserreich“ wird schließlich die Schwelle zum 20. Jahrhundert überschritten, mit dem sich der zweite Band überwiegend befasst.

Er beginnt mit den beiden Kapiteln von Andreas Holzem über den Ersten Weltkrieg und die Weimarer Jahre, in denen Politik als auch Seelsorge eine Neuausrichtung erfuhren und durch die sich die Annäherung der Katholiken an Moderne und Demokratie wie ein roter Faden zieht. Der Katholizismus solle dabei, so war es das Ziel des württembergischen Zentrumspolitiker Eugen Bolz, „als politisch-gesellschaftliche Kraft wirksam“ sein (Bd. 2, S. 123).

Als Bolz diese Gedanken 1934 notierte, prägte bereits seit mehreren Jahren die Konfrontation mit der NS-Ideologie den politischen Katholizismus wie auch die Seelsorge. Die Auseinandersetzungen gewannen in Südwestdeutschland durch die beiden (Erz-) Bischöfe Conrad Gröber in Freiburg, dem besonders in den ersten Jahren eine Nähe zum Nationalsozialismus attestiert wird, und Joannes Baptista Sproll von Rottenburg, der 1938 aufgrund seiner scharfen Kritik an der NS-Ideologie und -Politik seine Diözese verlassen musste und erst nach dem Krieg wiederkehren konnte, eine zusätzliche Schärfe. Dominik Burkard geht in seinem Beitrag über die Zeit des Nationalsozialismus und des Zweiten Weltkriegs detailliert auf die Konfrontation von Bischof Sproll mit dem NS-Regime ein, befasst sich aber ebenso ausführlich und kenntnisreich mit der weltanschaulichen Auseinandersetzung mit dem Nationalsozialismus und der Seelsorge unter den erschwerten Bedingungen von Diktatur und Krieg.

Für die Jahre nach dem Zweiten Weltkrieg bis zum Beginn der 1960er Jahre arbeitet wiederum Andreas Holzem die Versuche heraus, auf das „ambivalente Lebensgefühl der Adenauer- und Wirtschaftswunderzeit“, auf deren gesellschaftliche und politische Umwälzungen, eine Antwort zu geben. Holzem deutet „die Phase seit der Mitte der 1950er Jahre als die eigentliche ‚Sattelzeit‘ für die Vorgeschichte des Zweiten Vatikanischen Konzils“, in der der gesellschaftliche Wandel an Dynamik gewann und „das Ringen um den richtigen Weg“ (Zitate Bd. 2, S. 529f.) des Katholizismus eine breite (Laien-) Basis erreichte. Abraham Peter Kustermann stellt anschließend in seinem Beitrag über „[d]as Zweite Vatikanische Konzil und seine Wirkungen“ vor allem die Konzilsrezeption in der Diözese sowie die weitere Entwicklung bis zum Jahr 2000 und zur Wahl des neuen Bischofs Gebhard Fürst vor.

Den Abschluss des Werkes über die Geschichte des Bistums Rottenburg-Stuttgart und den Ausblick in die Zukunft bilden von Bischof Gebhard Fürst die „Reflexionen über Vergangenheit, Gegenwart und Zukunft“ (S. 631), der darin sich der Hirtenaufgabe annimmt, „wichtige Aspekte und Grundlinien eines Kircheseins und einer Pastoral zu skizzieren, die die Ortskirche von Rottenburg-Stuttgart als eine ‚bewohnbare‘ Kirche erfahren lassen“ (Bd. 2, S. 635).

In Ergänzung zu den Aufsätzen bieten die beiden Bände verschiedene Exkurse von weiteren Autoren, die farblich abgesetzt in Textkästen einzelne Themen weiterführen, vertiefen und ergänzen. Das trotz der Vielzahl seiner Autorinnen und Autoren durchweg gut zu lesende Werk, das sich ausdrücklich an einen „weiten Leserkreis theologisch und historisch interessierter Menschen" (Bd. 1, S. XII) richtet, macht einmal mehr die Relevanz der Diözesangeschichte gerade in unserer Zeit deutlich: Sie folgt, so betonen es die Herausgeber in ihrer Einführung, „dem Orientierungsbedürfnis einer Diözese, deren religiöse Wirklichkeit sich mit porös gewordenen Strukturen, Lebensformen und Überzeugungen allerorten zurechtfinden muss. Die Aufgabe einer solchen Diözesangeschichte in einer solchen Lage ist Explikation und Reflexion [...] Und dann Dekonstruktion: eine offene Auseinandersetzung mit der Vorstellung, in der Kirche könne alles immer bleiben, wie es war. [...] Geschichte betreiben wir, weil wir der Orientierung bedürfen" (Bd. 1, S. XIII). Es bleibt zu wünschen, dass diese Kraft, die einer gründlichen und qualitativen Diözesangeschichte innewohnt, auch in Zeiten von Sparmaßnahmen und finanziellen Engpässen weiterhin und über die Diözese Rottenburg-Stuttgart, der zu dieser Diözesangeschichte nur gratuliert werden kann, erkannt bleibt.

Johanna Konrad-Brey

Sönke Lorenz / Oliver Auge / Sigrid Hirbodian (Hg.), Handbuch der Stiftskirchen in Baden-Württemberg, Ostfildern: Jan Thorbecke Verlag 2019. – geb., 720 S., 380 teilweise farb. Abb., Grundrisse und Karten.

Nach ca. 20 Jahren intensiver und fachkundiger Arbeit liegt es nun vor, das große Werk zu den Stiftskirchen Baden-Württembergs. Finanziell unterstützt u. a. von der Deutschen Forschungsgemeinschaft ist es dem Institut für Geschichtliche Landeskunde der Universität Tübingen gelungen, diese herausragenden, bislang nur ansatzweise erforschten Kulturdenkmale des Landes systematisch zu erfassen und adäquat darzustellen. Auf 720 Seiten wird in knapp 140 Artikeln deren Geschichte vom 8. bis ins 19. Jahrhundert im Überblick dokumentiert.

Ziel war es, in einem Handbuch alle Stiftskirchen, d. h. jene geistlichen Korporationen und ihre Kirchen, deren Mitglieder nicht nach einer Mönchsregel, sondern ohne Gelübde nach eigener Ordnung aus dem Stiftungsvermögen lebten, von der Karolingerzeit bis zur Säkularisation in kurzen, präzisen Beiträgen zu beschreiben. Das berücksichtigte Gebiet ist das heutige Baden-Württemberg, nicht das alte Herzogtum Schwaben; dies bedeutet, dass benachbarte Stifte, etwa der Schweiz, des Elsass oder Frankens jenseits der 1952 festgelegten Grenzen nicht aufgeführt sind. Für die Würzburger Forschung sind vor allem die Stifte im nördlichen Baden-Württemberg bis zum Raum Heilbronn und Schwäbisch Hall von Interesse.

Die Einleitung von Sönke Lorenz und Oliver Auge definiert Begriffe, begründet das untersuchte Gebiet und fasst die Stiftsgründungen in den einzelnen Epochen zusammen. Im Gegensatz zu Peter Moraw gehen sie von sechs Gründungsphasen aus. Eine herausgehobene Funktion kam offensichtlich durchgängig der Stiftermemoria zu. Seit der zweiten Hälfte des 14. Jahrhunderts wäre ohne die Präsenz von Stiftskirchen die Entwicklung der mitteleuropäischen Universitätslandschaft nicht möglich gewesen. Die folgende Einführung rechtfertigt den Aufbau des Handbuchs und gibt Hinweise zu dessen Benutzung. Auf 638 Seiten schließen sich, alphabetisch aufgebaut, die einzelnen Artikel an. Das vorgegebene Themenraster – Lage, kirchliche Zugehörigkeit, frühere Namen, Gründung, Aufhebung, Leistungen, Bau- und Kunstgeschichte, Wappen und Siegel, Ansichten und Pläne, Prosopographie etc. – übernehmen sie weitgehend konsequent. Zwar wurde den Autorinnen und Autoren bewusst „Freizügigkeit" (S. 63) eingeräumt, doch führt diese teilweise zu beträchtlichen Unterschieden in den Artikeln. So kann deren Umfang von einer bis acht Seiten reichen. Unter der Rubrik „Wappen und Siegel" findet sich fast immer eine Beschreibung des Siegels, Wappen werden zumeist nicht erwähnt. Beispielsweise sind bei den kenntnisreich beschriebenen Reichenauer Stiftskirchen (S. 513–536) unter „Wappen und Siegel" beide Themenfelder nicht bearbeitet. Mehrfach ist hier lapidar vermerkt: „Ein eigenes Wappen wurde nicht geführt / ist nicht bekannt." (S. 518 u. 534). Einige dieser Stifte sind sehr alt, sie wurden vor über 1200 Jahren gegründet, andere sind relativ jung, teilweise aus der frühen Neuzeit. Einzelne dieser Gründungen überdauerten Reformation und Säkularisation. Als prägende Kräfte in ihrer jeweiligen Geschichte kommen Klöster, Bischöfe, Hochadel und Könige in Frage.

Texte und Bildauswahl sind in der Regel vorzüglich. Vier Teilkarten und eine Überblickskarte schließen den Band ab. Ausgehend von einem „schütteren Forschungsstand" (S. 56) sind Unterschiede im Bearbeitungsgrad weniger den Autorinnen und Autoren anzulasten, als vielmehr der ungleichen Quellenbasis geschuldet. Im Beitrag zum Heilig Geist-Stift in Heidelberg wurde in der Detailkarte (S. 248) versehentlich der Ortsteil Handschuhsheim vom Norden auf die südliche Neckarseite in die Weststadt verlegt.

Inhaltlich und optisch beeindruckt der voluminöse Band durch einen hohen Standard. Er bietet nicht nur einen schnellen Überblick über die Stiftskirchen des Landes, sondern erlaubt dank systematischer Beschreibungen sowie weiterführender Archiv- und Literaturhinweise den Einstieg in die vertiefende Forschung. Den Herausgebern ist es gelungen, ein anspruchsvolles, durch vielseitiges Bild- und Kartenmaterial illustriertes Werk abzuschließen, das Bestand haben wird. Ihnen sowie allen Autorinnen und Autoren ist Dank und Anerkennung auszusprechen.

Ulrich Wagner

Jürgen Sarnowsky, Die geistlichen Ritterorden. Anfänge – Strukturen – Wirkungen (Geschichte der christlichen Orden), Stuttgart: Kohlhammer 2018. – brosch., 273 S., 10 s/w-Abb., Register.

Mit seinem Einführungswerk zur Geschichte der geistlichen Ritterorden von ihren Anfängen bis in die Gegenwart legt der Hamburger Mediävist Jürgen Sarnowsky den dritten Band der Reihe „Geschichte der christlichen Orden" (hg. von Franz Xaver Bischof / Christoph Dartmann / Klaus Unterburger) im Stuttgarter Verlagshaus Kohlhammer vor.

Nach einer Einführung zu Wesen und Bedeutung der Ritterorden (S. 9–13) gliedert Sarnowsky seine Monographie in sechs chronologisch aufeinander aufbauende Kapitel. „Die Anfänge der Ritterorden im 12. und 13. Jahrhundert" (S. 14–56) nimmt zunächst die Entstehung der Orden im Kontext der Kreuzzüge in den Blick (Templer, Johanniter, Deutscher Orden) und wendet sich dann den spanischen Ritterorden (Orden von Calatrava, Santiago-Orden) und ihren spezifischen Ursprüngen sowie den Ritterorden des baltischen Raumes (Schwertbrüder, Orden von Dobrin) und anderen kleineren Orden zu.

Das Kapitel „Die Etablierung der Ritterorden im 12. und 13. Jahrhundert" (S. 57–93) thematisiert die Entwicklung und Etablierung der Orden im Heiligen Land sowie die Ausbreitung in ihren Herkunftsregionen ebenso wie militärische Einsätze der einzelnen Orden.

Im anschließenden Kapitel wendet sich der Autor der „Entwicklung der Strukturen der Ritterorden im späten Mittelalter" (S. 94–150) zu und lenkt damit den Fokus nach innen, indem er die interne Gesetzgebung der Orden, ihre Hierarchien, Ämter und Strukturen sowie wirtschaftlichen Verhältnisse und Initiativen darstellt. Ein abschließender Blick gilt der besonderen Frömmigkeit der geistlichen Ritterorden sowie ihren literarischen und kulturellen Leistungen.

„Das Spätmittelalter als Krisen- und Umbruchszeit" (S. 151–190) thematisiert den Templerprozess sowie die Aufgabenfelder und Strukturen der geistlichen Ritterorden auf dem Gebiet der Landesherrschaft. Zugleich werden deren Krise am Ende des Mittelalters ebenso wie die weitere Geschichte der spanischen und der kleineren Ritterorden (z. B. des Georgsordens in Millstatt) in dieser Zeit behandelt.

Im folgenden Kapitel werden „Die Ritterorden zwischen Reformation, katholischer Reform und Französischer Revolution" (S. 191–220) untersucht. Dabei werden die Auswirkungen der Reformation ebenso wie die Ausprägung protestantischer Ordenszweige in den Blick genommen, die Entwicklung der katholischen geistlichen Ritterorden vom 16.–18. Jahrhundert beschrieben und ein abschließender Blick auf die Krisenzeit an der Wende zum 19. Jahrhundert geworfen.

„Die Ritterorden in der Moderne" (S. 221–236) beleuchtet das nächste Kapitel der Monographie. Es widmet sich dabei dem Neuanfang der protestantischen und katholischen Orden nach Französischer Revolution und Säkularisation sowie den Krisen und Wandlungen im 20. Jahrhundert. Anschließend betrachtet der Autor die Wahrnehmung der mittelalterlichen Ritterorden im 19. und 20. Jahrhundert, etwa am Beispiel der politischen Rezeption des Deutschen Ordens in Preußen und im wilhelminischen Kaiserreich.

Ein „Ausblick" (S. 237f.) nimmt die zeitgenössische Forschung zu den Ritterorden ab den 1980er Jahren in den Blick, die noch keineswegs abgeschlossen ist und ein großes Potenzial über die rein historische Untersuchung hinaus birgt: „Gerade die Ritterordensforschung bietet eine Chance zur gemeinsamen, friedvollen Erschließung des europäischen Kulturerbes, die aber ebenso nicht an den Grenzen Europas stehen bleiben muss. So kann die intensive Beschäftigung mit der Vergangenheit auch zur Absicherung und Verbesserung der gemeinsamen Zukunft beitragen." (S. 238).

Ein umfangreiches Quellen- und Literaturverzeichnis, das neben einem allgemeinen Teil auch einen nach Kapiteln gegliederten Bereich umfasst, ermöglicht die vertiefende Weiterbeschäftigung mit den vorgestellten Themen (S. 239–247). Als sehr hilfreich und benutzerfreundlich erweist sich auch das ausführliche Register zu Personen, Orten und Begriffen (S. 249–273).

Mit dem vorliegenden Werk ist es Jürgen Sarnowsky in herausragender Weise gelungen, eine gut lesbare, präzise und informative Einführung in Entstehung, Selbstverständnis, Organisation und historische Entwicklung der geistlichen Ritterorden von ihren Anfängen bis heute zu liefern, die für ein breites historisch interessiertes Publikum, aber etwa auch für Studierende in den ersten Semestern gut geeignet ist.

Daniel Greb

Guido Fuchs, Kleine Geschichte des schlechten Benehmens in der Kirche (Liturgie & Alltag), Regensburg: Verlag Friedrich Pustet 2021. – brosch., 184 S., Abb.

Der Liturgiewissenschaftler Guido Fuchs war früher an der Universität Würzburg tätig und leitet das Institut für Liturgie und Alltagskultur in Hildesheim. Das vorliegende Buch nähert sich der kirchlichen Alltagskultur aus einer ungewohnten Perspektive, indem ein breites Spektrum schlechten Benehmens in der Kirche präsentiert wird. Dabei interessiert sich der Verfasser nicht nur für gegenwärtige Probleme, wobei er sich auch auf aktuelle Befragungen stützen kann, sondern auf den Wandel des schlechten Benehmens, wenn man das überhaupt so formulieren kann, seit dem frühen Christentum. Der Schwerpunkt der Beispiele stammt dabei aus der Neuzeit. Nur gelegentlich wird auch auf das Mittelalter zurückgegriffen. Genannt wird nur eine Auswahl häufiger zitierter

Literatur (S. 179), aber der Verfasser will auch keine wissenschaftlich umfassend angelegte Monographie vorlegen, sondern ein unterhaltsames, aber auch nachdenklich stimmendes Buch, das auch mit einigen passenden Abbildungen illustriert ist. Das Spektrum dessen, was dargestellt wird, reicht, wie der Verfasser einführend darlegt, vom falschen Benehmen über schlechtes Benehmen bis zu störendem Verhalten.

Fuchs legt seine Darstellung systematisch an: Verhalten beim Betreten des Gotteshauses, Zuspätkommen und frühes Gehen, Haltungen im Gottesdienst und Verhalten bei der Kommunion, Kopfbedeckung und angemessene Kleidung, störendes Verhalten (Schwätzen, Fotografieren), Kirchenschlaf, Essen und Trinken im Gotteshaus, Rauchen und Schnupfen, Spucken und andere Ausscheidungen, Betteln und Handeln in der Kirche, Tiere im Gottesdienst, Schwierigkeiten des Weihnachtsgottesdienstes, unwürdiges Verhalten der liturgischen Dienste. Darauf folgen drei weitere Kapitel, die sich mit Lösungswegen beschäftigen: Ordnungsdienste in der Kirche, Bemühungen, angemessenes Verhalten in Wort und Bild zu vermitteln und eine Problemanzeige, nämlich dem mangelnden Gemeinschaftssinn, den er auch durch die Kommunionpraxis bestätigt sieht, die „kein gemeinschaftliches ‚Mahl'" sei (S. 169). Regelmäßige Kirchgänger können aus eigenem Erleben zu vielen Punkten etwas beitragen. Der Verfasser fragt zum Schluss: „Was ist da geschehen" und bietet Erklärungen, etwa die Rolle von Zwang und äußerem Druck, den Gottesdienst zu besuchen (dazu gehört die eingangs gebotene Schilderung eines pubertären Haufens von katholischen Internatszöglingen in einem Adventsgottesdienst, die sich in Christoph Peters' Roman „Wir in Kahlenbeck" von 2012 findet), mangelnde Erziehung, fehlende Ehrfurcht vor dem Heiligen, nichtreligiöse Motive der Kirchenbesucher („Kultur und Brauchtum anstelle des Glaubens"). Aber die Probleme seien, so der Verfasser weiter, in mancher Hinsicht auch hausgemacht, indem Priester die Liturgie freier gestalten, die Gottesdienstbesucher sich nicht mehr von der Liturgie angesprochen fühlen oder Rollenverständnis und Individualismus die Teilnahme am Gottesdienst bestimmen.

Der Verfasser gehört sicherlich nicht zu den Liturgiewissenschaftlern, die einer ständigen Modernisierung und Popularisierung der gottesdienstlichen Formen das Wort reden. Seine Zusammenstellung von Varianten des schlechten Benehmens in der Kirche stimmt nachdenklich und mag weiter dazu anregen, Wege zu suchen, die Wahrung der würdigen liturgischen Form, den Respekt vor der Sakralität des Gotteshauses und die Ehrfurcht vor dem Heiligen zu fördern. Das ist in einer Zeit, in der die großen Kirchen zunehmend zu einem Randphänomen werden und in einer Gesellschaft, die sich in viele individuelle Lebensformen auflöst, schwieriger als in einer Zeit, in der Kirchenzugehörigkeit und religiöse Sozialisation noch selbstverständlich waren.

Aus historischer Sicht stellt sich hingegen die Frage, welchen Erkenntniswert die ausgebreiteten Fallbeispiele haben, denn schlechtes Verhalten oder was man als solches deutet, ist letztlich durch viele Faktoren bedingt. So zeigt sich das Problem „Kirchenschlaf" wohl in einem milderen Licht, wenn man bedenkt, dass große Pfarrsprengel mit entsprechend langen Wegen den Gottesdienstbesuch zu einer Strapaze machen konnten, oder dass die enge Verschränkung von Kirche und Welt auch die Sakralität des Gotteshauses beeinträchtigte, indem Bauern ihre Vorräte oder Kaufleute ihre Handelswaren einlagerten. Dass Hunde in der Kirche herumstreunten, nahm man in der Vormoderne nicht nur gelassener hin, sondern in manchen Kirchen mit wertvollem Inventar wurden sogar Wachhunde gehalten (vgl. Ahasver von Brandt, Das Kind Engelke Wyse und die grossen Hunde in St. Marien. Quellenkritische Untersuchung einer mittelalterlichen Sensationsnachricht [Erstveröffentlichung 1960], wiederabgedruckt in: Klaus Friedland / Rolf Sprandel [Hg.], Lübeck, Hanse, Nordeuropa. Gedächtnisschrift für Ahasver von Brandt, Köln u.a. 1979, S. 377–381). Das Schwätzen in der Kirche wurde allerdings schon im Spätmittelalter kritisiert und mancherorts durch Bilddarstellungen in der Kirche verdeutlicht, die zeigen, wie der Teufel die Sünden der Kirchenbesucher auf einer Kuhhaut notiert (vgl. Enno Bünz, „Die Kirche im Dorf lassen ...". Formen der Kommunikation im spätmittelalterlichen Niederkirchenwesen, in: Werner Rösener [Hg.], Kommunikation in der ländlichen Gesellschaft vom Mittelalter bis zur Moderne [Veröffentlichungen des Max-Planck-Instituts für Geschichte 156], Göttingen 2000, S. 77–167, bes. S. 114f. mit weiterführender Literatur).

Auf der anderen Seite darf man auch nicht übersehen, dass die Frömmigkeit der Deutschen im späten Mittelalter viel gelobt wurde, gerade von italienischen Reisenden, denen immer wieder auffiel, wie andächtig die Gläubigen dem Gottesdienst beiwohnten. Insofern zeigt ein Buch über schlechtes Benehmen im Gottesdienst (wohl nicht nur in historischer Perspektive) ein Problem überdimensioniert, aber Übertreibung kann ja auch illustrieren. Das Buch von Guido Fuchs regt jedenfalls dazu an, Befunde der Liturgiewissenschaft historisch einzubetten in eine Alltags-, Kultur- und Sozialgeschichte von Gottesdienst und Frömmigkeit.

Enno Bünz

Erich Schneider, Kleine Geschichte Unterfrankens, Regensburg: Verlag Friedrich Pustet 2020. – brosch., 183 S., zahlreiche s/w-Abb., Personen- und Ortsregister.

Mit der *Kleinen Geschichte Unterfrankens* legt der Gründungsdirektor des Museums für Franken, Prof. Dr. Erich Schneider (* 1954), eine mit Blick auf Unterfranken und seine drei urbanen Zentren Aschaffenburg, Schweinfurt und Würzburg aufbereitete Weiterführung und Ausdifferenzierung der von Anna Schiener (1955–2014) 2019 in 6. Auflage ebenfalls im Pustet Verlag erschienenen *Kleinen Geschichte Frankens* vor. Als Besonderheit weist der Autor dabei den von ihm verfolgten kunsthistorisch-musealen Ansatz aus, da er das „historische Geschehen nicht alleine aus den Schriftquellen destilliert, sondern [...] häufiger auch Sachzeugnisse als Belege" (S. 11) anführt. So finden sich im vorliegenden Buch zahlreiche fotografische Abbildungen bekannter Ausstellungsgegenstände, Gemälde und Bauwerke (so etwa der Kultwagen aus Acholshausen, das Kiliansbanner aus der Cyriakus-Schlacht, ein Echterturm, die Gartenfassade der Würzburger Residenz und schließlich das Kernkraftwerk in Grafenrheinfeld), die er gekonnt in Beziehung zum jeweiligen historischen Kontext setzt. Hervorzuheben sind zudem die zahlreichen kleinen Infoboxen, die Informationen zu weiteren Details bieten, wie etwa zur Würzburger Dombibliothek, zur Alten Mainbrücke oder zum Wirken Balthasar Neumanns (1687–1753) u. v. m.

Die Darstellung reicht von den frühesten Besiedelungsspuren in Mainfranken bis hin zu den gegenwärtigen und zukünftigen Herausforderungen, die etwa der Klimawandel, seine Bewältigung als auch die Globalisierung an die Bewohnerinnen und Bewohner Unterfrankens stellen. Schwerpunktmäßig fallen dabei die Kapitel „Die Schönborn-Zeit" (S. 75–93) und „Im Königreich Bayern" (S. 106–131) ins Gewicht, da die darin behandelten Epochen das heutige Unterfranken nachhaltig prägten. Schneider gelingt es mit einer stilistisch klaren, angenehm direkten und ungekünstelten Sprache – welche gelegentlich zum Schmunzeln anregt, etwa dann, wenn er mit Blick auf Giovanni Battista Tiepolo (1696–1770) die Dörflichkeit Würzburgs im Vergleich zur Weltstadt Venedig betont – die Entwicklungen jener Zeit und deren Bedeutung für die Gegenwart herauszustellen. Wichtig ist ihm dabei, dies an markanten Beispielen zu verdeutlichen. Die Illustration des regionalen wirtschaftlichen Aufschwungs im 18. Jahrhundert anhand des Maines, aber auch des Straßenbaus darzustellen und somit die Anfänge der Bundesstraßen 8, 13 und 19 zu beschreiben, ist für den Fachmann wie den interessierten Laien ebenso nachvollziehbar (S. 87–91). Die Veränderungen, die sich seit der endgültigen Zugehörigkeit Unterfrankens zu Bayern ab 1814 ergaben, nehmen, wie bereits angedeutet, den größten Raum ein. Nicht nur die einschneidenden Entwicklungen, die sich in politischer und geographischer Hinsicht etwa durch die Eingliederung Aschaffenburgs, Schweinfurts und anderer Ortschaften in Bayern, die Bildung des Untermainkreises und die Erarbeitung einer eigenen Landesverfassung ergeben, sondern auch die Themen der Wirtschafts-, Kultur-, Religions-, Wissenschafts- und Kunstgeschichte finden hier gleichermaßen ihre Berücksichtigung. Die Ausführungen weiten sich nun auch auf die bislang weniger ausführlich in der Aufmerksamkeit des Autors stehenden anderen beiden urbanen Zentren am Main aus. Abermals verbunden mit heute noch bekannten Personen, Erfindungen, Gebäuden und Institutionen wird die Zeit der Industrialisierung (Kugellager, Schweinfurter Grün), die Glanzzeit der Würzburger Universität (Nobelpreisträger) sowie die Wiederentdeckung der Gotik und der Riemenschneiderkunst (Turmhelm der Würzburger Marienkapelle) zum Gegenstand der Betrachtung. Auffällig ist hierbei das Bestreben des Verfassers, es nicht bei den im 19. Jahrhundert angestoßenen Veränderungen zu belassen, sondern bereits an dieser Stelle schon einen Blick in die Gegenwart zu wagen. Die Ausführungen zur Wissenschaftsgeschichte Unterfrankens (S. 119–121) enden daher auch nicht mit dem Ende der Monarchie, sondern konsequenterweise mit aktuellen Ergebnissen wissenschaftlicher Spitzenforschung (Pico-Satellit Uwe) und der jüngsten unterfränkischen Hochschule, die, 1995 in Aschaffenburg gegründet, heute den Titel Technische Hochschule trägt. Augenmerk ist ferner – gerade im Jubiläumsjahr „1700 Jahre jüdisches Leben in Deutschland" – der Abhandlung über die „Jüdische Kultur in Unterfranken" (S. 111–114) zu widmen, anhand derer die von den Idealen der Aufklärung getragene bayerische Religionspolitik dargestellt wird. Dabei wird vor allem das Spezifikum des unterfränkischen Landjudentums (S. 112) charakterisiert, die Errungenschaften in bayerischer Zeit vor dem Hintergrund der menschenverachtenden nationalsozialistischen Rassenideologie treten deutlich zutage und die erneute Etablierung jüdischen Lebens in Mainfranken nach Kriegsende bis zum heutigen Tag erscheint als ein großes Geschenk.

Den heutigen Unterfranken vermag Schneider, die geographische und kulturelle Genese des Lebens- und des Wirtschaftsraumes prägnant und verdichtet zu erhellen. Daher eignet sich das Werk nicht nur zur privaten Lektüre, sondern auch zur vorlesungsbegleitenden Einführung für Studierende der Geschichtswissenschaften und der Theologie. Gerade die an der Geschichte des Hochstifts Würzburg zu erkennende enge Verschränkung von kirchen- und profangeschichtlichen Entwicklungen zeigt den möglichen Ertrag des Werkes für eine kirchengeschichtliche Auseinandersetzung im Rahmen des Studiums deutlich an. Eine Zeittafel, die Liste der Regierung- und Bezirkstagspräsidenten, Hinweise zu ausgewählter Literatur sowie ein umfangreiches Personen- und Ortsregister runden das Buch ab, das mit aktuellen Karten zur politischen Gliederung Unterfrankens und Bayerns abschließt.

Hendrik Weingärtner

Fuldaer Geschichtsverein e. V. (Hg.), Redaktion: Thomas Heiler / Klaus H. Orth, Fulda – Das Stadtlexikon, Fulda: Parzeller 2019. – geb., 595 S., zahlr. Abb.

Das vorliegende Werk vereint auf über 500 klein bedruckten Seiten rund 950, von 75 Autoren und Autorinnen verfasste Artikel über Ereignisse, Institutionen, Sachthemen und (bereits verstorbene) Personen. Bezugspunkt ist die Stadt Fulda, der Zeitrahmen spannt sich vom Frühmittelalter bis in die Gegenwart. Das umfangreiche Literaturverzeichnis zeugt von einer gründlichen Rechercheatbeit; bei den Artikeln findet sich, soweit einschlägig, jeweils ein knapper Hinweis auf wichtige Publikationen. In rund 30 mehrseitigen Beiträgen werden überblicksartig Zusammenhänge beschrieben, etwa zur Geschichte des Klosters, der Juden oder der Post; etwas verkürzend erscheint es hier, wenn das Gesundheitswesen erst im 19. Jahrhundert einsetzt (S. 180–184).

Die Bandbreite der Themen ist bei einem solchen Unterfangen im Einzelnen immer disputabel, insgesamt jedoch sehr beeindruckend. Sie reicht von mundartlichen Ausdrücken über Einrichtungen des Alltags (Fuldaer Tafel, Genussfestival, Hallenbäder, Kerzenherstellung) bis hin zu den Fuldaer Äbten und Bischöfen oder den städtischen Bürgermeistern. Bemerkenswert sind die zahlreichen biographischen Artikel nicht nur zu den führenden Männern, sondern auch zahlreichen Frauen der Stadtgeschichte. Informationen zur Karlmann-Schenkung von ca. 743 stehen neben einer kurzen Geschichte des heute noch bestehenden Kaufhaus Karstadt (S. 254) oder Angaben zu den aktuellen Pendler-Zahlen neben solchen zur Pestsäule von 1651 (S. 382). Dass beim Näherrücken an die Gegenwart sowohl die Zahl wissenschaftlicher Publikationen wie auch die Distanz der Verfasser/innen zum behandelten Gegenstand nachlassen, liegt in der Natur der Sache. Die Artikel bewegen sich jedoch stets auf hohem fachlichem Niveau.

Der Aufbau des Lexikons ist weitgehend selbsterklärend, einige Hinweise gibt das redaktionelle Vorwort (S. 7f.). Die Ansetzung der Personennamen ist nicht immer nachvollziehbar (vgl. etwa die Vorgabe S. 7 und demgegenüber die Umsetzung S. 313, 526). Schwierig sind manche sachthematische Ansetzungen, z. B. „Ehrungen der Stadt Fulda“ (S. 110), wo u. a. auf den Kulturpreis (S. 295f.) hin-, von diesem aber nicht rückverwiesen wird. Auch sonst vermisst man zuweilen Verweise, etwa vom Gasthaus „Zum roten Löwen“ (S. 542) auf die entsprechende Abbildung (S. 31, im Überblicksartikel „Architektur“) oder von den Kasernen (S. 255) auf den Überblicksartikel „Militär“ (S. 328–333, mit Abb. von Kasernen); überhaupt fehlt ein erschließendes Abbildungsverzeichnis (das S. 594f. so bezeichnete ist ein Herkunfts- bzw. Rechtenachweis). Grundsätzlicher erscheint der Einwand, dass Informationen der vorliegenden Art heute online recherchiert werden, begleitet vom Anspruch auf permanente Aktualisierung. Der Druck eines abgeschlossenen Lexikons erscheint von daher verständlicher, weil er ein solches Ansinnen nicht zulässt. Wünschenswert wäre zumindest ein Register, das über die Artikelbegriffe hinaus den reichhaltigen Inhalt erschließen hilft.

Doch jenseits aller kleinlichen Einwände bleibt als Fazit: In einer großen, gut koordinierten Gemeinschaftsleistung ist ein qualitativ hochwertiges und überaus informatives Werk zu Geschichte und Gegenwart der Stadt Fulda entstanden, das fürs schnelle Nachschlagen ebenso geeignet ist wie fürs ziellose Schmökern, bei dem auch gut unterrichtete Zeitgenossen immer wieder Neues entdecken werden.

Johannes Merz

Diana Ascher, Die Ortsnamen des Landkreises Fulda (= Fuldaer Studien 25), Freiburg i. Br.: Herder 2020. – geb., 848 S., Register.

Die Literaturzitate aller in der Rezension angesprochenen Titel sind im Literaturverzeichnis dieser Arbeit nachzulesen.

Man kann Frau Ascher zu ihrem Erstlingswerk keinesfalls Mut und Fleiß absprechen. Professor Dr. Jürgen Udolph hat ihr ein Thema vorgeschlagen, vor dem mancher trotz aller im Vorwort geschilderten Unterstützung (S. 7f.) zurückgeschreckt wäre. Die kartenmäßig spartanische Ausstattung der Arbeit (S. 12 Skizze ca. 9 cm^2, bestehend aus dem Lkr.-Umriß mit den rezenten Gde.-Grenzen als Orientierungshilfe) verschleiert ein wenig den Sachverhalt: ein sehr großer, 1972 aus drei Kreisen gebildeter Landkreis, zu dessen teilweise sehr altem Namengut bereits Deutungsbemühungen in zahllosen Vorarbeiten zu berücksichtigen waren, deren Bewertung insgesamt souveränes Sprachwissen von den indogermanischen Anfängen bis zur heutigen Lautform erforderte. Auf der Grundlage ihrer Magisterarbeit von 2007 „Untersuchungen zu den Ortsnamen des Kreises Fulda" fühlte sich Diana Ascher der Anforderung offenbar gewachsen, die bislang fehlende Analyse des Ortsnamenbestandes und damit „einen Beitrag zur Sprach- und Landesgeschichte Hessens" (S. 9) zu leisten. Die von den Professoren Dr. Enno Bünz und Dr. Jürgen Udolph begutachtete Dissertation wurde 2015 von der Fakultät für Geschichte, Kunst und Orientwissenschaften der Universität Leipzig angenommen, erhielt nach der Würdigung durch den „Förderkreis der Theologischen Fakultät Fulda e. V." den Josef-Leinweber-Preis 2016/2017 und wurde in die Reihe „Fuldaer Studien" aufgenommen.

Das auch in der langen Entstehungsphase mit den Namen Jürgen Udolph und Kirstin Casemir verknüpfte Werk ist in der Grundkonzeption deutlich von dem ersten Band der Reihe „Westfälisches Ortsnamenbuch (WOB)" (Michael Flöer/Claudia Maria Korsmeier, „Die Ortsnamen des Kreises Soest", Bielefeld 2009) beeinflusst, ohne dass der Titel Erwähnung findet. Den einführenden Bemerkungen zur Anlage der Ortsartikel (siehe unten) folgen die ausführliche Darlegung des Forschungsstandes der Überlieferung sowie einzelne Angaben zum Untersuchungsgebiet mit Aspekten zur Sprachgeschichte, zu den geographischen Grundlagen, zur Ur- und Frühgeschichte und zur Siedlungsgeschichte (S. 9–38). Der anschließende Lexikonteil in alphabetischer Reihenfolge besitzt erwartungsgemäß den größten Umfang (S. 39–614), dem ein Auswertungsteil folgt. Auf S. 615–713 wird das Ortsnamenmaterial nach Bestandteilen (Grundwörter – die wichtigsten mit kartographischer Darstellung ihrer Verteilung im Untersuchungsraum –, Suffixe, Zusätze), morphologischen und phonologischen Gesichtspunkten geordnet und erläutert und mit einem fünfseitigen Kapitel „Ergebnis" abgeschlossen. Dort werden vor allem die Ortsnamentypen in ihrer zeitlichen und räumlichen Geltung gegeneinander abgegrenzt, wobei eine Namenstratigraphie aus „der Verbindung der Ersterwähnungen und unter Berücksichtigung der Bildungsweise und der zeitlichen Einordnung der Bestimmungswörter erfolgen" kann. Zuletzt folgt die Erschließung des Bandes durch verschiedene Verzeichnisse wie das Abkürzungs-, Quellen- und Literaturverzeichnis und mit Punkt 10 das Register von allen vorkommenden Namen und deren Bestandteilen, soweit sie von der Autorin berücksichtigt worden sind. Ganz ungewöhnlich sind in diesem Register – laut Duden „alphabetisches Namen- und Sachverzeichnis" – neben den Namen auch die Namenbestandteile nicht nur in der belegten, sprachlich einer bestimmten Zeitstufe angehörenden Form als Stichwort erfasst, sondern auch in allen Varianten und sogar in den vermuteten und von der Autorin selbst zurückgenommenen Formen. Das dadurch ungemein aufgeblähte „Register" gaukelt Wissenschaftlichkeit vor und befriedigt nicht vorhandene Bedürfnisse.

Der Machbarkeit zuliebe wurde der Ortsnamenfundus jedoch nicht in seiner Gänze dargeboten. Um das vom Landesgeschichtlichen Informationssystem Hessen mit 1476 Treffern ausgewiesene Ortsnamenmaterial überhaupt in den Griff zu bekommen, wurden die nach 1600 urkundlich genannten Siedlungen ausgeklammert (S. 9f.). Dadurch waren zwar „nur" noch 526 Ortsartikel zu bearbeiten, aber eben die mit den oft schwierigeren, der primären Namengebung fernerstehenden Ortsnamen. Auf Kosten einer solchen Stofffülle geht hier wie in vergleichbar umfangreichen Ortsnamenbüchern bei dem von der Autorin bekundeten „Interesse an interdisziplinären Themen im Bereich der Sprach- und Landesgeschichte" die wirkliche Einbeziehung der Landesgeschichte. Im Hinblick auf Ortsartikel wie **Herdathurm**, auf den weiter unten noch einmal einzugehen ist, bleiben viele Siedlungen außen vor, weil sich die Landesgeschichte in „3.3. Ur- und Frühgeschichte" und „4. Thesen zur Siedlungsgeschichte" im Wesentlichen erst einmal auf die tabellenmäßige Erfassung der früh- und vorgeschichtlichen archäologischen Zeugnisse von menschlicher Präsenz seit der Altsteinzeit im Untersuchungsgebiet (S. 27–34) sowie auf die Relativierung der Nachricht vom Gründungsplatz Kloster Fulda (*solitudo* im Eichenwald) als literarischen Topos (S. 36f.) beschränkt und der Assoziation eines „indogermanischen Dialektkontinuums" (S. 715) den Boden bereitet. Im Kapitel „Auswertungen" wird die anfängliche Fokussierung auf vor- und frühgeschichtliche Namenansätze aber quantifiziert. Im Absatz „Suffixbildungen" (S. 674–681) werden rund 50 Namen zusammengefasst, die nach dem Urteil der Autorin für eine lange Siedlungskontinuität – womöglich seit voreinzelsprachlicher Zeit (S. 715) – stehen. „Die Beckengebiete mit ihren günstigen Siedlungsbedingungen sind demnach nicht nur durchwandert, sondern auch besiedelt worden". Um solche sehr allgemein gehaltenen Bemerkungen von großem Interesse räumlich nachvollziehen zu können, vermisst man allerdings eine aussagekräftigere Kartenbeilage von den naturräumlichen Verhältnissen mit einer Konkordanz zu den Namen der ältesten Siedlungen „entlang der Flussläufe und fruchtbarer Landschaften" als Karte 14 „Suffixbildungen im Lkr. Fulda" (S. 680). Die von Diana Ascher für alle Darstellungen von der Verteilung von Ortsnamentypen entworfene Skizze erfasst ja mit zwei Höhenstufen nur die Rhön. Das Land davor im Westen wird unstrukturiert abgebildet. Zu den zeitlichen Vorstellungen findet man nur die genannte Tabelle (S. 27–34), worin der Rubrik A/M (Alt-/Mittelsteinzeit) noch eine weitere Rubrik GH (Grabhügel/Gräberfeld u. ä. – vor der Altsteinzeit?) vorgeschaltet ist. Die Einträge in dieser Rubrik dürften in die eigens geführte Rubrik B/U (Bronze-/Urnenfelderzeit) gehören, wurden aber wegen des Fundanfalls von der Autorin zwecks Überzeugungsarbeit sicher bewusst an erste Stelle gesetzt. Auf jeden Fall wird man neugierig, wie eine solche Gruppe von Namen in den Ortsartikeln ihre Grundlage und Erklärung findet. Diese sind nach einem festen Schema angelegt (S. 10): Dem Namen mit einigen aktuellen topographischen Angaben folgen die Absätze I. Vergleichsnamen, II. Quellenkritische Anmerkungen, III. Belegdiskussion, IV. Bisherige Erklärung, V. Eigene Deutung. Im Absatz II, dem wichtigen Gebiet der Quellenkritik bzw. der detaillierten Quellenarbeit (S. 11 und 715), ist gewiss davon auszugehen, dass die Autorin vom Fach die schwierige frühe Fuldaer Überlieferung bestens überarbeitet hat.

Die nach dem Urteil von Diana Ascher zu den ältesten Suffixbildungen gehörenden Namen haben in der Regel die Ortsnamenforscher seit Anbeginn immer wieder beschäftigt, und gerade für den Namen der Kreisstadt Fulda liegt eine Vielzahl von Deutungen vor, die Frau Ascher in Absatz IV (S. 187–189) nachvollziehbar zu ordnen weiß. Kriterien sind dabei die Frage der Segmentierung, die Heranziehung germanischen Sprach- und Namenmaterials und last, not least der Blick auf die in allen indogermanischen Sprachen belegte „Sippe **pel-/*pol-* in der Bedeutung ‚gießen, fließen'", wozu Jürgen Udolph reiches Material erarbeitet hat. Zum Abschluss wird Albrecht Greule referiert (Gewässernamenbuch, S. 158), der anscheinend nicht von einem voreinzelsprachlichen Namen ausgeht, wenn er die im Wortfeld „Feld" wie altsächsisch *folda* zu verankernde Deutung ‚Landfluss' u. ä. als Grundlage für germanisch **fulđo* f. abwägt gegen einen mit dem Adjektiv germanisch **fulla-* ‚voll' in Verbindung stehenden indogermanischen Ansatz **pleh*$_1$*-*‚sich füllen, voll werden' bzw. das davon gebildete schwundstufige Partizip **pl̥h*$_1$*-tó-*. Semantisch sprechen die Bezeichnung des Fließens und der Wasserreichtum der Fulda wohl für die letztere Deutung. In Absatz V. (Eigene Deutung) wird – ebenfalls gestützt auf Erkenntnisse Jürgen Udolphs – eine Ausgangsform **pl̥tā-* (zur indogermanischen Wurzel **pleh*$_1$*-* statt dem urindogermanischen Partizip eine Wurzelerweiterung mit *-t-*) rekonstruiert und – mit Hinweis auf Parallelen in Osteuropa – die zeitliche Einordnung in die voreinzelsprachliche Schicht ausgeführt. Zuvor hatte sich

Ascher mit dem Namen des für den Klosterbau geschenkten ‚Eichenwäldchens' befasst. Da es die Form althochdeutsch *lōha* nicht gibt, dürfte das Endungs-*a* von *Eihloha* in der lateinischen Urkunde des 8. Jahrhunderts als Latinisierung gelten, wie ja auch von anderer Seite angenommen (S. 190 FN 1).

Insgesamt wird man diesen Ortsartikel – wie alle weiteren mit seinem professionell überarbeiteten und zusammengestellten Belegteil und dem auf der Grundlage des wissenschaftlichen Umfeldes abgesicherten Deutungsteil – auch dem Nicht-Fachmann als Stand der Erkenntnis empfehlen können.

Bedauerlich macht sich demgegenüber das weitere Zugeständnis an die Stofffülle, der Verzicht auf eigene Mundarterhebungen (S. 11), bemerkbar. Dadurch wird ein wichtiges Mittel bei der Deutungsfindung aus der Hand gegeben, das schon Adolf Bach für unerlässlich gehalten hat (Bach, Deutsche Namenkunde II/1, S. 35). Die gelegentlich angezeigten Mundartformen sind der Sekundärliteratur entnommen, und man hat den Eindruck, dass ihr Wert in dieser Ortsnamenarbeit nicht wirklich eine Rolle spielt, z. B. wenn die Autorin im Artikel **Aschenbach, Hof** (S. 54f.) lediglich unter III. (Belegdiskussion) zu den erstmals 1422 (*Aschin-*) und ein weiteres Mal 1605 (*-aschen-*) belegten *A*-Schreibungen feststellt: „Im Anlaut bewirkt nachfolgendes *-i-* den Umlaut zu *E-*, jedoch kehrt sich diese Tendenz ab dem 15. Jahrhundert wieder um und die Namenformen erscheinen mit anlautendem *A-*". Wird hier an einen irgendwie gearteten Bezug zu dem altertümlichen maskulinen *Asch(baum)* gedacht? Dabei liegt die Erklärung für die zwei eingestreuten Belege mit *A-*, die zur amtlichen Namenform geführt haben, ganz nahe: dem Primärumlaut in althochdeutsch *eskīn* entspricht in der Mundart ein helles *a*.

Das Manko, dass die schriftsprachlichen Reflexe der Mundartlautung in den Belegreihen zahlreicher Artikel nicht als solche beschrieben werden (können?), hat nicht selten zu kuriosen Auswegen geführt. Die zahlreichen in einem eigenen Abschnitt „Namenwechsel" zusammengefassten Ortsnamen liefern reichlich Stoff für den problematischen Ansatz, die Ortsnamen nicht im Lichte ihrer jeweils ganz eigenen Namensgeschichte darzustellen – als Ergebnis der hochsprachlichen Entwicklung neben der der Ortsmundart oder der Mundart der Schreiber, der Schrumpfungs und Abschwächungsprozesse infolge des Verlusts der Primärbedeutung, der vielfältigen Möglichkeiten der Neumotivierung, die oft auf die schriftsprachliche Ebene beschränkt geblieben ist, neben dem Spektrum allenthalben auftretender sprachlicher Varianten wie Rhotazismus, *l/r*-Wechsel, *w/m*-Wechsel (um nur einige zu nennen; ein Teil wird im Absatz 6.7. Lautung [S. 691 – 695] abgehandelt). An noch dichteren Belegketten lassen sich solche Variationen als Teil des Spektrums verstehen, worin die Belege als die durch die vorgenannten Einflussgrößen entstandenen Variablen erklärbar sind, ohne im Namen eines nicht existierenden Ortsnamenswechsels auseinandergerissen zu werden. Als eines von vielen Beispielen dieser Praxis sei der Name der Wüstung **Meinerts** (S. 358f.) herangezogen, der im Erstbeleg noch die ursprüngliche Vollform des zugrundeliegenden Personennamens, althochdeutsch *Meginolt*, erkennen lässt. Durch Kontraktion hat sich *Megin-* zu *Mein-* entwickelt, während beim zweiten Bestandteil im genetivischen Namen *-oldes* im Zuge der Nebensilbenabschwächung **əlts* zu erwarten ist. Das im Nebenton infolge *l*-Vokalisierung weiter abgeschwächte **-ɚts*/**-əts* konnte dann mit *-erts* verschriftet werden. Das Schriftbild 1604 *Meinerts* zeigt den häufigen Wechsel zwischen den Liquiden *l* und *r* an. Der Name folgt Entwicklungen, die man zuhauf antrifft, ohne dass ein eigener Rufname *Meinert* < *Meinhart* zu Rate zu ziehen ist (S. 359) und der Ortsname als Kandidat für das Kapitel Namenwechsel (S. 703) gelten kann. Neuzeitliche Schreibungen mit *-(h)arts-* sind in solchen Fällen im Bemühen von einzelnen Schreibern entstanden, den Ortsnamen wieder in seine vermeintlich „richtige" Form zu bringen.

In dem Sinn gehört so manche Deutung auf den Prüfstand. Die Rezension kann nur an einigen Beispielen problematische Vorgehensweisen herausschälen. Nach dem

Zufallsprinzip soll dies des Weiteren am Beispiel **Herdathurm** (S. 261–263) geschehen. Die Gehöftgruppe lag offenbar auf einer Fläche, deren Bezeichnung von mittelhochdeutsch *hërt* (Genitiv Singular *hërdes*, starkes Maskulin) ‚Erde, Erdreich, Boden, Boden als Feuerstätte, Herd, Haus, Wohnung' abgeleitet war. Das Endungs-*e* des lokativischen Dativ Singulars **Herde* ist in das neuzeitliche sogenannte „Kanzlei-a" umgewandelt worden (S. 693), wie am Ortsnamen *Dalherda* (S. 110f.) zu erhärten ist. In den beiden Belegen des 15. Jahrhunderts, 1484 *den Herder Thurn* und 1499 *an der Herder Thurn*, kommt das Appellativum als *-er*-Ableitung vor – einmal vom Ortsnamen, einmal von den Bewohnern des Ortes. In den beiden Urkunden stehen der Ort und seine Bewohner in Beziehung zu einem Turm, der mit großer Wahrscheinlichkeit zu Befestigungen der Herrschaft Tann gehörte. Auf dem Wege der Realprobe bzw. der Beschäftigung mit dem Urkataster oder gar der Landesgeschichte wäre der Sachverhalt und der Platz des Turmes wahrscheinlich zu ermitteln gewesen. Im Laufe der Zeit war aus den Syntagmen durch Zusammenschreibung und Weglassen des Artikels der Ortsname *Herdathurm* entstanden, der ‚Turm in/bei Herde'. Noch auf das altertümliche, nicht ganz sichere althochdeutsche Femininum (ahd. *hërda*, *hërdī*, ‚Feuerherd') sind im bayerischen Altlandkreis Staffelstein die Wüstungsnamen *Herde* und *Herdrit* zurückzuführen (Fastnacht, Staffelstein [Historisches Ortsnamenbuch von Bayern = HONB], Ortsartikel 76 und 77). Letzteres ist in der Flur *bei der alten Kirche* in der Gemarkung Autenhausen zu suchen.

Es sieht so aus, als ob die Autorin den Pfad zu einer schnörkellosen Ortsnamendeutung selbst aus übergroßer Ambition gar nicht betreten wollte. In dem breit ausgelegten Absatz V. (Eigene Deutung) häuft sie stattdessen ausführlich *Turm*-Namen neben *Zorn*-Namen (< altsächsisch *torn*!) und listet diese immer noch auf, obwohl schon zugegeben worden ist, dass dieses Appellativ, das in der germanischen Sprachstufe die gleiche Form hat wie spätalthochdeutsch *turn* (mit Vokalsenkung *torn*), hier gar nicht infrage kommt. Da *Herder* im Erstbeleg morphologisch nicht unbedingt eine *-er*-Ableitung sein muss, wird dann (hier verkürzt wiedergegeben) nach einer geeigneten Ableitungsbasis gesucht, die für die mittelhochdeutsche Zugehörigkeitsbildung *hërter* (neuhochdeutsch *Herder*) ‚Hirte' geeignet erscheint, aber auch der schwach flektierte Personenname *Herde*, Weiterentwicklung des Kosenamens *Harido* „zum Stamm *Hărud*- zu indogermanisch **karuts* ‚Held, gewalttätiger Mensch'" wird in Betracht gezogen. (Dass damit ein Ansatz mit Primärumlaut ins Spiel kommt, kann in dem Fall nicht bemerkt werden, weil das Korrektiv der Mundartform hier nicht greift: mittelhochdeutsch *ë* entspricht wie mittelhochdeutsch *e* (Primärumlaut) ein mundartliches *ä*/*a*.) Dann erst richtet sich der Blick auf mittelhochdeutsch *hërt* – zunächst in der Bedeutung ‚Erde, Erdreich, Boden' mit dem Hinweis auf einen möglichen Vogelherd, um zuletzt doch noch die Bedeutungserweiterung des Appellativs zu ‚Boden als Feuerstätte, Herd, Haus, Wohnung' im Zusammenhang mit einer *-er*-Ableitung zu nennen und wiederum alternativ eine Ableitungsbasis mit *-a-* (siehe oben), mittelhochdeutsch *hart* ‚Weidetrift, Wald', im Plural *herter* ‚fester Sandboden', für möglich zu halten. Während der mit so viel Gelehrsamkeit überschüttete Leser nun ahnungsvoll Tritt fasst, lässt ihn die Autorin am Ende völlig unerwartet mit der chronologisch und morphologisch (im 15. Jahrhundert *Herder*!) bedenklichen Deutung zurück, die sich am Beleg 1557 *Herrenthurn* orientiert: der Konsonant *-d-* sei nachträglich in die anderen Belege eingeschoben. Zugrunde liege althochdeutsch(!) *hëriro*, *hërro*, mittelhochdeutsch *hërre*, schwaches Maskulin, und das Grundwort *turm* stehe metaphorisch für ein langes, schmales, spitz zulaufendes Grundstück, weshalb der Ortsname mit ‚das dem Grundherrn gehörende schmale Grundstück' zu deuten sei (mit Verweis auf Reichmann/Wegera, Frühneuhochdeutsche Grammatik, § L 46,5). Die lautlichen Voraussetzungen für einen *-d*-Einschub, wie er in frühneuhochdeutscher Zeit sporadisch eingetreten ist, scheinen bei der in der Zusammensetzung zu erwartenden genetivischen Form *Herren-* aber nicht gegeben zu sein.

Erklärungsbedarf bestünde deswegen – wie schon beim obigen PN – auch für die Silbe *-er* in *Herder*. Andersherum lassen sich aber parallele Entwicklungen von *r* vor Dental > Doppel-*r* beibringen: das rheinländische *Herrentrup* geht auf 1036 *Hardincthorp* zurück (Bach, vgl. oben, II/2, § 765, 3; in der Wikipedia-Präsentation: *Hardinchtorp*), der Familienname *Hertnagel* ist im 15. Jahrhundert in der „Kümmerform" *Herrnagel* überliefert (Brechenmacher, Familiennamen 1, S. 706). Die Autoren des ebenfalls von Kirstin Casemir redaktionell betreuten Werkes „Die Ortsnamen des Kreises Soest" (vgl. oben) wussten im Ortsartikel *Herringhausen* (S. 224f.: < 1522 *Herdynckhusen*), dass die neuzeitliche Assimilation von *-d-* an das vorausgehende *-r-* eine häufig zu beobachtende Erscheinung ist. 1557 *Herren-* dürfte also am ehesten eine Verschriftlichung von *Herde* darstellen, wobei das *-e-* in der Fuge als genetivisches *-en-* gedeutet wurde. Auch bei der Deutung von ***Dalherda*** (S. 110f.) lässt die Autorin das durchgehend bezeugte Grundwort *-herd(e)* links liegen, um es mit dem archaischen mhd. *art*, das Ackern, der Ackerbau', altsächsisch *ard* ‚Aufenthaltsort' zu „verbinden" [?], ohne dass dem Leser mit den Mitteln der Sprachentwicklung ein irgendwie geartetes Band zwischen *art* und *hërt* erklärt würde. Im Auswertungsteil, Kapitel „Grundwörter", erscheint *herde* dann gar nicht erst. Gerade an solchen Deutungen wird die Problematik des durch und durch theoretischen, ja willkürlich anmutenden Ansatzes deutlich, wo der Blick auf die Überlieferung, die Örtlichkeit, den Raum und seine herrschaftlichen Bindungen doch den Weg überzeugend weisen könnte.

Schlaglichtartig soll zuletzt noch die Deutung des Ortsnamens **Setzelbach** (S. 504–506) diskutiert werden, nicht zuletzt, weil die Rezensentin darin unrichtig erwähnt wird. Bei Fastnacht (dies., Staffelstein [HONB], Ortsartikel 172. Seßlach, S. 339f.) sei *Setzelbach* als Vergleichsname für *Seßlach* im Sinne von ‚Ort am Grenzgraben' erwogen worden. Das stimmt so nicht. Vielmehr wird das hessische *Setzelbach* dort nur im Zusammenhang mit der Ablehnung der Deutung von *Seßlach* mit ‚Wassersitz an einem gleichnamigen Gewässer' genannt. Versuchen wir, Frau Aschers Weg zurückzuverfolgen.

Zu I.) Neben einem Flurnamen bei *Setzelbach* (eine *-er*-Ableitung) wird nur *Seßlach* im Landkreis Coburg als Vergleichsname erwähnt, nicht das geeignetere *Setzelsdorf* (< 1303–1313 *Setzelndorf*, vgl. Schmiedel, Ebern und Hofheim [HONB], Artikel E 141 S. 50).

Zu III.) In der „Belegdiskussion" entscheidet sich die Autorin sogleich ohne Wenn und Aber, das in einer Reihe mit weiteren Zuflüssen der Geisa mit *-bach*-Namen stehende Gewässer habe sein Grundwort *-bach* erst sekundär erhalten, *-l-* sei als Erweiterung in einer voralthochdeutschen Form **Set-el-/*Set-il-* o. ä. aufzufassen, wobei *-t-* im Zuge der hochdeutschen Lautverschiebung zu *-(t)z-* verschoben wurde. An der Stelle hat sich ein folgenschwerer Fehler eingeschlichen: althochdeutsch *sez-* (mit Affrikata) steht im Zusammenhang mit ahd. *sezzen* < germ. **sat-eja-*, vgl. altsächsisch *settian* (schwaches Verb, Kausativum zum starken Verb *sitzen* < ahd. *sizzen*, altsächsisch *sittian*, germanisch **sët-ja-*). Ansätze wie voralthochdeutsch „**Setel-*" (ohne voralthochdeutsche Geminate *-tt-*) führen stets zum Reibelaut *-ʒ(ʒ)-* (Graphem z).

Zu IV.) Das Ganze auf der Behauptung, *Seßlach* sei auf eine Grundform mit Affrikata „**Sets(i)lnaha*" zurückzuführen, die gleichbedeutend mit dem *-bach-* und Ortsnamen *Setzelbach* sei, errichtete Gebäude ist für die These von der „Parallelbildung" von *Seßl-ach* und *Setzel-bach* (S. 506) nicht mehr tragfähig. Ascher ist dazu vielleicht durch die diesbezüglichen, hier unzutreffenden Ausführungen bei Henning Kaufmann (ders., Personennamen [PN] und „aha", S. 53f.) verleitet worden – allerdings ohne sich mit der Erklärung Kaufmanns für die unterschiedlichen Konsonanten *-ss-* und *-tz-* (Sprechererleichterung in der infolge Synkope der unbetonten zweiten Silbe entstandenen Dreierkonsonanz *-tsl-* habe zu *-ssl-* geführt) aufzuhalten.

Zu V.) Das setzt sich im Absatz „Eigene Deutung" fort, wo die Autorin zu den Überlegungen im HONB Staffelstein (S. 340 zu fehlenden Hinweisen auf einen *-aha*-Ort

Seßlach) quasi im Zirkelschluss „die Bildung mit *l*-Suffix" entgegenhält, da „ein Anschluss des Bw. aus der Einzelsprache nicht möglich" und die „Herleitung über ein personales Erstglied" urkundlich auszuschließen sei. Diana Ascher zitiert nun aus der Fachliteratur z. B. den ihr semantisch und morphologisch geeignet erscheinenden Flussnamen wie die schweizerische *Sissle* (bei Albrecht Greule, Gewässernamenbuch, S. 502, sucht man vergeblich die von Ascher erschlossene Struktur aus einem wurzelhaften indogermanischen Element mit -*s*-Erweiterung und -*l*-Ableitung), um in dieses Licht die zwei Gewässernamen mit „Dentalerweiterung" in der Schweiz (*Sitter* < 854 in Sitteruna mit indogermanischer Wurzel auf -*dʰ*-! Vgl. Greule, Gewässernamenbuch, S. 503: zu indogermanisch **seidʰ*- ‚wegtreiben') und im Baltikum (*Sidra*) zu stellen – sozusagen als Gewähr für die hier angesetzte Grundlage für *Setzel*-: „eine Basis **si-d* und ein Suffix -*ala*", dem sie die Bedeutung ‚die Rinnende' zuspricht. Nicht einmal in Pokornys Indogermanischem Etymologischem Wörterbuch (IEW) findet man dafür eine tragfähige Bestätigung, und beim zuverlässigen Rix, Lexikon der indogermanischen Verben (LIV), S. 521, leitet sich das Bedeutungsfeld ‚fließen (lassen), tropfen' von der indogermanischen Wurzel **sei̯b*- ab (> mittelhochdeutsch *sīfen*). Überdies wird dabei übersehen, dass die angenommene germanische Zwischenform **Sitala* bzw. **Sëtala* nicht zu -*z(z)*- geführt hätte (vgl. unten). Die Deutung des Namens *Setzelbach* verschwimmt eigentümlich im Beliebigen. Wie aus Aschers Fußnoten hervorgeht (S. 505 FN 8), war sich auch Albrecht Greule, einer der Gewährsleute für die herangezogenen indogermanischen Wurzeln, nicht immer sicher. Er selbst hat ja für den *Setzelbach* die Grundform „*Setzelnbach" rekonstruiert und das Bestimmungswort auf den Personennamen „mhd. **Setzele*" zurückgeführt (vgl. Greule, Gewässernamenbuch, S. 496).

Gar nicht zur Sprache kommen beim Deuten zwei wichtige Entscheidungshilfen aus dem germanistischen Grundwissen.

1.) Die Entwicklung von germanisch *t* (Braune/Reiffenstein, Althochdeutsche Grammatik I, § 157 bis 160 mit Verweisen): a) Nach Vokal wird einfaches, nichtgeminiertes *t* zum althochdeutschen Doppelfrikativ *ʒʒ* (Graphem *zz, z*). b) Nach der durch den Resonanten -*j*- im ganzen hochdeutschen Gebiet bewirkten Gemination wird *tt* zur althochdeutschen Affrikate zz (Graphem z, zz, *c*).

2.) Der Stammsilbenvokal -*e*-: Das Graphem -*e*- führt bei Ortsnamen wie Seßlach das alte *ë* weiter; bei Ortsnamen mit -*zz*-/-*tz*- den Primärumlaut *ẹ*. Im Raum Fulda fallen beide Laute im dialektalen *ạ* zusammen (vgl. Wiesinger, Dialekte Hessens, Karte 7), nicht jedoch im Coburger Raum, wo althochdeutsch *ë* (< indogermanisch *ë*) mundartlichem *ą* entspricht (vgl. Fastnacht wie oben: „ma. sąsliχ"), während althochdeutsch *ẹ* (< germanisch *a* < indogermanisch *o*) *e* gesprochen wird (vgl. Schmiedel wie oben: „ma. sédsl̥sdǭəf").

Von daher kommen für die Ortsnamen *Seßlach* und *Setzelsdorf* nur unterschiedliche Ableitungsbasen infrage (vgl. althochdeutsch *sëʒ*, *sëʒʒa*, *sëʒʒal*, die alle dem Bedeutungsspektrum ‚Sitz' zugehörig sind, während althochdeutsch *sẹzzi* im Licht der Ausgangsbedeutung ‚sitzen machen, sitzen lassen' zu deuten ist). Im HONB Staffelstein ist dem bei der Deutung von *Seßlach* Rechnung getragen worden. Das Bestimmungswort des nicht weit davon entfernt gelegenen *Setzelsdorf* dürfte aber tatsächlich auf einen Personennamen ahd. **Se(t)zilo*/mittelhochdeutsch **Setzel(e)* zurückzuführen sein (vgl. weitere lautlich in Frage kommende Personennamen-Ansätze bei Reichardt, Ortsnamenbuch des Alb-Donau-Kreises und des Stadtkreises Ulm, S. 270 zum Ortsnamen *Setzingen*). Der Personenname bezeichnete den Status des Trägers als Grundbesitzer oder Siedler im weitesten Sinne, wie beispielsweise ahd. **Hūsila* (1267 belegt mit *Hūsela*, der begüterten Erbtochter des Ritters Heinrich von Berg im Raum Nürnberg) auf deren Besitzstatus abgezielt haben könnte. Unter den vier ersten Belegen von *Setzelsdorf* aus dem frühen 14. Jahrhundert haben drei noch das genetivische -*n*- in der Wortfuge. Hier zeigt sich der Vorteil dichter Belegketten, während anderswo die Belege des 12. Jahrhunderts bereits ausschließlich Schrumpfungsprozesse reflektieren. Der Gewässer und Ortsname *Setzelbach* dürfte dazugehören. Bei näherem Hinsehen erfüllt dieser Bachname zusammen mit dem Geisbach, dem Mittelbach, dem Apfelbach als Zufluss zu einem größeren Gewässer mit *-aha*-Namen (der Geisa, vgl. Greule, Gewässernamenbuch, S. 169) die klassischen Voraussetzungen für einen *-bach*-Namen des frühen Mittelalters – ohne Eignung zur Suffixbildung aus germanischer und voreinzelsprachlicher Zeit und als Beleg für die frühe „Germanisierung aus einem indogermanischen Dialektkontinuum" heraus (S. 715).

Sind die von der Rezensentin zu den mehr oder weniger zufällig ausgewählten Ortsnamen vorgetragenen Vorbehalte mit den Grundsätzen handwerklich solider, nachvollziehbarer Ortsnamendeutung vereinbar? Wohl kaum. Der Versuch, den roten Faden zur primären Bedeutung eines Ortsnamen zu finden, gelingt nur auf dem Weg, den die Regeln der Sprachentwicklung im Zusammenspiel mit den schriftsprachlichen Reflexen der gesprochenen Sprache in Raum und Zeit vorgeben. Vor dem Hintergrund dürfte Diana Aschers hochambitioniert präsentiertes Opus vor allem in der Quellenarbeit seine Stärke haben und der Leserschaft damit eine zuverlässige Grundlage bieten. Bei den „eigenen Deutungen" ist dagegen – wie oben dargelegt – zuweilen Vorsicht angeraten, weshalb aus Fachkreisen noch manche Einlassung zu erwarten sein dürfte.

Dorothea Fastnacht

Würzburger Ratsprotokolle der Riemenschneiderzeit, Teil 1: 1504–1513, bearb. von Uwe Schreiber / Renate Schindler unter Mitwirkung von Hans-Wolfgang Bergerhausen (Fontes Herbipolenses 10), Würzburg: Echter Verlag 2020. – geb., XXV, 857 S. mit Abb., versch. Register.

Die Würzburger Ratsprotokolle des späten Mittelalters waren lange Zeit ein Geheimtipp und wurden nur punktuell für stadtgeschichtliche Arbeiten herangezogen, beispielsweise von Arthur Bechtold, Franz Seberich und Hermann Hoffmann. Es bleibt das Verdienst des Mittelalterhistorikers Rolf Sprandel, auf den vielfältigen Inhalt dieser Quellengattung mit einer systematischen Untersuchung aufmerksam gemacht zu haben (Das Würzburger Ratsprotokoll des 15. Jahrhunderts. Eine historisch-systematische Analyse [Veröffentlichungen des Stadtarchivs Würzburg 11], Würzburg 2003). Erst dem ebenfalls in Würzburg wirkenden Mediävisten Franz Fuchs sollte es dann aber gelingen, mit einigen seiner akademischen Schüler die Edition der Ratsprotokolle auf den Weg zu bringen. Die ältesten Protokolle von 1432 bis 1465 liegen in vorzüglichen Ausgaben vor.[1] Daran knüpft nun die Edition der Ratsprotokolle aus den Jahren 1504 bis 1513 an, der ein weiterer Band mit den Ratsprotokollen bis 1525 folgen soll.

Zwar ist es etwas übertrieben, die Jahre seit 1504, in denen Tilman Riemenschneider Ratsherr und Inhaber von Ratsämtern war, als „Riemenschneiderzeit" zu apostrophieren, als sei der Bildschnitzer die prägende Gestalt der Bischofsstadt des ausgehenden

---

1 Würzburger Ratsprotokolle 1432–1454, hg. von Franz Fuchs / Ulrich Wagner, bearb. von Antonia Bieber unter Mitwirkung von Anna Marika Fersch / Katharina Räth (Fontes Herbipolenses. Editionen und Studien aus dem Stadtarchiv Würzburg 9), Würzburg 2014. – Würzburger Ratsprotokolle 1454–1465, hg. von Franz Fuchs / Ulrich Wagner, bearb. von Antonia Bieber unter Mitwirkung von Stefan Petersen / Rainer Scharf (Veröffentlichungen der Gesellschaft für fränkische Geschichte, Reihe III: Fränkische Urkundenbücher und Regestenwerke, Bd. 11), Würzburg 2017.

Mittelalters gewesen, aber es ist ja nicht zu beanstanden, wenn durch diesen plakativen Titel auch das öffentliche Interesse auf diese Quellen gelenkt wird. Die verständliche Begeisterung für Riemenschneider war auch für den maßgeblichen Bearbeiter dieses Bandes, den ehemaligen Würzburger Stadtkämmerer Uwe Schreiber, der entscheidende Impuls, sich mit den Ratsprotokollen zu beschäftigen und einer Edition näherzutreten, bei deren Fertigstellung er dann von Renate Schindler und Hans-Wolfgang Bergerhausen unterstützt wurde.[2]

Die kurze Einleitung orientiert über die Überlieferung, Anlageform und Führung der Protokollbände durch die Würzburger Stadtschreiber, legt die Editionsprinzipien dar und listet die Ratssitzungen chronologisch auf. Die Edition der Ratsprotokolle S. 3–623 bietet die Einträge der Protokollbände mit der vorangestellten zeitgenössischen Datumsangabe und ihrer modernen Aufschlüsselung, einem textkritischen Apparat und Sachanmerkungen, die sich auf Personen, Orte und Vorgänge beziehen. Die Edition wird durch zwei weitere Editionsanhänge ergänzt, die 1. Aufzeichnungen über die Geschäftsführung der Bürgermeister bieten, welche seit 1508 überliefert sind (S. 627–653), und 2. aus dem 1503 neu angelegten Eidbuch die überlieferten Ratseide präsentieren (S. 657–728); diese Quellen beleuchten nicht nur das Verhältnis Stadt – Bischof, sondern vor allem die Tätigkeit des Bürgermeisters und der Amtsträger und Bediensteten der Stadt, darunter auch der Gotteshausmeister der Marienkapelle am Markt, zu denen Riemenschneider 1511/12 gehörte. Allein schon die Lektüre dieser Eidformulare bietet anschauliche Einblicke in das städtische Leben, vom Rathaus über Spitäler und Stadttore bis zum Freudenhaus.

Der vielfältige Inhalt wird erschlossen durch ein kleines Glossar, Register der Personen, Orte und Sachen (zu Riemenschneider sind S. 794 45 Betreffe verzeichnet) sowie Listen der Bürgermeister, Ratsherren und Amtsträger der Stadt und (S. 846) des Bistums. Ein Bildanhang bietet S. 847–854 einige Handschriftenbeispiele, Kunstwerke und Pläne in vorzüglicher Reproduktion. Die Edition lässt hoffen, dass schon bald der Folgeband mit dem Ratsprotokoll bis 1525 in gleicher Qualität und Ausstattung vorgelegt wird. Wer das vierbändige Werk von Justus Bier, „Tilmann Riemenschneider" (Augsburg 1925 – Wien 1978) mit seinen umfangreichen Quellenanhängen kennt und nun ergänzend die von Bier nur punktuell genutzten Ratsprotokolle zu Rate zieht, sieht sich mit einer Überlieferungsfülle konfrontiert, wie sie auch für Künstler der Zeit um 1500 keineswegs selbstverständlich ist. Die hier vorgelegten Ratsprotokolle sind aber, dies sei nochmals hervorgehoben, weit über die Person Riemenschneiders hinaus von allergrößtem Interesse.

Das Stadtarchiv Würzburg hat vor allem durch seine Veröffentlichungsreihe „Fontes Herbipolenses" zahlreiche zentrale Quellen zur mittelalterlichen Stadtgeschichte vorgelegt, weshalb zu hoffen ist, dass die Edition der Ratsprotokolle zügig fortgesetzt wird, auch, um die verbliebene Lücke von 1466 bis 1503 zu schließen. Ganz abgesehen von den paläographischen und sprachlichen Hürden, die diese Quellen für ungeübte Benutzer darstellen, ist eine vollständige Edition auch deshalb zu begrüßen, weil die Suche nach bestimmten Personen, Institutionen und Lokalitäten, aber auch nach Sachverhalten und Vorgängen, die sich über einen längeren Sitzungszeitraum hinziehen, nur mithilfe der Register einer Edition bequem zu ermitteln sind. Selbst für den versierten Forscher ist es unmöglich, die Belege über einen bestimmten Vorgang wie z. B. das Ratsmahl, im vorliegenden Band rund ein Dutzend Belege, aus den handschriftlichen Bänden herauszuziehen. Auf der anderen Seite ist der Inhalt der Ratsprotokolle so viel-

---

[2] Als Privatpublikation erschien schon vorher: Uwe Schreiber, Tilman Riemenschneider – Ratsherr und Bürgermeister. Ein Streifzug durch die Ratsprotokolle der Stadt Würzburg 1504–1525, Höchberg: Selbstverlag 2016 (2. überarb. Aufl.).

fältig, eröffnet Einblicke nicht nur in das Ratsregiment und die Stadtverwaltung, sondern in das ganze Spektrum städtischen Alltags, der Bürger und kommunalen Einrichtungen, aber auch der geistlichen Institutionen und ihrer Geistlichen, dass die Edition einer solchen Quelle vielfältige Interessen bedient. Während für frühere Jahrhunderte der Stadtgeschichte Urkunden die maßgebliche Quellengattung sind, treten mit dem 15. Jahrhundert die verschiedenen Amtsbücher in den Vordergrund (siehe dazu Enno Bünz, Serielle Quellen des späten Mittelalters – Herausforderungen, Möglichkeiten und Grenzen der editorischen Arbeit angesichts beginnender Massenüberlieferung, in: Quellenforschung im 21. Jahrhundert. Vorträge der Veranstaltungen zum 200-jährigen Bestehen der MGH vom 27.–29. Juni 2019, hg. von Martina Hartmann / Horst Zimmerhackl unter Mitarbeit von Anna Claudia Nierhoff [Monumenta Germaniae Historica. Schriften 75], Wiesbaden 2020, S. 195–239). Das Stadtarchiv Würzburg stellt sich mit einschlägigen Editionen, wie dem vorliegenden Band, einer mehr als dringlichen Herausforderung.

Enno Bünz

Rainer Henrich / René Specht (Hg.), Johann Conrad Ulmer (1519–1600). Vollender der Reformation in Schaffhausen. Referate der Jubiläumstagung zu seinem 500. Geburtstag, Schaffhausen, 28.–30. März 2019. Im Auftrag des Historischen Vereins des Kantons Schaffhausen (Schaffhauser Beiträge zur Geschichte 92), Schaffhausen: Chronos-Verlag Zürich 2020 – geb., 301 S., farb. Abb.

Der Schaffhauser Theologe Johann Conrad Ulmer (1519–1600) gilt als „Vollender der Reformation" und neben Sebastian Hofmeister (1494–1533) als zweiter Reformator in seiner Heimatstadt, die ihm u. a. eine Kirchenordnung, einen neuen Katechismus, ein Gesangbuch und eine Visitationsordnung verdankt. Daneben entfaltete Ulmer dort ein umfangreiches literarisches Schaffen. Dennoch war er bis zur 500. Wiederkehr seines Geburtstages in seiner Vaterstadt beinahe in Vergessenheit geraten: „Eine Ulmer-Statue oder einen Ulmer-Platz sucht man in Schaffhausen [...] vergeblich" (S. 9). Wenig beachtet ist bisher – das sei im Rahmen dieser Besprechung besonders hervorgehoben – sein Wirken als Reformator der Stadt Lohr am Main bzw. der Grafschaft Rieneck (ab 1543/44) im Anschluss an seine Wittenberger Studien bei Luther und Melanchthon (vgl. dazu die „Chronologie" auf S. 13–15). Mit dem vorliegenden Sammelband wird die wissenschaftliche Tagung zum 500. Geburtstag des Reformators, die vom 28. bis 30. März 2019 in Schaffhausen stattgefunden und sein Leben sowie sein umfangreiches Werk in den Blick genommen hat, dokumentiert.

Nach dem Inhaltsverzeichnis (S. 5f.), Geleit- und Vorwort (S. 7–11) sowie der übersichtlichen Chronologie (S. 13–15) eröffnet den Band eine einleitende Überblicksdarstellung aus der Feder Roland E. Hofers zur Person Ulmers und der Geschichte der Reformation in Schaffhausen unter dem Titel „Ohne Ulmer keine Reformation?" (S. 17–32).

Daran schließt sich eine Studie von Rainer Henrich über Ulmers Nachlass („Ulmeriana") an (S. 33–50), der die wesentliche Grundlage zur Aufarbeitung von Leben, Werk und Leistung des Reformators im vorliegenden Band, aber auch für künftige Forschungen darstellt.

Theodor Ruf nimmt Ulmers Wirken in Lohr am Main und der Grafschaft Rieneck in den Blick („Johann Conrad Ulmer in Lohr am Main, 1544–1566", S. 51–78). Dorthin wurde er von Graf Philipp III. von Rieneck (†1559) im Alter von nur 24 Jahren als Hofprediger berufen und war ebenda bis zu seiner Rückkehr nach Schaffhausen – auch in der ersten Zeit nach dem Übergang der Grafschaft Rieneck an Mainz – tätig.

In den drei folgenden Aufsätzen, die sich wie die restlichen Beiträge des Sammelbandes mit Ulmers Wirken in Schaffhausen beschäftigen, werden seine Briefwechsel einer näheren Untersuchung unterzogen: Zunächst nimmt Urs B. Leu die Korrespondenz mit Zürcher Gelehrten in den Blick (S. 79–111), woran sich Béatrice Nolliers Betrachtung des brieflichen Austausches mit dem Genfer Theologen Theodor Beza (1519–1605) anschließt (S. 113–127). Die Sektion beschließen „Briefe über das Heiraten" (S. 129–146): Korrespondenzen des St. Galler Reformators Joachim von Watt, genannt Vadian (1484–1551) mit Heinrich Bullinger (1504–1575) sowie Bullingers mit Ulmer über rechtliche Fragen von Verwandtenehen.

Den ältesten Schaffhauser Katechismus in Ulmers handschriftlichem Entwurf von 1568 untersucht Erich Bryner (S. 147–162). Dabei steht zunächst auch die katechetische Arbeit Ulmers in Lohr im Fokus (S. 147–150).

Reinhard Gruhl beleuchtet mit seinem Beitrag „Johann Conrad Ulmer und Theodoret von Kyros im Kontext der christologischen und eucharistischen Kontroversen des 16. Jahrhunderts" (S. 163–177) und untersucht dabei exemplarisch, wie sich in den theologischen Streitigkeiten der Zeit jede Partei auf die Suche „nach Verbündeten unter den grossen [sic] Theologen der Alten Kirche" (S. 168) begab. Ulmer übersetzte die Dialoge des Kirchenvaters Theodoret von Kyros (393–460) und machte ihn damit gleichsam zum Mitstreiter gegen die Lehre der sog. Ubiquitisten.

Ulmers *Trostgeschrifft für angefochtne vnd betrübte hertzen* von 1579 führt zur Gattung der *consolatio* und damit in einen weiteren Bereich der Antikenrezeption. Die Trostschrift des Reformators hat nicht die Nöte des Alltags im Blick, sondern „eine spirituelle Bedrängnis, die ‚Anfechtung' der Sünden- und Gewissensangst" (S. 184) und wird im Beitrag von Wilhelm Kühlmann (S. 179–196) umfassend ausgelegt und eingeordnet.

Daran anschließend blickt Michael Hanstein auf Ulmers Dramen unter besonderer Berücksichtigung der Übersetzung des *Anabion sive Lazarus redivivus* aus der Feder des Johannes Sapidius (1490–1561) (S. 197–222).

Einen eigenen Akzent setzt Ute Nürnberg mit ihrer Untersuchung zu Ulmers Liederschaffen unter dem Titel „Mit spielerischem Ernst" (S. 223–243). Dabei legt die Autorin ein besonderes Augenmerk auf Ulmers „Sternlied", das mit der Bartholomäusnacht und der ersten von Astronomen des Abendlandes beobachteten Stern-Supernova zwei unheilvolle und aufrüttelnde Ereignisse des Jahres 1572 verarbeitet und deutet (S. 231–242).

Zwei die Tagungsergebnisse ergänzende Beiträge weiten den Blick hin zu Ulmer als Leiter der Schaffhauser Pfarrbibliothek (Rudolf Gamper, S. 245–273) und zu Porträtdarstellungen Ulmers (René Specht, S. 275–297). Im Anhang zu diesem Aufsatz ediert Specht erstmals das von Johann Conrad Stierlin auf das Ulmer-Porträt von Tobias Stimmer (1539–1584) in elegischen Distichen verfasste *Carmen gratulatorium* samt Übersetzung von Renato Fischer und Paolo Pieroni (S. 294–297).

Alle Beiträge sind mit umfangreichen Fußnoten versehen, die neben Verweisen auf Quellen und Literatur auch weiterführende Hinweise und Hintergrundinformationen liefern. Quellentexte werden umfangreich zitiert. Hochwertige, teils farbige Abbildungen ergänzen und illustrieren die Ausführungen und bereichern den Band überdies.

Mit der Dokumentation der Ulmer-Tagung ist es den Herausgebern in hervorstechender Weise gelungen, ein „neues Standardwerk auf aktuellem Forschungsstand zur Reformation in Schaffhausen" (S. 9) vorzulegen und so Leben und Wirken des Schaffhauser Reformators in seiner Heimatstadt, aber auch in der Grafschaft Rieneck, in die Aufmerksamkeit der Fachwelt und – so ist zu hoffen – eines größeren Kreises von Interessierten zu rücken: „Dem einheimischen Publikum bietet sich Gelegenheit, eine der bedeutendsten Schaffhauser Persönlichkeiten der Frühen Neuzeit erstmals oder von einer neuen Seite kennenzulernen. Und für die überregionale und internationale Reformationsgeschichtsforschung gewinnen Schaffhausen und sein Reformator eine angemessene Sichtbarkeit“ (ebd.). Damit ist die Erforschung von Ulmers Leben und Wirken jedoch noch nicht abgeschlossen. Gerade für seine langjährige Wirksamkeit in Lohr und in der Grafschaft Rieneck zeigen die Untersuchungen Desiderate für künftige vertiefende Forschungsarbeiten auch auf dem Gebiet der fränkischen Landes- und Kirchengeschichte auf. Mögen sich, angeregt durch die im vorliegenden Band versammelten Beiträge, interessierte Historikerinnen und Historiker dieser Aufgaben annehmen!

Daniel Greb

Wolfgang Breul / Kurt Andermann (Hg.), Ritterschaft und Reformation (Geschichtliche Landeskunde. Veröffentlichungen des Instituts für Geschichtliche Landeskunde an der Universität Mainz 75), Stuttgart: Franz Steiner Verlag 2019. – geb., 374 S., Personen- und Ortsregister.

Einige Jahre nach dem Reformationsjubiläum von 2017 und der vorgeschalteten Reformationsdekade mit ihren unzähligen Veranstaltungen, Ausstellungen und anderen Initiativen wird sichtbar, was dieses Ereignis an wissenschaftlich nachhaltigen Ergebnissen hervorgebracht hat und was wie ein Strohfeuer im Eifer des Gefechts verbrannt ist. Es werden weniger die zahlreichen neuen Lutherbiographien, reformationsgeschichtlichen Überblicksdarstellungen und auch nicht die Kataloge der drei nationalen Sonderausstellungen in Wittenberg, Berlin und Eisenach (Wartburg) in Erinnerung bleiben, sondern die vielen regionalen Vorhaben und landesgeschichtlich ausgerichteten Auseinandersetzungen mit der Reformation, über die übrigens in den Blättern für deutsche Landesgeschichte ab Band 156 (2020) in mehreren landesgeschichtlichen Sammelrezensionen berichtet wird.

Die Rolle des Adels, vor allem des reichsritterschaftlichen oder territorialen Niederadels, ist auch in Reformationsausstellungen thematisiert worden. So stand die gelungene Bayerische Landesausstellung 2017 unter dem Titel „Ritter, Bauern, Lutheraner“ (Katalog hg. von Peter Wolf u. a., Augsburg 2017), und die Generaldirektion Kulturelles Erbe Rheinland-Pfalz organisierte im Landesmuseum Mainz schon 2015 die Ausstellung „Ritter! Tod! Teufel? Franz von Sickingen und die Reformation“ (Ausstellungskatalog Regensburg 2015). Im Vorfeld dieser Tagung veranstaltete das Institut für Geschichtliche Landeskunde an der Universität Mainz im Frühjahr 2015 eine wissenschaftliche Tagung, die inhaltlich von dem evangelischen Kirchenhistoriker Wolfgang Breul und dem Landeshistoriker Kurt Andermann konzipiert wurde. Beide sind durch einschlägige Forschungen über Adel und Reformation und insbesondere auch über Franz von Sickingen hervorgetreten und darüber hinaus als Kenner der Reformations- und der Adelsgeschichte bestens ausgewiesen. Die Konzeption der Tagung bzw. des Tagungsbandes ist breit angelegt, ging es den Organisatoren doch nicht nur um regionale Fallstudien zum Reformationsverlauf, sondern um „die Voraussetzungen, die Rahmenbedingungen und den Verlauf der ritterschaftliche Reformation im Reich anhand ausgewählter Gestalten und Räume“ und um die „Untersuchung adelsbestimmter Reformationen in europäischen Territorien und Herrschaftsräumen“ (S. 9), wobei es stets auch darum ging, die Strukturen und Mechanismen adliger Kooperation und

Konfrontation und andere Ansätze der neueren Adelsforschung zu berücksichtigen. Von den 22 Referaten der Tagung konnten 18 für die Publikation eingeworben werden. Die Herausgeber haben auf eine Untergliederung in Themensektionen verzichtet, doch zeichnen sich drei große Schwerpunkte ab: Zunächst beschäftigen sich mehrere Aufsätze mit grundsätzlichen Fragen der adligen Selbstorganisation und Lebenspraxis im Übergang von Spätmittelalter zur Frühen Neuzeit, teils im regional-exemplarischen, teils auch im überregionalen Zugriff: Memorialpraxis (Steffen Krieb), Gesellschaften, Einungen, Ganerbschaften, Netzwerke (Joachim Schneider), Fehdepraxis (Christine Reinle) sowie Kaiser, Reich und Ritterschaft (Matthias Schnettger). Ein Beitrag über die Ritter in Luthers Briefwechsel (Matthieu Arnold) leitet dann zum zweiten Themenschwerpunkt über, den regionalen und biographischen Studien zu Ritterschaft und Reformation: Franz von Sickingen (Wolfgang Breul), Hartmuth von Cronberg (Mathias Müller), Ritterschaft im Kraichgau (Kurt Andermann), im Elsass (Marc Lienhard), in der Rhön (Jäger), in Sachsen und Thüringen (Uwe Schirmer), schließlich in Dänemark und Schleswig-Holstein (Mikkel Leth Jespersen).

Franken ist mit dem Beitrag über die Rhön relativ schwach vertreten, zumal dieser Beitrag auch noch auf früheren Publikationen des Autors beruht, aber es liegt schon seit Längerem ein Sammelband über die Reformation in Franken und die Rolle des Adels vor (Helmut Baier / Erik Soder von Güldenstubbe [Hg.], „Bei dem Text des Heiligen Evangelii wollen wir bleiben". Reformation und katholische Reform in Franken. Über Kirchenreformer in den Bistümern und Hochstiften Bamberg und Würzburg. Das Haus Thüngen als Exponent der Reichsritterschaft in Franken [Einzelarbeiten aus der Kirchengeschichte Bayerns 82], Neustadt a. d. Aisch 2004), auf den hier hingewiesen werden kann. Über Franken hinaus bleiben aber auch sonst regionale Lücken, beispielsweise in Brandenburg, Mecklenburg, Westfalen und dem Niederrhein.

Ein dritter Themenblock blickt dann über die Reichsgrenzen hinaus auf europäische Nachbarländer, indem die Rolle des Adels in der Reformation in Polen (Maciej Ptaszynski), in den böhmischen Ländern (Václav Bužek), in Ungarn (András Korányi), in den habsburgischen Erbländern (Arndt Schreiber) und in Frankreich (Philipp Benedict) betrachtet wird. Etwas aus dem Rahmen fällt der Aufsatz über Ortsadel und Landesherr in ihrem Verhältnis zu den Waldenserpräsenzen im westlichen Alpenbogen, im Luberon und in Kalabrien (Lothar Vogel). Das Tagungsreferat von Peter Marshall über Adel und Reformation in England konnte ebenso wie der Abendvortrag von Thomas Kaufmann über die Anfänge der Reformation im Südwesten Deutschlands nicht gewonnen werden.

Während der Drucklegung dieses Tagungsbandes sind zwei wichtige Neuerscheinungen herausgekommen, die ihren Fokus zwar auf Mitteldeutschland richten, durch grundsätzlich-systematische Fragestellungen aber geeignet sind, die weitere Erforschung der Rolle des Adels als Förderer der Reformation zu beleuchten: Die Leipziger Habilitationsschrift von Christoph Volkmar, Die Reformation der Junker. Landadel und lutherische Konfessionsbildung im Mittelelberaum (Quellen und Forschungen zur Reformationsgeschichte 92), Gütersloh 2019, demonstriert, welche zentrale Rolle die Verfügung über Pfarrpatronate für die adlige Durchsetzung der Reformation spielte, und der Tagungsband „Adel – Macht – Reformation. Konzepte, Praxis und Vergleich", hg. von Martina Schattkowsky (Schriften zur sächsischen Geschichte und Volkskunde 60), Leipzig 2020, führt mit landesgeschichtlichen Fallstudien zu tiefergehenden Einsichten. Der hier vorgestellt Tagungsband über „Ritterschaft und Reformation" wird sich dabei gewiss als Referenzwerk erweisen, weil für viele Landschaften im Reich die Forschung bilanziert wird. Ein Personen- und Ortsregister erschließt den Inhalt.

Enno Bünz

Jürgen Overhoff / Andreas Oberdorf (Hg.), Katholische Aufklärung in Europa und Nordamerika (Das achtzehnte Jahrhundert. Supplementa Bd. 25), Göttingen: Wallstein Verlag 2019. – geb., 536 S., Abb.

Am Ende des 18. Jahrhunderts gehörte das Hochstift Würzburg unter der Regierung von Fürstbischof Franz Ludwig von Erthal bekanntermaßen zu den Zentren der Katholischen Aufklärung in Deutschland. Rund 100 Jahre später, um 1900, nahm der Würzburger Kirchenhistoriker Sebastian Merkle, dessen Bild noch heute im Institut für historische Theologie der Katholisch-Theologischen Fakultät der Universität Würzburg hängt, eine Neubewertung der im 19. Jahrhundert als kirchenfeindlich verfemten Reformbewegung vor.

Wiederum rund 100 Jahre später, vom 12. bis 15. September 2017, war die Katholische Aufklärung in Europa und in Nordamerika Thema einer von der Deutschen Gesellschaft zur Erforschung des 18. Jahrhunderts ausgerichteten Jahrestagung. Im ehemaligen fürstbischöflichen Schloss zu Münster, heute Sitz der Westfälischen Wilhelms-Universität, setzten sich international ausgewiesene Expertinnen und Experten mit den verschiedensten Aspekten dieser umstrittenen Geistesströmung auseinander. Die 27 Beiträge des hier vorgestellten Sammelbands vereinen einen Großteil der Tagungsbeiträge, ergänzt um einen Beitrag zur Ikonographie der Residenz Münster.

Im Anschluss an einen zum Thema hinführenden Beitrag von Jürgen Overhoff setzen sich Harm Klueting (Aporemata der Forschung zur katholischen Aufklärung von 1969 bis 2017) und die Co-Autoren Wolfgang Göderle und Thomas Wallnig (Herrschaftslogik und sozialer Wandel im Habsburgerreich am Vorabend der Moderne) mit der Forschungsgeschichte und dem Forschungsparadigma „Katholische Aufklärung" auseinander.

Die erste Sektion greift Fragestellungen aus dem Feld „Bildung und Erziehung" auf. Dort finden sich Artikel von Mauro di Cioccio (Elementarschulreformen in katholischen Gebieten der Schweiz im späten 18. Jahrhundert), Jürgen Overhoff (Franz von Fürstenberg und die Gründung der Universität Münster im Jahr 1773 als ein „katholisches Göttingen"), Alwin Hanschmidt (Staatliche Forderungen und kirchliche Stellungnahmen in den neupreußischen geistlichen Territorien Westfalens 1804/05), Andreas Oberdorf (Zum Wirken des katholischen Missionars und Bildungspioniers Demetrius Augustinus von Gallitzin in Pennsylvania) und Johann Schmid (Der Jesuit Anton Kohlmann [1771–1836] als Gestalter der Bildungslandschaft in den Vereinigten Staaten von Amerika).

Religion und Theologie stehen im Fokus der zweiten Sektion: Während Shaun Blanchard der Frage nachgeht, ob Erzbischof John Carroll von Baltimore ein „aufgeklärter Katholik" war, nimmt Bernhard Schneider „Krankheit und Krankensorge im Horizont der katholischen Pastoraltheologie im späten 18. Jahrhundert" in den Blick. Mit der Katholischen Aufklärung in zwei prominenten Klöstern, dem Innerschweizer Kloster Einsiedeln und der Abtei Banz, setzen sich P. Thomas Fässler OSB und Volodymyr Oleksijovyc Abaschnik auseinander. Abaschnik betont die internationale Reputation der fränkischen Benediktinerabtei in der Welt der Aufklärung, die er als „wichtiges Theologie- und Bibelforschungszentrum" (S. 233) charakterisiert. Für Banz sei außerdem „die beständige kritische Auseinandersetzung mit anderen theologischen Gruppierungen – etwa mit Protestanten oder den Jesuiten – stets kennzeichnend" (S. 233) gewesen.

Die dritte Sektion des Sammelbands untersucht die Bedeutung der Katholischen Aufklärung in Politik und Staatstheorie: Während Beate Möller den Einfluss der katholischen Aufklärung auf den aufgeklärten Absolutismus Spaniens im 18. Jahrhundert analysiert, stellt Michael Maurer die Frage nach der Überwindung des Konfessionellen durch das Nationale in der irischen Aufklärung. Ein Projekt zur Vereinigung von Katholizismus und Protestantismus unter dem katholischen Landgrafen Friedrich II. von Hessen-Kassel stellt Karl-Hermann Wegner vor, und Luis Ramos zeichnet am Beispiel des in der Französischen Revolution einflussreichen Abbé Grégoire, der unter anderem Thomas Jeffersons Verteidigung der Sklaverei scharf kritisierte, die Bedeutung der Katholischen Aufklärung in den Debatten um die Abschaffung der Sklaverei in Amerika nach.

Literatur und Öffentlichkeit, dem Thema der vierten Sektion, gehen die Co-Autoren Annika Hildebrandt und Steffen Martus (Konfessionelle und politische Konkurrenzen in der Dichtung des Siebenjährigen Kriegs), Daniel Fulda (Konfessionalisierende Wahrnehmungen Voltaires und Adam Weishaupts im ausgehenden 18. Jahrhundert), Manfred Geier (Johann Georg Hamann und der Kreis von Münster), der von Wolfgang Weiß in Würzburg promovierte Jochen Krenz (Oberdeutsche theologische Fachzeitschriften als Indikatoren der katholischen Aufklärung im letzten Jahrzehnt des 18. Jahrhunderts) und der Nordamerika-Spezialist Rainald Becker (Amerika in der Salzburger Aufklärung) nach.

Becker weist auf die euphorische Rezeption der Errungenschaften der Amerikanischen Revolution durch die Salzburger Aufklärung hin. Der Landeshistoriker betont allerdings auch: „Gleichwohl war man sich bewusst, dass die Freiheit der Kirche und die religiöse Selbstbestimmung der Gläubigen auch unter den Bedingungen des demokratischen Verfassungsstaats immer wieder neu zu erringen waren, und zwar oft genug gegen den liberalen, keineswegs so aufgeschlossenen mainstream der Gesellschaft." (S. 383).

Aus Würzburger Sicht ist besonders Krenz' Beitrag aufschlussreich: „Die Katholische Aufklärung verwirklichte sich in der Reichskirche noch einmal auf eine andere Weise als in den großen katholischen Territorien" (S. 365), so der Theologe. „In den bedeutendsten geistlichen Territorien (Salzburg, Würzburg) blieb die Aufgeschlossenheit gegenüber der Aufklärung zudem wesentlich konstanter als bei den weltlichen Nachbarn, was man an der Tatsache festmachen kann, dass die dortigen katholisch-aufklärerischen Zeitschriften [...] auch nach der Radikalisierung der Revolution noch erscheinen konnten. Die Reichskirche ist also nicht nur Vorreiterin bei der aufklärerischen Publizistik, sie hält den aufklärerischen Kurs auch konsequenter bei und verzweckt die Katholische Aufklärung weniger als manch anderer weltlicher Machtstaat." (S. 365). Krenz postuliert in diesem Zusammenhang eine „reichskirchliche Aufklärung" neben der josephinischen Aufklärung und kontrastiert diese mit der Gegenaufklärung, deren „Meistererzählungen" seit dem Ende des 18. Jahrhunderts bis weit in das 19. Jahrhundert gegolten hätten.

Spuren der katholischen Aufklärung in Musik und Theater untersuchen in der fünften Sektion Matthias Kornemann (Leopold Mozarts Lebenswege zwischen Aufklärung und Katholizismus), Tim Zumhof (Charles Porées Discours sur les spectacles und seine Bedeutung für das Theater der Aufklärung in Deutschland), Christoph Schmitt-Maas (Zur literarischen Kostümierung orthodoxer Kritik an innerkirchlichen Reformbewegungen. Am Beispiel von L. A. V. Gottscheds Pietisterey im Fischbein-Rocke [1736]) und Vanessa de Senarclens (Voltaires Le Fanatisme, ou Mahomet le Prophète und die verworrene Episode ihrer Rezeption).

Die Aufsätze der sechsten Sektion beschäftigen sich mit der Rezeption der Katholischen Aufklärung in Malerei und Architektur: In einem umfangreichen Beitrag verfolgt Angelika Dreyer am Beispiel des Fürstbistums Augsburg die Folgen der Katholischen Aufklärung in der Deckenmalerei. Sie kommt zu dem Schluss, dass „die von der katholischen Aufklärung überzeugten Auftraggeber weniger eine Erneuerung des stilistischen Ansatzes verfolgten, als vielmehr eine Reduktion des rhetorischen Apparates, woraus eine leichtere Lesbarkeit und Allgemeinverständlichkeit von Freskenzyklen resultiert." (S. 471).

Ein bisher weniger behandeltes Thema – „German Catholic Architecture and Material Culture in Early Pennsylvania“ – stellt Lisa Minardi vor. Gerd Dethleefs richtet abschließend in „Sinnbild milder Herrschaft. Politische Ikonographie an der fürstbischöflichen Residenz in Münster“ den Blick auf den Tagungsort. Laut Dethleefs zeige das Bildprogramm des Schlosses nirgends „[s]pezifische katholisch oder überhaupt religiöse Züge“ (S. 512): „Es argumentiert rein politisch. In der dem Erzengel Michael und dem heiligen Eligius geweihten Schlosskapelle im Südflügel geht es mehr um das Gottesgnadentum des Bischofs als um aufklärerische Formen von Religiosität.“ (S. 512).

Fazit: Wer an der Vielfalt der Katholischen Aufklärung und ihren unterschiedlichen Ausprägungen in Europa und Nordamerika interessiert ist, sollte auf jeden Fall zu diesem Sammelband greifen.

Stefan W. Römmelt

Gerhard Deißenböck / Stephan Mokry (Hg.), Hundert Jahre Klerusverband e. V. im Licht des Klerusblattes, Klerusblatt-Verlag: München 2020. – geb., 395 S.

Das Ende des Ersten Weltkrieges brachte gewaltige politische und soziale Veränderungen mit sich. Die Abschaffung der Monarchie in Bayern beendete das Bündnis von Thron und Altar. Auch die in der Seelsorge tätigen Geistlichen waren von diesen Wandlungen betroffen, insbesondere von der Abschaffung der Geistlichen Schulaufsicht. Als Reaktion auf diese Veränderungen entstand der Klerusverband der bayerischen Diözesen, der 2020 sein hundertjähriges Bestehen feiern konnte. Das publizistische Sprachrohr dieser Standesvereinigung der katholischen Geistlichen Bayerns und der Pfalz waren die „Blätter für den katholischen Klerus“, das heutige „Klerusblatt“. Anlässlich des 100-jährigen Bestehens dieser Zeitschrift erschien die hier besprochene Gedenkschrift, in der einerseits die Geschichte des Klerusverbandes skizziert wird, aber zugleich wesentliche und zeittypische Beiträge aus den verschiedenen Epochen wieder abgedruckt werden. So entsteht eine Kombination aus Darstellung und Dokumentation, die auch für die Würzburger Diözesangeschichte von Belang ist. Denn sowohl im Klerusverband wie auch in der Schriftleitung des Klerusblattes waren mehrere Würzburger Diözesanpriester in leitender Position tätig. Zudem haben etliche Dokumente einen direkten oder indirekten Bezug zum Bistum Würzburg.

Nach einem einleitenden Überblick über die Erforschung der kirchlichen Publizistik in Bayern aus der Feder von Stephan Mokry stellt der langjährige Schriftleiter des Klerusblattes Florian Trenner die Gründungsidee des Verbandes vor. Unter den Gründervätern war der Würzburger Domkapitular Dr. Thaddäus Stahler (1857–1938). Der Klerusverband verstand sich als Standesvereinigung der katholischen Geistlichkeit und verfolgte das Ziel, den kirchlichen Einfluss auf das Schulwesen zu verteidigen und die Gemeinschaft mit dem Papst und Bischöfen zu wahren. Um die „Christliche Schule“ geht es in dem Beitrag „Aus der alten in die neue Zeit“ aus der Feder des 1. Vorsitzenden Dr. Stahler, der in der Februarausgabe 1920 veröffentlicht wurde (S. 60–64). Eine zentrale Gestalt der Gründerjahre war der Eichstätter Theologieprofessor Dr. Matthias Ehrenfried, der 1924 Bischof von Würzburg wurde. Aus seiner Feder stammt der Beitrag „Unsere Priestervereine auf dem Katholikentag 1922 in München“ (S. 35–55). Florian Trenner schildert auf den S. 82–87 das Schicksal des Verbandes und der Zeitschrift in der NS-Diktatur, als Schriftleiter Alois Natterer versuchte, einen Mittelweg zwischen Widerstand und Anpassung zu gehen. Unter den Dokumenten aus dieser Zeit findet sich eine Würdigung des aus Heidenfeld bei Schweinfurt stammenden Kardinals Michael von Faulhaber, die 1943 zu dessen 25-jährigem Bischofsjubiläum geschrieben wurde. Die Aufarbeitung der Konflikte mit dem NS-Staat prägte das Klerusblatt in den Nachkriegsjahren. Den Leser dieser Zeitschrift dürfte vor allem der Nachruf des Würzburger Dompfarrers Franz Rümmer auf Bischof Matthias Ehrenfried interessieren (S. 139–144). Der warmherzige Essay von Abt Hugo Lang „Papst Pius XII. und Bayern" (S. 182–190) aus dem Jahre 1958 preist Eugenio Pacelli, der von 1917 bis 1924 Nuntius in Bayern war, in geradezu hymnischen Tönen. Im Jahre 1960 war München Veranstaltungsort des Eucharistischen Weltkongresses. Aus diesem Anlass schrieb Professor Josef Ratzinger seine „Grundgedanken der eucharistischen Erneuerung des 20. Jahrhunderts" (S. 199–208).

Von 1971 bis 1984 war der Würzburger Diözesanpriester Monsignore Dr. Helmut Holzapfel (1914–1984) Schriftleiter des Klerusblattes. Aus seiner Feder stammen die Beträge über Albino Luciani „Der Papst der 33 Tage" und die Wahl von Johannes Paul II. „Ein Pole als Papst" aus dem Jahre 1978 (S. 258–261 u. 275–282). Holzapfel, dem eine besondere Liebe zur polnischen Kirche nachgesagt wird, berichtete voll des Lobes in der Dezembernummer 1980 über den ersten Deutschlandbesuch von Papst Johannes Paul II.; wieder abgedruckt in der Gedenkschrift auf den S. 292–297. Natürlich darf in der Sammlung die Grußadresse nicht fehlen, die anlässlich der Wahl von Josef Ratzinger zum Papst 2005 im Klerusblatt erschien (S. 370–373). Die Dokumentation schließt mit Beiträgen zur Wahl von Jorge Mario Bergoglio zum Nachfolger Petri im Jahre 2013 aus der Feder von Kardinal Reinhard Marx (S. 375–379).

Aber die in dem Band vereinigten Aufsätze beschränken sich nicht auf Würdigungen und Lebensbilder von Bischöfen und Päpsten. Immer wieder kommen Fragen der priesterlichen Existenz und theologische Probleme zur Sprache

Deshalb darf der Rezensent abschließend bemerken: Dieses Buch, das Gerhard Deißenböck, Stephan Mokry und Florian Trenner zusammengestellt haben, verdient es, gelesen und beachtet zu zu werden. Die ausgewählten Texte sind großteils geschliffen formuliert und eine Fundgrube nicht nur für Historiker, sondern für jeden, der sich mit Fragen der priesterlichen Spiritualität im 20. Jahrhundert befasst. Der Klerusverband wusste sich stets den Bischöfen und dem Heiligen Stuhl verbunden. Somit ist es verständlich, dass es sich bei den Beiträgen aus dem Klerusblatt überwiegend um Stimmen aus dem eher konservativen Lager des deutschen Katholizismus handelt.

Christian Grebner

Maria Anna Zumholz / Michael Hirschfeld (Hg.), Zwischen Seelsorge und Politik. Katholische Bischöfe in der NS-Zeit, Münster: Aschendorff-Verlag 2018. – geb., 816 S., Abb.

Der vorliegende Sammelband, der dem Vechtaer Historiker Joachim Kuropka zum 75. Geburtstag gewidmet ist, greift ein noch immer intensiv in der Forschung diskutiertes Thema auf: die Frage nach der Rolle der katholischen Bischöfe Deutschlands im „Dritten Reich".

Entstanden ist das umfangreiche Werk als „Produkt" der 2016 veranstalteten Tagung „Zwischen Seelsorge und Politik. Katholische Bischöfe unter dem NS-Regime". Aus Anlass des 70. Todestags des „Löwen von Münster", Clemens August von Galen, hatten 17 Historiker in der Katholischen Akademie in Stapelfeld bei Cloppenburg wissenschaftliche Kurzbiographien präsentiert.

Anders als in der bisherigen Forschung lag der Fokus der geplanten Publikation nicht auf der Kirchenpolitik der Bischöfe, sondern auf ihrem „Priester-, Lehr- und Hirtenamt", wie es im Vorwort auf S. XII heißt. „Daher wurden die Mitarbeiter an diesem

Projekt gebeten, ihren Blick auf die Persönlichkeiten der Bischöfe mit ihren Stärken und Schwächen zu richten, ihr Selbstverständnis von ihren bischöflichen Aufgaben zu überprüfen, die in der NS-Zeit stark eingeschränkten Handlungsspielräume sowie die Reaktionen von Diözesanen und NS-Regime auszuloten", so die Herausgeber.

Das Ergebnis kann sich sehen lassen: Die 28 Beiträge beschränken sich nicht auf die einzelnen Bischöfe der Fuldaer Bischofskonferenz von 1933 bis 1945, sondern eröffnen auch Perspektiven auf eine „Gruppenbiographie" der Führungspersönlichkeiten der katholischen Kirche im Deutschland der NS-Zeit.

Sehr lesenswert sind beispielsweise die Ausführungen von Michael Hirschfeld und Maria Anna Zumholz zu den Persönlichkeiten, zum Selbstverständnis und zu den Handlungsspielräumen der katholischen Bischöfe in der NS-Zeit, der Artikel von Joachim Kuropka über die zeitgenössische und aktuelle Kritik an den Bischöfen und die von Michael Hirschfeld erarbeiteten Grundzüge einer Rezeptionsgeschichte des deutschen Episkopats in der NS-Zeit.

Die 23 Biographien der einzelnen Bischöfe der Fuldaer Plenarkonferenz von 1933 bis 1945, zu denen die Bischöfe der Kirchenprovinz Breslau, die Bischöfe des Kevelaerer Konveniats, das aus den Kirchenprovinzen Köln und Paderborn bestand, die Bischöfe der Kirchenprovinz Freiburg und die Mitglieder der Bayerischen Bischofskonferenz mit den Kirchenprovinzen München und Freising sowie Bamberg gehörten, können hier nicht im Einzelnen vorgestellt werden. Ein Blick auf die Kurzbiographien dreier mit dem Bistum Würzburg verbundener Geistlicher mag genügen: Das Wirken des im unterfränkischen Klosterheidenfeld geborenen Münchner Erzbischofs Michael Kardinal von Faulhaber skizziert Peter Pfister. Seine Forderung nach einem „vollständigere[n] Bild Faulhabers" (S. 524) erfüllt seit 2013 sukzessive die Online-Edition der Tagebücher Faulhabers. Nicht zu leugnen ist die Tatsache, dass „[e]in offenes Wort Faulhabers gegen die Judenverfolgung [...] bis 1945 aus[blieb]." (S. 519). Kritisch äußert sich Pfister auch über andere Aspekte der Persönlichkeit Faulhabers: „Bisher deutet einiges darauf hin, dass er stark in patriotischen und antisozialistischen Kategorien dachte, an eine von Gott gesetzte Obrigkeit glaubte, nach der Machtübernahme der Nationalsozialisten Legalität mit Legitimität verwechselte und sich immer wieder von Hitlers Aura staatsmännischer Glaubwürdigkeit täuschen ließ, etwa Ende 1936 während einer mehrstündigen Unterredung auf dem Obersalzberg." (S. 518).

Dass der „Maßstab für das Handeln [des Bamberger Erzbischofs] Jacobus von Hauck [...] immer zunächst das Wohl der Kirche [war]" (S. 617), betont Andreas Hölscher. Der Erzbischof habe aber auch Anteil an den Konflikten der evangelischen Kirche genommen und sich im Rahmen seiner Möglichkeiten nicht nur für Katholiken mit jüdischer Herkunft, sondern auch für Juden eingesetzt. Detailliert geht Hölscher auf die Verunglimpfungen Haucks und der katholischen Kirche durch den „Frankenführer" Julius Streicher und die – erfolglosen – Beschwerden des Erzbischofs im Jahr 1936 ein. Die Silvesterpredigt 1936 und den Fastenhirtenbrief von 1937 interpretiert Hölscher als „Kampfansage an das NS-Regime" (S. 603). Allerdings war laut Hölscher „[d]ie Grenze seines Engagements [...] dort erreicht, wo er [Jacobus von Hauck] das Wohl und die Einheit der Kirche in Gefahr sah." (S. 617).

Ein plastisches Bild des Würzburger Bischofs Matthias Ehrenfried zeichnet Wolfgang Weiß in seinem Beitrag „Unser Glaube ruht auf Felsengrund". Ehrenfrieds „Dialog- und Kompromissbereitschaft gegenüber den modernen Zeitentwicklungen [sei] eher beschränkt" (S. 673) gewesen, betont Weiß und zitiert aus dem ersten Hirtenbrief des Bischofs von 1932: „[...] wir leben heute in einer Zeit des bösen Beispiels und des Ärgernisses. Der große und gewaltige Bau der Kirche nach außen und unsere christliche Kultur wird dadurch ausgehöhlt. Theater, Kino, Kunst und Literatur, Kleiderunsitten und Sportauswüchse ziehen den Sinn des Menschen herab zur Sinnlichkeit der Heiden." (S. 673).

In der Zeit des Nationalsozialismus habe im Bistum Würzburg laut Weiß ein „Kleinkrieg" zwischen den nationalsozialistischen Behörden und der Geistlichkeit" (S. 689) geherrscht. Der Kirchenhistoriker verweist in diesem Zusammenhang auf den „Märtyrertod" des Würzburger Pfarrers Georg Häfner im KZ Dachau. Trotz seines Einsatzes für die Rechte der Kirche habe Ehrenfried aber „nicht die grundsätzliche Loyalität gegenüber der rechtmäßigen nationalsozialistischen Obrigkeit" (S. 686) aufgekündigt.

Interessante Einzelfragen beleuchtet die Sektion „Spezielle Perspektiven": Winfried Töpler datiert den ominösen „Requiem-Zettel" Kardinal Bertrams mit der Anweisung, für Hitler ein Requiem zu halten, nicht auf 1945, sondern auf die Zeit unmittelbar nach dem missglückten Attentat vom 20. Juli 1944. Die vatikanische Bischofspolitik der NS-Zeit untersucht Raphael Hülsbömer. Er kommt zu folgendem Ergebnis: „Am Ende steht ein sowohl als auch: Der Nationalsozialismus hatte keinen Einfluss auf Pacellis Bischofspolitik, weil dieser seinem klassischen Ideal von Episkopabilität treu blieb. Und der Nationalsozialismus hatte gleichzeitig gravierenden Einfluss auf seine Bischofspolitik, weil Pacelli einerseits Kandidaten brauchte, die dieses Ideal unter den extremen Bedingungen aufrecht erhielten und denen er andererseits den Hirtenstab vor den Augen des Regimes in die Hand geben konnte, ohne einen offenen Konflikt heraufzubeschwören." (S. 721).

Generell ziehen die Herausgeber eine eher positive Bilanz der Kirchenpolitik der Bischöfe im „Dritten Reich": „Als unbestrittene Leistung der katholischen Bischöfe in Deutschland muss gewürdigt werden, dass es ihnen gelang, ihre Diözesanen mehrheitlich gegen den Kern der NS-Ideologie zu immunisieren und die katholische Kirche als eine die Menschen prägende Lebensmacht zu erhalten" (S. 12). Möglich gewesen sei dies nur aufgrund des einheitlichen Auftretens des Episkopats nach außen. Zu klären wäre freilich die von Pfister für Faulhaber aufgeworfene, kritische Anfrage, ob die deutschen Bischöfe der NS-Zeit zumeist nicht doch Vertreter des „sog. Katholischen Milieu-Egoismus" (S. 518) waren.

Stefan W. Römmelt

Hans-Otto Mühleisen / Dominik Burkard, Erzbischof Conrad Gröber reloaded. Warum es sich lohnt, genauer hinzuschauen, Lindenberg im Allgäu: Kunstverlag Otto Fink, 2. (durchgesehene) Aufl. 2021. – brosch., 200 S.

Den Freiburger Erzbischof Conrad Gröber (1872–1948, Erzbischof von Freiburg 1932–1948) ereilte nach dem Ende des Nationalsozialismus das gleiche Schicksal wie auch andere kirchliche Würdenträger – man denke nur an Papst Pius XII.: Wie letzterer starb auch Erzbischof Gröber hoch verehrt als aufrichtiger Verteidiger der Kirche und des Glaubens gegenüber dem Nationalsozialismus, und doch erlebte sein Ruf eines unerschrockenen Vertreters von Menschlichkeit und Rechtschaffenheit in den Zeiten des Dritten Reichs in den letzten Jahren eine nahezu vollständige Demontage. Als einer der letzten Höhepunkte dieses Prozesses wurde ihm am 26. September 2019 symbolisch die 1932 verliehene Ehrenbürgerwürde der Stadt Konstanz entzogen.

In diese politisch aufgeladene Kontroverse hinein fand im November 2018 die Tagung: „Die Bischöfe Conrad Gröber und Joannes Baptista Sproll und der Nationalsozialismus. Historischer Kontext und historisches Erinnern" statt. Die erweiterten Beiträge von Hans-Otto Mühleisen und Dominik Burkard wurden in dem vorliegenden Band (1. Aufl. 2020) veröffentlicht. Es ist das Anliegen der Autoren, „in einer politisch motivierten Debatte um die Würde Conrad Gröbers das historische Argument als

Chance zu nehmen, noch einmal genauer hinzuschauen" (Vorwort zur zweiten Auflage, S. 5). Die hermeneutische Herangehensweise beider Autoren zeigt sich in einer Kontextualisierung der Verhaltensmuster und Äußerungen des durch den Katholizismus und das Staat-Kirche-Verhältnis im Kaiserreich und in der Weimarer Republik geprägten Erzbischofs sowie in der differenzierten Analyse der umfangreich zitierten Quellen, ihres Inhalts und Entstehungszusammenhangs.

Der Politikwissenschaftler Hans-Otto Mühleisen setzt sich dazu in seinem Beitrag „Conrad Gröber – Nationalsozialist oder Gegner von Partei und NS-Staat? Die schwierige Kunst des Differenzierens" (S. 7–96) zunächst mit der zum Teil polemisch geführten Debatte auseinander, befasst sich aber überwiegend mit den Fragen, „[w]ie Gröber in der Praxis kirchlichen Lebens wahrgenommen wurde" (S. 29–48, Überschrift S. 29) und „[w]ie die Nationalsozialisten Erzbischof Gröber 1933–1935 gesehen haben" (S. 48–65, Überschrift S. 48). Dazu zieht er insbesondere erzbischöfliche Hirtenbriefe, interne Dokumente und diffamierende Artikel der NS-Tageszeitung „Der Alemanne" heran. In seinem ausführlichen Resümee (S. 65–91) spricht der Autor „die Schwierigkeit an, dass sich auf der Grundlage von Archivalien und Zeitdokumenten Haltung und Verhalten Gröbers für eine einfache Zuordnung nicht eignen und sich ebenso einer abschließenden Beurteilung entziehen" (S. 66). Er verdeutlicht dies an kritischen Punkten in Conrad Gröbers Äußerungen und Handlungen – seinen zunächst zustimmenden Aussagen zum Dritten Reich, seiner fördernden Mitgliedschaft der SS, seinem misslungenen Gnadengesuch für den zum Tode verurteilten Max Josef Metzger. Mühleisen arbeitet dabei heraus, dass das Verhalten Gröbers getragen war von einem „Muster des mißglückten Kompromisses", der verkannte, „dass eine Diktatur unfähig zum Kompromiss ist" (S. 89), doch dass „[d]ort, wo er die klare Linie verfolgte [...] sich der Nimbus aus[bildete], der ihn vor allem während der Kriegsjahre [...] zu einer glaubwürdigen Institution des Widerstand werden ließ" (S. 91).

Mit nur einer einzigen, aber dafür umso aufschlussreicheren Quelle setzt sich der Würzburger Kirchenhistoriker Dominik Burkard in seinem Beitrag „Das ‚Dossier Gröber' in den *Archives de l'occupation.* Zu Wert und Wahrheitsgehalt eines problematischen Quellenbestands" (S. 97–200) auseinander. Dieses Dossier wurde nahezu unhinterfragt als Argument für die nationalsozialistische Gesinnung Gröbers herangezogen. Dominik Burkard nimmt nun in seinen Forschungen dieses Dokument nach allen Regeln der historisch-quellenkritischen Kunst auseinander und kommt dabei zu überraschenden Ergebnissen. Der Autor beschäftigt sich vor allem mit dem im Dossier enthaltenen, 1947 auf Deutsch verfassten Text „Erzbischof Dr. Conrad Gröber von Freiburg / Breisgau. Kritische Würdigung eines Lebensbildes". Ziel des anonymen Verfassers bzw. der anonymen Verfasserin war es, „Gröbers Ansehen in seiner Glaubwürdigkeit zu zerstören" (S. 185) besonders gegenüber der französischen Besatzungsmacht, deren bevorzugter Ansprechpartner der Erzbischof war. Um hinter die Identität des Verfassers / der Verfasserin zu gelangen, eröffnet Dominik Burkard ein Tableau möglicher Gegner und Gegnerinnen und arbeitet eine Lösung heraus, die zu überzeugen vermag. Sie öffnet zudem den Blick in die unmittelbare Nachkriegszeit, in die heftigen Auseinandersetzungen innerhalb des ‚katholischen Lagers', das sich in der neu entstehenden demokratischen Ordnung positionieren musste.

Beide Studien von Hans-Otto Mühleisen und Dominik Burkard verdeutlichen einmal mehr, wie unerlässlich für die historische Forschung, aber auch die öffentliche Meinungsbildung ein genauer Blick auf die Quellen und ihren Kontext ist. Das „historische Argument" erweist sich hier tatsächlich wiederum „als Chance" (S. 5), um einen Beitrag zu einer Versachlichung und historischen Einordnung Conrad Gröbers und seines bleibend umstrittenen Verhaltens zu leisten.

Johanna Konrad-Brey

Roman Grafe / Maximilian Schneider, „Sie können mich einsperren, ich bin bereit." Wie zwei fränkische Pfarrer mit ihrer Gemeinde den Nazis trotzten, Berlin: Studio H2 2020. – Audio-CD, Laufzeit: 77 Minuten.

Ende Dezember 1936 wurde in Mömbris der Pfarrer August Wörner (1893–1972) von der Gestapo verhaftet und in sog. „Schutzhaft" genommen. Ihm wurden Kanzelmissbrauch und Hetze gegen die nationalsozialistische Regierung und Ideologie vorgeworfen. Erst im August 1937 wurde er wieder aus der Haft entlassen. Die Mömbriser Bürger reagierten auf die Verhaftung des Pfarrers mit Wut und Protest. Sie wurden darin unterstützt und geleitet von Kaplan Hermann Dümig (1903–1997), der 1941 als Lokalkaplan in Feldkahl ebenfalls verhaftet und ins KZ Dachau gebracht wird, wo er erst 1945 wieder frei kam.

Obwohl das Schicksal der beiden Geistlichen wie auch der Widerstand der Gemeinde seit den 1980er Jahren in der historischen Forschung v. a. durch Monika Schmittner und Elke Fröhlich aufgearbeitet ist, war die Kenntnis hierüber in Mömbris kaum verbreitet. Als im Jahr 2016 der Mömbriser Schüler Maximilian Schneider mit seinen Nachforschungen über die Ereignisse im Jahr 1936 begann, kam dies einer Neuentdeckung gleich. Gemeinsam mit dem Journalisten Roman Grafe verarbeitete er seine Recherchen zu einer Hörgeschichte, die 2019 in einer Kurzfassung im Radiosender Bayern 2 ausgestrahlt wurde und 2020 in einer längeren Fassung als CD erschienen ist.

Die sehr gut recherchierte und professionell aufgenommene Hörgeschichte vereint Zeitzeugeninterviews mit Mömbriser Bürgerinnen und Bürgern, Quellenzitate – u. a. aus den Gestapo-Akten der Verhafteten – und stellt die Ereignisse des Jahres 1936 dar, die zur Verhaftung von Pfarrer August Wörner führten. Daneben nimmt die schwierige und lange Zeit nicht erfolgte Aufarbeitung der NS-Zeit nach 1945 breiten Raum ein. „Wie wenn nichts gewesen wäre" – so beschreibt eine Zeitzeugin die (nicht nur in Mömbris) nur unzulängliche Auseinandersetzung mit der lokalen Geschichte. Seit dem Jahr 2000 gibt es eine August-Wörner-Straße im Ort, aber bislang erinnert keine Gedenktafel an die beiden verfolgten Geistlichen. Angestoßen durch die Recherchen des jungen Mannes soll sich dies nun ändern. Der Gemeinderat hat zudem Anfang März 2021 beschlossen, ein Haus in der Ortsmitte in Hermann-Dümig-Haus zu benennen.

Die Entstehungsgeschichte der CD widerlegt zudem wieder einmal die These, dass Geschichte und gerade deren dunkle Kapitel Jugendlichen heute kaum zu vermitteln sei. Dabei wird sich die Erinnerung an die Zeit des Nationalsozialismus in den nächsten Jahren einem fundamentalen Wandel unterziehen. Die letzten Zeitzeugen werden sterben, für die nachfolgenden Generationen wird die Distanz immer größer. Die zunehmende Historisierung der Ereignisse zeigt sich aktuell in der Debatte über die Singularität des Holocaust. Umso wichtiger sind die Bemühungen heute, die Erinnerung an die Ereignisse von damals präsent zu halten.

Johanna Konrad-Brey